厚德博學
經濟匡時

匡时 金融学系列

中国金融史

燕红忠　主编

上海财经大学出版社

图书在版编目(CIP)数据

中国金融史 / 燕红忠主编. 一上海:上海财经大学出版社,2020.9
(匡时·金融学系列)
ISBN 978-7-5642-3619-9/F·3619

Ⅰ.①中… Ⅱ.①燕… Ⅲ.①金融-经济史-中国-高等学校-教材 Ⅳ.①F832.9

中国版本图书馆 CIP 数据核字(2020)第 140591 号

责任编辑:江　玉
封面设计:张克瑶
版式设计:朱静怡

中国金融史

著 作 者:燕红忠　主编
出版发行:上海财经大学出版社有限公司
地　　址:上海市中山北一路 369 号(邮编 200083)
网　　址:http://www.sufep.com
经　　销:全国新华书店
印刷装订:上海华业装璜印刷厂有限公司
开　　本:787mm×1092mm　1/16
印　　张:30.5
字　　数:596 千字
版　　次:2020 年 9 月第 1 版
印　　次:2023 年 9 月第 4 次印刷
印　　数:5 501—7 000
定　　价:78.00 元

导　言

金融是货币流通和信用活动以及与之相联系的经济活动的总称，广义的金融泛指一切与信用货币的发行、保管、兑换、结算、融通有关的经济活动，甚至包括金银的买卖，狭义的金融专指信用货币的融通。金融体系主要具有三个相互联系的功能：一是为确保经济运转而提供了一个有效的支付体系；二是动员储蓄并改进储蓄向投资转化，进而促进资本积累；三是通过风险分散和信息机制提升资源配置效率。

经济学理论是伴随着经济发展而产生和发展的，同样金融学理论也是在金融实践发展的基础上产生的。金融史即金融发展的历史，金融的产生和它在经济中的作用是有一个历史的发展过程的，而这个过程伴随着商品经济的发展、市场经济的诞生、市场的扩展和经济的全球化的历史过程。了解货币金融产生发展的历史过程是理解金融理论的重要基础，同时也可以为当今的金融改革与发展提供可以借鉴的历史经验。

虽然目前国内高校的经济金融类专业大多开设有金融史及相关课程，但仍然没有比较前沿和适用的教材。《中国金融史》作为经济和金融类教材，历史上主要出版过三种，但最近的一种也是在10年前出版的，目前的教材体系无论是从结构还是内容上都无法满足财经类本科教学的需求。本书是在结合经济史学和金融学理论的基础上，为开设中国金融史课程而专门配备的经济、金融及相关专业本科生的教材；同时也可以作为经济史学、金融学专业低年级研究生的教材使用。本教材的特点主要体现在以下方面：

第一，在框架结构上，本教材与之前同类教材的最大不同点是采用专题式的结构安排，分“货币与货币制度”“金融机构”“金融市场”“农村借贷关系”四大篇目和14个章节。在“货币与货币制度”部分，除介绍货币发行和制度演变的整个历史过程外，特别阐述了货币发行与通货膨胀的关系、货币与经济运行之间的长期关系。在“金融机构”部分，除介绍各类金融机构的历史演变和结构外，特别增加了经营业务、人事和资本组织、票据、账册、同业组织等独具中国文化特色的金融信用和经营文化等方面的内容。在“金融市场”部分，除介绍各层次市场演进和发展的内容外，重点阐述了历史上历次金融危机发生的原因及其影响，以及金融市场运行的基本机制等内容。

第二，在内容上体现了古今贯通，按照货币和信用制度的产生和发展、各类金融机构的产生和演变、各类金融市场的发育和完善过程，沿着历史发展的脉络，凸显中国金融发展的历史特色。本课程的教学，力图使学生对中国金融史中的重大问题和重要问题有所把握；对有关专业问题的讨论，有助于学生深化经济学、金融学专业基础，熟悉金融史的基本知识和研究方法，很好地实现历史与理论之间的互动。

第三，本教材虽然内容丰富详实、整体篇幅偏大，但因为是采用专题式撰写和结构安排，因此，教师可以根据学生基础、课时以及培养目标，对学习内容进行选择和灵活组合。

本教材是燕红忠教授以在上海财经大学开设中国金融史课程的讲义和 ppt 课件为基础，进一步组织专业人员编写而成的，在很大程度上也是其个人和团队在这一领域的最新研究成果的转化。访问学者李莉莉和王信对课程讲义和课件进行了初步整理和完善。在此基础上，由燕红忠重新设计了全书的篇章结构，之后进行了分工撰稿。具体分工如下：第一、二章，燕红忠；第三章，燕红忠、肖宇涵；第四章，许晨；第五、六、七章，燕红忠；第八、九章，赵劲松；第十章，高原、李莉莉；第十一章，李裕威、燕红忠；第十二章，李裕威、高原；第十三章，高美红；第十四章，付红。最后由燕红忠完成统稿。

本书的编写得到了上海财经大学和上海财经大学经济学院的教材立项资助，特此致谢！

目　录

货币与货币制度

金融机构

金融市场

农村借贷关系

货币与货币制度

第一章　古代中国的货币和货币制度

中国历史悠久，在社会经济发展中，货币和货币制度的历史演变也是一个相当漫长和复杂的过程，各个时期均有与其社会制度相符合的货币和货币制度形成。特别是明清到近代时期的货币、货币制度特点鲜明，与同一时期的欧美国家也形成差异，和当时的经济发展存在着密切的内在关系。

第一节　商周至秦汉时期的货币形态

货币是随着商品交换频率和交易范围扩大而自然演变出来的。尽管商品交换不一定需要货币的参与，可以采取以物易物的办法，但这种交换模式存在诸多不方便，尤其当交易物品种类繁多的时候。与世界其他地方一样，最初在中国扮演货币角色的也是贝壳。贝在殷代的时候就成了一种贵重物品，卜辞中的贝字有时同现代的财字差不多。① 从货币经济上来讲，周初和殷代属于同一种发展阶段，仍是以贝朋作为主要的支付工具(朋最初大概指一两串贝壳相连，后来逐渐变成计算贝的单位，但具体是多少贝，没有统一的说法，比较常见的说法是五贝为一串，两串为一朋)。商周时期也曾使用铜作为支付工具，不过多数情况下更将其作为赏赐或者劳动报酬，并没有多少货币的意义在其中。② 因此，金属在中国虽然使用很早，但在春秋以前，各种支付手段多是用贝。贝作为财富形态的观点深入人心，以至于在后期出现了许多仿贝作为货币，即币材已经并非是天然海贝，却雕琢成贝壳的形状，如骨贝、石贝、铜贝等。

西周金属货币扩大使用，以饼状或块状的铜块，开始形成以“锊”为单位的称量货币。春秋战国时期，形制较小的铜铸币日益普遍流行，成为民间商业往来交易中的主要货币。各国流行的铜铸币主要有四种：布币、刀币、环钱、蚁鼻钱。

布币是由农具(镈)演变来的，最早的布外形与农具铲最为接近。古布的主要特点

---

① 后藤朝太郎：《龟甲兽骨文字之研究》，《东洋学报》第 4 卷第 1 号。

② 彭信威：《中国货币史》，上海人民出版社 1965 年版，第 12 页。

是其大小、厚薄以及形状方面没有标准。到了战国时期，布币的形制发生了重大的变革，主要体现为由空首（即钱首为空，可以纳柄）变为平首，由大变小。[①] 布币主要流通于关、洛、三晋地区。刀币则明显来自实用的刀，根据形状分为大刀和小刀。大刀是齐国的货币，小刀主要是燕国的货币。大刀制作比较精良，每枚的重量在四十公分（今40克）上下；小刀种类比较多，有针首刀、尖首刀、明刀、圆首刀等，其重量多不超过二十公分，其中一种极小的针首刀，重量只有一公分多。明刀是刀币中出土数量最多、范围最广的，甚至朝鲜和日本也有出土，这说明其传播使用范围是比较广的。环钱呈圆形，中间有一孔，有人认为仿自纺轮，又有人认为来自和氏璧、玉璧等，大部分都是从生产工具象形而来。环钱也没有固定的形制和重量，其最早出现的年代也没有在学界达成共识，只能肯定它们在战国末年之前已经被铸造使用。[②] 环钱在秦国、魏国、燕赵、齐国的出现，标志着全国货币首次开始出现统一的趋势。

除了以上三种，楚国还流行一种椭圆形的小铜币。由于天然币来源不多，为了应对流通的需要，西周晚期开始出现骨制和铜制的贝币，到了战国，贝基本都是铜制，楚国地区铜贝流通较多，就是蚁鼻钱。值得注意的是，这些金属币上都有文字，一般代表地名和数字，且文字的书法形式也多种多样。这些痕迹可以表明，同一地区至少先后流通过两三种货币，以“齐”字为例，其见于多种刀币上。可以看出，在战国时期，货币的流通就已经相当活跃。另外，通过上面的文字，可以发现尽管战国时期没有主币辅币之分，但货币单位是有等级的。如尖足中的小布往往加一半字，以区分其价值。[③]

战国以后，黄金逐渐用作贮藏手段和支付手段，楚国使用的“爰金”，就是一种扁平的金块。《管子·轻重乙》说：“黄金、刀、布，民之通货也。”但这并不是说，黄金在当时已经具备货币的全部职能。更多情况下，这种支付主要用于赏赐、馈赠和贿赂，并不具备价值尺度和流通手段的职能。秦始皇统一全国后，也进行了币制上的统一，他不但禁止各种财物作为货币，而且也禁止各国的刀、布等作为货币，将秦国原来的金钱本位在全国推行。所谓金钱本位，就是黄金和铜钱并行。以黄金为上币，单位为镒，等于二十两，史载：“当秦之隆，黄金万镒为用”（《战国策·群策》卷三）；以方孔圆形的铜钱为下币，即半两钱。从此这种方孔圆钱的货币形制，以及以铢两等重量为单位的货币制度，在中国通行了两千多年。

汉代延续了秦朝的币制，也采用了金钱本位。黄金改为以斤为单位，一斤黄金通常等于一万个铜钱。但黄金一般只作价值尺度、支付工具和贮藏手段，并不作为流通手段，流通手段专用铜钱。同秦朝一样，西汉的铜钱也以重量为名称，不过这种铜钱的

① 彭信威：《中国货币史》，上海人民出版社1965年版，第22页。
② 彭信威：《中国货币史》，上海人民出版社1965年版，第40页。
③ 彭信威：《中国货币史》，上海人民出版社1965年版，第44—45页。

名称开始逐渐与重量分离。汉初经济较为凋敝，半两钱败坏，币制曾出现多次更改。文帝五年（公元前 175 年）发行的四铢钱（钱文仍为半两）为其中最重要的改革，行用三四十年，为五铢钱制奠定了基础。同时，汉文帝开放民间铸钱，这种“放铸”政策不等于随意铸造，采用官督民办的办法，在放任民间铸造铜钱的基础上，派官员使用称量器在市场上进行检查，以保证民间铸造的货币成色，而这时民间铸造的货币也以四铢为准。[①] 虽然这样的政策有一定效果，但也遭到了不少人的反对。总的趋势而言，西汉的铜钱重量是逐渐降低的，这意味着铜钱的实际价值和名义价值逐渐脱节，开始向现代意义上的货币靠拢。武帝元狩四年（公元前 119 年）币制改革以后，还出现了白金币（银锡合金）和在白鹿皮上镌刻花纹的皮币，这两种都是不足值的货币，有的学者认为皮币是中国纸币的滥觞。汉武帝发行的五铢钱（铢是重量单位，一两为二十四铢），是中国历史上用得最久最成功的币种，最大的原因在于它轻重适宜，稳定了币值，确保了中央的财权，为后世的铸币重量提供了一个模本。直到唐代，铸币依然是以五铢钱作为标准。

两汉之际，王莽篡汉建立新朝，八年间进行了四次币制改革，发行错刀、契刀、大泉，自此第一次将货币称为“泉”。同时，禁止百姓持有黄金。随后又废错刀、契刀、五铢钱，发行“小泉”代替五铢钱，也就是以大泉和小泉为主要货币在市场上流通。几年后，又实行“宝货制”，将全国的货币分为“五物、六名、二十八品”，共计金、银、铜、龟、贝五种币材，全国币制陷入混乱。

东汉初年，杂用布帛金粟、五铢钱和王莽钱。建武十六年（公元 40 年），光武帝恢复五铢钱。但是，东汉后期币制不稳，开始有劣币的出现，桓帝五铢、剪轮五铢、綖环五铢等劣币相继充斥市场。同时，东汉币制中最突出的特点是黄金退出了流通领域，即所谓“黄金之谜”。对于“黄金之谜”的解释一直以来主要有对外输出、战争散失、佛事用度等说，而后逐渐有陪葬和窖藏的新看法。[②] 虽然学术界对此尚无定论，但可以肯定的是黄金在东汉时期大量退出了流通，从而使得铜钱几乎成为流通领域的唯一货币形态。

总之，战国秦汉时期，黄金已经是重要的货币之一，西汉时期还曾大量采用黄金作为支付手段，如当匈奴臣服时给予的赏赐、向海外购买明珠、琉璃璧等，《汉书·食货志》记载：“胡降者数万人，皆得厚赏。”当时有人认为用国内的黄金来换取周边小国的珍宝是非常划算的政策，如《盐铁论·力耕篇》中说：“汝汉之金，丝微之贡，所以诱外国而钓羌胡之宝也。”但是，这种用黄金作为货币，基本上只用于国与国之间的交易中，与

---

① 何平：《西汉贾谊的“奸钱论”与格雷欣法则》，《中国钱币》2019 年第 3 期。

② 唐任伍：《西汉巨量黄金的来源及消失的原因、时间、地点考》，《中国经济史研究》2019 年第 4 期。

普通百姓生产生活关系最密切的还是铜钱。汉代的货币经济相比战国有了长足的进步：政府征收税收，从人头税到财产税，都要用货币支付；到了东汉，官员的俸禄规定为半钱半米，这就使得人们不得不用钱币。铜钱不仅用来表示物价，在实际的交易中，也要用到铜钱，钱的流通范围扩大，用途也变广。例如，《九章算术》卷七记载："今有善田一亩，价三百，恶田七亩，价五百。"《汉书·李广传》中说："李蔡为丞相坐诏赐冢地阳陵当得二十亩，蔡盗取三顷，颇卖得四十余万。"

第二节　魏晋隋唐时期的钱帛兼用及其影响

魏晋南北朝时期，是中国历史上的一次大动荡时代，也是中国货币发展史上的大混乱时代。反映在货币上，呈现货币多元化、缺乏统一性和连贯性。从货币制度上看，基本是钱帛并行，以钱为主，以帛为辅。在币材上，除了铜币以外，铁钱、铅锡钱、金银钱也加入流通领域。这个时代的铜钱仍然以五铢钱为主，不过铜钱的单位由钱变为文，《晋书·食货志》记载："极还者输算钱，人二十八文。"大数目的计算，则由万变为千，即文以上以千进，一千为一贯。"腰缠十万贯，骑鹤上扬州"的说法就产生于这个时代，如《殷芸小说》中记载："其一人曰：腰缠十万贯，骑鹤上扬州，欲兼三者。"另一种新发展是开始出现年号钱，这对后代历史学家的断代和记录文献的纠错，都有非常重要的参考价值。

三国时期，各国均发行铜钱，只不过部分货币为不足值的大钱。而到了两晋时期，官方就根本不铸钱了，市面上普遍使用原先的货币，西晋主要使用曹魏地区的货币，东晋则使用原先东吴地区的大钱，此外还可以使用汉代的五铢钱。

从晋到隋的三四百年间，金银的使用又比较盛行起来，特别是白银。[①] 金银作为支付手段的情形同西汉一样，主要用于国家贸易之间的支付结算。除汉武帝和王莽曾用白银作货币外，在国内基本都将白银作为一种宝藏手段。魏晋以后，用银的例子增多，金银往往并提，并且开始出现以银表示物价的情况。例如，《梁书·羊侃传》记载："太清二年……有诏送金五千两，银万两。"《魏书》卷三零《豆代田传》："以战功赐奴婢十五口，黄金百斤，银百斤。"《隋书·梁睿传》也记载说："赐物五千段，奴婢一千口，金二千两，银三千两。"《十六国春秋》中则有"肉一斤值银一两"的说法。然而由于战乱时期经济低迷、政局动荡，货币的购买力波动得非常厉害，这时谷帛（实物）的货币性地位就体现了出来。西晋时，给官吏的俸禄和赏赐几乎完全使用谷帛等实物，如《晋书·明

① 彭信威：《中国货币史》，上海人民出版社1965年版，第170页。

帝记》中记载说:“建威僵局赵胤……邑各千六百户,绢各三千二百匹。”民间的借贷和旅费也用布帛,但使用的时候,往往还需换成现钱。北魏有十几年完全用布帛,不论租佃、俸禄、借贷,都以布帛计算。需要注意的是,用作支付手段的布帛,中国历代都是有定式的,汉代以后都是每幅宽二尺二寸、长四丈为匹。[①] 如同铜钱一样,谷帛做货币也有一定的缺点,人们可能会“湿谷以为利,作薄绢以为市”[②]。为了避免这种粗制滥造的情况,北魏延兴三年(公元 473 年)颁布诏令要求严格依照标准制作布帛。[③] 至此,除了在南方地区还使用铜钱以外,北方战乱地区,几乎都不用钱而用布帛,商品交换回到了以物易物的原始状态。北朝有的朝代几乎不铸钱,全用前代钱和实物货币。例如十六国时期,北方铸币极少,仅见后赵、成汉的铸币,有一些铸币数量较少、形制有残破,甚至无法判明铸造的朝代。直到北魏时期,才先后铸造几种五铢钱,但都未能成为统一货币。相比之下,南朝经济相对缓和,宋齐梁陈都有货币铸造,其中梁武帝大量铸造铁钱,是中国古代第一次大规模行用铁钱,物价高涨,不足值货币充斥市场。但南方用绢帛的现象也依然广泛存在,刘宋时湖北汉川“悉以绢为货”[④],陈时江南地区“兼以粟、帛为货”[⑤]。

南朝梁时期,出现了中国货币史上的一个重要现象——短陌,即以不足量的铜钱当作足量铜钱使用,并形成一定的官方或非官方的短缺标准,即以不足一千文铜(铁)钱为一贯,在市场上按照一贯流通。这是魏晋南北朝时期金属货币短缺、商品经济不发达的某种反映,最初政府并不承认这种状况,并通令必须使用足陌货币[⑥],但也未禁绝,市场上的交易仍然有短陌的现象。

隋朝建立后,商品经济逐步恢复,国家重视铜钱的铸造和统一,铜钱的流通日趋活跃。但是,在隋文帝治下,币制也不完全稳定,主要是私铸私熔的现象难以解决。尤其到了隋炀帝时期,开支浩繁,各种大型工程同时进行,政府财政难以负担,增加税收后百姓不堪重负,只能私铸钱来应对征税,甚至裁皮糊纸以为钱,导致了严重的通货膨胀。[⑦] 隋朝的铸币失去信用力,以实物为货币又成为必然的结果。

唐代的币制,承袭两晋南北朝的传统,流通手段以钱帛为主,黄金和白银主要做贮藏手段。唐钱在名称上有了重大变革,铜钱第一次被称为“宝”,舍弃了以重量为名称的办法,重量定为二点四铢,从此成为定制,大体流传至清代。这使得二十四铢为一两

---

① 彭信威:《中国货币史》,上海人民出版社 1965 年版,第 177 页。
② 《晋书》卷二六《食货志》。
③ 《魏书·食货志》。
④ 《宋书·刘秀之传》。
⑤ 《隋书·食货志》。
⑥ 《隋书》卷二四《食货志》。
⑦ 《隋书》卷二四《食货志》。

的等价关系变为了十钱为一两，不但使得铜钱的计数更加标准，也推动了古代度量衡的发展。唐朝正史记载的只有三种钱，即开元通宝、乾封泉宝和乾元重宝，其中以开元通宝最为重要，它不仅是唐朝几百年间的重要货币，在唐以后还流通了一千多年，历史影响力仅次于五铢钱。唐代中期以后发生钱荒，即币材不足。政府开始铸造“乾元重宝”等大钱，或者降低成色，或者掺杂铁铅，质量低劣。此外，与南朝时期不同，短陌现象在唐代也有了新的发展。唐穆宗长庆元年(公元821年)九月，政府规定了公私短陌的数值，这是官方第一次承认短陌，并且有了公定的短陌数值。

金银在唐朝主要作为支付手段和贮藏手段。作为支付手段，主要体现在税赋、赏赐、军费开支等方面，而贮藏手段是其一向具备的另一种职能。如《旧唐书》卷六八《秦叔宝传》记载：“进封翼国公，赐黄金百斤，帛七千段。”《旧唐书》卷一五《宪宗本纪》中则说：“出内库绢布六十九万段匹，银五千两，付度支供军。”自唐代起，白银在支付上的重要性加强，在岭南一带，金银通行，甚至达到“买卖皆以银”的程度。如元稹《钱货议状》中所描述，“自岭以南，以金银为货币”。唐代金银以两为单位，有时也以铸造的形式为单位，如一锭、一饼。值得注意的是，有人将唐代文献中的“金”字都当作黄金，由此认为黄金在唐朝已经是十足的货币，这是不正确的。文献中称若干金，往往指的是铜钱。金银在唐朝并不是十足的货币，在整个国家的流通领域中，它们发挥的作用还不如绢帛。① 日本学者对此也曾加以考证，综述了唐代金银流通的场合，并按照公私两部分总结了金银在布施、谢礼、贿赂、军费等共计20项用途。② 但这也并不说明金银在唐代已经成为广泛流通的货币，因为在普通交易的过程中，并未发现大量使用金银的迹象。同时即便是在大额支付的过程中，布帛在唐代仍有一定影响力。

绢代表丝织物，用于大额的支付，布是棉麻织物，为一般劳动人民所用。③ 绢帛在唐朝几乎可以算得上是十足的货币，在国内具备了货币的各种职能，但对外贸易中不能作为货币。大宗的商品交易、政府征收赋税等皆以绢帛计价，出门在外的盘缠也大多是绢帛。在民间，米价以绢来计算，普通百姓的工钱也用绢来计算。例如，《资治通鉴》卷一九五贞观十一年八月引魏征的话说：“贞观之初，天下粮欠，斗米值百绢。”《唐六典·户部》卷三则记载：“凡丁岁役二年，无事则收其庸，每日三尺(布加五分之一)。”在官方，计算赃款的价值也用绢为标准，并根据其数目来定罪。《唐律疏议》卷一五《故杀官私马牛律》中规定：“假有马直十五匹绢，准盗合徒二年。”

敦煌残卷中保存了不少唐前期的借据。凡不离本乡的，通常是缺什么借什么；若要去外地，则一律借的是绢。豪富们积攒家财用的是绢，炫示富裕用的也是绢。曾有

---

① 彭信威：《中国货币史》，上海人民出版社1965年版，第236页。

② 加藤繁：《唐宋时代金银之研究——以金银之货币机能为中心》，中华书局2006年版。

③ 彭信威：《中国货币史》，上海人民出版社1965年版，第233页。

富商邹凤炽、王元宝等人向皇帝夸耀说：臣在终南山上，每一棵树上挂一匹绢，树可尽而臣绢未尽。杨国忠当上宰相后，招权纳贿，积攒下的家财达三千万匹绢。

绢帛充当货币的状况还得到了国家的维护。唐玄宗曾针对市场交易愿用铜钱不愿用绢帛的现象而下令："绫、罗、绢、布、杂货，交易皆通用。如闻市肆必须现钱，深非道理。自今以后，与钱货兼用，不遵者准法罪之。"①元和六年又规定：公私交易十贯钱以上，就要兼用匹段。② 绢帛充当货币是与商品经济落后情况下的简单交换相适应的，一旦商品经济发展到一定程度，它就会自然而然地退出货币的行列，让位于真正的货币，即使皇帝下令，也挽留不住。

实物货币通常适用于商品经济落后情况下的简单交换，一旦商品经济发展到一定程度，实物就会退出货币的行列，这是世界货币史的主要发展趋势。但就个体而言，仍有许多具有特色的表现和"反常"现象。虽然这些现象不足以改变人类货币历史演进的轨迹，但也无疑十分值得关注。就中国的个案来说，钱帛兼行既是货币分层的正常表现，起到了承上启下的作用，又是一个特殊的阶段，商品经济在一段时间内陷入低潮。这些对中国古代经济的发展带来了正反双方面的影响，如何对其进行分析与评价，仍是学术界的重要理论问题。

第三节　两宋至明初的钱钞共存

北宋时期，随着社会经济的恢复与发展，绢帛已逐渐退回日用品的地位，金属货币重新占据市场。两宋在币制上既有对前代的继承，又有自身的创新。其主要继承了唐中期以后的币制，采取以铜钱为主的格局，又创新性地在历史上首次使用纸币，并辅以银锭进行混合流通，另外还实行了一套复杂多变的钱法，目的是掩盖其财政货币空虚的真相，弥补民穷财尽的困境。③

一、两宋铜钱的特点

两宋的货币制度在中国古代货币史上最为复杂。不但铜铁钱兼用，还有金银钱与各种纸币在市面上的流通。其主要特点可以归纳为以下几点：

第一，年号钱成为定制，但钱币名称仍较复杂。唐代中后期发行了几种重宝，以年号冠名，但这几种货币都有各自的特殊性，最广泛使用的基本上还是开元通宝。到了

---

① 黄宗羲：《明夷待访录・财计》。

② 《旧唐书》卷四八《食货志》上。

③ 千家驹、郭彦岗：《中国货币演变史》，上海人民出版社 2005 年版，第 57 页。

宋朝，年号钱才真正流行起来，差不多每改一次年号就铸造一种钱。太宗在太平兴国年间（公元 976—983 年）铸造太平通宝，是宋的第一种年号钱。宋朝铜钱一般称为“通宝”“元宝”，有时同一种钱，既称“通宝”，又称“元宝”或“重宝”。[①] 钱币的大小、等级、币材、年份、成色、特征、版别、钱监、纪年等，种类繁多。

第二，铜铁钱兼用，货币流通具有地方性。南朝和五代十国使用铁钱，是临时应急措施。铜、铁钱并用，到五代才逐渐盛行。宋初曾禁铁钱，开宝三年（公元 970 年）才在雅州百丈设监铸铁钱。此后两宋都长期流通使用。虽说铜铁钱兼用，但并不是各个地区都兼用铜铁钱，因而造成一种割据的局面。在北宋时期，开封府、京东路、西京路等十三路用铜钱；成都府、梓州路、利州路、夔州路四路专用铁钱；陕府西路和河东路则铜铁钱兼用。[②] 南宋时期，铜钱限于东南，四川用铁钱，各地都使用纸币。南宋时期各地还有自己独立的铸钱单位，多时可达几百处。钱币流通地区的限制代表市场的分割，无法进行长距离的交易。所谓“百里不贩柴，千里不贩粮”，正说明了这一点。

第三，钱币形态的多样性。宋钱分大小，已成为经常制度。每种新钱，一般都有“小平”（以一当一使用）、“折二”（以一当二使用）两种大小不同的钱，有的还有“折三”“折五”“当十”等大钱。南宋还有淳祐通宝当百大铜钱、铁钱，各有大、中、小三种。铜、铁钱都是这样划分大小。而铜、铁钱之间没有一定的比价；即使有时规定官方比价，也维持不住。[③]

第四，钱文书法五花八门。宋朝的钱币艺术造诣很高，多种多样的钱文书法是珍贵的历史文物。各种大小不同的宋钱，有各种不同的丰富多彩的钱文，一般都出自书法名家的手笔。如北宋有篆书、隶书、真书、行书、草书、瘦金体。每种钱至少有两种（对钱）乃至三种书体。如元祐通宝的文字，就是司马光、苏东坡等人写的。[④]

第五，南北宋钱存在较大差异。北宋以铜钱为主，南宋以铁钱为主；北宋以小平钱为主，南宋则以折二钱为主；北宋钱无论是在文字、成色或大小轻重方面，都千变万化，但南宋钱却有高度的统一性，同一种钱的文字、大小、成色都是一样的。另外，由于南宋时期推行纸币，钱币的铸额大减，现今出土的宋钱绝大多数是北宋钱。[⑤] 这是因为在南宋时期，铜铁钱多仅作为纸币的辅助货币，有时仅用来支持纸币的购买力。[⑥]

第六，宋钱具备剥削性。宋钱的形制和重量仿唐开元通宝钱，始终保持不变，但是

---

① 千家驹、郭彦岗：《中国货币演变史》，上海人民出版社 2005 年版，第 58 页。

② 彭信威：《中国货币史》，上海人民出版社 1965 年版，第 292 页。

③ 彭信威：《中国货币史》，上海人民出版社 1965 年版，第 292 页。

④ 千家驹、郭彦岗：《中国货币演变史》，上海人民出版社 2005 年版，第 59 页。

⑤ 这里根据日本人整理的考古资料来说明，多地出土的宋朝货币，北宋钱约占总数的 98%，南宋折二钱只占约 2%。

⑥ 彭信威：《中国货币史》，上海人民出版社 1965 年版，第 299 页。

钱币本身的质地、成色都远远不如唐钱。唐开元钱一般含铜83%以上。宋钱中成色最好的也不及此，如太平通宝仅为65%～66%，以后各朝铸钱逐渐降低含铜比例。宋钱制作精，书法佳，钱大小不变，成色却暗中降低，以掩盖铸币贬值的实质。①

二、金银货币

宋朝的金银货币形式各种各样，最普通的是锭，上面刻有年号、重量等。此外还有饼和牌的形式，另外还有马蹄金和瓜子金。南宋嘉定初没收贪官苏师旦的家产中，有马蹄金一万五千七百二十两，瓜子金五斗。② 与宋代并立的其他王朝，金人通用白银，以五十两为一锭。元代也铸银成锭，重五十两，名之曰元宝。

白银在宋朝比黄金重要，人们可以暂时用银代替铜钱纳税，这就赋予白银一种法偿资格。官吏俸禄和军饷也有用银的情况，如《宋史》卷四六《度宗纪》咸淳九年六月戊子记载："四川制置使朱禩孙言，月俸银万两，原以犒师。"这是黄金所没有的一种用途。在南宋纸币发行后，白银还成为纸币的兑现基金。宋末时收买千亩以上的土地，5%需用白银支付。③ 由此可见，相对于唐朝来说，宋代白银的流通程度不仅更高，而且比唐朝时的黄金发挥了更多的货币职能。

白银使用的增加，可以从两个方面来解释。一方面，受到周边国家的影响，宋朝受到契丹、女真、蒙古人的苛求，有岁币的负担，而这些岁输被要求以银代钱。这主要是因为这些民族地区与西域有贸易联系，而西域是通行白银的。所以归根结底，宋代通行白银还是受到了辽、金、西夏的影响。另一方面，宋代货币繁多，严重不统一，且各种纸币只在当地流通，互不通用。这时的白银就成为一种转移财富的手段，于是使用量也就增加了。④

宋代曾大量铸造金银钱，宫中民间都有大量的金银钱。《宣和录》中记载，宣和年间金人攻入汴京的时候，在宫中发现了金钱七十一贯，银钱一百四十二贯。宫廷中的金银钱一般用来赏赐亲王、大臣等，⑤有时也用来殉葬。民间得到这种金银钱则多用来作为纪念品，或者作为生育儿女的吉礼。元代也发行过金银钱，与宋朝金银钱功能也是类似的。它们发行的目的不是为了流通，大多是压胜钱或供养钱或春钱。据《闲居录》所记载，"至大改元，妇人首饰皆以金银做小钱戴之，谓之春钱"。少部分流传至民间的，也会被当作收藏品。

① 千家驹、郭彦岗：《中国货币演变史》，上海人民出版社2005年版，第61页。
② 叶绍翁：《四朝闻见录》戊集。
③ 《宋史》卷一七三《食货》上一。
④ 彭信威：《中国货币史》，上海人民出版社1965年版，第307页。
⑤ 《武林旧事》卷三《岁除》。

三、纸币的发行

中国是世界上使用纸币最早的国家。纸币的产生和推行是这一时期最大的特点。西汉的白鹿皮币和唐代的飞钱都有一种纸币的性质。

(一)北宋的"交子"

纸币是在信用汇兑和"交引"等有价证券广泛使用的基础上发展起来的。其原因有:一是商业的发展需要更多更轻便的通货,而铁钱携带和运输都非常的不方便;二是防止铜钱外流;三是两宋政府受到外族军事上的威胁,养兵而导致军费开支庞大,财政非常困难,于是常靠发行纸币来弥补开支。[①] 元代的《楮币谱》中就说:"蜀民以钱为重,难于转输,始制楮为券。表里印记,隐密题号,朱墨间错,私自参验,书缗钱之数,以便贸易,谓之交子。"交子这一名称,融合了四川的方言,特别是"子"字代表方言的成分。晚唐咸通年间,西川称刻印的书为引子,以别于抄本。"交"字是交合的意思,指合券取钱。后来的会子和关子的意思也差不多,相交、相会、相关是一脉相通的字眼。[②]

最初,交子的发行由成都的16家富户主持。但由于私人家境兴衰不定,影响了交子的信用。"始,益州豪民十余户连保作交子,每年与官中出夏秋仓盘量人夫,及出修縻枣堰丁夫物料。诸豪以时聚首,同用一色纸印造。印文用木屋人物,铺户押字,各自隐密题号,朱墨间错,以为私记。书填贯,不限多少,收入人户见钱,便给交子,无远近行用,动及万百贯,街市交易。如将交子要取现钱,每贯割落三十文为利。"[③]

宋仁宗天圣元年(公元1023年),朝廷在益州设置"交子务",将交子发行权收归政府。官交子发行之初,建立了一套比较健全的发行和管理制度。首先,设立统一的货币发行和管理机关交子务,并且禁止所有民间私自使用纸币;其次,规定发行的周期与额度,官交子分界发行,三年为一界,界满之后以新交子收回旧交子,每界发行限额为一百二十五万六千三百四十缗,超出限额便不继续发行;再次,建立发行准备金制度,每界准备的现金本钱为三十六万缗,按照限额计算准备率为28.7%,如果对比世界近现代金本位的准备率大约为20%,交子的准备金可谓比较充足;再者,划定交子流通的地域,最初仅限于川蜀地区,后扩展至河东路和陕西路,即铁钱流通的区域;最后,统一票券的制造机关、票券型制和投放回笼的管理制度。

(二)南宋"关子"与"会子"

南宋、金、元时期,纸币获得了广泛发展。南宋和金朝都把纸币的流通范围扩大到其整个辖区,纸币的流通量也逐步超过铜铁钱而成为主要货币,对促进商品经济的繁

---

① 彭信威:《中国货币史》,上海人民出版社1965年版,第314页。
② 彭信威:《中国货币史》,上海人民出版社1965年版,第317页。
③ 《宋朝事实》卷十五《财用》。

荣发挥了巨大作用。

南宋纸币流通范围比较广，种类也多。最初通行的是关子，一度改为交子，但最通行的是会子。南宋初期，民间通行一种便换性质的“便钱会子”，后改为官办。公元1137年，吴玠主持发行了银会子，[①]以钱为单位，每年换发一次。这是我国历史上最早出现的银本位制。南宋的纸币制度也存在严重缺陷：一是纸币不统一，其流通具有显著的地域性；二是为了解决财政困难，南宋中后期拼命扩大纸币的发行量，导致严重的通货膨胀。南宋末年，纸币贬值几乎贱如粪土，威信扫地。宋代各种纸币有的可兑现，有的不可兑现，可兑现的也并不固定于某种货币，虽然大多使用铜钱和铁钱兑换，但在某些时候也用金银和度牒（政府发给僧尼证明身份的凭证）进行兑换。宋金时期纸币的演变参见图1.1。

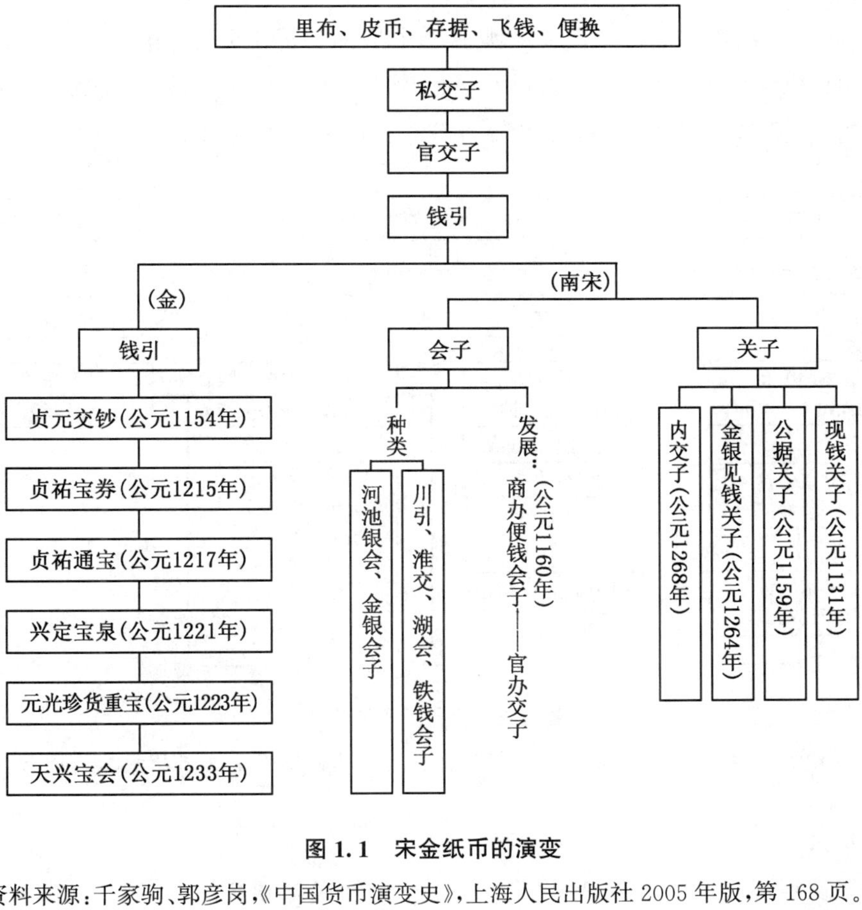

图1.1　宋金纸币的演变

资料来源：千家驹、郭彦岗，《中国货币演变史》，上海人民出版社2005年版，第168页。

---

① 《宋史》卷二八《高宗本纪五》，绍兴七年二月。

（三）元钞

元朝是中国古代史上纸币最盛行的时期，市场上流通的货币，除了银元宝以外，几乎都是纸币。[①] 但这并不是说元朝不铸钱，事实上元朝也铸了很多钱，不过多数铸币是用来做供养钱或朝宇钱，不是真正的货币。元朝政府禁止使用铜钱，从时间上来说呈现前紧后松的态势，后期逐渐发行铜钱，"至大通宝""至正通宝"开始在市场上流通。元代更为常用的还是纸币，元朝看到了宋金滥发纸币导致通货膨胀从而引发的严重后果，在本朝的纸币发行上显得更加谨慎。元代纸钞的演变，经历了仿行、中统钞、至元钞和至正钞四个阶段。其中元世祖忽必烈于中统元年（公元 1260 年）发行"中统元宝宝钞"（丝钞），以丝为本位，以两为单位，丝钞二十两等于白银一两。而后又造"中统元宝钞"，简称中统宝钞或中统钞，以银为本位，以钱为单位，有充足的准备金，发行量也得到严格控制，因而信誉昭彰，甚至流通范围扩展到东南亚地区。

元朝后期，纸币的准备金被大量挪用，发行量也急剧上升，造币厂每天开足马力印刷，究竟印了多少都不可计数，改行的"至元钞""至大钞""至正钞"等均没有中统钞稳定，终致恶性通货膨胀和元朝的灭亡。元代纸币的演变参见图 1.2。

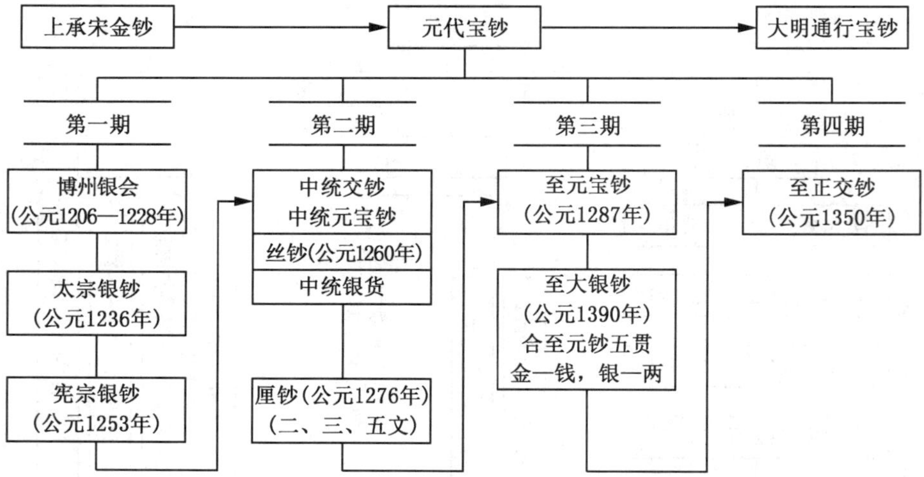

图 1.2　元代纸币的演变

资料来源：千家驹、郭彦岗，《中国货币演变史》，上海人民出版社 2005 年版，第 168 页。

（四）明朝宝钞

明代初年，曾仿效元制，用钞不用钱，禁止民间以金银交易。但不久就加以变通，钱钞兼用，以纸币为主，铜钱为辅。明代的纸币制度有几点值得称道：两百多年间只用一种钞票，谓之"大明宝钞"，改变了宋元以来纸币不统一的问题；此外，明代纸币的最

① 千家驹、郭彦岗：《中国货币演变史》，上海人民出版社 2005 年版，第 145 页。

高面额始终为一贯，即使后来通货膨胀，也没有发行更大面额的纸钞。[①] 明中期以后，因纸币发行泛滥，币值暴跌，到了正统以后，宝钞基本不通行，只有官员俸禄用纸钞折付。因此，到了明末，虽然人们在交易中还采用钱钞这一名称，但实际上支付的是银或钱。

四、纸币发行存在的几个问题

自交子问世以来，各朝滥发纸币以解决财政困难，致币值惨跌，虽多次改变发钞手法，掩盖通货膨胀实情，但民间受害极大，对纸币深恶痛绝，尤以宋元为甚。究其原因，可从四个方面探讨：

一是理论基础。从历代铸币减重和铸大钱的经验中，政府发现铸造不足值铸币照样可以流通，而且有利可图。此外，深受《管子》货币乃先王所造等货币思想的影响，政府认为可以凭借所掌握的权力，任意规定纸币的价值。例如，有人说："国家定制，当百则百，当千则千，谁敢有违？"[②]清朝的王鎏在其所著《钱币刍言》中认为，凭借国家的权力即可决定纸币的无限法偿能力，行钞不发生亏空（即贬值），不管国家对纸币规定为多少面值，纸币都能按照已规定的面值流通无阻，人人应无不乐从。[③] 这都是以专制人为主观意志来对抗纸币流通的客观规律。反映到发钞主导思想上，一切从货币国定说的观点出发，钞法虽备，而执行混乱，其结果可想而知。

二是历史背景。历代纸币大多在战乱年代或财政困难情况下诞生，钱引、会子、金交钞和咸丰官票宝钞等均如此。他们都以发钞作为筹措军费、解决财政赤字的手段，故历代纸币生产是先天不足的，后来改朝换代、政治经济不稳定等，对币值的影响极为严重，加之人为因素，通货贬值也是必然结局。[④]

三是发钞动机。动机主要有三个：第一，济国用之不足。《宋史》列传第一百三十三卷上说："自来遇岁计有阙，即添支钱引补助。"第二，筹办军饷。如南宋初期，"宣抚处置使张俊以便宜增印钱引一百万缗，以助军食。其余八年间，累增二千五十四万缗。俊又置钱引务于秦州，以佐边用"[⑤]。建炎初，吴玠在河池屯驻大军抗击金兵，专发银会子以供军用。第三，增加国家财富。以一纸无价值的楮钞，无偿征收民间财物。明朝的只发不收政策尤其露骨。各朝每次换发新钞、压价收兑旧钞，都是为了满足统治

---

① 彭信威：《中国货币史》，上海人民出版社 1965 年版，第 465 页。

② 中国人民银行总行参事室金融史料组：《中国近代货币史资料》第 1 辑，中华书局 1964 年版，第 208 页。

③ 千家驹、郭彦岗：《中国货币演变史》，上海人民出版社 2005 年版，第 163 页。

④ 千家驹、郭彦岗：《中国货币演变史》，上海人民出版社 2005 年版，第 163 页。

⑤ 《宋史》列传第一百三十三卷。

集团的贪欲，目的是搜刮人民脂膏，对商品经济的发展作用不大，没有可靠的物质基础。[①]

四是流通混乱。从历代印钞来看，纸币的性质是国家用行政命令强迫施行，毫无保障，既无发行准备金作保证，缺乏信用基础，又无任何商品保证，与商品经济关系不大，缺乏物质基础。纸币本身是官方发出的一纸空头票券。中国民间传统习惯相信金钱是实在的，以一纸易百货，民间已自可疑，加上官方自坏成法，不守信用，政策朝令夕改，失信于民，纸币的信用在发行不久后就已减弱，而漫无限制地滥发，更是这些纸币发行失败的主要因素。加之其他政治、军事和经济方面的因素，措施乖方，民怨沸腾，纸币信用全失，币值惨跌，终成废纸。[②]

第四节　明中叶至清代前期的银钱并用

白银的货币化发端于南宋。经过几百年的酝酿，特别是随着对外贸易的发展，日本、南美等地的白银大量输入，到明代中期以后，白银终于排挤了纸币并取代了铜钱而成为主要的流通手段，从而确立了白银与铜钱并行的货币制度。

明朝初期，政府并不想用金银作为货币，曾仿效元制，用钞不用钱。洪武八年至宣德年间（公元 1375—1435 年），大致只使用“大明宝钞”，从而改变了宋元以来纸币不统一的问题。同时，禁止民间用金银交易，不用钞则予以重罚。但是，大明宝钞的最大特点是“宝钞无本”，既不能兑换，又无发行限额，因而很快跌价。随着宝钞的跌价，白银的使用就是不可避免的了。正统元年，对民间白银的使用开始放松，白银的使用范围进一步扩大；等到万历九年推行一条鞭法后，各种税租都用白银折纳，白银终于有了深入而广泛的流通。[③] 明代也有铸币，且为了避讳朱元璋的名字，钱文一律改称通宝（之前是元宝）。明朝历代皇帝几乎都曾铸币，并以他们的年号为币名。明朝的钱币成色不一，主要是除了铜之外，还添加了锡、铅等金属。天启元年（公元 1621 年）以后，明朝钱制变得复杂，文字多种多样，钱币的大小、轻重、厚薄等也是千变万化，不过明代很少铸造大钱。明朝流通的钱币中，自己所铸的铜钱所占比例较少，流通中的铜钱主要是唐宋钱，甚至民间私铸钱币也多仿造宋朝钱。明钱在台湾的流通时间较长，直到康熙二十七年后，清廷才开始在台湾铸造康熙钱，此前一直流通的是南明永历钱。

---

① 千家驹、郭彦岗：《中国货币演变史》，上海人民出版社 2005 年版，第 164 页。
② 千家驹、郭彦岗：《中国货币演变史》，上海人民出版社 2005 年版，第 164 页。
③ 彭信威：《中国货币史》，上海人民出版社 1965 年版，第 483—484 页。

一、银钱并行体系的形成

正如马克思所言，“随着商品交换日益突破地方的限制，从而商品价值日益发展成为一般人类劳动的化身，货币形式也就日益转到那些天然适于执行一般等价物这种社会职能的商品身上，即转到贵金属身上”[①]。但中国在这一时期选择的贵金属是白银而非黄金，并在货币发展路径上与西方出现分化。从明代中叶以后，制钱的职能没有发生大的变化，仍然在地方小市场上充当价值尺度、流通手段、支付手段以及部分的价值贮藏功能。而白银的货币化却加速发展，取得了价值尺度与流通手段两种基本的货币职能。自此开始，白银在中国经济运行与货币制度中逐渐成为最主要的因素，而黄金在中国货币史中的地位和价值则进一步下降。

银钱并行体系的建立是市场和政府共同推动的结果。明代初期为了推行宝钞而禁止使用铜钱，但民间对宝钞并不信任。相比持续贬值的宝钞，铜钱的价格则一直比较稳定。由于铜价格上升，铜钱数量有限，在明中期，铜钱的购买力甚至处于略微上升的趋势，铜钱对白银的比价也相对稳定。随着市场的繁荣和白银的不断流入，白银货币化的程度不断加强，大约从正统朝以后，白银逐渐在流通中占据重要地位，至隆庆年间则进一步取得合法货币的地位。正如货币史专家彭信威先生对白银货币化进程的总结：“中国用银虽有很久的历史，但西汉及以前，只作工艺上的用途。西汉武帝时的白金币，可能锡多于银，而且一年多便废了。东汉以后偶有用作支付工具的。自五代时起，使用渐多，金人曾铸承安宝货。然而一直到元末，白银还算不得十足的货币。……到明朝英宗时放松银禁，于是各种物价多用银来表示，这样中国才真正成了一个用银之国，白银才真正货币化。”[②]“银与钱相为表里，以钱辅银，亦以银权钱，二者不容畸重。凡一切行使，大抵数少则用钱，数多则用银。”[③]人们在经济活动中恪守着一种“大数用银，小数用钱”的基本原则，社会经济也正是在银两与制钱并行的货币金融框架下进行运作的。

尽管在明清时期，各地所使用白银的种类与成色很不统一，但它们已经能够在地区之间进行流通，在实际的交易中一般折合成统一的纹银来进行计算，“其用银之处，官司所发，例以纹银。至商民行使，自十成至九成、八成、七成不等，遇有交易，皆按照十成足纹递相核算”[④]。因此，作为价格标准，用白银所衡量的商品价值是内在一致的。

---

① 马克思：《资本论》第1卷，人民出版社2002年版，第107页。

② 彭信威：《中国货币史》，上海人民出版社1965年版，第699页。

③ 《清朝文献通考》卷十六，考五〇〇二。

④ 《清朝文献通考》卷十六，考五〇〇二。

二、白银的种类与管理

(一)白银的类别与标准

白银在历代有银饼、银铤、银条和银锭等形制,从明代开始,元宝成为主要的形式,白银货币统称为元宝,简称宝银。明代曾有五百两重的特大银锭,主要作为内库镇库银使用。正如冯梦龙在《甲申纪事》所说:"元宝有重至五百两者,铸有永乐字,至是皆为贼有。"普通的宝银则有元宝、中锭、小锭和碎银等形式。白银是称量货币,有实银与虚银之分。实银是指实际流通中的具体银两,有特定的形式、大小、重量与成色;虚银则是一种价值符号与价格标准,是人们按照习惯规定的名称与成色标准,是实银使用时相互间进行折算的标准。白银在使用时要看成色、称重量,重量的标准叫作"平",各地很不统一。成色即白银中所含银的纯分之量,一般以一千作为标准,各种标准银的成色一般均在900‰以上。[①]

1. 虚银(标准银)

明代已经有纹银、雪花银、细丝、松纹、足纹等名称的标准银。清代纹银仍是全国通行的标准,但它只是一种全国性假想的标准银,实际上是不存在的,不过其他各种银两都是根据它来计算。[②] 除了纹银,不同地区也有自己通用的标准银,即各种市平,是在某一城市(地区)通用的称量标准,如浙江的元丝、山西的水丝、广西的北流等银。鸦片战争之后,上海的九八规元、汉口的洋例也属于市平范畴。

2. 重量标准:平砝

清代主要有五种平,分别为库平、漕平、广平、关平和公砝平。按照美国人马士(Morse H. B.)的考察,这五种平的兑换关系大体为:

关平100两=广平100.2927两

=库平100.9986两

=漕平102.8108两

=公砝平104.6517两[③]

实际中的兑换并非如此简单,许多市平之间没有直接的换算关系,在兑换的时候需要先兑换成其他较大城市的公认的平砝(如九八规元),然后再进行第二次换算。

3. 实银及兑换

从成色上来看,清代有足宝、二四宝、二四五宝、二五宝、二五五宝、二六宝、二七宝、二八宝等十余种宝银。相对于纹银等标准银两而言,这些宝银都是各地市场上流

---

① 燕红忠:《中国的货币金融体系(1600—1949)》,中国人民大学出版社2012年版,第62页。

② 彭信威:《中国货币史》,上海人民出版社1965版,第576页。

③ Morse H B. *The Trade And Administration of China*, Kelly and Walsh, Limited, 1921:169—177.

通的实银。清政府对白银管控不如制钱严格，允许各地私铸。由于没有统一的标准，各地的银两铸造自行其是，各有各的平、色，造成地方银两仅能在当地行使，到外地去必须落炉熔铸成当地的宝银才可流通，加大了商业流通的不便与费用。

（二）白银的管理与供给

明清以降，虽然白银在税收及市场流通中的地位逐渐上升，但实际上白银都作为商品货币使用，其信用取决于自身的内在价值。这种商品货币的特点使白银的供给与商品类似，主要来自分散化的民间市场。虽然政府通过税收获取了部分白银，但并未参与白银的货币供给。

1. 银锭铸造和评估

银锭的铸造主要由银炉承担。银炉可分为官设银炉和私设银炉，官设银炉多附属于藩库关局及官银钱号等机构内，私设银炉则各地不同，北方银炉多兼营银钱业，而南方银炉则多为银钱业者兼营，不另设独立机关。市场流通中的银锭多由私铸银炉所铸。银炉的开设，须经户部许可，发放执照，方能开业。各地银炉开设的数量均有一定限制，如北京以 26 家为限，但至晚清时期，法令松弛，官方不加干涉，私设银炉随处可见。银炉所铸银锭均刻有所在地址及炉名，以保证银锭的信用。公估局为鉴定银锭成色和重量的机构，其设立也须经官方批准，通常每地只设一局。银炉所铸银锭，首先须经当地公估局鉴定，否则不易被接受。若经公估局鉴定之银锭出现与真实成色重量不相符合，则需赔偿银锭所有者之损失。[①] 银炉与公估局相互配合，为保证各地白银的流通发挥了重要作用。

2. 重量、成色鉴定

由于当时中国市场的分割，随着白银流入的增加，各地逐渐形成各自不同的平砝和成色标准。银锭的铸造和成色鉴定也主要由民间机构承担，“吾国银锭之铸造，历代相沿，皆听民便”。而且银锭的重量、成色、大小及名称也“各随其地，各因其用，而自成其一种之名称，之重量，之成色”。这种听民自便的白银铸造体制，使得白银的货币供给基本由民间掌控，根据市场的供需变化而伸缩，“生长消灭，民自为之，几与国家无所系焉”[②]。各地银锭的种类达上百种，如北京有十足银、松江银，天津有白宝银、化宝银、老盐课银，上海有二七宝银，汉口有二四宝银。各地平砝也各不相同，种类繁多，作为纳税标准的有库平、关平，漕平原为江苏、浙江、安徽、湖北、湖南、江西等省征收漕银而设，为一般通用之平砝，但其重量标准也因地而异。此外，还有各地市场所用各种市平，如公估平、公砝平、钱平、司马平等。全国各种平砝的总数最多时至少达 70

---

① 张家骧：《中华币制史》(上)，知识产权出版社 2013 年版，第 88—91 页。

② 张家骧：《中华币制史》(上)，知识产权出版社 2013 年版，第 79 页。

余种。[①]

除银锭外，银元的成色鉴定也由民间机构承担。1835 年，时任两江总督的林则徐奏报东南沿海银元流通状况时，指出："至谓内地镕化纹银仿铸洋银，如原奏所称苏板、吴庄、锡板等名目，向来诚有作伪之弊。然仿铸原以牟利，自然掺杂铜铅，然后有利可牟。而近来民间兑验洋银，极为精细，苏板等类较洋板成色悬殊，以之兑钱，价值大减，是以客商皆剔出不用，民禁胜于官禁，行商公估，丝毫不能隐瞒。是仿铸之洋银，在本地已不能通用，更何能行及外洋。"[②]虽然当时存在仿造银元的现象，但有专门的行商进行公估，对成色的鉴定极为精细，劣币驱逐良币的现象难以发生。

这种由民间商人掌控货币供给的制度，使各地形成各种不同的银两，成色和重量均略有差异，并形成了各类记账货币以及虚银两，如营口过炉银、宁波过账银等，虚银两如上海规元、天津行化银、汉口洋例银等。这类银两记账单位具有鲜明的区域性特点，加剧了近代中国货币制度的复杂性。

三、铜钱的铸造与管理

明代将本朝所铸造的铜钱通称为制钱，清朝也沿用这一称谓。[③] 在清前期的货币体系中，白银和制钱同时作为法定货币流通，但清政府却对这两种货币金属采取了不同的政策，即允许民间自由铸造白银，而对制钱实施了严密的管制措施，有相当成熟的管理机构和流程。[④] 这是因为：一方面，铜钱主要适用于小额交易，这正是占据人口比例最大的劳动者所需要的交易媒介，政府控制住货币，也就可以控制绝大部分人的经济生活，这样有利于维持小农经济的稳定，从而保证国家政权的稳固。另一方面，相对于白银来说，政府对铜矿的控制程度更高，为了保证银钱比价不会大幅度波动，需要对制钱的数量进行更严格的监控。

(一)铸造与发行

1. 铸造流程

清代制钱的铸造机构通常以中央政府为主导，在中央有直属户部的宝泉局和工部的宝源局，而各地方则大体每省一局。各局所铸钱币正面刻有皇帝年号，背面则为本局名称。制钱一般均在其铸造区域行使，很少跨界流通。制钱的发行与管理在中央为户工两部，地方为各省布政使司，而各省布政使司又归户部统一管理。各局所铸制钱的形制、重量、配料比例均有定式，每次铸造新钱之前，清政府都会先用象牙雕刻钱样，

---

① 张家骧：《中华币制史》(上)，知识产权出版社 2013 年版，第 81—85、92—99 页。

② 中国人民银行总行参事室金融史料组：《中国近代货币史资料》第 1 辑，中华书局 1964 年版，第 45 页。

③ 燕红忠：《中国的货币金融体系(1600—1949)》，中国人民大学出版社 2012 年版，第 63 页。

④ 李强：《清政府制钱管制政策透视》，《社会科学辑刊》2007 年第 4 期。

经鉴定认可后，再以成色极高的优质黄铜雕刻祖钱，作为翻铸母钱的印模，呈皇帝批准之后，再用祖钱铸造出数枚母钱，分送各地铸币局。各地铸钱局再按照母钱铸造出规定数量的制钱。①

2. 监督管理

制钱铸造完毕，令该省“督抚督率道府局员认真稽查，并令藩司于解收局钱之时，按卯亲加提验，如有偷减铜斤，节省火工，不能遵照部式，以致参差不齐，立即发回另铸。所需火工著落局员赔补，并将局员炉匠查处责惩。倘该督抚等并不随时稽察，使官板制钱不能如式，即将该督抚一并治罪”②。各局铸钱本息的奏销，先由各省布政使立册稽查，再“责成各该管衙门，将铸钱本息按季报部，以凭核查，岁终录册奏销”③。

3. 发行

制钱铸成之后，由户部或各省布政使司配银发给兵饷、官役俸工与驿站杂支等项，工部则存库备发各种工程之用。制钱的基本单位为“文”，千文为一串或一吊，也称一贯。但在实际使用中，各地往往并不严守这一标准，即仍然存在“短陌”现象，且各地已经形成了各具特色的短陌钱制，如东北地区的“东钱”以一百六十六文为一吊，京师地区的“京钱”以五百文为一吊等等。铸钱一期称为一卯，各局每卯的数量也不相同。按照《大清会典》的说法，宝泉局以一万二千四百八十缗为一卯，宝源局则以六千二百四十九点一七缗为一卯，大约为宝泉局的一半。

（二）私铸、私销问题及其管理

铜钱虽然为官方铸造，并严禁私铸私销，但实际上私铸者屡禁不止。私铸铜钱是铜钱供给的一个重要来源，当铜钱供给短缺，或官方铜钱减重，价格上涨时，私铸便开始盛行。清代铜钱的重量经过多次变更，从顺治元年（公元 1644 年）至雍正十二年（公元 1734 年），一共变更了 6 次，最高时为一钱四分，雍正十二年定为一钱二分，直到咸丰二年（公元 1852 年）下降为一钱，清末光绪年间进一步降低到六七分。④ 私钱通常较官铸制钱轻，成色也较低。1830 年，在贵州、云南一带山林隐蔽之处出现的私铸钱，其成色约铜一成，铅九成，重约四分，每千文仅值银三钱六七分不等。⑤ 这种私钱成色重量远低于官钱，虽然影响官钱流通，但实际上仍按重量成色区别对待，并非完全意义上的符号货币。

在康熙年间，“私铸之例系为首斩决，为从绞决，私销者与同罪。至乾隆十五年，改

---

① 燕红忠：《中国的货币金融体系（1600—1949）》，中国人民大学出版社 2012 年版，第 63—64 页。
② 席裕福、沈师徐辑：《皇朝政典类纂》卷六十四，钱币七，页一，（台北）文海出版社 1982 年版。
③ 《清朝文献通考》卷十四，考四九六八。
④ 杨端六：《清代货币金融史稿》，生活·读书·新知三联书店 1962 年版，第 13 页。
⑤ 中国人民银行总行参事室金融史料组：《中国近代货币史资料》第 1 辑，中华书局 1964 年版，第 89 页。

私铸为首斩候，为从发遣，其私销之犯仍照立斩立绞例”[①]。私铸可分为民私与局私，民私是民间非法铸造，局私是铸钱局的官吏私自减小制钱重量而进行的私铸。局私往往多于民私，局私通常占私铸的七八成，而民私仅占二三成。这表明铸钱局的官员私自铸造是造成私铸泛滥的主要诱因。私销是指将制钱私自熔炼，其目的一是熔钱制造铜器，二是取铜铸轻钱。钱币的流通有其自身的规律，虽然朝廷重罪处分，但私销、私铸者却历来不绝。[②]

乾隆时期由于钱贵，官钱供应不足，私钱流通极为泛滥，西南地区已成为私钱铸造中心。由于私钱成色和重量偏低，官钱受其影响，重量也有所降低。乾隆初年，各省督抚以铜料筹措困难及民间私铸盛行为由，上奏请求减重。如通政使李世绰请将制钱减为一钱；湖北在乾隆十一年(公元 1746 年)请奏改铸 8 分钱，获得批准。造成私钱泛滥的原因不仅是私铸盛行，官方铸局的偷工减料也是加剧私钱泛滥的重要因素。如乾隆五十五年(公元 1790 年)，湖北省“局员多有将额铸之钱私行改小，以为赢余，藉资肥囊，而该管上司亦不免从中分润，是以陈陈相因”。其他各地钱局也有局员分肥私铸的现象。[③] 1821—1853 年，北京、浙江、贵州、云南、广西、福建、湖北、湖南、陕西、新疆等省份都有多起私铸发生。[④] 尤其是云南、贵州、四川、广西、湖北等省份的山区地带，私铸数量较大。[⑤] 虽然私钱在一定程度上挤占了官钱的流通，但在货币短缺的情况下，私钱也为增加货币供给发挥了重要作用。

四、白银与制钱的关系

自明中期以来，中国逐渐形成白银与制钱并行的货币体系。就这种货币体系的性质，学术界主要存在这样几种观点，分别是银钱复本位制、跛行本位制、银钱平行本位制、银本位制以及无本位制。本位制的核心在于确立一个统一的标准重量和成色的金属货币单位，“就是把理想的货币作为一种含金(或银)充足的货币来铸造，并将其重量和纯度加以颁布，这样，这种铸币就成为国家货币制度的本位”[⑥]。根据这种货币本位的定义，本位概念实际上是在国家统一铸币权条件下的产物，而在货币铸造和发行分散化的体系下，货币本位便无从谈起。从这个层面上看，近代中国在 1933 年废两改元之前，便无所谓货币本位。而且西方国家所实行的本位制度，实际上是以金属货币为

---

① 《清朝文献通考》卷十四，考四九七二。

② 燕红忠：《中国的货币金融体系(1600—1949)》，中国人民大学出版社 2012 年版，第 64—65 页。

③ 郑永昌：《清代乾隆年间的私钱流通与官方因应政策之分析——以私钱收买政策为中心》，《台湾师范大学历史学报》1997 年第 25 期。

④ 中国人民银行总行参事室金融史料组：《中国近代货币史资料》第 1 辑，中华书局 1964 年版，第 96—99 页。

⑤ 林满红：《银线 19 世纪的世界与中国》，江苏人民出版社 2011 年版，第 30—31 页。

⑥ [美]纽曼(P. Newman)等：《新帕尔格雷夫货币金融大辞典》第 2 卷，经济科学出版社 2000 年版，第 253 页。

准备,发行兑换券,流通中大多使用兑换券,而金属货币主要作为确定兑换券价值的锚,维持货币价值稳定。

如果放松国家掌控铸币权这个前提条件,从广义上理解本位制,则中国的货币本位问题才存在讨论的空间。本位币是用以衡量价值标准的物品,若以金作为衡量整个社会各种物品价值的标准,则货币本位即是金。但这不等于说,使用某种金属作为货币,即是何种本位,关键在于这种货币是否作为一般性的价值标准。就当时中国的货币流通而言,银和铜都作为货币使用,但有各自的流通区域和层级,两者都是在某些区域或某个层级上作为部分商品的价值标准。因此,银铜两种货币仅在各自的流通区域中可称为本位币,银铜两种金属同时并用,这近似于平行本位制。而银本位的观点则过于强调银的作用,忽略了铜钱及铜元在小额交易中的作用。虽然清末及民国初期,白银已在流通中占据主导地位,但银两、银元和铜钱、铜元之间不存在主辅币的关系,尚未形成完全的银本位制。跛行本位制的观点实际上忽略了铜钱的私铸、私销也形成了铜钱的自由铸造,不符合跛行本位制的定义。

因此,从广义的本位制概念出发,清代的货币体系可称为银钱并行的货币体系。在这种货币体系中,银钱并不存在固定的比价关系,虽然在清初顺治年间,曾经规定每十文铜钱折银一分,并在铜钱上铸有“一厘”字样。但这种比价并没有被严格遵守,此后两百多年间,银钱比价基本处于不断波动之中。[①]

正如19世纪初期一位在广州的外国人所言:“在商业上,中国人对金、银或铜、铁、锡,是同样当作货品来看待的”,“政府对于金银块条的铸造,不加干涉,犹如其他金属。钱商或银号每加戳记,以保证其质量”,“这便是中国人所独具的好识见。因此中国交换进行甚易,不似他国因货币不同而兑换烦难”。又说:“在中国除了铜钱之外,无其他币制,而铜钱是每个人都熟悉的。铜钱仅用于人民的日常生活,除了钱商补充存款时,在重要的交易中永无地位。但铜钱对于每人都很方便,无论这人如何穷。中国这个立法是很聪明的。”[②]

第五节　古代中国货币制度的发展特点

中国古代的货币种类繁杂,且没有形成系统的货币发行制度和稳定的货币本位,以至于有中国经济学家认为“吾国历来,仅有货币,而无币制”[③]。但总体而言,中国古

---

① 杨端六:《清代货币金融史稿》,生活·读书·新知三联书店1962年版,第181页。
② 中国史学会:《中国近代史资料丛书·鸦片战争》第1册,上海人民出版社1957年版,第263页。
③ 赵兰坪:《货币学》,正中书局1936年版,第500页。

代主要使用金属货币，并有一定的兑换比例。银钱并行是施行时间最长、影响最大的货币体系，这种具有分层特征的货币制度一直延续到清末。中国古代货币形态及货币制度的演变在世界货币史具有独特的地位。虽然从总体趋势上看，从实物货币、贱金属货币到贵金属货币的趋势符合世界货币演变趋势，也比较合乎经典文献中关于货币演变规律的总结，但其特殊性仍是不容忽视的。正如著名经济学家约翰·希克斯所言："中国历史上的货币制度是唯一有别于希腊祖先的这一惯例的重大例外。中国的货币制度是在同样漫长的时期中发展起来的（真不可思议），但其特征明显不同，完全独树一帜。它似乎从一开始显然就不建立在贵金属的基础上。"①中国货币发展的特殊性主要体现为以下几点：

第一，方孔铜钱在中国持续流通了两千余年，基本上是历代政府的唯一铸币，重量和价值都保持了相对稳定。而从世界范围来看，使用贱金属作为货币一般只是一个时间不长的过渡阶段，上千年维持以铜铸币作为主要货币的情况仅在中国出现。而与此同时，中国使用黄金作为货币的时期很早，但从东汉以后就极少再将其作为货币使用，而同时期的西方国家则开始使用黄金作为货币，并将贵金属货币的传统一直延续了下去，直至近代。造成这种分流状况的原因固然与币材的产量有着天然的联系，但从制度层面上看，铜钱作为低价值货币，与不同时期的不同高价值货币一起，构成了一个较为稳定的均衡状态，使得铜钱在中国古代长期存续并流通使用。

第二，贵金属货币在中国古代长期以称量货币的形态出现，而非计数铸币，而且这一形态的转变速度和趋势均远远落后于西方。当高价值的货币以称量的形态在市场上流通时，必然会面临分割不便、成色不明等问题，同时巨大的价差会使得其与低价值货币无法建立稳定的联系，因而不利于主辅币制度的构建。直至外国银元进入中国，即计数铸币进入中国才有所改变。可见，铸币化问题不仅是中国货币史上的一个难点问题，更是造成近代币制变革的重要影响因素。

第三，中国是世界上最早产生和使用纸币的国家，自北宋的交子产生后，南宋、金、元、明代均在部分区域或全国范围内使用纸币，有着一定的连贯性。然而，作为信用货币的开端，纸币却没有在中国一直延续。到了清代，除了特殊情况下的财政需求外，纸币已无踪迹。也就是说，更接近现代的纸币在市场流通中被传统的金属货币挤出。这不但对于传统金融学理论是一个挑战，在实际应用中也导致了货币制度的进一步复杂化。

特殊的货币制度带来了不寻常的演化路径，与世界货币史的发展过程相比较，以上三个问题也可以称为"中国货币史之谜"。中国近代的货币制度在古代货币制度的基础上有了巨大变革，然而变革的每一步都带有古代货币制度留下的沉重印记，新旧

---

① ［英］约翰·希克斯：《经济史理论》，商务印书馆1987年版，第63页。

制度之间也发生着种种碰撞。这是中国近代货币制度更加趋于复杂和混乱的原因，也是其发生重大变革的动力。

思考题

1. 名词解释：

贝币　刀币　布币　蚁鼻钱　放铸　五铢钱　王莽币制　钱帛兼用　开元通宝　交子　大明宝钞　制钱　银炉　虚银

2. 中国历史上有几次大的货币统一趋势？试分别归纳总结。

3. 为什么中国历史上存在金属货币→实物货币→金属货币的现象？这种现象对于现代货币金融理论是否具有冲击？

4. 纸币的产生条件是什么？宋代、元代和明代的纸币有何异同？

5. 简述白银货币化及其进程。

6. 实银和虚银有何异同？

7. 清代制钱和白银在流通中是什么关系？

主要参考文献

1. 彭信威：《中国货币史》，上海人民出版社 1965 年版。

2. 千家驹、郭彦岗：《中国货币演变史》，上海人民出版社 2005 年版。

3. 燕红忠：《中国的货币金融体系(1600—1949)——基于经济运行与经济近代化的研究》，中国人民大学出版社 2012 年版。

4. 姚遂：《中国金融史》，高等教育出版社 2007 年版。

第二章　近代中国的货币转型与制度变迁

变革是近代中国货币制度的主线，这既含有古代中国货币制度的近代化过程，也体现了各方在货币改革和统一目标上的博弈。19 世纪 60 年代之后，银两与制钱并行的货币体系开始动摇并逐渐解体，新式的机铸银元、铜元与各种纸币逐渐在流通中取得支配性地位，但直到 19 世纪 90 年代之前，虽然传统的银钱并行的货币体系已经开始动摇，但没有发生实质性的改变。到了清末，银本位的运行原则基本确立，然而直到 1933 年之前，在经济运行中仍然是"两元并用"，流通中的货币有银两、银元、银角等不同银制货币，又有铜元和各种纸币。1933 年的"废两改元"，才使得银本位的货币运行体系最终得以完成。1935 年，国民政府又进行了法币改革，从银本位转向"汇兑本位"，也最终从金属货币转变为信用货币。

第一节　晚清时期的货币制度变革

鸦片战争后，随着西方器物和资本主义制度的传入，中国的货币与货币制度也开启了近代化的进程，但货币改革的实施过程并非一蹴而就，而是充满了复杂和波折。

一、咸丰时期的货币改革

（一）币制改革的争议与实施

清政府内部关于发钞和铸大钱之议，早在嘉、道年间，就已经出现在了朝臣的奏折中，但由于皇帝恪守祖训，一直在币制改革这一问题上坚持谨慎的立场和态度。道光十七年（公元 1837 年），王鎏在《钞币刍言》中提议发行纸币，国家"造百万即百万，造千万即千万"，利用此财源可以取之不尽用之不竭。王鎏的议论轰动一时，但是清政府惧怕发钞会引发社会动乱而未实施。

咸丰元年（公元 1851 年）九月，陕西道监察御史王茂荫上奏《条议钞法折》，提出"往年议平银价，内外臣工多为铸大钱之说，因私拟为钞法，以为两利取重，两害取轻计"，货币流通"少则重，多则轻"，"出愈多，值愈贱"，发行纸币要控制数量，要以"先求无累于民，而后求有益于国”为目的原则。[①] 王茂荫发钞的基本思想和清政府所需求的大相径庭，所以他提出的纸币方案被驳回。咸丰二年(公元 1852 年)十月，四川学政何绍基再请奏制作大钱，由于财政压力骤增，何绍基的主张较以往更加激进，提出不仅要用大钱取代银两流通，还要在当百基础上增加当五百、当千大钱。咸丰帝虽然予以批驳，但是采取了保留态度。

咸丰三年(公元 1853 年)，战事进一步扩大，政府税收开始减少，御史蔡绍洛再次上奏请求改铸大钱以充国库。此奏在何绍基的基础上再进一步，将铸造大钱与发行纸钞结合起来，“兼用钱则银有所余，铸大钱则钱有所余，然后参用钞法以便于轻赍而行远”。朝廷下其议于户部，时寿阳祁寯藻权尚书，力赞成之。于是在蔡绍洛上奏后的第三天，咸丰皇帝命重组户部，拟出《试行官票章程》18 条，“先于京师行用，俟流通渐广，再行颁发各省一律遵办”，在此基础上先后开铸当十、当五十、当百大钱，并再拟定《宝钞章程》，提升王茂荫为户部右侍郎兼管钱法堂事务，让他负责推行发钞计划。至此，筹划中的币制改革方案终于全面付诸实施。

户部开铸大钱之后，王茂荫立即上奏表示坚决反对。他在上呈的《论行大钱折》中，引用我国历代鼓铸大钱失败的教训，强调指出：“考历代钱法，种类过繁，市肆必扰，折当过重，废罢尤速。”王茂荫清醒地认识到货币价值不是由官方指定的，“官能定钱之值，而不能限物之值；钱当千民不敢以为百，物值百民不难以为千”[②]，并且进一步预测随着财政危机加深，发现更大面额的铸币会引起币制混乱、民心浮动。咸丰四年(公元 1854 年)三月，他上奏再议钞法，向咸丰帝提出了四点建议：“拟令钱钞可取钱也”，“拟令银票并可取银也”，“拟令各项店铺用钞可以易银也”，“拟令典铺出入均准搭钞也”。他主张发行可兑现纸币，以为国家长久之计。王茂荫认为，“有钱许取，人也安心候取。倘钱将尽而钞纷来，竟不能给，不妨示期停止令半年后再取，人亦乐从”，“每年虽似多费数十万之钱，而实可多行百余万之钞”。但在中国传统社会，国库空虚时总是被迫采用发钞或铸大小钱的办法来缓和矛盾，这些颇有远见的认识，在财政压力的催逼下很快被束之高阁，王茂荫本人也被咸丰帝传旨严厉斥责，随后被调离了户部。

(二)大钱、铁钱、铅钱的铸发

咸丰三年(公元 1853 年)三月，首先开铸的是当十大钱，重六钱；八月，增铸当五十大钱，重一两八钱；十一月，又添铸当百、当五百、当千大钱共三种，当千者重二两，当五

---

① 中国人民银行总行参事室金融史料组：《中国近代货币史资料》第 1 辑上册，中华书局 1964 年版，第 317 页。

② 中国人民银行总行参事室金融史料组：《中国近代货币史资料》第 1 辑上册，中华书局 1964 年版，第 208 页。

百者重一两六钱，当百者重一两四钱。[1] 咸丰四年（公元 1854 年）正月，又铸当五大钱，重二钱二分。接着又铸当二百、当三百、当四百大钱。咸丰帝下令各省一体铸造，但是考虑到大钱的弊端，仅山西、陕西、福建遵照指示，其余各省久未奏报。直到咸丰帝斥责各地督抚，再加上悉心经理的升迁奖励，各地官员有了依据和动力，各地大钱铸造厂才开始如雨后春笋般地设立起来。

大钱投放初期，由于民众的好奇心理，通胀弊端和私铸尚未兴起，民众接受程度很高。户部尚书孙瑞珍借此要求减少铸造成本，通过折合铁钱搭放，每月可省三千余两。咸丰四年二月，试铸当十大铁钱和一文铁制钱，并在三月设立铁钱局，正式开铸一文、当五、当十共三种铁钱。同年六月，军机大臣祁嶲藻看到铁钱流通尚可，作出“铁既可以抵铜，铅似可以佐铁”的结论，提出铸造铅钱进一步节省成本。八月，京局正式开始鼓铸铅钱。在中央政府的带头下，各地先后开始铸造各类劣质货币，一时间铁钱、铅钱也在部分省份出现。总体来说，咸丰货币改革后的货币市场趋于混乱，其中最严重的是北京，从发行时间来看，也都是从北京开始发行，随后向其他地区推广，推行的地区和速度也是非常快的。咸丰朝各地钱局铸造的大钱种类情况如表 2.1 所列。

表 2.1　　咸丰朝各地钱局铸造的大钱种类

省份	铸局	铸材	开铸日期	所铸大钱纪值种类
京师	宝泉	铜铁铅	咸丰三年五月	当五、当十、当四十、当五十、当百、当二百、当三百、当五百、当千
	宝源	铜铁铅	咸丰三年五月	当四、当五、当十、当五十、当百、当五百、当千
直隶	宝直	铜铁铅	咸丰四年六月	当五、当十、当五十、当百
	宝蓟	铜铁	咸丰四年七月	当五、当十、当五十、当百
热河	宝德	铜铁	咸丰四年八月	当五、当十、当五十、当百
河南	宝河	铜铁铅	咸丰四年七月	当十、当五十、当百、当五百、当千
山东	宝济	铜	咸丰四年十一月	当十、当五十、当百
山西	宝晋	铜铁	咸丰三年七月	当十
陕西	宝陕	铜铁铅	咸丰四年五月	当十、当五十、当百、当五百、当千
甘肃	宝巩	铜铁	咸丰四年二月	当二、当五、当十、当五十、当百、当五百、当千
江苏	宝苏	铜铁铅	咸丰四年二月	当五、当十、当二十、当三十、当五十、当百、当五百
浙江	宝浙	铜铁	咸丰四年十二月	当五、当十、当二十、当三十、当四十、当五十、当百
江西	宝昌	铜铅	咸丰三年七月	当十、当五十
福建	宝福	铜铁铅	咸丰三年六月	当五、当十、当二十、当五十、当百

① 千家驹、郭彦岗：《中国货币演变史》，上海人民出版社 2005 年版，第 74 页。

续表

省份	铸局	铸材	开铸日期	所铸大钱纪值种类
湖北	宝武	铜铁	咸丰四年五月	当五、当十、当五十、当百
湖南	宝南	铜铁	咸丰四年七月	当十、当五十
广西	宝桂	铜	咸丰三年十一月	当十、当五十
四川	宝川	铜铁铅	咸丰四年十一月	当十、当五十、当百
云南	宝云	铜铁铅	咸丰三年九月	当十、当五十
	宝东	铜铁	咸丰四年九月	当十
贵州	宝黔	铜	咸丰三年十一月	当十、当五十
新疆	宝伊	铜铁	咸丰三年十一月	当四、当十、当五十、当百、当五百
	阿克苏	铜	咸丰三年十一月	当五、当十、当五十、当百
	叶尔羌	铜	咸丰四年十一月	当十、当五十、当百
	宝迪	铜铅	咸丰四年十二月	当八、当十、当八十
	喀什噶尔	铜	咸丰五年十一月	当十、当五十、当百
	库车	铜	咸丰六年（月份不详）	当五、当十、当五十、当百

资料来源：马传德、徐渊，《咸丰泉汇》，上海人民出版社 1994 年版，第 17 页。

清廷极力推行大钱，主要在于大钱利益丰厚，铸造成本低，名义价值高。“盖铸一钱须费一钱之工本，若改铸大钱，则费三四钱足成一当十之大钱，费三四十钱足成一当百之大钱，所费者少而获息者多。”①就其铸造成本而言，“当千大钱，每文按铸制钱七十六文工银敷给；当五百大钱，每文按铸制钱六十文工银敷给，料钱减半。其当百大钱，每文按铸制钱三十文工银，二十文料钱敷给；当五十大钱，每文按铸制钱十六文工料之数敷给，当十大钱，每文按铸制钱七文工料之数敷给”②。这表明，当千和当五百大钱的工人工资较高，而料钱与其他大钱相差无几，这与其金属含量有关。各种大钱的实际重量并无一定规律，总体而言，面额越大的大钱，实际铸造成本越低，或实际价值越低，铸币税收益越高。当十大钱最初重六钱，后降为四钱四分，当五十大钱重一两八钱，后降为一两二钱或一两，当百大钱重一两四钱，当五百大钱重一两六钱，当千大钱重二两。③ 为了增加铜钱的供应，当时制钱的重量也已经由一钱二分降为一钱。若以一钱重的制钱论，当十大钱的实际价值仅是面额的 60%，减重后相当于面额的

① 中国人民银行总行参事室金融史料组：《中国近代货币史资料》第 1 辑，中华书局 1964 年版，第 199 页。

② 中国人民银行总行参事室金融史料组：《中国近代货币史资料》第 1 辑，中华书局 1964 年版，第 218 页。

③ 中国人民银行总行参事室金融史料组：《中国近代货币史资料》第 1 辑，中华书局 1964 年版，第 216—218 页。

44%;当五十大钱相当于面额的36%,减重后为24%或20%;当百大钱相当于面额的14%,当五百大钱相当于面额的3.2%,当一千大钱仅为面额的2%。由此可知,大钱与制钱之间存在较大的套利空间,且面额越大,套利空间越大,这也是此后大钱难以通行的重要原因。

大钱行使艰难的第二个原因是官方税收拒收大钱,虽然名义上规定"顺天、直隶、山东、山西等省征收地丁、钱粮,凡零星小户及银钞尾零完纳钱文者,俱准呈交铜铁当十大钱并铅铁制钱"[①],但实际上官吏只收取制钱,拒收大钱。清政府作为发行大钱的债务人,只发不收,无疑使大钱的信用难以稳固。而大钱更接近于信用货币,发行者的信用是保证其流通的基础。

第三方面的原因是大钱面额较大,不适于日常零星交易。"盖大钱整而制钱散,昔人所谓整不如散者,诚以市井小民每日糊口一切米盐菜蔬皆零星购买,所需不过数十文或仅止数文,整用之处少,散用之处多,一遇当百、当五十大钱,与者碍难分折,受者不愿找零,每有手持大钱不能易米而食者。"[②]大钱和制钱皆为铜铸币,而铜并非贵金属,主要用于日常零星交易,大额交易仍以银为主,故大钱既不适于小额交易,也很难与白银相抗衡,流通不畅,势所必然。

(三)官票、宝钞的发行

咸丰三年(公元1853年)二月十七日,朝廷准奏发行户部官票,以"二两京平"准作足色,分一两、五两、十两、五十两共四等,先于京师试用。咸丰三年九月,又议决发行大清宝钞。至十一月,拟成宝钞章程,分五百文、一千文、一千五百文、二千文共四种,每二千文准银一两。十二月初二日,正式发商承领。咸丰五年后,再增发五千文、十千文、五十千文、百千文共四种。然而官票和宝钞发行后,各省督抚心存疑虑,均在观望而未执行。至咸丰四年(公元1854年)三月,王茂荫遭咸丰帝斥责去职后,在朝廷的三令五申之下,方才陆续行动起来。至1854年下半年,仅福建、山西、陕西三省照办,热河在严令催促下才勉强执行,天津则由商人筹集资本,设立总局,收发钞票。[③] 各地设立发行官票、宝钞的钱局具体见表2.2。

虽然清政府是官票和宝钞的发行者,但在收税时却不愿接受,只发不收。1853年9月,户部承办官铺的商人萧光浩就宣称不收官票。1855年9月,李钧奏称河南郑州县征收钱粮时,只收银钱,不收票钞,解送之时,则收买票钞,一半以钞票解送京师,而票和钞的价格已日趋低落,当时官票一两及宝钞一千文均只换得制钱四五百文。在

---

① 魏建猷:《中国近代货币史》,群联出版社1955年版,第76页。

② 中国人民银行总行参事室金融史料组:《中国近代货币史资料》第1辑,中华书局1964年版,第225页。

③ 魏建猷:《中国近代货币史》,群联出版社1955年版,第87—88页。

表 2.2　**咸丰朝设立的地方官钱局**

名　称	成立日期	总　号	停办日期
永丰官钱局	咸丰三年七月二十四日	福州	咸丰九年一月
陕西官银钱铺	咸丰四年初	西安	咸丰十年
恒通字号官钱铺	同治元年	西安	光绪十二年
大美字号官钱总局	咸丰四年十二月	杭州	
中和官钱局	咸丰四年	清江	
四川官钱局	咸丰四年	成都	
豫丰字号官钱店	咸丰五年	开封	
浙海新关官银号	咸丰十一年	宁波	宣统一年
吉林能济官钱局	咸丰六年三月十一日	吉林	咸丰十年
甘肃官钱铺	咸丰四年	兰州	
宝丰官钱总局	咸丰四年	南昌	

资料来源：周育民，《晚清财政与社会变迁》，上海人民出版社 2000 年版，第 202 页。

财政支出方面，则与收入相反。河工领款八成票钞，二成现银，所领票钞难以流通。“山东省藩库于各领款则照二成搭放，而于州县解款，并不搭收，致票钞更形壅滞。”政府官吏在财政收支中对官票和宝钞的区别性对待，使其信用进一步丧失。在直隶保定的清苑县，“到咸丰六年六月还没有出示推行票钞，致令商民无从获得信用保证”。官员在推行票钞方面执行不力，营私舞弊，收银买钞，从中渔利。如 1860 年 2 月，户部官票所官吏，掌管关防的员外郎景雯等用短号钞换长号钞（即以小面额票钞换取大面额票钞），及员外郎色卿额自 1858 年秋到 1859 年春，向换钞商人勒索使费。① 此外，官银钱局的内部人员利用职务之便，进行买空卖空，甚至有官吏强制用票钞向商民兑换银钱。

大钱与钞票发行的失败，表明发行者的信用是保证名目货币流通的关键因素。官票和宝钞的流通受阻与民间私票的广泛流通形成鲜明对比，政府信用不足是此次货币改革失败的根本原因。政府信用难以建立，一方面在于封建王权不受约束，为了获取财政收入，可任意运用税收及货币发行等各种手段，甚至可采取强制捐输的办法。政府行为不可预期，权力约束松散，使民众难以建立对政府的信任。而近代西方部分国家实行宪政改革后，政府的诸多财政权受到议会限制，使政府行为可被预期，各项政策及法令规章的推行更易取得民众的信任。另一方面在于各项法令规章执行不力，令行相悖，使政府威信扫地，也使得信用很难建立起来。

---

①　魏建猷：《中国近代货币史》，群联出版社 1955 年版，第 89—90 页。

二、外国银元的流入与自铸

(一)外国银元的流入

长期以来,白银在中国是称量货币,交易时往往以散碎的形态使用,同时白银在各地之间有着不同的惯用成色,涉及跨区域结算时必须将各种不同成色的白银折合计算,非常麻烦。因此,当外国银元从明代后期开始流入中国后,由于其形制单一固定,且成色和重量都准确,计算起来更加方便,因而很快受到了民众的欢迎。

进入清代,外国银元流入中国市场更多了,主要来自西班牙、墨西哥、日本和中国香港等地,民众一般称外国银元为"银洋""洋圆"。西班牙的银元称为"本洋",自17世纪起开始流入中国,凭借含银量高、数量大,铸造精、重量适中等优势,一举夺得部分区域市场交易的主币位置,获得了交易商家的青睐。而这部分西班牙本洋主要是从墨西哥运到中国的。墨西哥摆脱了西班牙的殖民统治后,不再大量铸造和供应西班牙本洋,而代之以1821年墨西哥开始使用的新铸币"鹰洋"。晚清至民国初年,外国银元输入中国最多的即为墨西哥鹰洋。据清宣统二年(公元1910年)度支部调查统计,当时中国所流通的外国银元约有11亿枚,其中有1/3是墨西哥鹰洋。日本有专门用于输出的贸易银元,也是近代流入中国的外国银元中较为常见的一个品种,因币面有飞龙图案,故俗称为日本龙洋。英国的银元大多从中国香港进入内地,主要品种是"站人"银元,这是英国政府利用印度孟买、加尔各答造币厂铸造的一种贸易银元,集英文、中文、马来文三种文字于一体,反映了该银元的流通范围。由于该银元主要是从香港进入,因而在两广地区流通较多。

(二)中国自铸银元的推行

洋银的成色和重量都难以与中国的官银相比,但价格却与官银不相上下,且因为币值稳定、携带方便、便于交易,在商用民用中得到广泛通行。随着洋银的大量流入,清政府受到的经济损失越来越大。早在道光年间,清政府就开始采取禁止洋银使用的措施,但并没有什么效果。因此,自铸银元的呼声越来越高,中国开始考虑自铸银元用以流通。由于政府对白银货币处于放松管制的状态,因而白银铸币化没有在官方层面得到推进,却在民间有了初步进展。乾隆年间,广州就有了仿照洋银铸造银元的记载。到了嘉庆和道光年间,民间铸造银元的数量增多,且地区也不仅局限于广东,浙江、江苏、福建等地都出现了各种版式的自铸银元。[①] 进入19世纪以后,欧美银元逐步转化成为资本主义侵华势力的一种工具,不仅在中国市场流通,甚至有动摇银两制度的趋势。改革币制、抗衡列强、稳固本币的地位成为当务之急。一些有远见的官员首先意

---

① 戴志强:《漳州军晌银饼年代考翻——兼论我国自铸银元的开始》,《文物》1981年10月。

识到了这一点，并向政府提出自铸银元的建议。道光十三年(公元 1833 年)，林则徐在担任江苏巡抚期间，最先提出自铸银元的奏折，但遭到了道光皇帝的反对，未能成行。①

当时，自铸银元实行起来有以下几个困难：第一，晚清白银大量流出，且开采数量减少，如果再将大量白银用来铸造银元，则价格必然昂贵；第二，民间私铸银元的行为难以禁止，官府的利益得不到保障；第三，洋银在中国市面上的被认可程度已经很高，难以动摇；第四，机制银元由较为精密的外国机器铸造，中国无法自主生产相关机器设备。

到光绪年间，各省大臣纷纷上书，力陈洋银入侵的危害，建议光绪皇帝准许自铸银元。如河南道监察御史易俊上奏折称："为今之计，惟有议铸银钱尚可一塞其漏卮也。"而针对私铸等问题，他认为"官板银钱极精，作伪匪易，即作伪亦无益也"。江西道监察御史陈其璋也上奏折表示自铸银元是利国利民的好事，并且指出，广东、湖北已办有成效，如果能下令各督抚仿照成法，设局广铸，则中国银元就能日渐流行，而洋钱的进口量就自然减少了。只要保证成色，就能华洋信服，历久通行。光绪皇帝采纳了上述建议，于光绪十六年(公元 1890 年)令广东钱局银厂开始铸造银元，随后各省纷纷仿效，自铸银元开始在流通领域占据一席之地。

1905 年 10 月，清政府财政处拟定《铸造银币分两成色章程》10 条，确定了本位货币为库平一两；1910 年又订立《厘定国币则例》，规定了银币的重量及其辅币。1914 年 2 月，北京政府颁布《国币条例》，对银币的面额、重量、成色、辅币等均作了相应的规定。然而，这些条例仅起到了名义上的作用，真正流通中的各省所铸银元，在分量、成色甚至单位上均参差不齐，并且都标明本省省名，有地域局限性，很难在全国通行。同时，外国银元也在同时流通，中国自铸银元并未占据上风。

三、铜元的铸造与制钱体系的动摇

清末，由于滇铜连中央部分的份额都无法供给，加上银钱比价持续上升，制钱价格不断低落，清政府不得不采取措施，更换铸币形式，开始发行不足值的铜制货币。1900 年，受到外国铜币的影响，两广总督德寿在李鸿章的建议下，以"粤省地邻港、澳，外洋当十铜仙，内地商民间亦搭用，饬局试铸以资周转"为由，在广东铸造不带方孔的新型机制铜元。结果"行销无滞，军民称便"，并且"核计工本虽无盈余，亦尚不耗公款"②。也就是说，铜元的优点是以批量制造降低了成本，官方即使没有太大盈利空间，但也不

---

① 林则徐：《会奏查议银昂钱践除弊便民事宜折》，《林文忠公政书》江苏奏稿卷一。

② 中国人民银行总行参事室金融史料组：《中国近代货币史资料》第 1 辑，中华书局 1964 年版，第 577 页。

会亏损。而且铜元设计花纹精致,仿制难度大,降低了伪造的风险。于是清廷在1902年起要求沿江沿海各省依照办理。而自铸银元的经历也为铜元的铸造提供了借鉴。

晚清铸造的铜元种类繁多,以当十铜元为主,在形制上大致分为两种,一种是"光绪元宝",一种是"大清铜币"。由于新铸机制铜元整齐精致,在流通中受到欢迎,更为重要的是铸造铜元能够获得丰厚的"余利"。清廷发布"上谕"之后,随即为大多数省份所仿效,到1905年达到全盛时代,"开铸已有十七省,设局多至二十处"①。1905年是铜元局的全盛时期,设铜元局的省份有12个,共设局15个。1903—1909年所铸铜元总数大约在140亿枚。随着铜元的滥铸及其数量的急剧增加,其价值也随即减低,逐渐贬值。铜元发行之初的1902—1903年,一块银元仅换铜元80枚,到1904年末增至88枚,1905年换96～107枚,1906年换110枚,1908年为120枚,1909年更增至180枚。② 1910年9月《申报》一则消息中说:根据各省报告,度支部通盘核估,"从前铸出之铜元,其买铜之费已抵银一万万两。如照放出之铜元核其价值,非有二万万两之资本银不能收回"③。

虽然铜元与制钱一样,也是中央和各省分别铸造,但中央对全国管辖权已经弱化。辛亥革命前,各省滥铸铜元的现象已经有所显露。虽然户部造币总局铸造了大量"大清铜币",但与地方制造的铜元相比并没有成色和质量的优势。民国时期,中央政府更加无力控制地方势力,地方滥铸铜元的现象更加突出,军阀将其作为获利和筹措军费的手段,铜元市场更加混乱。如湖北铜元局,从清末开始一直占据全国铸造铜元的大量份额,民国前十年,湖北铜元局铸造铜元总数占据了全国的1/4以上,而江苏、广东、四川、云南、奉天、湖南、山西等地也铸造了大量铜元。从1917年起,各地发行的铜元不再是单一的当十和当二十面值,而是从当一到当二百不等,形制愈加不一。从清末起,各地发行铜元数额见表2.3。

表2.3　　清末民初各省铸造铜元额　　单位:枚

	当五十	当二十	当十	当五	当二	当一
天津	1 304 484	3 421 205 072	2 514 966 785	2 170 122	13 353 877	92 126 849
江苏		58 500 000	4 244 333 886			
湖北	2 564 000	2 733 806 103	9 121 782 723	9 846 000	844 000	46 382 000
广东			1 237 794 375			

① (民)财政部钱币司:《币制汇编》第四册,第236页。

② 梁启超:《各省滥铸铜元小史》,见邱思达编《中国近代史铸币图说》,中国书店1991年版,第95页。

③ 中国人民银行总行参事室金融史料组:《中国近代货币史资料》第1辑下册,中华书局1964年版,第978页。

续表

	当五十	当二十	当十	当五	当二	当一
四川*	373 646 326	178 826 526	749 516 902	556 121		
云南	3 937 575	910 410	36 701 057			
奉天		65 986 778	257 435 428			
重庆	61 124 500	31 380 225				
湖南		51 328 200	11 090 995 625			
山西		23 257 023	451 608 472			
其他		10 445 262	5 399 944 522	8 923 739	15 364 764	21 979 512

注：* 四川另发行当二百铜元 764 923 353 枚，当百铜元 404 295 260 枚。

资料来源：中国人民银行总行参事室，《中华民国货币史资料》第1辑，上海人民出版社 1986 年版，第 738 页。

除数量和种类大增外，各省铸造的铜元成色也各不相同，减重明显。从全国范围看，湖南和湖北两省所铸铜元最轻，因此各省之间开始排挤外省铜元，禁止铜元跨省流通使用。而减重的原因主要是由于救济财政不足、扩充军备和谋取铸造利益。滥铸和减重导致铜元 100 枚兑换银元 1 枚的比价无法维持，铜元价格呈不断下跌趋势。如前所述，在清末铜元最初发行时，1 枚银元仅可兑换铜元 80 枚。但 1917 年左右时，京津地区 1 枚银元可兑换铜元 130 枚左右，到 1924 年可以兑换 200 枚以上，1926 年即蹿升到 300 枚以上。但由于铜元流通具有区域性，各地的价格差别很大，例如 1925 年 1 月，北京地区银元 1 枚平均可兑换铜元 259 枚，但在福州该价格仅为 191 枚。尽管北洋政府敕令各地勿滥铸铜元，呼吁停止减重，但并没有收到实质性成效。

铜元铸造采用西方机制技术，同时保留了制钱内核。所不同的是，原有的足值货币变成了不足值货币，导致在铜的层级内部产生了良币和劣币之分，铜元的行用导致制钱被挤出，但由于机制铜元形制精巧且大小一致，难以被仿铸，虽然其比制钱有所减重，但还是被人们所广泛接受。广东地区最初发行铜元时，标明百枚兑换银元一枚，而后来各省铸造的铜元都标明了值制钱若干，如当十、当二十等等。这说明铜元既与制钱挂钩，又与银元挂钩，成为沟通上下两个层次的新货币。铜元的铸造不仅是中国货币史上一次大的变革，而且也引起了一场物价革命，影响了人民的生活水平。“在以前，大钱跌价，人民就用制钱，物价又复原。这次铜元跌价，都市人民的生活费就跟着涨了”，但“从制度上说起来，使用铜元，和使用当十大钱，并没有什么不同”。[①] 铜元的最大变革恰恰在于它的出现破坏了银两与制钱并存的货币运行体系，从而使在中国流

① 彭信威：《中国货币史》，上海人民出版社 1965 年版，第 627 页。

通两千余年的方孔铜钱开始退出流通领域。

四、纸币的发行与管理

纸币在中国出现得很早，但自明代以后便陷入沉寂，并未实现金属货币向信用货币的转变，虽然期间有不少民间商铺发行的私票、凭帖等类似于纸币的信用工具，但都没有在国家层面上进行统一。鸦片战争以后，已经有外国银行在中国设立并发行钞票，其发行的银元和银两钞票在长江流域有很大的势力。在戊戌变法以前，清政府采取放任政策听凭中外商人自由发行纸币，导致了市场上纸币的混乱。

鸦片战争后，外商银行纷纷在中国境内发行与流通外国纸币。从其来源看，大约包括三个部分。一是在华外商银行非法发行的纸币。从 1870 年起，外商银行借口享有“治外法权”，不经中国政府批准，擅自在华发行纸币。在清朝最后的二十多年中，外国银行在华发行纸币数，以英籍银行占第一位，其中尤以汇丰银行发行钞票的影响力和流通程度最大，到了 19 世纪 80 年代中期，“所出钞票，在厦门一隅，已约六七十万”，出口茶叶的华侨汇款都以汇丰的“银元钞票支付”。① 日籍银行发行的钞票数量居第二位，再次为法、德、俄。这部分非法纸币在外币流通总额中所占比重最大。二是中外合资银行经过中国政府特许发行的纸币，实际发行权掌握在外国人手中，也不受中国法律约束。这部分纸币发行的时间不及第一部分长，流通范围也有限。但其信用很差，使中国人民遭受的损失也最大。三是在境外发行而流入中国行用的纸币，如美国联邦储备银行发行的美钞，中国香港三家银行的港币，法国东方汇理银行发行的安南票，沙俄国家银行发行的卢布纸币，日本银行发行的日本金票和台湾银行发行的龙洋票、台伏票等银元单位的纸币等。②

凡是以中国市场为对象而发行的外国纸币，全部在中国境内流通。如华俄道胜、横滨正金、花旗、德华及比、荷、法诸国与中外合资银行发行的纸币。至于以中国以外地区为发行对象的有些银行发行的纸币，如汇丰等，大部分在中国的长江下游及珠江三角洲流通。有的纸币并不是只针对中国发行，只有部分在中国流通，如中国的台湾银行和日本的朝鲜银行发行的纸币，约有三分之一流通于我国东北和福建；东方汇理银行发行的安南纸币有一部分在云南、广西流通。③

民间机构也加入发行钞券的行列。如钱庄、钱铺、商号等任意发行钱票、钱帖等具有纸币性质的私人票券，在市面上流通，清末尤其严重。清政府限制钱商出票，颁布查禁架空钱票章程，严禁私帖流通。宣统元年（公元 1909 年），清政府整顿钱法，订立《通

① 张国辉：《中国金融通史》第 2 卷，中国金融出版社 2002 年版，第 239 页。
② 千家驹、郭彦岗：《中国货币演变史》，上海人民出版社 2005 年版，第 205—206 页。
③ 千家驹、郭彦岗：《中国货币演变史》，上海人民出版社 2005 年版，第 206 页。

用银钱暂行章程》，在发行种类、发行额度上加以限制，并责成担保，严格要求发行准备，由政府随时抽查，限期收回已发数并考虑逐渐取缔。宣统二年(公元1910年)，度支部颁发“兑换纸币则例”，由大清银行统一管理发行。同年五月，限制官商行号发行纸币，已发者，限五年内收回，不准再发。这些措施都没有真正实行，民间货币依旧在市面上流通。①

清政府对于纸币最初采取不加管理的态度，观望多年以后才决定进行效仿也发行自己的钞票。光绪二十三年(公元1897年)，清政府接受盛宣怀的建议，设立中国通商银行，次年发行银两、银元两种钞币，这是中国最早的银行兑换券。② 不久，浙江兴业银行、四明商业银行等和标榜储蓄为目的的信成银行、信义银行等都取得了钞票发行权。这些银行发行了少量的钞票。③

为了整顿币制与统一货币，光绪三十年(公元1904年)由户部奏报创办银行计划，并拟定了《试办银行章程》，要求赋予其代理国家发行纸币并代理国库的权限。这一奏本得到清政府的批准。奕劻是这一制度的重要支持者，他认为只有建立国家银行，政府才能通过金融手段弥补财政亏空，而统一币制也需要中央银行作为推进器。因此，应由国家出资，仿照西方设立央行，作为执行货币政策的工具。④

在奕劻的推动下，户部开始着手准备设立央行的具体事宜，明确户部银行的性质、权限、职责等事项。1905年9月27日，清政府在北京设立户部银行——这是我国最早由官方开办、官商合办的股份制国家银行。1906年，户部改称为度支部后，户部银行也改称大清银行。1908年，度支部颁布《大清银行则例》24条，重申了大清银行发行货币、代理国库、稳定通货等职能，规定了银行的业务范围与组织原则，从法律的角度正式对银行及其相关金融机构进行规范。规定银行经营的业务主要有：票据贴现，短期拆息，存放款，买卖生金银，兑换、代收与经营票据，发行期票，发行银钱票等。《大清银行则例》是中国第一个对金融业统一管理的法律文件，巩固了大清银行的国家银行性质，几乎将大清银行的控制权完全归于度支部，很大程度上加强了中央财政集权。⑤

清政府试图以建立中央银行的方式缓和混乱的秩序，先建立中央机构，再对地方进行限制和管理。通过在各地设立分行来削弱地方财权，并将民间私票的影响降到最低。在制度和法令层面，清政府为统一发行权、限制发行量做出了巨大的努力，利用高额准备金制度来遏制通货膨胀和稳定币值。这种做法看起来是符合经济规律的，但事

① 千家驹、郭彦岗：《中国货币演变史》，上海人民出版社2005年版，第212页。
② 彭信威：《中国货币史》，上海人民出版社1965年版，第599页。
③ 千家驹、郭彦岗：《中国货币演变史》，上海人民出版社2005年版，第211页。
④ 田牛：《清末通货膨胀问题研究》，经济管理出版社2017年版，第246页。
⑤ 尤越：《中国最早的银行法——〈大清银行则例〉》，《中国城市金融》2017年第10期。

实上，1905—1910 年，大部分物价呈现上涨趋势，虽然未形成恶性通货膨胀，但也说明了清政府的新式银行并没有能够完全按照法令行使职责。

五、晚清货币流通格局

从咸丰货币改革开始至清政府垮台，市场上的货币种类明显增多，不仅有旧式金属货币，也有新式的金属货币与纸币，既有中国发行的货币，又有外国货币，两者同时流通。一时间，货币市场呈现出混乱的局面。但从整体上来说，货币市场还是遵循着银钱两个层级来运行的。与此同时，在不同区域呈现出若干不同的特点。

银钱分层的货币制度在全国范围内的主要表现就是白银作为上层货币，广泛流通于大城市和通商口岸，并在大宗贸易和对外贸易中得以大量使用。这一时期，在白银作为称量货币的同时，作为计数铸币的银元也在中国境内开始大量流通，成为白银制度的重要转折点。铜制货币在清末货币体系中属于下层，即在一般交易中使用，且流通范围几乎遍及全国，无论是城市还是农村，铜钱或铜元成为日常交易使用的主要货币。在这其中，铜元的流通和使用是铜钱制度发展到清末的最大变革，不论是自上而下，还是自下而上，政府和人民开始放弃行用了两千多年的方孔铜钱，转而使用成色质地较为均匀的无孔机制铜元。然而，铜元对于铜钱的替代并不彻底，随着铜元的减重和滥铸，铜钱又反过来替代铜元，一度成为市场上追逐的“良币”。纸币在清末以前已经大量产生，但其分布主要是在通商口岸城市，这其中主要是外资银行发行的钞票，虽然清政府与传统民间金融机构也发行了部分纸币，但其并没有占据市场的主流，实际上的混合流通格局非常明显。

据统计，在清末货币流通份额比例构成中，外国银元在市场上的流通比例最高，为 43.33%，而本国银元和小银元也达到了 17.15%，外国钞票和本国钞票各占据 12.55%和 12.35%，其余部分则为铜钱和铜元。[①] 铜元和制钱的总体比重较低，这是由于统计口径是按照流通价值计算的，铜制货币的价值本身就远低于银制货币。如果就发行数量而言，仅 1904—1908 年间各省铸造的铜元数量就达到了 120 余亿枚。

第二节　货币本位之争与清末民初的币制改革

近代中国的币制变革，本质上是将货币主导权从民间商人手中收归政府，确立国家的垄断发行权和公共信用。其基本表现形式就是推进本位货币制度的建设并统一

---

① 千家驹、郭彦岗：《中国货币演变史》，上海人民出版社 2005 年版，第 198 页。

货币的发行过程。如前所述，19 世纪 50 年代，清政府迫于财政与经济压力，进行了一次货币改革尝试，但除造成严重的通货膨胀之外，在货币制度方面并没有取得任何进展。从 19 世纪 70 年代开始，世界主要工业化国家先后实行了金本位制，金银比价发生很大变化。这不仅影响着中国对外贸易的结算，而且直接影响到清政府的对外借款与还本付息问题。在甲午战争后的对日赔款与义和团运动后的庚子赔款中，清政府遇到了严重的"镑亏"问题，从而引发了关于币制改革与本位问题的激烈争论。关于近代中国货币本位改革的主张，大体上分为以下几种：一是直接推行金本位，二是采取金汇兑本位，三是采用银本位。国内外各方博弈的最终结果大体上是先采用银本位制，然后再逐渐过渡到金本位制度。

一、金本位制改革方案

推行金本位制是中央政府货币制度的基本目标。通过金本位货币制度改革，一方面，实现与国际货币制度接轨，减少对外赔款的镑亏损失；另一方面，统一国内币制，建立政府在货币铸造和发行上的绝对主导权，垄断铸币税收益。早在 1886 年，马建忠在讨论漠河金矿时就提出铸造金币的主张。1895 年，胡橘棻向清政府提出币制改革请愿书，建议各贸易港建立造币厂，在政府直接管理下以法定标准价值铸造金、银、铜币，在北京设立财政部管理下的国立银行，发行统一的纸币。同年 12 月，监察御史王鹏运也提出应购买国外铸币机器，铸造金、银、铜三种硬币。1896 年，盛宣怀提出在京师设立银元总局，广东、湖北、天津、上海设分局，开铸银币，每元重京平九成银一两，同时，还提出在北京和上海设立国立银行。1897 年，杨宜治从偿还外债的角度出发，提出直接仿照英国币制，制造与英镑、先令同等重量的金银币，同时，还要求各省督抚开采金矿，增加黄金产出，并以金银币为准备，发行钞票。1903 年，驻俄公使胡维德也认为应该统一铸造金、银、铜三种货币，以金为主币，银、铜为辅币，在全国统一通行。1918 年 8 月，北洋政府财政部颁布《金券条例》，财政部总长曹汝霖再次提出实行金本位的主张。《金券条例》的内容主要是确定一个金币单位，并以此为基础发行金券，指定金券的发行机构，并规定金券的兑换规则等。①

海关金单位改革是金本位制的一次局部尝试。1930 年 1 月 15 日，国民政府财政部发布命令，废除海关两，从 2 月 1 日起，进口税及以进口税为基础的关税（例如码头税、附加税）全部用海关金单位征收。创立海关金单位的目的是为了"维持关税收入并安定国内银价"②。因为金贵银贱导致汇价激烈波动，使以银两计价的海关收入不足

---

① [美]耿爱德(E. Kann)著，蔡受百译：《中国货币论》，商务印书馆 1929 年版，第 378—379 页。

② 朱胜愉：《海关金单位计算法之今昔》，《银行周报》1935 年第 19 卷第 15 期。

以担保外债偿付。通过中央银行规定的海关金单位与外币的汇率征收进口关税，可以避免以银两计算外币汇率而产生的损失，同时奠定采用金本位制的基础。以海关金本位征收进口关税由中央银行进行代收，并由中央银行发行海关关金本位钞票。关金兑换券的发行权专属于中央银行，由中央银行上海总行于 1931 年 5 月 1 日发行。票面计分十分、二十分及金单位一元、五元、十元 5 种，规定每一单位关金券等于美金 4 角。准备金以六成现金库存，四成以国外卓著银行金债票充之。①

二、金汇兑本位制改革方案

金汇兑本位制是银本位与金本位的折中，通常针对用银之国。为了规避金银比价波动的汇兑风险，以及不改变国内用银习惯，在国内仍以银为主要货币，在金本位国存储一定数量的金货币，作为国际汇兑之准备，并确定法定金银汇价。此种币制可避免银价下跌对银本位国造成的汇兑损失，同时，由于在国内无需以金币流通，仅需在国外银行保持一定的金储备，无需大量黄金，因而可缓解因黄金数量不足而导致金本位实施的困难。外国列强支持中国政府实施金本位制度，以划一货币，进而消除繁杂的兑换率和币值变动。然而，为了获得更多的在华政治经济权益，列强并不支持中国直接实施金本位，而是采用附属于其货币制度的金汇兑本位制度。

1903 年，海关总税务使赫德向清政府提交《中国银价确定金价论》，提出金汇兑本位制的提案。主要原则有：集货币发行权于中央政府，改铸统一的银币与铜币；规定货币与外币平价；保有外汇和金银作为偿还外债或未来发行金币的准备金。1903 年，美国成立国际汇兑调查委员会，帮助中国、墨西哥解决镑亏问题。同年 11 月，美国政府派精琪到中国，并于次年（1904 年）向清政府提交金汇兑本位制改革的具体方案。其主要内容包括：聘用外国人为司泉官；重新铸造统一的新银币，由政府掌控货币铸造权，根据市场中货币需求的数量调整发行量；通过政府的财政收支，来确立新币的信用；金款可通过铸造新币的铸币税收益、清政府欠西方各国赔款中的磅亏数额，以及向国外借款来获得。②

1907 年，驻英公使汪大燮提出先统一银本位货币，然后逐渐过渡到金汇兑本位制的改革方案。根据当时已改为金本位或金汇兑本位制国家的经验，“纯金本位，积金太多，需数亦巨。不纯金本位，则由各国时势所趋，渐次发达而成，均非现在我国所能仿行。惟虚定金本位，在向不用金之国，改至金本位，乃必经之阶级”。因此，他认为中国当时以银为主，未曾经历用金之阶段，需首先过渡到金汇兑本位制，方可逐步实现金本

---

① 蔼卢：《关金券与金本位》，《银行周报》1931 年第 15 卷第 15 期；《关金兑换券发行办法》，《银行周报》1931 年第 15 卷第 16 期。

② 陈度：《中国近代币制问题汇编》第 1 册，“币制”篇，第 61—65 页。

位之目标。他根据各国经验，提出了四种过渡方式：第一，首先统一全国银元，然后逐渐将银元价值抬高二成，确定兑换金价。这是印度所采取的办法。第二，统一银元时即确定金银比价，也将银元的价值提高二成，定为法定金银比价，在国内使用银元，向国外汇兑则使用金本位货币。菲律宾即用此法。第三，与第二种类似，但增加了纸币发行，可替代银元流通。第四，仿照美国改革币制的办法，首先铸造新银元，收回旧银元和生银，存于国库，再发行纸币，待纸币逐渐流通于全国，改为以金兑换之纸币，但可按金银比价以银兑换。① 这四种方法都可减少对金的使用，尤其是后两种方法。无论哪种方法，其首要任务都是统一国内货币，而这在当时国内货币体系混乱的情形下是较为困难的，金汇兑本位的推行更需假以时日。

1912 年，中国政府币制顾问荷兰人卫斯林也提出了类似的方案，他认为中国不宜立即实行金本位或金汇兑本位，应保留国内银本位货币的流通，同时进行金汇兑本位制的尝试，并建议分三期逐渐过渡到金汇兑本位。第一期的改革方案为：首先拟定一个金单位，以供未来改为金汇兑本位时采用；其次，设立中央银行，并将此金币单位作为各银行的记账单位（包括中国私人银行和外国银行），同时发行以金为兑现准备之银行兑换券，然后逐渐确定兑换券为法定货币。在第二期，确定各种辅币的成色和重量，发行各种辅币。如有必要，可铸造金币，或承认外国金币为法偿货币，并发行金币证券。同时将银辅币，及金币、金币证券定为法定货币。第三期，收回银元、银两、制钱，根据实际需要，逐渐废除银铜货币。②

1929 年春，南京国民政府聘请普林斯顿大学教授甘末尔（E. W. Kemmerer）等财政金融专家，设立财政部设计委员会，研究制定财政金融的改革方案。该委员会于同年 11 月 11 日向财政部长宋子文提交《中国逐步采用金本位币制法草案及理由书》的币制改革方案，即所谓的甘末尔报告书。该草案之目的，“乃规定逐渐采用一种合宜之金汇兑本位制，并设法使现行种种货币永远收回，而使中国有全国统一之金币制”。其主要内容为：新币制的法定价值单位，拟定为“孙”，含纯金 60.1866 公毫，其价值相当于美金 0.4 元，英金 1 先令 7.726 便士，日金 0.8025 元。铸造包括一“孙”、五角、二角等银币，一角、五分等镍币，一分、半分、二厘等铜币。“惟最小之铜币，非有迫切之需要，则不铸造。”银币及其他各种货币均为名目货币，“政府得依其选择，以金汇票或生金为无制限的兑换，藉以维持银孙与金单位之平价”。③ 这份报告的实质是逐渐采行

---

① 陈度：《中国近代币制问题汇编》第 1 册，“币制”篇，第 132—133 页。

② 陈度：《中国近代币制问题汇编》第 1 册，“币制”篇，第 418—419 页。

③ 《中国逐渐采行金本位制法案及理由书大要》，《东方杂志》1930 年第 27 期，第 116 页；《中华民国货币史资料》第 2 辑，上海人民出版社 1991 年版，第 68—69 页。

金汇兑本位制，但由于报告形成后正逢“银的金值跌落达25%”[①]，加之政治的不稳定和民间交易仍惯用现银交易，这一方案并未得到实施。

三、银本位制或暂行银本位制

清末时期，以地方督抚为代表的地方实力派为了分享货币发行权并获取一定的铸币税，主张采用银本位。在朝野对币制问题激烈争论的同时，他们已经在各省大量铸造银元。银本位的强力支持者以张之洞为代表，他强烈反对金汇兑本位制，认为这将造成外国政府对中国财政的直接干预，并于1905年提出银双币值，即七钱二分与一两两种银元。1905年以前所铸的银币多以七钱二分为标准，1905年财政处奏准《铸造银币分两成色章程》，将库平一两规定为本位货币，并铸造“五钱、二钱、一钱三种银币，与现铸之铜元旧有之制钱相辅而行”，主币不限数量，小银币每次授受不得超过十两。[②]1910年的《币制则例》最终确定以元为货币单位的银本位改革方案。

进入民国，各方博弈的结果是暂行银本位制，然后再逐渐过渡到金本位制度。在中华民国建立之初的第一次和第二次币制委员会上，关于货币制度仍然存在各种不同的主张。以1914年2月《国币条例》为标志，人们的意见才逐渐取得一致，即先采用银本位制，然后再逐渐过渡到金本位制。“国人对于币制之主张，均以施行金本位为归宿，而以暂行银本位为过渡办法，殆为全国一致之主张。”[③]1915年8月，财政部币制委员会拟定《修正国币条例草案》，对原《国币条例》部分条款进行修改。内容主要为：第一，将一元银币的成色降为银占89%，铜占11%，重量不变；第二，辅币种类中取消角，由于当时流通中仍存大量前清铸造的旧银角和铜元，且银角与银元的比价为一银元合十二银角，合铜元为一百三四十枚，而新国币以十进制换算，不免发生冲突，故而取消；第三，为将来推行金本位做准备，增加了铸造金币条款，并拟定金币成色为十元金币含纯金一钱六分零八毫，金九成，铜一成，总重一钱七分八厘。[④]

《国币条例》颁布以后，币制局设立，由梁启超任总裁。梁启超主张推进《国币条例》之规划，采取措施，由银本位制过渡到金本位制，认为该工作应“分三期进行。第一期统一主币，先统一南北洋及各省杂色银元之市价，再发行新主币，改铸旧银元及外国银元。第二期统一辅币，首先发行新辅币，与旧辅币并行，再设法收回旧辅币改铸。第

---

① 毕匿克(A. W. Pinnick)著，褚保石、王栋译：《银与中国》，商务印书馆1933年版，第69页。

② 中国人民银行总行参事室金融史料组：《中国近代货币史资料》第1辑，中华书局1964年版，第732—734页。

③ 张辑颜：《中国金融论》，黎明书局1936年版，第137页。

④ 中国人民银行总行参事室：《中华民国货币史资料》第1辑，上海人民出版社1986年版，第88—90、106—110页。

三期改革为金本位。先规定金主币之重量。以一元银币为代表币。设立交换金币及国外汇兑金货之机关。俟稍有成效后，即发行金币及金券，收回一元银币，使中元以下之银铜币，完全为金主币之辅币”①。然而，梁启超虽然成为财政部长，但无法筹措运行以上办法的资金，随即辞职。

此后，为了统一币制，推行银元，政府铸造了大量新的国币。1925年，梁士诒在谈及民国初年银元铸造时，提及“当时初造北洋银元六百余万，……后又收买墨洋一千八百余万元，以铸袁像新币。九个月中，每月计铸三十万元，国币因此流通”。自1889年张之洞在广东开铸银元起，至1913年底，“银元约共铸有二万二千一百余万元，小洋约共铸有二万三千余万元”。1913—1916年，“银元约共铸有一万八千余万元”。1917—1918年，“银元约共铸有一万五千余万元，小洋约共铸有八千余万元”。由此可知，民国初期在六七年内所铸银元已超过清末二十多年的铸造数额。此外，由于当时国币新模板尚未颁布，为了统一银币铸造，1914年8月21日，财政部下令要求各省造币厂铸造大银元，“均应暂时改用北洋造钢模，以归一律”，且“所有旧模，应一律停用”。②

至1928年，南京国民政府在全国财政会议上仍然重申暂且实行废两改元，确立银本位制，之后再逐步采用外汇金本位制的币制改革方针。会议产生了《财政整理大纲》，决定成立中央银行和统一货币发行权，并将每年的政府造币收益1 500万元作为币制改革基金累积起来，作为实现金本位制的准备。

总体而言，金本位及金汇兑本位货币制度改革之所以在近代中国难以付诸实施，按照之前的主流观点，主要可归结为两方面：一是国内黄金储备不足；二是长期用银的习惯。但实际上，更为关键的因素则在于政府未能确立起国家在货币发行和管理中的公共信用，并保证货币发行权的集中。事实上，英国、日本等资本主义国家在推行金本位货币制度之前，政府已经全面控制货币铸造，并逐步确立起了货币的垄断发行。

第三节　两元之争与废两改元

虽然北洋政府铸造了大量新国币，在市面上流通的银两在日益减少，新式银元的铸造和流通量都不断增长，但形式化的虚银两仍然是商品交易和资金流通的主要标准。正如当时学者所言：“即令现在银元已渐趋一律，然仍视同货物。”③以20世纪20年代的上海为例，各类银行准备金的半数仍为元宝银；各种交易收支虽然多数用银元，

① 侯厚培：《中国近代经济发展史》，大东书局1929年版，第176页。

② 中国人民银行总行参事室：《中华民国货币史资料》第1辑，上海人民出版社1986年版，第110—111页。

③ 蔼庐：《废两改元问题》，《银行周报》1928年第12卷第8期。

但批发商业仍以银两定价或结算；租界中的日常支付和职员薪金均用银两计算；多数有价证券的买卖也以银两开价。按照上海钱业总会的公单收付业绩，在 1932 年以前，80％～90％是使用银两结算的，只有 10％～20％在使用银元。[①] 同时，市场上流通银元的成色重量也没有统一，政府铸造的银元一直没有成为真正统一的本位币。

一、两元之争与废两改元的推进过程

废两改元的争论主要经历了两个阶段，第一阶段为 1917—1920 年前后，第二阶段为 1928—1933 年。第一阶段由于政权纷争四起，政府无暇顾及币制改革之事，以及政府统治能力不足，难以推行全国性的改革措施，废两改元未能实行。第二阶段由于政权逐渐统一，政府势力增强，同时随着银行的兴起，钱业势力已日趋衰微，态度有所缓和，废两改元的共识逐渐达成，最终促成了这一改革措施的推行。

废两改元的提出最早源于 1917 年上海总商会的苏筠尚和张知笙的提议，当时提出此建议由商会议决后，然后告知各国领事，转告各国商人，计划自 1918 年 1 月 1 日起，一律改用银元。银两与银元的折算比价，则由银行公会和钱业公会各派两名代表共同商议决定。但废两用元涉及面极广，牵扯各方利益博弈，仅靠商会力量实难完成。[②] 1921 年在天津召开的全国银行公会联合会第二届会议向政府提出《陈请政府废两为元意见》及《呈财政部币制局废除银两改铸旧币禁止滥铸铜元文》，建议政府废除银两，改铸旧币，允许银元自由铸造，禁止滥铸铜币。为了统一银元成色，1921 年，财政部决定在上海设立造币厂，统一铸造，并于该年 3 月 3 日以发行国库券的形式，向中国银行团借款 250 万元。但由于造币厂资金不足，最终无法落实。[③]

1923 年 11 月，因上海银根紧迫，银行公会组织金融会议，讨论应对办法，并通告钱业公会，主要提出银洋并用，并将银元和银两的法定比价定为银两一千两换银元 1 380 元。但钱业公会并不完全赞同，就此搁浅。[④] 两元并用可促进银元的流通，并逐渐使银元成为记账货币，银行公会的这种主张间接上也有利于废两改元的推进，但未能实行，致使废两改元进一步延迟。汕头通行货币本以七兑纸及国币为主。1925 年 4 月，该埠银庄打压国币，国币价格下跌，进而影响上海的潮汕商人，他们设立汕头国币维持会，并于阴历五月由许崇智下令废除七兑纸，一律使用国币。[⑤] 至此，汕头实现废

---

① 中国人民银行上海市分行：《上海钱庄史料》，上海人民出版社 1978 年版，第 203、271 页。

② 银行周报社：《废两改元问题》，银行周报社 1928 年版，第 21 页。

③ 《上海造币厂借款银团致财政总长暨币制局总裁公函》，《中国银行通信录》1921 年第 67 期，第 25—28 页；徐寄庼：《上海造币厂借款问题》，《银行周报》1922 年第 6 卷第 30 期。

④ 徐沧水：《金融界应付银根紧急之方策》，《银行周报》1923 年第 7 卷第 46 期。

⑤ 蔼庐：《废两改元问题》，《银行周报》1928 年第 12 卷第 8 期。

两改元。此外，截止到1919年，江西、厦门、宁波、杭州、奉天等处已废除银两，改用银元。[①]

南京国民政府成立后，1928年财政部在上海召开财政会议，再次讨论废两改元问题，并计划于1929年7月1日正式实行废两改元。然而，由于中央造币厂开工无期，以致迟迟未能实施。1930年，工商部驻上海办事处召开金融专家会议，讨论救济银价下跌办法，也决定于1930年7月1日实施废两改元，但因钱业公会一再表示时机尚未成熟，且上海造币厂仍未开工，导致该计划再次搁浅。[②] 1932年"一·二八"事变后，上海金融形势紧急，洋厘下跌。政府当局认为，废两改元时机已到，遂开始积极筹备。[③]洋厘下跌造成部分银元被熔化为生银，尤其是成色较高的银元，如1932年，"每日有熔解银元四十万至五十万之多"[④]。若银两不废除，则难以阻挡银元被熔化之势，这将造成银元势力渐微，更不利于废两改元的推进。洋厘下跌主要是由于银元数量大幅增加，银两数量逐渐减少。1932年流通中的银两数量占比仅为8%，而银元占比为92%，全国银元流通额约120亿元，上海银两约九千万两，天津约一千二百万两，汉口约八百万两，三地共约一亿一千万两。[⑤] 这一时期银两主要集中在沿海沿江的通商大埠，内陆商民则以银元为主，银元的流通已极为广泛。银元和银两势力的变化，不仅引起洋厘下跌，也为废两改元的推进奠定了经济基础。

二、废两改元过程中各方利益的博弈

废两改元的实施不仅是各方利益集团博弈的结果，也是对传统交易习惯的革新。其阻力来源于利益受损者的反对，以及长期形成的交易习惯所带来的路径依赖效应。而促进此项改革的推力主要来自商会、银行公会及政府的支持，其中政府的支持及执行力起到至关重要的作用。

钱庄是废两改元最强有力的反对者，其原因主要有两方面：其一，银两一旦废除，钱庄盈利将大受损失。钱庄只以银两记账，银元存款需按洋厘行市兑换成银两入账，并支付部分贴水，而取款时，再折算成银元交出，客户也需支付部分折扣，一进一出之间，钱庄获利甚丰。若以银元存款，则无利息，客户也愿意折算成银两存款。且钱庄与商人联系密切，存款较多，银行也经常将款项存入钱庄，其数额多则千余万元，少则五六百万元。一旦废除银两，钱庄此项营收即无。其二，银两若废除，钱庄的汇划银也不

---

① 永祚：《废两改元议》，《银行周报》1919年第3卷第46期。
② 薛遗生：《当前之废两改元问题》，《银行周报》1932年第16卷第28期。
③ 蔼庐：《废两改元后之问题》，《银行周报》1932年第16卷第26期。
④ 马寅初：《废两改元问题》，《银行周报》1932年第16卷第27期。
⑤ 耿爱德述，蔡受百译：《废两改元之前因后果》，《银行周报》1932年第16卷第27期。

能使用，又多一层损失。[①] 汇划银最初是钱庄之间进行债权债务清偿的一种方式，是钱庄汇划制度的组成部分。若在庄票上加盖“汇划”二字，表示此类票据通常不付现银，而是通过钱庄之间的汇划，相互冲抵往来款项，若要兑付现银，则需延迟一日。若无“汇划”二字，则当日付现，称为划头银。若以汇划银兑换为划头银，需加收一定升水，通常每一千两收二三分至五六分不等。划头银通常用于银行之间的账目往来，汇划银则用于钱庄之间及钱庄与银行之间的账目往来。[②] 因此，汇划银既可为钱庄付现提供一日缓冲时间，避免因兑换数额过巨而难以兑付，还可使钱庄根据市面资金流通情形，加收升水，从中获利，并赚取一日之利息。若废除银两，则此项收益随即丧失。此种制度的弊端在于，金融机构的账目往来皆以记账形式相互冲抵，无须支付现银，若遇市面资金紧缺时，则易造成资金周转不灵。因此，废两改元的支持者认为废除汇划银是实施废两改元的首要任务。

废两改元的实施历经十多年，除了钱业势力一再阻挠外，政府所扮演的角色也起到决定性的作用。正如马寅初所言，废两改元的首要任务是允许银元自由铸造，若无自由铸造，则不仅银元成色难以统一，且银两与银元的比价也难维持稳定。而当时虽然国币条例表明允许自由铸造，但实际并未执行。“各厂遇有送交旧币，往往推诿积压，不即代铸，影响所及，非但阻币制之改良，抑且有妨市面之周转。”[③]商民无法自由铸造银元，旧币难以收回改铸，新币未能统一发行，这无疑阻碍了废两改元的推进。此外，政府在财政收支方面也未能配合废两改元的推进。作为主要税收来源的关税和盐税皆以银两征收，若关税改为以银元征收，则对外贸易将以银元计价，银元的地位将大幅提升。而政府唯恐改征银元后税收减少，于财政收入不利，故未能实行。

除以上两点外，第一阶段政府未能发挥作用的根本原因还在于政府自身的能力与信用未能建立，民间信用在货币供给中发挥主导作用。银两为称量货币，其价值取决于自身的重量及成色，公估局即是鉴定银两重量成色的民间机构，且信用可靠，经公估局公估的银两，重量成色可靠，在流通中的信誉即可大增。如当时上海仅有一家公估局，但信用极好，“无论何家元宝，一经公估局公估过，加了升色，无论华人西商都相信的”。因此，银两可被作为记账货币，主要得益于公估局的可靠信用。银元由政府铸造，其重量成色由政府担保，若其成色划一，信用可靠，则流通无碍。“但中国政府，自欺欺人，所担保之重量成色，往往与定章不符，以故银币跌价。”对于政府信用之不足，马寅初严厉指出：“政府之担保，反不如一公估局，真令人可笑。故欲统一币制，必先使

---

① 马寅初：《废两改元问题》，《银行周报》1932 年第 16 卷第 27 期。

② 寄廎：《废两改元当先自废汇划银始》，《银行周报》1920 年第 4 卷第 44 期。

③ 银行周报社：《废两改元问题》，银行周报社 1928 年版，第 3 页。

政府之担保，较公估局尤为确实，至少须与公估局相等。其所担保之重量成色，必须与定章相符，使人民对于政府增加其信仰。”[①]因此，两元之争，表面上是银两与银元的本位币之争，本质上却是政府信用与民间信用的较量。

政府信用难以建立的一个外在表现是上海造币厂迟迟未能开工，使银元未能统一铸造，形制成色未能一致。废两改元的反对者以此为理由，拖延废除银两的计划。1914 年国币条例颁布后，即开始谋划在上海设立统领全国的造币厂，虽然酝酿已久，但直到 1920 年，上海金融界遂有建立上海造币厂之提案。1921 年 3 月，财政部与造币厂借款银行团订立借款合同。此后，由财政部派人主持厂务，但几易其主，所借款项已消耗殆尽，若要开工铸造，至少需要再筹款 300 万元。因资金不足，厂务停滞。[②] 1928 年，南京国民政府财政部召开经济金融会议，讨论币制问题，再次提及上海造币厂的建设，并提出须在半年内恢复上海造币厂开工铸造，但此次决议再次搁置。[③] 1931 年，上海造币厂厂长郭标向财政部部长宋子文请示开工日期，认为内部机器已经准备妥当，只等宋部长下令，即可开工，并决定于 1932 年元旦举行开工典礼，1 月 5 日正式开工。[④] 但这次计划再次落空，直到 1933 年 3 月才正式开工，至该年 10 月，每月工作 26 天，平均每日铸造约 15 万元。[⑤] 至 1934 年，每日铸造数量已增加到 25 万元。[⑥]

虽然受到诸多阻碍，但废两改元的计划在第二阶段经过多方讨论后，最终得以实行。这一阶段废两改元的成功主要得益于两方面：一方面是政府的大力支持和推动，随着南京国民政府建立后，政权逐渐集中，统治能力增强，为废两改元的实施奠定了政治基础；另一方面是银元数量日益增加，银两日渐衰微，洋厘下跌，为废两改元的推进形成了客观的经济基础。虽然废两改元最终得以实施，但其过程也屡经周折，最大的阻力仍来自钱业。这一时期钱业并未明确表示反对，仅表示“原则上同意，惟须假以时日”，实际上仍以时机不成熟为理由，企图继续拖延废两改元的推行。钱业的反对，虽然主要是基于自身利益考虑，但同时也包含对政府掌控货币发行权的不信任。1932 年 7 月 11 日，钱业公会在宁波召开记者会，公会主席秦润卿在会上表示政府未能对纸币和硬币的混乱情形进行整顿，一旦废两改元，可能引发币制混乱，而且可能因货币供给不足，造成纸币发行增加。俞佐廷的汇报基本与秦润卿类似，也认为废两改元后，可能引起纸币超发，“若一旦废两改元，硬币不敷，势必软币代之，窃恐小而踏平津汉口等

---

① 银行周报社：《废两改元问题》，银行周报社 1928 年版，第 125—126 页。
② 静如：《设立上海造币厂之回顾及其前途》，《银行周报》1924 年第 8 卷第 5 期。
③ 《经济会议金融股催设上海造币厂》，《银行周报》1928 年第 12 卷第 36 期。
④ 《上海造币厂开工有期》，《银行周报》1931 年第 15 卷第 46 期。
⑤ 《上海造币厂之近况》，《银行周报》1933 年第 17 卷第 44 期。
⑥ 《中央造币厂一年来铸币成绩》，《中央银行月报》1934 年第 3 卷第 6 期。

之覆辙,大则步俄德之后尘"[1]。这种担忧实际上仍暗含着对政府发行货币的不信任。

三、废两改元的实施及其意义

1928年之后,政权逐渐统一,政府主导的新式银行得到快速发展,废两改元的共识逐渐达成。按照1933年4月的《财政部公告》规定,"兹定四月六日起,所有公私款项之收付与订立契约、票据及一切交易,须一律改用银币,不得再用银两。其在是日以前原定以银两为收付者,在上海应以规元银七钱一分五厘折合银币一元为标准,概以银币收付。如在上海以外各地方,应按四月五日申汇行市先行折合规元,再以规元七钱一分五厘折合银币一元为标准,概以银币收付。其在是日以后新立契约票据与公私款项之收付及一切交易而仍用银两者在法律上无效。至持有银两者,得依照银本位铸造条例之规定,请求中央造币厂代铸银币,或送交就地中央、中国、交通三银行兑换银币行使,以资便利"[2]。同年6月6日,"财政部咨各省市政府文"订定了田赋改征银币办法。"各省市田赋正税,并附加等项,一律依照废两改元通案,切实废除两、石办法,改按标准国币征收。"[3]按照以上规定,从上海开始,各地银行公会和钱业公会先后议定详细实施办法,进行了废两改元改革。

财政部拟定银本位币之型式,经行政院批准,由中央造币厂铸造银本位币和厂条。"所有该项币模由部发交中央造币厂以法鼓铸,复经中央造币厂审查委员会依照审查章程之规定详加化验,核其重量成色均与法定相符。开铸以来每日铸数已达二十万元以上,自应定期发行,以资流通。"财政部训令上海银钱两业,限其于一个月内将所有库存宝银缴纳中央银行,依照规定换算率,兑取银元,不得再用宝银作准备金之用。中央造币厂已另行鼓铸一种千元银条,每条银元一千,兑换一条,作为各行庄准备金之用。同时要求各地银炉一律停业并撤销公估局。[4] 据统计,从1933年3月至1935年6月,中央造币厂铸造银币13 259万元。从1933年8月至1935年6月,铸造甲种厂条3 621条,价值362.1万元,乙种厂条51 740条,价值5 174万元。[5]

废两改元彻底结束了长期以来银两与银元并用的混乱局面,并最终完成了从清末以来所确立的银本位的货币运行体系。首先,废两改元剥夺了传统的依托行业公会特权的银炉业者对银两铸造和发行的权力,改由国家统一铸造,使货币铸造权归由国家控制。其次,废两改元也削弱了原先金融市场上对银两经济有支配权的银钱业者(钱

---

① 《废两改元问题面面观》,《银行周报》1932年第16卷第27期。
② 中国人民银行总行参事室:《中华民国货币史资料》第2辑,上海人民出版社1991年版,第94页。
③ 中国人民银行总行参事室:《中华民国货币史资料》第2辑,上海人民出版社1991年版,第95页。
④ 中国人民银行总行参事室:《中华民国货币史资料》第2辑,上海人民出版社1991年版,第96—98页。
⑤ 周启邦:《中央造币厂之沿革》附表,《中央银行月报》1935年第4卷第10号,第2179—2180页。

庄),从而也间接弱化了作为这些行业后盾的外国银行势力。最后,废两改元实现了国民政府对本位金属货币白银的全面掌控,中央政府和国家银行在货币金融领域的统制力进一步增强,也为两年后实施法币改革奠定了基础。

第四节 法币改革及其影响

一、法币改革的背景

1929—1933 年,欧美各国发生经济危机,国内经济萧条,为了促进出口,各国相继放弃金本位,使本国货币贬值。英国于 1931 年 9 月 21 日放弃金本位,美国也于 1933 年 4 月放弃金本位制。大萧条初期世界银价下跌,也阻碍了西方各国的商品出口。1934 年,为了刺激出口,提高银价,美国通过了白银法案,计划收购白银。此项政策使白银价格快速上升,“同一国币,在国内只值一元,在国外已实值一元六角五分左右”[1],价差已达 60%左右,如此大的价差,势必使银元大量流出。银价上涨不仅使中国出口商品价格上涨,出口减少,贸易入超加剧,还使国内物价低落,通货紧缩,经济萧条。国内白银逐渐减少,导致银行现金储备不足,银本位制难以维持。

美国白银法案通过后,世界白银价格急剧上涨,对中国的货币、财政和经济造成了巨大冲击。1934 年,中国白银净出口量(不包括走私)为 25 700 万元,其中 80%左右是从美国白银法案通过后至 10 月 15 日不到 4 个月内运出的。1934 年白银出口量达到了中国以往最高白银流出记录 1907 年的 5 倍。上海中外各大银行的白银存量从 1934 年 5 月的 56 935.6 万元下降到 1935 年 5 月底的 33 508.1 万元,一年内下降了约 41%。[2] 白银外流导致银根趋紧,钱庄的放款利息从 1934 年上半年的年息六厘上升到 1935 年 1 月的二分六厘。银根趋紧使部分商民通过出售外汇以期获取现金,远期外汇还须贴水。白银外流和银价上涨还波及对外贸易、证券市场、房地产市场及各类工商业。1934 年下半年,中国的对外贸易总额比上半年下降了 16%,政府和实业债券价格下降了 10%,上海中心地价下降了 15%,工业证券价格下降了 7%,商业倒闭向各处蔓延。“上海一地工厂停工者,十居其三;商业停业者,十居其四。失业职工,日有增加,可统计者,数达七十余万。”[3]此外,政府的财政收支,尤其是关税,也受到严重威胁,各类基础设施建设计划受阻。“种种迹象证实,上涨的通货价值,就中国来说,实

---

① 杨荫溥:《中国金融研究》,商务印书馆 1936 年版,第 2 页。
② 朱偰:《世界通货战争之现阶段及中国应取之对策》,《东方杂志》1935 年第 13 期。
③ 朱偰:《世界通货战争之现阶段及中国应取之对策》,《东方杂志》1935 年第 13 期。

为灾难,因为它带来了通货紧缩。”①

面对货币紧缩和经济危机,国民政府从1934年10月15日开始征收10%的白银出口税。同时,成立外汇平市委员会,稳定外汇和生金银交易,平定市面。② 对白银征收出口税的措施,实际上并没有达到限制白银出口的目的,反而引起大量走私出口。时人认为,“白银之流出,决非征收白银出口税所能阻止。征收白银出口税后,公开流出表面虽可绝迹或减少,实际上反为私运者造机会,而促进长期巨额之流出”③。因此,白银流出难以限制,国内通货紧缩日益严重,国民政府只能选择脱离银本位制。而脱离银本位后,存在两种方案可供选择:其一为采用金本位制;其二为效仿西方各国放弃金本位的办法,采用有管理的信用货币制度。

国民政府首先尝试实行金本位制,因美国大量购买白银,国民政府试图与美国进行金银互换,以达到各取所需的目的。1934年8—10月,国民政府与美国政府就白银问题进行多次电文往来及磋商,希望能与美国进行金银互换,但美国政府认为中国可在世界金银市场上购买黄金,并未答应中国政府的请求。1935年初,国民政府还试图向英、美、日等国借款,以资进行币制改革,但因中国当时已背负较多外债,并无可靠的抵押品,加之各国之间特别是日本与英美之间的矛盾,最终未能获得国际贷款。因此,国民政府不得不进一步谋求货币制度方面的改革。

二、法币改革的实施

1935年6月,当英国决定派遣李滋·罗斯时,鉴于当时的形势,宋子文表示“指派已经为时过晚”。英国公使也感受到当时局势的严重性,在李滋·罗斯到达中国之前,中国银行董事长宋子文、财政部长孔祥熙通过与汇丰银行的接触沟通寻求帮助,汇丰银行上海经理亨奇曼通过操纵汇率的办法支持了中国货币的稳定。④ 美国虽然没有指派专家来华,但也始终关注着中国的货币金融形势。1935年8月,香港脱离银本位而与英镑相联系,美国担心中国内地也仿效香港,表示愿意尽力为中国内地提供帮助。1935年10月,中国与美国的售银谈判取得重大进展,为在没有取得国外贷款情况下实施币制改革奠定了基础。

1935年11月3日,国民政府发布财政部公告,并于11月4日签署财政部长宣言,宣布实行币制改革。规定自1935年11月4日起,以中央、中国、交通三银行所发行之钞票为法币,其他银行所发钞票可继续流通,但应逐渐收回,代之以中央银行钞

① 中国人民银行总行参事室:《中华民国货币史资料》第2辑,上海人民出版社1991年版,第117—118页。
② 中国人民银行总行参事室:《中华民国货币史资料》第2辑,上海人民出版社1991年版,第142、145页。
③ 郑铁如:《征收白银出口税之我见》,《中行月刊》1934年第9卷第6期。
④ 中国人民银行总行参事室:《中华民国货币史资料》第2辑,上海人民出版社1991年版,第165、239页。

票。所有完粮纳税及一切公私款项之收付，概以法币为限，不得行使现金，违者全数没收。1935 年 11 月 15 日，国民政府正式公布《法币兑换办法》，要求除工业艺术或其他必须用为原料的银类外，持有银币、厂条、生银、银锭、银块及其他银类，应于 11 月 4 日起 3 个月内，即 1936 年 2 月 3 日止，就近交各地兑换机关换取法币，禁止银币流通。法币政策条例还强调了中央银行职能的转变和政府财政的整理，“为使法币对外汇价按照目前价格稳定起见，应由中央、中国、交通三银行，无限制买卖外汇”[①]。1936 年 1 月 11 日，财政部又颁布新的辅币条例，规定了辅币的种类、形式、使用限额等。[②] 之后，国民政府通过在国内收兑白银并在国际市场上出售，获得大量外汇基金，维持了法币的对外汇价，法币改革取得了一定成功。

三、法币政策的影响

1935 年国民政府实施的法币改革是中国近代史上颇具影响力的事件之一。法币政策的推行，使近代中国基本实现了货币统一，政府垄断了货币发行权，与西方各国一同实现了有管理的信用货币体系。这一改革不仅“启动了整个经济踏上了复苏之路”[③]，而且也意味着政府能根据实际需要突破现银准备限制，增加货币发行量，进而强化了南京国民政府的财政基础。此次币制改革得到了英美的积极支持，但却引起日本军事当局的极大震动。日本政府和军部担心日本在中国的影响力降低，并最终会危及他们的在华权益，这种担心也成为日本提早发动全面侵华战争的原因之一。全面抗战前后的中国金融界学者和实务人士都指出：没有币制改革，中国的抗战是难以想象的。

第五节　根据地与解放区的货币发行与流通

中国共产党于 1927 年发动武装起义，到 1949 年中华人民共和国成立为止，始终处于严酷的战争环境之中，货币的发行与流通、货币金融制度的建设也始终是为巩固政权、支持财政、融通经济服务。根据货币发行历史发展的进程与特点，这一时期大体上可以分为全面抗日战争前、抗日战争时期和解放战争时期三个阶段。

---

① 中国人民银行总行参事室：《中华民国货币史资料》第 2 辑，上海人民出版社 1991 年版，第 179、181—182、184 页。

② 朱斯煌：《民国经济史》，银行周报社 1948 年版，第 624—625 页。

③ 易劳逸：《南京十年时期的国民党中国》，见《剑桥中华民国史》下卷，中国社会科学出版社 1994 年版，第 178 页。

一、全面抗战爆发前的货币发行

全面抗战爆发前，中国共产党先后在海陆丰、湘赣、中央、闽浙赣、湘鄂赣、湘鄂西—湘鄂川黔、鄂豫皖、川陕和陕甘九个根据地建立银行和其他信用机构57个，发行纸币、布币、银币、铜币、兑换券、流通券、信用券、存款券、信用条和股票等217种。红色根据地所实行的实际上是银本位货币体系，工农银行发行的各种纸币、兑换券均是替代银元进行流通。由于其币值稳定，流通顺畅，持有纸币能够兑换到等值的银元或物资，因而得到了广大人民群众的拥护和支持。无论是从货币的发行规模、流通区域还是货币制度建设方面来看，这一时期根据地货币发展均是初步的、有限的，但它为以后的货币建设实践积累了丰富的经验。

二、抗日战争时期的货币发行

抗日战争时期，货币发行权依然是多家银行共有。虽然种类多样，但对于支援对敌军事斗争，促进辖区的工农业生产发展均产生了重要影响，并且在一定程度上打击了法币和日伪币，减轻了中国受外国资本的剥削程度。这一时期发行流通货币的几个主要银行如下：

（一）陕甘宁边区银行

陕甘宁边区政府成立后，将原中华苏维埃共和国国家银行西北分行改组为陕甘宁边区银行，总行设在延安，下设绥德、关中、三边、陇东四个分行及一些支行、办事处。陕甘宁边区银行成立初期，不仅没有发行货币，而且将原中华苏维埃共和国国家银行所发行的90万元的纸币陆续收回，只使用国民政府的法币。由于辅币短缺，边区政府于1938年3月以“光华商店”的名义发行“光华商店代用券”，面额为二分、五分、一角、二角、五角、七角五分6种，同法币相辅流通。从1945年6月起，“光华商店代用券”逐渐收回。1944年，西北财经办事处和边区政府又发行了“陕甘宁边区贸易公司商业流通券”，并规定与法币的兑换率为1∶20。从1945年6月起，“流通券”成为陕甘宁边区的本位货币，陕甘宁边币陆续收回。

（二）晋察冀边区银行

晋察冀边区银行成立于1938年3月，隶属于晋察冀抗日根据地，总行设在山西五台县，下设冀中、冀晋、冀察三个分行及一些专区办事处。该行成立后即发行晋察冀边币，同法币的兑换率为1∶1。从1938年6月起，边区政府将晋察冀边币规定为辖区内的法定货币，同时禁止法币、日伪币和其他各种杂币在市面上流通。边区银行发行边币是进行对外经济斗争的需要，主要目的是发展边区经济。在1942—1943年财政极端困难的时期，发行边币等措施帮助边区财政渡过了难关。[①] 如 1941 年与 1942 年，陕甘宁边区用货币发行支援财务就分别达到 1 054 万元和 1 100 万元。[②] 另外，边币的发行打击了法币和伪币的流通，降低了边区人民受通货膨胀影响的程度。

(三)冀南银行

冀南银行隶属于晋冀鲁豫抗日根据地，从 1939 年到 1940 年，先后设立有冀南银行路西总行、冀南银行路东总行、上党银行、鲁西银行等数家。为集中统一，1940 年，上党银行和鲁西银行先后并入冀南银行路西总行，此后该行又被改组为晋冀鲁豫边区银行的总行，路东总行被改组为冀南区行，同时增设太行区行。原冀南银行路西总行所发行的"冀南币"作为晋冀鲁豫抗日根据地的法定货币，在其辖区内统一进行流通。

(四)北海银行

北海银行成立于 1938 年 8 月，为山东抗日根据地所建立，总行最初设在掖县，在蓬莱、黄县设立分行。北海银行最初为公私合营有限公司，25 万元的资本中民股占 70%，公股占 30%。1940 年后，北海银行总行迁址临沂，相继在渤海、胶东、滨海、鲁中、鲁南等地设立分行，并返还民股。至此，北海银行成为公营性质的纯粹的政府银行。[③] 其所发行的钞票一般简称为"北海币"。

(五)华中银行

华中银行隶属于华中抗日根据地，该根据地分为苏北、苏中、苏南、淮北、淮南、浙东、皖中和鄂豫皖 8 个区，从 1941 年到 1945 年，先后建有淮南银行、淮北地方银行、江淮银行、盐阜银行、大江银行和江南银行 6 家银行，且都发行钞票。随着抗日战争的胜利，1945 年 8 月，上述 6 家银行合并为华中银行，并陆续收回原来各银行发行的钞票，发行统一的华中币在根据地辖区内进行流通。

三、解放战争时期的发展

抗日战争结束后，各个根据地内部的货币发行流通基本统一，但地区之间货币依然不能相互流通。随着解放区的不断扩大，货币流通范围也不断扩大，最终逐步统一为全国范围内流通的人民币。这一时期除了原本的根据地发行货币外，还出现了由其他银行发行的货币和银行券。

东北银行于 1945 年 11 月由东北解放区所建立。该行成立以后，陆续将东北各地的一些地方银行予以改组合并，并于 1948 年春将关东银行并入，同时用东北银行券收

---

① 刘秉扬：《抗战时期陕甘宁边区的货币发行》，《文博》1988 年 3 月。

② 南汉宸：《边区的财政问题》，见《抗日战争时期陕甘宁边区财政经济史料摘编》第 6 编"财政"，长江文艺出版社 2016 年版，第 340—341 页。

③ 刘志英：《抗日根据地的金融体系》，《史话》2016 年第 13 期。

兑了东北市场上的各种流通券。关东银行于1947年4月由原大连银行改组而成，所发行的关东银行券也简称关东券。1947年5月，内蒙银行在原东蒙银行的基础上改组而成，1948年6月改称为内蒙古人民银行，所发行的内蒙银行券也称为内蒙币。长城银行成立于1948年2月，总行设在热河承德市，下设冀东、冀热和热河省3个分行。南方人民银行由华南解放区东江根据地于1949年7月建立，总行设在广东河源，并在潮汕、东江、梅州设立分行。中国人民银行于1948年12月1日在石家庄正式成立，由华北银行、北海银行和西北农民银行合并而成。西北农民银行则是由原陕甘宁边区银行和晋西北农民银行合并成立的。中国人民银行成立后，逐步将各解放区的银行改组并作为其一部分，对辖区内的其他金融机构进行管理。中国人民银行成立后即发行人民币，在中原区以1∶3的比例与中州币混合流通，从1949年5月开始着手收兑各解放区的货币。到1949年底，旧币的收兑工作基本完成，人民币基本上成为全国统一流通的货币。

第六节　全面抗战时期国统区和沦陷区的货币

一、法币发行与管理

(一)管理外汇、维持法币价值

法币改革后的货币制度是一种汇兑本位，货币的币值和信用通过外汇来保障，通过国家银行无限制地买卖外汇进行维持，因此，稳定外汇汇率和保证兑换就是巩固法币制度的基础。在银本位体系下，当人们对某种银行券不信任时，就会极力将其兑换成现银，从而导致这种兑换券贬值，进而退出流通领域。在法币制度下，当人们对法币不信任时，并不能将其兑换成现银，而是抛售法币兑换英镑或美元。于是，稳定外汇兑换率就意味着政府不能随意增发货币。

全面抗战爆发之后的半年内，政府仍遵守1935年货币改革方案的规定，按照固定汇率无限制地出售外汇，直到1938年3月，法币的汇率实际上并无大的变动。由于日本对外汇市场的破坏，1938年3月14日，中央银行对外汇的购买实行全面控制。6月起，中央、中国、交通三大银行不再无限制地买卖外汇，外汇黑市开始出现，到该年年底，法币的对外价值也贬值了87%。[①]

1939年3月和1941年4月，国民政府先后成立“中英平准基金”与“中美英平准

---

① 张公权:《中国通货膨胀史》，文史资料出版社1986年版，第8页。

基金委员会”，对汇率进行调节，从而使法币的对外汇率从1939年中期到1941年底保持了相当的稳定。珍珠港事件爆发后，日军占领了整个上海。1942年7月，上海外汇市场被迫关闭。虽然外汇平准基金委员会一直存在到1944年3月，但其作用事实上已经名存实亡。抗战结束后，国民政府几次试图恢复法币的固定汇率，并建立新的外汇平准基金委员会，希望通过基金汇率维持外汇的供需平衡，但均告失败。从1941年开始，政府发行法币的速度和物价的上涨都大大加速了。

（二）放松准备金，调节法币发行

1939年，国民政府制定《巩固金融办法纲要》，对战时状态下法币准备金、审核预算标准、吸纳社会游资等作出具体规定，要求“法币准备金，于原有之金银及外汇外，得加入……短期商业票据、货物栈单、生产事业之投资。（且）国民政府发行之公债，充作准备金，不得超过准备金全额十分之四”[①]。这一办法的施行，“主要是由于抗战初，国民政府为维持法币对外汇价从而稳定币值，采行无限制买卖金银、外汇的政策，致使金银、外汇存量大减，现金准备严重不足，因而限制了法币的发行量，而同时社会对货币需求有增无减至为殷切，于是国民政府便放宽现金准备”[②]。1941年12月，国民政府又修订《非常时期管理银行暂行办法》，对银行普通存款的准备金比率进行调整，规定普通存款应以所收存款总额的20%为准备金，转存当地中央银行、中国银行、交通银行、中国农民银行，并由收存行给予适当存息。[③]

此外，小额币券用于零星支付，是日常经济生活之不可少的。为此，国民政府四联总处“在三年金融计划里，要求四行尽快实现金融网计划，在西南、西北地区普设分支机构，发行小额币券30亿元”[④]。1940年7月，国民政府制定《管理各省省银行发行一元券及辅币办法》，在控制地方币的同时，对各省省银行或地方银行一元券辅币券及准备金缴存保管等事项都作出规定。但其后由于物价上涨和法币贬值，小额币的意义渐失，市场对大额币的需求日增，故为应付市面需要，同时为解决券料紧张及运输困难，国民政府又制定《调剂钞券缺乏办法》，“将旧印未发行的50元和100元面额的法币，加盖重庆地名，搭配发行”[⑤]，从而较好地解决了券钞印刷以及大小券差价的问题。

（三）强化金融管制，控制法币流通

太平洋战争爆发后，面对新出现的形势，国民政府重申或采取一系列相关金融管制措施，其主要内容有：第一，进一步调节法币发行。加紧在国外印制法币并内运；由

① 四联总处秘书处：《四联总处文献选辑》，南京新大陆印刷厂1948年版，第1页。
② 刘慧宇：《中央银行研究（1928—1949）》，中国经济出版社1999年版，第105页。
③ 《非常时期管理银行暂行办法》，《经济建设季刊》创刊号，1942年7月，第379页。
④ 姜宏业：《四联总处与金融管理》，《中国经济史研究》1989年第2期，第125页。
⑤ 陆仰渊、方庆秋：《民国社会经济史》，中国经济出版社1991年版，第562页。

财政部直接统筹法币发行;在重庆设立票据交换所,使用定额本票,以减少法币流通额。第二,吸收游资。继续推广节约国储运动、邮政储蓄,吸收商业银行及省立银行缴纳存款准备金,参酌各地情形提高定期存款利率,劝募公债等。第三,严格审核投资放款。规定四行等金融机构办理工商业投资放款的原则,以及停做一切政府机关经费预算等。第四,管理外汇。将中英美"联合平准基金"全数移至后方运用,由政府特许银行办理买卖外汇。第五,管理金融市场。严格按照《非常时期管理银行暂行办法》,审核省银行及商业银行放款用途,限制市场放款利率,不准新设银行,限制增设分行;四行应与邮汇银局及各省银行分支行处加紧配合,以促成金额网络的形成;限制县银行的设立等。第六,建立实业证券市场。第七,要求公私金融机关特别注意节用物力。第八,取消国内携钞出口的限制,撤销收兑金银机关而由中央银行办理,停销中央造币厂小额硬币。①

二、日占领区的日伪货币

(一)日本军票

军票从日军入侵华中时开始发行,随着"军票一体化"策略的推行而成为华中、华南沦陷区最重要的日元系通货。从 1937 年 10 月 23 日"军票"开始发行,到当年 12 月底,军票"发行总量已达 500 万元,其中 10 月份为 62.5 万元,其流通总量也达 362.5 万元"。而随着 1938 年徐州、武汉等会战的爆发,军票在当年 2 月的发行额已经达到 1 000 万日元,流通额 473 万日元。"从其增长比率分析,当时军票的发行额月增长率为 25%;流通额月增长率也达到 5%以上。"②而在武汉会战开始后,军票的发行额在 10 月已经有 5 000 万日元之巨。到 1940 年底,在华中、华南地区的流通军票额进一步激增至 5 亿日元。③ 日本军用票是日本帝国主义侵略中国强制发行的一种"征用券"和"掠夺券",榨取中国人的人力物力,达到所谓"以战养战"的目的。④ 一方面,日本军用票虽然名义上是日本银行发行的,但并不负担兑换责任;另一方面,日本军用票利用武力胁迫驱逐被占领区的合法通货,更加暴露了其欺骗性和垄断性。

(二)伪银行与日伪币

除了直接发行日系货币军票外,日本还在中国沦陷区操纵傀儡银行,强行发行各种伪币。主要有满洲中央银行发行的纸币、蒙疆银行发行的"蒙疆券"、中国联合准备银行发行的"联银券"、华兴银行发行的"华兴券"、中央储备银行发行的"中储券"等。

---

① 四联总处秘书处:《四联总处文献选辑》,1948 年版,第 51—56 页。

② 黄美真:《日伪对华中沦陷区经济的掠夺与统制》,社会科学文献出版社 2005 年版,第 75 页。

③ 姚会元:《日本对华金融掠夺研究(1931—1945)》,武汉出版社 2008 年版,第 251 页。

④ 何小平:《论日本军用票的侵略性》,《银行与企业》1988 年第 10 期。

“九一八”事变后的第二年，日本在东北成立“满洲国”，并设立满洲中央银行发行新纸币，收兑旧钞。到1936年已经将东北原来流通的近20种货币全部收回，满洲中央银行发行的纸币成为流通中的唯一纸币。全面抗战爆发之后，其发行额大大增加。日本投降前夕，其发行额为80.85亿元，而根据最后的清理，其发行总额已超过136亿元之多。[1]

蒙疆银行于1937年11月成立于张家口，资本1 200万元，所发行的“蒙疆券”流通于绥远、察哈尔、内蒙古及山西北部一带。到抗战胜利为止，共发行35.29多亿元。[2] 中国联合准备银行于1938年3月设立于北平，资本5 000万元，其发行的“联银券”流通于北平、天津、山东、河北、河南等华北敌占区。到1945年10月被接受和清理时，其发行额共计1 951.03亿元。[3]

华兴银行于1939年5月设立于上海，资本5 000万元，其发行的“华兴券”流通于华东和华中地区，其主要目的是在上海套取外汇。1941年1月，中央储备银行在南京成立后，“华兴券”即被收回。“中储券”流通于上海、南京、广州等华中和华南敌占区，到1942年6月底共发行12.12亿元，此后的发行数字处于保密状态。1945年8月日本投降时，其发行量共计为46 618.47亿元，而实际流通量可能比这一数据还要多。[4]

随着战争进程的进一步发展，到1943年初，日本为从中国沦陷区筹集战略物资并直接转嫁军费负担，开始推行“以战养战”的货币政策，“满银券”等伪币的通货膨胀进一步成倍加速，出现“最恶性的通货膨胀”，给沦陷区人民带来了深重灾难。

思考题

1. 名词解释：

鹰洋　站人洋　铜元　金汇兑本位制　金券条例　海关金单位　边币　军票　联银券　中储券

2. 近代中国货币制度有何特点？与同一时期欧美国家的发展路径有何差异？应该如何评价其效率？

3. 关于近代中国货币本位改革有哪些不同的主张？为什么会存在这些不同的主张和争论？

4. 简述近代中国纸币发行制度的发展过程及其特点。

---

① 周舜莘:《战后东北币制之整理》,《东北经济》1947年第1期。

② 刘锡龄:《抗战胜利后敌伪钞券之清理》,《财政评论》1948年第2期。

③ 刘锡龄:《抗战胜利后敌伪钞券之清理》,《财政评论》1948年第2期。

④ 财政部财政年鉴编纂处:《财政年鉴》第三编下册，第10篇第2章，财政部财政年鉴编纂处1948年，第5页。

5. 为什么会存在两元之争问题？废两改元经历了怎样的过程？废两改元有何重要意义？
6. 简述法币改革的主要内容及其重要影响。

主要参考文献

1. 燕红忠:《中国的货币金融体系(1600—1949)》,中国人民大学出版社 2012 年版。
2. 魏建猷:《中国近代货币史》,群联出版社 1955 年版
3. 彭信威:《中国货币史》,上海人民出版社 1965 年版。
4. 千家驹、郭彦岗:《中国货币演变史》,上海人民出版社 2005 年版。
5. 张公权:《中国通货膨胀史》,文史资料出版社 1986 年版。
6. 朱斯煌:《民国经济史》,银行周报社 1948 年版。
7. 中国人民银行总行参事室金融史料组:《中国近代货币史资料》第 1 辑,中华书局 1964 年版。
8. 中国人民银行总行参事室:《中华民国货币史资料》第 1 辑,上海人民出版社 1986 年版。
9. 中国人民银行总行参事室:《中华民国货币史资料》第 2 辑,上海人民出版社 1991 年版。

第三章　历史上的主要通货膨胀及其效应

通货膨胀作为一种经济现象，与货币发行密不可分，并贯穿于整个中国历史当中。从货币的诞生起，无论是由于政治腐败还是战争频繁，一旦统治者依靠正常的赋税收入难以满足财政需求之时，就会利用手中掌握的铸币发行权，减重贬值或是滥发纸钞来进行额外的搜刮民财。从西汉到民国政府，历代统治者都时常紧紧抓住货币发行权这道关口，无视国民经济的发展，滥用国家权力，以满足财政上的需求。本章主要介绍中国历史上所发生的各种通货膨胀的过程及其影响，并探讨通货膨胀的成因、机制以及对现代的启示。

第一节　铜(铁)钱的通货膨胀

铜钱是我国古代流通时间最长、流通范围最广的铸币。作为金属货币，当其名义价值和实际价值产生较大差距的时候，就会发生铜钱贬值、通货膨胀的现象。根据史籍记载和古代文物考察，自西汉以来的两千多年间，每个朝代铜钱的流通，总是沿着从膨胀到稳定，然后再膨胀到再稳定的曲线发展的，其中不乏由于铜钱贬值导致货币流通紊乱进而引发市场物价上涨的情形。

一、铸轻钱、小钱

在我国的每个朝代，有关一枚铜钱的法定重量单位基本上都是稳定的。例如，秦汉初期为半两，汉武帝以后为五铢，唐宋以后为一钱，这种固定法定重量一直维持到清末。但是有的朝代，政府会在不改变其法定重量的前提下，有意识地减轻钱体的实际重量，通过缩小和减薄钱的型制，使它的实际金属含量大大低于名义含量，最终形成铜钱贬值。在缩减严重的情况下，有时候实际重量仅及其名义重量的几分之一，甚至几十分之一。鉴于轻钱的币材价值极低，一旦官方大量铸造发行，就会排挤掉在流通中的足值铜币进而充斥于市场，使得铜钱的整体购买力相应降低，物价随之上涨。①

西汉初期，在历经八年的楚汉相争之后，社会生产力被严重破坏。当时汉统治集团认为货币就是财富，而国穷民贫的原因在于没有钱去购买，于是开始推行铸币减重政策。当政者似乎认为铸钱就是生产，并通过节省金属材料来铸造更多的货币，而只要国内货币的数量增长了，国穷民贫的问题就能够解决。于是在此后数十年的时间内，钱的重量一减再减，实际重量与当时通行的半两重量严重脱节。秦时半两钱重十二铢，到吕后时期半两钱每枚大约只重八铢到五铢左右，再到汉文帝初年，半两钱的实际重量不到三铢。②

汉朝初建，百废待兴，铸币减重政策的推行仍难以缓解财政上的困难，于是国家开始允许地方和民间自由私铸小钱。这种小钱轻、小且薄，民间叫它“榆荚钱”，比喻它像榆荚一样轻飘飘的。《史记·平准书》中说：“至孝文时，荚钱益多轻。”榆荚钱一开始还有三铢重，随后持续贬值，一度不到一铢的重量。根据出土实物考察，文帝时最小的半两钱仅重 0.17 克，相当于一铢的 1/5，约等于秦半两的 1/60。这种钱的购买力很低，它的持续贬值使得社会上物价上涨厉害。关于当时的物价状况，有人根据《九章算术》等书推算，米价上涨约 350 多倍，马价上涨约 115 倍，黄金价格上涨约 183 倍。③

汉文帝时，实行紧缩通货，增加钱币重量，把榆荚钱提高为四铢重，币值才逐渐稳定下来。汉景帝在维持汉文帝政策的基础上又禁止私铸，这使得币值不仅回复到了之前的水平，物价也有下降的趋势。正是有了这样的经济基础，才会诞生出文景之治的盛世。而到汉武帝时期，与匈奴战争不断，每年都有大规模的军事征调，导致国库枯竭。武帝为了多发钱币，实行铜钱减重的政策，改铸三铢钱，结果造成“钱益多而轻，物益少而贵”的结果，物价再次上涨。

东汉末年，董卓搜刮长安至洛阳一带的铜器、铜人、铜马来铸造小钱，史称董卓小钱。《后汉书》卷七二《董卓传》记载：“销锋镝以为金人十二……董卓悉椎破铜人铜台以为小钱。”改铸的小钱数量庞多又粗制滥造，甚至连字都看不清，致使长安、洛阳一带一度流通着数以亿计的轻薄铜钱。如此滥发轻铸，最终导致物价暴涨，谷一斛高达数十万钱，自此以后钱货不行。汉朝盛行一时的商品货币经济，被董卓小钱所引发的通货膨胀严重破坏，一度倒退回实物经济。④

东晋使用沈充所铸的“小五朱”，因为极为薄小，犹如榆荚，所以只称为朱而非铢，李贺诗句“榆荚相催不知数，沈郎青钱夹城路”就是形容这种货币的。南朝刘宋末年大

---

① 叔欣：《我国古代铜钱的通货膨胀问题》，《金融研究》1984 年第 8 期。

② 彭信威：《中国货币史》，上海人民出版社 1965 年版，第 80 页。

③ 彭信威：《中国货币史》，上海人民出版社 1965 年版，第 117 页。

④ 千家驹、郭彦岗：《中国货币演变史》，上海人民出版社 2005 年版，第 38 页。

量发行恶钱，其中最轻小者又有“綖环钱”“鹅眼钱”等称号，一千文钱累起来不到三寸，轻得入水不沉，随手破碎。这种币轻物重的情况，必然导致物价狂涨，“尺帛斗米，动逾一万”。相比南朝，北朝的货币也时常出现减重的情况。北魏孝庄帝初期，钱越发薄小，有“鸡眼”“环凿”等名目。这些钱比榆荚还薄，一穿贯就破，放在水上欲沉不沉。“时所用钱，人多私铸，稍就薄小。乃至风飘水浮。米斗几直一千。”当时铜一斤值八十一文钱，熔铸小钱可得二百余文，所以私铸屡禁不止，并逐渐泛滥，最终币值大跌物价飞腾。[①]

隋炀帝好大喜功，开支浩繁，又逢财政枯竭，国家财政难以负担，只好滥发减重坏钱。起初每千枚铜钱尚且重二斤，只比原先的铜钱减重一半，后来又进一步把每千枚钱重量减到一斤，最后干脆剪铁片或是裁皮糊纸当作钱。[②] 如此轻铸滥发必然导致物价高涨，人民负担加重，正常的生产经营无法维持，越来越多的人选择入山为盗，不断爆发的起义加速了隋朝的灭亡。

二、铸大钱

钱币本身的重量稍微有所增加，而钱币面值则大幅度提高，使铜钱的名义价值成倍地超过其本身金属材料的价值，称为大钱。历史上铸大钱比铸小钱更加恶劣，贬值也更多。因为制造大钱是直接的通货膨胀政策，而通货膨胀是最好的搜刮民财的方式。不同的钱的重量虽有差别，但价值差别实际很大。而大钱也常常会进行减重，出现大面额加减重的双重贬值，进而引发私铸等问题。

王莽篡权之后，八年中连续实行了四次币制改革，其希望通过改革币制来缓解新朝财政压力，同时破坏刘氏集团的统治基础。王莽的货币改革中一共陆续发行了 60 多种新币，比如“大泉”铜币，铸造使用的金属材料比原先的五铢钱加重了 2.4 倍，而名义价值则等于五铢钱的 50 倍，实际上等于贬值到 1/20 以下；“契刀”铜币，1 枚当 500 枚五铢钱使用，按其重量则等于贬值成 1/123；“错刀”币，1 枚当 5 000 枚五铢钱使用，约等于贬值成 1/710。[③] 王莽忽略了货币的基本规律，以为模仿古史典籍里面记载的货币形式就能够发挥出货币的职能，然而朝令夕改下，每一次的货币改革都使得民众被洗劫一次。连续的货币改革丧失了民众的认可度，货币价值急剧贬值，物价疯狂上涨，导致“米石万钱，人相食”，最终民怨沸腾，社会骚乱，各地揭竿而起，摧毁了新莽王朝。

三国时吴蜀两国都铸行大钱，实行变相的通货膨胀政策，最终导致官民交困，连将

① 彭信威：《中国货币史》，上海人民出版社 1965 年版，第 196 页。
② 彭信威：《中国货币史》，上海人民出版社 1965 年版，第 200 页。
③ 彭信威：《中国货币史》，上海人民出版社 1965 年版，第 125 页。

领的家人都要挨饿。刘备初取巴蜀后军用不足，于是采取刘巴的建议铸“直百五铢”，其重量等于原本蜀五铢的3倍，而名义价值则为百倍。“直百钱”的发行很快对蜀汉政权的财政起到作用，“以数月之间，府库充实”。但是后期这种大钱不可避免地逐渐减重，等到诸葛亮去世时，一枚“直百钱”的重量只有原来的1/4；再到后主刘禅投降时，更是只有原来的1/20。[①] 孙权在嘉禾五年（公元238年）仿王莽大钱五十行制，铸造大泉五百，重十二铢值钱五百。以后又铸造当千、当二千，乃至当五千的青铜大钱，其间名义面额不断上升，但实际价值却逐渐下降。孙吴在货币减重最严重的时候，物价也飞速增长，其程度不亚于蜀汉，百姓对此深恶痛绝。

三、改变币材

铜钱包含的主要金属材料成分，一般是铜、锡、铅三种。因为不同金属的价值是不一样的，如果在铸造过程中有意识地减少较贵的金属铜的比重，增加廉价的金属锡、铅的比重，虽然单位钱币的总重量未变，但它的实际价值却大大降低了，这就是减色铜钱。有的朝代甚至根本改变了钱币的成分，直接用铁、铅等低价值金属代替铜铸钱。这种减低成色、改变成分的钱币，较隐蔽地降低了它的内在实际价值，但是在大量滥铸滥发的情况下，同样会引起货币的购买力降低，物价上涨。

（一）降低铜含量

北齐政权横征暴敛，币制混乱，铸币用的铜铁合金多混杂铅锡，再加上民间私铸横行，导致恶钱泛滥。到北齐后主末年时货币秩序全无，竟有直接用生铁块来当货币的。唐开元通宝规定铜成色占比5/6，其因为制作精良含铜量高受到民众的广泛认可。但实际上唐钱也有成色很低的，有些开元钱发青灰色，说明锡的成分占比较高。

到了宋朝，成色最好的应当属太平钱，但是其含铜量也不过百分之六十五六。北宋崇宁二年（公元1103年），蔡京强制推行“夹锡钱”，一枚夹锡铜钱含铜量只有57%左右，却规定要当作两枚普通铜钱使用。“夹锡钱”造成物价上涨两三倍，连宋徽宗也承认“夹锡钱之害甚于当十”。此后铜钱继续贬值，绍兴朝以后铜钱中铜的占比更是不到54%。[②]

（二）铸铁钱

铁钱最初出现的时候，乃是一种价值符号，当局可以规定其与铜钱平价流通，大致等于将铁钱看作一种信用货币。但是铁钱归根还是一种不足值货币，尤其是当十铁钱，铸造成本更低（甚至只有其面额的1/10），溢利更高，因而很容易引起私铸。一旦

---

① 彭信威：《中国货币史》，上海人民出版社1965年版，第143页。

② 彭信威：《中国货币史》，上海人民出版社1965年版，第303页。

政府在数量上不加以限制，且不能维持兑现，铁钱的价值就难以维持，与铜钱的兑换比例不断下降，导致的直接结果也是物价飞涨。

南北朝时梁武帝尽废铜钱，铸行铁五铢，结果引发大规模私铸。私铸使得铁钱堆积如山，交易者用车载钱，论贯使用，造成了严重的通货膨胀。一斗米要铁钱八十万，这种级别的数额很难一个一个计数，导致当时交易成本很高，百姓的正常生活受到很大的影响。南唐后主李煜铸铁钱，一开始还按着铜铁钱四六比例搭配使用，后来只用铁钱，铁钱十文才抵铜钱一文，导致物价飞涨，私铸泛滥，市场充斥着各种不足值的恶钱，最终南唐国势积弱、民穷财尽。

四、从膨胀到稳定

从经济学角度来看，贵金属货币并不会发生恶性膨胀。假如只有黄金作为货币，当社会的黄金需求增加时，金币数量会因为采矿需求或是国外进口扩大而随之增加；当社会的黄金需求减少时，用贬值的金币交易得不偿失，人们会把黄金储存起来。但是以铜为货币却不是这样的，一旦政府开始铸造新的铜钱，企图以小充大、以轻代重，人们不仅不会把铜币储存起来，相反会把不足值的铜钱全部脱手，这导致铜钱的流通速度反而加快了。货币流通速度越快，物价就越高，通货膨胀就此诞生。

那么，在历史上，为什么铜钱贬值和通货膨胀发生之后又会逐渐恢复呢？原因大致有二：

第一，历史上铜钱的铸造，虽然没有自由铸造制度来保证它的名义价值和币材价值的一致，但社会上的私铸和私销在一定程度上也发挥了自由铸造的作用，因而正常的足值铜钱也具有一定的自发调节作用。小钱减重一般是一个比较缓慢的过程，而铸大钱则是明显的贬值，这就直接造成人民的通胀预期。当出现大规模的私铸、私销，使得政府铸造大钱、小钱无利可图时，就会恢复标准制钱的铸造。例如，汉武帝时期发行白金皮币导致货币贬值进而引发大规模盗铸，百姓不顾生产纷纷从事投机，不到两年时间政府就加以废除，改为统一铸造标准的五铢钱。

第二，当各种小钱、大钱跌价，人民就倾向于用制钱，或者按照制钱来衡量小钱和大钱的价值，因而物价也会逐渐复原。在明之前，民间是可以用旧钱的，即前朝货币，人们有一个相对的参考目标，并在实际流通中按照货币的实际重量和相应的成色来判断其价值。而当币值恢复正常，政府再次陷入财政紧缺的危机之时，铜钱的贬值政策又会伴随着通货膨胀再度来临，这就是传统中国社会的货币价值规律，即从膨胀到稳定，然后再膨胀到再稳定。

第二节　古代纸币的发行与通货膨胀

铜钱作为实物金属货币，一旦官方滥发，导致其名义价值和实际价值不符，通货膨胀就会出现。而纸币这种作为价值符号象征的货币，就更加容易因为滥发出现通货膨胀。一旦政府急功近利或者军费开支浩大、财政枯竭，统治者难免超出经济情况发行纸币。而不按流通规律滥发纸币，破坏正常的经济运行稳定，又会反过来影响财政收入，最终陷入通货膨胀的恶性循环。

一、宋朝的交子和钱引的通胀

(一)交子的通货膨胀

宋朝最初发行的交子是私人货币，由成都的 16 家富户主持发行。私交子发行初期，由于采取交现钱给交子的方式，回笼时十足兑现，并不存在通货膨胀问题。后来有富户经商不利，便想从中谋取私利，于是滥发不能兑现的交子，出现了挤兑现象，引发争讼，使得政府出面干涉，最终收归官办。开泰五年(公元 1016 年)，有人提出废除交子以防经济混乱，宋廷权衡利害后，认为发行交子有利于对经济繁荣，而废除交子于公于私都有所不便。天圣元年(公元 1023 年)，益州交子务正式设立，开始发行官方交子，这是中国古代官方发行纸币之始。

交子发行的前 70 年，发行现额基本能保持，市场物价也较为稳定。并且因为交子携带便利，大大降低了交易成本，甚至有一段时间它的流通价值超过了现值，一贯交子可卖到一贯加一百文。但是在面临战争的时候，交子还是不可避免地出现了贬值。庆历元年(公元 1041 年)，西夏与宋之间战事再启，交子增发超过限额，其中从四川增发交子军费借给秦州，但未增加准备金，造成兑现困难。朝堂上再次出现有关交子的争论，最终还是决定维持现状，但是其流通区域仅限四川内部。而之前发放的超额交子逐步收回，此后币值逐渐恢复。与此同时，神宗熙宁五年(公元 1072 年)之后，允许两届交子同时流通，变相地使交子发行额增加了一倍，由此又引起了不小的物价波动。

宋哲宗绍圣年间(公元 1094—1098 年)，由于对西夏战事持续不断，在陕西一带募兵筹饷，使得每界发行都超出定额。一开始只是数十万贯，到后期增发超过百万贯。绍圣元年(公元 1094 年)的发行额增加十五万贯，元符元年(公元 1098 年)再增加四十八万贯，比过去正常发行额度增长超过一半。通货膨胀的形势已经形成，交子的币值开始大幅度下降。宋徽宗在位期间，经济环境进一步恶化，各地起义不断，交子发行数量进一步猛增，使得通货膨胀一发不可收拾。崇宁元年(公元 1102 年)发行额增加二百万贯，二年增加一千二百四十三点五万贯，四年增加五百〇七点五万贯，到了大观元年（公元 1107 年）再增加五百五十四万贯，此时流通中的交子数额已经超过天圣年间的 20 倍以上。大观二年（公元 1108 年）交子发行不再有现金准备，实际币值也不到最初的 10%，在市场上几乎无人问津了，交子的发行不得已只能中止。[①]

（二）钱引的通货膨胀

宋徽宗大观元年（公元 1107 年）改交子务为钱引务，大观三年（公元 1109 年）新发行钱引，并且规定不允许用旧交子兑换。钱引刚发行时，学习了交子初期发行时的方法，规定准备金五十万贯，每界发行额固定为一百二十五万六千三百四十贯，三年为一界。由此可以看出，钱引的发行规则和交子基本一致，只是将名称进行了修改，所以分界数依旧沿着交子的界数继续计数。钱引最初始的第四十四界由于准备金不足、民众还受到交子贬值的心理影响等原因，并没有受到欢迎，而从第四十五界起有了充足的准备金，并重新按制度兑换，发挥了稳定币值的作用。

在宋朝南渡之后，持续的战争使得财政匮乏、入不敷出，政府再次求助于纸币的扩大发行。钱引的发行额度越来越大，每次都会额外发放四五百万贯。无限制的扩大发行最终导致准备金严重不足，币值下降，物价波动。绍兴七年（公元 1137 年），为了补充军费，增印钱引五千万缗，这次大规模增发使得钱引的发行量在 30 年内增加了 30 倍，钱价再次大跌。

孝宗淳熙五年（公元 1178 年），钱引增至四千五百万贯，价值跌到四成以下。庆元三年（公元 1197 年）以后，每界钱引延长流通时间，推迟收兑期限。嘉泰二年（公元 1202 年），第九十界钱引使用期限延长到 9 年，市场上同时有三界钱引一并流通，合计超过八千万缗，货币流通数额远超市场承受能力。物价严重跌落，官方收兑价每缗四百文，而民间实际价格则只值百钱以下。嘉定五年（公元 1212 年）以后，钱引流通期限又延长 10 年，导致货币市场进一步混乱，恶性通货膨胀开始出现。米价从每石两千引一路涨至每石五千引，往后更是每况愈下，最终钱引不得不被废除，被会子取代。

二、南宋会子的通货膨胀

会子的流通范围起初限于两浙，后来扩大到两淮、湖北、京西各路。会子在发行初期没有一定的限额，自绍兴三十一年（公元 1161 年）到乾道二年（公元 1166 年）七月的五年间，总共印过会子二千八百多万道，一道即一贯。到乾道二年十一月十四日为止，共发行过一千五百六十几万道。实际流通额只有九百八十万道。三年正月六日，尚有八百多万贯在流通中，大概每月只收兑六七十万贯。因为随意发行没有限额，导致当

① 彭信威：《中国货币史》，上海人民出版社 1965 年版，第 340 页。

时的物价飞速增长,隆兴二年(公元1164年)时的米价每升只有二十五文,而到乾道初,一斗则要卖到五六百钱。由于会子发行太多,乾道二年(公元1166年),政府以一百万两的白银进行了收兑。乾道三年(公元1167年),又出内库银二百万两,换收会子予以焚弃。乾道四年(公元1168年),政府正式改革会子的发行制度,定三年为一界,每界以一千万贯为限额,其制度虽然与交子类似,但是限额等于北宋交子界额的8倍以上。①

淳熙三年(公元1176年),政府规定第三、四界会子各展限3年,使得市场上的流通数额翻了一倍。不过人们收到会子,便用纳税的方式送回国库,当时户部税收一千二百万贯中有一半是会子。因此,实际流通中的会子并没有名义发行量那样多,再加上用金银收回的四百万贯,实际流通数只超过界额两百万贯。但是会子的购买力还是持续下跌,淳熙十二年(公元1185年)的临安会子一贯只值钱七百五十文。到光宗绍熙元年(公元1190年),第七、八两界会子又展限3年。庆元元年(公元1195年),每界会子的发行数增为三千万贯,等于乾道四年的3倍,随即一贯会子跌至六百二十文。政府虽想维持每贯合钱七百七十文的比价,但这种违背市场规律的举措最终不大成功。到了嘉定三年(公元1210年),每贯会子的价值继续下跌。如《宋会要辑稿·食货》记载:"亭塌钞引之家,低价买会,每贯用钱三四百文。"②

宁宗开禧年间(公元1205—1207年),金兵攻陷荆襄两淮。嘉定二年(公元1209年),随着军费的增加,会子的流通额也增加到一亿一千五六百万贯,等于乾道四年(公元1168年)流通额的11倍。理宗绍定三年(公元1230年),李全称乱于淮东。绍定四年(公元1231年),蒙古攻川陕。等到绍定五年(公元1232年)时,两界会子总额高达三亿二千九百多万贯,由此可见战争导致的货币滥发是多么严重。③

南宋时期,并不是所有地方都用会子,但是随着战争的影响,各种地方货币如四川钱引、湖北会子、两淮交子、兴元府的铁钱会子、银会子等都在增发,其价值也都一天天地在下跌。纸币增发,引起铜钱的减少和藏匿,要么被人销熔,要么流通到国外。因为会子发行的膨胀,私铸铜钱甚至铁钱都不合算了,在这一时期,流入金统治区和日本、南亚的铜钱很多。劣币驱逐良币的结果就是市场上流通着纸币,而铜钱则被贮存或用于国外贸易。伴随着会子的大量发行,铜钱的减少不仅没有起到通货紧缩的作用,反而使纸币的购买力跌得更快。

南宋会子的另一个特点就是利用分界发行,从而掩盖了实际的通货膨胀。以末期的会子为例,在嘉定二年的时候,因为第十六界旧会子跌值,官方便以一对二的比率用

---

① 彭信威:《中国货币史》,上海人民出版社1965年版,第351页。

② 彭信威:《中国货币史》,上海人民出版社1965年版,第352页。

③ 彭信威:《中国货币史》,上海人民出版社1965年版,第352页。

新会子收回来。后来第十七界会子再跌值，便再用第十八界会子一贯当第十七界会子五贯换收。淳祐八年(公元1248年)还规定第十七、十八两界会子永远通用，这时若以第十八界会子来计算物价，可能还同正常的物价水平接近。很快，景定五年(公元1264年)，贾似道发行金银现钱关子，每百作七十七文，一贯等于第十八界会子三贯，并且废除第十七界会子。这时的米价一石值铜钱关子一贯，看起来物价还是不高，但这其实相当于第十八界会子三贯、第十七界会子十五贯、嘉定时会子三十贯。越推上去，才越发现物价上涨得厉害。再以纸币的钱价来说，铜钱关子一贯合现钱七百七十文、第十八界会子二百五十七文、第十七界会子五十一文。嘉定时期的旧会子一贯合铜钱二十五文，若推到第一界去，恐怕一贯会子不能值钱一文。至于南宋纸币到底膨胀多少倍，因为对各界收换的比率没有详尽记载而无法确知，但也可以看出来是一个天文数字。①

蒙古人于1276年占据江南的时候，用中统钞来收回旧钞，当时记载的会子应该是贾似道的现钱关子。收回的比率是中统钞一贯合旧钞五十贯，也就是现钱关子要一百贯才值白银一两。再从关子推算上去，则第十六界会子要二千二百五十贯才值得中统钞一贯，或四千五百贯合白银一两。如果从第一界会子算起，已经不知是多少万倍了。②

显然，分界发行的方法掩盖了物价的上涨。南宋时期虽然有长时期的通货膨胀，却没有惊人的物价数字，因为那时没有物价指数这样的数量指标。但当时的人们无疑深受通货膨胀的疾苦。富人多囤谷不卖，市面只见纸币不见米，所以粒食翔踊，桑价“三百变三千”，第十八界会子二百贯不够买一双草鞋。当时有对联这样描述：“人家如破寺，十室九空。太守若头陀，两粥一饭。”③

三、金代纸币的通货膨胀

纸币是金代最重要的货币，但是金代废除了准备金制度，使得金代纸币的通货膨胀尤为严重。金朝建国初期，使用的货币主要是宋、辽的金属铸币。海陵王贞元元年(公元1153年)迁都燕京，第二年开始发行纸币交钞，至金哀宗天兴三年(公元1234年)金亡，纸币共流通80余年。

海陵王贞元二年(公元1154年)设立钞库，发行交钞与铜钱并行，同时允许交钞以旧易新，以7年为限。相比宋朝的纸币，交钞并没有明确有关“界”的规定，更没有发行准备金，既可以铜钱、白银相兑换，也可以和辽、宋钱一并使用。这段时间，金朝的政治

① 彭信威：《中国货币史》，上海人民出版社1965年版，第359页。
② 彭信威：《中国货币史》，上海人民出版社1965年版，第359页。
③ 彭信威：《中国货币史》，上海人民出版社1965年版，第359页。

比较稳定，经济有了较快的发展，商品贸易比较繁荣，国土不断扩大。同时，政府大量铸造铜钱，严格限制交钞的发行数量，使流通的交钞数量与现钱差不多。《金史·食货志》记载："民间流转交钞，当限其数，勿令多于现钞也。"当时的交钞币值稳定，物价也较平稳。

世宗大定二十九年（公元1189年），随着对外战争日益频繁，财政亏损也日益严重，金朝在加大交钞发行量的同时取消了7年回收旧钞的时间限制，交钞变成无限期流通纸币。在此过程中，格雷欣法则再次起到了作用，铜钱被纸币排挤，逐渐退出流通领域。因为铜钱相对于纸币价值越来越高，所以铸造铜钱的成本也越来越高，在金章宗即位后，干脆直接停铸铜钱。足值的铜钱严重不足，不足值的纸币充斥市场，这使得通货膨胀形势迅速形成。宣宗贞祐二年（公元1214年）发行二十贯至一百贯面额的大钞，更有面额一千贯的特大钞，这些大钞价值急速跌落，到贞祐三年交钞每贯仅值一钱，已无法进入流通市场。[①]

金朝不得不停止交钞的流通，金宣宗贞祐三年（公元1215年）改发贞祐宝券，并严禁用钱交易，这使得现钱都流往南宋，而金朝国内商户关门罢市，经济萧条，民间拒用宝券。但金廷依旧继续滥发新式纸币，贞祐五年（公元1217年）发行贞祐通宝，一贯当贞祐宝券一千贯。这些倒行逆施的举动导致物价狂涨，人们完全拒绝纸钞改而用银，7年内银价上涨6 000万倍。到金朝亡前，纸钞的贬值程度如耶律楚材所言，"万贯唯易一饼"[②]。在金朝崩溃前的最后几年里，政府财政一度困窘到连印刷纸币的费用和材料都不足，经济崩溃，民不聊生，几个月内就为蒙古所灭。

四、元代纸钞的通货膨胀

（一）元初的中统钞

元代是中国历代纸币最盛行的时期，虽然相较宋、金有所改善，但仍然没能长期维持币值的稳定。太宗八年（公元1236年），元仿宋、金发行纸钞，但是很快就出现贬值。中书令耶律楚材曾在金廷做过官，知道金人发钞最终导致通货膨胀的过程，故而主张交钞的印造要以万锭为限，并准备十足的现银，没有现银就不许发出新钞。在白银的支持下，早期钞价能够维持现价而不贬值。

中统元年（公元1260年），元世祖印发中统元宝交钞，为树皮纸印造。这种钞票发行之初，用白银维持本位，任何人持中统钞都可按银价到官库兑换成白银。中统钞以两为单位，一两为一贯，五十两为一锭。从至元二十二年（公元1285年）起，全国禁用

---

① 千家驹、郭彦岗：《中国货币演变史》，上海人民出版社2005年版，第144页。

② 千家驹、郭彦岗：《中国货币演变史》，上海人民出版社2005年版，第145页。

银钱市货，中统元宝交钞成为国内唯一合法的流通货币，废除以前发行的各种钞币，均用中统钞收回。

元代的纸币发行数字有确定的记载。当时发行已不用分界的方法，所以纸币的流通数量逐年累积增长。虽然每年会有一部分损耗，作为“昏钞”送回平准库，但为数有限。历史上的通货膨胀多是由于战争引起，元朝也不例外。至元二十三年（公元1286年），宰相阿哈玛特就曾因国用不足而大规模增加纸钞的发行，再算上往年的积累，当时中统交钞的流通数量约等于中统元年（公元1260年）初次发行数量的147倍，中统钞价值开始急速贬值。①

纸币发行在至元十年（公元1273年）以后大量增长，从至元十七年（公元1280年）起，元朝廷已经注意到通货膨胀比较严重了，但并未能进行有效的治理。卢世荣曾提出恢复人们买卖金银的自由，制造至元钱，设立平准周急库等改革方案，企图稳定钞值、平稳物价。但他的建议遭到蒙古权贵们的阻挠没有被顺利推行，而他本人在4个月以后也被弹劾入狱，改革无果而终。“始造钞时，以银为本，虚实相权，今二十余年间，轻重相去至数十倍。”“使客饮食之费，几十倍于前。”至于当时的物价到底涨到什么程度，王恽在发行至元钞之前，提出一贯钞只值得往日的一百文；而在改发新钞后，二十几年间钞值更是相差几十倍。②

（二）至元钞的贬值

至元二十四年（公元1287年），元廷另发新钞即至元宝钞，一贯当中统钞五贯。起初朝廷想将中统钞全部兑换回来，但是难以执行，结果是两种钞票并行，这种情况下物价涨得更厉害。发行至元钞是元代通货膨胀恶化的开始。至元钞与中统钞是1∶5的兑换率，但黄金的比价却涨了六七倍。至元二十六年（公元1289年），至元钞的发行额为一百七十八万锭，合中统钞近九百万锭。成宗大德六年至七年（公元1302—1303年），因为云南战事，纸币的发行再次增加。至大三年（公元1310年），还曾发行至大银钞一百四十五万锭，等于中统钞三千六百多万锭，通货膨胀骤增。文宗天历二年（公元1329年），纸币的流通数量比至元钞发行之前大概增加七八倍，比至元十二年至十三年增长30～60倍。③

自元代中叶以后，纸币的发行就不再统一了，除了政府的发行以外，还允许有功的大臣自行印钞，例如“至元二十三年十一月以张瑄、朱清亚为海道运粮万户赐钞印”。同时，伪钞的问题也很严重，由于纸币的印造成本低，伪钞很难避免。早在中统初年就有伪钞印造，当时中统钞发行较少，有关防伪认证比较严格，同时规定私印钞票是死

① 彭信威：《中国货币史》，上海人民出版社1965年版，第433页。
② 彭信威：《中国货币史》，上海人民出版社1965年版，第435页。
③ 彭信威：《中国货币史》，上海人民出版社1965年版，第438页。

罪，官府加以严令管制，没有产生较大问题。而到元代中期以后，做假币、卖官鬻爵早已成为成熟的上下游产业，制假者遍布政府内部，民间也不乏铤而走险冒禁私印者。伴随着蒙古政权的削弱，从事私造的人就更加多了。元顺帝时有人因造私而致富，甚至派遣四五十人打进政府做官作为内应，以防止有人告发。由于货币流通混乱，物价不稳定，因而发生商店各自发行代用币的现象，如茶帖、面帖、竹牌、酒牌等名目，这些代币甚至比官方纸钞更加具有信用度。①

(三)元末的至正钞膨胀

元末内政失修，各路连年水旱灾害，农民起义不断，政府财政收入几乎全靠发行纸币。顺帝至正十年(公元1350年)又发行新钞，即至正交钞，一贯合至元钞两贯或铜钱一千文，这时候的至正钞已经没有发行准备金了。至正钞的发行官价公然贬值，"至至正庚寅……米石价旧钞六十七贯，至是六十七倍于国初"。当时有人作诗讽嘲："丞相造假钞，舍人做强盗，贾鲁要开河，搅得天下闹。"②

至正十二年(公元1352年)正月又增发新钞一百九十万锭和至元钞十万锭，二者共折合中统钞为二千四百万锭，这是继至大三年(公元1310年)发行至大银钞一百四十五万锭之后第二大规模的纸币发行。当时各地起义不断，蒙古人疲于奔命。大规模增发导致物价上涨，米一石二十贯，不久内上涨10倍，盐一斤二十七贯，等于元初江南盐价的一两千倍。次年正月官方又发行同样数量的纸币，钞价一路大跌，元军更是人心涣散。至正十五年(公元1355年)十二月又印造次年的钞本六百万锭，物价一跳又是好几番。③

钞票的大量发行最终引发了恶性通货膨胀。当时市场上到处是钞票，有民谣这样描述："官制滥，刑法重，黎民怨，人吃人，钞买钞。"钞票的名目如同南北朝的私钱一样多，有所谓观音钞、画钞、折腰钞、波钞、熝不烂等，人民苦不堪言。至正十六年(公元1356年)往后，蒙古人的地盘越来越小，但军储犒赏下，每日印造依旧不可计数。王冕在他的《江南民》诗中有"米粟斗直三十千"的说法，首都燕京十锭钞还买不到一斗粟，杭州二百五十贯一石，合中统钞二千五百贯，等于元初的2500倍。元末最后的18年，纸币对白银的购买力平均跌至1/80；而元朝一百年间，物价平均上涨有近千倍。元代的最后十多年，有些地区已经不用纸钞，或者用铜钱，或者用物物交易。就算使用铜钱，但也和纸币已经脱离关系，而是另成一个价格体系。④

① 彭信威：《中国货币史》，上海人民出版社1965年版，第442页。
② 彭信威：《中国货币史》，上海人民出版社1965年版，第447页。
③ 彭信威：《中国货币史》，上海人民出版社1965年版，第448页。
④ 彭信威：《中国货币史》，上海人民出版社1965年版，第449页。

五、大明宝钞的通货膨胀

明初沿用元制，太祖洪武八年(公元1375年)发行大明通行宝钞，同时为了解决建国初期币材困难问题，规定百文以上用纸币，百文以下用铜钱，并进一步规定禁止金银交易，民众可以通过金银向政府换取宝钞，但是宝钞却不能兑换金银甚至不能作为租税上交。洪武十三年(公元1380年)，轻微的通货膨胀开始出现，人民常用“堪用之钞”换取新钞，这说明当时流通中的钞币数目已经超过了实际需求量。同时，民间伪造问题也开始出现，“宝钞通行天下，便民交易。其两浙江东西民有伪造者甚”。洪武二十三年(公元1390年)，宝钞一贯在两浙只能值钱二百五十文；二十四年(公元1391年)，旧钞的购买力比新钞又减半，出现“揉烂以易新”的倒钞现象。洪武二十七年(公元1394年)，在两浙、江西、闽广一带，宝钞一贯只值铜钱一百六十文。①

洪武九年(公元1376年)，钞一贯或银一两折米一石，到洪武三十年(公元1397年)，白银一两在纳粮时可以折米四石，但钞票却要两贯五百文折米一石。物价飞速上涨，明王朝严刑峻法禁令用钱，企图以此来维持钞价。但是宝钞发行过多，人心溃散，钞值已经不是能够通过政令来稳定了。都御史陈瑛在永乐二年(公元1404年)就说：“朝廷出钞太多，收敛无法，以致物重钞轻”。朝廷也试图通过盐税来回收宝钞，但宝钞发行量依然还在增加，实际流通中的宝钞数量并没有得到有力控制。

永乐朝是明代最“膨胀”的一朝，文化上“膨胀”，军事上“膨胀”，建设上也“膨胀”，这些都是耗财的事业，更是导致宝钞滥发，货币数量也不断增加，币值继续下跌。从洪武九年到永乐五年的31年间，米价上涨了30倍。宣德四年(公元1429年)，米一石、棉布一匹或丝一斤都要五十贯钞，比洪武九年上涨50倍。宣德七年(公元1432年)，宝钞一贯大概只值钱五文。八年，绢一匹折钞四百贯、布二百贯，比洪武九年上涨330多倍。这时民间已多不用钞，改用被禁止的金银，当时白银一两值钞百贯，相当于洪武九年的100倍。英宗即位后(公元1436年)，正式取消用银的禁令，而用银的合法化使得宝钞的购买力更是急剧下跌。②

景帝景泰三年(公元1452年)七月，京官俸禄照时价给银，五百贯钞给银一两，公认宝钞对白银跌成1/500。宪宗成化元年(公元1465年)，宝钞一贯折钱四文，六年折钱二文。孝宗弘治元年(公元1488年)，官俸每银一两折钞七百贯，当时铜钱七百文折银一分，所以钞一贯合铜一文。洪熙宣德年间有百文的小钞流通，到成化弘治年间则只有一贯的大钞了。世宗嘉靖十四年(公元1535年)，宝钞一千贯才能折银四钱，白银

---

① 彭信威:《中国货币史》,上海人民出版社1965年版,第491页。

② 彭信威:《中国货币史》,上海人民出版社1965年版,第492页。

对宝钞涨了 2 500 倍，当时铜钱一千文折银一两四钱三分，所以钞票一千贯只值铜钱约二百八十文。铜钱对钞票涨了 3 570 倍。嘉靖四十五年(公元 1566 年)，要五千贯才能折得白银一两。万历四十六年(公元 1618 年)，大约十贯只值铜钱一文。实际上自弘治以后，宝钞在货币经济中已经没有意义了，人民在日常生活方面所支付的是银和铜钱，钞票早已经不用了。[①]

第三节　咸丰时期的货币改革与通货膨胀

清朝初期吸取前朝教训，对发行纸币非常谨慎，以不用为原则，只有到了财政困难的地步，不得已才会发行钞票。第一次发钞是顺治八年(公元 1651 年)，为了镇压南明诸王的反清势力，巩固清王朝政权，军政开支猛增，使得国库入不敷出，于是发钞来解决财政需要。规定的发行额为每年十二万八千一百七十二贯四百七十文，发行了 10 年，战事平定后，纸币发行就停止了。[②] 由于发行数量不多，且流通时间也比较短，所以影响不大。这也是清朝太平天国运动以前唯一一次发行纸币。但是，少发钞票并不意味着清代的货币制度是平稳的，相反清政府也常常在铜钱的材质、成色和重量上做文章，实际上与前代铸大小钱是一样的，当减重的金属货币不被市场接受的时候，就不得不再次走上发行纸币的老路。

一、咸丰大钱的通货膨胀

(一)通货膨胀的发展过程

清当局大力铸造各类大钱、铁钱、铅钱，并通过官俸、兵饷等方式使其强制进入流通领域。但是这些劣质货币的实际含量与名义价值相差太大，在最初的好奇感过去之后，各路大钱迅速贬值。距离发行不到半年，当千、当五百大钱已贬值 30%，并且因为私铸利润过高而进一步泛滥，这又加速了贬值速度。很快当百大钱也步入后尘，难以在市场上流通。咸丰四年十月，当五十大钱同样出现“行使壅滞”的情况。

等到咸丰五年(公元 1855 年)，市场上只剩下当五、当十两种大钱，但这两种大钱依旧名实不符，买卖双方需要通过折回其实际价值再进行交易。咸丰七年(公元 1857 年)，民众开始对这种交易方式感觉繁琐，连当五、当十大钱也难以流通。官府不得以强制规定发饷和纳税之时必须按比例使用大钱，但是就算这样，依旧无法阻止大钱价

---

① 彭信威:《中国货币史》，上海人民出版社 1965 年版，第 493 页。
② 彭信威:《中国货币史》，上海人民出版社 1965 年版，第 597 页。

值的下跌。“当十钱一文仅抵铜制钱二文。”①

至于铁大钱，市场就更加不愿意接受了。在京城，当十的铁大钱迅速成为无人看得上的“废铁”。当一文的铁钱勉强持续了一段时间的流通，但是其市场价格还是在持续下降。咸丰八年（公元 1858 年）四月，“每铁制钱一吊仅止抵铜大钱一吊二三百文”。此后铁钱很快也退出流通市场。②

（二）通货膨胀与私铸效应

私铸私销的行为可以说与铸币的历史共存。市场上如果存在重量不等、购买力却相同的制钱，那么会出现重量高的被私销、重量轻的被私铸的情况。咸丰三年开始铸发的大钱，其账面价值和实际价值相差悬殊，例如当千大钱，每枚重二两，可当一千文制钱使用，和大钱同时流通的还有每文重一钱以上的制钱。制钱每文重一钱，一千文重一百两，而大钱一千文重二两。二者价值比达到 50∶1，销一枚制钱再铸一枚大钱即可得 50 倍之利。这种情况下，大钱发行后“未及一年，盗铸如云而起。通州所辖之张家湾及长辛店左近西山之内并有私炉鼓铸。利之所在，虽治以弃市之罪，趋者若鹜”③。清政府无计划地铸发大量折当过重的大钱，导致私铸风起，持物者不要大钱，持钱者不交制钱，造成大钱壅滞不行失去信誉，进而迫使清廷不得不相继停铸。

二、纸币的通货膨胀

咸丰时的官票宝钞流通的时间大体上为 10 年，咸丰三年（公元 1853 年）开始发行，十一年（公元 1861 年）进行清理。这些钞票发行之后贬值严重，很快就壅滞不通了。咸丰四年（公元 1854 年），宝钞一千文约值制钱四五百文，已经贬值 50％以上。咸丰五年（公元 1855 年），银票一两只值制钱四五百文，而当时的实银可以合制钱二千一百文，其票面价值大约相当于实际价值的 1/5 左右。咸丰九年（公元 1859 年），二十两官票才抵得实银一两，票面价值只有实际价值的 5％。咸丰十年（公元 1860 年），京城市价银票一两，仅值二百余文，实银则值钱六千有余。钱票到咸丰十一年（公元 1861 年）时也跌到每千钱仅值当十钱一百余文。随着政府对官钱票的清理，其价值也在逐日减少。因此，在 1860 年前后，各种官票宝钞的实际价值大体上只有其票面价值的 3％。④

---

① 周家楣、缪荃孙：《光绪顺天府志》卷五十九，北京古籍出版社 1987 年版。

② 中国人民银行总行参事室金融史料组：《中国近代货币史资料》第 1 辑上册，中华书局 1964 年版，第 298 页。

③ 缪荃孙：《光绪顺天府志》卷五十九。

④ 燕红忠：《中国的货币金融体系（1600—1949）》，中国人民大学出版社 2012 年版，第 73 页。

李慈铭在越缦堂日记中记载，1861 年 6 月 12 日，“日来市上交易，银价至三十吊以外，票钱一吊仅得铜制钱五十二文，以户部先揭示尽废钞票不用，今复议发钱票，民间惴惴，故银价日增，制钱日少，京师久乏制钱，而铁钱又不能行，惟恃虚票以通有无，倘此议果行，乱必作矣”。22 日又载，“是日银价稍平，一两换制钱二十七千，千换铜制钱五十八文”。24 日，“昨日银价已减至二十六千，每千换钱六十，今早忽增银价至六十千。乾益、乾亨、乾元、乾豫四家官号钱票，皆屏不用。以户部议钱票太多，度支无银可抵”。[①] 这表明至 1861 年 6 月，钱票价格已大幅下跌，由官定银一两换钱票二千文跌至最低 60 千文，与制钱的兑换价也跌至每千文换制钱五十二文，且已出现存银不足、无法兑换之情势。官钱票的大幅贬值使民间钱票也受到牵连，价格随之涨落，私人钱铺也以滥发钱票渔利，金融市场剧烈波动，挤兑危机频发，甚至有钱铺以倒闭为由，从中渔利。

三、通货膨胀的铸币税收益

咸丰时期，铸造大钱、发行票钞的目的还是在于增加财政收入，各种带有通货膨胀性质的政策的确提高了国家财政收入，弥补了户部银库收支上的财政亏空，但“国用可虑”的财政状况始终没有得到根本性的解决。据咸丰七年（公元 1857 年）初奏定，户工两局额定每月应铸当十文、当五文及当一文铜钱共合制钱十五万五千六百余串，即每年应铸一百八十六万七千二百串以上。咸丰朝户工两局历年铸钱交库总数约有一千一百零九万余串，其中制钱所占比重很小，各种大钱则占很大比重。[②] 另据铁钱局历次呈报，自咸丰四年三月起至咸丰五年十月底，共铸正额及额外当十文大铁钱并铁制钱共合京钱五百七十二万余吊。又自咸丰五年十二月百炉开铸至咸丰九年五月，共铸正额钱九百数十万吊。以制钱计，铁钱局历年所铸当合制钱七百五十一万三千串。[③] 根据《户部银库大进黄册》，咸丰五年、六年、九年、十年四个年份发行的官票宝钞共计三千五百六十六万三千七百七十三串。如果考虑其他年份以及各直省的少量发行额，那么咸丰末年流通中的官票宝钞大约在八千万串。这一时期清政府铸造大钱和发行钞票的铸币收入及其对财政弥补作用的具体情况见表 3.1 和表 3.2。

---

① 魏建猷：《中国近代货币史》，群联出版社 1955 年版，第 91 页。
② 彭泽益：《十九世纪后半期的中国财政与经济》，人民出版社 1983 年版，第 78、80 页。
③ 彭泽益：《十九世纪后半期的中国财政与经济》，人民出版社 1983 年版，第 81 页。

表 3.1 铸造铜大钱强制增值的幅度及其净利

大钱种类	每枚重量(两)	工本(文)			按工本计算的净利	
		工银	料银	合计	文	倍数
当千	2.00	76	38	114	886	7.8
当五百	1.60	60	30	90	410	4.6
当百	1.40	30	20	50	50	1.0
当五十	1.20	16	16	32	18	0.56
当十	0.44	7	7	14	−4	−0.29

资料来源:彭泽益,《中国近代手工业史资料》第 1 卷,中华书局 1962 年版,第 570 页。

表 3.2 发行票钞及铸钱收入在银库总收入中所占比重

年　份	银库大进银钱总额(千两)	其中发行票钞及铸钱收入数(千两)	发行票钞及铸钱收入数在库银银钱总收入中所占的比重(%)
1852	9 196	833	9.1
1853	5 638	1 199	21.3
1855	9 957	6 741	67.7
1856	9 220	6 168	66.9
1859	15 581	1 448	28.5
1860	9 397	2 335	24.8

资料来源:彭泽益,《十九世纪后半期的中国财政与中国经济》,人民出版社 1983 年版,第 83 页。

四、通货膨胀对人民生活的影响

随着各种大钱、票钞的不断发行和不断贬值,人们越来越不认可这些货币的面额价值,相比之下白银和铜制钱因为实际价格和面额相符,远比劣质货币更具有公认度。一方面,白银和铜钱对宝钞、大钱的比价持续上涨;另一方面,人们收藏或熔炼银铜加剧其退出流通领域,这使得真正具有价值的通货日益紧缩。各种劣质货币充斥于市场,而“钱荒”“银荒”也日益加剧,不被信任的各种大钱和票钞迅速贬值,购买力每日俱减。

在大钱和票钞使用较为广泛的北京,自咸丰四年(公元 1854 年)开始,各类物价几乎是逐日增长,甚至因为政府控制能力的不同,不少货币“出京数十里即不能用”。咸丰七年(公元 1857 年),北京附近农业丰收,但是京城市内粮食价格不降反增,超过城外价格 2～3 倍。北京已经成为一个典型的通货膨胀中心地带,“钱愈多则民愈不知贵”,在通货膨胀严重的时期,米、油、盐、布等生活必需品一个月价格能翻一番。

在大钱同样泛滥的福建，咸丰八年(公元1958年)，御史陈濬折："闽省官钱局自开设以来，民困日深，向来闽省米价每石不过三千文，今则贵至三十余千文；银价不过一千五六百文，今则贵至九千余文。其余日用常物无不增昂十倍。富者转贫，贫者待毙。"山西平定的官员因为在该县发放铁钱，造成"银两物价较邻近各州县昂贵"，只要使用几成大钱，物价就上涨几成，人民饱受其害。①

佣工劳动者和固定薪给收入者因实际工钱的不断下降而日益陷入贫困的深渊。小生产者(农民和手工业者)在购买生产原料和生活用品时，不得不忍受通货贬值带来的各种盘剥，而在出售自己的产品时又无法用提高产品价格的方法来对付通货膨胀，最后不得不破产流亡。小商小贩们更是经不住恶性通货膨胀的折腾，纷纷失业流亡。

当居民无法获得具有较高购买力的货币，被迫以不足值货币维持生活，而且物价不断上涨之时，不满情绪就会蔓延。清廷所制定的通货膨胀政策本质还是通过大量发放大钱和票钞，变相搜刮和掠夺普通民众的财富来弥补国库的亏空，而其中首当其冲的就是通过不断改变发放军饷的货币结构，将基层官兵的工资由保值货币转向劣质货币。官兵拿到不足值的大钱作为兵饷难以在市场上消费，甚者骚扰居民，甚者被逼为贼，更有甚者出现冲击政府攻击军机大臣的事件。咸丰七年(公元1957年)，在福建就曾出现因通货膨胀而发生的民变，数千乃至上万人冲击围殴总督衙门，要求恢复币制降低物价，甚至还有部分军人参与其中。

第四节 20世纪40年代的大通胀及其影响

20世纪30年代的大萧条破坏性地推高了全球银价，动摇了中国经济的货币基础，截断了中国渐进向"银本位"币制的改革路径，迫使国民政府进行激进的货币转型。如果说"废两改元"是水到渠成的结果，那么法币改革就是在外部冲击下应对危机的双刃剑。它将传统的白银去货币化，带来了信用通货体系，但是很快就因连绵不绝的战事把这个系统带向了恶性通货膨胀的深渊。从全面抗战到内战，战事不断，而法币也如同历史上那些"行钞"的货币一样，带来了王朝财政的土崩瓦解和国祚崩殂。

一、法币发行与通货膨胀

1935年的法币改革一方面切断了国际银价上涨对中国经济产生的不利影响，另一方面也为国民政府更轻易地增加货币埋下了伏笔。1935—1937年，四家国家银行

---

① 彭信威：《中国货币史》，上海人民出版社1965年版，第581页。

发钞数量从 4.53 亿元法币增加到 14.77 亿元，但这一时期的一般物价不仅没有增加，反而有所回落，这同 1933—1935 年的通货紧缩和经济萧条存在很大关系，1936 年前后的货币增加则支持了这一时期的经济恢复与增长。

1937—1939 年，伴随着日军的进攻，中国 1/3 的国土沦陷，这些地区包括全国农业产出的 40%以及工业产出的 92%。随着沿海地区的全面沦陷，后方经济的通胀压力大增，各种工业品奇缺再加上超过 5 000 万难民从占领区逃往内地，产生了巨大的物价上涨压力。国民政府在丧失了重要的税源地的同时还不得不加强军队编制，财政赤字迅速恶化，但是基于对抗战的支持，公众还可以接受这种通货膨胀，例如粮食价格的涨幅就非常缓慢。相对于 1937 年上半年而言，1938 年法币的发行量增加了 41%，1939 年增加了 86%，而同期 1939 年上海的物价只增长了 1.52 倍，重庆的物价只增长了 1.20 倍，全部后方也只增长了 2.05 倍。①

伴随着 1940 年严重的农业歉收，农产品价格开始飞涨，在此带动下，之前埋下的通货隐患一并爆发出来，1941 年一年内物价上涨翻了不止一番。1942 年，随着滇缅公路被切断和香港被占领，中国的对外贸易被全面阻断，商品进口下降超过一半，对货币缺乏的信心开始压倒抗战热情，物价进入全面猛增阶段。同时，国民政府为了强化军事力量，继续扩大财政赤字，并且由于税收逐年减少，只能通过增发法币来弥补军费的不足。从 1942 年到 1945 年，法币发行由 344 亿元增长到 10 319 亿元，增长近 30 倍，而与之伴随的物价上涨 100 多倍，平均每年上升 24 倍。②

在抗战的最后几个月，后方已经被通胀折磨得毫无生气可言，但是伴随着抗战结束，物价上升暂时中止。到了 1946 年，国共谈判破裂，国内局势再度紧张，国民政府扩大军事开支，再度增加财政赤字，猛烈的通胀势头重新回归。流通中的货币以每月 10%的幅度增长，上海的物价几乎每隔两个月就要翻一番。到 1947 年底，上海的批发价格接近一年前的 15 倍，当年内的涨幅相当于前一年涨幅的两倍多，而法币的发行量相比 1937 年 6 月更是增加了 2.35 万倍，国民经济已经陷入恶性通胀的旋涡再也无法挣脱出来。③

面对如此情况，国民政府在 1948 年 8 月进行了金圆券改革，虽然通过一元金圆券兑换 300 万法币重新调整了物价，但仅仅 70 天后，物价再次以迅雷不及掩耳的速度飞涨。仅以银圆与金圆券的兑换比例来说，在最初的时候，“银圆二合金圆券一，未及二月，而金圆券七合银圆一”；到了 1949 年 1 月 18 日，“一切物价比刚发金圆券时加一百倍”；3 月 3 日，“近日银圆二千七百元”；3 月 31 日，“上午银圆价一万三千元，下午即达

---

① 张家璈：《通胀螺旋》，中信出版集团 2018 年版，第 15—30 页。
② 冯宪龙：《抗战时期国民政府通货膨胀政策评析》，《社会科学辑刊》1997 年第 3 期。
③ 张家璈：《通胀螺旋》，中信出版集团 2018 年版，第 84 页。

一万七千元”。银圆与金圆券的比价，4月5日为二万八九千，10日为6万，15日为13万，16日为18万，22日为46～49万，27日为130万，30日为400万。到了5月19日，“国行挂牌为九百六十万，然实际之价已为一千四百万”。翌日“下午升至二千三百万，及傍晚则升至三千万矣”。[①] 仅仅半年多的时间，金圆券竟贬值6 000万倍，国民政府的经济已完全崩溃。

二、通货膨胀的效应与影响

(一)物价上涨的各种效应

从1937年到1949年的12年里，上海的物价上涨了368 000亿倍，人们生活必需品之一的粮食价格则上涨了476 000亿倍，货币的购买力直线下降。1937年的时候100元法币还能买到两头牛，1938年尚能买一头牛，1939年能买一头猪，1941年能买到一袋面粉，到1943年能买到一只鸡，到1948年金圆券发行之后便只能换来几粒大米。上海的白粳米，1937年6月每石为法币11.05元，到1949年5月每石价格上涨到金圆券四亿四千万元，相当于当时法币的1 320万亿元。[②]

根据湖南长沙的《小春秋》晚报记载：解放前夕，浏阳东乡的一位农民在长沙太平街一家商号买了20斤皮棉，装袋时他发现棉花里有一捆钞票，便一声不响地把钞票装进了麻袋，自以为发了一点小财，暗暗欢喜。没想到，回家后用秤一称，那捆钞票的面值还抵不上棉花重量的价值。在这种情况下，人们上街买东西，不得不携带大捆大捆的钞票，有的甚至用车子装运，以致成为当时一道奇特的风景线。物价的上涨使得百姓手中的钱等同于一张废纸，甚至还抵不上一张废纸，这种情况下，货币的购买力完全化为乌有。[③]

随着物价的飞涨，人民的收入虽有增长，但始终不能与物价同步，因而导致他们的实际收入持续下降。通货膨胀对依赖固定工资为生的人最不利，物价的飞涨造成人们手中原有的货币贬值，进而导致收支方面入不敷出。与工资(指不稳定工作的收入)相比，薪水(指稳定的月薪)的调整更是远远落后于生活成本的变化。国民政府在提高薪给时总是迟疑，因为庞大的政府公职人员和军人数量将导致政府开支大幅度增加。为了抵消生活成本的上升，某些政府部门和军队采取了一些临时手段来缓解困境，包括发放特别津贴、配给日常必需品和提供住房等福利，但是这些服务只集中在有级别的

---

① 顾潮：《历劫终教志不灰——我的父亲顾颉刚》，华东师范大学出版社1997年版，第237—238页。

② 汪锡鹏：《金圆券与民国末年的通货膨胀——从钱币看蒋家王朝的末日》，《中国城市金融》2010年第9期。

③ 汪锡鹏：《金圆券与民国末年的通货膨胀——从钱币看蒋家王朝的末日》，《中国城市金融》2010年第9期。

政府、军队官员身上，和底层的职员并无关系，这进一步拉大了实际收入在不同职务和级别的人群之间的巨大差距。

通货膨胀吞噬了公职人员、教师、军人这些拿固定薪水人群的实际收入，到 1943 年，他们的实际收入已经下降为战前的 1/10～1/5。尤其是其中的公务人员和教师更加贫困，这也在很大程度上促成了这些知识分子在政治上转向左倾立场。各种农民和产业工人等体力劳动者虽然相对好一些，但是他们的真实收入也不及战前实际水平的一半。[①]

抗战胜利并没有结束物价上涨，1946 年以后的通货膨胀相比战时更加严重。经济萧条与通货膨胀的影响蔓延到各个阶层，他们生活质量持续下降乃至朝不保夕。在连基本生活都无法保障的情况下，如果强要他们对政治有所关心，那往往也是因生计艰难而对政府产生出不满与怨恨。政府的威信，就在这忽视百姓饭碗的过程中逐渐丢失了。国民政府长期未能扭转这样的经济形势，也并未纠正其产生的不利后果，从而招致从军队和行政部门到大众百姓的不满，这些因素的累积最终导致国民政府失去民心乃至最终垮台。

（二）囤货与抢购现象

物价飞涨、货物短缺与疯狂抢购相伴随。物价上涨声中，商家“重货轻币”，囤积现象严重，导致市场上货物短缺，引起物价进一步飞涨。纸币的贬值，激起了普通百姓疯狂购物的欲望。为了减少损失，他们把手中以及储备的纸币都拿出来投放市场，以尽快换成实物。“各呢绒店、绸布店和百货商场，都是人如潮涌，个个袋内好像装满了金圆券，争先恐后的要把他们换成货物，许多店家商场的多数货物，都被抢购一空。”[②]在抢购风潮中，人们已不敢过问物价的高低，物价每天都在变，如果此时不买，转一下身又是另一个价格。商人们都恐怕商品一旦出货就再也买不进，为了保险就干脆囤货等着提到更高。几乎所有的日用品都是随时随人喊价，就算同是一种商品，同是一个时候，其价钱也可以相差甚远。因为卖的根本就不大想卖，宁存货不存钱，所以任意抬价，顾客买不买随意。

一般薪水阶级饱受物价和工资水涨船不高的痛苦，但是比之物价上涨更让人忧心的是货物短缺，抢购风逐渐变得名存实亡，因为商店的货品都卖光了。“市场之各货均告绝迹，食粮市有斗无粮，居民多有钱买不着米，各种食物，猛涨之余，而且买不到手，

---

① 张家璈：《通胀螺旋》，中信出版集团 2018 年版，第 73 页。

② 王印焕：《通货膨胀下人民生活的绝望——南京国民政府覆亡原因的细化》，《北京科技大学学报》2003 年第 1 期。

只得仰首兴叹。"①

从当年10月16日青岛的一篇通讯报道可以看出抢购风潮有多么严重：青岛市区遭遇到空前未有的难关，全市商店呈自动罢市状态，起先是食粮恐慌，全市买不到食粮，后来百货、绸缎、布匹亦步亦趋，市民及黄牛党转移注意力于百货、绸布，因而去百货店、绸缎店、布匹店抢购，不做生意的市民也跟了上去，这等商店没法应付，只好关门大吉。经政府强迫，商店每天开门4小时，说是开4小时，实际上不过开3小时，若改为2小时，不用说只能开1小时了。而现在呢，其他商店如鞋帽、化妆品、茶庄等店铺也索性把门关起来不营业了。还能照常开门的，只有中西药铺，而西药铺内比较贵重一点的药品也说没有了。据说，连棺材铺也把门关起来，怕人去抢购。②

(三)工商业和高利息贷款

抗战初期，政府面对后方物资匮乏的情况，发放低利贷款，鼓励民营工矿事业，一度造就1940年后方工商业的景气。当时虽然短暂出现物价上涨的情况，毕竟就业条件充分，人们购买力尚在，一度出现繁荣的景象。工商业的繁荣需要信用贷款的帮助，需要发放一些额外的通货，还是造成了少量的通货膨胀效应，但是并没有引发真正的通货膨胀。

到1941年时军费难以维持，为了平衡财政收支，通胀压力剧烈增加，这时候民营贷款首当其冲成为牺牲品。国有银行打着通货紧缩的口号，纷纷关闭民营生产行业的信用贷款，工商业只能转向商业银行。但是当时的商业银行也正处于危机当中，国家银行信用膨胀引发的庞大军费政费贷款只许存于国有银行而禁止存入商业银行，商业银行本身并无发钞权，面对下行经济环境难以吸收到新的存款，其自身财产也在一轮轮的通货膨胀中逐渐缩水。在此背景下，商业银行自身难保，更别说提供低息的信用贷款了，相应的高利贷不可避免地诞生。

本来在通货膨胀物价高涨的情况下，利率就有升高的趋势。假定物价半年上涨一倍，那么货币半年贬值一倍，这种情况下月利息至少要放到0.15元左右才能使得半年后货币价值加倍而不至于亏损。如表3.3所示，战前上海每千元的日同行拆借利息约为0.12元，1942年开始很快涨到0.62元，到内战爆发之后更是高达3元。重庆的月息率也从1%一路上涨，1943年为6%，1946年为12%。高利贷大大增加了工商业的成本，大量商号工厂倒闭，物资的匮乏又进一步加剧通货膨胀。物价上涨的产物又反过来促进物价上涨，这正是恶性通货膨胀的表现之一。

---

① 王印焕：《通货膨胀下人民生活的绝望——南京国民政府覆亡原因的细化》，《北京科技大学学报》2003年第1期。

② 王印焕：《通货膨胀下人民生活的绝望——南京国民政府覆亡原因的细化》，《北京科技大学学报》2003年第1期。

表 3.3　上海、重庆、成都、昆明四地每单位千元利率　单位:元

年份	上海钱业日拆息	重庆商业银行月息	成都商业银行月息	昆明银行月息
1937	0.12	10	13	10
1938	0.10	12	12	10
1939	0.15	13	12	17
1940	0.15	15	12	24
1941	0.07	17	26	28
1942	0.62	28	36	34
1943	0.25	60	40	40
1944	0.58	93	81	
1945	0.65	112	110	
1946	0.50	120		
1947	3.00	168		

资料来源:杨培新,《中国通货膨胀论》,山西人民出版社 2015 年版,第 92 页。

三、国民政府反通货膨胀的措施

(一)第一阶段:1937—1941 年

早在 1938 年,国民政府就对物价制定了一些控制方法,目的在于减轻通货膨胀对预算赤字的影响和直接控制物价上涨,但实行效果并不好。因为在抗战初期,政府努力通过公共开支和信贷扩张来动员国防所需要的资源,没有怎么考虑过这种方法产生的通货膨胀效应。到 1939 年底物价开始直线上升,官方这才开始意识到这一问题的严重。到了 1940 年,中国又开始大规模的征兵活动。这一举措直接破坏了农业劳动力的供应,对农产品的产量造成极为不利的影响,随之大大助长了通货膨胀。同时这一举措也使得国民政府的开支大大增加,受到的财政压力较以往更甚。此后,国民政府成立了中央统制机构和附属部门,或是采取新的价格统制措施并加以限制信贷,以应对每一轮新的价格上涨。尽管这些机构能暂时控制通胀现象,但是面对持续不断向市场注入的货币,最终还是无可奈何。

(二)第二阶段:1942—1945 年

1942 年后,国民政府开始全面执行反通货膨胀措施,主要方式有以下三种:

第一,降低预算赤字。降低预算赤字的主要手段是开源节流。全面抗战时期,政府的军事开支和行政开支都异常庞大。政府开始施行新的税收制度来缓解这一财政压力,主要方式是将直接税改为从价计征,后来又相继对海关和盐税征收战时附加税,

这些措施增加了政府收入，使政府赤字扩大的趋势有所缓和。

第二，实行信贷控制。20世纪40年代初，政府对银行业务实行限制的出发点有两个，一是促使银行贷款与国民经济在战略上的需求保持一致，二是防止银行将资金用于投机倒把。但随着物价的飞升，投机活动无论是对于私营企业还是国家银行都有着致命的吸引力，银行贷款能用于国民经济领域的份额已经远远不足。因此，国家开始限制信贷，并同时鼓励储蓄，甚至采取强制派购储蓄券的方法。这些活动对遏制通货膨胀起了一定的作用，但不断增发的货币、钱庄和银行的投机活动，造成这一时期币值极不稳定，通胀问题依然严峻。

第三，统制物价。1938年末政府就曾下令所有物价均由各地方当局和各行业工会协定制定，凡囤积居奇、投机倒把者一律严惩不贷。但由于缺乏专业的工作人员和充足的物资供给，实施效果并不令人满意。1942年底，政府对物价实行直接控制。在少数重要城市，对部分日用品实行限价政策，并对稀少物资库存量和用途加以控制。政府统一购销成品、半成品，从而防止私人企业竞购哄抬物价。但政府的力量太过软弱，并没能很好地管制零售价格，对于商人利用通货膨胀形势投机的行为也难以遏制，最终这些管控都归于无效。[①]

（三）第三阶段：1946—1949年

这一时期国民政府的反通货膨胀政策总体上仍然是照搬全面抗战时期。其中又有两张被视为反通货膨胀政策的王牌，分别为黄金政策和外汇外贸政策。出售黄金抵消预算赤字导致的购买力增加，这一做法在战时已经被证明无法实现。但是国民政府认为战后算上战利品和美国运送的黄金合计2亿美元，远远超出战时出售的有限黄金，可以应对货币供应的增长。1946年3月恢复黄金销售之后，黄金价格一改战后大幅下跌的趋势，尤其到了当年6月内战全面爆发，黄金价格很快从战后的每两7万～8万法币上涨到每两20万法币，到了1947年2月更是达到每两96万法币。[②] 鉴于中央银行黄金储备的流失，国民政府随即暂停黄金销售政策，这一计划距离其开始执行还不到一年便宣告破产。

同样在1946年3月，上海外汇市场正式开放，中央银行奉命无限制地按官价汇率买卖外汇，实行自由外汇政策，实行自由进出口贸易政策。国民政府的目的有三：其一，通过自由买卖外汇，稳定汇率，从而稳定法币币值，维持民众对法币的信心。其二，通过大量抛出外汇，吸收游资，回笼法币。这样既可增加财政收入，减少法币财政性的发行；又可减轻过量发行的法币对物价的压力，压制物价上涨，缓和通货膨胀。其三，

① 张家璈：《通胀螺旋》，中信出版集团2018年版，第60—63页。

② 蔡佳伍：《试析1946—1949年国民政府反通货膨胀政策失败的原因》，《厦门大学学报》1990年第3期。

通过大量进口美货,满足国内需求,抑制物价上涨,缓和通货膨胀,安定民心。

然而,实际情况事与愿违,虽然一开始公布的汇率是 1 美元合 2 020 法币,肆虐的通胀使得市场实际交易汇率并不按照官方汇率进行。国民政府在调整官方汇率问题上犹豫不决,从而导致其始终滞后于市场汇率。1946 年,市场汇率还仅仅高于官方汇率 10%,到了 1947 年 7 月,虽然官方美元汇率已经涨到 12 000 法币,但是黑市汇率已达到 43 640 法币,远远高出官方汇率。[①] 城市里的主要商品供应来源是进口,而商品物价的上涨必然引领黄金和外汇价格跟随增长,外汇的上涨又反过来带动物价的上涨,恶性通货膨胀的螺旋上升再次出现。

和黄金类似,中央银行在一年内也大量流失外汇储备,受此影响,香港黑市取代上海成为中国贸易外汇市场的新中心。就算中央银行在 1947 年 8 月将外汇政策调整为浮动汇率,枯竭的外汇储备也已经完全无法让市场认可官方汇率价格。官方汇率只能仰他人鼻息,跟着黑市汇率跑,完全丧失了主导外汇市场和调节国际贸易的功能。到 1948 年 5 月,市场汇率增长了 27 倍。等到 1948 年 8 月国民政府宣布发行固定汇率为 1∶25 美分的金圆券,企图通过回购外汇和冻结物价再次钉住美元,已经没有人相信国民政府的权威。物价和汇率同时飞速增长,短短几个月市场汇率升至 1 美元合九百万金圆币,汇率制度已经名存实亡。[②]

四、通货膨胀的启示和教训

20 世纪 40 年代大通胀的根本原因在于总供给和总需求的失衡,正是国民政府自身不断的通胀性赤字融资和无节制的信贷扩张,持续推动着需求的无限增长,最终导致通货膨胀的恶性循环。国民政府无力通过非通胀手段增加财政收入或是通过储蓄和税收来消纳多余的需求,害怕失去民众支持又担心触犯既得利益者,拒绝削减开支又过分强调军事力量,希望找到一条捷径摆脱财政困难,却最终引发了灾难。

国民政府也采取了很多行动企图控制通货膨胀,或者是因为行政机构人员不足,抑或是因为统制措施官员的道德风险,一系列控制措施不仅不能阻止价格的飞速上涨以及猖獗的投机,还充分暴露出政府在应对危机方面的无能。最终,国民政府渴望寻找打破通货膨胀螺旋的一切努力都是杯水车薪,长期忽视触发通胀的内在诱因,舍本逐末地追求一些不符实际的政策,或是将其政治前途押注在某些短命的改革之上,其最终结局早已经注定。财政预算和中央银行应该经由合格的权威组织仔细审查,而非由政治领导人随意操控,否则创造货币的能力会变成一个灾难诅咒而非经济的

---

① 蔡佳伍:《试析 1946—1949 年国民政府反通货膨胀政策失败的原因》,《厦门大学学报》1990 年第 3 期。

② 张家瑊:《通胀螺旋》,中信出版集团 2018 年版,第 357—364 页。

福音。①

思考题

1. 名词解释：

轻钱 小钱 大钱 私铸 “大泉”铜币 “契刀”铜币 小五朱 董卓小钱 直百五铢 铁钱 钱引 会子 咸丰大钱 官票宝钞 金圆券

2. 金属货币为什么还会引发通货膨胀？其发生与影响机制有哪些独特性？

3. 简述宋元时期的纸钞发行与通货膨胀之间的关系。传统的纸币发行是否必然会引发通货膨胀？

4. 简述咸丰时期的货币改革与通货膨胀的关系。

5. 20 世纪 40 年代的大通胀造成了哪些经济效应？对人民生活造成了怎样的影响？

6. 历史上的通货膨胀有哪些共同规律？我们能够从中吸取哪些经验教训？

主要参考文献

1. 彭信威：《中国货币史》，上海人民出版社 1965 年版。
2. 千家驹、郭彦岗：《中国货币演变史》，上海人民出版社 2005 年版。
3. 魏建猷：《中国近代货币史》，群联出版社 1955 年版。
4. 彭泽益：《十九世纪后半期的中国财政与经济》，人民出版社 1993 年版。
5. 周育民：《晚清财政与社会变迁》，上海人民出版社 2000 年版。
6. 燕红忠：《中国的货币金融体系（1600～1949）》，中国人民大学出版社 2012 年版。
7. 杨培新：《中国通货膨胀论》，山西人民出版社 2015 年版。
8. 张家璈：《通胀螺旋》，中信出版集团 2018 年版。

① 张家璈：《通胀螺旋》，中信出版集团 2018 年版，第 415—419 页。

第四章　新中国货币发行和管理制度

新中国成立以来，货币发行与管理制度经历了一系列变革。人民币作为中华人民共和国通行的本位币，在新中国成立以前就开始发行，有着一贯的连续性。关于货币的发行与管理的种种变革，都是适应时势而作出的渐进式调整，与此相对应的是，货币供给量在整体上升的态势下有部分波动，这些波动往往反映为物价上涨和通货膨胀的发生。在应对不同时期的通货膨胀时，所使用的货币政策与货币工具也各不相同，这是由货币发行管理制度和中央银行的职能所决定的。此外，人民币在对内币值和对外币值两方面经历了长时间的反复与波折，最终走向平稳。本章主要介绍人民币的发行与管理制度的演变过程，同时以内外均衡的视角，从货币供给量与结构变化的角度探讨各个时期的通货膨胀治理和汇率制度的变革。

第一节　人民币的诞生

在中国共产党领导中国人民解放战争向全国胜利进军的形势下，为了统一各解放区货币，适应形势发展的需要，由中央人民政府批准，在 1948 年 12 月 1 日，原来的华北银行、西北农民银行和北海银行合并为中国人民银行，并发行中国人民银行券，也就是人民币。这是从抗战开始中国共产党希望能够统一货币的重要成就，也是曲折过程的一个最终体现。

一、解放区的银行合并和货币统一

在 1948 年统一货币之前，各解放区都曾流通着近 30 种货币，例如华中、华东地区就有大江币、江淮币、江南币、淮南币、淮北币、淮海币、盐阜币、浙东各币以及后来发行的华中币、北海币等十余种货币（见表 4.1）。在西北地区、华北地区、内蒙地区、东北地区、华南地区也都分别有多种货币同时流通，这种货币“群魔乱舞”的局面严重阻碍了各解放区经济交流和生产生活的恢复发展，所以发行全国统一的货币——人民币，已经是箭在弦上。①

表 4.1 各解放区的货币发行情况

华中、华东地区	西北地区	华北地区	内蒙古	东北地区	华南地区	中原地区
大江币、江淮币、江南币、淮南币、淮北币、淮海币、盐阜币、浙东币、华中银行券、华中币、北海币等	陕甘宁边币、边区商业流通券、西北农民银行币、西农币等	晋察冀边币、冀南银行钞、鲁钞、冀南币等	内蒙古各地方币、内蒙古人民银行流通券等	东北流通券、关东流通券、长城银行券等	裕民行币、新陆行流通券、琼崖光银行代用券、南方人民银行币等	中州农民银行券

资料来源：千家驹、郭彦岗，《中国货币演变史》，上海人民出版社 2005 年版，第 228 页。

1947 年，陕甘宁边区和晋绥边区在事实上已经连为一体，财经和货币的统一势在必行，原先分别发行陕甘宁边币和西农币的陕甘宁边区银行和西北农民银行于 1947 年 10 月 14 日合并，沿用西北农民银行的行名，发行西农币，这标志着货币统一的初步实现。随着战事的进展，华北解放区逐渐连成一片，后勤供应、物资交流和货币互通就成为重大问题，1948 年 3 月，在石家庄召开华北“五大解放区金融贸易会议”，讨论货币统一问题。会议认为应该先统一区域货币，然后再实行全国范围的货币统一。在统一冀南银行币和晋察冀边币后，随着中共中央华北局的成立，进而成立华北银行，统一管理上述地区的货币发行与流通。② 虽然已有统一全国货币的动议，但此时时机尚未成熟。

二、第一套人民币的发行与全国货币的统一

1947 年 10 月，中共中央开始正式筹备中央银行的准备工作，定行名为“中国人民银行”。1948 年成立中央财政经济部，中国人民银行的筹备工作明显加快，新的钞票印制也开始进行准备。1948 年 11 月，董必武主持召开政府第三次政务会议，决定于 1948 年 12 月 1 日正式成立中国人民银行并发行中国人民银行钞票。第一套人民币共有 12 种面额 62 种版别，其中 1 元券 2 种、5 元券 4 种、10 元券 4 种、20 元券 7 种、50 元券 7 种、100 元券 10 种、200 元券 5 种、500 元券 6 种、1 000 元券 6 种、5 000 元券 5 种、10 000 元券 4 种、50 000 元券 2 种。③ 1949 年初北平和平解放后，中国人民银行券由专业印钞厂印刷，随着解放军南下，逐渐流通到全国。

人民币在全国范围的统一并不是一蹴而就的，华北、山东和陕北地区解放较早，在新中国成立前即开始以人民币收兑原来的货币。同时，在解放军南下的过程中，或是

① 千家驹、郭彦岗：《中国货币演变史》，上海人民出版社 2005 年版，第 228 页。

② 姚朔民：《中国货币通史》第四卷，湖南人民出版社 2018 年版，第 311—315 页。

③ 孙飞、赵文锴：《激荡百年：大国金融》，中国法制出版社 2013 年版，第 182 页。

直接在当地发行人民币，或是用人民币收兑当地货币，华中地区和华东地区的部分地方货币就是在这一时期初步完成统一的。东北地区和内蒙古地区东部因在日伪时期通行“满洲中央银行券”和“蒙疆券”，在抗战结束后仍使用地方货币。中国人民银行采取渐进方式，联合东北银行在山海关设立联合办事处，制定人民币与东北币的比值为1∶9.5，同时进行流通。直到1951年4月，中央人民政府政务院以相同比价收回东北银行地方流通券和内蒙古人民银行地方券。至此，全国只有新疆和西藏尚未使用人民币。

新疆和平解放时，市场上主要流通新疆自铸银元和新疆省银行的银元券。但是，由于南京国民政府将新疆省银行的发行准备金挪用出省，导致银元现货不足，银元和银元券比价陡增，严重威胁金融安全。新中国成立后，停止银元票兑现，统一使用银元票管理新疆货币市场。1951年10月1日，中国人民银行发行带有维吾尔文字的人民币，按照350元人民币兑换1元新疆银元券的价格收兑原有银元票，使新疆地区的货币市场与内地取得统一。

西藏是最晚使用人民币的地区，1951年西藏和平解放时，中央并未强制在西藏地区推行人民币，而是尊重西藏人民传统习惯使用银元。直到1959年3月，由于西藏上层分裂集团背叛祖国，中央政府宣布由西藏自治区筹备委员会行使西藏地方政权的职权，筹委会于1959年7月15日发出在全区行使人民币的公告，并于8月10日宣布废止藏币，中国人民银行公布兑换比价进行限期收兑。1962年，筹委会禁止外币和银元流通。至此，中华人民共和国大陆全境实现了货币制度的统一，人民币成为唯一的法定货币。①

虽然第一套人民币在发行过程中有经验不足导致的种种问题，但也不能忽视其对于经济发展和政治建设的重要作用。特别是其对于统一解放区和全国货币，也就是从战时币制逐渐过渡到正常的货币制度方面，有着不可替代的功绩。以中国人民银行发行的第一套人民币为核心，对不同类型的货币进行兑换，迅速结束混乱的货币现状，建立统一的人民币制度。一方面，人民币的发行支援了解放战争，在商品流通和人民生活方面促进了解放区以至全国的经济发展。另一方面，不同于旧中国混乱的金融格局，新中国的金融秩序得以基本形成，以中国人民银行为中心不断对老解放区、新解放区的不同金融机构加以分类整合，最终形成新中国建立初期相对统一的金融体系。新中国货币金融体系的构建为国家财政收支的平衡、治理通货膨胀和国民经济的恢复做出了重大贡献。②

---

① 姚朔民：《中国货币通史》第四卷，湖南人民出版社2018年版，第325—329页。

② 兰日旭：《新中国金融业变迁及其特征：基于金融职能变化的视角》，《河北师范大学学报》（哲学社会科学版）2017年第6期。

第二节　货币的发行与供给

人民币诞生后，需要有成套的发行办法与稳定的货币供给。1956 年底，国家完成社会主义三大改造，确立社会主义计划经济体制。在计划经济时期，货币的发行主要受计划指标的控制，管理和调控政策比较僵化。但在这一时期，人民币的防伪技术得到了迅速提高，并开始逐步实现独立自主地印制纸币。十一届三中全会拉开了中国金融体制改革的序幕，特别是 1992 年党的十四大确立社会主义市场经济体制后，国民经济飞速发展，我国的货币发行和管理也开始向适应市场经济体系发展的方向进行转变。人民币不仅在发行上实现了完全独立自主，而且在供给量上也基本实现了为经济发展服务的目标。

一、1952—1978 年的货币发行与供给

(一)第二套人民币的发行

新中国成立初期，人民币虽然成为全国范围内的唯一法定货币，但也暴露出种种弊端，特别是由于局部局势的不稳定和通货膨胀造成的币值过大、品种和版别复杂、印刷质量参差不齐等问题，不利于其在全国范围内流通和使用。因此，为适应国家计划经济建设的需要和广大人民的愿望，在财政收支平衡和金融物价稳定的基础上进一步健全和巩固我国货币制度，以便利交易和核算，国务院于 1955 年 2 月 21 日颁布《关于发行新的人民币和收回现行的人民币的命令》，责成中国人民银行自 1955 年 3 月 1 日起发行第二套人民币，以收回第一套人民币。

第二套人民币的主币分为 1 元、2 元、3 元、5 元、10 元 5 种面额，辅币分为 1 分、2 分、5 分、1 角、2 角、5 角 6 种面额。每种券别版面均印有汉族、藏族、蒙古族、维吾尔族 4 种文字。第二套人民币将原先第一套人民币中的 10 000 元统一回归到 1 元单位上来，降低过大面值，有利于经济正常发展。较为特殊的是在各种面值中较为罕见地采用“3 元”面额，这主要有两个原因：首先是因为当时苏联的卢布常用 3 单位的面额，有 3 戈比的硬币和 3 卢布的纸币。第二套人民币于 1950 年开始规划设计，1953 年开始制版和印刷，当时正是我国向苏联全面学习的时期，所以在这方面也借鉴了卢布的面额体系。第二个原因则是时间紧迫，印钞厂生产能力有所不足导致的。当时我国印刷技术还很落后，对大面额钞票采用的复杂凹版对印技术和水印造纸技术的掌握都不过关，所以第二套人民币中的大面额钞票要委托苏方代为印刷，其余小面额纸币的钞票纸也大多要靠苏方提供。第二套人民币起初设计的最大面额是 100 元，后来为了防止

逃到台湾的国民党仿制造假，因此将最高面额限制在 10 元。在货币总需求量确定的条件下，这就大大增加了印刷工作量，即使是苏方大型印钞厂的生产能力，要想在一年多时间里完成如此大批量的生产，也是十分困难的。如果再没有“3 元”面额，1 元、2 元纸币的印刷量就要增加更多，印刷任务就更加难以完成，所以经过与苏方的技术性商讨，我国最终确定模仿卢布，按 1 元、2 元、3 元、5 元、10 元的面额划分。

第二套人民币集中凸显了我国印钞技术尚处于起步阶段，远未达到世界先进国家的水平，3 元以上面额的钞票都请苏联代印，以免因防伪技术不达标导致假币产生。我国亟须提高印钞技术水平，独立自主印发钞票。随着中苏关系的恶化，这一进程又不得不加快推行。1959 年，我国在引进长网造纸机的基础上自行研制出圆网造纸机，陆续突破满版水印和固定水印的造纸工艺难关，从而为防伪钞票印刷提供了合适的纸张。此外，还研制出平凸版多色接线印钞机等印钞机械，所创造出的独特防伪效果在国际上保持了长时间的领先地位。①

第二套人民币发行后，所有旧币均由中国人民银行按法定比率全部收回。凡持有旧币者，自新币发行之日起，均可到中国人民银行或其代理兑换机构按法定比率兑换新币。在兑换期间，旧币仍得按法定比率折合新币与新币同时流通。票面 1 万元、5 万元的两种旧币截至 1955 年 4 月 1 日停止在市场上流通使用，但在 4 月 30 日前仍可到中国人民银行或其代理兑换机构，按法定比率兑换新币，从 1955 年 5 月 1 日起中国人民银行停止收兑。票面 5 000 元及 5 000 元以下各种旧币停止流通使用的时间，由中国人民银行视收兑情形另行适当规定。

为了能让第二套人民币快速、平稳地取代旧币，在国务院颁布命令后，各级党政部门纷纷成立人民币发行小组。中国人民银行一方面在《人民日报》等报纸发文进行宣传，另一方面设立流动兑换小组与兑换站，并与国营企业、信用社、合作社等单位合作起来，在全国设立了 7.3 万个兑换机构，使得旧币的回收能够迅速进行，在最初的 10 天里就回收了市面上 80%的旧币，到 1955 年 6 月 10 日已回收 98.1%，前后短短 100 余天时间就完成旧币的回收工作。②

第二套人民币是中国有纸币产生以来第一次在全国范围内流通的单一纸币，与国民政府的法币不同，人民币是由单一中央银行——中国人民银行发行并强制在全国范围内流通的信用货币。第一套和第二套人民币的发行和流通与政治形势的变化有着非常紧密的联系，那时的货币政策也可以被认为是相机抉择的，都是在一定的政治经济形势下的决策，同时对当时的经济发展起到了重要影响。

---

① 姚朔民：《中国货币通史》第四卷，湖南人民出版社 2018 年版，第 338—339 页。

② 杨子强：《漫谈人民币》，青岛出版社 2010 年版，第 41—42 页。

（二）第三套人民币的发行

20 世纪 50 年代末期，我国和苏联的关系恶化，苏联停止向我国提供印钞所需的纸张和设备，中止了人民币的代印工作。为了解决这种困境，我国于 1962 年 7 月到 1964 年 5 月向苏联索回代印人民币的资料，着手进行自主印刷和发行。但是在 1964 年三四月间，在我国东北和新疆地区，苏联代印过的 3 元、5 元、10 元人民币明显增多，虽无明确证据证明苏联方面有意作伪，但是这种情况是十分不正常的。因此，1964 年中央政府决定采取紧急措施回收这三种货币，停止其在市面上流通。自此，中央决定自力更生，独立自主设计和印刷人民币，这也就是后来的第三套人民币。① 第三套人民币在替代第二套人民币的过程中采取了渐进方式，这一方式在后来也逐渐成为惯例，第四套、第五套人民币的发行和流通也都采取了这一办法。实行这一方式的前提是前后两套货币必须等值，规定并行流通的时间并逐渐收兑。在具体操作上，则是使用只收不付的办法，收回第二套人民币，付给第三套人民币，逐渐回笼旧币。货币总供给量规模可以始终保持相对稳定，既定的货币政策也不会受到冲击。第二套人民币直到 1999 年才彻底停止流通。

第三套人民币比第二套人民币在版面设计和印制技术上有了明显提高，但面值与第二套相比变化不大，未发行大额纸币，主要变化是不再发行 3 元纸币。面额分为 10 元、5 元、2 元、1 元、5 角、2 角和 1 角，硬币为 1 元、5 角、2 角和 1 角，这也构成此后人民币的主要券别种类。这些面值的货币从 1962 年起陆续发行，直到 1974 年全部面世。虽然在此期间，中共中央提出应准备一套新版人民币，但受制于国内外局势，并未真正实行。

（三）1952—1978 年的货币供给量

在人民币开始发行的很长一段时间内，由于我国实行计划经济体制，对于货币发行和管理处于严格计划之中，在货币发行和宏观经济政策制定上并无太多经验和实践指导。同时，这一时期也没有对货币发行量作出严格的统计。根据有关学者对于这一时期货币供给量进行的补正和估算，并按照现行的广义货币定义 M0、M1 和 M2 进行序列比较后，结果如图 4.1 所示。尽管在不同的计算方法和统计口径下，对这一时期的货币供给量存在着学术上的分歧，但是其反映的趋势基本上是相同的。②

从图 4.1 可以看出，相比于 M1 与 M2，M0 在这一时期的增加较为平稳，除了在 1961 年等年份出现显著上升外，基本呈现平稳增长的局面。而值得注意的是，在 M0 的波峰阶段，通货膨胀率也是较高的。作为广义货币供应量，这一时期的 M1 增速不

① 田雪鹰：《人民币小史》，《党史博采》2016 年第 8 期。

② 周翼虎、杨晓民，《中国单位制度》，中国经济出版社 1999 年版，第 241—242 页。

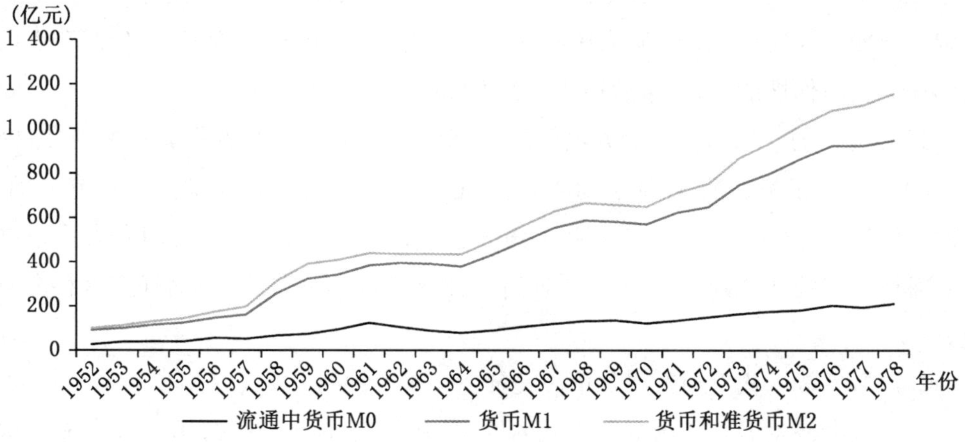

图 4.1　1952—1978 年货币供给量

资料来源:周翼虎、杨晓民,《中国单位制度》,中国经济出版社 1999 年版,第 241—242 页。

如 M2 快,但是差距较为有限。通常来说,如果 M1 增速小于 M2,表明企业和居民选择将资金以定期的形式存在银行,微观个体盈利能力下降,未来可选择的投资机会有限,多余的资金开始从实体经济中沉淀下来,经济增长放缓。在改革开放前,证券市场尚未得到发展,融资渠道有限,因此,这一趋势也在很大程度上反映出了当时的经济发展模式。

二、改革开放后的货币发行与供给

(一)第四套人民币的发行

改革开放后,新版人民币的设计与发行工作才重新被提上日程。这一时期,国民经济快速发展,在工商业领域出现所谓的“万元户”,人民生活水平也显著提高,市面上流通的最大面额仅 10 元的第二、三套人民币无法满足生产生活需要,这也成为第四套人民币的主要改革方向。

1987 年,中国人民银行发行第四套人民币,在第三套人民币各种面额纸钞的基础上,增加 50 元和 100 元两种面额,同时在纸币上印制盲文,供盲人使用。第四套人民币在防伪技术上有了新进展,特别是在公众防伪技术上有了较大突破,通过雕刻人像、正背对印、纸张防伪等技术,使一般百姓在不具备专业验钞机器的条件下也能分辨出钞票的真伪。随着伪钞制造的水平进一步提升,1992 年起第四版人民币增加了安全线,在公众更易识别的基础上,再次提高了防伪水平。

第四套人民币最初采取“一次公布,分次发行”的办法,与第二、三套人民币同时在市面上流通使用,因此成为了不同批次和版别的人民币在市面同时流通最多的时期。

不过此时第二套人民币在市面上已经很少，虽然尚未取消其合法流通权，但存量十分有限。第四套人民币与第三套人民币的比率仍为1∶1，可以等价流通，第四套人民币面额增大且防伪性能好，上市后很快受到人民群众的欢迎。

1987年4月27日，第四套人民币的50元和5角面额纸币率先印发，并在1988年5月10日发行了第二批，增加了100元、2元、1元和2角4种券别。1988年9月22日发行第三批，又增加10元、5元和1角3种券别，后来又多次对第四套人民币进行改版发行。据统计，第四套人民币共发行9种券别和14种版别，同时还有3种金属辅币。

（二）第五套人民币和数字货币的发行

为适应经济发展和市场货币流通的要求，1999年6月30日，国务院责成中国人民银行从1999年10月1日起发行第五套人民币，面值分为100元、50元、20元、10元、5元、1元，硬币为1元、5角和1角，增加20元面值，不再发行2元面额。1元以下（不含）只发行硬币不再发行纸币，原有的1元以下（不含）的纸币和分币硬币继续流通使用。第五套人民币采用油墨、雕刻凹印、缩微文字、凸印号码、机读信息等技术手段，既提高了防伪性能，又适应了现代金融科技的发展，使之在流通领域更加便捷。第五套人民币采取“一次公布，分次发行”的方式。1999年10月1日，首先发行了100元纸币、1元和1角硬币；2000年10月16日，发行了20元纸币；2001年9月1日，发行了50元、10元纸币；2002年11月18日，发行了5元纸币、5角硬币；2004年7月30日，发行了1元纸币。后经国务院批准，中国人民银行于2005年8月31日发行2005年版第五套人民币，面额为100元、50元、20元、10元、5元纸币和1角硬币。2019年8月30日，2019版第五套人民币开始发行，在配色上采用了和2005版略微不同的方案，但在整体设计上依然沿用2005版的思路。

第五套人民币是由中国人民银行首次完全独立设计与印制的货币，这说明中国货币的设计印制体系已经成熟，完全有能力在银行系统内完成货币的设计和印制任务，且此套新版人民币经过专家论证，其印制技术已达到了国际先进水平。新的纸币在原材料工艺方面作了改进，提高了纸张的综合质量和防伪性。固定水印立体感强，形象逼真。磁性微文字、安全线、彩色纤维、无色荧光纤维等在纸张中有机运用，并且采用了电脑辅助设计手工雕刻、电子雕刻和晒版腐蚀相结合的综合制版技术。特别是在二线和三线防伪方面采用了国际通用的防伪措施，为专业人员和研究人员鉴别真伪提供了条件。与第四套人民币相比，第五套人民币的防伪技能由十几种增加到二十几种，主景人像、水印、面额数字均较以前放大，便于群众识别。

2014年，中国人民银行成立专门的研究团队，对数字货币发行和业务运行框架、数字货币的关键技术、发行流通环境、面临的法律问题等进行研究。2017年1月，央行在深圳正式成立了数字货币研究所。2018 年 9 月，数字货币研究所搭建贸易金融区块链平台。2019 年 12 月，中国人民银行宣布即将推出央行数字货币，把数字货币和电子支付工具结合起来，目标是替代部分现金流通。

（三）改革开放后的货币供给量

改革开放后，随着经济体的不断成长，我国历年发行货币量在总体上呈现快速上升态势，历年货币发行量统计如图 4.2 所示。这一时期三项货币指标的涨幅和涨速均大大超过改革开放前，出现了指数型增长的走势，体现了发展中国家的经济赶超过程。

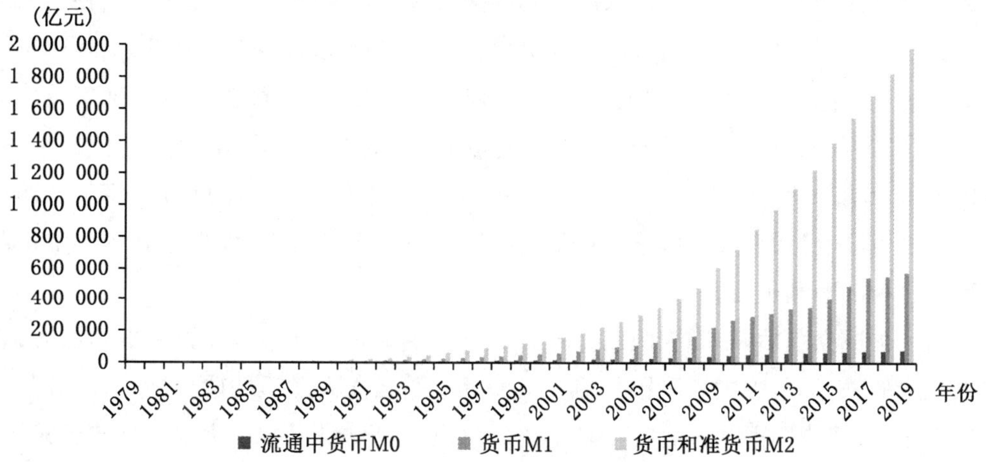

图 4.2　改革开放后历年货币发行量

资料来源：国家统计局官网（http://www.stats.gov.cn/）；周翼虎、杨晓民，《中国单位制度》，中国经济出版社 1999 年版，第 241—242 页；历年《中国金融年鉴》等。

这一时期货币供给量总体上呈现上涨趋势，但 M0、M1 与 M2 的涨速存在明显差异。在改革开放初期，尽管与改革开放前相比，货币供给量出现了一定增长，但整体增长幅度还是比较有限。进入 20 世纪 90 年代后，特别是 21 世纪以来，我国货币供应量处于快速上升的态势，其中 M2 的增长速度最快。这一时期货币供给量和结构的变化，不仅反映了我国金融市场的发展和金融资产的多元化，而且也与货币管理和调控职能的发展相适应。

第三节　货币管理制度的演变

货币的发行管理是中央银行的一项重要职责，也是在货币领域中行使管理的一种手段。中央银行是在一国内居于主导地位的金融中心机构，是国家干预和调控国民经济发展的重要工具，负责制定并执行国家货币信用政策，具备独立的货币发行权，并实施金融监管。中央银行通过货币发行管理有计划地组织货币的投放与回笼，调节货币流通，从而巩固金融的稳定和保持物价的平稳。中国人民银行是我国的中央银行，其职能及其相对应的货币管理制度在新中国成立后也经历了一个发展变迁的过程。

一、新中国成立前后的货币制度建设

1948年12月1日，中国人民银行在河北省石家庄市宣布成立。1949年9月，中国人民政治协商会议通过《中华人民共和国中央人民政府组织法》，中国人民银行被纳入政务院的直属单位，接受财政经济委员会的领导，与财政部保持密切联系，承担发行国家货币、经理国家金库、管理国家金融、稳定金融市场、支持经济恢复和国家重建的任务。1951年，政务院先后发布《中华人民共和国禁止国家货币出入国境办法》和《妨害国家货币治罪暂行条例》。1952年11月，中央财经委员会发布反假钞斗争的四项办法，对破坏人民币币值和国家金融稳定的行为进行严厉打击，保证了新中国货币制度统一进程的顺利进行。

新中国成立前后，中国人民银行的机构设置主要是为新中国建设和战争服务，在中央政府的领导下，中国人民银行围绕统一货币并确立人民币的法律地位，展开了一系列工作，如回收旧币，组建新中国的银行等存贷款金融机构，集中统一外汇管理，遏制恶性通货膨胀的蔓延等。虽然在治理通货膨胀的过程中采取了通过中国人民银行发行折实公债、提高存款利率等货币政策，但在当时的社会背景下更多还是依靠强制性的政府法令和财政政策。当时人民币的发行也主要是以"两白一黑"为担保，即货币当局控制棉花、大米和煤来作为货币发行的基准。

二、计划经济时期的货币制度

从"一五"时期开始，我国以马克思主义的银行国有化思想为理论依据，在借鉴和学习苏联"大一统"银行的模式和新中国成立前工作经验的基础上，开始建立高度集中的银行管理体制，形成我国"大一统"的银行模式。中国人民银行既是国家金融管理和货币发行的机关，又是全面经营银行业务的国家银行，负责组织和调节货币的流通，统一经营各项信贷业务。一方面，中国人民银行承担货币发行的任务，各单位和城乡居民在央行存款，并按照规定提取现金，完成货币的流通；另一方面，央行货币的发行实行高度集中的计划管理，中国人民银行按照国家经济发展的计划来制定货币发行计划。

1953年，国家建立集中统一的综合信贷计划管理体制，由中国人民银行统一掌握全国信贷资金的来源和运用，并实行"存贷分离、统存统贷"的信贷管理制度。与之相配套的是，中国人民银行也成为全国的现金出纳中心，国家机关、团体、军队和企事业单位超过规定限额的现金必须存入中国人民银行，大规模交易只能转账结算，只有职工个人工资发放和收购农副产品可以使用现金。① 这就严格控制了市面上流通的现金数量，从而对 M0 实现了完全计划式的调控。1954 年，按照《银行现金调拨暂行办法》的规定，央行设置发行库和业务库，并规定其限额；下级行凭上级行签发的出库命令向发行库取款；省市分行需将每日现金收支情况向总行汇报。1959 年，为配合“大跃进”的热潮，实行“存贷下放、计划包干、差额管理、统一调度”的货币管理方针，导致银行信贷严重膨胀。1966 年“文化大革命”开始后，中国人民银行总行的各职能部门被大量撤并，到 1969 年，中国人民银行总行直接被并入财政部，只留下“政工”和“业务”两个组的少量成员维持工作。

总体而言，这一时期中国人民银行的货币政策几乎都是为配合财政政策而进行执行和运作。作为货币政策工具中最重要筹码的利率，在整个计划经济期间调整频率少，即便有所调整，也是根据财政赤字而变化，几乎丧失了其作为经济杠杆的作用，利率管理完全服从于财政政策和政治需要。

三、改革开放初期货币制度的改革

1978 年 2 月，中国人民银行与财政部分立，成为受国务院管辖的独立机构。1979 年，国家外汇管理局成立，直属国务院领导，由中国人民银行代管。1983 年 9 月，国务院发出《关于中国人民银行专门行使中央银行职能的决定》，决定中国人民银行专门行使中央银行职能，不再兼办工商信贷业务。自此，中国人民银行成为严格意义上的中央银行，并由国务院规定其货币发行、信贷、利率、汇率和结算等央行十项职责。中国人民银行也陆续成立综合计划司、资金管理司、货币发行司、金融管理司、政策研究室等各职能部门，行使中央银行的基本职能。

20 世纪 80 年代，中国人民银行在部分省市建立总行重点库，完善货币发行的管理机制。1988 年 3 月，为贯彻货币发行集中统一原则，保证国家货币发行计划的组织实施，国务院颁布《中国人民银行货币发行管理制度（试行）》，规定货币发行管理是人民银行的一个重要职责。其基本任务是：根据国民经济发展的需要提出货币发行计划，报经国务院批准后组织实施；研究货币发行与社会经济发展的关系，为调节货币流通和制订货币发行政策提供科学依据；根据国务院批准的货币发行计划，编制货币需要量计划；根据国务院的决定，组织办理新版人民币的发行和旧版人民币的回收工作；根据市场货币流通状况，编制、执行、调整发行基金调拨计划和损伤货币销毁计划，调

---

① 信瑶瑶：《新中国银行制度建设思想研究（1949—2019）》，经济科学出版社 2019 年版，第 75—76 页。

节市场流通货币的面额结构，组织专业银行办理货币兑换和挑剔业务；制定货币发行业务有关的规章规定；宣传国家货币发行政策，组织反假人民币工作；办理人民币发行基金的保管、调运、销毁及核算业务；办理专业银行存取现金业务；监督、检查、协调专业银行的现金出纳业务。[①] 该文件一直适用到2010年才进一步修订完善，在相当长的一段时间内起到了货币发行管理的指导作用。

随着央行独立性的增强，真正意义上的由多种工具组成的间接性货币政策调控机制逐渐走向舞台。1984年，央行实行存款准备金制度，央行调控货币供给量迈开了实质性的一步。再贷款和再贴现业务与存款准备金制度并行，成为央行管理货币的重要手段。在对1988年通货膨胀的治理中，提高法定存款准备金率、提高贷款利率等一系列紧缩性的货币政策作出了很大的贡献。

四、新时期市场化调控机制的探索

(一)货币政策工具的发展

1993年12月25日，国务院在《关于金融体制改革的决定》中提出，中国金融体制改革的目标之一就是建立在国务院领导下独立执行货币政策的中央银行宏观调控体系。央行按照规范化、法制化的目标，以完善宏观调控为目标，试行市场化调控为主的模式。存款准备金、再贴现业务和公开市场业务是主要的三大货币政策工具，而市场化调控就是充分利用市场机制，相机抉择地进行政策调控，以达到央行的宏观调控目标。

1. 存款准备金

1983年发布的《国务院关于中国人民银行专门行使中央银行职能的决定》专门规定银行吸收的存款要按比例存入中国人民银行，存入比例由中国人民银行定期核定，且有权随时进行调整。[②] 但长期以来，该制度实际上发挥的是集中资金和调整信贷结构而非调节货币总量的作用。[③] 直到1998年3月，中国人民银行改革存款准备金制度，将准备金账户与备付金账户合并，同时设立单一的准备金账户。2015年9月，中国人民银行改革存款准备金的考核制度，由时点法改为平均法考核。[④] 这样就避免了临近考核期的非正常变动，使得存款准备金更加平稳长效地发挥货币管理与宏观调控的功能。

---

① 孙琬钟、邹恩同：《中华人民共和国法律法规及司法解释分类汇编》第5卷经济法卷，中国法律年鉴社1999年版，第2333页。

② 《国务院关于中国人民银行专门行使中央银行职能的决定》，《中华人民共和国国务院公报》1983年第21期。

③ 宋士云：《中国银行业市场化改革的历史考察：1979—2006》，人民出版社2008年版，第278页。

④ 信瑶瑶：《新中国银行制度建设思想研究(1949—2019)》，经济科学出版社2019年版，第167—168页。

2. 再贴现业务

再贴现业务用来进行货币管理也是这一时期的新进展。我国早已在20世纪80年代初在票据承兑中开办贴现业务，而再贴现是商业银行以未到期的合格票据再向中央银行贴现。再贴现的开办有利于加快货币流通速度，从而影响到货币供给量。中国人民银行于1986年4月16日发布《中国人民银行再贴现试行办法》来规范再贴现业务的具体操作。① 央行可以运用再贴现政策调节信贷规模和市场供应量，通过票据市场运作实现央行的货币政策目标。通过再贴现这一货币政策工具来调节货币供应量，引导商业票据的发展，扩大票源，不仅有利于培育和推动票据市场，完善我国的货币市场体系，而且对国内金融市场与国际金融市场接轨也起到了重要作用。

3. 公开市场业务

社会主义市场经济的建立也开启了我国公开市场业务作为货币政策的先河。公开市场业务是中央银行在金融市场上买卖政府债券来控制货币供给和利率的政策行为，是中央银行控制货币供给量的重要和常用的工具。我国的公开市场业务开始于1994年建立的外汇市场，依靠在外汇市场上进行买卖外汇的操作以保持汇率的稳定，进而实现调控人民币供给量的目的。中国人民银行从1998年开始建立公开市场业务一级交易商制度，选择一批能够承担大额债券交易的商业银行作为公开市场业务的交易对象。1999年以来，公开市场操作发展较快，目前已成为中国人民银行货币政策日常操作的主要工具之一，其主要交易品种包括回购交易、现券交易和发行中央银行票据。2002年9月，由于国债数额难以满足公开市场操作，中国人民银行开始发行央行票据。

除常规货币政策工具的发展之外，央行从2014年起出台常备借贷便利(SLF)、中期借贷便利(MLF)、抵押补充贷款(PSL)等新型货币工具。这对于调节银行体系流动性水平、引导货币市场利率走势、促进货币供应量合理增长发挥了积极作用。②

(二)利率市场化改革

从1993年起就被提及的利率市场化改革，在1996年也迈出了实质性的一步，中国人民银行率先开放银行间同业拆借利率，随后又放开外币存贷款利率。在此基础上，全面放开金融机构贷款利率浮动区间设置，在2015年完全放开存款利率上限。自2019年8月20日起，各银行参考公开市场操作利率确定贷款基础利率价格，并在浮动利率贷款合同中以贷款市场报价利率作为定价基准。

(三)组织机构和职能体系的改革

为了更好地执行市场化的货币政策，中国人民银行逐步对机构组织和职能操作体

---

① 《中国人民银行再贴现试行办法》，《中国金融》1986年第8期。

② 中国人民银行货币政策司：《公开市场业务概述》，http://www.pbc.gov.cn/zhengcehuobisi/125207/125213/125431/125463/2881199/index.html。

系进行改革和调整。1993年提出分层次的货币供应量体系，并于次年落实，将中国人民银行发行的货币界定为M0、M1、M2，明确货币范畴，细化各层次的货币边界，为货币政策的实施创造了条件。1995年3月18日，第八届全国人民代表大会第三次会议通过《中华人民共和国中国人民银行法》，以国家法律的形式明确了人民币的地位，规定"中华人民共和国的法定货币是人民币，在中华人民共和境内一切以人民币偿付的个人和公共债务，任何单位和个人都不得拒收"。人民币的印制和发行权由中国人民银行行使，其设立人民币发行库和各分支库，各分支库按照上级库的调拨命令来调拨人民币发行基金，同时对人民币及其辅币的单位作出规定。这些规定从法律上进一步确保了人民币的有序发行。1996年，借助外汇交易市场的电子系统，中国人民银行建立银行间交易市场，这一市场由最初的资金拆借逐步发展为债券交易、债券回购交易等较为完善的银行间市场，对于调节货币流通和货币供应量，调节银行之间的货币余缺以及金融机构货币保值增值发挥了重要作用。

为了推进中央银行的货币政策决策及其程序的科学化、民主化和规范化，1997年4月5日，国务院发布《中国人民银行货币政策委员会条例》，确定货币政策委员会的属性和职责。目前，货币政策委员会设主席1名，委员13名。全体委员在综合分析宏观经济形势的基础上，依据国家宏观调控目标，讨论货币政策的制定和调整、一定时期内的货币政策控制目标、货币政策工具的运用、有关货币政策的重要措施、货币政策与其他宏观经济政策的协调等涉及货币政策等重大事项，并提出建议。

总之，随着金融市场的逐步完善，货币性政策工具逐渐丰富，央行更加能够从容地应对通货膨胀。在1994年通胀治理中，虽仍然更多地依靠了政府法令，但也出现了各种货币性政策工具的搭配使用，为之后利用货币性工具积累了宝贵经验。进入21世纪，我国经济呈现高增长、低通胀的稳定增长趋势，这和央行能够熟练而有效地运用各种货币性政策工具有密不可分的关系。

第四节　历次通货膨胀及其治理

通货膨胀是能够造成一国货币贬值的物价上涨，这是发展中国家普遍面临的问题，在经济体快速成长的过程中，更是无法避免。温和的通货膨胀往往在经济体的合理区间内，经济发展同时不会受到影响，但是恶性通货膨胀往往会对经济发展起到巨大的阻碍作用。新中国成立至今，曾经多次面临过通货膨胀的局面，对其治理过程，既体现了我国货币政策的不断调整和日益成熟，也展示了经济发展中不可缺少的一面。

一、新中国成立前后的通货膨胀及其治理

第一套人民币最初发行的面额较小，但随后发行的面额越来越大，最高有 5 万元面额的钞票。究其原因，战争动乱、物资缺乏、不法商家囤积炒作等在其中扮演了重要角色，但造成这种现象的根本原因主要是通货膨胀的产生。在新中国成立伊始，如何重新建立近乎崩溃的金融体系，解决通货膨胀问题，就成为经济领域最为重要的工作。

(一)通货膨胀及其原因

新中国成立前后(1949 年 1 月—1950 年 3 月)总共发生了五次规模较大的通货膨胀，分别是在 1949 年 1 月、4 月、7 月、11 月以及 1950 年 2 月。1949 年 1 月，在石家庄、济南、张家口等城市发生第一次物价波动，部分城市的批发物价指数上升达 53%。到 4 月，由于天灾和财政支出的增加，使得华北、西北等地出现第二次大的物价波动，如天津综合物价指数 5 月中旬比 3 月上涨 1.2 倍。第三次物价波动发生在 7 月，华北、华东自然灾害的经济效应传到上海，使得上海粮价暴涨，随后纱布价格也跟着上升，此次物价波动历时一个月，上海综合物价指数上升幅度为 1.5 倍。第四次发生在 11 月，这次物价波动遍及全国，到 11 月 25 日，上海物价批发指数比 10 月中旬上涨 2.26 倍，其他城市同期物价上涨 3～4 倍。最后一次是 1950 年 2 月，主要集中在上海、天津、汉口、西安等几个大城市，以 1949 年 12 月 31 日为基期，至 1950 年 2 月 28 日物价总指数为 226.8。[①] 具体情况详见表 4.2。

表 4.2　　1949—1951 年全国批发物价指数(以上年 12 月为基期)

	1949 年	1950 年	1951 年
1 月	151.2	126.6	102
2 月	212.9	203.3	102.2
3 月	220	280	102.9
4 月	258.5	169.9	104.4
5 月	397.8	156.7	105.1
6 月	533.7	155.8	106.6
7 月	986.8	166.8	107.3
8 月	1 765	173.6	111.9
9 月	1 783	173.8	114.7

① 薛暮桥:《薛暮桥经济文选》,中国时代经济出版社 2010 年版,第 105—110 页;陈如龙:《中华人民共和国财政大事记(1949—1985 年)》,中国财政经济出版社 1989 年版,第 2 页;龚建文:《建国初期抑制通货膨胀的措施和经验》,《中国经济史研究》1990 年第 3 期。

续表

	1949 年	1950 年	1951 年
10 月	2 285	185.8	115.1
11 月	5 470	193.3	114.3
12 月	7 437	193.2	113.2

资料来源：龚建文，《建国初期抑制通货膨胀的措施和经验》，《中国经济史研究》1990 年第 3 期。

这几次物价剧烈波动的具体原因虽然有所差别，但是总体来说可以归结为以下几点：

一是社会总供给的严重不足。这是通货膨胀的根本原因。据统计，1949 年工业产值相比于 1936 年下降 50%，和历史最高年产量相比，轻工业与重工业分别下降 30%和 70%。人均原粮从 1936 年的 600 斤下降到 1949 年的 432 斤。长期的战乱还导致各地交通等基础设施被严重破坏，商品流通受阻，进一步加重了供给困难。1949 年，我国的运输业主要由铁路、公路和海运承担，但是津浦、京汉、粤汉、陇海等主要铁路干线几乎无一全线通车，公路通车里程也不足总里程的 80%，总运输量仅为 1936 年的 42.7%。[①] 同时，由于旧中国长期依靠外国提供大量的工业产品和原料，当时纱厂使用的棉花、面粉厂的小麦、毛织业的羊毛进口都超过 50%，部分行业甚至达到 85%，其他如汽油、橡胶、人造丝等物品则全部需要从外国进口。新中国成立时遭到西方国家禁运，原料的短缺导致大量工厂停业，生产陷入停顿，难以维持供给。[②] 另外，新中国成立初期，全国各地陆续发生水灾、旱灾、蝗灾等自然灾害，农业减产严重。例如，1949 年 7 月，华东、华北遭受到严重的暴雨灾害，直接导致上海粮价飞涨，仅 7 月 16 日这一天米价就飞涨 34%。[③]

二是长期恶性通货膨胀的惯性作用。国民党统治下长期的恶性通货膨胀，使人民群众产生高通货膨胀的预期，普遍存在购物保值、以物为本的心理。长期的恶性通货膨胀也滋生大量投机资本，如 1949 年 4 月天津的涨价风潮、7 月和 10 月上海的涨价风潮都涉及游资和投机资本的炒作。[④]

三是军费和财政赤字等造成的人民币超发。新中国成立前后经历了数次大的战役，军费开支巨大，并且解放区接收大量原国民党的政府成员，安排解决知识分子、失业工人和农民的工作或生活问题，各地恢复工农业生产都需要大量的财政支持，因而造成很大的财政赤字，赤字率一度高达 65.9%，不得不通过发行大量的货币进行支

① 龚建文：《建国初期抑制通货膨胀的措施和经验》，《中国经济史研究》1990 年第 3 期。

② 龚建文：《建国初期抑制通货膨胀的措施和经验》，《中国经济史研究》1990 年第 3 期。

③ 王耀庭：《通货膨胀论》，东北财经大学出版社 1993 年版，第 167 页。

④ 龚建文：《建国初期抑制通货膨胀的措施和经验》，《中国经济史研究》1990 年第 3 期。

付，造成人民币的超发。据统计，在1948年12月至1949年12月的一年间，人民币的发行量就从185亿元增加到了3万亿元，增长了160多倍。[①]

四是人民币有限的流通范围以及尚未巩固的地位。这一时期人民币尚未被广泛接受，使得人民币流通速度慢、范围窄，大量的货币聚集在几个主要的大城市里，过多的货币追逐本来就供给不足的商品。1949年前后，不仅是在农村，在上海等大城市有时也是由银元占据市场流通的主导地位。造成这种情况，既是由于长期的通货膨胀导致人们普遍对钞票抱有不信任的态度，同时也是因为人民币自身的超发造成贬值压力。在上海解放后的十余天时间内，人民币基本挤不进上海市场，银元一直是市场上实际使用的本位币。从1949年5月27日到6月4日，向上海投入流通的人民币有20亿元，但大部分都浮在市面上，只能用于购买小额货物，而无法用于大宗交易。有些商店甚至还拒绝以人民币标价，人民币基本被排斥在市场之外，以至于有学者认为，1949年7月发生的通货膨胀是一种以人民币计价的“虚涨”，而以银元定价的粮食价格涨幅并不大。[②]

（二）通货膨胀的治理措施

如何快速解决新中国成立初期发生的一系列恶性通货膨胀，有效平抑物价，使社会秩序和生产活动尽快恢复正常运行，是新生的人民政权亟须面对的问题。

首先，大力发展国营经济，打击投机资本，整顿市场秩序。政府通过掌握大量物资，选准时机抛售，以平抑物价。这一项措施在应对1949年10月最为严重的涨价风波时收效显著，给投机商予以重大打击。到1949年底，国营商业控制了煤炭供应量的70％、棉纱的30％、棉布的50％、食盐的66％、商品粮的30％，使投机者再难以囤货居奇，操纵物价。同时，加强市场管理和物价管理，禁止金银、外币流通，建立统一的人民币市场；取缔黑市贸易，建立交易所集中物资交易等。此外，用行政、法律手段严厉打击投机资本。1949年6月，上海市政府查封金银投机大本营——证券大楼；11月，北京在物价暴涨期间逮捕16个粮食投机商人。[③]

其次，实行财政紧缩政策，增加财政收入，减少财政支出，努力达到财政收支平衡。一是规范税制，保证财政收入，通过颁布《全国税政实施要则》等一系列文件，使得1950年的财政收入中税收占比达到37.8％，财政收入得到较大增加。二是发行折实公债，既回收市面上过多的货币，又可以填补财政支出，据估算公债的发行减少了

① 薛暮桥、吴凯泰：《新中国成立前后稳定物价的斗争》，《经济研究》1985年第2期。

② 田志杰：《陈云民生思想探析》，华文出版社2011年版，第86页；曹树基、郑彬彬：《上海商人、人民币贬值与政府形象之塑造（1949—1950）》，《学术界》2012年第10期。

③ 颜嘉川：《现代信用货币制度下的中国通货膨胀比较研究（1938—1996年）》，北京交通大学出版社2006年版，第48页；龚建文：《建国初期抑制通货膨胀的措施和经验》，《中国经济史研究》1990年第3期。

1950年财政赤字的38%。三是精简国家机关，削减财政支出，要求军队和政府工作人员继续实行供给制和低薪制，节约支出。到1950年，行政费用支出比预算减少4.5%。四是统一全国财政收支管理，将原先地方政府“自收自用”改为主要收入统归国库，由中央政府统一管理和分配，从而缓解了中央政府收入少、收入不稳定却要承担巨额财政支出的局面，使得中央政府不再需要通过发行纸币来弥补支出，从而从根本上解决了货币超发的问题。到1951年，国家财政收支已经实现平衡且有结余。①

再次，与财政政策相对应，实行紧缩性货币政策。通过限制黄金兑换，减少一切非必要贷款，减少原有既定的投资，暂停收购计划等措施来减少各部门经费和控制货币投放，通过提高定期存款利率，开办折实储蓄来增加存款。据统计，到1950年3月，有1/3的货币被收回，极大地减少了市面上人民币的数量，也减少了游资冲击进而推动物价暴涨的情况。②

再者，有序恢复农业、工业生产，增加社会供给。在农业方面，进行土地改革，削减农业税，兴修水利设施，发放农业贷款，增加农业生产。据统计，从1949年到1951年，粮食产量从11 318万吨提高到14 369万吨，棉花产量由44.43万吨提高到103.1万吨。在工商业方面，迅速接收官僚资本，使得原官僚资本企业在短期内开工生产；同时通过政策优惠等手段鼓励私人企业从事有利于国家的生产事业。这些措施既为国家提供了税收，又极大地弥补了供给缺口。据统计，从1949年到1951年，钢产量由15.8吨提高到90万吨，原煤产量由3 200万吨提高到5 300万吨，棉纱产量由130万件提高到268万件，棉布产量由19亿米提高到30.6亿米。③

最后，扩大外贸以补充供给不足。以美国为首的一些西方国家对新中国进行封锁和禁运措施，造成新中国成立初期一些工业产品和原料的短缺。对于这种情况，人民政府将对外贸易的重点转向苏联和东欧社会主义阵营国家，并采取“易货为主”的贸易措施，打破西方国家的封锁和禁运。到1950年底，我国对外贸易进出口总额达19.6亿元，比1949年增加73%。1951年，我国对苏联和东欧国家的贸易额从1950年的25.9%提高到61.9%，从而缓和了国内物资供应的紧张状况。④

（三）治理通胀的意义

新中国成立前后的通货膨胀问题被顺利解决，标志着已经困扰中国人民12年之久的恶性通货膨胀彻底结束，人民的生产生活开始走向正轨，新生的人民政权得到巩

① 龚建文：《建国初期抑制通货膨胀的措施和经验》，《中国经济史研究》1990年第3期；王耀庭：《通货膨胀论》，东北财经大学出版社1993年版，第169页。

② 龚建文：《建国初期抑制通货膨胀的措施和经验》，《中国经济史研究》1990年第3期。

③ 龚建文：《建国初期抑制通货膨胀的措施和经验》，《中国经济史研究》1990年第3期。

④ 龚建文：《建国初期抑制通货膨胀的措施和经验》，《中国经济史研究》1990年第3期。

固。对于这一时期通货膨胀的治理，受到党和国家领导人的高度赞誉，认为其对于共和国的意义不亚于三大战役的胜利。

也正是由于战争期间严重的通货膨胀，物价飞涨，第一套人民币在面世初期就有了战时货币的性质。首先，人民币是随着解放军的进军而发行的，带有一定的财政性，随着解放区的不断扩大，货币发行量不可能十分准确。其次，在发行人民币的同时，需要收兑地方原有货币，这些地方货币面值不一，且比价相差很大，在收兑时不可能按照同样的比例，也不可能完全准确地估计其价值，在收兑时难免有较大差距。最后，当时国统区货币正在经历极其严重的恶性通货膨胀，法币和金圆券都在大幅度贬值，与法币和金圆券相比，人民币的面值和贬值幅度都算比较低的。

二、"大跃进"时期的通货膨胀及其治理

在计划经济时期，人民币发行采用的是"物资保证"原则。当时任何经济活动都要列入国家的计划当中，国家为制定的建设计划提供相应的信贷措施，从而满足经济活动的货币需求。在这种经济制度下，我国的通货膨胀一直表现为隐蔽性通货膨胀，并不以物价的上涨表现出来，甚至在某些年份，例如1963年、1964年、1965年、1967年、1970年等年份全国物价指数出现过负增长的情况。但是在"大跃进"的几年，全国零售物价指数出现了明显的增长，1961年的增长率甚至达到16.2%（见图4.3），出现明显的物价上升，这是十分不寻常的通货膨胀现象。

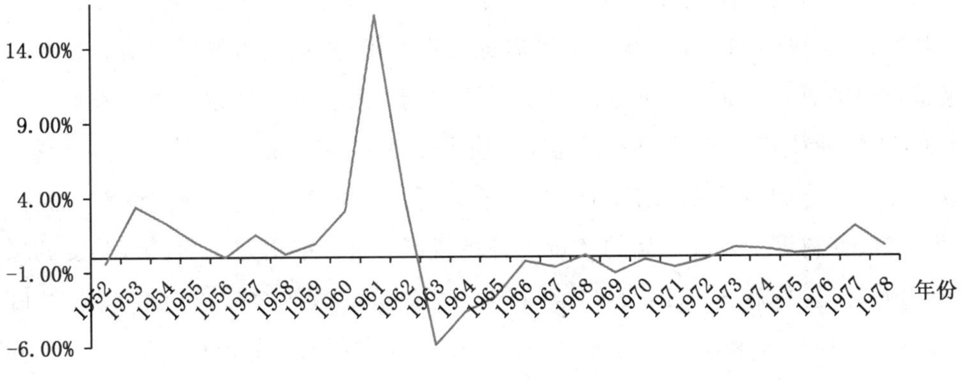

图4.3　零售商品物价指数变化率（上年＝100）

资料来源：中华人民共和国国家统计局（http://www.stats.gov.cn）。

（一）通货膨胀的发生及其原因

"大跃进"时期的通货膨胀从1958年就已经初现端倪，在1961年达到高峰，1962年以后逐渐平抑（见图4.3）。这次通货膨胀的原因主要是第一个五年计划刚刚完成，

人民政府在此期间取得了很多成就，无论是在党内还是在社会上，都滋生出骄傲自满的情绪。此外，由于建设社会主义国家经验不足，急于求成，忽视经济运行的基本规律，国家制定了一系列不切合实际的目标，造成财政支出和信贷规模双膨胀，产业结构比例失调，再加上自然灾害导致农业减产，以及对苏联偿还贷款，共同导致通货膨胀的出现。

首先，这一轮通货膨胀集中地表现为社会总需求急速上涨，导致物价上升。基础建设规模急速扩张，不仅引起生产资料的价格上涨，也使得从事相关领域的职工人数和总工资数额增加，形成巨额的购买力，激发消费需求，进而引起消费资料价格的上涨。在“大跃进”的口号下，国家提出“高标准、高目标”的第二个五年计划。计划在此期间，农业产值平均每年增长 30％，工业产值每年增长 53％。到 1962 年，粮食产量达到 15 000 亿斤，钢产量达到 8 000 万吨，原煤产量达到 9 亿吨，发电量达到 3 000 亿度，分别比 1957 年增长 3～5 倍甚至超过 10 倍。为了完成既定目标，全国范围启动大规模的基础设施建设。1958—1960 年，每年基础建设的增长速度远超财政收入和同期国民收入，仅在此三年之间投资总额就达 1 007.41 亿元，比第一个五年计划投资总额多 71.2％。如此大规模的基础建设远远超过当时生产力能够满足的范围，产生巨大的生产资料供给缺口，从而引起生产资料价格上涨。据统计，1960 年的职工人数是 1957 年人数的一倍多，工资总额上涨 55.6％。1958—1961 年 M0 共增长 72.9 亿元，各年增长率分别为 28.4％、10.8％、27.7％、31.1％，而整个“一五”计划期间 M0 增长只有 25.3 亿元。这些因素相互影响，又共同作用，从而推动了物价快速上涨。[①]

其次，社会供给的严重不足导致供需进一步失衡，推动物价继续上升。社会供给不足是新中国成立初期一直面临的问题，而且由于“大跃进”，导致国内工农业产业比例失衡，工农业生产力都遭到严重破坏，使得本来就存在的供给缺口进一步扩大。1957—1960 年各产业产值及其结构如表 4.3 所示。从 1959 年开始，粮食、棉花、油料、黄红麻、糖料等主要农产品的产量就开始锐减，1959 年相比 1958 年，粮食的增长率为－14.15％，棉花为－13.20％，油料为－13.96％，糖料为－22.29％，黄红麻为－15.36％。1960 年和 1961 年进一步减产，1962 年主要农产品产量有所回升，但直到 1966 年粮食产量才恢复到 1958 年的水平。1958—1962 年的主要农作物产量及其增长率见表 4.4。不平衡的发展策略使得农业严重减产，工业的发展也并没有取得预期效果，1960 年的工业总产值仅上涨 5.52％，1961 年的增长率则为－36.3％。一些工业产品如纱、布、丝、成品糖，1960 年的产量相比 1959 年分别减产 28.61％、28.01％、

① 林继肯：《稳定通货论》，中国金融出版社 1990 年版，第 108 页；颜嘉川：《现代信用货币制度下的中国通货膨胀比较研究（1938—1996 年）》，北京交通大学出版社 2006 年版，第 64 页。

18.63%和60%。重工业产品如生铁、焦炭产量1961年相较1960年分别减产52.8%和50.3%。①

表4.3　　1957—1960年国内总产值的构成

年份	国内生产总值	第一产业		第二产业		第三产业	
		数额(亿元)	比例(%)	数额(亿元)	比例(%)	数额(亿元)	比例(%)
1957	1 069.3	433.9	40.6	317	29.6	318.4	29.8
1958	1 308.2	449.9	34.4	483.5	37	374.8	28.7
1959	1 440.4	387.2	26.9	615.5	42.7	437.6	30.4
1960	1 457.5	343.8	23.6	648.2	44.5	465.5	31.9
1961	1 220.9	445.1	36.5	388.9	31.9	387	31.7
1962	1 151.2	457.2	39.7	359.3	31.2	334.8	29.1

资料来源:国家统计局,《新中国六十年统计资料汇编》,中国统计出版社2010年版,第9—13页。

表4.4　　1958—1962年主要农作物产量和增长率(相较于上一年)

年份	粮　食		棉　花		油　料		糖　料	
	产量(万吨)	增长率(%)	产量(万吨)	增长率(%)	产量(万吨)	增长率(%)	产量(万吨)	增长率(%)
1958	19 756	1.34	196.9	20.06	477	13.68	1 563.1	31.43
1959	16 968	−14.15	170.9	−13.2	410.4	−13.96	1 214.7	−22.29
1960	14 384.5	−15.23	106.3	−31.8	194.1	−52.7	985.5	−18.87
1961	13 650	−5.11	80	−24.74	181.4	−6.54	506.5	−48.6
1962	15 441	13.12	75	−6.25	200.3	10.42	378.2	−25.33

资料来源:国家统计局,《新中国60年》,中国统计出版社2009年版,第637—638页。

再次,在"大跃进"期间产生的巨额财政赤字主要靠银行发货币来弥补;对国有企业的资金需求则是"需要多少,就贷多少;想什么时候贷,就什么时候贷"。这些都引起央行基础货币的过量投放,并通过商业银行的乘数效应,使全社会的货币供给快速增长。据统计,从1958年开始,我国连续四年出现财政赤字,累计达到180.3亿元;相应的,银行的信贷规模在3年间上涨了11倍,从1957年的33.4亿元增长到1960年的399.6亿元。②

① 国家统计局:《新中国60年》,中国统计出版社2009年版,第637—645页。

② 颜嘉川:《现代信用货币制度下的中国通货膨胀比较研究(1938—1996年)》,北京交通大学出版社2006年版,第66—67页。

此外，由于正值三年自然灾害时期，农业减产严重，使得本来就困难的经济状况愈加窘迫。据统计，1959 年全国受旱面积 50 710 万亩，成灾 6 760 万亩，范围包括河南、四川、山东、江苏、湖南、湖北、陕西、山西、安徽等省份。在上年大面积严重干旱的基础上，1960 年又连续干旱，且受旱范围广，持续时间长，灾情更为严重，全国受旱面积 57 187 万亩，成灾 24 265 万亩，比上年分别增加 6 477 万亩和 7 505 万亩。1961 年全国大部地区降水仍比正常年份偏少。上半年主要是北方地区大面积干旱，夏季江淮地区少雨、夏伏、旱重，由于干旱多发生在主要农业区，又是农作物生长的关键时刻，对农业的生产影响很大。据统计，三年全国共减产粮食 611.5 亿公斤。[①]

（二）通货膨胀的治理

为治理"大跃进"时期的通货膨胀，1961 年初召开的中共八届九中全会通过了"调整、巩固、充实、提高"的八字方针，开始调整国民经济。

首先，大幅度压缩重工业生产和基建投资规模以遏制投资需求。如前所述，由于引发此次通货膨胀最主要的原因就是过度投资基础建设和重工业，以及由此带来的巨额财政赤字和信贷规模快速膨胀，因此，压缩生产和投资便成为基本的治理措施。1961 年基本建设投资总额由上年的 388.69 亿元下降到 127.42 亿元，削减 67.2%；1962 年又进一步压缩到 71.26 亿元，再减 44.1%。1961 年全国施工项目减至 35 000 多个，其中大中型项目减至 1 409 个；1962 年，全国施工项目又进一步削减为 25 000 多个，其中大中型项目减至 1 003 个。[②]

其次，压缩社会购买力，降低消费性需求。减少社会购买力主要是从压缩社会各个部门的非生产性支出和减少职工人数两方面入手的。压缩各部门非生产性支出有利于降低政府财政支出，减少财政赤字；而减少职工人数则减少了总工资支出。社会部门的购买力由 1960 年的 81.1 亿元压缩至 1961 年的 54 亿元，1962 年再压至 43 亿元，极大地缓解了财政支出的压力。在 1961 年 1 月至 1963 年 6 月两年半的时间里，全国共减少职工 1 887 万人，城镇人口约减少 2 600 万人。职工工资总额随之大幅度减少，1961 年比上年减少 16 亿元，1962 年继续减少 26.4 亿元。[③]

再次，在供给方面，大力发展生产，增加商品供给。对农业和轻工业进行政策扶持，使其得到快速发展。在农业方面，推行"三包一奖"责任制，恢复自留地、副业生产和集市贸易以调动农民的生产积极性，再辅之以减税、减少粮食征购、增加农业贷款等

---

① 中华人民共和国国家统计局、中华人民共和国民政部：《中国灾情报告（1949—1995）》，中国统计出版社 1995 年版，第 83—88 页。

② 颜嘉川：《现代信用货币制度下的中国通货膨胀比较研究（1938—1996 年）》，北京交通大学出版社 2006 年版，第 67—70 页。

③ 颜嘉川：《现代信用货币制度下的中国通货膨胀比较研究（1938—1996 年）》，北京交通大学出版社 2006 年版，第 68—69 页。

各项举措，使得农业生产于1962年开始停止下降趋势，并略有回升，从1963年起以较快的速度恢复与发展。在1961—1965年的四年间，粮食产量年均增长率为9.26%，糖料年均增长率达到了32%；1962—1965年，猪、牛、羊肉的产量年均增长率达到29.8%。在轻工业方面，国家要求之前因为政策而改变经营方向的工厂转回原来的生产品，并在原料、电力、交通运输、设备分配上优先照顾，使得轻工业生产品也有了快速发展。1965年之后，纱、布、成品糖等轻工业产品产量基本恢复到通胀之前的水平。[①]

再者，加强对银行工作的集中统一管理，紧缩银根，控制货币流通量。中共中央、国务院和中国人民银行先后颁布《关于迅速充实银行财政和企业、事业部门的计划、统计、财务、会计、信贷、税务人员的紧急通知》《关于切实加强银行工作的集中统格控制货币发行的决定》（通称《银行六条》）、《关于改变中国人民银行在国家组织中的地位的通知》等一系列文件，对银行工作制度进行规范完善，加强银行的职能与作用，严格划清银行信贷和财政支出的界限，严格管理信贷，使得货币发行和信贷开支失去控制的状况得到改变，贷款量和货币流通量开始收缩。[②]

最后，政府还采取通过销售高价商品来回笼资金和刺激生产的措施。政府在保持粮油等生活必需品价格稳定的基础上，在全国范围内对一些商品进行高价售卖，如高价糕点糖果，开设高价饭店。对一部分自行车、钟表、酒、针织品、茶叶等也以高价出售。通过销售高价商品，回笼大量货币。销售高价商品最多的1961年和1962年，两年共销售74.5亿元，增加财政收入38.5亿元。从1961年到1965年，高价商品销售额共计120多亿元，比平价出售多回笼货币60亿元，这对于制止通货膨胀、稳定物价和市场也起到一定的作用。[③]

三、1988年的通货膨胀及其治理

（一）价格改革与通货膨胀的发生

价格是市场机制的核心，价格改革是经济体制改革中十分重要的一环。但由于我国长期处于计划经济时期，问题积累严重，贸然开放价格会引发严重的社会问题。从1984年国务院颁布《关于进一步扩大国营工业企业自主权的暂行规定》实行价格双轨制开始，到1987年国务院进一步颁布《中华人民共和国价格管理条例》，明确规定三种价格，即国家定价、国家指导价、市场定价，虽然双轨制对稳定物价起到一定的积极作

① 国家统计局：《新中国60年》，中国统计出版社2009年版，第637—645页；国家统计局：《新中国六十年统计资料汇编》，中国统计出版社2010年版，第37—42页。

② 吴有必：《六十年代初期通货膨胀的回顾与思考》，《中国经济史研究》1989年第3期。

③ 颜嘉川：《现代信用货币制度下的中国通货膨胀比较研究（1938—1996年）》，北京交通大学出版社2006年版，第70—71页；庄德钧、姜旭朝：《中国货币金融概论》，山东大学出版社1992年版，第339—341页。

用，但随着时间的推移，由价格双轨制所引发的问题也越来越严重，甚至出现有企业按照市场价格高价购进原料和按照计划价格低价出售的奇怪现象，造成市场流通领域混乱、企业生产力低下等一系列问题，通货膨胀现象也由此产生。

为了解决严重的通货膨胀和社会收入分配不公问题，并适应建立社会主义商品经济新秩序的要求，中央提出物价改革方案。1988 年 8 月 15 日和 17 日，中共中央政治局会议讨论并原则通过《关于价格、工资改革的初步方案》，并提出“闯关（价格改革）”的口号。但是这次价格“闯关”，却引起一场从南到北的抢购风潮，从肥皂、卫生纸、皮鞋、毛毯、毛线，到米面、食油、火柴、肉、蛋，再发展到后来的抢购金银首饰等贵重物品，人们急于把手中的现金兑换成一切可以看得见的实物。这次抢购还引起新中国金融史上罕见的挤兑风潮，抢购使得储蓄存款急剧下降，当年 8 月城乡储蓄即减少 62.8 亿元。[①]

在这次遍布全国的抢购风潮之后出现的是严重的通货膨胀。物价开始大幅度上涨，全国零售物价总指数比 1987 年上升 18.5%，职工生活费用价格总指数上升 20.7%。如果以商品分类来看，食品类价格上升 23%（其中肉禽蛋上升达 36.8%），衣着类上升 12.7%，日用品类上升 12.2%，药及医用品类上升 24.8%，燃料类上升 16.1%，农业生产资料上升 16.2%。[②]

（二）通货膨胀的原因

虽然这次通货膨胀由价格“闯关”直接引发，但其有着深层次的原因。改革开放以来，社会长期存在经济发展过热、投资需求旺盛和消费需求膨胀的情况，社会总需求持续超过社会总供给；财政赤字和信贷规模扩张，货币过量发行；经济结构失调，农业发展滞后；还有新旧经济体制交替中形成的不规范市场经济行为和经济秩序混乱，引发宏观管理失控。这些都是导致本次通货膨胀的重要因素。

据统计，1988 年全社会固定资产投资为 4 496.54 亿元，较上年增长达 23.5%，高于除 1985 年之外的任何一年；1988 年全国在建的工程投资总规模达到 13 000 亿元，比上年增长 12%。城乡居民收入急剧增长，农民平均每人纯收入 1978 年为 134 元，1985 年为 398 元，增长 197%；1988 年为 545，增长 307%。职工的平均工资 1978 年为 615 元，到 1985 年为 1 148 元，1988 年为 1 747 元，分别增长 87%和 184%。城乡居民存款余额从 1978 年的 210.6 亿元增长到 1985 年底的 1 622.6 亿元，1988 年则进一步增长到 3 801.5 亿元。到 1988 年底，群众拥有流动性较强的现金类资产有 1 700 多亿元，全国社会结余购买力达 5 500 亿元，在社会上形成巨大的购买力，供需矛盾进一步

① 颜嘉川：《现代信用货币制度下的中国通货膨胀比较研究（1938—1996 年）》，北京交通大学出版社 2006 年版，第 97 页。

② 有林：《中华人民共和国国史通鉴》第四卷，当代中国出版社 1993 年版，第 172 页。

加剧，物价上涨已成必然趋势。国家财政也产生赤字，1985年财政收支仍有结余21.6亿元，但是到了1986年就已经产生赤字70.6亿元，1987年赤字达到80.3亿元，逐年扩大的财政赤字也在此次通货膨胀中起到了推波助澜的作用。[①]

（三）对通货膨胀的治理

1988年9月，中央召开十三届三中全会，提出消除过热经济、遏制通货膨胀、控制投资和消费需求增长、调整经济结构、增加社会供给、逐步缓解总供需不平衡的矛盾、建立健全宏观调控和监督体系等目标，为期三年的经济整顿治理由此拉开序幕。

第一，压缩投资需求。从1988年下半年开始，国务院先后发布《关于清理固定资产投资在建项目、压缩投资规模、调整投资结构的通知》和《关于全面彻底清查楼堂馆所的通知》，全面开展全社会固定资产的清理工作，大幅度压缩投资规模，调整投资结构。1989年固定资产投资完成额增速为－7.2%，这是改革开放十多年来首次出现的情况。而且对固定资产投资方向也做出转变，在总投资额减少的情况下，用于生产性建设的资金保持稳定，甚至还略有上升，增长率达1.1%。1990年继续执行紧缩性宏观经济政策，投资完成额增长率为2.4%，连续几年大规模压缩固定资产投资，极大地抑制了投资需求，从而降低了生产资料价格上涨的压力。[②]

第二，限制消费性需求。在需求方面，主要是从限制社会集团购买力、严格控制工资增长、吸收居民储蓄、分流延缓消费等几方面入手。国务院在1988年10月决定，要求社会各个单位在1987年实际支出的基础上，在1988—1989年将社会集团购买力压缩20%。同时扩大专项控制商品的范围，严禁购买彩电、国产和进口的名牌烟酒等商品。严格控制工资增长，禁止滥发补贴，征收奖金税和工资调节税。通过居民储蓄，推行住宅商品化来分流、延迟消费。[③]

第三，实施紧缩性货币政策。1988年8月，中国人民银行下发《关于进一步控制1988年货币投放、信贷规模的具体规定》，加大货币信贷总量控制，重新恢复对贷款规模指令性计划管理，运用法定存款准备金率、存贷款利率、开办特种存款等间接控制工具。1988年9月，国务院再次下发《关于进一步控制货币稳定金融的决定》，严格控制信贷增长，责令各地方银行必须按时收回对非金融机构的短期贷款；提高法定存款准备金，降低存款的乘数效应；开办非银行机构特种存款；提高贷款利率和加强对拆借资

---

① 有林：《中华人民共和国国史通鉴》第四卷，当代中国出版社1993年版，第172页；国家统计局：《中国统计年鉴(1989)》，中国统计出版社1989年版，第152—153、477—479、657—659、725—726页；中国国家统计局网站(http://www.stats.gov.cn/)。

② 国家统计局：《中国统计年鉴(1991)》，中国统计出版社1991年版，第143—147页；颜嘉川：《现代信用货币制度下的中国通货膨胀比较研究(1938—1996年)》，北京交通大学出版社2006年版，第99—100页。

③ 颜嘉川：《现代信用货币制度下的中国通货膨胀比较研究(1938—1996年)》，北京交通大学出版社2006年版，第99—100页。

金的控制;调整贷款结构,对于国家计划外的贷款一律停止;稳定和增加银行储蓄存款。在采取了一系列货币信贷政策措施后,城乡居民储蓄存款从当年9月开始转降为升,11月基本恢复正常。1989年继续执行紧缩性货币政策,"紧缩银根,稳定金融,控制总量,调整结构,保证重点,压缩一般,适时调节,力争既能控制信贷总量的增长,又能促进经济持续稳定适度发展",1989年全年发行货币210亿元,比计划少190亿元,大大低于1988年的680亿元;年末M0、M1、M2增长率分别降至9.8%、6.6%、18.3%,大大低于1988年的46.7%、21%、21.2%,各层次货币供应量增幅下降,对于稳定物价发挥了很大作用。[①]

第四,适时调整产业结构,增加有效供给。首先,发展农业,在资金上进行支持,成立农业发展基金,提供平价化肥、柴油,增加农产品收购价格,以此来增加农副产品的供给;其次,支持交通、能源、通信和重要原材料产业的发展,以增加基本生产要素的供给。据测算,1989年社会总供给达16 387亿元,社会总需求下降至17 687亿元,供求差由1988年的16.2%下降为8%,极大地缓解了通货膨胀。[②]

以上各种措施共同作用,经过三年的调整,此轮通货膨胀到1990年已经基本缓解。这次通货膨胀的解决对我国改革开放有着深远的意义,它不仅解决了改革开放十年来经济领域暴露出来的问题,也为继续坚持深化改革开放和建立社会主义市场经济体制提供了信心和经验。

四、1994年的通货膨胀及其治理

(一)通货膨胀的发生及其原因

此次通货膨胀发生的最主要原因是固定资产投资和银行信用规模的扩张。其中信贷规模的扩张又是由当时高涨的投资需求所引起。投资需求也带动消费需求的上升,进而引发以需求拉上型的通货膨胀。据统计,1992年国家银行现金投放回笼差额为1 158.2亿元,相较于1991年的533.4亿元上涨117%,1993年更是上涨至1 528.7亿元,1994年增长数额虽有减少,但也达到1 423.9亿元。1992—1994年,M0、M1和M2的平均年增长率分别达到31.7%、28.9%和29.9%,M2—M1增速在1994年达到最高点41.9%,社会存在巨量的潜在购买力(见表4.5)。1992—1994年全国固定资产投资年增速分别为44.4%、61.8%和31.4%。1992—1994年这三年内固定资产投资的资金来源在国家预算内的分别为6.8%、3.7%、3.2%,利用国内贷款

① 武献华、庞明川:《中国经济转轨中的失业、通货膨胀与经济增长》,东北财经大学出版社2003年版,第308—314页。

② 颜嘉川:《现代信用货币制度下的中国通货膨胀比较研究(1938—1996年)》,北京交通大学出版社2006年版,第101—102页。

和外资的则占到 29.2%、30.8%、33.1%。同时大规模的财政支出也推进了通货膨胀，1992—1994 年财政支出增长率分别为 15.1%、20.5%、24.8%。这三年的财政赤字额分别为 236.6 亿元、199.2 亿元、574.5 亿元，远超 20 世纪 80 年代的财政赤字水平。①

表 4.5　　1992—1995 年货币供给同比增长率

	1992 年	1993 年	1994 年	1995 年
M0	36.40%	34.40%	24.30%	8.20%
M1	35.90%	24.50%	26.20%	16.80%
M2	31.30%	24%	34.50%	29.50%

资料来源：中国国家统计局(http://www.stats.gov.cn)。

此外，成本推动物价上涨也是这一次通货膨胀的原因。过高的投资导致生产资料价格上涨，商家又把成本的上涨转嫁给消费者，使得商品和服务的价格上涨，进而使消费者的工资上涨，如此循环往复，通货膨胀率持续上升。1993 年，我国大部分生产资料上涨超过 40%，1991 年和 1992 年工资增长达 13%，1993 年在 1992 年的基础上又增长 25%。②

汇率制度变化也是此次通货膨胀产生的原因之一。汇率并轨之后，人民币贬值推动了出口和物价上涨，导致外汇储备增加，中央银行为稳定汇率投放相应数量的人民币，最终增加了货币供给，促进了通货膨胀。1994 年和 1995 年通过外汇市场发行的货币分别占当年新增的基础货币的 72%和 74%。③

(二)对通货膨胀的治理

1993 年，中央已经意识到经济过热的问题，在当年的经济会议上就提出了“适度从紧”的货币和财政政策，主要是从以下几个方面入手：第一，采取严格的信贷计划来控制信贷规模、固定资产贷款规模，禁止用流动资金进行固定资产投资。1994 年固定资产投资增长率压缩为 30.4%，1995 年压缩为 17.5%，1996 年又进一步压缩为 14.8%，到 1997 年更是降至 8.8%。使用国内贷款进行固定投资的比例也有所下降，1996 年已降至 19.6%，远低于最高点 1992 年的 27.4%。第二，提高存贷款利率和新发国库券利率，以利率来调节货币供应量。1993 年 5 月，央行将活期存款利率提高到 2.16%，7 月又上调至 3.15%；在定期存款中，期限在 3 个月至 8 年以上的 7 种整存整取存款，7 月相较于 5 月利率平均上调 1.9%。同时也对各种贷款利率分别在 1993 年

---

① 国家统计局：《中国统计年鉴(1995)》，中国统计出版社 1995 年版，第 137—142、215—219、574 页。

② 颜嘉川：《现代信用货币制度下的中国通货膨胀比较研究(1938—1996 年)》，北京交通大学出版社 2006 年版，第 106 页。

③ 何燕：《国际资本异动下中国货币政策传导效应研究》，中国金融出版社 2015 年版，第 109—110 页。

5月、7月进行上调，对于基本建设类贷款在1996年5月进一步进行上调。财政部提高1992年和1993年发行的国库券的利率，并对3年期的国库券进行保值。第三，控制财政支出，整顿财政纪律，使1995—1997年财政支出增长速度减缓，财政收入和支出的增长率基本平衡，将赤字控制在预定的数额之内。①

通过“适度从紧”的财政和货币政策，中国的经济实现软着陆，通货膨胀被控制，同时也保持了经济的平稳增长。据统计，1993—1996年，GDP平均增长率为11.6%，波动振幅为3.9%。消费价格指数增长率也从1994年最高点的24.1%降到1995年的17.1%和1996年的8.3%。

五、新世纪初期的物价波动及其治理

(一)2000—2008年的物价波动及其治理

1. 物价波动及其原因

进入21世纪以来，我国基本上保持了高增长、低通胀的经济环境。2000—2009年GDP年平均增速为10.34%，2007年GDP增速甚至达到14.2%，虽然由于2008年金融危机的影响而下降到9.7%，但是仍旧大大超过世界平均增速(见图4.4)。总体来看，CPI在大部分年份里保持较低增长率，有些时候甚至出现负增长的情况，只在2004年和2008年出现过两次波峰，详见图4.5和表4.6。

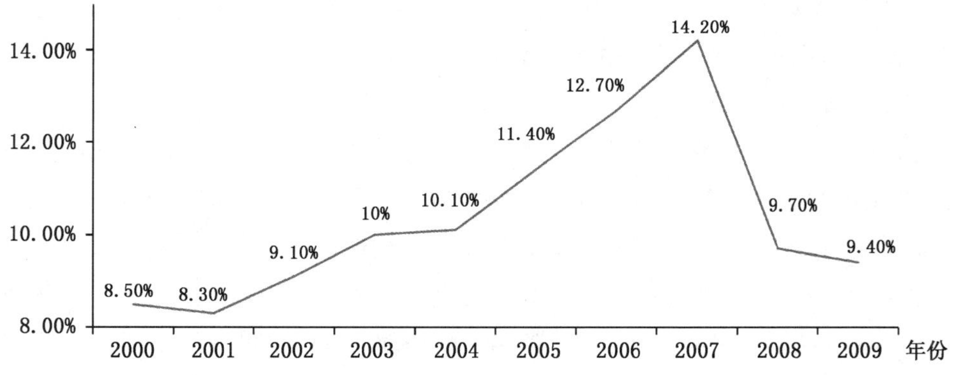

图4.4 2002—2009年中国GDP增长率

资料来源：中国国家统计局(http://www.stats.gov.cn)。

① 国家统计局：《中国统计年鉴(1998)》，中国统计出版社1998年版，第150—153、186—187、268—270页。

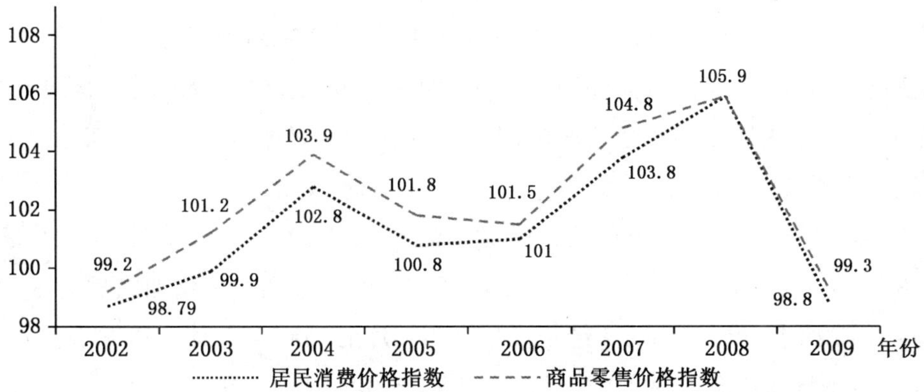

图 4.5 2002—2009 年居民消费价格指数和商品零售价格指数(上年＝100)

资料来源：中国国家统计局(http://www.stats.gov.cn/)、中经网数据库(https://tjk.cei.cn)。

表 4.6 2002—2009 年月度居民消费价格指数(上年同期＝100)

2002-12	99.6	2004-09	105.2	2006-06	101.5	2008-03	108.3
2003-01	100.4	2004-10	104.3	2006-07	101	2008-04	108.5
2003-02	100.2	2004-11	102.8	2006-08	101.3	2008-05	107.7
2003-03	100.9	2004-12	102.4	2006-09	101.5	2008-06	107.1
2003-04	101	2005-01	101.9	2006-10	101.4	2008-07	106.3
2003-05	100.7	2005-02	103.9	2006-11	101.9	2008-08	104.9
2003-06	100.3	2005-03	102.7	2006-12	102.8	2008-09	104.6
2003-07	100.5	2005-04	101.8	2007-01	102.2	2008-10	104
2003-08	100.9	2005-05	101.8	2007-02	102.7	2008-11	102.4
2003-09	101.1	2005-06	101.6	2007-03	103.3	2008-12	101.2
2003-10	101.8	2005-07	101.8	2007-04	103	2009-01	101
2003-11	103	2005-08	101.3	2007-05	103.4	2009-02	98.4
2003-12	103.2	2005-09	100.9	2007-06	104.4	2009-03	98.8
2004-01	103.2	2005-10	101.2	2007-07	105.6	2009-04	98.5
2004-02	102.1	2005-11	101.3	2007-08	106.5	2009-05	98.6
2004-03	103	2005-12	101.6	2007-09	106.2	2009-06	98.3
2004-04	103.8	2006-01	101.9	2007-10	106.5	2009-07	98.2
2004-05	104.4	2006-02	100.9	2007-11	106.9	2009-08	98.8
2004-06	105	2006-03	100.8	2007-12	106.5	2009-09	99.2
2004-07	105.3	2006-04	101.2	2008-01	107.1	2009-10	99.5
2004-08	105.3	2006-05	101.4	2008-02	108.7	2009-11	100.6

资料来源：中经网统计数据库(https://tjk.cei.cn)。

从2003年开始到2004年7月，CPI表现为明显的上涨趋势，在2004年7月和8月达到高点105.3，之后逐渐下降。2006年4月份，CPI重新上涨，到2008年2月达到历史高位108.7，之后开始出现下降趋势，见表4.6。这次物价波动既有国内的因素，如农产品价格上涨、货币供给增多，也受到了国际因素如能源价格上涨等的影响，具体而言主要有以下几点：

第一，货币供给持续高速增长。2003年的M0、M1、M2分别为19 746.23亿元、84 118.81亿元和219 226.81亿元，到2008年12月底，三者分别增加到34 218.96亿元、166 217.13亿元、475 166.6亿元。2003年1月至2004年7月(CPI最高点)，M0、M1、M2月平均增长率分别为12.4%、18.7%、19.2%。2007年2月至2008年2月，M0、M1、M2月平均增长率分别为16.6%、21%、17.8%，都超过了当时GDP的增速(见表4.6与图4.4)。

第二，农产品和能源价格上涨。2004年粮食生产价格上涨26.2%，其中谷物上涨28.1%，豆类价格上涨20.3%，薯类价格上涨5.8%，小麦上涨31.2%，玉米上涨16.9%。畜牧业产品生产价格上涨11.1%，其中生猪上涨12.8%，肉牛价格上涨3.9%，家禽和蛋类上涨11.8%和12.6%，涨幅比2003年高出10个百分点。[①] 农产品既是最终消费品，也是生产原料，它的价格上涨直接或者间接推动CPI的上涨。进入21世纪以来，我国跨入高速发展的阶段，对石油、煤炭等能源的需求激增，需要从国外进口大量的能源以弥补国内的能源需求缺口。但是在2003—2008年，国际能源价格涨幅较大。例如，2003年初的国际煤炭平均价格为28美元/吨，石油价格为33美元/桶，到2008年分别上涨至171美元/吨和140美元/桶。

第三，持续贸易顺差。2003—2008年，我国进出口贸易快速增长，2003年进出口差额累计为255.34亿美元，到2008年进出口差额累计达2 954.58亿美元，特别是在2004年12月至2008年12月，我国进出口差额累计增长89%。外汇储备由2003年的4 032.51亿美元增长到2004年的6 099.32亿美元，2008年底则进一步达到19 460.3亿美元。[②] 大量的贸易顺差会导致外汇流入，中央银行用本币兑换这些外汇的同时，等于增加了基础货币供给，物价必然随之上涨。

2. 宏观经济调控及其治理

(1)货币政策。在货币政策方面，首先是进行公开市场操作。2003—2008年央行多次发行央票，频繁进行干预。这一时期央票的发行量和每年期末余额逐年增加，显示出强烈的回笼货币的倾向。其次是多次对存款准备金率进行调整。2003年9月至

---

① 鲜祖德:《中国农村统计年鉴2005》，中国统计出版社2005年版，第4页。

② 中国国家统计局(http://www.stats.gov.cn)与中经网统计数据库(https://tjk.cei.cn)。

2008年12月，央行对存款准备金率调整24次，其中20次是提高存款准备金率。再次是对再贴现率进行调整。2003—2008年，央行为应对通货膨胀上调过两次再贴现率，第一次是在2004年3月，由2.97%上调到3.24%，第二次是在2008年1月，由3.24%上调至4.32%。再者是对存贷款基准利率进行调节。2003—2008年，央行12次调整存款基准利率，14次调整贷款基准利率。在2007年至2008年2月通胀比较严重时，央行一年上调存贷款基准利率6次，1年期存款利率从2.52%上调至3.87%，1年期贷款利率由6.39%上调至7.47%。到2008年，由于受次贷危机影响，又重新多次下调存贷款利率。最后是推出特种存款。2007年10月，央行重启特种存款，吸收城市商业银行及农村信用社的剩余流动性。

(2)财政政策。在财政政策方面，主要是削减政府财政赤字，调整财政支出的方向和力度。据统计，2003—2008年，虽然财政收入和支出都在增加，但是财政赤字在稳步减少，中央财政赤字在2003年为3 192.85亿元，到2008年时已经降到1 800亿元。在调整财政支出的方向和力度方面，在保证满足已建重大项目的基础上，减少过快增长行业的资金预算，并增加对农业的支持。

(二)2009—2018年的物价变动与宏观经济政策

2009—2018年的10年间，居民消费价格指数只有在2010年和2011年分别达到过3.3%、5.4%。如果除去2011年，则9年CPI平均年增长只有1.9%；如果再除去2009年物价指数的负增长，CPI年增长率也只有2.2%，我国一直处于温和的通货膨胀时期，物价相对比较稳定。

对于2010—2011年的异常值，大部分观点认为其与2008年的全球性金融危机密不可分。为了应对国际金融危机，政府实行了一系列宽松的货币和财政政策，如4万亿元计划和地方政府以18万亿元来刺激经济等。同时在2008年下半年五次下调存贷款基准利率，推出包括民生工程、基础建设、灾后重建、城乡建设等一系列措施来扩大内需。与此同时，全球能源价格上涨也起到了推波助澜的作用。在金融危机之初，能源价格一度急降，但是到了2009年就开始重新上升，并在2011年达到历史高位。此外，全球性的量化宽松政策导致流动性泛滥，从2009年英国率先开始实施量化宽松政策后，美联储、欧洲央行也随之采取相应政策，导致全球性的通货膨胀潮流。

为了保增长并防范通胀风险，中国人民银行从2010年逐步采取了一系列调控政策。首先，从2010年开始多次上调法定存款准备金，至2011年将大型金融机构的法定存款准备金最高上调至21.5%。其次，控制信贷规模和信贷方向，优化信贷结构；通过调节存贷款基准利率、再贷款利率、再贴现利率，从2010年10月到2011年7月，5次上调存贷款利率。最后，进行公开市场操作，通过发行央票回收资金。2010年末央行票据余额约为4万亿元，到2011年9月末，央行票据余额下降到了约1.9万亿元。

第五节　汇率管理制度的演变

一、改革开放前的汇率管理制度

(一)人民币汇率制度的初建

随着在西藏完成最后的收兑工作,人民币正式在中华人民共和国大陆全境执行货币的职能。但是作为货币而言,还有一项重要任务就是对外交流,促进国际间政治、经济和文化交流。只有人民币能够顺利与各国进行兑换,人民币的地位才能真正被认可。要完成这项任务,就需要去衡量人民币的对外价值,即人民币的汇率。

在国民经济恢复时期(1949—1952 年),我国的外汇经营管理体系是在整顿改造旧中国外汇市场的基础上创建的,主要由管理机构、专营银行、外汇交易所构成。国家实施的外汇管制主要有贸易项目管制、非贸易项目管制、人民币、外币、金银项目管制、汇率管制。为彻底改变外汇市场的殖民地特征,国家坚决取缔外商银行的垄断特权,将外汇的管制权完全集中于政府手中。外汇管制取得明显成效,彻底改变了旧中国外汇市场的畸形状态,打击了旧中国外汇市场的投机行为。在清理整顿旧中国外汇市场的基础上,人民政府建立起新的外汇经营体系。为利用市场因素扩大外汇收入,国家尝试设立天津、上海两家外汇交易所,但不久后予以撤销。①

这一时期,人民币实行的是浮动汇率制度。我国外汇牌价依据人民币对内和对外购买力的变化情况,参考进出口商品理论比价和国内外的生活物价指数,按照“奖出限入、兼顾侨汇”的汇价方针进行制定。在 1950 年 3 月之后,“奖出限入”方针变为“进出口兼顾”,由此出现出口理论比价、进口理论比价、侨汇购买力比价三种价格,然后再对这三种比价进行加权平均计算得出人民币的对外汇率。这一时期人民币的汇率波动幅度很大,由于外汇价格主要是依靠行政命令,因而呈现出指数型的跳跃式波动。1949 年 1 月 18 日,天津率先公布人民币兑换美元的汇率,当时为 1 美元兑换 80 元人民币,此后逐渐调低,到 1950 年 3 月 13 日,1 美元兑换 42 000 元人民币,到 1952 年 12 月又调整为 1 美元兑换 26 170 元人民币。②

(二)计划经济时期的汇率管理制度

在严格的计划经济时期,我国对外汇率制度随着国际环境和国家经济制度的变化而进行调整。1953—1972 年,人民币汇率的主要特点就是稳定。由于朝鲜战争,中美

---

① 赵学军:《国民经济恢复时期的外汇管制》,《中国经济史研究》2002 年第 1 期。

② 吴念鲁:《国际金融纵横谈——对策研究》,中国金融出版社 1998 年版,第 261—263 页。

之间的贸易在这一时期基本停顿，人民币和美元的汇价已经失去意义。自1952年1月1日起，人民币对美元的汇价停止公开挂牌，人民币兑美元的汇率只用作统计折算之用。这一时期我国的外贸业务由国营的外贸公司专门负责，对外贸易采取“进出统算，以进贴出”的办法。1964年起还采取对一部分商品加成的办法，即将进口商品作价按成本加价103%来弥补出口亏损。到1968年春，人民币开始对外计价结算，先从我国港澳地区开始，最后逐步推广到欧美和日本等其他地区。[①] 1955年3月，新币代替旧币，一直到1971年11月，人民币汇率在近16年时间里基本保持1美元兑换2.46元人民币的水平。[②]

从1973年开始，我国的汇率制度开始发生改变，这主要是由于布雷顿森林体系解体，西方各国纷纷开始实行浮动汇率制，汇率波动越来越频繁。在这一背景下，为了避免西方国家经济衰退的波及，我国继续推行人民币对外计价结算，以保证币值的相对稳定和对外贸易的正常进行。人民币的汇率采取钉住汇率制，但锚币不再是美元，而是一揽子货币，主要选取与我国贸易关系比较密切的国家货币，包括美元、日元、英镑、德国马克、瑞士法郎等。这一制度安排维持了人民币汇率的稳定，在对外贸易时便利企业进行成本计算、利润核算和减少汇兑风险。

然而，这种汇率制度所面临的重要问题就是在选取一揽子货币时对币种和其权重的选定缺乏客观依据，从而导致人民币的估值过高。如人民币兑换美元的汇率从1973年的1美元兑换2.46元人民币逐步提升至1980年的1美元兑换1.50元人民币[③]，从而使得这一时期我国贸易逆差严重，外汇储备严重不足，同时引起贸易品和非贸易品价格与国际市场价格相差过大。贸易部门认为汇率过高导致出口亏损，而非贸易部门认为汇率过低导致入境者以较少代价获取了更多的服务和商品，这样就产生了巨大矛盾。总的来说，在计划经济时代人民币的对外汇率完全由政府按照一定的原则来制定，最主要的作用是作为一种计划经济的调节工具，其效果也是有利有弊。

二、改革开放初期的外汇管理制度

（一）汇率制度的改革

为了改变因人民币汇率的高估而造成的出口亏损，国家开始着手改革原来的人民币汇率制度。

---

① 赵植业：《国际金融理论与实务》，山东大学出版社1994年版，第65—66页；吴念鲁：《国际金融纵横谈——对策研究》，中国金融出版社1998年版，第263—264页。

② 杨帆：《人民币汇率制度历史回顾》，《中国经济史研究》2005年第4期。

③ 何佳：《人民币汇率制度的演变及发展趋势研究》，四川人民出版社2015年版，第72—73页；陈宗祥、范王榜：《国际金融》，世界图书出版公司1994年版，第87—88页。

1."双重汇率制"时期(1981—1984年)

双重汇率即人民币内部结算价和官方汇率并存,国家在保持原来官方汇率的基础上,从1981年1月1日开始实施"内部结算法"。人民币的外部价(公开牌价)依旧维持在1美元等于1.5元人民币左右,定价标准依旧是以前的一揽子货币,用于非贸易的外汇结算。而内部结算价格是1美元折合人民币2.8元,这个比价是在平均换汇成本1美元折合人民币2.53元的基础上再加10%的利润计算得出的,主要用于进出口贸易的结算。这种方式在一定程度上缓解了贸易部门和非贸易之间的矛盾,贸易收支状况明显转好,外汇储备明显增加。[①] 但是实行内部结算法也暴露了一系列问题,它影响了非贸易部门的积极性,也使得外汇管理比较混乱,所以这种方式注定是一种应急措施。[②]

2. 官方汇率和外汇调剂市场汇率并存时期(1985—1993年)

从1985年1月1日起,国家取消人民币内部结算价,官方名义汇率可调整地钉住美元,官方汇率应用于贸易结算和非贸易外汇兑换。为了解决人民币高估问题,让人民币回到相应的价值,从1985年开始,国家根据国内物价变化,依据全国出口平均换汇成本上升的变化,多次调整官方汇率,特点是频次少、幅度大,一直在贬值。

1988年3月,国家在各地设立外汇调剂中心,放开调剂市场汇率,利用市场汇率解决出口亏损,鼓励进口,实行官方汇率和调剂市场汇率并存的"双轨制"。[③] 此时的外汇调剂市场参与者大多为国内的进出口企业,而且仍然以外汇留成制度为前提,所以并未触及汇率制度的根本问题,具有很大的局限性。但是,之后反映市场供求关系的外汇调剂市场交易份额逐渐增大,到1993年,外汇调剂市场外汇交易份额达到近80%,同期官方汇率份额逐渐下降,市场供求对汇率决定作用越来越明显,这也为更进一步的汇率改革奠定了基础。

(二)外汇兑换券的发行及其作用

1. 外汇兑换券的发行

改革开放以前,由于意识形态的对立,我国与世界主要资本主义国家的经济联系并不紧密,外资在我国境内的活跃程度很低。改革开放后,为了引进西方先进科学技术,1979年初,国务院批准一些大城市可以直接以外币标价和计收办理外国烟酒的寄售业务。但是到了1979年下半年,一些地区和单位未经外汇部门批准,自行在市场上用外币标价出售商品收取外币,更有甚者直接收取外币贷款或以外币收取车费、餐费。这就导致逃汇、套汇盛行,严重影响了国家的收入和人民币信誉。鉴于此,中国人民银

---

① 陈宗祥、范王榜:《国际金融》,世界图书出版公司1994年版,第87—88页。
② 杨帆:《人民币汇率制度历史回顾》,《中国经济史研究》2005年第4期。
③ 杨帆:《人民币汇率制度历史回顾》,《中国经济史研究》2005年第4期。

行两次向国务院建议，实行外汇券制度，来代替外币在国内市场上的流通。[①]

1980年4月，国务院批准中国银行发行“外汇兑换券”，在国内部分指定场所流通使用。这是我国在改革开放初期实行外汇管理的一次尝试，它不同于以往外国人或华侨华人携带外汇入境必须兑换成人民币使用的传统方式，而是令专门经营外汇业务的中国银行发行外汇券，与人民币等值计算，有100元、50元、10元、5元、1元、5角和1角钞票七种，没有硬币。

2. 外汇兑换券使用过程中的问题

国家外汇管理局等部门对于外汇券的使用有严格限制。例如，只有短期来华的外国人、华侨、港澳同胞、驻华外交和民间机构常驻人员等才能使用，且必须将可自由兑换的外币现钞或票据等向中国银行或指定外币兑换点兑换为外汇券。在使用范围上，则只有对外接待的旅行社、各地专门对外宾出售商品的“友谊商店”、专供出口的商店、机场码头等地可以按与人民币同等价格使用外汇券。但是，随着进入中国的外资和来华外国人增多，只有用兑换券才能购买到的紧俏物资就更为抢手，这使得外汇黑市广泛出现。外汇券在黑市上的价格远高于人民币同等价格，并且处于屡禁不止的状态。到1993年，实行近40年的粮食凭票供应制度取消，各地陆续取消其他日用品和工业品的票证。这样一来，所有物资都可以在市场上用人民币买到，外汇券的作用日益降低。自1994年1月1日起，外汇券停发，并于1995年起完全停止流通。外汇券并不是由央行发行的，因而不是简单意义上的货币，但是其具备代用货币的基本特征，在实行汇率改革前曾推动了我国经济的发展，特别是在吸引外资方面有着重要作用。

三、新时期的汇率制度与人民币国际化

1994年初，根据建立社会主义市场经济体制的指导思想，国务院推出自改革开放以来最为综合的一揽子改革方案。外汇体制改革方面的总体目标是：“改革外汇管理体制，建立以市场为基础的有管理的浮动汇率制度和统一规范的外汇市场，逐步使人民币成为可兑换的货币。”自1994年1月1日开始，汇率并轨，实行以市场供求为基础、单一的、有管理的浮动汇率制，企业和个人按规定向银行买卖外汇，银行进入银行间市场进行交易，形成市场汇率。中央银行设定一定的汇率浮动区间，并通过调控市场来维持人民币汇率的稳定。但是由于1997年的亚洲金融危机，中国为防止周边国家和地区货币轮番贬值而使危机深化，主动收窄人民币的汇率浮动区间，实际形成钉住美元的固定汇率制度。

2005年7月21日，我国开始实行以市场供求为基础，参考一揽子货币进行调节、

---

① 冯尔泰：《金融外汇基础知识》，知识出版社1989年版，第259—260页。

有管理的浮动汇率制度。人民币不再钉住单一美元，而是按照我国经济发展的实际情况，选择若干种主要货币，赋予相应的权重，组成货币篮子。在这种方式的测算下，当时的汇率为1美元兑8.11元人民币。2007年5月，央行又将银行间即期外汇市场人民币兑美元汇率浮动幅度由0.3%扩大到0.5%。2008年，为减少金融危机的冲击，人民币再次钉住美元，2008年下半年一直保持1美元兑换6.8元人民币的比价。到了2010年，美国逐步走出金融危机的阴影，开始施压要求人民币升值，并威胁要对中国采取惩罚性关税措施。同年6月19日，央行宣布重启人民币汇率制度改革，宣布人民币不再紧盯美元，重归一揽子货币进行调节。

2015年8月11日，中国人民银行再次公布人民币汇率形成的一项重大改革，即完善人民币对美元汇率的中间报价。自2015年8月11日起，做市商在每日银行间外汇市场开盘前，参考上日银行间外汇市场收盘汇率，综合考虑外汇供求情况以及国际主要货币汇率变化向中国外汇交易中心提供的中间报价。2015年12月11日，中国外汇交易中心发布人民币汇率指数，强调要加大参考一揽子货币的力度，以更好地保持人民币对一揽子货币汇率基本稳定。2016年初，有关部门披露人民币汇率中间价的报价机制(即中间价=上日收盘价+一揽子货币汇率)，改善了央行与市场之间的汇率政策沟通。2017年5月，逆周期因子被引入中间价的定价公式中，主要目的是适度对冲市场情绪的顺周期波动，反映国内经济基本面的变化。

可以看到，改革开放以来人民币汇率制度改革总体是朝着市场化的方向发展，同时汇率制度改革也推动了人民币国际化的步伐，使人民币更好地融入国际金融环境之中。2009年，国家开始建立跨境贸易人民币结算试点。2016年10月，人民币正式加入国际货币基金组织(IMF)的特别提款权(SDR)货币篮子，权重位于五种货币的第三位。自加入SDR后，人民币的国际地位显著提高，目前已有60多个境外央行或者货币当局将人民币纳入外汇储备之中。据IMF统计，截至2019年第一季度，人民币储备规模为2 129亿美元，占比1.95%，较刚加入时提高了0.88个百分点，排名第五位。

思考题

1. 名词解释：

人民币　中国人民银行　“一行三会”　统存统贷　价格闯关　次贷危机　外汇兑换券　汇率双轨制　SDR

2. 人民币的发行制度经历了怎样的变革？

3. 新中国汇率制度变化的过程如何体现“内外均衡”的经济发展目标？

4. 外汇兑换券是不是货币？为什么？

5. 国际化的货币有何特征？人民币国际化面临的最大问题是什么？

6. 现代经济中的通货膨胀是不可避免的吗？货币政策在治理通货膨胀方面是否更加有效？

7. 中国人民银行和美联储的货币政策目标分别是什么？有何异同？

主要参考文献

1. 姚朔民:《中国货币通史》第四卷，湖南人民出版社 2018 年版。

2. 国家统计局:《新中国六十年统计资料汇编》，中国统计出版社 2010 年版。

3. 国家统计局:《中国统计年鉴(1995)》，中国统计出版社 1995 年版。

4. 颜嘉川:《现代信用货币制度下的中国通货膨胀比较研究(1938—1996 年)》，北京交通大学出版社 2006 年版。

5. 有林:《中华人民共和国国史通鉴》第四卷，当代中国出版社 1993 年版。

金 融 机 构

第五章　最古老的金融组织：典当业的发展历程与经营智慧

典当是以抵押放款为主要业务的借贷行为，也是人类古老的行业之一，堪称现代金融业的鼻祖。历史上关于从事这种行业的机构名称很多，估计不下20多种，一般带有"典、当、按、质、押"等字样。鸦片战争以后，按照资本大小、当期长短与利率高低，仍然有典铺、当铺、质铺、押店等不同的叫法。典当业具有额小、期短、利高、安全和便捷的特点。一方面，典当具有不惮奇零、不畏贮藏之重赘的特征，能够满足特殊阶层的货币与资本需求；另一方面，典当也具有风险较小、获利稳定之特点。与置地招佃收租相比，开当铺不必计及丰歉，不受天气影响，旱涝保收。与一般高利贷相比，开当铺是坐堂营业，有足够的抵押物在手，不劳追索，不怕逃欠，有保证，更有利可图。与一般行商坐贾相比，典当不虑货价涨落，不虑行市顺逆，只有人求于己，罕有己求于人。因此，典当始终是一支重要的金融力量，在特定领域发挥着其基本职能。

第一节　典当业历史发展过程

典当在我国不仅出现得很早，也是前近代社会中重要的金融机构，并在明代后期到清代中期达到鼎盛。

对于典当业的起源，学术界长期存在不同的观点。根据现有文献，一般认为中国的典当业起源于南北朝时的南朝佛寺，名为"质库"或"长生库"。彭信威认为，"南朝货币经济发达，寺僧放贷的事一定很多，南朝寺院在中国信用史上有特殊的意义，它是典当的创办者"[1]。杨联陞也提出，中国最古老的信用制度是当铺。当铺的起源可追溯到六朝中期，当时的佛教寺庙，利用其财库中大量的捐赠财富开办了典当业。这种信

① 彭信威：《中国货币史》，上海人民出版社2007年版，第288页。

用既被推广到穷人，也被推广到有钱人中间。[1] 由于可以免缴一定的税赋并得到统治者的支持，寺庙中的当铺在唐代、宋代以及元代都很兴旺，直到明清时期，佛教式微，典当业才从寺庙中完全退出。

一、清代以前的典当业发展过程

（一）隋唐时期

隋朝鲜有有关典当业的文献记载，唐朝则是中国典当史上一个空前发展与繁荣的时期。当时的佛教享有特权，有大量捐赠，可不纳税，同时佛教的教义要周济穷人，因而发展迅速。高额的利润吸引了富豪商贾、朝中的权臣大吏、国家机关都投资经营当铺，这使得典当业逐渐从佛寺中分离出来，发展为一个独立的社会经营行业，被人们视为可以滋生“无尽富”“长生财”。另外，当时最大的商业是放高利贷的柜坊。所谓柜坊，本是当时都市中代客户保管银钱财物的商铺，酌收酬金，其保管钱物的藏器名为“僦柜”，随其收存钱财的增多，逐渐具有利用所存银钱为周转资本借贷盈利的条件，于是就像寺库那样开展典押质钱业务。由于典押质钱业务客户面广而盈利较大，因而吸引了一些官僚富商也开始将僦柜的功能从保管钱财拓展为投资取利，进而刺激了僦柜业迅速转化为典当业。[2] 唐代的典当业从单一的寺库质贷发展成为官营、私营和寺营三种形式并存的兴盛局面。

唐代的典当铺经营范围比较广泛。由于其资金雄厚，信用可靠，因而除经营典当业务外还接受有钱人的低息存款，同时也办理商业放款，并代客储存财物收取保管费。它兼有钱庄、保管库的业务性质，但主要业务仍然是抵押贷款。当时人们已习惯于用“典”“当”二字表达当铺的经营活动。但这一时期政府对当铺的放款利率和当物变卖等仍有比较严格的限制。

（二）宋金时期

宋代的货币流通和信用进入迅速发展时期，无论是在信用形式、信用主体、信用工具方面还是在制度保障上，都呈现出新的特点，从而为典当业得以进一步发展提供了良好的社会环境和新的历史契机。宋代，典当业遍布城镇，比唐代更为兴盛。其名称仍沿称质库，也称质肆、质典库或解库。宋代的典当业不同于唐代的僦柜，已不再兼营存款和寄存物品，但仍然兼做信用放款业务。宋代的典当业已遍布全城，有寺营、官营和民营之分。寺院仍沿袭前代，经营典当牟利，称为长生库，在资金的来源上，还有民间借贷给寺院，以此来支持寺院经营当铺。政府出于缓解财政压力的需要和利益的驱

---

① Yang Lien-sheng. *Money and Credit in China*, *A Short History*, Harvard University Press, 1971.

② 许小主：《典当》，中国社会出版社 2009 年版，第 18 页。

动,开始参与经营当铺,称为“抵当所”或“抵当库”“抵库”。如崇宁二年(公元1103年),徽宗下诏,要求多将官办典当行设置在集镇,以保证充足的客源。民间开设的典当业称为解库、质库或解质库不一,但是其性质都是经营动产抵押放款的典当业。在宋代,能到当铺进行抵押的物品种类不断扩大,除一般的金、银、珠、玉、钱、货外,有时甚至还包括奴婢、牛马等有生命的物品,而普通劳动人民则多以生活用品作抵押。[①]

金朝时的抵押信用也是靠典当,叫作质典库或解库,一般由民间经营,也有公营典当,叫作流泉,流泉的当票叫帖子,上面写明交当人姓名、当物的名称和品质以及质典的时间和金额。政府出台了有关当铺的法规,对当铺的估值、利息、当期、当票的书写及当物灭失后的赔偿责任等都作了详细的规定。官办当铺设专人管理,每月要向上申报实情,如若出现违法情况,要予以追究。由此可见,金代是当铺行业和关于典当的法规不断发展和完善的时期。

(三)元明时期

在元代,典当行业延续了唐宋以来官办、僧办和民办共同繁荣的局面,但是典铺的名称有了新的变化,质库的名称已不太流行,代之以解库、解典库、解典铺、典解库等称谓。典当铺不仅做抵押放款,也做普通的信用放款,有实力者还兼营其他店铺。此时的典当主要由有势力的人或官商开设,其发展水平比前朝有所退步。进入元代后,规范当铺经营活动的法规有所增加。当铺不得违反法律收取利息,典当利率一般在每月三厘到三厘六七之间;在典当期间内抵押物毁损的,当铺必须赔偿;当户逾期不赎,当铺可以收取相应的利息,并且在一定条件下对抵押物进行变卖。

在明代,除沿用的“质库”叫法外,又有“典当”“当”“当铺”“解铺”“解库”“解当铺”等多种名称,互相通用。这些称谓有些是承袭前代,有些是新名词,比如“当铺”就是新名词,并且成为以后的通称。明代的典当已经出现了等级差别,当铺资本从一二千两到万两不等,利率一般在三分和五分之间。明代的典当业伴随商品经济的发展而繁荣,史籍中极少有官当、寺院经营的文献记载,而民间经营的典当则在书籍文献中大量出现。[②] 典当业主要以商人资本的民间经营为主,由于许多商人在商品流通和商品交换过程中积累起数十万两甚至数百万两资金,因而社会上出现了空前巨大的商业资本,并且形成了以山西、福建和徽州等地典商为突出代表的地域性典当业行帮。

此外,中国典当业发展到明代中期,还出现了一种新情况,就是当票上经常不注明确切的赎当日期。这是因为社会长期安定,不确定性减少,人们对未来预期普遍较好,故放债的人并不急于收回本金,而是希望这种借贷关系长久存在,可永远获得利息。

---

① 金开诚:《当铺与质库》,吉林文史出版社2010年版,第31页。

② 官当起源于《晋律》中的“杂抵罪”,即用夺爵位、除名籍和免官来抵罪。

总体来看，从唐宋以来至明朝，中国典当业逐渐由寺庙经营、官府经营发展到商人资本经营，主要表现为以下几个特点：其一，典当业的资本来源日益社会化，其组织方式逐渐由独资向合资、合伙乃至合股的方向发展。其二，宋以后，典当业呈现出跨地域经营的趋势，一些富豪大贾、豪门贵族财力充裕者不但在本地或一个地方经营典当业，而且在外地或同时在数处开设典当，谋取利息。其三，典当业的内部分工得到发展，表现为内部的各种劳动职务分工、协作的发展，如专门的经营者阶层的出现、经理与一般伙计的分工、经营伙计与保管人员的分工等。其四，典当业与社会经济的关系越来越密切，典当业的放款逐渐向生产经营领域和商业流通领域渗透，流动资本的借贷成为典当业的主要业务。因此，到明代中后期，典当已经成为一种相当成熟的金融机构。

二、清代典当业的发展状况

清代，全国大小城市及乡镇到处都设有当铺。据记载，至康熙三年，全国典当多达2万余户。乾隆年间仅北京城内外就有大小典当300余户。[①] 在清代，无论是当铺的资本额、数量，还是规模、类型，典当业的发展都是空前的，为以往历代难以比拟。清代典当业的发展特点主要反映在以下几个方面：

第一，政府监管加强。清初，随着典当业实力的增强和当铺数量的增多，政府逐渐将当铺纳入征税体系。顺治九年(公元1652年)，规定各省当铺每年纳税银五两，北京则按铺面大小进行征收。康熙三年(公元1664年)，又重申了每年五两的当铺税，并一直延续至清末。并且为了便于监督和征税，从雍正六年(公元1728年)开始，进一步规定凡民间开设当铺，均须呈明地方官转布政司钤颁帖，凭帖纳税，按年纳税报部，因无力开办而停歇者交帖免税。这里的当帖也称为典帖或行帖，即营业执照。这种制度一直持续下来，甚至到民国时期仍然沿用。

第二，当铺的开设资本、数量迅速扩大。从当铺的开设资本来看，在宋代开设一家当铺仅需资本三百至五百贯，明代的小当铺所需资本只要白银一千至三千两，大当铺的资本也不过一万两，而到清乾隆年间已经达到了白银八万两左右。到咸丰年间，在北京开设一家小当铺也需要白银一二万两，大当铺的资本则达到了四五万两。[②] 就当铺的数量而言，由于当税的征收和当帖制度的实行，在清代的官方文书中留有许多关于当税与当铺数量的记载，从中可以看出，清代的典当业以山西、直隶、江苏和浙江等省份最为兴盛。康熙三年，依据当时政府对当铺每年征收五两的当铺税，该年政府征收当税十一万多两，估计当时全国的当铺有2万多家，以山西省为最多，有4 695家，

---

① 常梦渠、钱椿涛：《近代中国典当业》，中国文史出版社1996年版，第11页。
② 彭信威：《中国货币史》，上海人民出版社1965年版，第943—944页。

其次是广东，有 2 688 家，再次为直隶、福建、甘肃和贵州等省。①

第三，当铺种类呈多样化发展。从当铺的类型来看，清代典当业呈现皇当、官当、民当多头并举的局面，但寺库质贷业大体上已不复存在。所谓“官当”，即由各级官府衙门投资委托营办或直接营办的当铺，其中包括由皇帝拥有和出资开设，指定专门机构和人员进行营运的“皇当”。官营典当业在宋、金、元时就相当普遍，入清之后又复兴。自康熙十年(公元 1671 年)起，清政府开始建立“滋生本银”制度，其中大部分生息资金都被用作当铺的经营。有些地方政府就利用公款自行开设典当，如乾隆二十四年(公元 1759 年)，广西巡抚鄂宝提以白银四万一千两开设典当，规定以二分取息，已经运行 30 年。② 至清代中叶，朝廷明令不许官员经营商业，与民争利，以免影响本职工作，但实际上朝中权贵和内廷宦官多隐名委托商人代为出面设典，以掩人耳目。然而经过皇帝的批准，内务府和有关部院却可将公帑贷放典当铺生利，初意可增加国家财政收入，但其中出现很大弊端，滋长了官商勾结、以权谋私的歪风。③ 所谓“民当”，就是指由一般民间地主商人出资开设，有专业的典当商或从业人员，在长期的营运中形成各种行规，组织同业组织，以获取利润为目的进行营业，以经营典当业为主要业务的商号。清代当铺的经营业务不仅有抵押放款和信用放款，而且还接受存款，存款来源除民间和商人的款项以外，还有不少来自官款和社会性基金。社会性基金主要包括书院、水利、神庙、社仓、义社和善举等临时款项的存典生息。据研究，有清一代，仅山西一省投入典当生息的资金就不少于 98 万两，其中社会性基金约 21 万两，官款约 77 万两。④

第四，地区性的典商行帮继续发展。成书于乾隆末年的《晋游日记》中记载，全国之“典肆，江以南皆徽人，曰徽商；江以北皆晋人，曰晋商”⑤，说明当时的典当业大多为山西人与徽州人所开设与经营。清代乃至民国年间，在北京、天津、内蒙古、西宁、山东、河南等北方省市，晋商所开设与经营的当铺始终占据支配地位，在江苏、浙江等南方地区，山西人也具有一定的实力。在江南各省，大体上仍然恪守着“无徽不成典”的习惯，大多数当铺均聘任徽州人代为经营。陕西商帮等其他商帮也都大力经营典当业。如清代乾隆、嘉庆年间，渭南大商人贺士英“以家事倚兄弟，而以一身总理诸质库，后岁岁增设，增至三十处，散布于渭南、临潼、蓝田、咸宁、长安数百里间”；上元县商人李氏的典当覆盖地域更大，“由力门至京国不持资而行，沿途巨区名镇皆设有质肆，足

---

① 彭信威：《中国货币史》，上海人民出版社 1965 年版，第 943 页。
② 《清实录》卷五九五，乾隆二十四年，中华书局 1986 年影印版。
③ 常梦渠、钱椿涛：《近代中国典当业》，中国文史出版社 1996 年版，第 11 页。
④ 刘建生、燕红忠等：《山西典商研究》，山西经济出版社 2007 年版，第 283 页。
⑤ 李燧：《晋游日记》卷三，山西人民出版社 1989 年版。

往供来”。同治、光绪年间，著名的官商胡光墉除了经营银号及茶业之外，还“设典库于湖州、德清、海宁、嘉兴、石门、杭州、金华、衢州、苏州、镇江、湖北、湖南二十三处”[①]。

第五，当铺开始部分地承担起了调剂货币流通、稳定金融市场和弥补国家财政的功能。政府将大量官款“发典生息”，实际上是将国库存银重新投入经济中进行流通，虽然政府的账面存银并没有减少，但经济中的货币流通量却得到了增加，从而通过信用的方式在一定程度上支持了经济的增长。在一些地区，政府还试图通过当铺调节银两和制钱流转速度，从而影响其市场供给量及比价，以达到稳定金融市场的目的。乾隆年间，白银大量输入，钱贵银贱，银钱比价向制钱一边倾斜。由于典当业放款零星且取赎较多，每天收支铜钱的数量常常超过钱庄和银号，是社会上经手出纳和积存铜钱最多的行业。为了防止囤积钱文，减少铜钱头寸，加速流通，同时增加白银的使用量，借以缓解钱荒，乾隆三年(公元1738年)，御史明德上疏，提出限制各当铺存钱数，“大当只存钱七八百串，小当只许存钱一二百串。其余概令拨出市卖，违者照例治罪”，并要求“嗣后当铺除银六钱以下仍准当钱，六钱以上惟许当银”。[②] 乾隆九年(公元1744年)，内阁大学士鄂尔泰又提出疏通钱法七条，其中两条涉及当铺，一条为“放款于当铺，收钱交官局”，另一条为“各当铺积钱送局一并发市”。[③] 当然，由于这些措施当时还处于尝试和争论之中，因而推行的范围也非常有限，对于调节当时的银钱比价并没有取得成效。此外，当税收入、官款“发典生息”的利息收入以及当铺的各种捐税、报效银等都在一定程度上支持和弥补了国家财政。

三、近代时期典当业的发展状况

从全国范围来看，典当业在清代中期达到鼎盛，鸦片战争后即开始走下坡路，其衰落早于票号与钱庄。典当业在近代以来整体呈现衰落之势，到光绪十四年(公元1888年)，全国当铺除北京以外，“约共七千数百余庄”[④]，北京“当行京乡两百余家”[⑤]，总计7 500家，这一数量已不及嘉庆十七年(公元1812年)的1/3。清末政局的动荡和经济的不景气也对典当业造成了很大冲击。根据1912年农商部的调查，1911年底，全国登记的当铺仅有4 000余家。[⑥] 宓公干估计，20世纪30年代全国共有典当约4 600家，其中农村与中小城市为3 500家，全国的典当合计资本约1.5亿元，营业额为3亿～3.75亿

---

① 刘秋根：《中国典当制度史》，上海古籍出版社1995年版，第23页。
② 《清朝档案》朱批奏折，乾隆三年三月户部尚书兼内务府主管大臣海望奏。
③ 彭信威：《中国货币史》，上海人民出版社1965年版，第822页。
④ 刘锦藻：《清朝续文献通考》(影印)卷四七，浙江古籍出版社2000年版。
⑤ 李华编：《明清以来北京工商会馆碑刻选编》，文物出版社1980年版，第111页。
⑥ 农商部总务厅：《第一次农商统计表》，农商部总务厅1914年版，第267页。

元。[①] 20世纪40年代，全国典当家数更为减少，据1947年对五省三市的统计，由政府核准的典当铺仅有270家，平均以每省50家计算，全国也不会超过1 500家。[②]

就地区而言，近代以来典当业的发展状况大体上可以分为三种类型。一是以山西、安徽、北京等省市为代表，前近代时期典当业比较发达，鸦片战争之后逐渐走向衰落。二是以天津、汉口等为代表的商业城市，在前近代时期就是商品经济的主要集散地，鸦片战争之后又被辟为通商口岸。在这些城市，典当业在很长时期内保持了较为稳定的发展。三是以上海为代表的新兴通商大埠，这些城市是开埠通商之后才发展起来的，随着其整体经济的迅速壮大，典当业作为金融机构的有机组成部分，也得到了一定发展。

山西是明清时期典当业发达的省份之一，近代以来其典当业总体发展呈衰落之势。其典当数量由1887年的1 713家减至1921年的731家，至1930年进一步减少至三四百家。1921—1935年，城当从260家减至237家，而乡当则从471家减少为199家。[③] 同时，民国年间山西典当的开设资本也较过去大为降低，而且还低于全国平均水平。据统计，当时山西当铺的平均资本为5 262.57元，而全国平均则为20 321元。[④] 这种类型不仅反映了全国大多数省份的状况，而且也代表了全国典当业发展的一般趋势。

天津是华北地区的商品集散地，早在明代后期这里的典当业就已相当兴盛，天津典当业一开始就具有浓厚的官办色彩，其资本来源以官僚和巨商地主为主。鸦片战争后，天津的典当业仍然保持了繁荣。清末民初的战乱与社会动荡给天津的典当业造成了很大破坏，许多当铺转入租界。到1921年前后，天津的典当业重新恢复，并进入了一个新的兴旺时期。汉口、广州和重庆等具有传统商业中心与近代通商口岸双重地位的商业城市，大体上也经历了与天津类似的发展过程。

在上海、宁波、常州等新兴的口岸城市开辟通商以后，典当业都经历了一定的发展，其中尤以上海最为典型。上海在开埠通商前鲜有有关典当业的记载，到清末则已有大中型当铺数十家。清末民初是上海典当业发展的黄金时期，在上海开设典当（包括押当）的，主要分为徽州、潮州、本地三帮。据统计，1944年上海共有典当870户，其中1911—1920年开设的有30户，1921—1930年开设的有56户，1931—1940年开设

① 宓公干：《典当论》，商务印书馆1936年版，第191—192页。
② 李金铮：《20世纪20—40年代典当业的衰落》，《中国经济史研究》2002年第4期。
③ 实业部国际贸易局：《中国实业志·山西省》，实业部国际贸易局1937年版，（辛）第82—85、92页。
④ 陆国香：《中国典当业资本之分析》，《农行月刊》1936年第5期。

的有302户,1941—1944年开设的则有482户,[①]从中我们可以窥见上海开辟通商之后典当业发展之盛况。

虽然典当业在近代以来呈现衰落之势,但它仍然是金融机构中的有机组成部分,在广大农村与城市的基层经济中占有重要地位。20世纪三四十年代是银行、合作社等新式金融机构大发展并深入农村的时期,但20世纪30年代上半期,银行在农村中的放债总额仅为典当业的1/5。[②] 另据1933年和1934年分别对22个省785个县与850个县农民借贷情况的调查,全国半数以上的农民对外均有借款,其借债来源主要是银行、合作社、典当、钱庄、商店、地主、富农、商人等,平均而言,典当业在农村借贷中的份额为8.8%,但在广西、广东、四川、江苏、山西等省份均达到了18%以上。[③] 若就银行、合作社、典当和钱庄四大金融机构而言,其所占的份额分别为12.4%、13.5%、45.6%和28.5%,农民对典当的依赖几乎为其他三大金融机构之和。因此,银行和合作社的大发展主要是对私人借贷和钱庄的替代,而人们对典当的依赖并没有发生变化,由此可见典当业在农村生活和农村经济中的重要性。

第二节 当铺的开设程序和建筑特点

一、当帖申领

凡开设当铺,须先经当地同业或其他殷实商号出具保结,呈报申请,并载明商号名称、组织、资本、利率、满当期限,本店及分店所在地,股东和经理姓名、年龄、籍贯、住址等。经主管官厅核准备案,并默许"百家商铺之内不得有两家当铺"。当铺是一种独特的行业,有一整套不同于其他行业的独特传统,虽然是私人开设的,但是处处带有浓重的"官气",具有一些不同于一般工商业的规定,所谓的当帖和当税就是当业所特有的。[④] 这种当帖,类似后来的营业执照,主要是便于监督。当铺领了当帖就得缴纳当税,这也是当铺所特有的。

当帖是当铺经营合法化的凭证。清雍正六年(公元1728年)规定,开设当铺须向

① 孙翔云:《上海的典当业》,见常梦渠、钱椿涛《近代中国典当业》,中国文史出版社1996年版,第215—225页。

② 宓公干:《典当论》,商务印书馆1936年版,第267页。

③ 吴承禧:《中国各地的农民借贷》,见千家驹:《中国农村经济论文集》,中华书局1936年版,第163—181页。

④ 常梦渠、钱椿涛:《近代中国典当业》,中国文史出版社1996年版,第32页。

地方政府请领当帖。当帖由各省布政司加盖印章交与各州县负责核发，一般均注明准许当铺合法营业的年限，定期更新换旧。具体申领过程为：先由当商具名并取得同业保人数名的联署，具有铺底且开设地点百家之内并无老典设立，再向官府提出申请核发，知县衙门将之转知府，再转至省内布政使衙门，经核准后颁发部帖，交由申请当商领回悬挂于铺前并以此为缴纳捐税的凭证，每年缴帖费五两（光绪后改为五十两）。[①]凡不报官备案、私自设立者，视为违法，故俗有公典私押之称。

二、挂幌开张

为了宣传商品、招徕生意，当铺也会像现代店铺的招牌一样，选择迎风飘动的幌子，矗立在当铺的外面，称为招幌。招幌即招牌和幌子的复合式通称，是店铺展示行业、招徕买主、促进销售的特殊标志，又叫商招和幌子，是一种别有意义的装饰，其是否醒目、是否庄重直接关系到当铺的生意与信誉，因而一向为典商格外看重，并且也形成了相应的习俗。

招幌，分形象、象征、实物和文字四类，造型多样，内涵丰富，雅俗共赏，是商业民俗文化的组成部分。典当的象形或标志幌主要用于北方，而且以文字幌为辅助幌。以晋商为例，如山西太谷县开设于道光年间的"普济质店"的当幌，为长方形黑漆木牌，高48厘米，宽33厘米，厚3.5厘米，上端有铜提梁，便于悬挂，两上角呈委角，四角包有云纹铜片，底边有两枚菱形小球，前后两面镶嵌着"普济质店"及铜字"当"，特别是那个斗大的"当"字，十分引人注目。[②] 受中华人文素质熏染，晋商对于商业的宣传，包括匾额、招牌、招商幌子等，均体现了浓郁的民族特色。北京的当铺从外部看，首先见到的就是幌子，亦称为市招，北京早年当铺门前均设有旗杆或牌坊，上挂幌子，幌子多为铁钩铜头，下有木制大钱两串，下悬红布飘带，每天开门，由更夫用幌杈挑起，挂在旗杆上，名曰"请幌子"，关门前，将幌子挑下来挂在门洞内房梁设有的铁环上。到20世纪，随着市容整治，牌坊旗杆陆续被拆除，当铺的幌子改在栅栏门楣上做个铜质三面牌，牌面镂空，凿有云头、方胜、卍字不断头等花样，形如挂檐，叫作"云牌"，后部嵌在门楣上，前面伸延长方形，在云牌檐角上挂两个幌子，称为"双幌子裕通"，以后式样得到推广，双幌子成为通行的式样。[③]

当铺的文字幌是将直接表现本行业经营内容的"典""当""质""押"之类单字，醒目

---

① 潘敏德：《中国近代典当业之研究(1644—1937)》，台湾师范大学历史研究所专刊1985年，第134—135页。

② 刘建生、燕红忠等：《山西典商研究》，山西经济出版社2007年版，第218页。

③ 席长庚：《北京金融史料·典当、钱庄、票号、证券篇》，中国人民银行北京市分行金融研究所·北京金融志编委会办公室1994年，第7—9页。

地书于墙、屏或悬挂的招牌上，以招徕顾客。我国商店旧时多有牌匾，由名人书写店名悬挂于店门中央，典当业也不例外。明清时期由于质铺多称之典当或当铺，在铺门前挑挂两面大书“当”字的招牌，成为一种行业习惯。长方四角用铜片包饰，“当”字之外间或书以小字铺号。如山西典当，在门前挂一方形木牌，上写一“当”或“质”字，墙壁空白处书写“裕国便民”四个大字。[①] 有些比较讲究的当铺，即使使用比较简单的文字招幌，也不用木牌，而是用铜制质字牌子，以示庄重。

三、当铺构造及建筑风格

高耸的柜台、古板的从业者，以及门外墙上四五米见方的大“当”字，使当铺给人以神秘的隔世之感。当铺在建筑格局和房屋设计上不同于其他行业，建筑十分讲究，极具特色。由于行业需要，当铺的房屋建筑多设为方印式，高墙厚壁，主要用于防盗、防火灾。这种墙与一般建筑不同，叫作风火墙，有的还是夹墙，中以竹筋、糯米浆为墙芯，坚实牢固，多年不变形。墙内重要房屋的窗棱坚固，屋内严密。高墙上有人行走道，值勤更夫能巡视四面，加强保卫，并存有石灰、石块，既能防盗，又能防火。[②]

当铺的门前都安装红色木栅，以便防盗。民国时期多改为铁栅装置。一般多设影壁一座，其用意一则是与市面隔绝，避免外界人、声的干扰，二则是质物者可以不为外人所见。因为有些质物者曾是富有人家，因经济没落或其他原因才至当铺，他们很注意脸面，不愿让别人知晓。[③]

当铺房屋是按照业务需要建置的，不论大小，内部结构基本相同，当铺内部主要设施为柜房、号房、客房(接待室)及其他宿舍等。柜房——当铺的对外营业室，通常由当柜隔开，一分为二，厅外为交当人，厅内为收当人；号房——保管当物的房间，是当铺内部建筑的重要组成部分，往往占房较多，面积较大，包括存放贵重物品的首饰房和存放一般物品的号房；其他附属建筑，如接待大客户的客房、当铺员工的宿舍、值更守夜的人的更房等。[④]

柜房即营业房，一般占房 5～7 间，迎面通面栏柜，柜台很高，达一米五六，而且设有踏板，高约 40 厘米，也有用两层踏板的，高约 60 厘米，当户不仰视是不可能与柜内人交谈的。据记载，浙江乌镇有一家叫汇源当的当铺，在应家桥和南花桥之间，五开间门面，楼上楼下，高高的柜台(1.8 米)，煞是气派。[⑤] 如此高的柜台，其目的是防止当户

---

① 常梦渠、钱椿涛:《近代中国典当业》，中国文史出版社 1996 年版，第 33 页。

② 常梦渠、钱椿涛:《近代中国典当业》，中国文史出版社 1996 年版，第 33—34 页。

③ 宓公干:《典当论》，商务印书馆 1936 年版，第 81 页。

④ 刘建生、燕红忠等:《山西典商研究》，山西经济出版社 2007 年版，第 215 页。

⑤ 李沙:《中外典当》，学苑出版社 2010 年版，第 16 页。

与当铺内的伙计发生冲突。因为当户多是迫不得已才采取当物之下策,双方因价格高低等问题很易发生纠纷,甚至出现殴斗事件,故设置很高的柜台以避免此类问题的出现。[①]

柜房后的两边是客房,是为接待来访和持有大宗业务的顾客而特别设置的,有的也用作经理休息室和宿舍,一般两套或三套,每套占房2～3间。其中规模较小的客房作为接待室,既可招待贵宾也可为典质贵重物品者作为休息场所,因为此类人物均为中、上层好面子的人物,请入接待室给予优待,也可使店员利用更多的时间鉴定物品的真伪,询问物品的来由,商酌价目;规模较大的房间一般为经理休息室,客房墙上挂有木牌,名曰"小牌",上面记载着前一天的业务数字,是供经理人看的半公开的日报表。[②]

号房,又称为"库房",是当物存放之处,是保管所当衣服、财物的库房,也是存储除了珍品以外全部货架财产的地方,一般占房三四十间。为了保证当物的安全性,号房的建筑多是高大坚固,另外还要注重通风,防止有些物品出现虫蛀或者霉变。号房架子用竹、木搭设。架子分层分格,名为架眼;两排架子中间是走道,名为号筒子;最底层架下离地约三四厘米,其空隙名为下架子,备以存储铜锡器品。两架相离,约容1人出入,于架柱上签条,标明字号,按次排序,以便提货。

此外,除了这三个主要的内部结构以外,还有其他房间。首饰房是用来保管珍贵物品的库房,也是内库房,房内设有收藏瓷器、座钟等的木橱和放置首饰、佩表等小件物品的屉柜,存储银钱的钱柜,以及算账用的办公桌、椅、橱等。这是当铺内的重地、禁地,非指定人员不能擅自进出。卷号房即分清室,是用来清点包扎当日收进的当物,之后分门别类,清点编号。账号房也就是登记当物、计算账务的地方。还有住屋,即员工的宿舍,旧工商业对从业人员都是提供食宿的。一般来说,高级店员住的屋好一些,伙计及学徒的住屋要差一些,一般设有掌柜屋、包房(伙计)屋、徒弟屋等,大体占房十余间。[③]

第三节　典当的业务经营及管理

典当拥有悠久的历史,其经营和具体业务流程具有鲜明的历史文化特色。在典当

---

① 席长庚:《北京金融史料·典当、钱庄、票号、证券篇》,中国人民银行北京市分行金融研究所·北京金融志编委会办公室1994年,第9页。

② 刘建生、燕红忠:《山西典商研究》,山西经济出版社2007年版,第216页。

③ 席长庚:《北京金融史料·典当、钱庄、票号、证券篇》,中国人民银行北京市分行金融研究所·北京金融志编委会办公室1994年,第10—11页。

业务流程中,典当物品及其估价原则、当票和账簿书写等方面都有严格规范的程序。随着商品经济的发展,典当业中也发展出了除动产抵押放款以外的其他业务,如存款业务、囤当、土地(房产)抵押与典卖、发行钱票、货币买卖等。

一、典当经营的业务流程

完成开当的准备工作以后,就要进行抵押放款业务了,典当的基本业务流程表现为收当—编号保存—赎当的过程。当户送上抵押品后,即为收当。收当时,柜员需要查验货物,对货物进行分类;然后对当物估定价格,当户同意后书写当票,主管人员根据当票登入各项账簿,并缮具纸条,表明号数,当本及件数暂存于柜内,同时由柜员将当票及银钱点交当户。

(一)当物的保管与毁损赔偿

为避免发生差错,对抵押品的保管必须极为认真,对每件抵押品都要进行编号,每件物品都要有三个扉子(即号签,是三寸多长、一寸多宽的毛头纸条),一个在包皮外,很醒目,一个在包皮内,一个在物品内(如衣服口袋、表壳里,戒子上)。在保管方面,要定时打开包翻晾,并将"月牌"按月推动,将到期的押品移到第一、二架,过期的则放置在另一处,叫作"落架"。落架之后,抵押品就成为死当。看库的还要注意堵鼠洞,放鼠药、捉蟑螂等。

应当注意的是,当铺所收的当物是抵押品,应负责妥善保管,如有毁损,影响当物的价值,当铺则须按规定赔偿。清代刑律民事部分规定:"押店当物,自行失火烧毁者,须照票面押价赔偿,邻火延烧者则照押价赔偿三成。押物被窃,照当本一两再赔一两。被劫者,当本一两赔五钱。赔偿之后,起获原赃即由典主领回变卖,不准原主再行取赎。"后来,各地的赔偿原则都有了一些变化,华中以江苏省为代表,规定押店对于兵灾、盗劫、大水漂失、邻火延烧,概不赔偿,押货失窃,照原估价赔偿。华南以广东省为代表,自咸丰八年军需大押行成立,由行业议定办法仅对典当行自身不谨慎导致的丢失一项照价赔偿,其他凡被人牵累,一概免赔。华北以北京为代表,规定如果是因为当铺自身原因导致的损害,应当根据当物时价赔偿,若因为邻火延烧、盗窃,应当酌情减少2/10进行赔偿。上海的赔偿原则明确规定,因为不可抗力因素导致当物损失的,当铺不予赔偿。①

(二)赎当与绝当处理

为了防止资金呆滞,不论是古代还是近代典当,一般都规定典质者必须在一定时期内取赎物品,否则当铺即将当物变卖抵本,这就是所谓满当期限。满当期依时间、地

---

① 宓公干:《典当论》,商务印书馆1936年版,第114—116页。

区、典当大小及当物种类不同而有所不同：当铺大、资本多、放贷额高，则当期较长；反之较小。如典当之当期长于质押之当期，城镇当铺之当期又比乡村当铺之当期长，原因在于所收当物本身价值不同，价值高则利于保本，故当期长，反之死当后难以拍卖，当期必短。如山西省内，当铺期限一般有 12 个月、15 个月、18 个月、20 个月及 24 个月五种，尤以 18 个月及 12 个月为多数。然而到民国时期，当期缩短成为一种趋势，大致由过去的 36 个月，缩短为 30 个月或 28 个月，再缩短为 24 个月或 20 个月，18 个月或者 15 个月，到后来当铺期限以 12 个月为最。主要原因在于过去典当商资本较为雄厚，故能长期贷放，而近代则资本短缺，无力欠垫，只得缩短期限以加快周转。近代价格涨落不定，满期架货，往往跌价甚大，期满出售时折利赔本也甚大。而且，从当物保管角度来说，物品储藏得越久，变质越快，而当物一旦因保管不善降低价值，赎当时，当铺便须负赔偿责任，死当时，无疑更是当铺的损失。

赎当，是指当物到期届满赎取时，当户向当铺支付当金本息换回原当物的行为。当户在赎取当物时，站柜接过当票，核验当票的第一行和第五行，核对字头、号数，算清本利数字，问清当主姓名，一并在当票上批注。收清款项，对号捡取当物。学徒取货时，要先到挂号房，登记挂号簿，写明当票的编号、当本、当物的品种、件数和学徒本人的姓名后，到货楼查取。取出后，必须在挂号簿上盖一“取出”印，抄入日赎簿。而日赎簿则按站柜人姓名分别设立，再经管包者将赎票与挂号簿及日赎簿三项核对，以免错误。核对后的赎票交清票房，由清票员复核本息。如有差错，由经手的站柜员负责赔偿；如无差错，即按字头、编号顺序排列装订成册。由学徒按册唱出字头、编号、当本，经管包者与大账核对，并在大账上加盖“×月赎取”印记。①

绝当，是指当物超过当期不赎，亦可称为“死当”或“老号”，当户便失去了取赎的权利，任凭当铺自由处理，抵还原当架本及利息。一般在处理满货前，当铺通常开列一张清单将死当物品的号码、类别、当额等项目予以记载，与存架簿进行核对，然后出库待售。一般以通知商店看货为主，其次是衣店，再次是首饰店、古玩店、钟表店，此外还因为当物不同而定，如瓷器则通知瓷器店，自行车则请自行车行来看货。如果各行来者不止一家，如衣店来看货一般在四五家左右，则价高者获得购买权利。当然，如果买方出价与当本相等，当铺仅能收回借贷的本钱，并未获利；若出价不及当本，则当铺就会亏损。由于当物多是些生活用品，处理价格比新购买的要便宜，所以当业人员也买些自用，这叫“留货”，这种“留货”，任何人都要按规定手续购买，不许私自定价或私分，即使总管也不例外。②

---

① 刘建生、燕红忠等：《山西典商研究》，山西经济出版社 2007 年版，第 109 页。

② 席长庚主编：《北京金融史料·典当、钱庄、票号、证券篇》，中国人民银行北京市分行金融研究所·北京金融志编委会办公室 1994 年，第 25 页。

(三)典当期间特殊情况的处理

以上是当物抵押贷款的基本程序,但是有时也会出现当物到期后当户不能及时赎取的情况,此时典当应当如何处理,具体有以下四种方式:

一是倒当和换票。当户在当货满期,如果无款赎取又不愿意放弃原物,可以用“倒当”办法,延长取赎期限,也称为换票。倒当就是交几个月的利息,另开新当票,行内称之为“上处钱”,即在上利期满后,再多留一段时间,以待取赎。上利就是交一部分利息,交几个月的利息由当户自定,一般至少要交3个月。[1] 倒当的具体程序是:由管包的在原票上写明日期、上利几个月、金额若干;在大账上同样注明,加盖“上利骑缝印”;然后登入“留利簿”及“白票”,上面写明当票的字头、编号、当本、上利月数、金额,连同原票交站柜员收藏后,将原票发还。有的当户愿将全部利息交清,名曰“上满利”,遂将旧票注销,另开新票,当铺则作为“新当”,不按“上利”看待,期满后不再代为多留一段时间,因而上短利者居多。有的当户不愿上满利,便多次上利,当票上已无空白处加以批注时,必须改回旧票,换开新票。

二是留当。当物期满后不能及时赎取,当物要在当铺留存一段时间。这种情况一般有两种不同原因:一是当主无力赎取,持当票向当铺申请留存一段时间;另一个是满当期限各地有不同规定,处理期满的当货在时间上也不相同,因而自然形成“留当”时间。

三是顶当。顶当又名抽当,是当物的抵换。例如,春季需要夹衣,夹衣却已在典当中,可以棉衣抵换,将旧当票结清取出当物,另以棉衣作为新当。有时当户只取出原当物的一部分,以另一种当物抵换,也可以在旧当票上批注,不换新票。俗语说:“当当,赎当,当顶当,当当赎当”,即指此。

四是照当。有的当主愿意变卖处理当物,一时又找不到买主,但又急于用钱,只好到当铺先当了再说。然后,当主后期又急需用钱,这个时候,当主可以在市场上把当票先卖掉取得一些钱用,这样社会上就形成了买卖当票的事情。这种交易,一般不能立即成交,因为买当票的人一定要先到当铺“照票”,鉴别当票的真伪,是否挂失,另外还要“看当”,查看当物能变卖多少钱,最后双方约定好价格买卖当票。买当票人要计算赎取这件当物应付的本息,加上再付给当主的一部分钱,与这件当物卖掉的价格相比较是否有利可图。

二、当物种类与估价原则

当有人持物质钱时,当铺首先是要对抵押品进行辨别及估价,以便决定当与不当

---

① 常梦渠、钱椿涛:《近代中国典当业》,中国文史出版社1996年版,第49页。

及当钱数额多少，这里既要辨别清楚当物的真伪、质量，以防受人蒙骗而使典当亏本，又要正确估好当物价值，以使顾客能应其所需。因此，了解当物的主要类别及其估价的基本原则，是典当业顺利经营的重要保证。

（一）典当物的种类及其特点

1. 当物种类

在典当过程中，当户交付所当的物品，并转移其占有权至当铺。在当期内，当物的占有权归当铺所属，这是当铺发放质押贷款的债权担保标的。典当中能够充当当物的种类很多，大致分为两大类，即不动产和动产。不动产如田园房屋等，当铺须取得占有权，以不动产的收益作为利息。[①] 以不动产典当的情况较少，动产占当物的绝大部分，除违禁公物、难以保管的物品外，均可入当。

一般普通的动产约有五种：①衣服织物，包括衣、裤、巾、裘、帐、被、帛、丝绸、棉等；②金银器物、珠宝钟表；③粗细皮货；④铜锡器皿；⑤农具、手工业工具等。其中以各种衣物最为常见，数量最大。历代当铺的服务对象以贫苦农民、小手工业者居多，典当物品十分繁杂，从生产资料到生活资料都有；也有一些破落户财主入不敷出时，找熟悉的当铺典当一些较有价值的衣物，或指房为押临时换笔银钱以度困境；一些资本薄弱、信用不高的小商业者，也会到当铺凭存抵押借款以资周转。因此，从当物来看，从衣物、金银珠宝到木器铁器等，种类十分丰富。

随着经济的发展，人们财产及日常物品的变化，目前用于典当的动产一般包括金银饰品、珠宝钻石、手表、照相器材、汽车、文物艺术品、家用电器、机器设备、生产资料和服装等。而常见的用于典当的财产权利一般包括：债权，如银行定期存款单、债券、本票、汇票、仓单、提单等；股权，如股票等；无体财产权，如专利权、著作权等。[②]

对于这些动产和财产权利，不同的典当行可能会侧重某几种典当物品开展典当业务，有些典当物品也会随着社会经济的发展变化、国情的不同、民族历史文化传统的差异而周期性地改变自己在典当市场上的定位与作用。如美国近年来有“十大典当物品”最为热门，均为动产类型。其具体排序为：金戒指、金链和镯、耳环、录像机、照相机、吉他等乐器、金表、电视机、电脑和艺术品。[③]

2. 典当物品的主要特点

当物的种类非常丰富，但是当物在不同地区、不同季节、不同阶层甚至不同时期亦会呈现不同的特点，具体表现在以下几个方面：第一，季节不同，当物亦不同。“冬当长衫夏当皮袄”体现了当物随季节而变化的特点。第二，城乡当物迥然不同。通常城市

---

① 宓公干：《典当论》，商务印书馆 1936 年版，第 96 页。

② 李沙：《简明典当学》，学苑出版社 2004 年版，第 90—91 页。

③ 李沙：《简明典当学》，学苑出版社 2004 年版，第 91 页。

当户与乡村当户所持财产的数量及形式的差别较大，因此，当物也有很大差异，如城市当户多以金银首饰、古董或名贵藏品等作为当物，而乡村当户多因生活窘迫而不得不典当融资，当物多为农具等价值相对较低的物品。第三，不同阶级、阶层典质者当物也不同。由于社会阶层的差别性，其当物也有显著差异，上层阶级的当物丰富多样，价值较高，而底层社会阶层的当户财富积累很少，其当物比较单一，且价值较低。第四，当物的种类与社会经济状况的繁荣与否有关。

（二）当物的估价

当物种类繁多，品种、质量又极为复杂，因而对它的辨别极具技术性，需要异常小心谨慎，尤其是遇到那些贵重的珠宝金银物品时更是如此。在典当的所有职员中，把好这一关的头柜必须是一位经验十分丰富、知识广博、眼力高超而且心细如发的人，否则难免上当受骗。

1. 估价原则

当户持物来当，先由柜员验看货物：金银须辨成色、称重量；珠宝玉器须看色泽、辨真假；衣被等须看质量、分新旧。一般当物，柜员即可定价，遇有金银玉器等贵重物品，须请有经验的掌柜鉴别定夺。但不论什么物品，再新再好的，也不能当原值。金银饰物估价最高，珠宝次之，土布衣服、粗细皮货容易出售，估价亦不低，只有式样奇特、不易出售的衣物，当价较低。其他如木器家具、粗笨物件、堆放搬运要有相应的条件，或不好估价的物品，当铺出价最低。

当然，更多的时候是典当贬低当品，将新的说成旧的，将好的说成坏的，以最少的当本质取数量最多且价值尽可能高的物品，在以后当户无力赎买而进行满货销售时赚取暴利。如在当票上对当品横加贬词，衣服写上“破”字，其中如带有毛织品则写上“虫吃破”，皮革品写上“虫吃破板”，完好的皮袄则被写上“有破洞”，所有铜锡器具不论好坏新旧一律加上“废旧”字样，金银首饰写成“色金”“淡金”“碎银”，书籍字画写上“烂”字，其他的写上“坏”字。

此外，对物品质量也多有贬义，如翡翠、白玉写成“硝石”，碧玺写成“皮石”，碧玉、芙蓉石写成“假石”，田黄、鸡血等写成“化（滑）石”，赤金写成“冲（充）金”，较低成色写成“淡金”，锡写成“铅”，字画写成“纸片”，硬木、紫檀、红木、花梨、鸡翅木写成“咋木”，黄杨、楠木、柏木等写成“紫木”，银锭镶珠翠写成“光银”等。[①]

2. 估价暗语

当铺人员协商估价时均用一些暗语来代替数字，捏手定价。山西一般有两种表示法。一种为：旦根为一，抽工为二，末王为三，不回为四，缺丑为五，短大为六，毛根为

---

① 刘建生、燕红忠等：《山西典商研究》，山西经济出版社 2007 年版，第 102 页。

七,人开为八,末丸为九,先千或光千为十;另一种是以某些汉字出头笔画数为数字,如由、中、人、工、大、天、主、井、羊、非,即是一至十每个数字的代号。而天津为道子是一,眼镜是二,炉腿是三,叉子是四,一撚是五,羊角是六,镊子是七,扒子是八,钩子是九,拳头是十,十分讲究。[①]

如果当户因为嫌价少,拿着当品要走,则坐柜、站柜必要过来打圆盘,比如站柜的说拳头眼镜,用意是已经给过十二块钱了,坐柜的认可可以再加两块,就说拳头叉子,暗示给十四块钱。如当户坚持高价,不能达成协议,则当铺人员会在当物上用一些暗记,让第二家当铺打开一看,就知道已经进过一家当铺了。一般的做法是:上衣的一个袖子反叠,朝下;裤子折三折;金货用试金石经磨一下;表类则将表微启一点……第二家一看,就心里有数,所给当价会与第一家上下差不了多少,因为当商给价是有一定标准的。

三、当票和账簿

经过辨别、估价并且双方协议之后,以下的事情就是要正式收取抵押品、借给款项,并在不同的账簿上予以登记,给予当户一定的凭证,这种凭证统称为"当票"。账簿和当票是典当业经营过程中重要的两个工具,它们的具体格式、内容以及书写都需要有一定的要求和规范。

(一)当票

当票是当铺收当后即付给当户的书面凭证,主要记载了当铺的名称和类型、当票的字号、当户和经手柜员的姓名、当物的种类名称、数量及当赎时间、当本、利息甚至利率等内容,以便当户日后赎取当品。当票是当铺自己发出去的重要凭证,各当铺均十分重视当票的印制,防止因为伪造票证和遗失空白票证而给业务造成麻烦。旧式当票一般由典内学生自行用东昌纸印制,后来则找可靠的刻字铺印制,如北京琉璃厂篆云斋刻字铺专门承揽印制各当铺的当票。当票票版、纸张均由各当铺自行提供,每张纸裁成九张票,印制的当票全部交出,印完后票版仍交由当铺自己保存。

1. 当票格式

当票的格式分上、下两部分。

上部有当铺的名称、地址,俗称"眉子",用纸不多。

下部一般自右到左又分为五列,具体如下:

第一列是编号,印有"××字第××号"字样。一个是字头,一个是号数,具有统驭内部账、货的作用。当字头一般按《千字文》"天地玄黄宇宙洪荒日月盈昃"12 个字的

① 刘建生、燕红忠等:《山西典商研究》,山西经济出版社 2007 年版,第 102 页。

顺序编号,每月一个字头,正月为“天”字头,次月为“地”字头,第三月为“玄”字头,其余以此类推。第一笔交易为天字第一号。每月一字,每满一个月便更换一字。当号就是当票的编号,每月都是从第一号开始按顺序起编。

第二列书写当物,全部留空,分为上下两截。上截用来填写当户姓名,有时仅填当户姓氏。下截用来填写当物种类、名称、成色及其数量。有三点应予说明:一是所收的当物只许写一行,不许列为两行;二是字的写法“龙飞凤舞、奇形怪状”,既不好写也不好认,是典当业的一种专业字体,带有防伪之意;三是这一行顶端的几个字能分清当物的品种类别。各种当物以符号代替,如单衣用“。”,棉衣用“○”,夹衣用“×”,谓之单点、棉圈、夹八叉。

第三列同样分为上下两截。上截一律印有“押出本钱”字样,下截为空处,用来填写当本之数的,有时还注上利率若干。该部分主要是用来记载当本数量的。

第四列,填写赎取日期和取利之数。另外,当铺为了防止发生意外或当户故意刁难,以及逃避责任和保护自己,会特地在当票印上“虫伤鼠咬,各由天命”或“倘有屋漏鼠咬虫伤,各安天命与铺无干,认票不认人”等字样。

第五列,用以记载当票的日期。年时月份皆已印好,具体之日随日填写,多用农历。

此外,在每件当票的左上角,还注上经手柜员之名或其代称。当票填好后,再盖上骑缝章。当铺的主管人员可以从当票上看清当物,分辨当票的真伪,并能很快地捡取当物。

2. 当字写法

为了预防争端、防止当票被伪造,同时更为了将典当的时间、当物种类以及当物特征等描述清楚,典当业采用独特的书写体,外界人士多难辨识,有一部分是参用别字土语,或者是字的偏旁,其变化离奇,与速记的符号相仿。当字的字数大约有 1 000 个,日常应用的字数在三四百个,写在当票之上,必须写满格以防仿冒或者添注。据《北京金融史料》中的记载,北京典当业的当字大体上可分为几类:题头,物品的名称类别、数量、金额,还有附件、包装等。① 学徒入铺,以练习珠算为出马枪,其次为学习当字,课本为《当字本》,是请内行善书者书写的。当字本一般有几十页,多数仿照开票样式。就学者应循序按步:第一钱数字,第二颜色别,第三质料,第四残点,第五物类品名,第六单件写法,第七联书法。先辨认,再仿书,进了门径,慢慢再求深造。②

---

① 席长庚:《北京金融史料·典当、钱庄、票号、证券篇》,中国人民银行北京市分行金融研究所·北京金融志编委会办公室 1994 年,第 39 页。

② 刘建生、燕红忠等:《山西典商研究》,山西经济出版社 2007 年版,第 120 页。

3. 当票的补票

补票又称挂失票。当票因不记名，一旦失窃，极易被人冒领，因此当铺一般都开办挂失业务，即视情形予以办理补票。当票遗失后的挂失手续十分烦琐，因为典当业唯恐遭受不必要的损失，被人蒙骗取走当物。当铺接受挂失必须先由当户觅具殷实可靠的铺保，将原当票号数注销转入查失簿，将当物的品种、花色等详细登记。凡挂失的当户一律应付手续费，标准为当本的1/10。如当户挂失时，当物已被人赎取，当铺不负责任。

（二）典当账簿

当铺收受押品、营运资金，不能没有系统账目。当决定放出款项并且开具当票以后，当铺对于当出的本钱、收进的当物、当赎的时间、期限及本利还欠情况等都必须予以登记。随着会计制度的发展，过去简单的登记逐步变成了正式的记账制度，各式各样的账簿也随之产生。我国旧式商店，会计组织无一定格式，外界人士很难看明其内容，只有典当业的会计组织较为完备，账务处理井然有序。[①] 典当业的账簿主要包括：当簿（收进当物时记录）、流水账（记载当日收当、赎当银钱出入）、往来账、总账、万金账（主要记载银股、身股的人名、堂名及股数银两）等。

当簿，又称为"典账"，是每一个当铺最主要的账簿，在收进当物时记录，其内容包括当物名称、件数、当物人姓名、当本数额等，是控制发出当票的唯一根据。每一张当票都是根据典账的编号发出，当票与当簿要盖"骑缝章"，每月更换一次。每一面十行，每行分五格。第一格是字母编号，第二格是当主的姓名，第三格是当物的品种、件数，第四格是当本，最下一格是经手人员的姓名。当物入库后，由管包加盖"入库"印样，赎取当货时加盖"某月某日"印，月终总计当业的当本，转入"存架簿"。赎取的当票每十日装订成册，按编号顺序与大账核对，再在大账上加盖"取"的字印。[②]

当总簿是每日大账登记的收当付款汇总登记，每天有一个数，到月末、年终给出总数，是每日、每月、每年收当付款的总记录。架本簿是全部当货的总值，又称架总簿。与当总簿不同之处是：当总簿的数字是收当付款的数字，已赎取收进的当本、利息均未剔除；架本是全部所存的当货总值，已赎回取走的当物均不在内。架本簿与日清簿、卖账、留取簿均有内在的联系。可以说当总簿与架本簿是两本总账，由账房摘录登记，一是便于了解、掌握总的情况，二是便于控制、核对其他记录的总计。

赎当簿是具体统计当户返还当票赎取当物的日报表，主要记载日期、当本和利息的数额。流水账即是现金日记账，其将每日的进出现金逐笔登记，分上、下两栏，上记

---

① 席长庚主编：《北京金融史料·典当、钱庄、票号、证券篇》，中国人民银行北京市分行金融研究所·北京金融志编委会办公室1994年，第26页。

② 刘建生、燕红忠等：《山西典商研究》，山西经济出版社2007年版，第121页。

收入，下记支出，内容应详细写清。每日业务终了，结出总数与现金核对，并将其中应分别计入其他账簿的数字摘出。这是一本很重要的账簿，由账房掌握登记，钱房只记数字。此账对于典当最为重要，可以说是典当众多账簿的源泉。[①]

日清簿将各柜员每日所收的当本、当利，即收入的赎取本息的总数登记后加以总计。实即该店每日收回的当本、当利的总账。每月末总计，是草赎簿的汇总记录。月总账包括当出用存、原入取利，共8个目录。万金账与我国旧商店通行之万金账无异，股东与经理所订之合同条文、营业条规、每年股利之分配，以及财神股之余利，均记入此簿，取吉名曰万金账，是记录股东权益的账簿。此外，还有往来簿、兑换簿、存款簿、各项开支簿、存箱簿、考勤簿、清取簿、花取簿、银合账、伙食簿、记事账、进借账、外利账、薪金账、家具账等等。

四、典当兼营其他经营业务

（一）存款业务

最早的典当存款产生于北宋时期，是由官营抵当所经营的"委托生息"，熙宁四年（公元1071年）设立的抵当所开始接受许多衙门的存款。到明代尤其是明中叶以后，典当存款得到了很大的发展，一般人户，小有钱财者都不愿滞留于家，出门贸贩也愿意寄存获得利息。而接受存款的主体，既有典当，也有一般商铺及其他具有信誉的大财主。清代以后，存款业务得到发展，金融机构开展了较为经常、固定的存款业务。最为典型的是官府存款和"生息银两"，同时也吸收私人存款。生息银两制度确立于雍正朝，其方法是由中央"内库"或地方藩库将银贷给盐商、典商，官方收取利息，或以自开当铺、官商合办当铺等方式牟取利润。乾嘉及道咸以后，生息银两制度继续发展，其中"发典生息"的方法甚为普遍。官府将一批事先有了固定用途的款项存于当铺，按比较固定的利率，定期收取利息，用于衙门办公费用、补贴士兵生活、修造器械等。此外，社会上众多善堂、义局、学校、水利、神庙、各地仓储采买谷物等方面的事业型基金也大量地存入典当，取息以给其用。[②]

（二）囤当

在清代，当铺几乎起了商业银行的作用。因为它们是基于像粮食、丝绸以及棉花之类的商品来放贷的。有些囤积米者，甚至利用由此获得的贷款，一而再，再而三地从事投机活动。例如，有七百或八百现银本钱的人，就可以囤积到价值四五千两银子的米。这将产生颇为丰厚的盈利，是以少量资本利用杠杆效应来获取暴利。当囤积者与

---

① 刘秋根：《中国典当制度史》，上海古籍出版社1995年版，第173页。

② 刘秋根：《中国典当制度史》，上海古籍出版社1995年版，第110—114页。

当铺老板之间达成某种协议时,情况更是如此。这一惯例,就叫囤当,即抵押囤积,它在江苏、浙江和安徽等省颇为通行。由于当铺都有比较完善的仓库,有些地主或商人也通过典当将米谷存放于当铺。这种行为在灾荒时期会受到政府的打击。太原的当质店在1911年以后也开始了经营囤当的业务。

(三)土地(房产)抵押与典卖

土地典押有数种方法:一种是地主将土地押出取得现款,同时立一押契,说明于某时借还利息若干,将土地作为担保品,其所有权仍归地主保留,若满期仍不来赎取土地,土地即为债主没收。另一种是抵押人将田地交给承押人,说明借款时期,期内田地之出产为承押人所得,以代利息,若逾期不偿,押产即不得取赎。

土地典当的事情十分复杂,所以民国时期土地的典当需要到政府部门登记。有时农人借款,以田内之收获物为担保,如此则偿还必在收获之时,若到期不偿,即由债权人代取田内产品。土地抵押和典卖也可以按照"田面""田底"等权利进行划分,类似于固定资产的证券化。地契、房契都可通过典当而进行流转。中国传统的金融业不发达,很大一部分是土地典当,土地历来都是重要的资产,土地的典当在当时已经非常细化,情况也非常复杂。

(四)发行钱票(兑换券)

典当在其抵押贷款的基本业务基础上,除衍生了存款、土地抵押以外,大概从清代中叶开始,开始发行钱票。所谓钱票,与早期钱庄发行钞票一样,是由当铺签发一种兑换券,让它代替货币在市场上流通,随时兑现。这样可以减轻重量、便于携带。而典当铺既可借此扩大资本、改善经营,又可赚取一定的利息。据《晋商盛衰记》记载:"清乾、嘉年间,晋商在长江各埠开设的四五百家典当,皆自出纸票,作现生息,因而有效地扩大了资本,每当资本只有四五万,而上架却多达二十余万。流通资本绰有余裕,无须向人借贷。"[①]后来,典当铺的钱票发行逐渐发达起来,除了山西当商以外,其他地方的典当业也开始发行钱票。道光朝以后,钱票在许多地方与一般城乡居民生活关系密切,有些当铺的钱票还在地区性的市场上自由流通。由此可见,钱票的发行本来主要是代替银钱用于当赎,但是走向社会后,却开始自由流通起来,像一般银钱一样成了流通媒介,具有了一定的货币功能。[②]

据《中国实业志·山西省》记载,山西当铺向有发行权,为官厅所默许,但1919年阎锡山为了让省银行发行的纸币独占市场,曾禁令当铺发行钱帖。1930年晋钞跌价后,现洋外溢,钞现两缺,为缓和金融危机,山西省政府特准一些当铺享有这种发行之

---

① 李宏龄:《晋商盛衰记》,山西商业专门学校1923年版,第45页。

② 刘秋根:《中国典当制度史》,上海古籍出版社1995年版,第128页。

权，准许当铺发行3倍于资本的兑换券。据调查，在1935年有权发行兑换券的当铺有158家，占当时全省典当铺的36.24%，总发行额达到134.6万元。发行之兑换券分一元、五角、二角、一角数种，尤以一二角辅币券为多。①

（五）货币买卖（兑换）

货币买卖，就是典当业在经营以物质钱等业务的同时，从事货币的买卖或兑换。在传统社会，各种货币之间的比价经常变化，升贬无常，这种状况对商品的交换是很不利的。典当业在长期经营过程中逐步参与了货币的买卖（兑换），并使得自己有了一项重要的额外收入。但典当与钱庄不同，它不经营经常、固定的货币兑换业务，而是在时机较好的时候以自己质卖或买卖得来的钱进行买卖谋利。

清代典当业在这方面的业务活动相对较为频繁，并逐步走向固定化、合法化，以至于有时还协助官府完成相关金融功能。清代当铺因资本的积累及经营的需要，一般都储备了相当大的一笔铜钱。一般情况下，当铜钱过多时，典当铺一般卖出（或兑出）钱文；而当铜钱减少时，则买进（或兑进）铜钱。这种买卖，主要是为了当铺经营的顺利进行，有时候也是纯粹的囤积铜币，谋取暴利。②

1935年11月，国民政府进行法币改革，要求银币、银类持有者3个月以内就近交各地兑换机关换取法币，兑换机关除中央银行、中国银行、交通银行三行及其分支行或代理处外，还有三行委托之银行、钱庄和典当。1939年8月，国民政府规定，金类的收购由中央银行、中国银行、交通银行、中国农民银行四行收兑金银处指定四行的分支行及其委托的各地金融机关、银楼、典当等办理，未受委托的任何团体、机关、个人均不得收购金类，从而授予了典当机构金类收购权。③

总之，典当业务不断发展，为现代商业银行及信托、租赁行业的发展奠定了宝贵而丰富的经验和基础，同时也为我国新型农村金融机构的业务开展提供了极为重要的历史镜鉴。

第四节　典当业内部组织和行会组织

一、人事组织结构

传统时代，各种商号都有不同的人事组织，典当业作为传统商业与信贷业结合的

① 《中国实业志·山西省》第八编，实业部国际贸易部1937年版，第97—99页。
② 刘秋根：《中国典当制度史》，上海古籍出版社1995年版，第160页。
③ 李沙：《中外典当》，学苑出版社2010年版，第22页。

产物,实际上是一个需要丰富和出色的经营管理才干的行业,在人员设置及分工合作方面颇有讲究、自成系统。“我国的旧式商业中,要算以典当最有秩序、最为严密的一种组织。他们在职员的升降任免及其职务,都有一定的习惯。其他库藏之支配,又分门别类,编号贴码,秩序井然;尤非他种商店所可及。同时又自设警卫与消防,更为(其)特色。”①一般而言,当铺的人事组织可分为四个部门:内缺、外缺、中缺、学缺。各个环节既环环相扣,又严格分散,各司其职,各负其责。典内员工的升迁晋用除有明文规定外,均按照学、中、外、内循序提升。各地典当因受到地理及人文环境不同的影响,人员的名称难免互有差异,不过重要人员的职位大致上还是相同的。

在合股的情形之下,股东享有最高权力,一切营业都要向其负责。但股东并不一定实际参与经营,更多的时候是轮流监管营业,并且在资金不足时,进行资金融通。在传统社会,一些达官内宦因制度不允许自身经商,只能找各行商人开买卖,自己出资,到每届年终结算时,按照经济报告收取应得的红利,虽为股东和资产实际所有者,但在行业中一般不被人提起。如和珅被抄家时抄出很多当铺,而他本身并不经营。

经理俗称管事的或掌柜的,为股东公举或聘用,执掌典内一切营业及管理,诸如业务、人事及银钱的支配,相当于现代公司行号中的总经理。经理受股东委托,监督一切对内、对外事务,并代表股东,负有监督账簿的责任。此职务必须是经验丰富、才能兼备、名望较高者才能胜任。

“外席”一职不是所有典当必须配备的人员,一些较大的典当设有此席,是由股东或财东聘请当地素有声望兼富学识者担任,不受经理节制,负责应付外界事务(官府、同业),也有由经理兼任者。

内缺不与当客接触,只负责典当内货品的保藏、清理账目、出入会计等工作,包括管包(衣物等)、管首饰、管钱、管账等职。管包负责管理除贵重首饰之外的一切当物,包括衣物、农具、农产品、铜锡器皿等,当货中,以衣物为最多,为了便于收存,在上架前都要经过卷折成包以节省空间,因而称为管包。金银珠宝因体积小、价值高,为了管理方便,需要与其他货物分开保存,一般不会放置于架上,而是放在有格的抽屉中加锁来表示慎重,由管饰者负责。如果典当的规模较小,管包和管饰也可以由一个人来承担。钱财的出入与账目的管理由管钱和管账分别负责。在典当每天营业之前,管钱将每天营业所需要的银钱发给各柜供营业时用,到营业结束时再收回,典内一切支出所需都由管钱过手,流水账也由其登记,其职位相当于今天的出纳。管账负责管理账目,整理多种账簿,将流水账记入总清账,编制月总账并且结算同业往来的银钱及年终结算,相当于现在的会计,尊称为“先生”,其中又分为正账和帮账。正账是经理信任的培养对

---

① 张一凡:《我国典当业之研究》,《中国经济》1934年第2卷第8期。

象，并且和打三的一样，可以开给人力股。帮账是主管账房的副手，一切有关账务活动琐事都要经手，编造“月总”“年总”，开写当票、登“门账”，标号签、穿小号、包首饰、勾票子、结账、登日清账等，每天营业时从早到晚坐在账桌后面的大凳子上，不能随意离开走动，十分劳累。

外缺又称柜缺，为柜台上的营业人员，在柜台上和当客接触，评定当货价值，讨价还价，办理各种柜台业务。外缺分为首柜、二柜、三柜等。首柜即首席业务员，只管对外营业，掌握开门关门时间，处理柜台业务，称为“脸朝外的人”，对企业内部事务不负责任。二柜是仅次于大缺的二号营业员。三柜的身份类似于候补掌柜，业务终了要协助结账。一般视营业规模的大小，外缺的人数也会有所不同，从两三人至五六人不等，由于他们的眼光和对货物评价的能力是典当放款是否能够安全回收的基本条件，因此，外缺必须对各种货物有敏锐的鉴别和识别能力，并且还要有能够快速计算本利的能力。

中缺是内缺及柜缺的助理员，其职责是帮助营业顺利进行。中缺的职位有写票、清票、捲包、挂牌等。当柜友看货估价，与当户完成协议，便将货品的名称、件数、花色及当本等事项登记清楚，然后写票要快速地用一种特有的书体写在当票上面，并且写明当票的字号及入当日期，将此资料记入当簿里面，将当票盖上骑缝印交给当户作为日后取赎的凭证，同时写票还要负责登记钱簿以及核查挂失票。[①] 有的当铺专设此职，而不是由帮账书写。清票负责装订赎票，复算本利。将每日收进的赎票加封面装订成册，写明日期、当本、计息数字，移交给管包，并兼管其他单据的装订。月终后，将全月赎票检齐，分别按字母(如“天地玄黄”等)交挂牌和学徒分抄成册，核计本利。这是每月一定要做的一项工作，名曰“排清票”。正捲包负责包扎当货、核计件数、指导搬移、堆放当货、夏日清晒皮货等事宜。副捲包协助正捲包处理一切事宜。除了负责相关的卷包当货以外，有时候还指导学生堆放货品、夏天晾晒当货、印刷当票、装订账簿等一些事项，人数一般有 3～5 人。挂牌负责对每月收进的当货，分别按当票的字头、号数、当本、货品、件数写在木牌上，以便与账簿核对，取物时可以检牌取货。后来有的当铺改用纸牌。挂牌有时也可由捲包者兼营。

学缺是典当业中学徒的总称，根据入典时间的不同依次分为学徒头、二、三、四等，另外还有候补学徒，称为“担搁”。有的当铺把学徒称为学生。典当业的学徒比其他行业的徒弟在地位、待遇各方面都要好一些。不同当铺间有时还会有交流。当铺的内部事务繁杂，学徒什么活都要学，与业务有关的各项活动都要积极参与，每日工作时间长，相当紧张和忙碌。

总体而言，典当业中人事组织结构如图 5.1 所示。

---

① 潘敏德：《中国近代典当业之研究(1644—1937)》，台湾师范大学历史研究所专刊 1985 年，第 138 页。

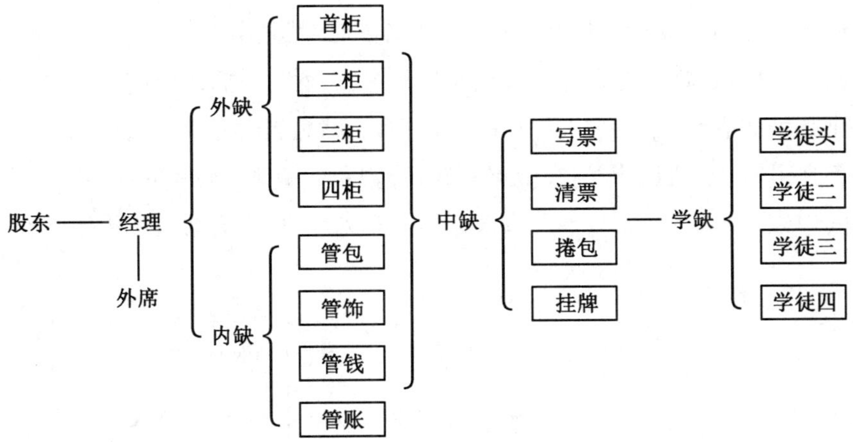

图 5.1　典当业的人事组织结构

二、区域性组织模式

因习俗、地理、人文环境等方面不同,各地典当组织和人事设置也存在很大差异,或者虽职能相同,但称谓和结构各具特色,由此逐渐形成了徽州、山西、北京、广州、绍兴、宁波等区域性典帮组织模式。

(一)徽式典当组织模式

徽式典业的人事组织,除了上述几种职缺以外,典中还有夫役管打更、看守及粗重杂活等,厨子照顾员工伙食,典中人事分层组织井然有序,且可收到互相监督之效,如图 5.2 所示。[①]

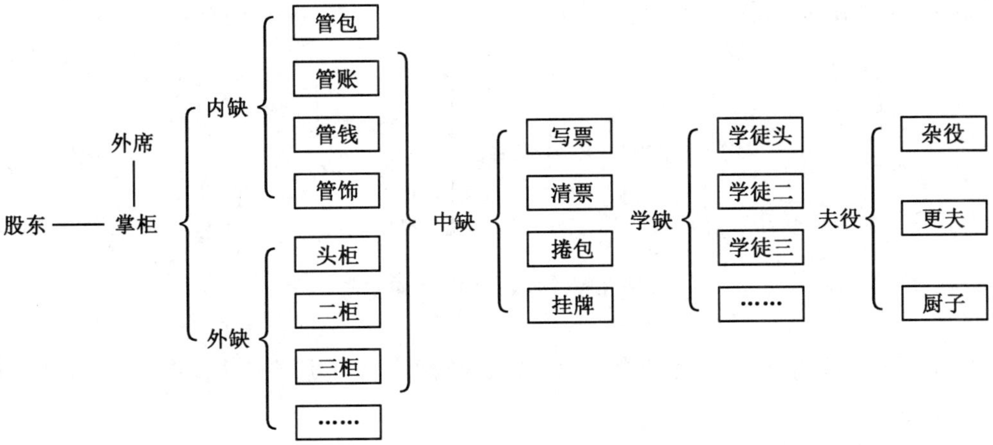

图 5.2　徽式典当人事组织

① 潘敏德:《中国近代典当业之研究(1644—1937)》,台湾师范大学历史研究所专刊 1985 年,第 139 页。

(二)晋商典当组织模式

山西式典当组织通行于华北、漠南和东北各地,其基本结构如图 5.3 所示。在晋商典当的组织中,首饰房专责保管金银及贵重饰物,库房是管理衣物及小件当物之地,杂库房则是堆放农具、车辆等大件物品的地方,又因为当时各地的钱币品质不一,因而管钱下面还设有一个职务专门来检查劣钱,管银负责算账,账房负责记账。山西式组织与徽式组织基本上相同,只是没有区分内缺和外缺,也没有徽式的人事组织严密。[①]

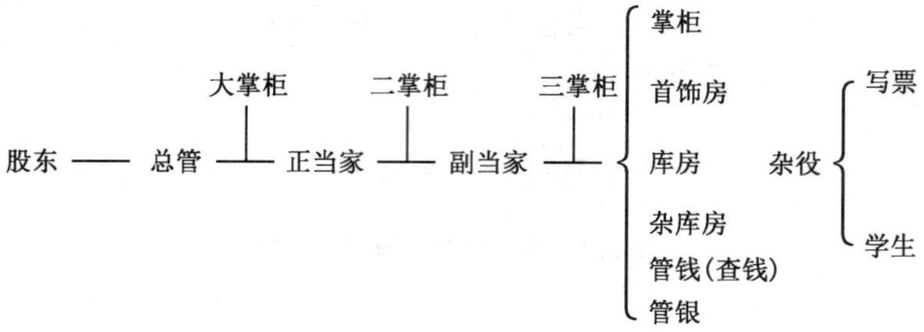

图 5.3　山西式典当人事组织

(三)北京典当组织模式

北京典当业的人事组织,全市基本一样,具体组织结构如图 5.4 所示。[②]

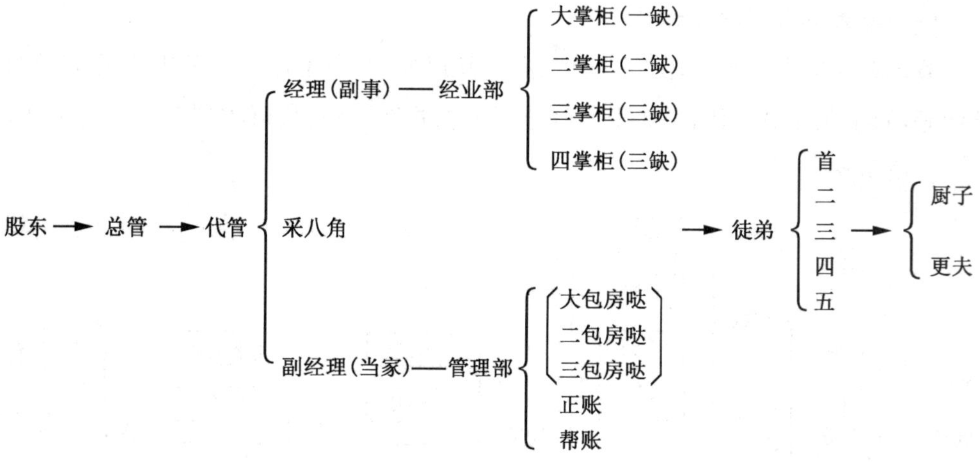

图 5.4　北京当铺的人事组织

总管(总经理)具有当铺的全部财权、人权、营业权,受股东委托,监督一切对内、对

① 潘敏德:《中国近代典当业之研究(1644—1937)》,台湾师范大学历史研究所专刊 1985 年,第 141—142 页。

② 席长庚:《北京金融史料·典当、钱庄、票号、证券篇》,中国人民银行北京市分行金融研究所·北京金融志编委会办公室 1994 年,第 14 页。

外事务，并代表股东，负有监督账簿的责任。此职务必须是经验丰富、才能兼具、名望较高者方可胜任。代管（总管的助理）大部分是从本当铺、经理人中选拔的，多是总管的至亲、老同学、合资人，受总管的委托，代理行使总管的一切职权，但实际上没有用人理财的实权。代管因负有重要责任，一般在单位住宿。

经理（当家）由总管所聘，无总管的由股东聘任或推荐，受股东委托监管柜内的一切业务，处理日常工作，有在总管指定范围内用人理财的权力，并出席同业公会的活动，但不许直接与股东接触，以防对总管的经营不利。副经理（副事或二当家）亦由总管聘任，辅佐经理协理当铺中的一切事务，在业务上按照具体分工负责，无用人理财的决定权。

大掌柜（一缺或大缺）由经理聘任，为首席营业员，负有柜前营业之责任，鉴别货物，酌定价格，不负铺内管理的责任，待遇较同级人员优厚。二掌柜（二缺）是仅次于大掌柜的二号营业员，协助大掌柜办理一切对外业务。三掌柜、四掌柜（三缺、四缺）为候补掌柜。一些典当业务较少的当铺多不设三、四掌柜，以减少费用开支。

采八角系中级以上职务，低于三、四掌柜，高于大包房哒，是处理杂务的营业员。若当家、副事或其他重要职员因公外出，采八角可代理处理业务，此职一般视为额外编制，北京规模较小的当铺不设此职务。包衣哒又名包房哒，是总务兼库房的负责人。包衣哒沿用的是清代满族语言，包衣是包衣阿哈的简化，即杂役，哒是头目的意思，合并起来就是总务头目或杂役头头。一些典当的号房包衣哒是副职，首饰房包衣哒是正职。正职能进出各个不同的号房，首饰房只有正职可以进出，又称之为“管饰的”“管包的”。

大多数大包衣不是本店学徒，又称为过堂徒弟，随着掌柜学习业务，帮助包衣哒整理号房当物。由于带有伙计身份，在称呼上与包衣哒等同看待，称为张大、李大等。小包衣是能力较低的过堂徒弟，一般不作为伙计看待，视同徒弟但没有徒弟身份。①

（四）广东典当组织模式

广东地区的典当人员组织分工没有徽式典当层次分明，主要设有司理一职，相当于经理。内柜主管典内一切财务调度，其势不下于经理，外柜管钱和账，企柜对外营业，写票负责制票。② 具体结构如图 5.5 所示。

（五）绍兴帮和宁波帮的组织模式

绍兴帮典当人事组织与徽式典当人事组织的分工细密完全相反，除了经理负责全典当一切营业外，一切工作由全体员工共同担任。宁波帮的组织里面没有中缺，而是将中缺并于外缺之中。总上即经理，负责一切营业。正看即是头柜，账房管账，取房负

---

① 席长庚：《北京金融史料·典当、钱庄、票号、证券篇》，中国人民银行北京市分行金融研究所·北京金融志编委会办公室 1994 年，第 15—16 页。

② 潘敏德：《中国近代典当业之研究（1644—1937）》，台湾师范大学历史研究所专刊 1985 年，第 140 页。

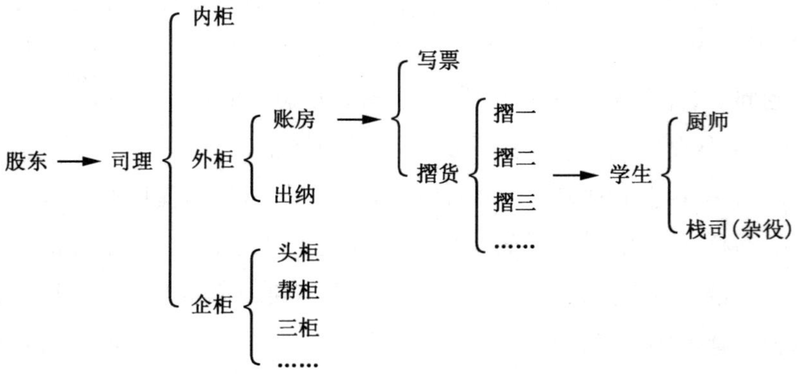

图 5.5　广东地区典当人事组织

责当物的赎取，票房管写票，库房负责挂牌，衣房即管包，银房为出纳。楼头指挥仓库内一切工作，不再分管包、首饰，其工作由楼二、楼三帮助完成。在宁波帮的人事组织中，总上为最重要的职位。绍兴帮和宁波帮的具体组织结构分别如图 5.6 和图 5.7 所示。①

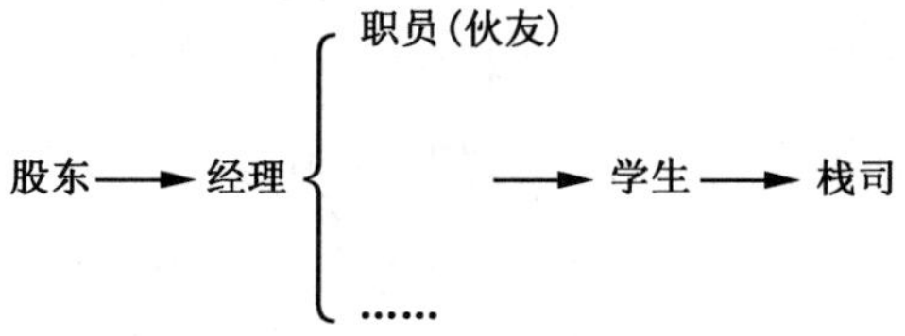

图 5.6　绍兴帮典当人事组织

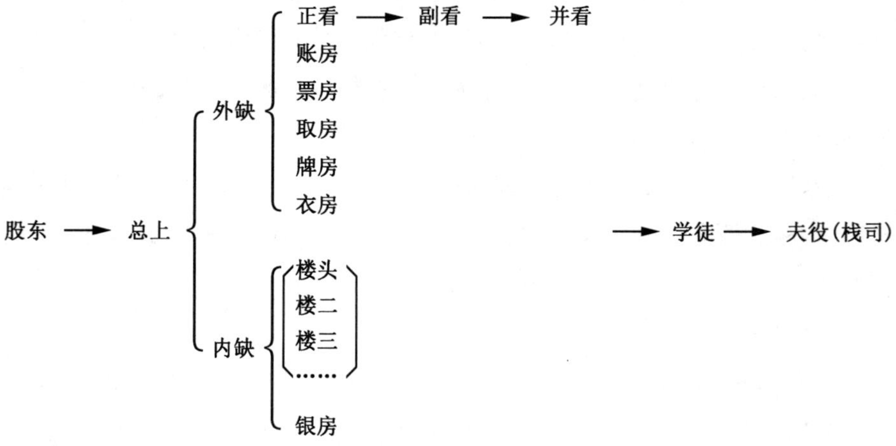

图 5.7　宁波帮典当人事组织

---

① 潘敏德：《中国近代典当业之研究(1644—1937)》，台湾师范大学历史研究所专刊 1985 年，第 140—141 页。

三、典当业行会组织

行会又称为同业组织,在我国的历史十分悠久,早在唐代工商性质的行会就已经十分发达,在清代,工商业的同业组织称为行会、会馆或者公所。清代的行会是一种兼具同业及同乡性质的组织,它们遍布全国各商业市镇,在各地的商界有举足轻重的力量。

(一)典商行会的历史演进

就典当业而言,典当的商人组织经历了一个从会馆、社、同业公会直至商会的发展过程,例如,由山西商人垄断的北京典当业行会,始创时名为"公合堂",先后改为当商会馆、当业商会、当业同业公会。典当会馆是随着典当业的繁荣而发展起来的,到清代中叶达到鼎盛,几乎遍布全国各地。典当会馆的设置最初是以联谊同乡为起因的,随着商品经济的发展以及客观形势的复杂化,逐渐由原来仅仅局限于同籍的会馆演变为同行的会馆,人们习惯上把以行业为纽带而组成的会馆称为公所。如《天津典当业》记载:"典当业之发展既久,而其有团体之组成,据闻始自清朝中叶。在过去此间之当行会所,即为本业团体最早之集合。"上海《兴修泉漳会馆碑》也记载:"会馆者,集邑人而立会所也。"①到清朝后期,设立了专门以典当行业为纽带的会馆。

清末民初,近代化步伐的加快以及中西贸易往来的逐渐频繁,给典当业的发展造成了很大的压力。为了提高典当业的竞争力,由同乡同行组成的会馆或公所逐渐通过合并、改组或重组等方式联合起来,组成了当业同业公会或称典业联合会。这为典当会馆业的发展提供了新的契机。到了民国时期,根据法律规定,典业会馆、行社(或会所)一律改称为典业同业公会。同业公会的产生是中国典商行会组织从传统的行会向现代工商同业组织转变的一个重要标志,自 1918 年北京市政府农商部颁行《工商同业公会规则》和《工商同业公会规则施行办法》之后,当商同业公会即在全国各地纷纷建立,同业公会是新式行业自治与管理组织,是具有开放性、自愿性、民主性的同业组织,标志着同业组织近代化进程基本完成。相较于过于传统的会馆以习惯与习俗而运行,同业公会具有法人社团的性质,是依据法定程序设立的,是在同业公会制度下以制度化和规范化而进行运行的。

商会是近代资本主义发展到一定阶段的产物,是商人的群众组织。1929 年的商会法规定:"商会设立,必须由该区域内五个以上同业公会发起之。"②商会的宗旨是"专以商务为问题",其活动以振兴和保护商业为出发点,联络工商,调查商情,兴办商学商贸。商会的出现极大地推动了我国近代工商业的发展,并逐渐代替了传统的会

---

① 《上海碑刻资料选集》,上海人民出版社 1981 年版,第 235 页。

② 《民国文献类编续编》经济卷,国家图书馆出版社 2018 年版,第 4 页。

馆、行社和同业公会组织。

(二)典当行会的功能

典当行会的功能与传统的其他商业、行业组织是相同的。其功能包括公议行规、调解行内纠纷、道德教化、维护同行商人的利益等,是典当同业发展的有效保障。

典当行会在不同时期都规定了供大家共同执行的行规,用以规范和管理典当业务的经营,矫正弊端,协调关系,防止不正当竞争。典当的利率、留当期限、估价的比例及留当品的处理方式通常由行会商议决定,其他如使用货币的品质、各典当业范围的划定、对于损害当物的赔偿办法等也在行规的规范范围之内。光绪年间的《上海典业公所公议章程》主要是针对同业间的竞争规定的行规。如"收当货件,按月二厘起息。连闰十六月,宽限两月,以十八月为满,各同业务皆遵守";"收当物件,照部例原系值十当五,省颁新章金银七八成收当";"嗣后同业收当,总以值十当八为率,其有自愿贱当者,不在此例"。[①]《上海典押行》也规定:凡出售满货,应先召集全体大会,议订后须一致遵守,不得向提庄私自跌盘,以维同业利益。[②]

若典当行业内的成员发生业务或者其他方面的纠纷,典商行会会起到仲裁调解的作用。如宣统年间,广东军需大押行行规就规定:"行内人有因生意上交涉或劳资间争论之事,准其邀集行家为之调处,倘调处不下以致于讼,本行可以联名将曾经如何调解情形,据实禀明地方官厅,听候核办。"[③]典商行会注重道德教化,以此培养会员勤勉、信用、互助的敬业精神。山西典商会馆主要通过供奉关公来达到教化商人的目的;北京典当业建有当业会馆,馆中建有火神殿和财神殿,内祀火神、财神、关帝。典当行会对内抑制会员的不正当竞争行为,维护众人的利益;对外则互相联合,共同抵制和限制违反行规业律的行为,自发地为自己营造一个相对良好的诚信环境。具体办法之一是规定,凡新开设典当,需要得到旧典的保证,这样典当公所便可通过会员来控制该地区典当的数量,以免造成恶性竞争,损害同业的利益。

总之,典当业在其不断经营的过程中,形成了非常严格的人事组织模式,受地域影响而产生了徽式、山西、北京、广东、绍兴、宁波等各种不同的组织形态。而典当业的行会即同业组织,发挥了团结同业、保护进而促进同业利益的积极意义,为典当业的发展提供了重要的组织保障。

---

① 刘建生、燕红忠等:《山西典商研究》,山西经济出版社 2007 年版,第 204 页。

② 刘建生、燕红忠等:《山西典商研究》,山西经济出版社 2007 年版,第 205—206 页。

③ 区季鸾:《广东之典当业》,中山大学出版社 1934 年版,第 84 页。

第五节 现代典当业的重新发展

一、现代典当业的复兴

新中国成立后,典当业一度作为剥削阶级的产物而被取缔,改革开放以后,随着经济的发展,典当这种传统的融资方式才开始复兴。1987 年 12 月 30 日,四川省成都市开办了新中国第一家典当行——成都市华茂典当服务商行,得到了政府的肯定和支持。随后,温州出现了全国第二家典当行,并带动全国典当行业迅速恢复和发展。从 1987 年至 1995 年末,全国共有经政府不同机构批准注册的各类典当行 3 013 家,分布全国 260 个市和 130 个县。1993 年 8 月 19 日,中国人民银行下发《关于加强典当行管理的通知》,指出"典当行是以实物质押形式,为个体工商户和城乡居民提供临时性贷款的非银行金融机构,其主管机关是中国人民银行"。中国人民银行于 1996 年 4 月颁布《典当行管理暂行办法》,又于 1998 年颁行《典当行会计基本制度》,在全国范围内促进了典当的经营与管理方面的建设。

2000 年 6 月,国家经贸委接管典当业监管职责,"取消典当行金融机构的资格",将其"作为一类特殊的工商企业,交由国家经贸委统一归口管理"。典当行脱离中国人民银行监管序列,不再被视为金融机构。2001 年 8 月,国家经贸委颁布施行《典当行管理办法》,放宽典当行的市场准入条件,允许典当行从事动产和财产权利质押并从事房地产抵押业务,在全国范围内分三批共批设新建典当行 485 家及分支机构 34 家。

2003 年 3 月,中华人民共和国商务部组建成立,国家经贸委被撤销,由商务部负责全国典当业的监管工作。2005 年 2 月,商务部颁布《典当管理办法》,并于当年 4 月开始施行。该办法进一步放宽典当企业设立分支机构的限制,并降低其综合费率上限。2006 年底,全国正式注册的典当行为 2 494 家,累计注册资本 246 亿元。到 2012 年底,全国典当企业数量进一步发展到 6 048 家,全行业注册资本 994.2 亿元,从业人数 5.3 万人。[①]

二、现代典当的功能与作用

现代典当业的经营业务主要包括动产质押、财产权利质押和不动产抵押贷款三大类别。其中动产主要是指易于鉴定、评估、保管和变现,市场行情相对稳定,货源比较

---

① 齐治国、谷新生:《现代徽商典当》,安徽师范大学出版社 2014 年版,第 12 页。

充足的大众化财产，诸如首饰、照相机、电脑、手表、古董字画、汽车、钢材等，过去当铺中的主要当物——衣物已经不再作为现代典当行的当品。财产权利是指按照规定能够用于质押的各种无形资产，包括存单、债券、提货单等债权类权利，股权、股票、基金份额等股权类权利，版权、专利、专业技术等无形财产权利，特许经营权、收费权、广告权等其他财产权利。不动产即土地和房屋的抵押贷款。典当行作为一种兼具金融和商业性质的特殊机构，其社会经济功能主要表现在三个方面，一是资金融通功能，二是当物保管功能，三是商品销售功能，这也是千百年来典当得以生存和发展的客观基础。现代典当业仍然在不同层次、不同领域发挥着这三项基本职能。

第一，拓宽融资渠道，具有对金融机构的补充作用。现代典当是社会主义市场经济下不可或缺的融资渠道和融资方式，是对拓宽融资渠道的一种有力的补充。银行贷款的对象一般是经营状况良好的企业，而典当贷款手续简单、周期短，可以灵活高效地满足不同受众的需求。典当自身业务经营的特点，决定了其相对于银行业来说，可以发挥拾遗补阙、调余济需的作用。当今世界，许多国家和地区普遍实行多元化融资渠道和多元化融资方式，从而形成自己的金融产业架构，并促进金融产业发展。其中，银行、股市等属于主流融资渠道，而典当是对主流融资渠道的重要补充。近年来，尽管金融体制改革、金融业务创新的广度和深度空前加强，银行等金融机构的服务对象、经营范围、金融产品更加广泛，但中小企业和社会公众的日常融资状况仍然不尽如人意。典当行具有方便快捷、信贷门槛低、当期灵活、不需要其他额外担保等特点，从而决定了其特别适合深入农村和基层，在缓解中小企业融资难问题、满足普通民众日常零星小额贷款需求等方面发挥不可替代的作用。

第二，通过当物保管，发挥仓储作用。典当经营需要保证当物的安全性，从而衍生出当物保管功能。典当行从事动产和财产权利质押时，必须对各类当物包括各类权利证书进行短期妥善的保管，其仓储能力如仓储设施、仓储技术和安全系数的状况直接关系到典当的正常进行。这也使得很多客户利用典当行的当物保管功能，专门在典当行内存放贵重物品，其目的不是为了融资，而只是为了安全保管财务免受损失。现阶段，更需要进一步加强典当行的仓储作用、保管能力和安全措施，下大力气提高科技含量，充分利用高科技手段以充分发挥其仓储作用。

第三，满足社会各种需求，发展商品营销的作用。典当行发放质押贷款，一旦遇到当户不赎而出现绝当，就必须对绝当物品进行处理，或者变卖或者拍卖。典当行的市场营销作用也是主要围绕绝当物品而发展起来的。变卖和拍卖是传统典当业务的继续，而寄售和零售业务则是现代典当行的延伸业务，其中，零售是以批发和购买新旧货物赚取商品差价为目的，而寄售则是为客户代理销售货物从中赚取服务费，虽然目前我国尚不允许，但是这两项业务在国际典当业较为通行。典当行在满足以顾客需求为导向的前提下,应根据顾客的需求不断增加新的服务项目。

总之,深化典当业的发展是促进现阶段我国中小企业融资和农村金融发展的有效途径之一,是满足社会经济发展和顾客需求的重要手段。从外部环境来看,一方面,政府应当创造一个更好的金融环境,出台更为完善的关于典当业发展的法规、条例,对典当业经营范围、业务规模、组织章程、利率和当期等实行规划和管理,防止无序竞争,保证典当行的健康发展;另一方面,政府、行会和社会媒体都应该积极发挥作用,采取各种措施对现代典当行的性质、宗旨、地位、作用以及管理规定等大力进行宣传,从而让当户认识和了解典当,放心地通过典当行融资解难。从自身发展来说,一方面,现代典当应确立严格、有效的规章制度,指导整个典当的良好经营,并加强人才培养,培养员工较高的政治、经济、法律、金融和商品等方面的综合知识,改善经营;另一方面,为了减少损失,典当行也应当加强与保险业及其他商业机构的合作,以完成对绝当物的销售。只有通过各方面的共同努力,我国的典当业才能够繁荣起来,并充分发挥其应有的社会经济功能。

思考题

1. 名词解释:

当票　当帖　招幌　绝当　留当　顶当　照当　补票　当字　当簿　流水账　囤当　外席　外缺　内缺　学缺　大掌柜

2. 简述典当业主要经营业务及特点。
3. 简述我国典当业的历史发展过程及主要特点。
4. 哪些物品可以充当当物?有何特点?
5. 当物如何估价?典当的流程是怎样的?
6. 当票的基本格式是什么?包含哪些主要信息?
7. 典当业在各地的组织结构有什么不同?为什么?
8. 典当业在近现代经济的地位如何?其复兴的原因是什么?

参考文献

1. 常梦渠、钱椿涛:《近代中国典当业》,中国文史出版社 1996 年版。
2. 金开诚:《当铺与质库》,吉林文史出版社 2010 年版。
3. 李沙:《简明典当学》,学苑出版社 2004 年版。

4. 李沙:《中外典当》,学苑出版社 2010 年版。

5. 刘建生、燕红忠等:《山西典商研究》,山西经济出版社 2007 年版。

6. 刘秋根:《中国典当制度史》,上海古籍出版社 1995 年版。

7. 宓公干:《典当论》,商务印书馆 1936 年版。

8. 潘敏德:《中国近代典当业之研究(1644—1937)》,台湾师范大学历史研究所专刊 1985 年。

9. 彭信威:《中国货币史》,上海人民出版社 2007 年版。

10. 齐治国、谷新生:《现代徽商典当》,安徽师范大学出版社 2014 年版。

11. 区季鸾:《广东之典当业》,中山大学出版社 1934 年版。

12. 席长庚:《北京金融史料·典当、钱庄、票号、证券篇》,中国人民银行北京市分行金融研究所·北京金融志编委会办公室 1994 年。

13. 许小主:《典当》,中国社会出版社 2009 年版。

14. 燕红忠:《中国的货币金融体系(1600～1949)》,中国人民大学出版社 2012 年版。

第六章　近代时期的主要金融机构:票号的兴衰与经营管理

票号亦称票庄、汇票庄或汇兑庄,专门经营汇票和汇兑业务,因其多由山西人创办并主要经营,因而习惯上所称票号即指山西票号。汇票和汇兑业务早在唐朝时期就已经出现,但作为一种独立的金融组织,专门经营汇兑业务的票号一般认为出现在清道光初年,由平遥颜料庄经理雷履泰所创办。山西票号的创立和发展是中国传统金融发展过程中的一个重大创新,是中国近代经济发展过程中一支非常重要的金融力量,代表了中国金融体系的自主发展和演进的路径。

第一节　票号的起源及其原因

一、关于票号起源的几种观点

关于山西票号的起源众说纷纭,有远溯隋唐,近迄道光之说,前后相差 1 200 多年,主要有以下几种观点:

(一)隋末唐初说

英籍上海传教士李约瑟提出票号起源于隋末唐初。他在 1905 年(光绪三十一年)出版的《中国银行与物价》一书中指出,盐和铁是古代重要的生活资料和生产资料,山西商人早在 2 000 多年前已经开始从事相关的长途贩运,并在长期交易中积累了大量的货币资本,随着商品经济的发展,至唐朝,由于山西商人财富的增多和纸张用处的扩大,发展形成票号。[①] 1923 年,马寅初撰文表示同意此说:“尝考吾国银行业发轫于山西。盖山西出产,以盐铁为大宗,获利甚厚……但经盐铁在外省换得之现银,不可无特殊之机关以任运送保管之责,于是山西票庄兴焉。”[②]这种观点实际上将票号与具有汇

---

① 黄鉴晖:《山西票号史》(修订本),山西经济出版社 2002 年版,第 81 页。

② 马寅初:《吾国银行业历史之色彩》,《银行杂志》第 1 卷第 1 号,1923 年 11 月。

票性质的“飞钱”“交子”相混淆。正如陈其田所说，唐之飞钱和宋之便换，免去了商人们携带巨款长途跋涉之苦，促进了当时商业的繁荣昌盛，但是它们是官府经营的，并不是商人经营的，更不是山西票号倡用的。虽然史料说明山西人到外地去经商很久，但是绝不等于在隋唐时期就已经办了银行汇兑业务。[①]

（二）明末清初说

这个说法的创造者是《中国经济全书》，由《清稗类钞》予以发展，形成了这样的离奇故事：吴三桂引清军入关后，李闯王从北京败走山西，将金银埋弃，平阳亢氏得其财产后创设票号，称雄商界。但经考证，李自成败走携金银有史作证，是否埋弃于晋地却无法考究。亢氏（康氏）有“山东孟山西亢”或“南季北亢”富豪之说，但亢氏（康氏）是山西平阳人，迄今为止没有发现亢氏有创办票号的史料。

（三）清康乾嘉说

这种说法首先由票号故旧在1917年提出，除持康熙乾隆间、乾隆嘉庆间之说外，还有嘉庆二年、二十二年之说。他们都有一个共同点，即将票号起源与首创票号的雷履泰联系起来，而雷履泰改组成立日升昌票号的具体时间则是其争议的焦点。例如，李宏龄在《山西票商成败记·序》中就说，“溯我票商一业，创始于前清康乾时代”。这种说法是将首创票号与西裕成颜料庄兼营少量汇兑业务在性质上相混淆。陈其田经过考察，得出大概在道光初年（公元1820年），天津日升长颜料铺的经理雷履泰因为地方不靖，运现困难，乃用汇票结算远地账目，起初在重庆、汉口、天津间日升长所往来的商号试行，成效显著。后来以天津日升长颜料铺为后盾，兼营汇票，替人汇兑。在道光十一年（公元1831年），日升长颜料铺改为日升昌票庄，专营汇兑业。蔚泰厚也是经过同样的演变，到道光二十年（公元1841年）左右，才由布庄改为票庄。[②]

（四）鸦片输入因素说

有学者认为票号是鸦片输入的产物。票号之所以和鸦片扯上关系，是源于鸦片贩运过程中一种执行支付手段的信用货币，即“满天飞”或者土票子。所谓“满天飞”，是为了方便鸦片由南方海口或从云南等栽培地到内地各省贩卖而使用的一种信用介绍物，它代替了交通不便的现金运输，巧妙地运用汇兑方式，将中国内地的藏银经过鸦片贩子直达东印度公司。因此，有观点认为，票号是鸦片输入中国后，引起中国货币储藏的动员，而利用信用通货形式的现银运转的金融基尔特。实际上，票号产生之始，并没有在广州设庄，即使到1842年已在广州、成都等地设庄，活动重心也仍在北京。因此，没有理由说山西票号是鸦片输入的产物。

---

① 黄鉴晖：《山西票号史》（修订本），山西经济出版社2002年版，第83页。

② 陈其田：《山西票庄考略》，（台北）华世出版社1978年版，第30—31页。

二、金融创新与山西票号的兴起

一般认为，票号的产生是商品经济发展的产物。随着商品流通的扩大、货币流通量的增加，出现了不同地区债务清算和现金平衡的问题，而依赖镖局运送现银进行货款清算既不方便，又不安全，因而对金融业提出了新的要求，票号便产生了。这实际上只是票号产生的背景而非原因。票号作为一种金融机构，以经营汇兑为主要业务，其产生乃是金融创新的结果。金融创新为建立或采用新的生产函数，对各种金融要素进行重新组合，包括新的金融机构、金融组织和金融工具的产生，新的金融技术、金融业务、金融产品的推行，金融市场制度创新和金融体系的变革等等。从金融创新的视角来看，票号的产生需要两个方面的因素：一是政府对金融及相关业务管制松弛，二是市场需求和国内外环境变化使得专门经营汇兑业务变得有利可图。而晋商所具备的独特基础则使得票号首先由晋商所创设，并获得了长期的垄断地位。

(一)政府对金融及相关业务管制的松弛

明清时期，政府对商业和金融业的控制逐渐放松，不仅使得民间自由的商业贩运贸易活跃和大商业资本兴起，也使得金融创新成为可能。政府开始颁布法令，对钱市进行管理。典当铺开业者须先呈报申请、领取当帖。“开张钱铺者，必令五家互出保结。遇有关铺潜逃之事，即令保结之家照票分赔。”[①]道光五年(公元 1825 年)，“五家联保”正式写入《大清律例》，要求无论新旧钱铺，均要实施五家联保，并报官府登记。道光十三年(公元 1833 年)，“御史豫益奏，京师钱铺关闭，请申明五家联保之例。如关闭逃走，立将铺户拘拏押追。所欠钱文，令互保各家代偿。若五家同时关闭，一并拘拏，分别押追治罪……”。这说明典当、钱庄、银号等各类私营金融机构已经逐步取得了合法地位，政府也允许存放款、银钱票、会票等金融业务和金融工具的经营。因此，对金融及相关业务管制的放松为金融创新和票号的产生提供了前提。

(二)货币供给压力与金融创新

世界历史的发展表明，金融机构和金融工具的发展在很大程度上源于货币的压力及其供给不足。而金融机构的发展和金融工具的创新则有利于加快商品和货币的流转，扩大商业资本规模，节省交易所用金属货币的数量。近代初期欧洲的货币存量并不大，且供给是比较缺乏弹性的。之后，美洲白银的获取在一定程度上解决了货币供应不足的问题，但并没有真正解决欧洲的“银荒”，这种净增长的速度仍然滞后于对支付手段需求的迅速增长。信用货币以及各种发行信用货币的金融机构，组成了早期金融业的发展，而正是货币的短缺，引致了欧洲信用工具和金融机构的大发展。正如布

---

① 《清仁宗实录》卷三一八，嘉庆二十一年四月丙戌。

罗代尔谈到汇票等金融工具在欧洲的发展时所总结的：信用货币与签字票据“这种虚假的但又以成千上万种形式流通着的货币逐渐侵入欧洲和经济生活，15 世纪时只是偷偷摸摸，16 世纪时还小心翼翼，到 17 世纪就已经咄咄逼人，而在 18 世纪则摇身一变，公然成为黄金和白银的必备替身，扮演大人物的角色”；“纸币的数量不断在增多，而金属货币却因贵金属产量相对低下而受到限制，人们不可能再把纸币视为金属货币的必要助手”。①

中国的商业大发展始于明中叶，以长距离贩运贸易和具有商品集散性质的商业城镇的兴起为标志。而这一时期中国也确立了白银和制钱并行的货币体系，通过白银的获取和铜钱的铸造来满足不断增长的货币需求。中国在 19 世纪以前的两个多世纪里，从国外获得了大量白银，为明清时期流通中货币数量持续的增加提供了坚实的基础。吴承明的研究表明，从 1650 年至 1834 年的 185 年间，中国流入的白银共计一亿九千五百万两，并在 1800—1809 年、1825—1829 年的 20 年间有四千六百一十一两的流出，流入净额一亿五千万两。②林满红的研究表明，1721—1740 年与 1752—1800 年的 69 年中，中国共获得白银一亿二千五百万两，年均一百八十万两。在 1814—1850 年则有一亿六千六百万两的白银流出，1850—1866 年、1868—1886 年的 36 年间又有五亿二千一百万两的白银输入。③ 弗兰克（Andre Gunder Frank）综合了欧美、日本等学者关于白银生产与转移的估算，认为从 16 世纪中期到 17 世纪中期的一百年间，最终流入中国的白银在 7 000～10 000 吨，至少占世界银产量的 1/4～1/3。而在 1800 年以前的两个世纪里，中国大约获得 60 000 吨白银（年均八百万两左右），其中近 1/6 来自日本，近 2/3 来自欧洲，约 1/6 是从美洲经马尼拉输入的，中国还从东南亚、中亚和国内获得少量白银。④

由于货币供给相对比较宽裕，从而在很大程度上抑制了金融创新和信用创造。虽然会票（汇票）等金融工具已经产生，但只为一些商号所偶然使用，很难通过买卖、贴现等途径在商业交易过程中实现流转。早在 16 世纪晚期，由于货币供应量不足，就曾引起物价下降、商业与市场的萧条，以及政府的财政危机。17 世纪中叶，经济中又一次出现了物价剧跌、商业凋敝、市场萧条、农民窘困的局面，人们常常将这次萧条称为“康熙萧条”。相对而言，这两次萧条和货币供给的压力还是比较轻微的。而 18 世纪末 19 世纪初期的白银外流则对中国经济和商业发展造成了很大压力。19 世纪初期，白

---

① ［法］费尔南·布罗代尔：《资本主义论丛》，中央编译出版社 1997 年版，第 224 页。

② 吴承明：《中国的现代化：市场与社会》，生活·读书·新知三联书店 2001 年版，第 279、281、284、286 页。

③ Man-houng Lin. Opium: the culprit? —A reexamination of China's silver outflow, 1814—50. *International Symposium on Quantitative Chinese Economic History — China's Economic Modernization in Historical Perspectives*. CCER, Peking University, 2004. 为了统一，我们将银元按 0.72∶1 的比例折算为银两。

④ ［德］贡德·弗兰克：《白银资本》，中央编译出版社 2000 年版，第 208、210 页。

银输入的减少乃至大量外流,引发了“嘉庆、道光危机”,货币供给量的急剧紧缩给商业乃至整个社会经济造成了非常严重的冲击。金属货币的短缺,迫切需要各种商业票据予以弥补,并发展新的信用体系以进行债务清算。于是,各种信用票据逐渐流通起来,当时钱票不仅在全国十多个省份中均有广泛流通,而且其数量已经比较庞大。专营汇兑和货款清算开始变得有利可图。

总之,明清时期,商品经济的发展、商业信用和金融工具的积累为金融创新提供了基础,而票号产生的直接推动力乃是金属货币的短缺和经营汇兑的丰厚利润的刺激。票号的产生及其所经营的汇兑业务在一定程度上缓解了金属货币供给的压力,客观上也减少了通过镖局进行现银的运输。但是,正如现代信用卡的发行并不是因为纸币不安全、不便利一样,票号作为一项重要的金融创新,其产生和发展也并非是因为(或者主要不是因为)规避镖局运送现银的风险,以及节省运输成本问题。

(三)票号为什么由晋商所创设

到19世纪上叶,货币供给的压力迫切需要具有商业银行性质的金融机构的发展。但票号之所以由晋商所创设,还在于其具备比较独特的金融和制度基础。

1. 良好的信誉

晋商在长期经营过程中建立了良好的信誉。明清晋商曾经驰骋商界数百年,以重信用、讲道义而闻名于海内外。市场拓展首先是与陌生人进行商品交易,并同当地的商人进行竞争。而作为新的进入者,顾客对其过去的历史一无所知。特别是晋商最初经营的大多为长途贩运贸易,如何赢得信誉,建立起与新的消费者之间的信任关系,就显得更为重要。面对新的主顾,晋商常常采取“赊销留尾”的办法传递信息,克服交易中的不确定性并发展为长期的合作关系。由于晋商长期坚持“宁叫赔折腰,不让客吃亏”的信条,对待商家、顾客,无论大小,都能以诚相待,真正做到“秤平、斗满、尺满足”,从而使其在各地顾客心目中的“诚信度”不断提高。虽然晋商因提供高质量的商品与服务而在短期内可能受一些损失,但却赢得了广泛声誉。如李宏龄在其《山西票商成败记》的序言中说:“(山西票号)信用益彰,即洋行售货,首推票号银券最足可信,分庄遍于通国,名誉著于全球。”《清朝续文献通考》卷十八也曾有这样的评价:“山右钜商,所立票号,法至精密,人尤敦朴,信用最著。”赞誉晋商的民谚和传奇故事多不胜数,都形象地反映了晋商在当时民众心目中的极高声誉。而信用和声誉则是金融经营的不可或缺的必备要素之一。

2. 金融经验的积累

山西商人早期经营的典当、银号、钱庄、账局等金融组织不仅为经营票号积累了大量金融经验,而且培养了大批专业人才。在票号产生前,晋商商号已经广泛采用两权分离的管理制度,使用专职的职业经理人进行管理。一般商号、典当铺的管理层次多由大掌柜、二掌柜、内事先生(管账先生)、柜员(伙计、学徒)、炊事员等所组成,管人、管财、管物、管信息等分工明确。在员工的选任上,采取举荐、考核、培训和学徒制度,并采用形式灵活的人身顶股对各层级的员工进行激励。在簿记和财务方面,已经采用"复式簿记""四柱清册""万金账"和"月清""年总结"等记账方式,并且出纳、会计分设,互相监督。在总分号、联号之间开展各种日常的营业报告,如正报、复报等进行信息沟通和管理。在典当业的经营中已经采用各种暗语进行估价,当票的书写采用特殊的纸张,由专人使用特殊的字体进行书写,并加盖水印、印鉴和暗记,以防冒用。在商业贸易中已经使用多种金融工具和信用票据,如凭贴(本票)、兑贴(支票)、上贴(银行汇票)、上票(商业汇票)、壶瓶贴(融通票据)、期贴(远期汇票)等等。因此,晋商所开展的金融业务、各种商业运营技术和管理制度等均为票号的产生提供了条件,山西票号的经营业务、管理制度大多是在引入这些业务、技术和制度的基础上所进行的重新组合和创新。

3. 联号或总分号的经营方式(商业网络)

到清代中叶,晋商的商业活动范围已经得到了很大扩展,其商业网络已遍布国内大江南北、长城内外,并延伸到整个北亚地区。在商业组织形式上,晋商实行"分号制"与"联号制"的运行方式。所谓分号制,即财东独立投资或合伙投资办商号,总商号又分设若干分号于各大商埠,而且商号与分号又可投资办小商号,类似于现代跨国公司中的母子公司。所谓联号制,即由财东投资办若干不同行业的各自独立经营核算的商号,在业务上相互联系、相互服务、相互支持,形成类似于现代企业集团的网络体系。例如,山西太谷曹家的商号,在清中期极盛时期曾达到 640 余家,遍设于全国主要城镇,所雇用的员工多达 3.7 万人。晋商通过乡土关系和"制约互利"的联号制,采取层层节制的办法,使整个管理系统有条不紊,也是商号制度安排的主要特色。各商号之间既相对独立又相互支持,和而不同又层层服从,表现出和谐的"团队精神"和"集体主义原则",从而保证了山西票号"相互拆借""酌盈济虚""抽疲转快"等组织原则的有效运作。与此同时,总分号制度所形成的商业网点,为山西票号开展汇兑业务提供了直接的硬件基础。

4. 行会组织的发展

晋商在遍布各地的商业网点建立了为数众多的专供同乡商人经营活动的会馆、公所,通过信息的充分流动和共享解决了信息不对称问题,使监督和协调各种关系成为可能。每一个成员对行会组织约束力的普遍认可使得行会能够通过内部的实施机制对成员的违约行为施以惩戒。同时,行会作为统一体可利用其在社会关系结构中的协调能力,对行外违约行为进行报复,保障成员利益不受行外势力的侵蚀。因此,晋商行会为跨时空交易提供了重要的组织框架。他们"凡通商之事,咸于行会中是议"。到清代中叶,北京、上海、汉口、河南、广州、杭州、苏州、长沙等都市和商业重镇都建有晋商会馆。例如,北京是山西商人的重要活动之地,现存清嘉庆以前会馆碑刻32处,其中晋商会馆就有13处。康熙年间,山西商帮在汉口建立山陕会馆;乾隆三十五年(公元1770年),在苏州建立全晋会馆;乾隆四十五年(公元1780年),在广东佛山建山陕会馆。另外,在山东聊城建有山陕会馆,在山东馆陶县城西南、西安城西南三十里的南馆陶镇、山东恩县北城外、泰安府东阿县城内等地都建有山西会馆,"凡盐、当以及铁货、布庄、杂货、钱店各生意"都归山西商人控制。

一方面,晋商通过朋合营利、合伙经营、会馆、公所等组成以地域乡人为主的商帮集团。他们以乡土为依托,形成了一个"本地人"的范围,即所谓"同事贵同乡,同乡贵同心,苟同心,乃能成事"。在此基础上建立起的经理负责制、职工薪金制、人身顶股制、同业之间的"相与"关系等都从不同侧面体现了晋商基于行会组织基础的乡土关系网络和制度安排。另一方面,行会组织也为协调同乡关系、沟通信息、开展金融汇兑业务提供了重要的平台。如成书于清末时期的《中国经济全书》记载,在各地所设立的票庄同业公所,每家票号总经理人均为会员即帮董,由会员中选定数人作为总董经理公所事务。"凡与外商交涉事件,及同业中交涉事件,皆由总董裁决。即同业中应办之事务,亦由总董提议。然为总董者,既由同业者共同选定,自得同业者全般之信用。故于总董提议之事,或裁决之事,几无不服从之者也。又关于营业上共同订定之规则,如汇兑平色、汇水、贷付期间及利率等种种之规定,皆由公所议决,在同业者,均宜遵守。如有违反之者,则由同业者,会同总董,提议处罚,以正帮规。"①清末北京的汇兑庄商会章程也规定,"兹定于每月初一、十五两日为大会之期,准于上午十一点钟聚会,下午一点钟散会,同业各家执事齐集到会,或有益于商务者,或有病于商务者,即可公平定议,禀请大部核夺施行。同业中有重要事宜,尽可由该号将情告知商会董事,派发传单随时定期集议"②。

第二节　票号的发展过程

从第一家票号产生到最后一家票号被改组而退出历史舞台,共经历了100多年的历史。其发展过程大体可以划分为四个阶段:1823年前后至1861年为产生与初步发

① 中国人民银行山西省分行、山西财经学院、黄鉴晖等:《山西票号史料》(增订本),山西经济出版社2002年版,第671页。

② 中国人民银行山西省分行、山西财经学院、黄鉴晖等:《山西票号史料》(增订本),山西经济出版社2002年版,第673—674页。

展阶段，1862—1893 年为大发展时期，1894—1911 年为发展至极盛并出现危机的时期，1912 年之后则为衰败阶段。

一、初步发展阶段

自道光初年雷履泰创办第一家票号日升昌到道光七年（公元 1827 年）秋冬，山西票号的势力已发展到鲁、豫、秦、苏等省，从而使北方五省（直、鲁、豫、晋、秦）商人去苏州贩货每年需运去数百万银两的状况变为“具系汇票往来，并无现银运到”[①]。到 19 世纪 50 年代，票号初步形成了平（遥）、太（谷）、祁（县）三帮共 18 家票号。其中平遥帮的票号有日升昌、蔚泰厚、蔚丰厚、天成亨、新泰厚、蔚盛长、聚发源、义兴永、隆盛长、万成和、万盛成、光泰永、隆和永、日新中共 14 家票号；祁县帮有合盛元和巨兴和票号；太谷帮为志成信和大德玉票号。[②] 据统计，仅日升昌、蔚丰厚、日新中 3 家票号 1850 年在各地设立的分支机构就已有 35 处，分布于北京、天津、盛京（沈阳）、张家口、济南、南京、苏州、扬州、汉口、重庆、长沙、广州、西安、河口、汴梁（开封）、芜湖、清江浦、三原、常德、屯溪等 23 个城市，甚至后来还把触角伸向了内蒙古、新疆、云贵、东北等边陲地区，并在一些人迹罕至的少数民族地区如打箭炉、巴塘、里塘等处也建立了据点，其分支机构达上百个之多，几乎覆盖了大江南北、黄河上下、长城内外、白云黑水、大漠戈壁的一切地方，形成了一个庞大的票号网络。[③] 对此，冯桂芬谈到，“今山西钱贾，一家辄分十数铺，散布各省，会票出入，处处可通”。当时已经是“一纸汇票甫到，百万现金立取”，款项可以“汇通天下”，为当时这些城市的商业贸易和资金周转带来了极大的方便，极大地推动了这些城市商品经济的发展。

从咸丰三年（公元 1853 年）至同治二年（公元 1863 年）整整十年，经历了太平天国运动和第二次鸦片战争等造成的社会动荡，票号的发展遭遇了一定的挫折。其中，平遥帮关闭了 8 家票号，新设了 3 家票号，即协和信、协同庆、北川通，祁县帮新设了大德兴和元丰玖两家票号，太谷帮新设了协成乾，实有票号相较于十年前减少了 2 家，共计 16 家。[④] 票号的活动范围也伴随着商品在边远城镇的流通而增加了在边远地区的发展，相继向云南、贵州、广西、甘肃和归绥、吉林等边远地区城镇发展，有利于边远地区与内地的商品交换。[⑤] 就票号业的实力而言，包括汇票发行量、存款与资本（正本）在内的总资力，在 19 世纪 50 年代就已经达到了五千余万两，每年大约可以得到四十余

---

① 陶澍：《陶之汀先生奏疏》卷二二，道光八年四月初八日折。
② 黄鉴晖：《山西票号史》（修订本），山西经济出版社 2002 年版，第 180 页。
③ 董继斌、景占魁：《晋商与中国近代金融》，山西经济出版社 2002 年版，第 321 页。
④ 黄鉴晖：《山西票号史》（修订本），山西经济出版社 2002 年版，第 180 页。
⑤ 黄鉴晖：《山西票号史》（修订本），山西经济出版社 2002 年版，第 199—200 页。

万两的净利润。[①]

二、票号的大发展时期

同治元年（公元 1862 年）至光绪十九年（公元 1893 年）为票号的大发展时期。

第一，票号的总号、分支机构和经营网络都有很大拓展。总号的数量在 1876 年为 22 家，1882 年增加至 25 家，在 1883 年达到 30 家的历史最高水平，且从 70 年代中期到清末的实存家数始终保持在 25 家以上。到 19 世纪 80 年代，票号已在全国 54 个城镇设有分支机构，其中有案可稽的 25 个城镇中所设立的分号为 194 个。[②] 除平（遥）、太（谷）、祁（县）三帮票号获得极大发展之外，还出现了由江浙商人胡光墉、严信厚和云南商人王兴斋等非山西省人开办的阜康、元丰润、天顺祥等南帮票号。1893 年，全国票号总号为 27 家，其中山西票号有 24 家，包括平遥帮 13 家、祁县帮 7 家、太谷帮 3 家以及南帮票号 3 家（天顺祥、杨源丰、源丰润）。

第二，在业务方面，票号这一时期增强了与清政府的关系，开始开展为政府筹集饷银、汇解官款等业务。由于太平天国运动的打击，南方各省不能按照向例由陆路向北京解运京饷，使得清政府放弃严禁交商汇兑京饷的规定，这一变动开启了票号业务转型的开端。"同治元年十二月间承准户部扎知奏准京饷案内，行令设法汇兑，总期妥速等因。适值军务未靖，路途多阻滞，当即遵照部行，与殷实银号筹商汇兑。"[③]随着京饷汇兑的开展，协饷也交商汇兑，江南各省京饷、洋务经费以及其他协饷均有发商汇兑的情况，但在甲午战争前，官款汇兑的数额仍然比较有限。票号向政府的贷款不仅与政府的财政危机密切相关，也同官款汇兑的发展有极大关系。从 1862 年到 1893 年，票号在汇兑官款时垫付京协饷的情况已经时有发生，主要包括广东省、粤海关、福建省、闽海关、浙江省、浙海关以及淮安海关，总计垫汇 12 999 80 万两。光绪四年九月，两广拨解京协各饷，"历借各商之款已逾五十余万"[④]，光绪六年正月，浙江巡抚谭钟麟奏，"计不敷银二十一万四千八十二两四钱六厘，均由号商辗转设法借垫。"[⑤]

第三，资本和盈利能力进一步增长。19 世纪 80 年代，"重庆现有十六家山西票

① 燕红忠：《中国的货币金融体系（1600～1949）》，中国人民大学出版社 2012 年版，第 133—134 页。

② 黄鉴晖：《山西票号史》（修订本），山西经济出版社 2002 年版，第 202 页。

③ 《粤海关监督毓清奏折附片》，见中国人民银行山西省分行、山西财经学院、黄鉴晖等《山西票号史料》（增订本），山西经济出版社 2002 年版，第 75—76 页。

④ 《两广总督刘坤一等奏折》，见中国人民银行山西省分行、山西财经学院、黄鉴晖等《山西票号史料》（增订本），山西经济出版社 2002 年版，第 99 页。

⑤ 《浙江巡抚谭钟麟奏折》，见中国人民银行山西省分行、山西财经学院、黄鉴晖等《山西票号史料》（增订本），山西经济出版社 2002 年版，第 106 页。

号”，“每家票号都握有白银十万两乃至三十万两的资本”。[①] 20世纪初，汉口的“票号之资本，大者约四十万两，小者当不下二十万两”；厦门的汇票局有蔚泰厚、新泰厚、蔚长厚、协同庆等数家，“每家资金约二十万至三十万两”；苏州与南京的票号“一店资本产业之总数，至少亦必在数十万两以上”。[②] 据估算，包括正式资本（正本）和每家分号的运营资本，票号在19世纪80年代所支配的资本量约为八千九百二十万两。[③]

从19世纪60年代开始，票号的盈利能力进一步提高。蔚盛长在1867—1870年账期获利达二十七万九千六百零六两，每股分红八千八百零八两（拥有银俸股32个），平均每年盈利六万九千九百零二两。新泰厚在1871—1874年账期获利三十一万一千零一十两，每股分红七千四百七十五两（拥有银俸股41.5个），平均每年盈利七万七千七百五十三两。蔚泰厚在1875—1878年账期获利二十万五千六百九十四两，每股分红五千五百零二两（拥有银俸股39.3个），平均每年盈利五万一千四百二十四两。蔚丰厚在1875—1878年账期获利二十一万四千四百三十八两，每股分红六千零六十六两（拥有银俸股35.5个），比1856—1858年账期增加了30%，该账期平均每年的盈利也达到五万三千六百一十两。蔚长厚在1883—1886年账期获利七万九千四百一十二两，每股分红二千二百三十一两，平均每年盈利一万九千八百五十三两；在1887—1890年账期获利二十四万八千四百七十六两，每股分红六千五百四十五两，比前一账期增加2.9倍，平均每年盈利也达到六万二千一百一十九两。大德通在1885—1889年账期获利二万四千七百二十三两，每股分红八百五十两，平均每年盈利四千九百四十五两。总体来看，在19世纪七八十年代，票号业每年的获利总量可以达到一百二十六万两左右。[④]

三、票号发展的极盛并出现危机的时期

清末最后十年为票号发展的鼎盛时期，票号的分支机构进一步拓展到全国95个城镇，分号数量也达到475个（总分号总计约501个）。[⑤] 例如，1901年平遥帮中新成立了名曰“永泰裕”的票号，1906年又增添“宝丰隆”票号，并将分号一直开设到西藏、云南等边远地区，形成了从京师、上海直通大西南的金融网络，共有分号22处。1903年太谷帮中增添了“锦生润”票号，设分号15处；1907年再增加“大德川”票号，设分号

---

① 霍伯森：《中国海关十年〈1882—1891〉报告》，见中国人民银行山西省分行、山西财经学院、黄鉴晖等《山西票号史料》（增订本），山西经济出版社2002年版，第70页。

② 潘承锷编译：《中国之金融》上册，第33页；下册，第61页。

③ 燕红忠：《中国的货币金融体系（1600～1949）》，中国人民大学出版社2012年版，第128—130页。

④ 燕红忠：《中国的货币金融体系（1600～1949）》，中国人民大学出版社2012年版，第132页。

⑤ 燕红忠：《中国的货币金融体系（1600～1949）》，中国人民大学出版社2012年版，第120页。

北京、天津、张家口、开封共 4 处。此外,还出现了太原帮所开设的义成谦和巨兴源两家票号。除了国内大中城市设立分号外,票号还渡洋出海,在朝鲜仁川以及日本大阪、神户、东京也设立分号,开始了跨国经营。

票号在清末时期与政府(官员)的关系更为密切,通过承汇、存放官款、代理国库、省库而获得大量利润,但也因政府债务和官款业务而面临巨大风险和危机。甲午战争之后,随着政府外债数额增加,各省债款大多由票号所包揽。《辛丑条约》签订之后,贵州、江西、湖南、河南、陕西等各省赔付款项几乎全由票号直接汇至上海,交予外资银行。据不完全统计,从 1894 年到 1911 年,票号汇兑官款总计一亿四千一百八十六万四千四百七十五两,平均每年为七百八十八万一千三百五十九两七钱。① 光绪三十年十二月,两广总督岑春煊奏:"各款共应解银二十二万八千一百三十五两,已向西商银号照数借定,即由号商志成信、协成乾两号汇兑至京。"②票号不断垫付,使其在一定程度上已经成为各省的财政支柱。票商常常通过结交官吏和地方政府来吸收官款。如新泰厚所收进的存款完全是定期者,期限三、四、六个月及一年者,其存户亦完全为官吏。"考前清定例,凡属公款在京则存户部,在省则存藩库,并无令存票庄之明文。所以存储票庄者,官场与各庄老板来往之私人情耳。"③"志成信、协成乾二号发财的主要源泉是独揽广东粤海关税款之存储及其向北京国库的汇解。"④随着票号的进一步发展,户部也有款项存入票号生息。

这一时期,票号的整体盈利也达到了空前。如大德通票号在 1885—1889 年账期获利二万四千七百二十三两,每股分红八百五十两;而在 1905—1908 年账期获利则提高到七十四万三千五百四十五两,每股获利达一万七千两,为 1885—1889 年账期的 20 倍。锦生润票号在其开业的 1903 年即获利七千三百八十两,1906 年进一步达到五万一千九百四十八两,为 1903 年的 7 倍。据估算,在 1900—1911 年,票号业每年的获利总量进一步增长到了两百万两左右。⑤

四、票号的衰落时期

辛亥革命后,票号开始从极盛转为急剧衰落,多数票号倒闭撤庄、清理歇业,或改

① 燕红忠:《从山西票号看传统金融的近代化转变》,《财经研究》2014 年第 8 期。

② 《两广总督岑春煊折片》,见中国人民银行山西省分行、山西财经学院、黄鉴晖等《山西票号史料》(增订本),山西经济出版社 2002 年版,第 100 页。

③ 韩业芳:《山西票庄皮行商务记》手稿,见中国人民银行山西省分行、山西财经学院、黄鉴晖等《山西票号史料》(增订本),山西经济出版社 2002 年版,第 139 页。

④ 《孟刚访问记录》(1961 年 7 月),见中国人民银行山西省分行、山西财经学院、黄鉴晖等《山西票号史料》(增订本),山西经济出版社 2002 年版,第 140 页。

⑤ 燕红忠:《中国的货币金融体系(1600—1949)》,中国人民大学出版社 2012 年版,第 133 页。

组为银号钱庄，少数极力维持者也收缩了经营范围，撤掉了许多分号。1911 年时票号实存 26 家，到 1918 年时减为 10 家，1921 年进一步减为 5 家，到 1940 年，随着最后两家票号改组为银号，票号最终走完了其最后历程。根据不完全调查，到 1917 年前后，票号在北平、天津、成都等 18 个主要城市的分号数量约为 70 多家。比照清末时的状况，票号的经营范围已由近 100 个城镇缩减至三四十地，平均每家票号所拥有的总分号数量也由 20 家减至 10 家左右。到 1933 年，票号仅存大德通、大德恒和三晋源 3 家，总分号数量共计 29 处，经营范围缩减到 20 多个城镇。①

辛亥革命后的数年间，大批票号因亏损而歇业，一些极力维持者也大多处于亏损状态。如锦生润在 1917 年一年即亏损八万四千七百六十二两，而 1913—1917 年的 5 年间，累计亏损则达十四万七千零八十八两。从其经营业务量来看，据估算，1913 年票号存放款量大体上仅为 1910 年的 21％和 35％，1917 年进一步下降到清末时期的 16％与 3.4％。②

五、票号的衰落原因

(一)经济危机和社会动荡的直接冲击

清朝的灭亡、钱庄的倒闭、工商企业的破产关门，首先是钱庄因银根紧缩和坏账大量破产，继而使得钱庄欠票号的款项无法收回，引起连锁反应。有的票号在结账分红时，只注重分红而忽视提取风险基金以弥补倒账损失，结果出现票号缺乏公积金，实力空虚，或者出现债权不实，表面上贷款多于存款，实际上贷不敷存，外强中干，不能抵御各种风险。合盛元票号在 1913 年倒闭，至 1920 年祁县清理处所反映的存贷款仍是贷大于存。③ 其次，政府滥发货币，致使物价腾飞，社会信用破坏。如光绪三十四年晋益升票号京师分号突然倒闭，宣统二年源丰润上海总号倒闭，同年义善源总号及上海、汉口、天津、江宁、济南分号倒闭。最后，辛亥革命后，军阀混战不断，各路盗贼趁乱抢劫，兵匪一家扫荡街市已经司空见惯，和其他工商业一样，票号也难逃厄运。山西票号业务量较大的商业都市如汉口、北京、西安、太原、天津等地都发生过战争抢劫，损失惨重。如蔚字号成都、重庆分号被抢劫，大火三日不熄；介休侯家开设的天成亨票号被劫去现银一百多万两，连同其他财产，共损失二百多万两；平遥达浦村李家开办的日升昌票号损失白银三百多万两。各分号的一些经理、伙友，有的丢少报多，乘机也捞了一把，有的携款潜逃。在社会变革的冲击过程中，大量票号迅速走向破产和没落的命运。

① 燕红忠：《中国的货币金融体系（1600—1949）》，中国人民大学出版社 2012 年版，第 120 页。

② 燕红忠：《中国的货币金融体系（1600—1949）》，中国人民大学出版社 2012 年版，第 125、133 页。

③ 黄鉴晖：《山西票号史》（修订本），山西经济出版社 2002 年版，第 526 页。

(二)经营制度和管理思想保守守旧,改组新式银行失败

票号自身有许多不能适应新的时代发展潮流的因素。如采用无限责任公司制,抗风险能力弱;资本小业务量大,资本大多在数十万两之间,而存放款一般却高达数万两,在动荡的年代风险更大;总部偏居一隅,对外界信息掌握不够,决策不力。这些都迫切要求旧式票号业能够自我改造更新,以适应新的时代发展趋势。

票号曾遇到数次改成新式银行的机遇,但都以失败告终。第一次是光绪二十九年(公元1903年),北洋大臣袁世凯邀请山西票号加入天津官银号,但票号顾虑会受制于人,拒不奉命。第二次是光绪三十年(公元1904年),鹿钟霖为户部尚书,奉谕组建大清户部银行,也邀请山西票号加入股份,山西票号拒绝参加,也不允许派人参加组建。1907年,户部银行改为大清银行,再次邀请票号协办,票号始终没有参与。第三次是山西票号内部经理李宏龄、渠本翘等有志之士发起合组银行的倡议。主要内容包括:一是解决筹建银行的资本问题和制度问题,每家票号出资三五万两,建立股份制有限责任公司;二是订立银行名称,建立经营管理制度,基本遵循票号的经营规则,修改不做抵押等不合现代银行制度之处;三是银行仍实行总分号制,设立分支机构,尽力保护国家利益。据李宏龄在《山西票商成败记》中回忆,倡议书于1908年4月23日以京都祁、太、平三帮票号名义和京都平帮名义,分别向祁太平三帮和平帮总号发出第一封,同年11月和1909年1月又发出两封。李宏龄的倡议得到了大多票号分号高管的积极响应,如营口、奉天、汉口、西安、广东、重庆、沙市等分号纷纷给京都票号经理和祁太平总号发信,表示票号改组银行是众望所归。但这样的倡议并未得到蔚泰厚总号经理毛鸿翰的肯定,被束之高阁,筹办银行之事最终烟消云散。山西票号从内到外、自上而下的一场改革运动最终也以失败结束。

山西票号为何会错失向近代银行转型的历史机遇?这主要反映了票商群体自身存在保守性,同时也反映了票号大掌柜们的利益与现代银行制度的利益存在矛盾,缺乏合组银行改革的激励。一方面,票号的最高管理层对自身的处境缺乏研究,封闭自守、骄傲自大,对国内国际形势充耳不闻。另一方面,票号不能根据外部环境变化开拓新的活动区域与经营项目(工业投资等),以及培养新的人才;[①]或者因对竞争性环境反应迟钝和不适应,从而无法实现经营管理和金融制度的创新。[②]

(三)外部竞争和金融结构变化对其经营业务的替代

近代经济发展趋势是近代化和工业化,山西票号也必须由商业融通转向为工业投资,适应工业发展对金融业的要求。在这一大背景下,要么进行金融创新和转型,要么

---

① 王明星:《山西商人走向衰败的原因分析》,《中国社会经济史研究》2002年第4期。

② 刘可为:《从山西票号的衰亡探析企业的经营与制度创新》,《管理世界》1997年第4期;孔祥毅:《山西票号与中国商业革命》,《金融研究》2002年第8期。

被现代新型金融组织所淘汰。因此,从金融结构变迁的角度来看,山西票号的衰亡过程也就表现为现代商业银行对其经营业务的替代过程。清末时期仅仅是中国银行业的产生时期,这一时期虽然出现了中央银行之雏形,并有专门以发展交通、兴办实业为目的的银行之设立,但各个银行的业务活动主要局限于官款调拨,与产业发展并无太多的联系。在整个金融结构中,新式银行业的实力不仅远远低于外国在华银行,而且与票号、钱庄、典当业相比也没有明显优势。清末民初时期的经济萧条对各种金融机构都造成了很大打击,但在经济复苏与重新高涨的过程中,省市级商业银行的兴起与壮大却取代了票号的经营业务和经济地位。正如杨希仲谈到 1915 年重庆聚兴诚银行创办时所说,"(在重庆)中国银行已经设立,官家存款、汇兑当然无望,但票号已消灭殆尽,单上海、汉口、宜昌、万县等地与重庆贸易相互收交(即汇兑)的款子,一年不下数千万,非有一家商业银行,断难流转活跃金融"。从 1915 年开始,一些处于省市级银行地位的、比较重要的商业银行先后设立,并在 20 年代得到快速发展。虽然山西票号也曾尝试改组股份银行,但因错失金融创新的最佳时机而未能取得成功。正是在商业银行迅速发展的背景下,汇票发行被融入现代商业银行的综合业务之中,专营汇兑业务的票号一蹶不振,衰落了下去。[①]

(四)官商关系和政府因素对于票号衰落的影响作用

第一,"清亡票号亡"。票号之所以衰败,是清朝专制覆灭的必然,这种意见在学术界被称作"清亡票号亡论"。这种论点从 20 世纪二三十年代开始,就一直为一些学者所强调或坚持。"清亡票号亡论"者认为,票号虽然是商品经济的产物,但是它的中后期是为清政府服务的,或者主要是为清政府服务的,属于封建高利贷资本,满清政府被推翻后,票号失去了存在的基础,所以必然衰败。[②] 各票号为与政府官员相勾结,不惜采取种种手段。各票号不同程度地成为清政府的财政机构,脱离了它赖以生存的商品经济,而钻进了封建政府的财政体系中。票号作为一种专营汇兑的金融机构已经蜕化变质,票号与清政府的密切关系造成了两者一荣俱荣、一损俱损的局面。当清政府垮台时,票号失去了靠山,从而难逃衰败的最终命运。[③]

第二,产权结构、交易成本和风险变化对官商关系的影响。随着近代社会一系列的变迁和产权结构的重大变化,通过传统的官商结合策略发展商业的实际经济绩效在逐渐递减,交易成本与风险则在增加,而独立发展商业或其他可供替代的方式却在发生着相反的转化。晋商(票号)在官商关系上逐渐自我强化,最终被锁定在一种无效的状态。官商结合的经济绩效递减和交易成本的增加对其商业发展造成了严重影响,而

① 燕红忠:《晋商与现代经济》,经济科学出版社 2012 年版,第 225—228 页。
② 黄鉴晖:《山西票号史》(修订本),山西经济出版社 2002 年版,第 530 页。
③ 孔祥毅:《山西票号与清政府的勾结》,《中国社会经济史研究》1984 年第 3 期。

现实和潜在风险的增加则最终导致其走向了衰落。①

第三,近代化转变过程中政府与银行家博弈关系的影响。山西票号结交官吏、捐输纳银、汇兑官款等都没有得到法律上的认可和支持,票商与政府之间所形成的仅仅是一种非正式制度下的隐性契约,即"官商结合"模式。在这一模式中,山西票号更多的是通过向权力寻租来参与新的经营业务,并分享部分利益分配。在"官尊商卑""皇权至上"的背景下,票号并不具备独立、平等的经济地位,无法通过与政府的有效"讨价还价"而参与相关金融政策和法规的决策过程。山西票号的"官商结合"模式并没有维持下去的保障机制,并非一个稳定均衡和有效的制度安排。它既无法根据内部参与人的知识积累、技能发展和新业务需求而进行持续地边际调整,也无法在外部环境的巨变冲击下进行确定性的重新组合。由于缺乏公共信用和对政府行为的有效约束,参与人(清廷和票商及其他金融家)之间很难通过策略互动达成共同信念(聚焦点),并形成各方都"满意"的稳定均衡机制。由于没能形成新的均衡机制和有效制度安排,不仅直接导致山西票号近代化尝试的失败,也使得中国金融体系的自主发展和演进路径的断裂,乃至经济现代化路径的分岔。②

第三节　票号的经营业务与利润来源

一、票号的经营业务

(一)汇兑业务

汇兑是票号的主业,一般通过开具汇票的形式进行。汇款人将款项交给票号,由票号开出汇票交给汇款人,汇款人将该汇票带到汇款地或寄给收款人,就可以持票向当地票号取款。由于汇兑的双方收支款项的唯一凭证是一纸汇票,我们习惯上把这种汇款的方式称为票汇。③ 山西票号使用的汇票,在长期的实践中不断改进,最后形成了比较统一和规范的汇票格式和填写内容。票号在一地开出汇票,要求另一地分号进行付款,叫作交汇;收到汇票,予以兑款,叫作收汇。汇票分为"即票"与"期票"两种,"即票"就是见票即付,"期票"则是按照票面上所写日期进行兑款。

汇兑方式随着社会商品经济的发展而不断发展和完善,也随着交通、通讯的发展而不断演进和变化。后来发展的信汇,就是以书信方式进行汇款。信汇一般适用于与

① 燕红忠:《晋商与现代经济》,经济科学出版社 2012 年版,第 188 页。

② 燕红忠:《从山西票号看传统金融的近代化转变》,《财经研究》2014 年第 8 期。

③ 史若民:《票商兴衰史》,中国经济出版社 1998 年版,第 101—102 页。

票号交往较多、汇兑款项比较大的工商业和个人。信汇的具体程序是：汇款人交款给票号之后，写信给收款人，票号也写信通告汇款地的分号或联号；收款人接到汇款人的信后，持信到当地票号中提取款项，票号接到交款的通知，即行付款。一般的汇票与信汇均是顺汇，即甲地先收款，乙地后付款。另外还有倒汇，倒汇与顺汇相反，即先付款后收款。无论是信汇还是倒汇，大多限于熟人与有信誉的大商号之间，“故非素有往来的大商号，则不用信汇”。随着电讯事业的发展，票号还开展了电汇业务。电汇是以电报汇款，只是电汇依赖电报局，而当时电报局不是各地都有，而且有的地方只许官用，故电汇的范围要小于普通汇兑。另外，因电汇即刻可达、成本较高，票号不能利用所汇款项进行进一步运作，故汇费较高，客户也较为稀少。

票号所发行的汇票同时也具有汇票＋存款或者汇票＋放款的性质。票号为商号交汇款项时，议定延迟一定的日期后，向收款者交付汇票，票号则免收汇费，或给予一定数额的补贴，此即为汇票＋存款。期票大多带有这种性质。此外，票号在开展汇兑的过程中，常遇商号要求先为其垫付汇款，议定在一定时间后再收回所垫款项，而商号在交还垫款的同时，还要交付一定数量的利息，此即为汇票＋放款。票号与商人的逆汇关系都带有一定的放款性质。

（二）存放款

票号通过频繁的汇兑业务，增大了自己的力量，同时在经营汇兑的活动中，为适应社会的要求，逐步地开展了存放款的信贷业务。票号的存放款，最初主要为调节资金余缺，以便利汇兑，其经营不如钱庄、钱铺等地方金融机构灵活。但由于其信誉较好，资本雄厚，汇兑敏捷，在各地均容易兑现，官僚、各种商号、钱庄、银号甚至外国银行均愿意同票号发生信贷与拆借关系，存放款也逐渐发展为仅次于汇兑的主要业务。

票号的存款分为活期与定期两类，利息因时因人而定。存款利息一般低于钱庄等其他金融机构，定期存款的月息一般为三四厘，个别为五六厘到七八厘，活期大多不付利息，或只付极低的利息。票号运用的资金中，除自己的资金外，尚有一般存入的款项，这些存款大多是官衙的公款，如税款、军饷等。在户部银行开设以前，清朝没有国家银行，所有公款在京则存国库，在省则存藩库。票号老板通过与官吏私交，使得公款存于票号，此外一部分官吏的私蓄亦大半存于票号。至于商人，因票号利益较钱庄低，故不愿投存。

票号的放款或以垫付形式，或统筹各分号间进行放款。放款的范围一般为钱庄，商店及官吏次之。放款利息主要考虑银根的松紧与风险状况，普通为七八厘，最高达一分二三厘。平均而言，当时票号的存款年利率大体在5%，而放款年利率则在10%左右。通过存放款，可以赚取5%左右的利差。

(三)发行兑换券

民间发行银钱票,早在清朝前期已经开始,票号出现后也逐渐加入这一行列。由于票号信誉卓著,其签发的汇票、存单一般能在市面流通,具有纸币的性质。为了便于拨兑银两,票号还经常开具一种临时便条,凭票付款,名曰“小票”,面额在五十两到一万两,其中尤以二三百两的最多,一二千两的也不少。银两票即小票的发行,使票号获得巨额周转资金,有益于其经营的开展。许多人将小票直接当作“钞票”使用,很少去票号兑换现银。王宫官员的家属还把小票保存起来,作为财富进行积蓄,“恒有至三五年、十数年而不来兑现者”。小票流通主要限于北京,在其他地方也有少量流通。“查当时北京票号,每家发行流通总额,自一二十万起至五六十万者,亦多有之。”据估计,清末时期北京市面上流通的小票总额大约在三百多万两。[①]

二、票号的利润来源

民国以前,山西票号每年均可以获得大量利润,其发展与兴盛在很大程度上也体现在盈利方面。利润即收入减去支出的余额,票号的收入主要由汇费(也称汇水)、平色余利和放款利息构成,支出则有贴费、存款利息、房租、服食和送礼费用等项。山西票号最大的经营业务就是通过汇票承担现金的远距离流通周转,汇费收入也就是票号最重要的基本收入。票号所收取的汇费没有固定的数额,由顾客与票号面商而定。汇水的大小往往因人而异,看与票号的关系如何。平常计算汇费,则以两地平色的高下、期口的淡旺(银根松紧)、月息的大小、路途的远近等为估定标准。一般在交通便利的通都大邑,每千两需二三两的汇水,若是交通不便的地方,每千两的汇水达二三十两,时或至七八十两。新疆每千两汇水多至百两。三帮之中,平遥帮的汇水往往比祁县和太谷两帮略低。每年各地公私款项往来甚多,汇费便成为票号的重要收入。[②]

票号在汇兑收交银两时,以本平[③]与各地平码折算中多余出来的数额,“凡收入银两,约长千分之二三”;同时总以成色不足,“减低千分之五六”,[④]两者合计即平色余利。比如说,上海申公码一千两等于祁县公码九百二十五两八钱八分,又相当于大德恒票号本平九百二十两一钱三分五厘七。如果祁县向上海汇一千两白银,根据比价需交给大德恒票号九百二十五两八钱八分,而根据本平大德恒票号只须向上海汇寄九百二十两一钱三分五厘七给客户。这样,平色余利即为九百二十五两八钱八分减九百二十两一银三分五厘七等于五两七钱四分四厘三。若折算颠倒过来仍然

① 燕红忠:《中国的货币金融体系(1600～1949)》,中国人民大学出版社 2012 年版,第 126—127 页。

② 陈其田:《山西票庄考略》,(台北)华世出版社 1978 年版,第 114—115 页。

③ 清代各地银两平色不统一,票号自定的天平砝码标准简称本平。

④ 卫聚贤:《山西票号史》,重庆说文社 1944 年版,第 15 页。

是票号获利。如果有客户从上海向祁县汇兑一千两白银，根据上海申公码与大德恒太平的比价，他得交给票号一千零八十七两八钱，票号另据祁公码与上海申公码的比较，只须交给祁县收款人一千零八十两零五分，平色余利为一千零八十七两八钱减去一千零八十两零五分，结果票号还是营利七两七钱五分。由于有了本平这个中介，不管如何汇兑，票号都可得到余平这个额外收益，由于票号的汇兑数额巨大，余平收益自然也不菲。[①]

除了汇兑业务外，山西票号经营的另一项就是存放款业务，存放款利息的差额就是票号经营的盈利。票号贵在信誉，众多客户存款按年计息不过二三厘左右，转放商家则利益大半在一分以上，存放利息即为利源。[②] 韩业芳估计，山西票号在清末极盛时期“每家存款多则七八百万两，少则二三百万两，每年结利银五百余万两”[③]。范椿年则认为，每家票号吸收的存款“多者至千万、八九百万，少亦三四百万”，“获利总额须在一百万两左右”。[④] 票号在长期经营过程中形成了“酌盈剂虚，抽疲转快”的原则，在总分号之间、各分号之间调度资金，增加放贷，扩大利润。当时，北方存款多于放款，南方放款高于存款，在存放款业务上，北方各号更重视放款工作，而南方各号则千方百计尽可能吸纳存款，以求得资金使用上的均衡。各大票号的存放款数额都远远高于其资本，如 1912 年百川通各大分号共存入三百零五万两白银，放出三百五十万三千两，存放额都高出其资本 10 多倍。1912 年 9 月，14 家山西票号在全国 62 个城市共有存款二千五百零九万两，放款三千一百五十万两，存放款利息差额一般在三四厘之间，数额如此巨大，其收入自然也是十分可观的。[⑤]

此外，捐纳代理费也是票号的一项重要收入。捐纳制度是官府利用加官晋爵的特权与求助功名者之间捐钱纳官的一种交易。山西票号在京师大多都设有分号，捐纳人只需将白银交给当地分号领取凭证就可以由票商一手包揽了，而且票号因为与官场有往来关系，所以捐纳人多托票号代捐，代捐亦有手续费，经手的多了，手续费也不在少数。[⑥] 随着票号经营业务的多样化，其他收入在很大程度上扩大了其收益来源。据统计，光绪三十二年(公元 1906 年)，日升昌票号共盈利白银五十八万三千七百六十三两，其中除汇兑盈利三十万九千五百零二两、平色余利二千五百五十四两这两项汇兑

---

① 石骏：《汇通天下的晋商》，浙江人民出版社 1997 年版，第 142 页。

② 席长庚：《北京金融史料・典当、钱庄、票号、证券篇》，中国人民银行北京市分行金融研究所・北京金融志编委会办公室 1994 年，第 484 页。

③ 韩业芳：《山西票号皮行商务记》(1921 年油印本)，见中国人民银行山西省分行、山西财经学院、黄鉴晖等《山西票号史料》(增订本)，山西经济出版社 2002 年版，第 742 页。

④ 范椿年：《山西票号之组织及沿革》，《中央银行月报》1935 年第 1 期。

⑤ 石骏：《汇通天下的晋商》，浙江人民出版社 1997 年版，第 143 页。

⑥ 卫聚贤：《山西票号史》，重庆说文社 1944 年版，第 15 页。

业务收入之外,其余均为其他经营项目的收入。[①] 也就是说,其他经营项目的收入超过总收入的40%,几乎与汇兑收入平分秋色。

第四节　票号的经营管理制度

一、两权分离与股份制度

(一)两权分离、经理负责制

委托代理和两权分离是票号管理制度的主要特色之一,即东家委托大掌柜经营管理票号,财东主要拥有所有权,经营权委托给大掌柜(总经理),实现所有权和经营权的分离。掌柜特别是总号大掌柜在企业内拥有"无上之权力,凡用人之标准,事业之进行,各伙友皆须听命"[②],财东则遵循"用人不疑,疑人不用"之宗旨,将各种权力全权委托掌柜(经理)负责,一切经营活动不加干预,对掌柜的经营策略只有建议权而没有决策权,此即为山西票号委托代理制度的主要特色。

票号用人十分慎重,无论总分号,内部人员设置的原则是"因事设人",绝不"因人设职"。票号的总号设总理一人(俗名大掌柜),协理一人(俗名二掌柜),内事一人(俗名三掌柜,掌管内务),会计数人,文牍数人,外事数人(管理上街及兜揽生意),庶务一人(杂办),练习生若干人。分号设老帮一人(经理),协帮一人(副经理),以及会计、文牍、出纳、营业若干人。[③] 分号经理也称掌柜,大部分商号均设2～3个掌柜构成商业运作核心。大掌柜是决策人物,负责处理号内重要事务,掌握人事安排、公积金运用、货物进出以及财务会计、营业管理等大权,特别是总号大掌柜(又称"当家的")拥有较大的权威,代东家管理与控制整个商业的运营。二掌柜协助大掌柜处理全号事务,负责处理号内日常事务、对外联络及安排每日饭谱,尤以监督员工懈怠为主要职责,故员工对其尤为畏惧。三掌柜也称为襄理或柜头,主要总管号内柜台业务。另外,还设内事先生,又称管账先生,兼管文书、出纳及金银首饰等贵重物品的保管;设营业(俗称跑街)1～3人,了解行市、银根松紧、客户资信,接洽存放业务;柜员(伙计)经办具体业务事项;另有练习生若干,主要工作是侍候掌柜、协助柜员打杂和学习生意。

---

① 中国人民银行山西省分行、山西财经学院、黄鉴晖等:《山西票号史料》(增订本),山西人民出版社2002年版,第630页。

② 中国人民银行山西省分行、山西财经学院、黄鉴晖等:《山西票号史料》(增订本),山西经济出版社2002年版,第594页。

③ 卫聚贤:《山西票号史》,重庆说文社1944年版,第57页。

(二)银股与身股制度

山西票号在创办时,均由财东出面聘请经理,再由财东、经理共同邀请中人三五人,书写股本合约,一般在合同中都要写明资本若干两,以若干两为一股,经理(大掌柜)顶人力股若干。如“百川通银股十股,人股二十股,共分三十股。日升昌银股三十股,人股四十股,共七十股。大德恒、大德通、志成信、协成乾等各分二十余股”[①]。清人徐珂说:“出资者为银股,出力者为身股。”山西票号财东出资本,持有银股,同时根据票号伙友的资历、表现以及对商号的贡献可以顶一定限额的人身股,银股与身股共同构成股本。每逢账期,一经获利,皆按股分红,盈利愈多,分红愈多。

银股即财力股,是山西票号多个财东共同出资,并按一定的单位划分股本的股份合作形式。银股每股的数额,各商号并不一致,按照各自的具体情况而定。一般而言,资力雄厚、规模较大的商号,每股的数额相对要多,反之则要少。多的每股达上万两,少的则每股为几千两。每股之下又以厘计,十厘为一股。若投资者所出资本数不足一股者,则按出资之数计为若干厘。银股多为家族内部同族同姓人员的股份,在特殊情况下有时也会吸收少量对票号有重大贡献的异姓入股。如日升昌票号,由平遥达蒲财主李大全出资 30 万两、总经理雷履泰出资 2 万两共 32 万两资本创办,一共划分成 16 个财股,每俸为 2 万两,李家分得 15 个财股,雷氏则拥有 1 个财股。

顶身股又称身股,俗称“顶生意”,即商号伙友不出资本,除每年应得工资外,根据其资历、表现以及对商号的贡献可以顶一厘到一分(十厘)的身股。顶身股最高者为掌柜(经理),一般为十厘,最多为一分二厘,最少八厘。协理、襄理为八厘、六厘、五厘不等。一般店员和初顶生意者,大多为二至三厘,以后每遇账期,可增加一二厘,增至一股为止,称为“全份”,即不能再增。顶身股并非易事,学徒初入号不满一年者,基本上只管饭,不付工钱。待学徒期满,升任职员后,以能力定工资,工作达到三个账期者可根据具体情况酌定身股。对无培养前途或品行不端的伙计,一般不授以顶身股资格。顶身股后,若有违规行为,除赌博、宿娼等重大问题要被开除出号和赔偿损失外,如属小情节可原谅者,则酌情处分,减少其身股额数。身股与银股的一大显著区别是,随着顶身股者离去(比如死亡)而失效,亦即它不是永恒的,不能继承。顶身股者死后,各号一般仍给其遗属一定体恤,在一定时间内仍旧参加分红,称“故身股”。大致经理故后享受八年的红利,未任经理者享受七年的红利,顶身股六七厘者享受五年的红利,顶身股四五厘者享受四年的红利,顶身股三四厘者享受三年的红利,顶身股一二厘者享受两年的红利。对票号经营立有特大功绩者,还可再增一至二个账期的红利。

顶身股(身股)与现代的职工持股有异曲同工之处。根据其拥有的身股多寡而具

① 陈其田:《山西票庄考略》,(台北)华世出版社 1978 年版,第 86 页。

有不同的人事权限,具体是:顶一二厘生意者,可管点杂事、接待客商等;顶三四厘生意者,可在柜上应酬买卖,但大事尚不能作主;顶五厘生意者,已有一定的做买卖经验,货色一看就懂,行情一看就明,生意能否成交,也敢一语定夺;顶七八厘生意者,已是商号的里外一把手,或来往于总号、分庄之间,盘点货物,核算亏盈,或奔波于天南海北,拍板大宗交易;顶九厘生意者,日常营业不管,专断重大疑难之事。

身股与财股共同参与红利分配,这是山西商人的一大创造与贡献,在山西票号中能对职工产生吸引力和催人奋进的力量,避免懒惰,从而使经营获利,发展壮大,资本积累增加,对票号事业的发展产生了重要作用。银股与身股均等分配,必然提高身股持有者的经营管理效率,努力推进票号的盈利,但是为了不至于太影响银股股东的利益,财东又会对单个经营管理人员的身股数额加以遏制,使单个份额数量控制在一定范围之内。同时一些票号也会在总体上对权益进行设定,一般是银六身四,即银股分红利的 60%,身股分红利的 40%。例如,泰丰源票号在光绪三十四年(公元 1908 年)共获利银一万二千零九十两,按银六身四分,银股分红利七千二百五十四两,身股分红利四千八百三十六两。身股中除去原伙友柴潮出号分去一千三百七十两外,尚余三千四百六十两。银股共 12.5 股,每股(一千两)分红利银二百一十六两六钱。山西票号的“顶身股”制通过物质利益极大地调动了职员的积极性,使得东家与伙友捆在一条船上,有效解决了委托—代理问题,从而使其获得了极大发展。

二、人事管理制度

(一)对经理(掌柜)的管理

由于票号实行完全的两权分离,即所有权和经营权的分离,在这种委托代理关系下,财东承担无限责任,大掌柜有经营管理实权,但不承担经营中的风险。因此,财东为了避免信息不对称可能带来的潜在风险,就需要选择一个合格的总经理并加以必要的激励和约束,山西票号对经营者的管理有着相当成熟、巧妙又智慧的管理方式。

票号对经理的选用可谓一丝不苟,在经理聘用之前,财东要对此人进行严格的考察。为了解其德行,财东除亲自与此人面谈和参考同仁及知情人对他的评价,还要设下种种局情,以观察和考验其品行是否过硬,为确信其有所作为,能守能攻,多谋善变,更是费尽心机多方查证,直到确信此人足以胜任。票号对经营者的选择标准、选择程序及使用结果是,绝大多数总经理人选是称职且敬业的,其中不乏享誉至今的商界帅才,如日升昌票号总经理雷履泰、蔚泰厚票号的毛鸿翙、蔚丰厚票号的李宏龄、大德通票号的高钰、协同庆票号的赵厚田等等,不胜枚举。正是在这些经营人员的杰出管理下,山西票号才得以日益强大,显赫一时。

选聘经理后,为了鼓励其好好工作,就要对其加以特别的激励。一是财东充分信任经理，将资本、人事、业务、管理全权委托经理负责，使之具有无上权力。二是经理的薪金（固定合同收入）和股份收入（剩余收入）由财东决定，并远远高于普通员工。三是财东根据经理的业绩，在年终或账期增减其薪金和股份，并通过在公开场合抬举业绩好的经理、羞辱业绩坏的经理制造一种精神鼓励或压力。据说，每届年终各地经理齐集总号汇报工作时，由财东设宴款待，盈利多者坐上席，东家敬酒上菜，热情招待；盈利少或发生亏损者居下席，自斟自饮，受到冷遇。如果两三年都居下席，用不着财东说话，经理也只有自请辞职了。

山西票号的人身股考核与晋升有着独特的管理办法。谁可以顶股、股份多少由财东和大掌柜根据职工任职时间、能力、贡献大小决定。每遇大账期，都要进行人事考核，以“结利疲账定功过”，根据劳动者的品质、能力和绩效来决定是否晋升、晋升多少。有功者，增加人身股厘数，记入股本账（万金账）。

（二）对普通员工的管理

1. 用人原则与选拔标准

山西票号在人事任用上的基本原则是“回避亲戚，不避同乡”。一是只用山西人，他省人一律不用，而且主要是财东和总经理的本乡人。“查山西票庄同业者，关于雇佣店员之规定，限于山西人，他省之人不得援用。”[①]二是必须由家道殷实者进行担保，被保证人“倘有越规行为，保证人负完全责任”[②]。三是要“查三代”，就是要考察其家族内近亲、长辈中有无带污点的人，若有，则山西票号就不予考虑。这就为山西票号依靠宗法的力量约束员工行为提供了保障。正如20世纪初的学者所评价，“山西票庄自经理以下的职员，除了一二仆役外，清一色的雇佣山西人”[③]，“山西票庄营业，自清初迄今，其同业间未闻有危险之事，未始非雇佣人之限制，有以绝其弊端耳”[④]。

票号对员工的具体选用标准也非常严格，有的甚至极为苛刻。例如，志成信票号选用职员的规则规定：招收员工，年龄必须在15岁以上，20岁以下，身高5尺，家世清白，五官端正，毫无残缺，语言清晰，口齿伶俐，举动灵敏，善珠算，精楷书。而且，保证人必须与票号有利害关系。协成乾票号除了对年龄、家世、书算方面的要求外，还要求求职者仪态大方，习于礼貌，适应长年远行的生活。这种严格的选拔制度，尤其是重视出身与品德的选拔标准，为票号的经营提供了组织保证，使票号在日常的经营过程中，

---

① 中国人民银行山西省分行、山西财经学院、黄鉴晖等：《山西票号史料》（增订本），山西经济出版社2002年版，第613页。

② 颉尊三：《山西票号之构造》，见中国人民银行山西省分行、山西财经学院、黄鉴晖等《山西票号史料》（增订本），山西经济出版社2002年版，第611页。

③ 陈其田：《山西票庄考略》，（台北）华世出版社1978年版，第93页。

④ 中国人民银行山西省分行、山西财经学院、黄鉴晖等：《山西票号史料》（增订本），山西经济出版社2002年版，第613页。

很少由于员工的失职而遭受损失。

2. 严格号规、维护形象,加强对职工的管理

山西票号不仅注重对人员的选拔和培训,而且在人员的道德品行上有十分严格的要求。第一,严格号规,概括起来有十不准:不准携带家属,不准嫖妓宿娼,不准参与赌博,不准吸食鸦片,不准舞弊营私,不准假公济私,不准私蓄放贷,不准贪污盗窃,不准懈怠号事,不准打架斗殴。如若违反号规,则由本人、掌柜及保人三方当面交割开除出号,永不续用,其他各连庄分号亦不得录用。这些号规的实施,加强了对职工的约束,使山西商人树立了良好的商业形象,赢得了广泛的赞誉。第二,山西票号还要求员工遵循礼法,严守上下之分。如大德通光绪十年(公元1884年)号规规定:"各处人位,皆取和衷为贵,在上位者固宜宽容爱护,慎勿偏袒;在下位者亦当体量自重,无得放肆。倘有不公不法之徒,不可朦胧含糊,外请者就便开销;由祁请用者,即早着令下班回祁出号。"[①]该规定要求员工注重操守,严于自律,不要逾越个人应守的本分。第三,为了加强商号的自我约束,除严格号规和道德品行要求外,还进行经常性的突击检查。如大德通票号大掌柜、二掌柜(或委派资历较深的职员)每隔若干年都要到所属各分号进行工作视察,谓之"阅边"。这种工作视察是突然性的,并不预先通知,更不允许分号之间互相通报消息。阅边制度对于总号了解分号业务状况、健全各分号自我约束机制、促进分号工作,都起了积极作用。

(三)对学徒的训育机制

在传统社会,由于缺乏社会化职业技能的学习和培训学校,商业金融人才多来源于自身的学徒培养。山西票号的员工和经理人员也大多出自学徒,形成了独特的训育机制。票号实行学徒制,"收练习生,以为培养人才的根基,欲为练习生,先托人向票号说项,票号先向保荐人询练习生的三代做何事业,再询其本人的履历,认为可试,再分口试和笔试两种,如其合格,择日进号"。练习生由总号年资深者训育,练习成熟,再测验其做事能力与道德,"如测验其人确实可用,然后由总号分派各分号任事。分号职员均由总号委用,仆役由分号雇佣,分号无练习生"[②]。因此,学徒的选择原则与经理及其人员的原则一致,即"回避亲戚,不避同乡"。

学徒入号后,要接受严格的业务技能和职业道德的学习及培养。票号要求学徒具备的业务技能包括打算盘、习字、背诵平码、抄录信稿、练习写信及记账等。道德训练的主要内容是"重信用、除虚伪、节情欲、敦品行、贵忠诚、鄙利己、奉博爱、薄嫉恨、喜辛苦、戒奢华等"[③],尤其注重诚信和吃苦耐劳的训练。票号对学徒进行职业道德教育,

---

① 卫聚贤:《山西票号史》,重庆说文社1944年版,第115页。

② 卫聚贤:《山西票号史》,重庆说文社1944年版,第57—58页。

③ 卫聚贤:《山西票号史》,重庆说文社1944年版,第57页。

就是要求学徒必须恪守信用，言而有信，不食其言，要做到守承诺，守信用，以诚待人，表里如一。只有做到这样，才能得到他人的尊重，才能保证自己行为的顺利和有效。[①]

学徒的学习过程从当时流传的歌谣中大体可得到体现："黎明即起，侍奉掌柜；五壶四把（茶壶、酒壶、水烟壶、喷壶、夜壶和笤帚、掸子、毛巾、抹布），终日伴随；一丝不苟，谨小慎微；顾客上门，礼貌相代；不分童叟，不看衣服；察言观色，唯恐得罪；精于业务，体会精髓；算盘口诀，必须熟练；有客实践，无客默诵；学以致用，口无怨言；每岁终了，经得考验；最所担心，铺盖之卷；一旦学成，身股入柜；已有奔头，双亲得慰。"[②]"十年寒窗考状元，十年学商倍加难"；"忙时心不乱，闲时心不散"；"快在柜前，忙在柜台"；"人有站相，货有摆样"。

票号对学徒期满的考核，特别强调通过实践来检验人、识别人，特别注意侧重实际能力，所以在学徒通过学徒期满考核后，还必须进行班期考核，来考察一个人坚持原则的情况。具体的考核办法有："远则易欺，远使以观其志；近则易狎，近使以观其敬；烦则难理，烦使以观其能；卒则难辨，卒问以观其智；急则易爽，急期以观其信；财则易贪，委财以观其仁；危则易变，告危以观其节；久则易惰，班期二年以观其则；杂处易淫，派往繁华以观其色。"[③]在经过如此严格的考核后，才根据个人的具体情况分派各号任事。凡循规蹈矩、勤于号事、心地清楚者，不拘一格委以重任；凡懈怠浪荡者即予辞退。学徒被派往分号做事期间，3 年或 5 年不准回家，就连给家里写信、捎东西，都要经过总号检查后，才能转交家人。[④] 执行严格的学徒制度，为山西票号训育出了一大批骨干力量和杰出经营管理人才，为其长期发展奠定了重要的人才基础。

三、业务管理制度

（一）资本与资本控制

1. 资本筹集制度

山西票号的资本召集均采用股份制度，多为合资经营，即使为某一家族所独办，也往往由家族内不同门户共同出资，因此，为了明确权利，必然采取股份制度，以便于分红时的结算。这一点，与中国商号的传统做法并无二致。在股东责任方面，票号与中国商号一样，实行无限责任制。也就是说，无论票号的资本多少，一旦出现负债，票号股东必须以全部资产进行偿付。这些特点说明，票号在最基本的方面仍然延续着传统的方式。票号银股的计量单位分为两级，一级为"俸"，俸下为"厘"，一俸银股可为十

---

① 高春平：《晋商学》，山西经济出版社 2009 年版，第 324 页。

② 曹振武：《晋商习俗》，《晋商史料与研究》，山西人民出版社 1996 年版，第 490 页。

③ 卫聚贤：《山西票号史》，重庆说文社 1944 年版，第 57—58 页。

④ 高春平：《晋商学》，山西经济出版社 2009 年版，第 327 页。

厘,厘即为银股的最小计量单位。每俸银股的具体银股数则由各票号创办者商定。从现存资料记载来看,各票号每俸纳银,高者有达一万两白银,低者有五千两、二千两白银,悬殊很大。例如,同治十二年(公元 1873 年),太谷志成信票号合约规定:“按每二千两,作为银股一俸。”光绪五年(公元 1879 年),平遥蔚泰厚票号合约则规定:“每足银五千两,作为银股一俸。”每俸银股的纳银确定之后,便由出资者根据自身财力认纳,或一俸、二俸,或五厘、八厘不等。每家票号的投资个体往往达到 20 多个,少者也有近 10 个之多。其所投资金的数量,占有股份的多少,都被明确记载于合约之中。如志成信票号合约中,记载投资最多者有“入本银四千两作为银股二俸”,其次有“入本银三千两作为银股一俸五厘”者 1 例,“入本银二千两作为银股一俸”者 8 例,“入本银一千两作为银股五厘”者 11 例,总共投资白银三万四千两,合银股十七俸。山西票号在资本的召集方面,无论所集资本总量或集股俸数均无一定要求,而是因时而定,顺其自然。

除了以俸计算的银股之外,山西票号在资本的召集中还存在两种名目,即“倍本银”与“护本银”。所谓倍本银,其实就是利润向资本的转化。例如,祁县大德通票号在光绪十年(公元 1884 年)改组时,投资十万两白银,分为二十俸。到光绪十八年(公元 1892 年)结算,每俸增倍本银一千五百两,共倍本三万两,总资本增为十三万两。光绪二十二年(公元 1896 年)结算,又增倍本银每俸五百两,共倍本一万两,总资本增为十四万两。在其后的光绪二十六年、三十年、三十四年(即公元 1900 年、1904 年、1908 年)的几个结算期,也都有不同数量的倍本银被增入总资本,使总资本银达到二十多万两。倍本银的增入,每次都在结算期间,而倍本银的数量又次次不尽相同,这显然不是新集资本,而是将部分利润提了出来,增加到原有资本当中。所以,倍本银就是一种追加投资,只是它来源于利润,为了与原有投资区别开来,被赋予特殊的名称。所谓护本银,性质与倍本银相近。护本银名目见于光绪九年(公元 1883 年)的平遥天成亨票号改组合约,该合约规定:“以每足纹银五千两作为一俸,每俸随护本足纹银二千两。”其原因是:天成亨老号在咸丰十年(公元 1860 年)开办票号时,共集银股十俸,每俸大概为白银五千两,总资本五万两。到光绪十年(公元 1883 年)已经过 6 次结算,总资本也增至七万两。这时需要进行重组,以吸纳新的投资加入。于是,老号资本就有必要重新编制,以体现老号已有的经营成果。为了保持老号创办时的习惯,老号资本仍按十俸、每俸五千两白银的标准进行编制,其多出的二万两便以“护本银”的名目附于银股之后。可见,护本银对老号股东而言是利润向资本的转化,对新加入股东而言则完全是银股计量单位的不同。

以上名目的集资,被称为“正本”,构成了票号的名义资本,可以父死子继、夫死妻继,结算时享受红利,并对票号的亏损负有无限责任。票号资本中还有一部分被称为副本,有保护股本的作用,为确保资本充足率而设置,结算时不参与分红,而是享受利息。副本有两个来源：一是股东、经理人从分红中提取部分资金，存入号内，称作“统事”；二是票号股东的存款。由于这两部分资金的存在，票号实际运营资本一般都大大超过名义资本。而且由于有这种副本的存在，随着票号年代推移，愈是营业获利，其资本愈益雄厚。

2. 资金调拨制度

由于所处地方经济状况和自身业务经营状况不同，各票号在现银盈绌和行市疲快上也有所不同，遂出现有的票号现银多，款放不出去，资金闲置，而有的票号现银短绌，利率上升，无款可放。如果靠运送现银解决上述矛盾，必然费用高昂，费时费力，既不经济又不安全。为了解决上述矛盾，山西票号在实践中逐渐创造了一种“酌盈济虚，抽疲转快”的办法来调剂运用资金。也就是在不运送现银的状况下，同一总号的票号在两地开展汇兑业务，以解决现银盈绌问题。例如，甲地票号分号现银短绌，而同一总号的乙地票号分号现银有盈，则甲地票号可主动把乙地商号的汇款吸收为甲地存款，但先交乙地票号使用，然后由甲地票号支付该商号现款。票号先收款后付款，在收付款的间隔时间，票号付给该商号利息，这就是酌盈济虚。所谓抽疲转快，就是甲地票号现银有盈余但无放款对象，而乙地某商号需向甲地汇款购货，于是同一总号的乙地票号再向该商号收款，同时由该商号付给票号在先付款后收款期的利息。这样，甲地票号解决了现银盈余的问题，乙地票号则入了款，并取得了利息和汇费。这一方法的运用，一方面限制了各票号画地为牢，各自为政，保证了存、放、汇兑业务的顺利开展，另一方面充分利用资金，通过支持生产和商品流通，赚取了高额利润，这在票号经营史上具有重要的意义。

3. 风险管理制度

山西商号在分红时并不是分光吃尽，为了抵御风险，未雨绸缪，他们实行了多种形式的“厚成”“公座厚利”“预提护本”“财神股”“狗股”等办法来提取公积金，积累资金，预防风险。厚成是折扣部分资产，使商号实际资产超过账面资产；公座厚利则是对银股、身股未分配之前先提取利润的一部分作为“公座”，以便“厚利”，参加流通周转；预提护本是商号分配之前提取的风险基金，以防止亏赔倒账。这些积存资金只有等到经理、伙计出号时才予以付还。这样不仅可以增强其风险意识，而且一旦出现事故，经理人员也有一定的资金基础可用于填补损失。只要经理任期内不出现过失，此项资金在其离任时就相当于一笔退休补助，可连本带利一次性取得。山西票号还规定了单个贷款人的最高贷款限额，禁止内部人借款，禁止个人以票号的名义借款等原则以预防风险。一些票号还规定了类似今天的准备金制度，如大得通票号“限定每月存银，不准过一万之数”，既为防止抢、盗风险，也为“限制准备金”数额，减少非盈利资产。

（二）财务与簿记制度

会计结算对于反映经营活动、提供经济信息、进行内控监督及防范控制风险等方面都是至关重要的。山西票号的业务内容较多，为了加强账务管理，其在长期的经营实践中，创立和完善了一整套财务管理制度，其账簿的设置也较为复杂。

1. 簿记与结算制度

山西票号采用的是传统的“四柱清册”记账方法，将商业往来中的全部经济事项，按性质和科目划分为进、缴、存、该四大类，分别设立账目核算。进，指全部收入；缴，指全部支出；存，指资产，并包括债权；该，也称为欠，是指负债，并包括业主投资。年结时，通过“进”与“缴”的差额，同时也通过“存”与“该”的差额平行计算盈亏，如果进大于缴，就有盈利，否则就有亏损。其公式可以表达为：进－缴＝存－该；该＋进＝存＋缴。票号商人还创造了“复式簿记”制度，即每家分号所汇出的款项必然是另一家分号汇入的款项。以后又逐步改进为“龙门账”和“四脚账”。山西票号还实行管库和管账分开，即出纳、会计分设，相互监督。

票号的结算制度是“月清”“年总结”，即每月清账，年终总结账，大账期决算分红。具体步骤是：各分号每月底将本月各经营项目逐一誊录“月清摺”，并结算出与总号的存欠数，报送总号。总号汇集出所有的分号“月清摺”，结算出总的存欠数。“年总结”则汇总全年的“月清摺”，结算全年利润，然后誊一清单，报告股东。遇大账期，清单还要列出分红方案。月清和年总结是总号控制分号的重要手段，“总号看过之后，不仅可以稽核数字，而且可以明了都做了些谁的生意，有哪些收入与花销，有没有问题”，“盈亏一概了然”。[①]

2. 账簿分类

山西票号的账簿多至十几种，主要有万金账（内有东伙开办时合同，股利分配等）、流水账（借贷、汇款、杂使、汇费、利息与各庄来往汇款，不分种类都过流水账）、老账或总账（即流水分类记载）、浮账（即活期存款）、汇兑账、存款账、放款账及各地往来总账、本号往来总账等等。其中以以下四种较为重要：

（1）流水账：各项交易，均须与此账内先加分录，然后过入老账，故可称为各种账目之原始账，如同银行簿记之日记账。账内抬头之下分上下两方，上方记载收入，下方记载支出。

（2）老账：即依流水账各个抬头，分别记载之账簿，该账包含全部财产变动之综合，故据此可知财产状态及营业损益。此账名称虽多，但主要分为入出老账和收取老账两

① 中国人民银行山西省分行、山西财经学院、黄鉴晖等：《山西票号史料》（增订本），山西经济出版社 2002 年版，第 617 页。

种。入出老账专载营业上之损益;收取老账表示营业上对内对外之一切资产与负债,收即票号之负债部分,取即票号之资产部分。出入老账合计之余额,即等于收取老账之余额。如要清抄,入即新收,出即开除,而收取即是实存,其余额即票号纯益金额。

(3)现金账:为合计库存而设,故凡逐日出入现款,必须登记此账,其收付合计之余额,即本日库存之数。

(4)浮记账:为省时间而设,因当年票号极盛时代,逐日交易,事务过繁,如往来存款一种,特别增多,若逐字记之流水,再由流水抄入老账,实非二三司账员所能胜任,于是为提高工作效率计,乃设此账,将往来存款暨同仁(即同行)暂记等项,不过流水,迳登此账,待日终结算时,只将收取两方之合计数,一笔移转于流水账,即浮记账共收取若干,乃如结出确数,而结算时浮记账余额系老账之一项目,须列入实在内。[①]

(三)票据防伪与密押制度

票号汇票都写有顾客及汇款者的字号和姓名,但是兑付实行"认票不认人"的制度,只要汇票确认无假,即使取款人与抬头所写不一致,也照常兑付。为了确保异地汇款所用汇票真实,不发生假票、伪票冒领款项,山西票号主要采用以下几种防伪方法:

第一,专用纸张与水印防伪。各家票号的汇票要用专业纸,统一在平遥印制,纸质为上等的麻纸,上印红格绿线,内加"水印",如日升昌票号的汇票在四个角上分别印有"日""升""昌""记"四个水印字,蔚泰厚票号的汇票上的水印为"蔚泰厚"三个字等等。

第二,笔记防伪。中国的毛笔字千变万化,不易伪造,利用这个特点,各分号书写汇票,会指定专人用毛笔书写,其字迹在票号及各分号预留备案,各号收到汇票与预留字迹核对无误后,方才付款。

第三,微雕印章。汇票书写完成,还要盖上票号的专用防伪票章。票章一般有方形、菱形两种。防伪票章大多采用微雕的方法,即印章正中多为人物像,如财神像,周边则刻有蝇头小字,密密麻麻,以防假冒。

第四,汉字密押。为了防伪,票号还普遍采用一种类似于今天密码的防伪方法,即每张汇票的汇款日期、金额都采用汉字代表数字的密押,这就是"汉字密押"。实行汉字密押,是很难伪造的,并且定期改变和更换,一般是3个月换一套,以防泄密。如日升昌票号经营了95年,就换了300套"密押"。汇款人、持票人是无法知道的,只有票号内部专人才能辨认真假。如日升昌票号博物馆现存的一份防伪密押是:"谨防假票冒取,勿忘细视书章"十二字,表示为1—12月的代号;"堪笑世情薄,天道最公平,昧心

---

① 卫聚贤:《山西票号史》,重庆说文社1944年版,第75—76页。

图自利,阴谋害他人,善恶终有报,到头必分明”三十字,表示为1—30日的代号;“生客多察达,斟酌而后行”或“赵氏连城璧,由来天下传”分别代表壹贰叁肆伍陆柒捌玖拾;“国宝流通”代表万仟佰十。这样“三月五日五仟两”就写成“假薄壁宝通”。为万无一失,通常在暗号之外还要再加暗语,称为自暗号。为防止泄露,暗号与暗语经常更换。汇票的水印与印制板式也有专人监督,印刷完毕后要立即销毁。

第五节　票号在中国金融史上的历史作用

山西票号集汇兑和存放款于一体,它们通过票据转让和流通,在多边贸易支付中提供了信用和债务清算体系,进而促进了跨区域乃至国际性贸易的大发展和市场融合,并将传统金融和商业信用推进到了一个新的层次和发展阶段。

第一,汇票是传统金融市场发展过程中的一项重大革新。首先,汇票最初为异地取款的凭证,主要是出于资金安全和便利支付的需求。其次,在欧洲,为规避教会对利息的禁令,提供信贷的汇票取代了简单的有息商业贷款,而清代我国的一些汇票同样也附有存款和贷款的性质。再次,汇票或背书汇票的可转让性,使其在多边贸易支付中发挥了债务冲销和清算功能。最后,随着从可转让向可流通发展,汇票也成为跨区性乃至国际性贸易的主要支付工具。当然,相对于近代欧洲而言,中国市场上的汇票的流通性发展非常滞后,而且汇票的转让和支付大多局限在比较熟悉的商业圈子之内。汇票的发行数量大体上反映了当时商品和埠际贸易的结算量,债务冲销之后的余额才会使用金属货币进行结算。

第二,山西票号推动了金融和信用的发展,并居于当时金融结构的顶层地位。典当、印局、钱庄、银号主要局限于本地市场,具有较强的区域性,他们不仅进行商业融资,也为民众的生活服务。典当的服务对象最为广泛,且必须有动产质押,其他机构则多为信用放款。账局和票号主要是为适应长途贩运贸易而发展起来的,一般为埠际贸易和大商业服务。鸦片战争之后,钱庄的商业性更为突显,而票号则集汇兑和存放款于一体,钱庄的票据结算和汇划过账制度、票号的汇兑业务同时也为商业贸易提供了债务结算体系。各种金融机构、信用票据与清算体系互相补充,满足了市场不同层次的需求,解决了商业贸易中的商业融资、货币不足与异地汇兑等问题,并将传统金融和商业信用推进到了一个新的层次和发展阶段。票号在当时金融结构中的地位和作用如表6.1所示。

表 6.1 明清时期的金融机构与金融工具

金融机构	产生时期	主营业务	金融工具	主要服务对象
典当	南北朝	抵押放款	当票、银钱票	各阶层民众、商人
印局	明末清初	小额借贷	印子钱	小商小贩、城市底层民众
钱庄、银号	明代中叶	兑换货币、评定金银成色重量、存放款	银钱票	地区商业、民众
银铺、银炉	清前期	买卖与兑换金银、熔铸银锭		
账局	清雍正乾隆年间	存放款	商业票据	远距离贸易的商人
票号	道光年间	异地汇兑、存贷款	汇票、银钱票	长途贩运贸易、大商人

山西票号建立以后，在很长一段时期内充当了钱庄、银号的"经理人"和"贷款人"，钱庄、银号则充任了山西票号的"出纳员"，它们的关系近似于"中央银行"与"商业银行"。票号放款给钱庄、银号，钱庄从票号取得贷款后再贷给一般商人，取得利差。钱庄依照银根的松紧、市价利息的高低来确定其在票号的贷付利息。"本地钱庄资力薄弱，有赖于票庄之供给……本地之事以钱庄任之；各省间之事，以票庄任之。"①"起初钱庄的资本薄弱，须向票庄借贷。票庄乐意养育钱庄，借以容纳各地的公款。钱庄依赖票庄作为后盾，可以取得民间信用，便于经营各种事业。""票庄的存款以官款为大宗、放款只借给钱庄、官吏及殷实商家。钱庄的存放款，则以一般商人为对象……票庄交结官吏，发行纸币，钱庄注重社会信用，不发纸币。"②票号"有时贷付于各大商人等，其手续多由钱庄经手。而钱庄之愿为经手者，从其中可以渔利"③。"钱铺有相当资本而为票号之所信者，始得与票号为交易。"④最初，钱庄因资本薄弱，全赖票号支持才能得以发展，钱庄处理埠际之内的一般工商铺户贷款，也充当了票号没有设庄之处的代办机构。因此，"票号之对于钱铺，常为保护之意义。由此观之，虽极似中央银行对于普通银行之关系，唯彼此每以个人之关系，头绪纷杂，必二者相待，而作用乃以完全，则谓之为连合经理之一银行，亦无不可"⑤。

第三，山西票号推动了金融市场整合和埠际贸易的大发展。白银是秤量货币，由于度量衡不统一，当时在各地通行着不同种类"平""色"标准的标准银，如上海的九八

① 马寅初:《吾国银行业历史之色彩》,《银行杂志》第 1 卷第 1 号,1923 年 11 月。

② 陈其田:《山西票庄考略》,(台北)华世出版社 1978 年版,第 156—157 页。

③ 中国人民银行山西省分行、山西财经学院、黄鉴晖等:《山西票号史料》(增订本),山西经济出版社 2002 年版,第 67 页。

④ 潘承锷:《中国之金融》下册,中国图书公司 1908 年版,第 3 页。

⑤ 潘承锷:《中国之金融》下册,中国图书公司 1908 年版,第 3—4 页。

规元、天津的行化银、汉口的洋例银等等，造成了金融市场不同程度的分割。而山西票号的汇兑机制简化了不同地区银两折算的程序和风险，沟通了不同地区的金融市场，推动了统一市场的发展。在当时的金融市场上，钱庄主要处理埠际之内的一般工商铺户贷款，也充当了票号没有设庄之处的代办机构。而票号则主要经营埠际金融业务。因此，钱庄相当于地方银行，而票号则具有全国银行的性质。

以营口过炉银和东北贸易为例，山西票号通过创设"过炉银"的汇兑，使"过炉银"具有跨地区调度现银的机能，对银炉的现银存款和借贷使其具备了强大的金融扩张能力，为营口贸易体系覆盖东北奠定了金融基础。在山西票号开辟东北对上海汇市以后，营口贸易无论是金额还是数量都呈现长期的增长趋势。1872 年营口海关贸易的总金额为五百三十七万两，1899 年增长到四千八百三十六万两，1905 年进一步增长到六千一百七十五万两，30 多年间贸易额扩张了 11.5 倍。豆货交易是营口港和东北贸易的主要商品，营口海关的豆货贸易在 1873 年时为 156 万担，到 1899 年增长至 909 万担，增长了 5.8 倍，之后开始有所回落。与此同时，在 19 世纪 60 年代，营口贸易大概占到当时东北贸易的一半，到 19 世纪末，则进一步上升到东北贸易量的 80%上下。[①] 营口"过炉银"的主要支撑来自地区商人间的信用结算方式及山西票号提供的汇兑交易，商业交易与地区间汇兑存在相互依赖的关系。尤其是营口贸易结算建立在商人之间的直接汇水交易之上，不容银行等近代金融机构的介入，银行遇有大额汇兑则要利用(票号)汇水交易进行。大豆出口商发出 15 日到期上海付款的收款汇票，由汇水经纪出售给进口商，进口商将其带往上海用于支付进口货款。

第四，山西票号推动了近代上海金融中心的形成。山西票号的汇兑网络是以上海汇水市场为中心的，其在全国各地分号的汇兑，并非将汇兑所需现银在两地间直接运输，"凡票号分号之间的借贷，皆以上海为中心构成。甲分号收取现银、收到对乙分号汇款委托发出汇票时，并非在账上直接记为对乙借方，而是先记为对上海借方，同样乙也不记为对甲贷方，而是先记为对上海贷方，甲乙两分号的借贷在上海结算，并寻求冲抵汇兑"[②]。山西票号利用上海贸易中心的地位作为冲抵汇兑中心，将上海规银与各地的虚银两、"过炉银"等货币信用和决算体制联系起来，使上海成为对全国汇兑的中心市场，从而强化了其贸易与金融中心的地位。各埠汇水收敛于上海，不仅为出口贸易相互冲抵提供了前提，而且也使上海规银几乎成为全国性的基础货币。

---

① 燕红忠、许晨：《晚清营口贸易的商业机能与市场网络》，《中国经济史研究》2016 年第 4 期。

② 东亚同文书院：《中国经济全书》第 3 辑，东京丸善株式会社 1907 年版，第 590 页。

思考题

1. 名词解释：

雷履泰　汇票　联号制　分号制　顶身股　厚成　公座厚利　倍本银　护本银　酌盈济虚　抽疲转快　密押制度

2. 山西票号兴起的原因和基本条件有哪些？票号为什么由晋商所创设？

3. 山西票号衰败的原因有哪些？

4. 山西票号经营管理和用人机制的主要特点是什么？

5. 山西票号的簿记与结算制度的主要内容和特点是什么？

6. 山西票号在中国金融发展史具有怎样的历史作用？

7. 山西票号顶身股制度对现代金融机构内部管理有何启示？

8. 为什么山西票号没有发展成为中国的国家银行？山西票号有哪些值得学习的经营智慧？

主要参考文献

1. 陈其田：《山西票庄考略》，(台北)华世出版社 1978 年版。

2. 董继斌、景占魁：《晋商与中国近代金融》，山西经济出版社 2002 年版。

3. 高春平：《晋商学》，山西经济出版社 2009 年版。

4. 黄鉴晖：《山西票号史》(修订本)，山西经济出版社 2002 年版。

5. 潘承锷编译：《中国之金融》，中国图书公司 1908 年版。

6. 石骏：《汇通天下的晋商》，浙江人民出版社 1997 年版。

7. 史若民：《票商兴衰史》，中国经济出版社 1998 年版。

8. 卫聚贤：《山西票号史》，重庆说文社 1944 年版。

9. 席长庚：《北京金融史料 · 典当、钱庄、票号、证券篇》，中国人民银行北京市分行金融研究所 · 北京金融志编委会办公室 1994 年。

10. 燕红忠：《晋商与现代经济》，经济科学出版社 2012 年版。

11. 燕红忠：《中国的货币金融体系(1600～1949)》，中国人民大学出版社 2012 年版。

12. 张国辉：《晚清钱庄和票号研究》，中华书局 1989 年版。

13. 中国人民银行山西省分行、山西财经学院、黄鉴晖等：《山西票号史料》(增订本)，山西经济出版社 2002 年版。

第七章　近代化中的钱庄及其经营特色

钱庄又被称为地方银行，其活动具有很强的地域特征，在各地的称谓也不统一，一般在长江流域称为钱庄，在华北、华南和西北的许多地区叫作银号，广大农村或城市中的一些较小的钱业机构仍然统称为钱铺。也有些地区视规模大小而进行区别，多把规模大的称为银号，规模较小的叫作钱铺或钱庄。钱庄是诞生于中国传统社会后期的一种金融组织，从开展货币兑换开始，业务范围逐步拓宽至存款、放款和汇兑业务等，长期实行无限责任经营模式。在不同的历史时期，钱庄的发展及其在金融市场的地位也不尽相同。

第一节　钱庄的发展和兴衰过程

一、钱庄的产生与鸦片战争前的发展

钱庄产生于明代中后期，由传统的经营钱币兑换与金银器饰的钱铺、金店等发展而来。15 世纪下半叶至 16 世纪初，随着货币兑换需求不断增长，钱商从流动性的摊贩逐步演变成有固定经营场所的商家，"即从普通商人中分离出一种商人专门从事经营货币兑换生意的商人"①。到清乾嘉时期，钱庄的实力在城市与一些商业发达地区已经超过当铺。朝廷也开始颁布法令，对钱市进行管理，要求"开张钱铺者，必令五家互出保结。遇有关铺潜逃之事，即令保结之家照票分赔"②。在京师北京，自康熙年间到道光十年(公元 1830 年)，先后开设的钱铺有 389 家③，鸦片战争前夕进一步发展到千余家，"钱铺大者，所开发的钱票皆不下一、二十万串；中等钱铺，少亦不下数万吊"④。在上海，乾隆四十一年(公元 1776 年)已有钱业公所组织，从 1776 年到 1796

---

① 黄鉴晖：《中国钱庄史》，山西经济出版社 2005 年版，第 9 页。
② 《清仁宗实录》卷三一八，嘉庆二十一年四月丙戌。
③ 张国辉：《中国金融通史》第 2 卷，中国金融出版社 2003 年版，第 16 页。
④ 萧清：《中国古代货币史》，人民出版社 1984 年版，第 321 页。

年，历年承办该公所组织的钱庄就有106家之多。[①] 这一时期的钱庄业务主要以货币兑换为主，并开始发行银钱票，兼有保管货币、信用中介和支付中介的职能，初步具备现代银行业务的雏形。

二、晚清时期

鸦片战争之后，随着外国势力的渗入与对外贸易的开展，钱庄得到了很大发展，特别是在各通商口岸拥有很强的势力。上海开辟租界后的最初十余年，钱庄尚不十分发达。从19世纪50年代中期之后，上海钱庄逐渐同对外贸易联系起来，所发行的“庄票”也为外商所接受。1958年，上海城区与租界已经有各类钱庄120家左右，但资本在三万两到五万两的大钱庄仅有8～10家。[②] 从19世纪70年代开始，上海钱庄进入繁荣时期，1876年仅“汇划庄”就达105家。[③] 1883年的倒账风潮对上海钱庄造成了一定影响，之后钱庄又迅速恢复和发展起来。1908年，上海钱庄共计115家，其中有报告的71家的盈利总额为79.8万元。宁波与上海相邻，于1843年底辟为商埠。开埠之前当地的钱庄就已很有影响，具有票据结算和交换功能的“过账制度”已经初步形成。1864年该地有钱庄36家，1867年又添设4家，到1911年已有大小同行钱庄六七十家，大同行经营汇划业务，小同行仍然从事传统的兑换业务，且都经营存放款。[④]

福州和厦门于1844年开埠通商，在19世纪40年代钱庄签发的票据已为外国商人所接受。60年代福州共有钱庄90家，其中城内20家，最高资本额约在4.5万两；城外70家中，有12家大钱庄，资本在十五万到二十万两左右(应为经营资本)，但只有两家在外地设有分号。[⑤] 1906年福州城内外共有钱庄38家，资本从数千两到五万两不等，主要经营兑换、借贷与汇划业务。[⑥] 厦门在1880年有钱庄6家，90年代增加到18家。由于来自南洋侨汇的增加，20世纪初厦门的钱庄进一步增加到39家[⑦]，这一时期该地钱庄的资本从五六千两到五六万两不等，主要经营汇划票据、兑换、存放款等业务。[⑧]

第二次鸦片战争中签订的《天津条约》进一步开放天津、汉口和镇江等十口通商。天津是华北地区的商品集散地，1867年有钱庄100家左右，总资本约为六十万两。其

---

① 中国人民银行上海市分行:《上海钱庄史料》，上海人民出版社1960年版，序言，第2页。
② 中国人民银行上海市分行:《上海钱庄史料》，上海人民出版社1960年版，第14页。
③ 中国人民银行上海市分行:《上海钱庄史料》，上海人民出版社1960年版，第32页。
④ 浙行:《宁绍钱业之今昔观》，《中行月刊》1933年第2期。
⑤ 张国辉:《晚清钱庄与票号研究》，中华书局1989年版，第28—29页。
⑥ 潘承锷:《中国之金融》下册，中国图书公司1908年版，第57—58页。
⑦ 张仲礼:《东南沿海城市与中国近代化》，上海人民出版社1996年版，第217页。
⑧ 潘承锷:《中国之金融》下册，中国图书公司1908年版，第60—61页。

中较大的钱庄有 40 家，每家资本一万两，其余的资本量在二千两到四千两上下。[①] 1906 年，天津有银号 14 家，资本从二万两到五万两；钱铺 18 家，大多数资本在万两以内，少数达到三万至五万两。这些银号、钱铺主要经营货币兑换，也发行票据、经营汇划业务。[②]

汉口在 19 世纪 70 年代拥有资力较大的钱庄 40 家，后因茶叶贸易的影响，80 年代减为 24 家，但小钱庄却得到了很大发展，在汉口及其附近出现了约 500 家小钱庄，极大地弥补了汉口市场的金融力量。[③] 到 1907 年，汉口的钱庄增加到 111 家，资本从两三千两到四五万两不等，但很少超过十万两。[④] 汉口的钱庄主要分为本帮、西帮（江西帮）、绍帮和徽帮四派，在不同年代各帮的实力也互有升降。镇江是洋货向内地输入和原料出口的中转地。1868 年镇江有钱庄 27 家，资本额在五千两到二万两之间，一些较大的钱庄能够吸收存款六万两到十万两。19 世纪 70 年代初，镇江的 8 家钱庄还在苏州设有分店。[⑤]

晚清时期，钱庄、票号、银行（主要是外国银行）处于鼎足之势，虽然票号一度处于领先地位，但这一时期也是近代以来钱庄发展的第一个黄金时期。钱庄除发挥其货币鉴定和兑换职能外，同时也服务于进出口贸易的结算支付，在各通商口岸发行庄票，在口岸和内地之间使用汇票，作为西方国家、通商口岸和内地市场的主要金融中介，推动了国内国外贸易的发展。

三、北洋政府时期

民国初年，随着民族工商业和对外贸易的发展，钱庄也得以继续发展。这一时期，钱庄、外国银行、本国银行一度成三足鼎立之势，但钱庄以其与商业的密切联系，运用庄票、汇票等金融工具发挥清算结算功能，仍是中国金融市场的参与主体之一。据统计，1912—1920 年，钱庄、银号的总家数为 4 000 多家，资本额在 6 000 万～7 000 万元，包括资本、公积金、存款和发行纸币在内的资力也从 1.2 亿元发展到 1.6 亿元。[⑥] 而 20 世纪 20 年代则是钱庄发展的又一个黄金时期，到 1925 年，钱庄的总资力已从 1920 年的 1 亿多元激增至 8 亿元，约占本国银行的 55%[⑦]，如果加入股东的后备资金，

---

① 《字林西报》1867 年 10 月 15 日。

② 潘承锷：《中国之金融》上册，中国图书公司 1908 年版，第 9—10 页。

③ 姚贤镐：《中国近代对外贸易史资料》第 3 册，中华书局 1962 年版，第 1577 页。

④ 潘承锷：《中国之金融》上册，中国图书公司 1908 年版，第 33—34 页。

⑤ 姚贤镐：《中国近代对外贸易史资料》第 3 册，中华书局 1962 年版，第 1577 页。

⑥ 杜恂诚：《中国金融通史》第 3 卷，中国金融出版社 2002 年版，第 233 页。

⑦ 唐传泗、黄汉民：《试论 1927 年以前的中国银行业》，见中国近代经济史丛书编委会《中国近代经济史研究资料》(4)，上海社会科学院出版社 1985 年版。

其实力并不亚于新式银行。

以上海钱庄为例，清末因受“橡皮股票风潮”和革命运动的影响，大量钱庄相继倒闭，1912 年最低时仅存 28 家。辛亥革命后，钱庄又逐渐恢复与发展起来，到 20 世纪 20 年代达到又一次高峰，1924 年的实存家数达 89 家，之后逐渐减少。从钱庄的资本、盈利以及同业间的票据结算额来看，同样在辛亥革命前后出现了一次下滑，而 20 世纪 20 年代则是它们增长最为迅速的时期。

1918 年福州的多数行业处于亏损状态，唯钱业“尚可观”，该年 31 家钱庄共盈利 32.2 万元。1921 年的钱庄家数增至 43 家，盈利达 56.7 万元。20 世纪 20 年代，福州钱庄最多时达到 50 余家。[①] 厦门的钱庄在这一时期也仍然十分兴旺，在 1918 年不景气的商业环境中，12 家钱庄仍盈利 16 万余元。1919 年开业钱庄增至 25 家，1921 年进一步增至 32 家，其中 5 家亏损 1.4 万元，27 家共盈利 30.3 万元。[②] 广州的钱庄业也在民国初年继续发展，并位居“百业之首”。在 1918 年不景气的环境中，钱庄仍然是能够盈利的少数行业之一，该年有 26 家钱庄获利在 1 万～8.7 万元不等，总利润为 72.8 万元，盈利万元以下者尚有多家。1919 年盈利万元以上的钱庄增至 32 家，获利共计 116 万元。[③] 1921 年汉口共有钱庄 93 家，总资本 203 万两。1925 年钱庄的家数增至 136 家，总资本也达到 404 万两。[④]

四、南京国民政府时期

20 世纪 30 年代，随着国家银行、各省银行分支机构的拓展和县级银行的发展，以及政府货币制度的改革和对钱庄业务的限制，钱庄开始走向衰落。1933 年以前，银两银元并用，各地银钱业由钱庄及其同业公会所支配，钱庄是洋厘、银拆和汇兑(申汇)市场的主要参与者和收益者。1933 年国民政府实行“废两改元”，货币市场一元化为银元，经历了千余年的银两制度退出历史舞台，钱庄在银两、银元和兑换业务上的获利已所剩无几，其货币兑换的金融职能随之消失。而新式银行在经济中的地位则逐步得到强化。与此同时，相对 1890 年上海钱庄业成立的汇划总会，国民政府于 1933 年在上海开办了第一个正规化的票据交换所。参加交换的银行有 32 家，全部是本国银行，外国银行凭借特权自己进行票据交换，钱庄则是实行自己的汇划总会轧账制度。票据交换所成立之初，其票据清算功能尚不健全，仍需依赖钱庄的力量办理汇划清算，但钱庄

---

① 《各埠金融及商业・福州》，《银行周报》1919 年第 6 期；《银行周报》1919 年第 7 期；《银行周报》1922 年第 9 期。

② 《各埠金融及商业・厦门》，《银行周报》1919 年第 7 期；《银行周报》1922 年第 9 期。

③ 《各埠金融及商业・广州》，《银行周报》1919 年第 5 期；《银行周报》1920 年第 10 期。

④ 杨荫溥：《杨著中国金融论》，商务印书馆 1930 年版，第 314 页。

在中国金融市场结算体系中的地位开始被银行取代。《中国金融年鉴》将 1932—1936 年 5 年间的钱业动态概括为："其最主要而亦最明显者，厥为倒闭之累累，与夫业务之收缩。"[①]据抗战前夕对各地钱业的调查，具有一定资力和规模的钱庄、银号共计一千数十家，资本 7 000 万元以上。若将调查中漏列的正式钱庄计算在内，估计总数当不下 1 500 家，资本将达 1 亿元。[②] 但同 20 世纪 20 年代中后期相比，其实力已经大为减弱。

1939 年 7 月 4 日，为适应当时的金融形势，上海同业汇划制度进行调整，并对票据集中清算产生较大影响。原先上海银钱业的票据清算不在同一地点，华商银行的票据交换集中在上海票据交换所清算，而汇划钱庄的票据收解集中在钱业总会清算。自 7 月 4 日起，因各行庄领用同业汇划均须向银行业联合准备委员会缴存担保品，钱庄同银行业联合准备委员会也发生了直接的往来关系，为便利票据收解起见，上海银钱业相互间的票据清算全部集中在上海票据交换所，新的汇划制度成为沟通银钱业票据清算的桥梁，至此钱庄的汇划清算功能丧失。[③]

抗战时期，由于物价飞涨和货币贬值，居民存款者日少，工商业正常经营所用放款也较少，工商业和钱庄的 90%以上资金用于投机活动，使得往来其他存款和透支、同业放款等占据绝对地位，业务发展严重畸形。[④] 抗日战争胜利后，民族工商业一度有较快的恢复和发展，钱庄又重燃起发展希望。1947 年 10 月 16 日，上海、南京两地钱业发起并在南京介寿堂举行"民国钱商业同业公会联合会"成立大会。但随着内战的爆发，钱庄的经营环境每况愈下，其票据交换、贴放业务除在中小城市和农村还有信用活动外，在大城市仅能苟延残喘。到解放战争后期，随着恶性通货膨胀和国家金融垄断资本的挤压，钱庄发展更显困难。

五、新中国成立后

1949 年中华人民共和国成立后，经济工作面临的主要任务是建立新的经济秩序、恢复国民经济。作为民族资本银行业之一的钱庄，既有调节资本发展国民经济的作用，同时也因不同时期的发展兼具投机性、扰乱市场、不利于物价和市场稳定的特性。在恢复和发展国民经济的背景下，新中国以支付股息为赎买的政策，对钱庄进行了全行业公私合营，整合发展为公私合营银行体系，钱庄正式退出了历史舞台。

在改革开放初期，钱庄作为一个新鲜事物一度在个别地区复兴。20 世纪 80 年代

---

① 沈雷春：《中国金融年鉴》(1939 年)，(台北)文海出版社 1978 年影印版，第 146 页。
② 沈雷春：《中国金融年鉴》(1939 年)，(台北)文海出版社 1978 年影印版，第 143 页。
③ 姚遂：《中国金融史》，高等教育出版社 2007 年版，第 342 页。
④ 黄鉴晖：《中国钱庄史》，山西经济出版社 2005 年版，第 140 页。

初期，在浙江温州地区和福建福清地区先后出现了一些由民间资本创办的私人钱庄，比较有名的如苍南县钱库镇的方兴钱庄、乐清县城关镇的乐成钱庄、巴曹信用钱庄和金乡镇金乡钱庄等。其中，1984 年 9 月 25 日由支边回城青年方培林创办的方兴钱庄，是新中国成立后由私人挂牌营业的第一家金融机构。温州的私人钱庄有独资和合资两种形式，收贷采取浮动利率，存款地域范围不限，借贷只限于本地。20 世纪 80 年代后期，由于金融监管当局的严格管理，这些钱庄或者自行停业，或者转入非公开经营状态。①

第二节　钱庄的主要经营业务

一、货币兑换

货币兑换是钱庄最早也是最基本的业务。到 18 世纪 40 年代，钱庄的职能还是以银、钱兑换为主。明人陈粲的《庚巳编》提到弘治十四年(公元 1501 年)长洲(治所在今江苏苏州)城西黄牛坊内有一家钱肆经营金、钱兑换业务。明人范濂写于万历年间的《云间据目抄・记风俗》称上海一带存在兑换银钱的兑店。崇祯十六年(公元 1644 年)，京城银贵钱贱，市场交易是银一两换钱二千，朝廷将钱市贬值归咎于私钱泛滥，限令"街钱桌"的银钱兑换比价为"一两(银)六百(钱)，多一文亦斩"，可见在北京街头摆摊置桌从事银钱兑换业务者相当普遍，同时还有相对集中的"钱市"。清代小说《醒世姻缘传》中有记载去当铺、钱桌上换金子，反映了早期钱庄经营金、银、钱三角兑换业务的情形。② 当时钱庄的货币兑换业务主要是银和钱的兑换。用银两买进铜钱，再以铜钱兑出收进银两。铜钱的一进一出，同一切商品一样，是贱买贵卖。钱庄这种贱买贵卖，即表现为一两银买进的铜钱多和兑出的铜钱少，又在兑出铜钱收进银两时，会有成色和平余的额外收入。由于钱庄从事货币兑换具有合法的和非法的种种利益，所以开设钱庄的人多致富。③

钱庄的货币兑换业务，与国家钱法有着重要的关系。为了维护钱法和监督钱庄的业务经营，国家和各地方政府都不同程度地对钱庄业务进行监管。在京师北京，对钱庄的监管主要体现在以下几个方面：一是设立牙纪或经纪人制度。官府在钱市设立经

---

① 王曙光：《地方政府行为与民间金融发展：基于温州方兴钱庄的微观史学考察》，见王曙光《金融发展理论》，中国发展出版社 2010 年版。

② 陈明光：《钱庄史》，上海文艺出版社 1997 年版，第 18—19 页。

③ 黄鉴晖：《中国钱庄史》，山西经济出版社 2005 年版，第 36—37 页。

纪人，先叫“牙官”，后叫“经纪”或“经纪铺户”，主要在钱市说合交易，同时也负有稽查钱铺兑换钱价的责任。二是悬挂兑换市价牌制度。为使钱铺货币兑换走向制度化，并约束钱铺经营行为，京师内外城巡警总厅，协同钱业，官商议定章程，从光绪三十二年七月初一日（公元1906年8月29日）起，各钱铺一律悬挂市价牌，按定价兑换货币。三是设立公估局加强管理。为平抑银价和杜绝私铸铜元的流通，光绪三十四年正月十六日（公元1908年2月17日），在北京正阳门内西城根设立公估局，进一步加强对钱铺兑换货币和铜元流通的管理。① 四是颁布向钱庄追赃的法令。长期以来，各署拏获贼犯，问明赃物卖于何家，按家起赃。但官府在追赃的过程中，常常会百般勒索，甚至有收赃百金花费千金之多，纠缠数月不能了结，使得钱铺苦不堪言。因此，钱业商会秉请京师商务总会转呈农工商部咨行京师步军统领衙门和顺天府出示晓谕，颁布正式的钱业追赃章程，以使得官府和钱庄能够按章程和程序顺利追赃。五是调控钱价。当银两和铜钱两种货币流通量发生不平衡矛盾时，就会出现银贵钱贱或钱贵银贱。官府为平抑钱价，或净值囤积钱文，或发官钱投向市场，或发官银收买制钱，或限制制钱行使范围，以调控钱价。② 京外各省则根据当地实际情况，仿照京城办法，对钱市经营者进行不同的约束和管理。

19世纪六七十年代之后，银两与制钱并行的货币体系解体，钱庄由经营制钱和白银之间的兑换转向银两和银元之间的兑换。例如，上海钱庄从洋厘的获利来自两个方面。一是利用记账虚本位在银两、银元兑换之间坐收差价。上海商界从1856年起实行一种统一的记账虚银本位，所有交易都要换算成九八规元入账，钱庄在对往来客户解入或支出银元中收取每万元一两二五到二两半的手续费。二是利用洋厘的季节性波动获利。钱庄通过预测金融市场上的银、洋比价的变化而囤积或抛售银两、银元来牟利，由于短期商业资金需求很大，钱庄的盈利非常可观。③

此外，钱庄在从事货币的兑换业务的同时，也会利用金银价格的变化买卖金银。若金价涨，则将所蓄存的金条到市场上出售而买进银锭，反之，若银价涨，钱庄则到市场上出售银锭而买进黄金从中获利。钱庄也常会受民间委托代为买卖生金生银而从中收取佣金。

二、发行银票、钱票

钱票、银票是由钱庄发行的信用票据。钱票又称为钱帖，以制钱为本位；银票主要以当地通用的银两为本位。银票、钱票票面书写具体数额和单位、发行钱庄名称等信

---

① 黄鉴晖：《中国钱庄史》，山西经济出版社2005年版，第40页。
② 黄鉴晖：《中国钱庄史》，山西经济出版社2005年版，第42页。
③ 陈明光：《钱庄史》，上海文艺出版社1997年版，第150页。

息，如“凭票取（银钱若干）”或“凭票发给（银钱若干）”，持有者可在一定范围内直接用票进行支付，省去了使用现银或现钱时搬运及清点的麻烦，如果持票者需要用现银或现钱，可以凭借票据到钱庄兑换。早在乾隆年间，钱庄发行的钱票已经在很多城市流通，北京城内也有京外钱庄签发的钱票流通的记载。到道光年间，钱票不仅在全国十多个省份中均有广泛流通，而且其数量已经比较庞大。“京师民间市易，自五百以上，皆用钱票。安徽省滁、凤、芦颖诸处，皆用钱票。且一处之钱票，可携之于二三百里之外，向钱庄取钱者。较京师之钱票，止在京城中用者，更为流通。又闻盛京及山东地方，亦俱用钱票。”①道光十八年（公元1838年）六月，山西巡抚申启贤说：“查民间置买房地，粜籴米粟，贸易货物用银之处少，用钱之处多……是以江、浙、闽、广等省份用洋钱，直隶、河南、山东、山西等省则用钱票。”山西钱票流行已久，“有凭帖、兑帖、上帖名目。凭帖系本铺所出之票，兑帖系此铺兑与彼铺，上帖有当铺上给钱铺者，有钱铺上给钱铺者。此三项均系票到付钱，与现钱无异”②。陕西“汉中、兴安两府，铺户较多，间有行用钱票者……付以票据，以凭取用，与现钱交易无异”③。东北盖平的五家钱铺，“原本钱仅止五六万千至二万余千不等，现在共查验五家未付在外票欠共计东钱三百八十万三千余千，以银核计六十三万八千余两”④。在京师北京，“有钱铺千余家，钱铺大者，所开发的钱票皆不下一、二十万串；中等钱铺，少亦不下数万吊”⑤。咸丰年间，各种银钱票继续发展，当官票壅滞不通时，民间的各种私票仍然能够较好地流通。

通过发行银票、钱票，钱庄可以获取在兑换时的手续费，如北京钱庄采用兑换时九八扣或九六扣，就可以直接获得2%～4%的兑换利润。当时，也存在一些不法钱商利用钱票牟取非法利润。如发出大批钱票后，弃铺潜逃；贱价收购大批劣质钱后雇人挤兑，以劣钱支付钱票；制造假票，到别的钱店兑现等等。另外，钱庄在承担兑现信用的前提下，可以通过发行银钱票集中大量现金，为自己增加经营资金，借以扩大资金的周转。1900年以后，银元取代制钱成为主要货币，钱庄遂乘机发行“银帖”，票面有五两、十两、五十两、一百两四种，并从1904年起发行银元券，分一元、三元、五元三种面额，因携带方便，商民乐于使用。由于一般情况下不会发生持票人都来兑现的挤兑现象，钱庄就可以动用手中的现金，多靠发行不可兑换的银票、钱票来扩大周转资金。⑥

---

① 中国人民银行山西省分行、山西财经学院、黄鉴晖：《山西票号史料》（增订本），山西经济出版社2002年版，第7页。

② 中国人民银行总行参事室金融史料组：《中国近代货币史资料》第1辑，中华书局1964年版，第128—130页。

③ 中国人民银行总行参事室金融史料组：《中国近代货币史资料》第1辑，中华书局1964年版，第134页。

④ 中国人民银行总行参事室金融史料组：《中国近代货币史资料》第1辑，中华书局1964年版，第124页。

⑤ 萧清：《中国古代货币史》，人民出版社1984年版，第321页。

⑥ 陈明光：《钱庄史》，上海文艺出版社1997年版，第96—97页。

三、存款和放款业务

(一)存款

早期钱庄的存款业务实际上只是保管业务,存户是没有利息可得的,而且还要付费给钱庄,如果存物损失,钱庄需要照数赔偿。放贷在中国出现得很早,但吸收闲散资金且支付利息的储蓄存款直到清初以后才正式发展起来,以满足金融机构不断扩大的商业放贷需求。钱庄的存款业务主要分为活期存款、定期存款和同业存款三种。活期存款称为浮存,又称为往来存款,存入时不定期限,可以随时支取,钱庄负有即付之义务。活期存款的利息一般根据市面资金的供求情况来决定,但按月由钱业公会召集同业来决定,于每月初由同行公会以上月每日之日拆的利息相加除以日数所得的平均数来决定本月之存息。[①] 一般月息为二三厘至五六厘不等。定期存款又叫长存,这种存款有一定期限,不能随意支取,其期限一般分为 3 个月、6 个月、1 年期三种,利息的计算是按长存的时间长短而定。一般来说,定期存款的利息按月有四五厘至八九厘不等。存款到期如欲续存,则可转期;如欲提前支取,也可通融,但不给利息。同业存款是银行或同业方面存入的款项,与活期存款相似,可随时提取。[②]

钱庄在早期主要吸收的是商号存款。从 19 世纪 60 年代起,钱庄的资金来源出现重大变化,即增加了票号的定期存款和向外商银行的拆款,钱庄以庄票作为信用工具,与外资银行、票号及华资银行建立起合作关系。所谓拆款,是由钱庄以庄票作抵向外商银行拆借的一种信用放款制度,拆款使钱庄每天可以根据需要,拆借自己所需要的资金,通常两天结算一次,但外商银行认为必要时,可随时要求收回。20 世纪初,随着进出口贸易的发展,钱庄对短期资金的需求大为增加,为了调剂同业间营运资金的余缺,各地钱庄的同业拆借市场开始产生,并逐步形成银拆市场。

银拆是以银两为计算标准的利率,“废两改元”之后,以银元计算的叫洋拆,它们都是钱庄同业之间互相拆借的利率,有时也称为拆息。杭州、宁波等地钱庄同业拆借称为日拆或掉期。每天的银拆是在钱行中早午两次由全体汇划同业集会竞价而定,然后挂牌公布,称为明盘。上海钱业公会制定的行规规定:同业银拆,最高以七钱为限,即每千两日息七钱,但按惯例,汇划票据必须隔天才能兑现。如果要当天兑现,则须扣除若干“汇头”,类似贴现利息。当市场对资金需求高涨时,银拆实际上要高于明盘,称为暗盘。当需求疲软时,银拆也有“白借”的,即无息借款。这种白借现象的产生,主要是

---

① 潘子豪:《中国钱庄概要》,上海书店 1931 年版,第 70 页。

② 席长庚:《北京金融史料·典当、钱庄、票号、证券篇》,中国人民银行北京市分行金融研究所·北京金融志编委会办公室 1994 年,第 124 页。

为了避免现银搬运的麻烦而借予欠方，或是出于感情融洽而给予帮助。[①] 银拆的出现有利于钱业在本行业内部调剂资金的余缺，可反映金融市场对短期资金的供求关系。

（二）放款

放款也称为放账、缺银，是指钱庄将所吸收的资产贷给需要款项的客户，多以商人为主。放款的期限有两种：一是浮缺，即钱庄的活期放款，最长为一年必须结清，若出现不能结清的，可以转期。二是长缺，即钱庄的长期放款，大多以 3 个月、6 个月、1 年为期限。钱庄放款的种类主要包括四类，即信用放款、抵押放款、同业透支和贴现放款。

信用放款即对于借款者，钱庄不需要担保，也不需要保证人，只凭借款者的信用就可以放款。钱庄放款最多的就是信用放款，经常由跑街主动招揽放款，叫作“跑街放账”。为了减少信用放款的风险，由跑街负责搜集和分析客户的身份、财产以及营业盈亏的动向等有关信息，有些地区钱庄的放款也可以可靠的介绍人或担保人为中介。[②]

抵押放款是指用物品作抵押的放款，放款的限额由抵押物品价值的大小来决定，若借款人到期后不能偿还贷款，钱庄可以将抵押物变卖以作为抵偿。钱庄对抵押物的选择非常谨慎，一般会选择容易变卖、价格很少出现变化、容易保存且容易识别其品质的物品来作为抵押物。抵押物一般有动产和不动产两种，动产抵押物主要有金银、外国货币、各种有价证券（如政府所发行的各种公债、国库券及各公司的股票债券等），不动产抵押物主要有田地契据和房屋契据。[③]

同业透支是指同业间互相通融款项，这种放款期限极短，通常以 1～2 天为限，收取的利息也极少。贴现是将未到期的庄票拿到钱庄要求预支现金，由钱庄扣除未到期的利息或买入汇票而得其贴水。贴现放款即钱庄收买未到期的票据，按照其票面的金额，由买进日至到期为止，扣除利息而以余额作为票据贴现的代价交付持票人。钱庄经营的贴现有普通贴现和担保贴现两种。普通贴现是指期票持票人以未到期之票向钱庄换现银，钱庄扣去利息之后即将余额交付持票人，而无需担保人的行为。担保贴现是指钱庄信任的担保人盖章或签字后进行的贴现。一般来说，钱庄从事票据贴现都需要客户的抵押或担保，若是不熟悉的持票人，又无担保，则一律拒绝贴现。[④]

贴现的利率高低主要由以下几个因素所决定：一是票据的供求量的多少。若票据需求大于供给，贴现利率就会下降；反之，贴现利率上升。二是金融市场的资金情况。当金融市场资金短缺，请求贴现的人较多时，钱庄因自身资金不足，会提高贴现利率，

---

① 陈明光：《钱庄史》，上海文艺出版社 1997 年版，第 160 页。
② 陈明光：《钱庄史》，上海文艺出版社 1997 年版，第 141—142 页。
③ 潘子豪：《中国钱庄概要》，上海书店 1931 年版，第 76、80 页。
④ 潘子豪：《中国钱庄概要》，上海书店 1931 年版，第 85、87 页。

以减少票据贴现。三是季节性资金供求的影响。一般来说，在农产物品上市的时候，需要资金较多，因而贴现的利率也会随之提高。四是取决于票据本身的信用。一般来说，票据的信用较高，票据的支付地在本地，以及票据的到期期限较短，危险性相对较小，钱庄贴现利率就会较低。钱庄的贴现与银行贴现非常类似，只是在20世纪20年代以前，钱庄机构较多，与客户关系密切，对客户信用情况较为了解，因而钱庄办理贴现业务更多。①

四、汇兑业务

汇兑分为信汇、票汇和电汇三种，其中以票汇居多。汇兑业务是钱庄在近代发展过程中的一项重要业务。汇票是钱庄经营异地汇兑业务的专门票据，主要用于商号之间的款项汇解，其次才是私人汇款。钱庄收到立票人（汇款人）交付的一笔现金及相应的手续费之后，即开出汇票，一般为票根、正票和存根三联单。一般汇票上会注明汇款方的商号暗记、收款方的店号和收款金额、汇往地点、付款日期、付款钱庄，最后为开票庄名号印记，并且三者之间骑缝处会盖有戳记。汇票的付款日期一般分为三种：一为即期，见票付款，不能延迟；二为注期，见票后可迟若干天付款，但不能止付；三是板期，即票面上注明某月某日到期，到期即须付款，不能延迟。②

在近代中国，"申汇"是国内最大的内汇市场。申汇又称为申票，是对以上海钱庄或商号为付款人的汇兑票据的统称。申汇可分为三类：一是钱庄汇票，是由上海钱庄开具定期兑付的汇票。二是庄号汇票，付款人是上海商号。三是庄客客票。庄客特指外地商号或钱庄派驻上海的机构和人员，类似于驻沪办事处，庄客的主要业务是办理本庄货物的接运、推销和收解本庄的汇票。庄客客票是各地钱庄和商号比较普遍运用的信用工具。由于全国许多大城市均与上海建立了直接汇兑关系，所以各地钱庄都把"申汇"视为现金筹码，俗称"上海头寸"，并形成申汇市场，成为国内各大商埠之间经济交往的通用货币。

第三节　钱庄的资本和组织

一、资本组织类别：独资、合股与股份制

按照资本的来源，钱庄可以划分为独资、合股、股份制三种组织形式。

---

① 洪葭管：《中国金融史》，西南财经大学出版社1993年版，第250页。

② 陈明光：《钱庄史》，上海文艺出版社1997年版，第106—107页。

独资钱庄又称为独股钱庄，即以一人的资本所开设，这种钱庄从提取牌号、筹集股本到选聘经理等全凭出资者的个人意愿，不受他人约束，同时对于钱庄的一切责任也由出资者个人承担。早期钱庄的规模通常不大，独资开设的比较常见，但是由于独资钱庄的资本较小，不能满足社会需求，后来则以合股为常见。如天津钱庄(银号)肇始于乾隆年间，初期数量稀少，资本微薄，多为独资。自1901年以后创立的钱庄就都改为合伙制，以增强资力。[①] 在上海，1933年，上海汇划钱庄共为67家，其中独资者仅有5家。[②] 按照同期的调查，广州独资经营的钱庄也很少见。

合股钱庄是由2人以上的股东共同集资开设，亦称合伙钱庄，即集合数人资本进行经营。这种组织形式又称为合伙制，是晚清以来全国各地钱庄资本的普遍组织形式。1932年杭州有大小钱庄65家，独资经营者极少，大多为合伙组织，股东少者2人，多至10人，多数为四五人。[③] 1933年，上海67家汇划钱庄中，61家是合股开设，股东人数各不相同，最少为2人，最多者为10人。[④] 到1943年，上海新开设的钱庄才多采用股份有限公司的组织形式，并将已经开设的钱庄进行改组，但这时钱庄发展已进入尾声。因此，从长期的历史和全国情况来看，合伙制是钱庄资本组织的主流。[⑤] 新中国成立以后，国家加强对私营金融业的社会主义改造，通过公私合营银行的示范，鼓励私营金融业的全行业公私合营。统一的公私合营银行实行股份制。1953年4月，公私合营联合总管理处专门成立清估核资委员会，对原私营行庄的财产，按照“公平合理、实事求是”的原则进行清估，对其中资不抵债的行庄，采取由行业包下来的政策，核定股权以后，股东可享受年息五厘的固定股息，直至1955年2月为止。[⑥]

二、资本规模

钱庄的资本一般都不大，以二万两至四万两居多，但是钱庄信誉的建立，不全靠资本的多少，即不以股本为限，而是由股东负无限经济责任，因此，股东全部财产及其在商业界的信誉即为钱庄的信誉。一般股东投资钱庄的时候，会另外有相当数目的存款存于钱庄，形成资本家的声望，作为钱业评定资本家信誉的依据。上海钱庄的股本也有正本和附本之分。正本称为本银，也叫成本，是钱庄的固定成本，是在出资者订立合约时所定的资本。附本又称护本、副本(在广州称附充银)，是股东作为定期存款另行

① 陈明光：《钱庄史》，上海文艺出版社1997年版，第32页。

② 中国人民银行上海市分行：《上海钱庄史料》，上海人民出版社1960年版，第455页。

③ 建设委员会调查浙江经济所：《杭州市经济调查》，1932年，第547页。转引自陈明光：《钱庄史》，上海文艺出版社1997年版，第33页。

④ 中国人民银行上海市分行：《上海钱庄史料》，上海人民出版社1960年版，第455页。

⑤ 陈明光：《钱庄史》，上海文艺出版社1997年版，第33页。

⑥ 张徐乐：《公私合营：制度变迁中的上海私营金融业》，《史学月刊》2007年第11期。

存入钱庄的存款。如果钱庄的正本不敷周转，经理可以动用附本，也就是说附本具有后备金的性质。不过，由于附本是股东存入的长期存款，无论钱庄运营的盈亏，每年都要付予附本一定的利息。利率事先议定，一般为年息七厘或八厘。正、附本的数额并无一定的比例，附本通常少于正本。[①]

在上海，按照资本大小和经营业务种类，钱庄一般分为汇划庄、挑打庄、拆兑庄和现兑庄四种类别。其中，汇划庄也被称为大同行或者大钱庄，是上海钱业中势力最雄厚的钱庄。晚清时期，上海汇划钱庄的股本平均约为二万两；1925 年，82 家汇划钱庄的资本总额约一千二百万两，平均每庄约有十四万两。在扬州，当地人习惯以资本大小把钱庄区别为大、中、小（又称福、禄、寿）三等。大者资本在银四万两以上，中者在一万两以上，至于小者，有一两千两即可开张，专做货币零兑，每日他们可以到钱市旁听行情的涨落，但在确定货币兑换率上没有发言权。

杭州、宁波、绍兴等地也是按照资本大小和营业种类把钱庄分为三类：一是大同行钱庄，此类钱庄资本较多，业务以汇兑外埠各地大宗款项和外埠存放款为主；二是小同行钱庄，资本较少，也经营存放款业务，但放款不能远及外埠，兼营兑换业务；三是兑换庄，资本最少，专营银钱兑换。据 1932 年调查，杭州 17 家大同行钱庄的正股资本多者为三万六千元，少者为一万六千元；23 家小同行钱庄的正股资本多者为两万元，少者为五千元；25 家钱铺的资本多者为一万六千元，少者为五千元。[②]

福州的钱庄分为出票庄和钱祥庄两种。出票庄的资本总额在三四万元至十余万元不等，可以发行大小两类面额的钞票（钱票）；资本在万元以下，经营兑换业务的钱庄称为钱祥庄，其中个别也有发行钱票的，被称为白条，但面额仅限于三元、五元和十元三种。[③] 厦门的钱庄也分为甲、乙、丙三等。甲等钱庄资本雄厚，营业地点设在楼上，主要经营上海、香港等地的汇兑及存放款；乙等钱庄的资本较少，除经营汇兑和存放款外，还兼做外国货币、黄金、银元的买卖；丙等钱庄资本微薄，一般仅数百元，专营门市的货币兑换。在广州，当地人把专营存款、放款和汇兑业务的大钱庄叫作“做架店”，把只做货币兑换的小钱庄叫作“找换店”。[④] 1930 年，据广东财政厅的报告，广州领有商业牌照的银号共 477 家，其中股本不上一千元的有 109 家，一千至一万元之间的有 188 家，一万至五万元的有 146 家，五万元以上的仅 34 家。

到 20 世纪 40 年代，各地钱庄的资本都在急剧增加，但这主要反映的是这一时期

---

① 中国人民银行上海市分行：《上海钱庄史料》，上海人民出版社 1960 年版，第 459—460 页。

② 建设委员会调查浙江经济所：《杭州市经济调查》，1932 年，第 536—541 页。转引自陈明光：《钱庄史》，上海文艺出版社 1997 年，第 36 页。

③ 黄金涛：《福建经济概况》，福建省政府编印 1948 年，第 359 页。

④ 区季鸾、黄荫普：《广州之银业》，台湾中山大学法学院经济调查处 1932 年，第 20 页。

发生的严重通货膨胀，并非钱庄实际资本和经营势力的增长。

三、投资者及其特点

早期投资钱庄的股东主要是一些大商人，在投资钱庄的同时兼营其他商业，鸦片战争后，从事中外贸易的商人和买办开始大量投资钱庄。如镇海人方介堂在家乡靠经营粮食、杂货起家，进入上海经营食糖和丝业。道光十年（公元1830年），方介堂的族侄方润斋出资在上海南市开设南履龢钱庄，兼营土布和杂货。上海开埠以后，方家又在北市设立北履龢钱庄，专营钱庄业务。晚清时期，其钱庄分布在上海、汉口、杭州、宁波等地，先后有过30多家店号。镇海李家、慈溪董家、上海严家都是以沙船业起家，靠经营沙船长途贩运而致富，转而投资钱庄。苏州程家由典当业转而经营钱庄，苏州秦家以经营颜料起家。湖州许家、镇海叶家、洞庭严家和万家，都是经营洋货洋布起家，有些家族还充当过外国洋行或银行的买办。在1916—1933年期间，上海由中国颜料商人投资开设的钱庄有26家，投入的资本合计银一百二十六万多两、银元十六万五千元。在1912—1926年间由经营鸦片贸易而大发横财，进而投资开设的钱庄有33家之多，共投入资本二百多万两。[①]

民国时期，军政界要员则成为钱庄资本的一种新来源。在北京，仅在1927年以后成立的由军政界要员投资的大银号就有6家。[②] 在天津，据对清末到1937年的钱庄资本来源的分析，属于商业资本转化的约占55%，地主资本约占10%，高利贷资本约占7%，华商银行界人士投资约占14%，军政界人士投资约占14%。1921年后，下台的军阀、政客携巨款移居于各租界之内，他们在过着优裕生活的同时，也投资于钱庄，如冯国璋、马鸿逵、王占元、阎锡山、傅作义等都开办过钱庄，来源于军政界人士的钱庄资本约占14%。[③] 在四川，据1935年的调查，成都的26家钱庄中，有军阀资本的就有8家。[④]

第四节　钱庄的业务与人事制度

钱庄与传统的经济和文化有着密切的关系，并长期延续保持了传统的商业习俗，

---

① 中国人民银行上海市分行：《上海钱庄史料》，上海人民出版社1960年版，第729—743页。

② 陈明光：《钱庄史》，上海文艺出版社1997年版，第43页。

③ 刘嘉琛：《解放前天津钱业析述》，见《天津文史资料选辑》第二十辑，天津人民出版社1982年版，第158—162页。

④ 全国经济委员会：《四川考察报告书》，1935年，第172—173页。转引自陈明光：《钱庄史》，上海文艺出版社1997年，第44页。

在业务和人事制度上一直保留着自己的特色。

一、对经理的聘任和约束

（一）聘任经理

股东出资开设钱庄，必当选择一名谨慎尽力、富有钱业经验的人来主持钱庄业务，即钱庄的经理。股东一旦选定经理，便充分信任，赋予经营大权。经理对内代表股东意旨，行使钱庄的管理权利，管理钱庄经营业务；对外代表钱庄吸收资金、放出款项。因经理的选任会直接影响股东利益，所以钱庄股东对于经理的选择非常慎重。钱庄的经营命脉既操纵于经理一人之手，而股东又负有无限责任，有些大钱庄的股东为了确保自己的利益，在充分信任经理的前提下，也不免要设法对经理进行一定程度的行政监督或道义约束。有些钱庄股东在经理之上设一名监理或督理，用以督查经理活动，随时向股东汇报，有些监理或督理一人兼职数庄。1917 年 2 月，上海钱业公会年会"公决自后无论入会及元字同行经理人，其经济庄家，倘有倒欠人款折偿未清者，该经理日后重营钱业，我同业概不认其我同业"。从这一行规可以看出股东对于经理之人选择的慎重，无胜任经理能力的人是不敢尝试的。[①] 另外，从经理的日常业务活动来看，经理按例要在正月初二、三日编好上一年度的营业盈亏决算报告（俗称红账），分送各股东审看，股东有权在这一两天内决定在新的一年是否继续合股。在钱庄年终结账制度下，钱庄经理每年都可能面临股东退股之忧，因此，钱庄经理要保持每年经营计划稳定，实际上也是股东对经理的制约。

（二）订立合同书

股东和经理人选定以后，一般要聘请公证人拟一份协议，并订立一份正式合同，在上海称为立议单（亦称议墨或合同）。议单的内容包括：钱庄的名称和地址，股东的姓名和地址，各股东所认股数，资本总额，经理协理的姓名及职权，营业范围及方针，盈亏的分配方法，股本的利率，营业的报告期，议单订立的年月日，其他的附注。[②] 凡立议单当日，股东必须缴齐资本，存入见议钱庄，议单即合同书，股东各执一份，存庄一份。[③] 钱庄一般以 3 年为总结算期限，届期如果要继续营业，须重新订立合同书。钱庄股东之间订立的合同书都是私家契约，不是经官府签章的正式法律文书，但是这些合同书对于签约者的约束力来源于传统的道义和商业信用，其效用在许多场合并不亚于官方文书。[④]

---

① 杨荫溥：《上海金融组织概要》，商务印书馆 1930 年版，第 37—38 页。
② 中国人民银行上海市分行：《上海钱庄史料》，上海人民出版社 1960 年版，第 458—459 页。
③ 中国人民银行上海市分行：《上海钱庄史料》，上海人民出版社 1960 年版，第 465 页。
④ 陈明光：《钱庄史》，上海文艺出版社 1997 年版，第 55 页。

二、内部岗位设置与管理

经理由股东精心挑选，并经过严格的三考（杂工、账务、外勤）后选用。经理以上，有时亦设有股东委派的监理或督理，但并无实权，只处于参与的地位。在钱庄的组织管理结构中，除了股东、经理之外，还须聘请职员。钱庄职员的设置主要围绕着开展业务的需要，其分工和名称尤以上海汇划钱庄的"八把头"最为典型，其结构如图 7.1 所示。[①]

监理（督理）——经理——协理——襄理——
一、清账——帮　清
二、跑街——跟　跑
三、钱行——跟　跑
四、汇划——副汇划
五、洋房——帮洋房
六、银行——跟　跑
七、信房——帮信房
八、客堂
——学徒——栈司

图 7.1　上海钱庄的人员设置

自经理起至栈司，各钱庄的职员人数并不完全一样，主要以钱庄营业范围的大小来决定。存放款项的业务、职员的任免升调都由经理负责，协理、襄理主要是经理的助手。在所谓"八把头"的八种职员岗位中，清账负责掌管钱庄内部的所有账籍清单、编制各种会计总账、计核利息、决算盈亏等，因而又称为"内库房"。其助手叫作帮清，下或设有"对账""揭摺""开揭单"等职员。

跑街负责在外面招揽生意，接洽存款、放款，建立钱庄与顾客之间的借贷往来业务关系。跑街有时兼任信用调查，如探询顾客的身家是否可靠，营业是否发达，财产是否殷实。因此，担任跑街职位，一般都要善于交际，富有口才，才能胜任。跟跑是跑街的助手，受跑街的指挥。[②] 跑街的商业关系，因各人环境的不同而有所不同；也因时间精力的限制，每个跑街只能熟识某几个帮的商业情形。因为各帮间的联系较少，而同帮的关系密切，跑街通常可以从少数厂商方面获得多数同业的动态和消息，还可以从同业买卖的过程去了解厂商的信息。跑街每天上午出发至各往来厂商周转，完成存款或放款，也有代客户带票（帮客户代为转存票据），并时刻关注市面的涨落和银根的紧

① 中国人民银行上海市分行：《上海钱庄史料》，上海人民出版社 1960 年版，第 479 页。
② 陈明光：《钱庄史》，上海文艺出版社 1997 年版，第 57 页。

松。[①]

钱行又称为市场员，专门负责到钱业市场拆进款项、买卖银元等事项。下面设有跟跑（或称副钱行），以协助钱行。

汇划又称为外账房，有正副之分。正汇划专管查核存欠款项，保管票据的进出，登记定期收付的期票，以及往来客户的摘数。副汇划专管当日期票的收付汇划，登记流水账，以便查核。下面设有帮汇划（或称来去票，负责开票）、现票（专管登录收解的各种票据）、进出水（管理现钱、找银）等几种职员。

洋房又称洋务，负责银两、洋元、钞票等现金的出纳保管，以及款项进出账目的登记，其助手叫作帮洋房。

银行是钱庄因与各银行的往来而设置的一种职位，专门负责向各银行通融款项，实际上是一种专职的跑街，也设跟跑以辅助其工作。

信房负责钱庄的各种书面往来文件，包括一些业务性的文件如信汇的处理工作，其助手叫帮信房，负责抄底、留底的事务。

客堂负责招待宾客，管理杂务。

“八把头”之下为学徒和栈司。

据 20 世纪 30 年代的调查，各地大中型钱庄的职员岗位设置和分工与上海大同小异。在汉口，钱庄的内部经营管理人员有管事（即经理）、司账、管平、管钱房、信房、上街、照场、中班等，下有小倌（即学徒）。其管事以下的职务分工与上海“八把头”大体相似。

在杭州和福州，钱庄的职员设置及其职责有以下几种：外场，又称场头，专管同行往来手续，诶日早、午到钱业市场集市两次；头柜，视察营业，办理柜上一切手续；坐店招待，负责经手往来客户的银钱款项的收付，并辨别收入的银钱、票据真伪，分别交予外账房，并送银房收存；外账房负责一切银、钱、票据进出的转账、入账，但不负责保管金银；内账房将外账簿上一切账目分别誊入分清簿，并按月统计一次；信房负责一切往来信札，并报告客户信息、钱业同行的每日行情；银房专门负责金银等的收付和保管事务；下有学生（打杂）和出栈（当厨并收送银洋）。[②]

在扬州，一般钱庄除设经理一人之外，还设有以下职务：助理一人，专管与外界的交涉；外账一人，专管登记流水等账；内账一人，专管过入账目的总登；写信兼对账一人，专管与各埠往来信件，并核对流水账与总登账；管钱房二人，负责保管银两、现洋及铜元；验币二人，专管验看进出大小钱币的真伪；学生四五人，分承杂务；店司二三人，

---

① 中国人民银行上海市分行：《上海钱庄史料》，上海人民出版社 1960 年版，第 481—482 页。

② 施伯珩：《钱庄学》第四编，上海书店 1929 年版，第 9—10 页。

承担厨务和收送银、洋、铜元。①

广州普通钱庄的人员设置为：司理一人，总理全店事务；内柜二人或三人，分理店内一切账务；外柜二人，管门市找换金、银、纸币及一切钱、银出入；交收员五六人，管一切交收及估币、筛银等事务；行街二人，专向各客户接洽来往生意，调查市情即顾客信用，并赴银业公布买卖；杂役三四人，专理店内杂务。伙夫一人，管厨食。②

宁波钱庄的职员设置有一点与他处不同，即设有名义岗位。如称"太上皇"者，多由曾在钱庄经理多年而有功绩者担任；称为"三肩"者，或从股东中特选，或由大股东的亲族或对钱庄的创立和组织有功者担任。③

总之，虽然各地钱庄的经营管理人员的岗位设置、名称和数量有所不同，但是从职权分工来看，都可以划分为三个层次，即最高层为经理，中间为业务人员即职员，其下为学徒和杂工。职员人数多少，视其业务规模大小而定，最少要十几人，但一般不会太多。上海"八把头"人数最多的也不过四五十人；扬州在 20 人左右；杭州 1932 年的调查显示一般钱庄的职员人数少则十余人，多则三十余人；南京钱庄的职员人数最多有 40 人，最少的有 14 人，多数在 20～30 人；天津的大钱庄职员大约有 50 人，中小型的多在 10～30 人。④

三、学徒与栈司制度

（一）学徒制度

学徒制度对钱庄人才培养有着极其重要的意义，同时也是旧时钱庄正常延续发展的基础。大多数钱庄的从业人员都出身于学徒，尤其是经理、协理等钱庄的高层管理者，如果没有学徒出身的行业背景，不仅很难得到同行的尊重，而且也不能获得钱庄内部员工的信任。

钱庄招收学徒必须经有相当地位的人进行介绍，学徒的介绍人也称为"荐头""保头"，介绍人多是另一钱庄的股东、经理，或者是和钱庄股东、经理有特殊交情的人物。在学徒期间，如果学徒出现问题，"荐头"须承担一定责任。每年年底，如果保人提出终止担保，钱庄就会停止学徒继续学习的资格。钱庄招收学徒的基本要求一般为：年龄在 15～20 岁，身高五尺，五官端正，仪态大方，口齿伶俐，家世清白，还要懂礼貌。同时，要具有相当于旧制高等小学毕业的文化程度（在私塾念书则必须达 8 年以上），并且善珠算，会楷书，学徒生的较高文化素质，是旧时钱庄业中所特有的现象。经理或经

---

① 施伯珩：《钱庄学》第四编，上海书店 1929 年版，第 22 页。

② 陈明光：《钱庄史》，上海文艺出版社 1997 年版，第 60 页。

③ 《中国实业志·浙江省》第九编，实业部国际贸易局 1933 年，第 21 页。

④ 陈明光：《钱庄史》，上海文艺出版社 1997 年版，第 61 页。

理委托者对其笔试、面试合格后，即择日录用。[①]

上海钱庄学徒正式进庄之日要行拜师礼，向年长资深的钱庄职员或协理、经理拜师。学徒需要奉上贽礼，由介绍人派一代表和栈司陪伴学徒一起。栈司携带红毡毯、拜盒及香烛等物。拜盒内有门生帖子、贽敬 6 元、席敬 20 元，贽敬是拜老师的见面礼，席敬是请老师及店里同事的酒筵费，并另封 2 元赠送店里栈司。举行拜师仪式时，店里客堂点起一对大蜡烛，桌子上铺着漂亮的围巾，老师坐在椅上，学徒恭恭敬敬地向上拜四拜，向老师拜三拜，然后到灶间点起蜡烛，向灶神拜二拜，最后分别向职员和栈司各作一揖。绍兴钱庄的拜师在贽礼中不放现钱，仅为红烛一对以敬财神，莲子、白糖各一盒以敬业师用，与各地的拜师贽礼略有不同。[②]

学徒在学习期间并无一定的职务，凡庄内一切责任较轻的事务，往往皆由学徒担任。学徒进店一般都要经过三年的沉重劳动和业务练习。业务学习无一定之规，第一年主要是做打扫清洁工作及各种杂务，然后跟着职员和师傅打算盘、看洋钱，或者跟着师兄跑钱行，还有收票、抄录、传递等业务知识和流程。上海汇划钱庄的经理之间还形成“易子而教”的风气，把自己的儿子送到其他钱庄当学徒，为将来“父子相传”作业务上的训练。也有把自己的儿子直接安置在本人主持的钱庄里而指定副经理为指导老师，为他们的“父子相传衣钵”奠定基础。[③]

（二）栈司制度

栈司，俗称老司务，为首者俗称庄头，专门负责收送银元和对外的单据以及炊事、看守门户等杂务。栈司除了由股东或经理安排其私交充当之外，也采取荐、保方式。钱庄接受介绍栈司被视为其荐、保人有密切交情的表现，礼尚往来，由此产生了钱庄经理之间相互介绍栈司，成为经理之间笼络感情、增进交谊的一种手段。钱庄为了笼络和表示“施惠”于栈司，使之能永远甚至世代受钱庄剥削并效忠于钱庄，对于服务多年并被认为忠诚可靠的老年栈司，一般允许其子侄接替，或在其死后接受其家属的申请，允许其后辈继承其职务。例如，上海钱庄的栈司选用就是由股东或经理安排，或由与钱庄有密切关系的有力人物介绍，或由父子相承，局外人很难插足。[④]

---

① 潘春华：《闲说旧时钱庄学徒制度》，《江苏钱币》2017 年第 2 期。
② 潘春华：《闲说旧时钱庄学徒制度》，《江苏钱币》2017 年第 2 期。
③ 中国人民银行上海市分行：《上海钱庄史料》，上海人民出版社 1960 年版，第 486 页。
④ 中国人民银行上海市分行：《上海钱庄史料》，上海人民出版社 1960 年版，第 488 页。

第五节　账簿、票据与票据清算制度

一、钱庄的账簿制度

账簿是钱庄内部经营管理的会计依据，其账簿设置、会计目的、记账方法、核算方式、信息披露等方面都表现出不同于现代金融机构的特点，在构成系统、名称、运作方式和会计制度等方面反映了钱庄经营文化的特色。钱庄账簿种类繁多，各地钱庄根据自己营业范围而设立的账簿在数量上也有所差异。上海钱庄的账簿根据管理者标准进行分类，主要有汇划账房账簿、清账房账簿、洋房账簿、钱房账簿、信房账簿五大类。其中，汇划账房的账簿有18种，清账房的账簿有12种，洋房的账簿有6种，钱房的账簿有4种，信房的账簿有7种，合计有47种之多。

(一)汇划账房账簿

汇划账房亦称外账房，主要负责往来户存欠款项的考核、进出票据的保管、期票的登记、到期票据的收付与汇划以及汇划流水账的登记等。上海钱庄的汇划账房账簿主要包括以下18种：一是草摘，摘录各往来户远期及近期的收付款项，以便随时查核；二是便查，转录每日草摘，用于掌握各往来户的存欠金额；三是存欠草约，专录各项存欠数额，每月结算三次，以便推算营业范围；四是汇票存根，即开出汇票的存根簿；五是栈单留底，记录押户的货物栈单及各种抵押品；六是期洋留底，记录定期洋钱买卖及所订价格；七是银汇，又称汇划，凡到期银两的收解，均登记于此簿；八是日流，又称滚存簿，誊录银汇、洋总、钱总各簿的银洋收付记录，结算出总数，以便查核库存银两、银元的数目；九是票现，专录同业间一切银两款项的收解；十是公单，即票据的辅助簿；十一是银行收解，凡关于国内银行及外国银行的收付款项，均登录于此簿；十二是加水，记录买卖“划头银”的行情，收解汇划不敷时向同业划入，盈利时则划出，此种行为称为划头，亦有称为“申水”“加水”；十三是进出水，即现金出纳簿，登载现银的收付；十四是查账，一般用于查存，专轧库存现银是否有错误；十五是来票，专录各种期票及银行的本票；十六是来支票，专录各种支票；十七是票根，即出庄票存根簿；十八是支划，专记未到期的汇划转账、各种无票据的收解款项，以及各往来户预先通知的远期应解票据。①

(二)清账房账簿

清账房亦称内账房，负责登记总清账目、编制月结、计算存欠户利息、编制红账、决

① 中国人民银行上海市分行：《上海钱庄史料》，上海人民出版社1960年版，第469—470页。

算年度盈亏以及审查年终损益状况等。上海钱庄的清账房账簿主要包括以下 12 种：

第一种叫作克存信义，简称克存，专记各往来户的定期存款即长存，清末民初直接改称为“定期存款”。一些钱庄为了便利起见，还在克存簿的首页记录资本数额，因此，每家资本的厚薄、存款的多少都可以在此账簿中窥见一斑。

第二种称为利有攸往，也称利有攸归，是一个放款取息的重要账簿。[1] 专门记录各往来户的长期放款及定期抵押放款。钱庄的盈利主要依靠放款取息，此簿取名便含有放款取利之意。此账是根据日流和银汇两种账簿进行登记，凡放款先登记于汇划簿，再转登于日流，最后由日流过入此簿付款项下。放款到期收回时，则记入收款项下，并计算出应收之利息，将其登入该账之收方。[2]

第三种叫作日增月盛，普通称为“月结”或“月总”。此账为钱庄整个账簿组织的总枢纽，凡往来客户全月的存欠总数，本庄发生的全部费用，钱庄所存现银、现洋总数，以及上月盈余等等，均分类列于此簿，到一定期限，将上下收支事项相抵，可以计算出本期盈亏之数。

第四种称为万商总清，集合各种总清簿。其账目全由日流过入，属于何种款项，即入何种总清簿。

第五种叫作存折留底，即各往来户存折的留底簿，专记介绍人的姓名及预先订定的利息，以便核对存折之用。

第六种为开折留底，凡往来户的行业，皆记入此簿。

第七种叫作票押便查，专录各种定期及抵押款项，并注明期限、利息及抵押品货价。

第八种称为利益均沾，即红利分配簿，登录每一年或三年各股东及各职员所得到的红利数目。此账逐年记载各股东对红利的分割情况，以及各庄职员在红利分配中所得数额，保留着历年红利分配的原始资料。红利一般是三年分配一次，称为“三年总结”或“三年拆账”，也有一年一次的。红利的分配比例在合伙钱庄的合同书上预先已载明，各地习惯不同。例如，由 12 股资本组成的上海程氏协源钱庄的“议墨”规定：“如有盈余，作 17 股分派，出资本者得 12 股，尚余 5 股，督理、经理各得 1 股，协理得 8 厘，最后剩下 2 股 2 厘，视在店出力诸友酌量分酬。”[3]协源钱庄采取的是将盈余全部分掉，不留公共积累的分配方案。也有一些钱庄从红利中抽取一定数额的公积金，称为“财神股”，但为数不多，通常不超过红利的 1 股，对于资本积累并没有多大帮助。在汉口，早期的红利分配一般是分为 10 分，股东得 8 分，经理得 1 分，伙友得 1 分。有的是

---

① 施伯珩：《钱庄学》，上海书店 1929 年版，第三编，第 84 页。

② 康均：《江浙钱庄的会计组织与账簿设置》，《财会学习》2006 年第 8 期。

③ 中国人民银行上海市分行：《上海钱庄史料》，上海人民出版社 1960 年版，第 461 页。

股东得 7 分，经理 1 分，伙友 1.5 分，公积金 0.5 分。[①]

第九种叫作子金，专录一月内存欠利息及票帖的确切数目。

第十种为洋堆金，用以轧算一月内应存洋数有无错误，以及记录银洋兑换盈亏的确实数额。

第十一种为银拆，专记同业拆票的拆息。

第十二种为联票留底，即发给各往来户支票留底簿，以便备核。

（三）洋房、钱房、信房的账簿

钱庄的洋房俗称“银房”，专司银洋出纳，钱房则专司钱币出纳。规模较小的钱庄，两房便合二为一，其账簿设置也合二为一。洋房所管的账簿，有洋汇、洋草、洋总、查洋、洋票现、洋公单 6 种。[②] 洋汇专门记录到期各种洋款的收解；洋草记录钞票及现洋的收付；洋总誊录每日洋汇和洋草的总数，轧算其逐日应存的数额，俗称千金；查洋即点查库存现洋的账簿；洋票现记录所有同业间一切洋款的收解；洋公单即票据的辅助簿。钱房所管的账簿有钱总、银洋力、零用、双力 4 种。钱总记载铜元积存的总数；银洋力记录银洋的收付；零用记录庄内一切杂用开支等；双力专门记录收入各同业的庄票或支票的双力。

信房的账簿有远期支划、近期支划、信稿、客路便览、客路来票、交款留底、候解 7 种。其中，远期支划是专门记录来信的远期收解；近期支划记录到期的远期支划；信稿即发往各处信件的留底簿；客路便览记录各客路的存欠额；客路来票是记录客户寄来的各种期票的留底簿；交款留底，凡有人交来现款或视同现款的票据，收入其客庄账内某户名下，即留底于交款留底簿；候解，凡应解款项，其解出的日期、所解的户名，须候客庄通知以后或有其他凭证委托解出时始能汇解者，在未解之前，均记入此簿。[③]

此外，还有附属于各部分的账簿，如送银回单、送洋回单、送件回单、送折回单、送联票回单、划头回单、汇头对同（汇头是远地同业托钱庄收付的款项，各往来商号的拨划款项，及同业的拆票款与轧欠额）、票现对同（同业收付的票据）、银行回单（付银行的款项，向银行盖取回单）9 种。[④]

1937 年 1 月，上海钱业公会在《钱业月报》上刊登通告，决定从当年起改用新式会计制度，并拟定了会计科目和账簿名称，要求会员遵照执行。会计账目分为负债类、资产类、损益类三类。同时，把各种账簿分为主要账和补助账两类，科目大为并省，名称也有一些改变，主要是不再用吉利词语，而是用能明确反映业务内容的名称。在主要

---

① 陈明光：《钱庄史》，上海文艺出版社 1997 年版，第 118 页。

② 潘子豪：《中国钱庄概要》，上海书店 1931 年版，第 63 页。

③ 中国人民银行上海市分行：《上海钱庄史料》，上海人民出版社 1960 年版，第 472 页。

④ 潘子豪：《中国钱庄概要》，上海书店 1931 年版，第 65 页。

账中将以前的“日流”“流水”“滚存”等合并改称“日记”，将“清簿”“誊清”等改称“总清”，将“克存信义”改为“活期存款”，将“利有攸归”改为“定期放款”，将“合浦还珠”改为“催收款项”。补助账则包括来票、本票、远期收解(以前支划改称)、当日收解(以前称汇划)、摘数、现金(以前洋草、洋总、出纳改称)、库存(以前查洋改称)、外埠收解留底、外埠到期收解、同业轧账(以前票现改称)、月结、往来子金、外埠信底、往来户编列(以前开折留底改称)、各号回单、号码留底、信件回单、同业回单等。[①]

(四)红账

红账就是钱庄每年农历正月初二或初三将上年度营业盈亏状况向股东提出的年度决算报告，惯例是用红纸缮写，因而称为红账。每年年终，在经理的直接指挥下，由清账房的主管，以各总清账目为依据进行编制。红账采用旧式收付清册，上收下付，上收是负债，下付是资产，付多于收即是盈余，方法极为简单，亦不将内容分类标出。收方主要为钱庄必须支付的各种利息和同行往来存款，付方则为钱庄有收益的各项营业款项。随着民国以来钱庄业务的扩大，其内容也有所增加，包括“长期”、押款、存放同业的款项，往来户的待催收款项，预付的房租、水电等保证金，现金、公债、房地产投资等。[②] 由于按照惯例红利每三年才分配一次，有经验的经理常常会采取比较谨慎的方法，如在业务顺利盈余较多的时候，编制红账，往往将洋价做小，将资产隐藏在现金里，或将全部可疑的放款开除，待来年收回后，再列入催收回的项目之下。红账直到1943年合伙组织改为股份有限公司才告废止。

二、票据管理制度

票据是钱庄提供金融服务的重要工具，钱庄的经营特色主要在于依靠对人的信用，而票据则是“对人信用”的延伸。一方面，票据发行依靠的是钱庄已经树立的信用；另一方面，票据的发行继续创造和扩大钱庄的信用，钱庄在保证票据的信用上采取了各种方法，各种票据的发展也反映了钱庄的文化特色。

(一)庄票

庄票又称为本票，是钱庄应客户要求而签发的信用票据，使用庄票的客户要交付每千两银二至五钱的费用即票帖。庄票分为即期票和远期票两种。即期票见票即付；远期票内注有到期日，有5天、10天、20天等多种期限，未到期之前不能向钱庄兑款，但可请求钱庄贴现。庄票上都要写明应付银两数额、出票庄号，若是期票，则加注期限，然后在骑缝处盖上戳记，一分为二，票根留钱庄，正票交给客户使用。“庄票关系信

---

① 中国人民银行上海市分行:《上海钱庄史料》,上海人民出版社1960年版,第476页。

② 陈明光:《钱庄史》,上海文艺出版社1997年版,第117页。

用甚巨，不论何人，凡持有庄票者，视同现款。”庄票在一定范围内与银钱票类似，具有纸币的性质。

在中外贸易活动中，华商、钱庄、洋行三者之间的金融信用关系通过庄票而联系起来。外国银行收到庄票后，无须一张一张逐一向开票钱庄兑现，因为向外商出卖土产的华商收到外商开给的支票后，多拿去充抵自己向钱庄的借款，钱庄则把所收到的支票送到外国银行去兑现，此时外国银行就可以以庄票轧抵，由此钱庄和外国银行都避免了现银的搬运。庄票代替了现金流通，作为商人之间互相结算账目的凭证，在国内外贸易中发挥了支付手段的作用。① 上海钱庄每家年均发行不超过一万张庄票，每年发出的庄票总量约为 80 万枚。每家钱庄发出票面金额每年最少者约一千五百万两，最多约三千五百万两，平均约二千万两，发行总额可以达到十六七亿两。②

（二）汇票和定期存票

汇票是钱庄经营异地汇兑业务的票据，主要用于商号之间的款项收解，其次才是私人汇款。如在镇江，支付进口洋货的主要方法是开出由上海钱庄付款的汇票，而商人则把铜钱或银锭运入苏州，从那里收购土产到上海去变价付款。汉口开埠后，华商从上海贩运洋货到汉口转手出售，他们所需要的资金周转也都依靠上海和汉口两地钱庄的汇票进行调拨。③ 定期存票是钱庄的存款凭据，在上海多用存折，在其他地方多用票据。如 20 世纪 30 年代广州的“四邑帮”银号就把定期存款单称为“定期存款证券”，其单据的规范程度已经不亚于现代银行的同类票据。

（三）支票

钱庄支票也称为兑条，是客户向钱庄提取一部分或全部存款的信用凭证。支票一般由在钱庄有存款的出票人向钱庄领取，以 50 页或 100 页为一本。在上海，出票人开支票时要写两联。第一联为正票，是开给执票人的，由出票人署名盖印，钱庄称之为押解字号图书或押脚图章，用以确认出票人的债务人身份。第二联为“坐根”，是出票人送给付款钱庄作为验对之用的，所以支票两联都有“××号合同联票”字样，是同一份支票的编号，编号字行中都盖有方印，称为钳口图章或腰长印，为印刷支票本的钱庄的暗记。两联支票的内容一样，均包括金额、付款日期、付款钱庄号名、签票人署名和签发日期。金额上要盖上出票人的印鉴。钱庄支票的付款时间有定期，普通为 10 日，签发支票的商人须于到期之前或签票之日预先通知钱庄，以免持票人向钱庄取款时发生纠葛。支票还有即期、收现隔日、祈换庄票之分。祈换庄票表示此支票虽未到期，也可以向付款钱庄换成庄票，即具有现金的性质。一般来说，钱庄支票在到期之前都可以

---

① 陈明光：《钱庄史》，上海文艺出版社 1997 年版，第 102—103 页。

② 陆兆麟：《上海钱行办理汇划情形之正误》，《银行周报》1919 年第 3 卷第 37 期。

③ 洪葭管：《中国金融史》，西南财经大学出版社 1993 年版，第 112—118 页。

在市面上流通。[①]

(四)上票、水条和拆票

上票也称为上单,是钱庄代客付款的一种票据。上票为三联式,骑缝号码均由出票人(商人)自行编制,出票人必须在上票到期之前把现金汇划到钱庄,否则钱庄不向执票人付款。也就是说,钱庄对上票仅承担代客兑付的服务,不承担代客偿付的责任,所以上票的信用不如庄票和支票,各地钱庄对上票一般不进行贴现。钱庄发行和使用的票据还有水条和拆票。水条专为兑换银洋时所用,其龙洋、角洋、铜元等行市均须一一填注于折合数目之下。拆票为银行对于钱庄信用放款的票据,钱庄按其所拆进之金额,出一庄票给予银行作为担保。按照上海的惯例,拆票一般两日一结,银行有随时要求付还的权利,拆票的利率称为拆息,一般来说,拆息的多少按照钱业公会规定的存息再加若干,亦称为欠息。[②]

三、票据清算制度

票据清算制度是钱庄同业之间以及钱庄与商号之间的金融结算制度,主要以上海的汇划制度、天津的拨码制度、汉口的比期汇划制度等最为典型。

(一)上海的汇划制度

1890 年以前,上海钱庄同业间就已经长期实行"汇划"与直接解现的清算方法。"划"就是同行之间把自家应收应付的数目彼此相拨相抵,以免收解之烦。每家钱庄设一个"总汇簿",每日将收入的款项列在上面,付出的款项记在下面,将应收进的款项划拨到应解出的款项。同行家数多,每日由"汇银子的"担任划拨,带着"总汇簿"在路上寻找或者在弄堂口等,以便寻到或等到别家的"汇银子的"进行轧汇,拨剩的余数再用现银解送的方法结算。这是一种直接清算的方法,一旦出错,"汇银子的"必须带着"总汇簿"去对正,称"订汇头",有时会发生十余人聚在一起"订汇头"的事情。而且每晚还需要老司务向应收的同行一家一家去分送银子,如果白天的划账出现差错,老司务还得逐一去收回或补送,非常繁琐。[③]

1890 年,上海钱业成立汇划总会,并实行新的票据清算方式,即公单清算制度。在营业日,各钱庄收受同行发出的庄票、支票等票据。各钱庄每日下午二时至三时开始互相照验票据,送票据时持有票据回单簿,写明票据记账,由出票庄收票后盖"票现对同章"以资证明。其中送验不止一次,随时收到,随时送往,至下午三时为止。四时

---

① 陈明光:《钱庄史》,上海文艺出版社 1997 年版,第 109—110 页。

② 潘子豪:《中国钱庄概要》,上海书店 1931 年版,第 150—151 页。

③ 中国人民银行上海市分行:《上海钱庄史料》,上海人民出版社 1960 年版,第 493 页。

以后，各庄互领公单，人欠收进公单，欠人发出公单。每晚七时，各汇划钱庄将收集到的公单登账计算后，集中送交汇划总会。总会收齐后按照公单名目重新整理，并一一轧对。轧算结果由总会打划条执照双方收解。但当日只能收账，隔日方可收现。

最初，“凡会员同业间的票据交换，数目满五百者(先为五百两，其后两元并用)，才许上公单，不满500的零数，俗称零头，则仍由各家之间自行处理”。后来，为了适应实际需要，轧公单的范围进一步扩大，洋钱结算也可以上公单，上百而不满五百两(元)的金额结算也可以用公单，俗称小公单。鉴于“零头”仍用现金结算的不便和风险，上海钱业公会决定自1925年起，由各会员钱庄提出现银一万两(后增加到每庄三万两)交存公会作为“票现基金”，用来处理各庄应解他庄的尾数数额，从而使零头也可以进行相互冲抵。废两改元后，尾数哪怕只有几分，也可以用公单进行清算。[①] 1941年，上海钱业联合准备库进一步改革公单制度，用差额报告单替代公单，每家每天只向联合准备库提交一张报告单，从而大大减少轧对公单的张数。

(二)天津的拨码制度

拨码制度大约形成于1875年，是近代天津钱业同业之间进行相互转账清算的制度。钱庄日常代客户拨码划拨款项进行资金清算，互相开出拨码用于计数，晚间兑账无误之后，其差额于次日以现金或银行“番纸”(支票)进行冲算。第一，拨码的结构很简单，只是一张便条，长约12公分，宽约5公分，金额数字以码字书写，下填月日。第二，拨码不盖出票庄号名图章，只在数额上盖似乎无关紧要的文字图章，俗称“小花”，诸如“只凭拨付取现不凭”“往来计数、登账作废”“计数不缴作为废纸”之类，对同业发有印鉴，行外人不易辨别其出票人。第三，拨码一律转账，不付现款，不盖凭收图章。第四，拨码原则上规定当日清算，过期无效，但偶然有人当日不及清算，加盖凭收图章亦可通融照付。第五，拨码清算完毕，其冲算差额以千为单位，由应收钱庄向应付钱庄收取，其尾数在六百以上收千，余数作为应付钱庄的存数；六百以下不收，其余数作为应付钱庄的欠数，均于次日一并清算，互不计息。第六，拨码互相收取，如出票庄倒闭，持票人享有优先偿还之权，债务人应先行清偿。[②]

在天津钱庄内部，本帮一些资力雄厚的大银号相互组成往来互助的“川换”关系(川换即交往之意)，并将本地小型钱庄和客帮钱庄排除在外，类似于上海汇划钱庄组织。相应地，拨码制度也分为两种形式：一种是拨交码，用于没有“川换”关系同业；另一种是收账码，用于有川换关系的同业之间。拨码制度一方面简化了资金清算中付现的繁琐，另一方面也扩大了钱庄资金周转的能力。

---

① 中国人民银行上海市分行：《上海钱庄史料》，上海人民出版社1960年版，第494—497页。

② 陈明光：《钱庄史》，上海文艺出版社1997年版，第170页。

(三)汉口的比期汇划制度

汉口的比期汇划制度类似于上海的汇划制度,实行同业间的汇划业务,以便利客户之间的直接转账结算。最初,汉口钱庄发行银票,以现款取付。并将月底和月半两日规定为钱业对内对外的总结账期,即大比期。除大比期外,还有初五、初十、二十、二十五四个小比期,办理同业收交。随着汉口商业和钱庄的发展,钱业收交日益繁忙,每到月半和月底两个比期,收交业务量非常繁忙。因此,1890 年成立钱业汇划所,各钱庄的银条集中交给钱业公会对消,形成汉口特有的比期汇划制度。

第六节　钱业同业组织

早在乾隆年间,上海钱庄就已经组织了钱业行会。开埠以后,由于分布的区域差异和营业对象的不同,上海的钱庄有南市、北市之分。南市是指开在县城里的钱庄,北市是指开在县城以北租界里的钱庄。最初两者分别建立了自己的同业组织。1917 年 2 月 10 日,北市钱业在原有对外联系机构钱业会商处的基础上改组建立沪北钱业公会,南市钱业要求加入,遂于 1917 年 2 月 23 日举行南北市钱业联席会议,成立上海钱业公会。汉口的钱业早在清末就有钱业公所,1919 年改组成立钱业公会。1928 年,宁波也改组成立钱业同业公会。各地钱业公会对内订立钱业章程,制定营业规则,处理同业纠纷,维持市场秩序;对外代表同业与政府、银行、商会等进行交涉,并共同抵御金融风险。

在大多数城市,新的钱庄开业都需要经过钱业同业组织的审查和认可。上海钱庄在开业前一个月,须将牌号,资本总额,股东的姓名、籍贯、地址及所占股份,经理、协理的姓名、年龄、籍贯,股东立约时的见议人姓名等情况报告钱业公会,经公会执行委员会审查合格后,再提交会员大会决定。[①] 大会表决时采用黑白子,如白子过三分之二,即为通过,[②]通过后方可成为会员。这个程序仅限于上海新设的汇划钱庄,对于小同行钱庄即元、亨、利、贞字庄,由于不加入公会,因而就没有此项程序。在杭州,除兑换庄之外,凡新设大小同行钱庄,须先将股东名单、认股数及资本数额等详细填好表格,送给钱业会馆,经过会馆的调查许可后,缴纳一定的费用,方可开始营业。[③] 在兰州,普通银号都必须加入同业组织——钱行,因而在开业前要先向钱行报告入行,填写号

① 中国人民银行上海市分行:《上海钱庄史料》,上海人民出版社 1960 年版,第 459 页。

② 潘子豪:《中国钱庄概要》,上海书店 1931 年版,第 44 页。

③ 建设委员会调查浙江经济所:《杭州市经济调查》,1932 年,第 549 页。转引自陈明光:《钱庄史》,上海文艺出版社 1997 年版,第 56 页。

名、股东及经理姓名、资本额数，缴入行费50元，经钱行的“会首”认可，即可开业。[①]

思考题

1. 名词解释：

庄票　支票　汇票　上票　水条　拆票　红账　洋房　钱行　跑街　栈司　汇划制度　拨码制度　比期汇划制度

2. 简述钱庄的发展和兴衰过程及其特点。
3. 简述钱庄的主要经营业务及其特点。
4. 简述钱庄的资本组织类型、投资者及其特点。
5. 简述钱庄学徒制度及其特点。
6. 试述钱业行会组织的发展过程以及在钱庄发展过程中发挥的作用。

主要参考文献

1. 陈明光：《钱庄史》，上海文艺出版社1997年版。
2. 黄鉴晖：《中国钱庄史》，山西经济出版社2005年版。
3. 洪葭管：《中国金融史》，西南财经大学出版社1993年版。
4. 潘承锷：《中国之金融》，中国图书公司1908年版。
5. 潘子豪：《中国钱庄概要》，上海书店1931年版。
6. 施伯珩：《钱庄学》，上海书店1929年版。
7. 杨荫溥：《上海金融组织概要》，商务印书馆1930年版。
8. 杨荫溥：《杨著中国金融论》，商务印书馆1930年版。
9. 燕红忠：《中国的货币金融体系(1600～1949)》，中国人民大学出版社2012年版。
10. 张国辉：《晚清钱庄与票号研究》，中华书局1989年版。
11. 中国人民银行上海市分行：《上海钱庄史料》，上海人民出版社1960年版。

① 潘益民：《兰州之工商业与金融》，商务印书馆1936年版，第170页。

第八章　近代中国新式银行业的产生和发展

银行在西方的发源，可追溯到巴比伦时代。1694年英格兰银行成立后，银行制度在英国发展起来，后逐渐推广到世界各地。关于“银行”这一名词在中国的起源，各方说法不一。据彭信威考证，“银行”作为译语，最早出现在1866年香港出版的英华字典中。[①] 在本书中，银行即为“新式银行”，以区别于中国传统的金融机构。

第一节　外国银行进入中国

一、外国银行在中国的出现和发展

（一）英资银行的主导时期

鸦片战争之后，中国被全面卷入全球市场，对外贸易的发展带来大量国际汇兑结算和资金融通业务的需求。在外国银行进入中国之前，洋行往往承担国际贸易中资金周转的角色，洋行普遍都在本国银行有存款，可以此开出汇票实现跨国结算。五口通商之后，洋行在华买卖货物所需资金调度大增，为满足这一需求，银行随之开设。从1845年到1858年，一共有5家外国银行进入中国，共设立分支机构13个，这一时期的外国银行均由英国开设。[②]

最早进入中国的外国银行是英商丽如银行（Oriental Bank），该行于1845年在香港设立分行，同时在广州设立分理处，1847年在上海设立分行。丽如银行在华的早期活动中，注重汇兑业务，由于其信誉很高，出售的英镑汇票往往价格高于洋行。1851年，丽如银行获得英政府颁给的“皇家特许状”，允许其在“好望角以东任何地区建立机构，经营兑换、存款和汇划事宜”，成为汇丰银行成立之前在远东最有影响力的银行之一。

1850年之后，又陆续有4家英国银行在中国设立分支机构，分别是汇隆银行

---

① 彭信威、薛嘉万：《银行学》，中外图书出版社1944年版，第13页。

② 许涤新、吴承明：《中国资本主义发展史》第二卷，人民出版社2003年版，第92—94页。

(Commercial Bank of India)、阿加喇银行(Agra and United Service Bank Ltd.)、有利银行(Chartered Mercantile Bank of India. Codon & China)和麦加利银行。

汇隆银行设立于1851年，由英国商人和印度商人合资组建，主营远东地区的汇兑业务。成立之初，该银行总部设于孟买，后迁至伦敦。成立当年，汇隆银行就在广州设立分行；1854年在上海成立代理处，后改为分行；1861年又在香港、福州和汉口三地设立机构。此外，该银行在伦敦、加尔各答、横滨和新加坡等地均设有分行。1866年，欧洲棉业危机引发伦敦金融恐慌，汇隆银行也受此影响倒闭，成为最早退出中国的外国银行。

阿加喇银行设立于1833年，总行设在印度孟买，是一家英印合资银行。1854年该银行率先在上海设立分行，次年在广州设立分支机构，1858年又在香港设立分行，从事远东的贸易和金融业务。

有利银行设立于1857年，由总行在印度孟买的"印度、伦敦、中国商业银行"(Mercantile Bank of India, London and China)和总行在伦敦的亚细亚特许银行(Chartered Bank of India)合并而来。前者1854年已在上海设立分行。1857年，有利银行香港分行开业，1862年获准发行港元钞票，逐渐成为香港银行体系中的一家重要银行。有利银行在内陆口岸城市先后设立的分支机构有广州(1855年)、汉口(1866年)、福州(1867年)、九江(1876年)、厦门(1880年)。1941年底太平洋战争爆发后，有利银行上海分行被日军接管停业，抗日战争胜利后复业，1952年又停业。①

麦加利银行即现今渣打银行的前身。银行创办者为詹姆斯·威尔逊爵士，他同时也是著名《经济学家》杂志创始人。麦加利银行于1853年获得英国皇家特许状，1858年在加尔各答、孟买及上海成立分行。该银行的传统业务是贸易融资。1869年苏伊士运河开通以及1871年电报扩展到中国后，该行在远东贸易中获得丰厚利润。麦加利银行除在上海设立分行外，还分别在汉口(1863年)、福州(1868年)、厦门(1873年)、天津(1895年)设立分支机构。②

英资银行的垄断地位在1860年法兰西银行设立上海分行以后被打破。法兰西银行原译为巴黎贴现银行(Comptoir National de Scompte de Paris，简称CNEP)，在华称法兰西银行。该行1848年在巴黎成立，1863年在香港设立分行，此后又在天津(1867年)、汉口(1876年)、厦门(1876年)等地设立分支机构。③ 与其他外国银行设立的目的类似，法兰西银行为法国资本在远东市场上提供金融便利。当时巴黎与上海之间尚未有直接的贸易关系和金融联系，中法之间为数不小的生丝贸易要通过伦敦进

① 汪敬虞：《外国资本在近代中国的金融活动》，人民出版社1999年版，第19页。
② 《麦加利银行之营业成绩》，《银行周报》第3卷第25号，1919年7月15日。
③ 汤志钧：《近代上海大事记》，上海辞书出版社1989年版，第139页。

行。自19世纪50年代起，法兰西银行便预感到在上海开展金融业将带来可观的经济利益。1860年该行将业务拓展至印度洋、中国和澳大利亚，主要从事商业汇兑和信托业务，其在上海开设的分行为中途靠岸的商人和海运活动提供金融服务。这家实力雄厚的法国银行的建立，从贸易观点看，"是法国在中国的第一个重要步骤"，它"使法国贸易摆脱向外国贷款的束缚而得到了解放"，从而使法国的贸易"有能力单独前进，依靠自己的力量成长和发展"。[①] 不过，在设立上海分行的最初10年，它竞争不过英国银行，一直处于劣势。自19世纪70年代中期起，这一形势逐渐有所转机。到80年代，随着中法战争和法国对中国侵略的加紧，法兰西银行在金融界的地位进一步提高。19世纪80年代末期，该行因营业受损进行改组，1894年后，其在中国的业务由东方汇理银行所替代。

汇丰银行也是在19世纪60年代进入中国的。该行创办于1864年，1865年总行在香港正式营业，同年4月上海分行开业。汇丰银行创办时资本为500万港元，共2万股，每股250港元，股东囊括了当时香港几乎所有的大洋行。[②] 也因此，汇丰与英商企业的紧密联系，充分适应了洋行扩大贸易的需要。同时，它的发起人即十几家洋行原来兼营的金融业务都交由汇丰银行集中处理，这些优势使得汇丰银行很快在同业竞争中崛起。到19世纪70年代中叶、80年代初，汇丰银行的业务迅速推进和扩大，其在中国境内分支机构的数量也大大超过其他外商银行。19世纪末，汇丰银行在中国内地设立的分支机构已经达到10家。这一时期，还有英商的汇川银行、利生银行、利华银行和利升银行进入中国，但均属于资本额较小、经营时间较短的银行。甲午战争以前，外国银行在中国设立的分支机构有40个左右。[③] 除19世纪70年代以前设立的银行之外，又有英国的德丰、大东惠通、中华汇理银行，德国的德意志、德华银行，法国的东方汇理银行和日本的横滨正金银行等进入中国。

总的来说，这一时期外国在华银行还处于初级发展阶段，相对于外国在华洋行，他们的实力还相当薄弱。许多洋行专门设有银行业务部，从事外汇买卖、贴现与票据汇划业务，一些专营汇兑的银行的全部业务有时还赶不上一个大洋行的买卖外汇的柜台。19世纪七八十年代，外国银行与洋行的实力对比发生了变化，银行同中国钱庄发生直接联系，并逐渐控制中国的对外贸易和通商口岸的金融市场。这一时期的外国银行虽然仍然以买卖外汇和票据贴现业务为主，为对华商业贸易服务，但也开始兼营保险和产业投资。

---

① [法]梅朋著，倪静兰译：《上海法租界史》，上海社会社学院出版社2007年版，第311页。
② 许涤新、吴承明：《中国资本主义发展史》第二卷，人民出版社2003年版，第94页。
③ 许涤新、吴承明：《中国资本主义发展史》第二卷，人民出版社2003年版，第96页。

（二）甲午战争之后多国银行的发展

甲午战争以后，列强在中国取得投资设厂权，外国银行在中国的活动也出现重大转折。各国银行以其本国的政治势力为支持，积极谋求对华财政借款、修路与开矿借款，并以此为基础在中国划分势力范围，争夺中国海关的控制权。以俄国为主导的华俄道胜银行、美国的花旗银行均是在这一背景下设立的。华俄道胜银行设立于1895年，总行在圣彼得堡。1896年该行在上海设立分行，随后又在关外多家城市设立分支机构。华俄道胜银行中有清政府划拨的五百万两资金，但清政府却未能占一个董事席位，也没有任何权力。该银行的章程规定，"在中国境内办理租税、赋课之缴纳；支付中国政府公债之利息"，可"经理铁路、电线的设置"。[①] 美国的花旗银行于1902年在上海设立分行[②]，由于美国政府授权花旗银行办理在华"庚子赔款"事宜，花旗银行遂成为当时美国唯一一家可以在境外开设分支机构的银行。

到第一次世界大战爆发前夕，在华新设的外国银行约有10家，分支机构40余处，加上日本在华银行和中日合资银行，连分支机构已有80余处。[③] 这些银行不仅是外国在华企业的主要支柱，而且也积极向中国企业融通资金。他们的放款已经广泛伸向铁路、矿产、面粉、机械、皮革、化学、五金等众多工业部门，这一时期比较主要的银行有英国的大英、沙逊银行，美国的美丰、中华懋业、大通、运通、友华银行，日本的住友、三井、三菱银行，还有荷兰的安达银行、意大利的华意银行等。

民国初年，外国在华银行的势力继续发展，多国银行团的出现是这一时期外国在华银行活动的新特点，由银行的垄断到银行团的垄断，是进入20世纪后外国在华金融活动的主流。从1910年成立的英、德、法、美四国银行团开始，先是有1912年的英、德、法、美、日、俄六国银行团，1913年改组的英、德、法、日、俄五国银行团，最后是第一次世界大战以后的1920年由美、英、法、日重新组合的新四国银行团在中国开展金融活动。[④] 银行团的出现是各国政治经济势力在华相互竞争的产物和金融活动的新工具，以这种形式存在的金融活动直到第二次世界大战结束后才完全终结。

二、外国银行在华的业务和经营特色

甲午战争之前，外国银行主要以经营汇兑业务为主，包括买卖远期汇票。甲午战争之后，存放款业务有很大发展，业务转向争夺对华借款，并逐步控制中国的财政和金融。以汇丰银行为例，外国银行在华的业务主要集中在吸收存款、发行钞票、国际汇

---

① 徐寄庼：《最近上海金融史》，华丰印刷铸字所1929年版，第255页。

② 汤志钧：《近代上海大事记》，上海辞书出版社1989年版，第559页。

③ 许涤新、吴承明：《中国资本主义发展史》第二卷，人民出版社2003年版，第538页。

④ 汪敬虞：《外国在华金融活动中的银行与银行团（1895—1927）》，《历史研究》1995年第6期。

兑、为清政府提供借款等方面。

(一)吸收存款和发行钞票

在中国发行纸币是外国银行利用中国资金和控制金融市场的一个重要手段。甲午战争后,发行纸币的外商银行逐渐增多,它们的纸币在中国的流通量也大大增加。由于不受中国管理,发行多少并无确切统计。以汇丰银行为例,从1865年至1894年,它的存款由338万港元增至10 430万港元,增长30倍;贴现与放款由314万港元增至4 422万港元,增长14倍;增加有价证券及投资737万港元,资产总额超过1.5亿港元。丽如银行1847年在上海设分理处时即已在香港发行纸币。之后,麦加利银行、汇丰银行都有纸币在中国流通,汇丰银行在1894年纸币发行额近1 000万港元。① 从1894年到1914年,汇丰银行的资本和各项准备增加到了3 350万港元,这是它的利润积累。但同时期,它吸收的存款也增加到2.25亿港元,存款占全部资产的75.7%,比银行自有资金多5.7倍。存款中有一部分是外商和租界当局的存款,而绝大部分是中国政府、工商业和私人的存款。② 华商企业为取得外商信用,也向外商银行存款。私人存款则主要是大官僚、军阀、买办们的存款,外商银行为他们保密,其中大宗存款是不少的。③

(二)国际汇兑业务

甲午战争前,国际汇兑主要是由进出口贸易产生的外汇结算。甲午战争后,开始出现巨额外债本息的汇入汇出、外国在华投资及其利润的进出,以及华侨汇款等,外国银行的外汇业务得到进一步发展。据估计,第一次世界大战前,汇丰银行买进卖出的外汇经常占上海外汇市场交易量的60%~70%,用于购入汇票的资金常占其主要营运资金的1/3以上。④ 它不仅从买卖外汇中取得差价收益,还用两地套做进口和出口汇票的办法,获取更多的利润。同时,汇丰银行也操纵上海外汇行市,它挂出的先令牌价成为进出口货物结价的根据。操纵汇率也就是操纵银价。汇丰银行进而操纵着白银买卖。1915年底,上海银钱业的白银和银元库存共合八千零九十九万两,其中9家外资银行占44.3%,而汇丰银行独占38.4%。⑤

(三)政府借款业务

19世纪末是国际资本在华活动趋于成熟的阶段。随着各国资本输出的扩张,各

---

① 汪敬虞:《十九世纪西方资本主义对中国的经济侵略》,人民出版社1983年版,第238页。

② 1911年北京外交使团指定汇丰银行、德华银行、华俄道胜银行组织非常委员会,负责管理海关税收,但汇总收解由汇丰银行上海分行办理。1913年"善后大借款"成立后,盐税亦归银行团保管,除汇丰银行、德华银行、华俄道胜银行外,增加东方汇理银行和横滨正金银行。

③ 光绪三十年(公元1904年),庆亲王奕劻被参向汇丰银行存银一百二十万两,户部尚书奉旨查问,汇丰称"银行向规,何人存款不准告人"。参见《光绪朝东华录》第五册,光绪三十年三月。

④ 洪葭管:《从汇丰银行看帝国主义对旧中国的金融统治》,《学术月刊》1964年第4期。

⑤ 洪葭管:《从汇丰银行看帝国主义对旧中国的金融统治》,《学术月刊》1964年第4期。

国都将贷款作为在华获取势力范围的重要手段，外国银行在此时也成为巨额政治借款和铁路借款的主角。从鸦片战争到甲午战争，已查明的政府对外借款 44 笔，总额四千六百三十余万两，其中 90%是借自外商银行。[①]

在这些政治借款中，汇丰银行以及外国银团扮演了重要角色。1874 年，汇丰银行经办的福建台防借款二百万两，为期 10 年，在国外发行英镑债券，以海关洋税为抵押，已经初步具备后来政治借款的性质。至 19 世纪 80 年代，又有多笔铁路、河工等借款，这些借款多属周转性质。从 1894 年的“汇丰银款”到 1911 年的“广东总督借款”，由汇丰银行单独贷放和其他银行共同贷放的共 29 笔，合库平银二亿零六百万余两(共同贷放未注明份额者按平均分摊计)，中国实收一亿八千万两。[②]在对中国铁路借款的争夺中，汇丰银行也是主力。它除自办借款外，还在 1898 年与怡和洋行合组中英公司，1904 年与福公司合组华中铁路公司，都是发行铁路债券、包办铁路器材、承办修建工程的财团。1895—1914 年，三家公司共承揽铁路借款 18 笔，除互抵者外共合借 1.89 亿余元。[③] 汇丰银行从这些贷款项目中获得了丰厚的利润。

甲午战败后，清政府面临对列强的巨额赔款，只能向国际银行团申请大额贷款。这些贷款中，一笔向俄、法借贷，金额 4 亿法郎(合银九千八百九十六万两)，年息四厘；另一笔向英、德借贷，金额 1 600 万英镑，合银九千七百六十二万两，年息五厘，由汇丰银行和德华银行各承担一半，1896 年 3 月签订合约，均以关税收入担保。两笔借款之后，因尚欠日本八千三百三十三万两银，于是 1898 年 3 月与汇丰、德华两家银行签订“英德续借款”1 600 万英镑，两家银行以八三折付给清政府，在柏林和伦敦市场上却按九折发行，为外国银行带来极为可观的盈利。[④]

三、外国银行在华相对实力的消长

进入 19 世纪 90 年代，外国银行在中国的活动出现一些新的变化。在汇兑和投资两大主干业务中，投资活动逐渐上升到主要地位。一些实力雄厚、存在时间较长的外国银行背后均有其本国政治经济势力的支持，并代理本国政府行使某些职权，如英国的汇丰银行、德国的德华银行、俄国控制的华俄道胜银行、美国的花旗银行等均属于此种类型。而一些纯粹的商业银行不仅实力较弱，而且在华存在时间一般也比较短暂。因此，外国在华银行的实力消长很大程度上同其本国政府在中国的影响力联系在一

① 徐义生:《中国近代外债史统计资料》，中华书局 1962 年版，第 4—10 页。

② 许涤新、吴承明:《中国资本主义发展史》第二卷，人民出版社 2003 年版，第 542 页。

③ 宓汝成:《帝国主义与中国铁路》，上海人民出版社 1980 年版，附录“铁路外债细目表”。合办款未定份额者按平均分配计算。

④ 许涤新、吴承明:《中国资本主义发展史》第三卷，人民出版社 2003 年版，第 167—169 页。

起，并不完全反映其资力和经营状况。

在第一次世界大战以前，在华的各国银行中，英国仍然居于优势地位。以麦加利银行为例，作为资格最老的在华外国银行，在它创办的第一年（1854 年）中，包括周转贸易在内的各种票据在年终的资产负债表上不过 92 000 英镑，半个世纪以后的 1903 年，该行资产负债表中单是直接反映贸易周转的汇票经营额就达到 60 万英镑，50 年间扩大了 60 多倍。[①] 第一次世界大战以后，英国在远东的势力被削弱，而美、日在中国的银行势力则得到加强。

20 世纪二三十年代，在中国的外国银行以美、英、日三个国家为主，其中日本的银行发展很快。1894 年以前，日本在中国只有一家银行；到 1934 年，日本的银行在中国已发展到总行 32 家、分行 71 家；到 1936 年时，不算日本控制的伪满洲国，在关内也有 9 家总行、42 家分行[②]，可以说是进入 20 世纪后所有在华外国银行中势力增长最快的一个帝国主义国家。"九一八"事变以后，日本完全控制东北，日本金融势力在该国政府对华侵略政策的支持下，在关内和关外都有明显增强，在关外的发展更是迅速。

四、中外金融实力的变化

19 世纪 70 年代以前，外国在华银行仍然处于进入和初步发展阶段，实力还比较薄弱。70 年代以后，其实力逐渐增强，在上海等通商大埠的金融市场上，外国银行与中国传统金融机构钱庄、票号形成了鼎足之势。甲午战争以后到清末时期是外国在华银行发展的第一次高潮，而中国的银行业则处于产生阶段，外国银行在通商口岸及其势力范围内居于支配地位。民国初年，外国在华银行继续发展。虽然这一时期中国自己的银行也逐渐发展起来，但到 20 世纪 20 年代中期以前，外国在华银行仍然具有明显的优势。

从 20 世纪 20 年代后期开始，外国银行在华的发展减缓，而中国自己的银行业却在加速发展，特别是中国银行业实力在 20 年代后的增强，更成为制约外国在华银行扩张的重要力量。从银行的设立情况来看，1900 年前，中国自己兴办的银行只有中国通商银行 1 家，而同期在华外国银行已有英、德、法、俄、日等国的银行 7 家；但是到了 1936 年，中国的银行数量已达到 164 家。[③] 从银行资力的角度来看，到 1925 年，中国银行、外国在华银行和中国的钱庄之间大体就已经形成了一种三足鼎立的局面，具体

---

① 汪敬虞：《外国在华金融活动中的银行与银行团（1895—1927）》，《历史研究》1995 年第 6 期。

② 朱荫贵：《抗战爆发前的外国在华银行——以二十世纪二三十年代为中心》，《中国经济史研究》2004 年 4 期。

③ 中国银行总管理处经济研究室：《全国银行年鉴》（1937 年），中国银行总管理处经济研究室 1937 年，上篇第一章，第 A10 页。

见表8.1。

表8.1　1925年中外银行和钱庄资力对比

类　别	实收资本与公积金		资力估计	
	金额(百万元)	百分比(%)	金额(百万元)	百分比(%)
外国在华银行				
其中:外商银行	194	35.4	1 141.2	32
中外合办银行	48.2	8.8	1 627	5
小计	2 420	44	1 303.9	37
中国的银行				
其中:中国银行、交通银行	40	7	541	15.2
其他156家银行	165.5	30	9 129	25.6
小计	206	58	1 453.7	41
钱庄	100	18.3	800	23
合计	548	100	3 558	100

资料来源:唐传泗、黄汉民,《试论1927年以前的中国银行业》,见中国近代经济史丛书编委会《中国近代经济史研究资料》(4),上海社会科学院出版社1985年版。

南京国民政府成立后,弥补财政赤字的方式转为主要依靠发行内债来进行,银行团向中国贷款并获取利益和特权的情况基本消失,这也进一步制约了外国银行在中国的发展。同时,关税自主运动使得被汇丰银行长期保管的海关、盐税收入得以逐步收回,并于1930年以后基本被中央银行保管。① 1927—1936年,只有美、日、英三个国家在华新设立少量银行,而各国原来设立的银行却在大量倒闭或退出。到1936年,历年在中国设立的外国银行已经有一多半撤离,该年外国银行的实存数量比1914—1930年的新设量还低很多。②

再从纸币的发行与流通来看,1935年初在中国发行钞票的外国银行"计有汇丰、汇理、花旗、麦加利、正金、华比、荷兰、有利、德华等九家",其发行的钞票数目"以民三至民十为最盛,总额约达一万万元……截至现在止,九家流通市面钞票,共为五百万元,以汇丰最多,约在五十万元以上"。③ 在全国货币金融集中的上海,外国银行发行的纸币额总体也在逐步减少,从1930年的500余万元逐步减少到1934年的200余万元。据当时学者唐庆永估计,1933年上海纸币流通数额约在3.2亿元左右,"而外国

① 吴承禧:《中国的银行》,岳麓书社2013年版,第106页脚注2。
② 朱荫贵:《两次大战间的中国银行业》,《中国社会科学》2002年第6期。
③ 江西省政府秘书处统计室:《经济旬刊》1935年第4卷第6期,"经济要闻",第11页。

银行纸币仅占百分之一，与清末民初时之盛况实不可同日而语”①。当然，虽然作为一个整体，外国在华银行的相对实力逐步减弱，但由于享有不平等条约特权并依托本国强大实力支持，单个银行的实力仍然非常强大。

第二节　新式银行业的产生与发展特点

一、战前中国的新式银行业

近代中国新式银行兴起于 19 世纪末 20 世纪初，从产生时起就存在官办（及官商合办）和商办（民营）两类。从 1896 年中国通商银行设立到清朝灭亡的 1911 年为止，是我国新式银行的产生时期。16 年中至少设立过 17 家银行，其中 10 家改组或停业，到 1911 年底仅存 7 家，分别是中国通商银行、大清银行、交通银行、四明商业储蓄银行、浙江兴业银行、北洋保商银行和殖业银行。其中商办银行尚不占主要地位，即使在辛亥革命之后的几年内，各地官办银行的数量和实力仍然远超过商办银行。这一时期银行业中虽然出现了中央银行之雏形，并有专门以发展交通、兴办实业为目的的银行之设立，但各个银行的业务活动主要局限于官款调拨，与产业发展并无太多的联系。在整个金融结构中，新式银行业的实力不仅远远低于外国在华银行，而且与票号、钱庄、典当业相比也没有明显优势。

（一）北洋政府时期的银行业

1912—1927 年是我国银行业发展的幼年时期，主要特点是新设银行较多，但倒闭停业者也很多。根据《全国银行年鉴》统计（见表 8.2），1912—1927 年新设银行多达 186 家，但停闭者就有 135 家，仅有 51 家存活。

表 8.2　**1896—1927 年中国银行设立、停业统计**　单位：家

年份	总行数量			分支行数量	
	新设银行数	停业数	实存数	设立	累计
1896	1	0	1		
1902	1	1	1		
1916	4	3	17	10	145
1917	10	9	18	11	156

① 朱荫贵：《抗战爆发前的外国在华银行——以二十世纪二三十年代为中心》，《中国经济史研究》2004 年 4 期。

续表

年份	总行数量			分支行数量		年份	总行数量			分支行数量	
	新设银行数	停业数	实存数	设立	累计		新设银行数	停业数	实存数	设立	累计
1905	1	1	1			1918	10	6	22	11	167
1906	2	2	1			1919	16	9	29	17	184
1907	3	0	4	1	1	1920	16	14	31	16	200
1908	4	3	5	5	6	1921	27	18	40	10	210
1909	1	1	5	6	12	1922	27	19	48	20	230
1910	1	0	6	4	16	1923	25	20	53	21	251
1911	3	2	7	1	17	1924	7	5	55	9	260
1912	14	10	11	10	27	1925	9	7	57	10	270
1913	2	1	12	26	53	1926	7	7	57	5	275
1914	3	1	14	50	103	1927	2	1	58	7	282
1915	7	5	16	32	135	合计	203	145	58		282

注：表中数据不包括外国在华银行。

资料来源：中国银行总管理处经济研究室，《全国银行年鉴》(1937 年)，中国银行总管理处经济研究室 1937 年，第 A7—8、24—25 页。

从银行类别来看，清末到北洋时期也建立了一批地方金融机构，例如各类省银行，大部分由前清官钱局所改组，也有部分是地方军阀所新设，以方便各地方政府发钞和代理省金库，但多数滥发纸币，管理腐败，存续时间较短。它们不仅与地方经济缺乏联系，而且凭借其政治特权对民族工商业的发展造成很大干扰。如四川、广西、湖南、安徽、河南、山东等地的省银行，设立后很快破产或改组，只有浙江地方银行、山西省银行、江苏银行等少数几家维持下来。

随着工商业的发展，信贷需求有所增加，大量商办银行得以创设。1916—1920 年，商办银行共新设 73 家，平均每年新设 14 家，占同期全国新设华资银行总数的 90.1%。至 1920 年底，实存的商办银行有 81 家，占全国实存华资银行总数的比重从 1912 年底的 35.1%上升到 78.6%，实收资本总数达 4 525 万余元。1921—1925 年共新设商办银行 110 家，平均每年新设达 22 家。虽然也有大量新设银行倒闭，但到 1925 年底，实存的商办银行已增至 130 家，占本国银行数量的比重上升到 82.3%，实收资本数 9 300 多万元，占本国银行总资本的比重上升到 55%，发展速度大大超过了官办和官商合办银行。[①]

（二）南京国民政府时期的银行业

1. 发展状况

20 世纪 20 年代后期，我国新式银行业的发展速度加快，到全面抗战爆发之前，全国已经形成较为完善的银行体系，除地县级银行之外，从国家银行到省市立银行，各种商业储蓄银行、农工银行和专业银行均发展起来，各地的银行同业组织、准备金库、各种银行法规也先后建立与完善。从银行设立数量来看，这一时期基本上走出了先前设立多、停闭也多的局面，除 1935 年前后的经济不景气对银行业的发展造成一定影响之外，银行的实存量一直在快速增加。在全国大中城市新设银行达 137 家，停业者仅 31 家，停业率只有 22.6%，与 1927 年前相比，银行业每年停闭的数量很少，总体经营较为稳定。这一时期的银行数量如表 8.3 所示。

表 8.3　1927—1937 年中国银行设立、停业统计　单位：家

年份	设立银行	停业数	现存数
1927	2	1	58
1928	16	5	69
1929	11	3	77
1930	18	6	89
1931	16	6	99
1932	13	4	108
1933	15	3	120
1934	22	4	138
1935	18		156
1936	5		161
1937	3		164
合计	139	32	164

注：表中数据不包括外国在华银行。

资料来源：中国银行总管理处经济研究室，《全国银行年鉴》（1937 年），中国银行总管理处经济研究室 1937 年，第 A8 页。

同时，原有银行分支行的扩展还要远远高于新行的增设，到 1937 年，全国实存的

① 唐传泗、黄汉民：《试论 1927 年以前的中国银行业》，见中国近代经济史丛书编委会《中国近代经济史研究资料》(4)，上海社会科学院出版社 1985 年版，第 69 页。

分支行数量已经达到1 627家。[①] 其中以中央银行、特许银行和省市立银行的分支行数增加明显，行员数量也有较大增长。到1937年，中央及特许银行虽然只有4家（即中央银行、中国银行、交通银行和中国农民银行），但是分支行数和行员数均远超过其他银行。这也表明1927年南京政府成立后，通过设立中央银行和改组中国银行、交通银行和中国农民银行为特许银行等手段，增强了对银行业的控制能力。这一时期具体设立的分类别银行数如表8.4所示。

表8.4　　1934—1937年银行业分类、分支行及行员变动情况

银行类别	总行数(家)			分支行数(家)			行员数(人)	
	1934年	1936年	1937年	1934年	1936年	1937年	1936年	1937年
中央及特许	3	4	4	255	390	491	7341	9 195
省市立	20	25	26	226	331	464	4 329	5 540
商业储蓄	80	80	73	372	383	408	8 917	8 903
农工	20	31	36	86	147	173	2 529	2 515
专业	13	15	15	46	51	56	1 356	1 243
华侨	10	9	10	53	30	35	1 180	1 482
共计	146	164	164	1 038	1 332	1 627	25 652	28 878

资料来源：朱荫贵，《两次世界大战间的中国银行业》，《中国社会科学》2002年第6期。

总体而言，进入20世纪30年代以后，在中国的新式银行体系中，中央及特许银行的数量虽少，但实力最强，占据绝对的支配地位。商业储蓄银行的数量最多，整体实力大体上仅次于中央及特许银行。省市立银行虽然也得到了迅速增长，但就整体实力而言，仍然次于商业储蓄银行，居于第三位。农工银行和各种专业银行的实力仍然比较薄弱，特别是其向农村和基层的渗透仍然不够，有待于进一步发展。同时，这一时期银行体系仍然存在明显的地域分布不均衡，新增银行和银行总量主要集中在江、浙两省和上海、天津等通商口岸。

2. 发展原因

一方面，这一时期中国民族资本主义工商企业的快速发展，客观上给中国银行业的发展提供了难得的机遇；另一方面，金融制度的完善、金融知识的进步以及银行家们的创新精神，共同促成了这一时期银行业的迅速发展。与北洋政府时期相比，南京国民政府高度重视金融制度的建设，在政权建立后不久即召开全国经济会议和财政会议，商讨金融议案，认为“金融之于国家，犹血液之于人身，未闻血液浑浊而人身壮健者

---

① 中国银行总管理处经济研究室：《全国银行年鉴》(1937年)，中国银行总管理处经济研究室1937年，第A8、A10页。

也，未闻金融紊乱而国家富强者也”，并指出“方今国事渐平，训政肇始，整顿金融，自属亟不容缓之事”，而“欲期整顿金融，先应规定银行制度，厘定统一币制，整顿纸币办法，斯为急务”。[①] 这一时期，南京国民政府构建形成以中央银行为首的国家银行体系，这一银行体系与国际汇兑银行、地方银行、专业银行构成丰富多元的银行层次，初步形成近代中国的银行体系。此外，南京国民政府还颁布了一系列有关银行业法律法规，如1931年颁布的《银行法》，明确规定银行必须是公司组织，同时也规定了开设银行的最低资本额。这些因素都推动了这一时期银行业的发展。

二、全面抗战时期及战后银行业的发展

(一)抗战时期的银行业发展概况

1937年7月，全面抗战爆发，但中国银行业的发展势头并没有停止。从数量来看，1937年7月到1942年底，全国共新设银行108家，其中1937年1家、1938年3家、1939年8家、1940年7家、1941年28家、1942年27家，年月不详者34家。5年间，银行的分支行数大约也增加了70%，达到2 700余家。到1945年8月抗战胜利时，中国银行的实存家数达到416家，比战前增加了2.54倍。[②]

除了数量增加之外，战时银行业发展的一个特点是租界集中的上海等地金融业出现了畸形繁荣。由于“公共租界”和“法租界”仍然由租界工部局管理，位于上海租界内的银行和金融机构大多仍继续营业。受战争影响，游资从四面八方流入上海，银行所吸收的活期存款有所增加。如上海商业储蓄银行的存款总额从1937年底的12 921万元增至1939年底的17 820万元，同期中南银行的存款总额从9 473万元增至10 129万元，浙江兴业银行的存款总额从8 160万元增至12 968万元，浙江实业银行的存款总额从5 010万元增至6 440万元。[③] 战时银行业票据交换总金额1937年6月为83 032万元，1937年12月降为8 837万元，到1938年12月又回升到80 379万元，跨入1940年后就已经超过了战前水平。[④]

战时银行业发展的另一个特点是全国银行业的地理分布得到相对改善，县级银行体系进一步形成。表8.5对银行业的地理分布作了概括，全面抗战爆发前，新增银行和银行总量以上海、天津、江浙两省等通商口岸与东部省市占绝对优势，其中，上海和

① 全国经济会议秘书处：《全国经济会议专刊》，商务印书馆1928年版，第175页。转引自朱荫贵：《两次世界大战间的中国银行业》，《中国社会科学》2002年第6期。

② 杨荫溥：《五十年来之中国银行业》，见中国通商银行《五十年来之中国经济》(中国通商银行创立五十周年纪念册)，(台北)文海出版社1974年版，第41—42页。

③ 洪葭管：《中国金融史》，西南财经大学出版社1993年版，第335页。

④ 杨荫溥：《五十年来之中国银行业》，见中国通商银行《五十年来之中国经济》(中国通商银行创立五十周年纪念册)，(台北)文海出版社1974年版，第51页。

江浙两省所拥有的银行数量比全国其他省市的总和还要多,分支行数量也占到全国总量的1/3以上。1936年上海市的银行总行即达58家,占全国银行总数的35%;分支行182处,占全国分支行总数的13.7%。江浙两省以占全国16%的人口和3%的土地,开设银行总行的占比却高达59%,分支行占比也达36%。银行业这种高度集中于东南地区的状况,到全面抗战时期及战后才得到缓解。

表8.5　　银行地域分布变化

地域	1936年				1946年			
	总行数量(家)	所占比例(%)	分行数量(家)	所占比例(%)	总行数量(家)	所占比例(%)	分行数量(家)	所占比例(%)
上海市	58	37.67	124	9.54	83	14.15	190	6.34
重庆市	9	5.84	17	1.30	37	6.52	110	3.66
五大都市	23	14.94	210	16.15	21	3.65	312	10.42
江浙二省	36	23.38	300	23.09	30	5.22	308	10.28
西南五省	8	5.18	96	7.40	190	33.10	843	28.14
西北五省	4	2.60	65	5.04	69	12.01	295	9.84
华北七省	7	4.53	196	15.08	65	11.32	134	4.48
华中华南六省	9	5.84	258	19.86	76	13.23	767	25.6
东北及台湾	—	—	33	2.54	3	0.52	37	1.24
总计	154	100	1 299	100	574	100	2 996	100

资料来源:燕红忠,《中国的货币金融体系》,中国人民大学出版社2012年版,第166页,表8—6。

随着全面抗战爆发,经济中心与金融机构均向后方转移。为了保证后方经济有效运转,国民政府成立四联总处,积极推动后方各省的银行建设,要求各城镇乡市每地至少设立一行。到1943年底,西南、西北的金融网络基本形成,陕西、甘肃、青海、宁夏、新疆、西康、贵州、云南、广西、四川十省的总分支银行数量比战前增加了4倍,总数达到1 138所。其中尤以新的政治经济中心——四川省增长最快,银行数量几乎占到上述十省银行总量的一半。国有银行、省银行、商业银行的分支机构在这一时期大幅度增加,其中县银行得以在后方普遍建立。截至1945年,四川省设立的县银行为126处,其次分别为陕西省57处、云南5处、贵州4处、西康2处、甘肃1处。①

后方金融网建设是战时金融发展的重要计划之一。1938年8月,财政部在武汉召开会议,拟定《筹设西南、西北及邻近战区金融网二年计划》,强调从西南、西北着手先行,计划在大后方普设银行分支机构,这是关于战时西南、西北金融网建设的第一个

① 王沿津:《中国县银行年鉴》,(台北)文海出版社1979年版,第15—29页。

具体方案。1939年3月6日，财政部又在重庆召开全国第二次地方金融会议，正式提出建设内地金融网，并制定《完成西南、西北及邻近战区金融网之二年计划》。该计划的要点有四：第一，凡后方与政治、经济、交通及货物集散有关之城镇乡市，倘无四行之分支行者，责成"四联总处"至少指定一行前往设立机构。第二，其地点稍偏僻者，四行在短期之内或不能顾及，则责成各该省省银行务必前往设立分支行处，以一地至少有一行为原则。第三，在各城市乡镇筹设分支行过程中，以合作金库及邮政储金汇业局辅助该地之金融周转及汇兑流通。第四，邻近战区之地方亦同此设立分支行处。同年9月，财政部又公布《巩固金融办法纲要》和《中央健全战时金融机构办法》，进一步明确提出"吸收社会游资"，"扩充西南、西北金融网，期于每县区设一银行，以活泼地方金融，发展生产事业"。[①] 经过西南、西北金融网建设，西北、西南、东北等内陆省份的银行业逐渐成长起来，与地方经济与农村金融紧密联系的县级银行体系也初步形成。

（二）全面抗战结束之后的银行业

抗战胜利后，我国银行业的上述发展特点仍然得以保持。总分行数量继续增加，并向内地与农村扩散。到1946年6月，全国银行的实存家数达到523家，分支行数达到2 966家，到该年年底，全国银行的总行数量与分支行数量进一步分别增至574家与3 050家。通过计算全国各地银行数量和所占比例，可以看出，与抗战前对比，1936年上海的总行数量和分支行数量在全国所占的比例分别为37.67%和9.54%，1946年则降为14.45%和6.34%。1936年南京、北平、天津、广州、汉口五大都市的总行数量和分支行数量在全国所占的比例分别为14.94%和16.15%，1946年则降为3.65%和10.42%，同期江浙二省的这一比例也从23.38%和23.09%降至5.22%和10.28%。而四川、云南、贵州、广西、西康西南五省的总行数量和分支行数量在全国所占的比例则从1936年的5.18%和7.14%分别上升为1946年的33.1%和28.14%[②]，同期陕西、甘肃、宁夏、青海和新疆西北五省的这一比例也从2.60%和5.04%上升至12.01%和9.84%[③]。从各银行的投资与经营对象来看，虽然地产、公债仍然占有很大比例，但产业与商业投资已经开始大大增加，大多数银行均极力向基层、内地和农村推设。

南京国民政府对战败国的金融机构（包括德、意、日三国的银行和汪伪、伪满州国的银行）进行接收。根据国民政府财政部规定，横滨正金银行和德华银行由中国银行接收，住友银行、上海银行株式会社、汉口银行株式会社由交通银行接收，三菱银行及帝国银行等由中央信托局接收。伪组织的银行，包括伪中央储备银行、伪满洲国银行

① 中国第二历史档案馆：《中华民国金融法规档案资料选编》，档案出版社1989年版，第631—634页。
② 王玉茹、燕红忠、付红：《近代中国新式银行业的发展与实力变化》，《金融研究》2009年第9期。
③ 燕红忠：《中国的货币金融体系》，中国人民大学出版社2012年版，第166页。

在南方的分行和伪省市地方银行由中央银行接收，伪中央信托公司、伪中日实业银行等由邮政储金汇业局接收。[①] 国有银行接管的敌伪银行资产中，包括伪满洲中央储备银行的黄金五十余万两、白银七百六十三万两、银元 37 万枚，伪满洲中央银行黄金约八万两、白银约三十一万两、银元 24 万枚。[②] 经过战争结束后的大规模接收，国有银行的实力得到新的增长。

相对于国营银行实力的增强，战后民族资本银行则表现为资力削弱，业务萎缩。究其原因，一方面是由于受到恶性通胀影响，货币资本进一步减少。以上海商业储蓄银行为例，全面抗战前的存款总额折合黄金高达一百七十一万余两，到抗战结束之后只合一万余两；金城银行抗战前的存款折合黄金为一百三十九万余两，到抗战结束只合一千五百五十四两。[③] 另一方面是由于战争期间国有银行逐渐建立起了金融垄断体系，不止垄断货币发行，也独占金银外汇，使得民营银行很难与其公平竞争。同时，国民政府在战后公布《新银行法》及其草案，对私营银行的存款、放款、汇款等各项业务作出种种限制，也进一步限制了民营银行的发展。

三、新式银行业的资力变化

如前所述，清末十多年间是我国新式银行的产生时期，民国初年我国的银行业虽有一定的发展，但在 20 世纪 20 年代以前，其整体实力仍然非常有限，在整个金融业中无足轻重。当时的金融市场主要为外国在华银行和旧式的金融组织钱庄、票号与典当所支配。以外国在华银行为例，其总资力（实收资本、公积金、存款与纸币发行量四项之合计）约为 8 亿元；钱庄与票号的实力不相上下，总资力为 2.8 亿元左右[④]，其中钱庄的资力为资本、公积金、存款和发行纸币四项之合计，而票号则为资本、存款与发行小票三项之总和，在各类金融组织中，实力最强。

从 20 世纪 20 年代后期开始，新式银行业发展大大加速，在全国金融结构中逐步占据优势。据估计，1925 年中国银行业的总资力（包括实收资本、公积金、盈利滚存、存款和发行兑换券之和）已经略微高于外国在华银行，大约是钱庄业的 2 倍。[⑤] 这一时期中国银行业的实收资本、存款放款和纯益等经营指标都呈现出稳定增长趋势。

---

① 洪葭管：《中国金融史》，西南财经大学出版社 1993 年版，第 380 页。

② 洪葭管：《中国金融史》，西南财经大学出版社 1993 年版，第 380 页。

③ 洪葭管：《中国金融史》，西南财经大学出版社 1993 年版，第 388 页。

④ 唐传泗、黄汉民：《试论 1927 年以前的中国银行业》，见中国近代经济史丛书编委会《中国近代经济史研究资料》(4)，上海社会科学院出版社 1985 年版，第 69 页。

⑤ 燕红忠：《中国的货币金融体系》，中国人民大学出版社 2012 年版，第 167 页。

1932年全国银行资产总额为30余亿元,1936年增长到72余亿元。[1] 全面抗战前,中国银行业的资力变化情况见图8.1、图8.2和图8.3。

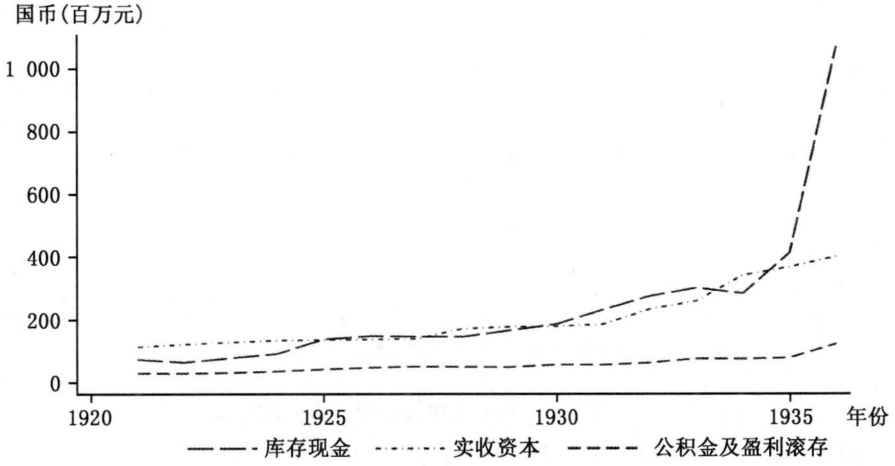

图8.1 新式银行业的库存现金、实收资本与公积金的变化

资料来源:根据燕红忠《中国的货币金融体系》(中国人民大学出版社2012年版)第166页表8—8的数据绘制。

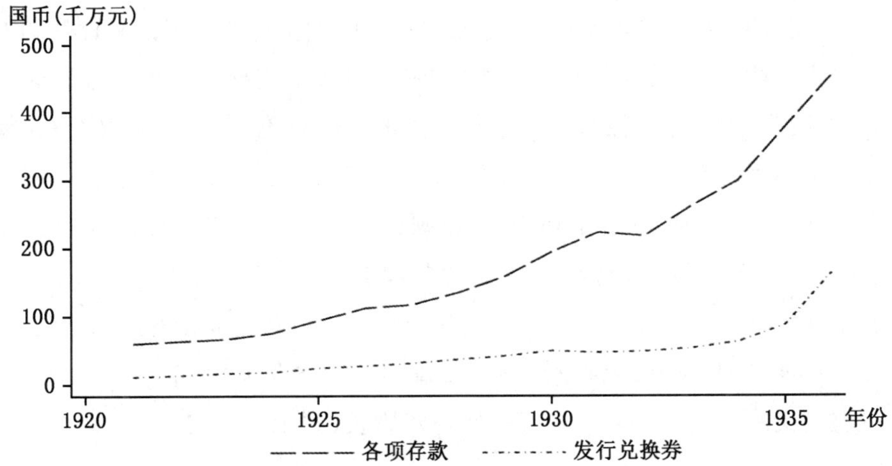

图8.2 新式银行业的存款和兑换券的变化

资料来源:根据燕红忠《中国的货币金融体系》(中国人民大学出版社2012年版)第166页表8—8的数据绘制。

① 中国银行总管理处经济研究室:《全国银行年鉴》(1936年),中国银行总管理处经济研究室1936年,第A19页。

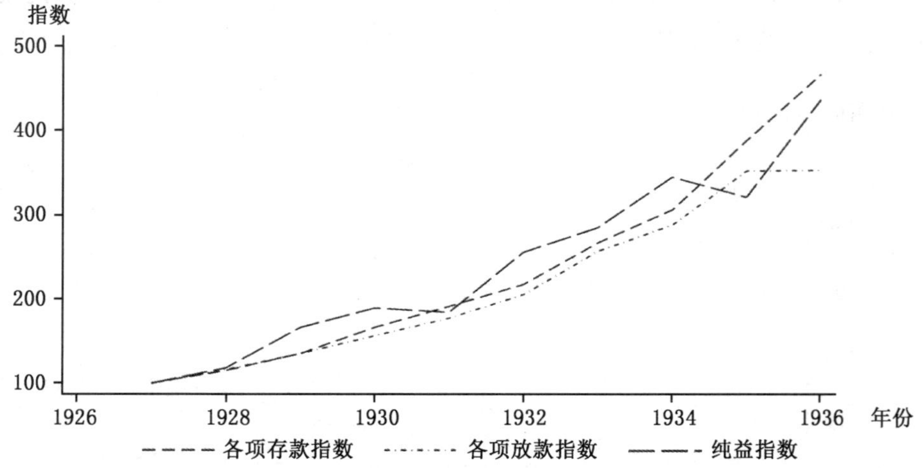

图 8.3　1927—1936 年中国银行业存贷款指数

注：图中各项指数均以 1927 年为基期(＝100)计算。

资料来源：1927—1931 年数据见《中国重要银行最近十年营业概况研究》第 314、315、326 页；1932—1935 年数据见中国银行总管理处经济研究室《全国银行年鉴》(1936 年)，中国银行总管理处经济研究室 1936 年，第 A56、A61 页；1936 年数据见中国银行总管理处经济研究室《全国银行年鉴》(1937 年)，中国银行总管理处经济研究室 1937 年，第 A47、A53、A57 页。

可以看出，除一些短期波动之外，全面抗战前中国银行业发展的总体实力在不断壮大，资力不断增强，经营业绩也有了很大提升。同时，这些指标的快速成长均是从 20 世纪 20 年代后期才出现的，反映银行资力的实收资本、各项存款、发行兑换券数量、公积金与盈利滚存、库存现金等指标从 1921 年到 1927 年仅增加了 82%、51%、37%、60%和 50%，而从 1927 年到 1936 年则分别扩展了 2.87 倍、3.89 倍、5.19 倍、2.42 倍和 7.25 倍。反映银行经营业务的各项放款、有价证券和汇款从 1921 年到 1927 年分别增加了 57%、52%和 72%，而从 1927 年到 1936 年则分别扩展了 3.18 倍、4 倍和 2.71 倍。反映银行经营业绩的总收益和纯收益在 1927 年前处于不断波动之中，并没有太大改善；从 1927 年之后开始稳定增长，到 1936 年为止分别增长了 2.64 倍和 3.64 倍。[①]

全面抗战爆发后，虽然新式银行业的数量仍然不断增加，地域分布更为合理，银行业的体系也更为完善，但在严酷的环境和急剧恶化的通货膨胀背景下，银行业的整体实力和经营状况并没有得到改善。正如杨荫溥所总结的，“就表面数字言之，虽似系继

① 燕红忠：《中国的货币金融体系》，中国人民大学出版社 2012 年版，第 167 页。

续不绝之增加，但就实际力量言之，则近年实有显著之减退”①。存款数量是反映银行资力最主要的指标，“抗战以前之存款递增趋势，虽似并不猛烈，自民国十年（1921 年）至民国二十六（1937 年）之十六七年中，只约八倍；但此项八倍之增加，确表示银行业于此期内实际资力之进展。抗战以来之十年中，银行存款似已约增一千二百倍；但银行实际资力，则反已大为减退。盖此过去十年中，法币购买力在各都市之低落，平均大致已降低至万分之一左右。由此以为推算，则三十五年（1946 年）九月已增加一千二百倍之银行存款，以购买力论，已只合二十六年（1937 年）底存款百分之十二”。在这一过程中，存款的构成也发生了很大变化。抗战以前，“平均言之，当时一般银行存款中活期与定期之百分比，大致活期可能在百分之六十左右，定期可能在百分之四十左右”，“最近十年来，则定期成份锐减，百分之九十以上均为活期”，②从而使银行实际运用资金的能力大大降低。反映银行资力与经营业绩的其他各项指标，在数量和结构方面大致上也同存款一样，经历了类似的变化过程。

第三节　主要代表性银行

一、近代第一家银行：中国通商银行

与早期欧洲的银行类似，中国第一家银行——中国通商银行也是特许开办的。中国通商银行创办于光绪二十三年四月二十六日（1897 年 5 月 27 日），创办人是当时掌管多家洋务企业、刚刚接办汉阳铁厂的盛宣怀。他于 1896 月 11 月 1 日向光绪奏《条陈自强大计折》，并附“请设银行片”③，提出开办银行的种种缘由，“银行昉于泰西，其大旨在流通一国之货财，以应上下之求给，立法既善于中国之票号钱庄，而国家任保护权，利无旁挠，故能维持不敝。各国通商以来，华人不知务此，英法德俄日本之银行，乃推行来华，攘我大利，近年中外士大夫灼见本末，亦多建开设银行之议，商务枢机所系，现又举办铁路，造端宏大，非急设中国银行，无以通华商之气脉，杜洋商之挟持”④，即是说，中国办了铁路就不能不办银行，银行应该由商人来办，官方给予扶持，除办理各

---

① 杨荫溥：《五十年来之中国银行业》，见中国通商银行《五十年来之中国经济》（中国通商银行创立五十周年纪念册），（台北）文海出版社 1974 年版，第 39—68 页。

② 杨荫溥：《五十年来之中国银行业》，见中国通商银行《五十年来之中国经济》（中国通商银行创立五十周年纪念册），（台北）文海出版社 1974 年版，第 39—68 页。

③ 盛宣怀：《请设银行片》，《皇朝经世文编》卷二。

④ 杜月笙：《五十年来之中国通商银行》，见中国通商银行《五十年来之中国经济》（中国通商银行创立五十周年纪念册），（台北）文海出版社 1974 年版，第 2 页。

项存款、放款之外，还可发行钞票，经办国债，铸造银元。皇帝阅后交由军机大臣、总理衙门和户部妥议具奏。11 月 12 日，军机处通知盛宣怀说皇帝面谕："著即责成盛宣怀选择殷商，设立总董，召集股本，合力兴办，以收利权。"[①]

中国通商银行成立之初，额定资本五百万两，先收二百五十万两，其中官督商办的轮船招商局和电报局分别投资八十万两和二十万两，纯粹商股不多。清政府授予该行发行银元银两两种钞票之特权，以为民用，使为整理币制之枢纽，故当时英文名为 Imperial Bank of China，对应中华帝国银行之意，初期发行一元、五元、十元、五十元、一百元券合计六百七十万元，银行券五十万两。[②] 在管理体制方面，中国通商银行的内部规章制度完全仿照汇丰银行，总行和各重要口岸分行的大班均由有经验的外国人担任，掌握业务实权。在开办后的三年中，中国通商银行先后在汉口、广州、镇江、烟台、香港、重庆、保定等地设立分行，管理体制也改为总行分行制度。作为中国第一家银行，中国通商银行在当时起到了开风气之先的作用。

辛亥革命后，原本拥有 2/5 股权的招商局、电报局陆续将中国通商银行的股份作为股息拨付给商股股东，使得中国通商银行的股东结构发生较大变化，中小工商业者的股份随之增加。到 1912 年 4 月为止，商股股东总计约有 1 591 户，拥有中国通商银行股票 9 700 多股，约占中国通商银行全部股本的 40%。[③] 1914 年，中国通商银行举行首届股东大会，成立以傅筱庵（招商局股东代表）等为代表的新的董事会，此后，银行的英文名随之改为 Commercial Bank of China，成为名副其实的商业银行。在北洋政府时期，国内的商业银行业务多有所发展，中国通商银行的营业状况也有了很大改善。到 1912 年上半年，银行收支两抵，已出现盈余；到次年年底，不仅弥清了全部亏空，而且出现近 20 万元盈余，股票每股年息也于 1914 年由六厘恢复到原先的八厘。[④]

1935 年冬，国民政府实行法币改革，将中国银行、中央银行和交通银行的钞票定为法币，剥夺了中国通商银行的钞票发行权，其后财政部迅速采取一系列行动，对其库存钞券进行清理，同时要求其缴纳准备金。至 1936 年 12 月 12 日，中国通商银行尚短缺现金准备 1 344 余万元和保证准备金约 645 万元，共计 1 989 余万元，考虑到银行缴足的困难，南京国民政府准予其以政府公债抵充。[⑤] 中国通商银行按此办法抵缴准备金后，账面即显示严重亏损。为了增强资力渡过难关，中国通商银行不得不提出增加

---

① 盛宣怀：《愚斋存稿》卷二五。

② 杜月笙：《五十年来之中国通商银行》，见中国通商银行《五十年来之中国经济》（中国通商银行创立五十周年纪念册），（台北）文海出版社 1974 年版，第 4—5 页。

③ 金研：《清末中国自办的第一家银行——中国通商银行史料》，《学术月刊》1961 年第 9 期。

④ 汪敬虞：《近代中国工业史资料》第 2 辑，科学出版社 1957 年版，第 12—13 页，附表。

⑤ 陈礼茂：《论国民政府对中国通商、四明和中国实业三银行的改组》，《中国社会经济史研究》2005 年第 3 期。

官股以充实资本。资本额增为400万元，原有私股350万元按15%折合成52.5万元，另由国民政府以复兴公债抵充，加入官股347.5万元。① 1936年春，国民政府正式将中国通商银行改组为“官商合办”银行，实现对中国通商银行的控股。中国通商银行于1937年召开临时股东会，通过章程修正草案并选举董事和监察人，经财政部指派，杜月笙担任中国通商银行的董事长，并对各部处的人员进行了调整。至此，中国通商银行成为一家国民政府控制的银行，后与四明商业储蓄银行、中国实业银行、中国国货银行合称为“小四行”。

二、官商合办银行：大清银行和中国银行

1905年8月，清政府设立中国第一家官办新式银行——户部银行，以股份公司形式组建，开办时资本四百万两，每股一百两，共4万股，股份由官商双方各半认购，1905年9月27日在北京西郊民巷正式开业。1908年2月，经度支部奏准，户部银行改称大清银行。大清银行先后在济南、张家口等地设分行21个，在总行隶属下设保定、张家口、北京阜通南号、阜通东号4个分号，在分行隶属下设宜昌、沙市等31个分号，共计设总、分行号57处。② 1908年，清政府制定《大清银行则例》，规定其经营项目包括短期拆借、票据发行和贴现、买卖生金银、存放款等各项业务。户部银行(大清银行)历年吸收的存款颇为可观，1906年为一千零五十六万两，1907年为二千二百零八万两，1908年为三千五百二十六万两，1909年为四千三百八十一万两，1910年为五千四百零一万两，1911年上半年更是增加到六千三百三十九万两。而同样有众多分支机构的中国通商银行同期所吸收的存款只有二百万两上下。③

作为官商合办银行，国家赋予大清银行的特权是代发纸币、经理国库事务及公家一切款项，并代理国家发行新铸币。大清银行虽为政府的官办银行，但却并不具备中央银行的性质。辛亥革命爆发后不久，大清银行即宣告停业。南京中华民国临时政府成立后，由于大清银行部分商股股东上书建议将其改组为中国银行，承担中央银行职能，后即在上海大清银行旧址开业。

1913年4月，临时政府国会通过《中国银行则例》，规定该行为股份有限公司，额定资本6 000万元，除官股外，公开招募商股1 000万元。④ 自成立伊始，中国银行就在人事管理上摒除大清银行陋习，注重道德纪律、树立新风气；效仿西方，进行会计制

---

① 中国第二历史档案馆：《中国民国史档案资料汇编》第五辑，江苏古籍出版社1994年版，第一编，财政经济(四)，第605—607页。

② 大清银行总清理处：《大清银行始末记》，大清银行1915年版，第32—34页。

③ 大清银行总清理处：《大清银行始末记》，大清银行1915年版，第250页附页。

④ 中国银行总行、中国第二历史档案馆：《中国银行行史资料汇编》上编，档案出版社1991年版，第114—115页。

度改革，成立专门的会计机构；履行中央银行职责，代理国库、协助政府办理公债；制定诸多法令法规，诸如“取缔纸币条例”“国币条例”等。

从1917年起，经过副总裁张嘉璈的努力，中国银行逐渐摆脱北洋政府的控制。在“京钞风潮”中，中国银行表现出色，独立性进一步增强。京钞是指1916年袁世凯政府下令停兑后，在北京流通以及后来陆续增发的不能兑现的钞票。民国初年，中华民国北京政府在中央财政入不敷出的窘迫境况下，令中国银行、交通银行两家国家银行大量印发钞票，导致两行京钞贬值，不仅严重威胁了广大市民的生计，而且也动摇了两行的信用基础，引起两行广大商股的强烈不满和反对。在各界呼声压力下，中华民国北京政府不得不着手对两行京钞进行整理，试图通过节制发行、收回旧钞等手段，达到抑制通货膨胀的目的。时任中国银行副总裁的张嘉璈，正是在这一情况下，奉命北上着手“整理京钞”。在整理京钞过程中，张嘉璈通过呈请修改《中国银行则例》，扩充商股比重，以求得与政府相互制衡。到1923年，中国银行的商股达到1 971万元，占全部股份的99.76%。[①] 1928年，南京国民政府成立，中国银行为适应政治中心南移，将总部迁往上海，国民政府另立中央银行，将中国银行改组为国际汇兑银行。国民政府只对中国银行增加500万元官股，派了三名官股董事，实际的经营管理权力仍然掌握在商股手中。

到1934年底，中国银行的资产总额达到97 565万元。它的存款总额为54 668万元，放款总额为41 195万元，钞票发行额为20 471万元，分别占中央银行、中国银行、交通银行三行存款、放款、发行合计数的50.5%、59.2%和50.7%，占全体银行的16.3%、23.3%和34.6%，是全国资力最雄厚、业务最发达的华资银行。[②] 1935年，国民政府再次修改《中国银行则例》，增资官股，将中国银行完全控制在政府的监管之下。1935年3月27日，国民政府的立法院通过了1亿元金融公债发行案，用公债充作中央银行、中国银行、交通银行三行增资之款。1935年3月28日，国民政府任命张嘉璈为中央银行副总裁，使其辞去中国银行总经理，同时任命宋子文任中国银行董事长，通过修改中国银行章程，改原来的总经理负责制为董事长负责制。

1942年12月8日，日军发动太平洋战争，上海租界沦陷，中国银行于12月22日起停止一切收付。抗战胜利后，中国银行凭借其固有的信誉和政治地位，各项业务迅速得到恢复和发展。1949年，国民党政权退守台湾，中国银行总管理处也随之迁至台北，其后改组并更名为“中国国际商业银行”。遗留在大陆地区的机构和产业由人民政府收归国有，继续沿用“中国银行”名称，成为新中国唯一指定的外汇外贸专业银行。

---

① 洪葭管：《金融话旧》，中国金融出版社1991年版，第61页。

② 洪葭管：《金融话旧》，中国金融出版社1991年版，第145—146页。

三、代表性的民营银行

（一）“南三行”之上海商业储蓄银行

“南三行”指浙江兴业、浙江银行、上海商业储蓄银行。浙江兴业银行成立于1905年，1914年将总行由杭州迁至上海，业务发展迅速，存款由1915年的438余万元增加到1916年的3 312余万元。[①] 浙江银行在1909年由官钱局改组而成，1915年改名浙江地方实业银行，由李铭任上海分行经理。1923年该行分出官股，商股改称为浙江实业银行，总行设在上海。“南三行”并无联合组织，但业务往来密切。

“南三行”中的上海商业储蓄银行于1915年由近代银行家陈光甫在上海创办。陈光甫为美国留学生，善于经营，初创时资本额10万元，实收仅5万元，次年即增资到30万元，1919年增资到100万元，到1921年已有储蓄存款116万元，1922年更增至250万元，成为较大的私营银行之一。从1915年到1926年底，上海商业储蓄银行所获净利已达355多万元。[②]

能取得如此快速的发展，一方面源于陈光甫为该银行确定的业务范围，即立志发展商业、提倡储蓄，以别于中国银行和交通银行两家官商合办的银行。另一方面，则是因为上海商业储蓄银行对银行信用极为重视，为确保储金安全设立了一系列制度。例如，该行在成立不久即宣布，将储蓄部与商业部分立，另拨储蓄部资本，实行会计独立，银行董事及经理对储户负无限责任。上海商业储蓄银行还推行按年提取公积金，使得风险防范能力大为增强。1927年4月，蒋介石发动“四一二”反革命政变后，出现了宁汉对峙的局面。由于蒋介石的封锁，武汉国民政府财政紧张，1927年4月17日，武汉国民政府颁布“集中现金条例”，下令停止兑现，规定凡持有现币或其他商业银行纸币者，必须向中央银行、中国银行和交通银行及各邮局随时兑换以上三银行的纸币，凡收付银两均用纸币，每元法定为七钱一分，不准涨落。结果武汉市场上钞票贬值，最低时仅值面值的10%。武汉市面陷入一片混乱。为了维护银行信用，陈光甫亲自驻武汉领导行务6月之久，指示汉口分行依然付现。及至现金解禁后，汉口分行决定，“凡在现金禁令前所存之款，仍一概付现，在禁令后者，则按当时存入之市价付现”[③]。假使上海商业储蓄银行汉口分行当时实行收钞付钞的契约，在事理上本也无可厚非，而且在一转手间即能获利数十万元。这次付现，汉口分行损失了100万元，看似吃亏，却赢得了武汉存户的称赞，信用大大提高，汉口分行的存款因此激增。自此之后，上海商业储蓄银行在长江流域名声大振，存款激增。到1930年，上海商业储蓄银行的存款就超

---

① 洪葭管：《中国金融史》，西南财经大学出版社1993年版，第217页。

② 中国人民银行上海市金融研究所：《上海商业储蓄银行史料》，上海人民出版社1990年版，第10—15页。

③ 薛念文：《上海商业储蓄银行研究（1915—1937）》，中国文史出版社2005年版，第73页。

过了金城银行，位列私营银行之首。

除了重视银行信用建设之外，上海商业储蓄银行在金融创新中也一直走在前列，最早推出各种新型储蓄品种，如零存整取、整存零取、存本付息、子女教育储蓄基金、养老储金和婴儿储蓄，发行储金礼券，分红色和素色两种，用于婚丧嫁娶红白喜事。该银行也是最早设立调查部的银行。稳固的银行信用、各项金融创新措施，共同促成上海商业储蓄银行的经营成功。

（二）"北四行"与四行联营

"北四行"指的是北洋政府时期成立、以京津一带北方地区为业务重心的盐业、金城、大陆和中南四家商业银行。前三家银行均在北京和天津成立，中南银行虽然总行设在上海，但是早期主要业务在北方，而且与其他三行关系密切，所以被合称为"北四行"。1921 年，盐业、金城、中南三家银行达成联营协议，1922 年随着大陆银行加入，遂发展为四行联营。

1."北四行"

"北四行"中的盐业银行成立于 1915 年，总管理处设在北京，资本额 500 万元，原定官商合办，由袁世凯表弟张镇芳发起，该行原拟由盐务署拨给官款，经手全部盐税收入，并代理部分国库。1916 年袁世凯病故，盐务署不再拨款，故改为商办，由时任天津造币厂厂长吴鼎昌主持。

金城银行成立于 1917 年，资本额 200 万元，创办时实收资本 50 万元，半数为安徽督军倪嗣冲及安武军的王郅隆所出，由周作民任总经理。周作民早年在日本帝国大学专攻经济，曾任交通银行稽核课主任，有实业眼光，长于经营管理。金城银行早期将投资集中于工矿、交通事业，后将重点转向保险业。金城银行在天津、汉口、南京、青岛、杭州等地分设 40 余处分支机构，主要业务以组织存款和发放贷款为主，并办理信托、仓库等业务。该行 1920 年已增资到 350 万元，吸收存款近 1 200 万元，为四行之冠，后来成为极有声望的私营银行之一。[①] 金城银行在周作民的经营下，业务增长迅速，在华北获得与中国银行、交通银行、盐业银行并列的地位。金城银行通过大量购入北洋政府公债、库券和进行财政性投放等方式，既获得巨额利润，又为北洋政府渡过财政困难提供了支持。

大陆银行 1919 年成立于天津，创办人为冯国璋、谈荔孙等，创办时额定资本 200 万元，实收 100 万元。1922 年资本增至 500 万元，由钱永铭任董事长，谈荔孙任总理。钱亦系日本留学生，曾任交通银行副总理。[②]

中南银行则由南洋华侨黄奕柱创办，额定资本 2 000 万元，实收资本 500 万元，是近代中

① 姜建清：《近代中国银行业机构人名大辞典》，上海古籍出版社 2014 年版，第 223 页。

② 姜建清：《近代中国银行业机构人名大辞典》，上海古籍出版社 2014 年版，第 53 页。

国资力雄厚的商业银行之一。该银行 1921 年开业，由胡笔江任总经理，拥有钞票发行权。[①]

“北四行”的规模、背景相似，四行的部分股东相互持股，经理层联系密切。如盐业银行总经理吴鼎昌是金城银行的发起人之一，历任金城银行董事；中南银行总经理胡笔江与周作民是交通银行的旧同事，也是金城银行的发起人之一，历任金城银行监察人。1921 年，吴鼎昌提议四行联营：“本席于本年九月间归来，道经上海，曾与中南银行胡总经理笔江提议，以外人设立银行资本既厚，团体亦坚，每可调剂金融，辅助实业。而我国银行界各日为谋，不相联合，实难与敌。以今日银行之需要，似非群策群力联合进行不足以资发展。拟与金城、中南两银行联合营业。”[②]胡笔江和周作民均赞同吴鼎昌的意见，认为联合经营可以壮大资本，获得规模收益，抵御风险，增强竞争力，与中国银行和交通银行抗衡。三行遂成立“联营事务所”，由中南银行出资 100 万元，金城、盐业银行各出资 50 万元建立联营基金。1922 年 7 月，大陆银行加入组成四行联营，开展联合放款等业务。1922 年 9 月，四行代表举行第二次联营会议，会议决定在联营事务所下设立“盐业、金城、中南、大陆银行准备库”，简称“四行准备库”；后又组成四行储蓄会，作为四行联合设立的储蓄机构。除此之外，四行还设立企业部、调查部，对市况、经济进行调查研究。四行联合经营，扩大了当时中国商办银行的实力和影响，也是中国商业银行发展史上的传奇篇章。

2. 四行联营和四行储蓄会的发展

“北四行”联合经营后，业务的重点主要集中在联合发行中南银行券、联合储蓄和联合投资上。中南银行在设立之初便向北洋政府申请获得钞券发行权，但在动荡的政局下，发钞行也时刻面临挤兑风险。四行联合经营之后，中南银行联合金城银行、盐业银行、大陆银行三行以“十足准备”发行中南行钞，四行联合准备库设立于上海、天津、武汉等地，“专办钞票之发行、准备金之存储，以及印票兑现一切事务”。[③] 由于联合发行中南银行钞券是四行联营后的第一项业务，故各行均十分重视，拟定《四行准备库发行章程》《四行准备库办事章程》和《四行发行准备章程》来规范联合发行。同时，为了提高四行准备库的信誉，四行每月还将发行的现金数额在报上公布，并由会计师按时审计。[④] 通过这些谨慎的措施，中南银行钞券在市场上树立了良好的信誉。四行联合发行中南银行钞券的创举一直持续到 1935 年法币政策实施才结束。

“北四行”在创建四行准备库、联合发行中南银行券的同时，也积极筹办四行储蓄会，并以此吸收社会储蓄，增强四行运用资金的能力。1923 年 1 月，四行代表就储蓄

---

① 姜建清：《近代中国银行业机构人名大辞典》，上海古籍出版社 2014 年版，第 586 页。
② 中国人民银行上海市分行金融研究室：《金城银行史料》，上海人民出版社 1983 年版，第 82 页。
③ 中国人民银行上海市分行金融研究室：《金城银行史料》，上海人民出版社 1983 年版，第 90 页。
④ 中国人民银行上海市分行金融研究室：《金城银行史料》，上海人民出版社 1983 年版，第 94 页。

会章程等规章制度进行商讨,并于同年 6 月成立四行储蓄会,总会位于上海联合营业事务所内,天津、汉口均设立分会。四行储蓄会基本储金为 100 万元,由四行分别拨付 25 万元组成;四行储蓄会章程规定储金以国币 50 元为一份,分为基本储金、定期储金、分期储金及长期储金四种,储户可在满期后收回本金和利息。[①] 由于制度规范和经营得当,四行储蓄会的存款额增长迅速,1923 年存款额仅 436 262 元,1927 年存款额就增加到 17 147 374 元,增加了 39.305 倍。[②] 通过设立四行储蓄会,“北四行”不仅增强了资金运用能力,同时也为中南银行券的及时回笼奠定了基础,两项业务取得相得益彰的效果。

“北四行”的业务活动以北方地区为重心,除联合发行钞券、联合储蓄之外,联合放款与投资也是四行联营的一项重要业务。四行联营之后,以联合处的名义先后向交通银行、裕元纱厂、大生纱厂放款。以裕元纱厂放款为例,该厂与金城银行关系密切,1919—1922 年金城银行对裕元纱厂贷款额高达 240 万余元[③],四行联营后,金城银行天津分行联合另外三行对裕元纱厂进行首笔 50 万元的抵押放款,期限 6 个月。除了对工商业放款之外,随着四行储蓄会存款额的增加,四行储蓄会还向四行发放抵押贷款。如 1924 年 7 月 18 日,上海四行储蓄会向金城银行上海分行放款上海规元 13 万元;同年 8 月 1 日,天津四行储蓄会向金城银行天津总行贷款 12 万元。以上放款期限均为两年,利率按年息一分计算,每半年付息一次。到 1932 年,金城银行向四行储蓄会的借款高达 568 万余元,占四行总放款数的 32.87%。[④] 由此可见,在四行储蓄会储蓄存款的运用中,向盐业、金城、中南、大陆四家银行的抵押放款始终是主要投资。南京国民政府成立之后,四行储蓄会开始大笔投资国内公债和外币债券,从中也获利颇丰。

总体来看,四行联营后,创办四行准备库提高了四行的社会信誉;四行储蓄会的创办则增加了资金运用能力,也从中获得很大益处。四行联营既抓住了近代金融业发展的机遇,也为“北四行”成为近代民营银行业中的翘楚奠定了良好基础。

第四节 新式银行业的经营业务和组织特征

一、经营业务和特色

(一)公债投资业务

民国时期,虽然新式银行与产业发展的关系逐渐密切,但其业务活动的重点之一

---

① 中国人民银行上海市分行金融研究室:《金城银行史料》,上海人民出版社 1983 年版,第 100 页。
② 中国人民银行上海市分行金融研究室:《金城银行史料》,上海人民出版社 1983 年版,第 106 页。
③ 中国人民银行上海市分行金融研究室:《金城银行史料》,上海人民出版社 1983 年版,第 160 页。
④ 田兴荣:《北四行联营研究》,复旦大学博士论文,2008 年,第 88、96 页。

仍然是政府放款与公债投资。1919 年，金城银行投资公债、库券 49 万元，对政府贷款 173 万元，而对工矿企业放款只有 83 万元。以振兴实业为宗旨的浙江地方实业银行，在 1918 年下半期就有 1/4 的存款是用来购买公债票的。[①] 1932 年，银行持有的政府债券约占流通额的 1/2～2/3。[②] 银行所持有的公债金额往往占银行资产总额的 15％以上。[③] 在表 8.6 中，我们整理了 15 家重要新式银行的公债投资情况。可以看出，银行的公债投资一方面反映了公债的高收益，1932—1936 年公债的平均年收益率为 15.64％；[④]另一方面也意味着较高的风险，若银行主要业务均为政府贷款，则政局一变，款项即无法收回，冻结资金将达百万元乃至千万元以上，因此而接连倒闭，虽有官方背景，也难幸存。[⑤]

表 8.6　15 家银行对有价证券的投资量　单位：元

年份	有价证券	年份	有价证券
1918	28 941 308	1926	65 431 834
1919	29 456 966	1927	76 621 900
1920	42 574 532	1928	81 373 408
1921	49 807 458	1929	85 189 500
1922	57 370 983	1930	135 175 405
1923	42 564 101	1931	143 533 899
1924	47 198 592	1932	161 941 528
1925	46 617 570		

注：表中 15 家银行是指东莱银行、广东银行、江苏银行、交通银行、金城银行、聚兴诚银行、上海商业储蓄银行、四明商业储蓄银行、新华信托储蓄银行、盐业银行、浙江兴业银行、中孚银行、中国农工银行、中国通商银行、中国银行。

资料来源：根据中国银行总管理处经济研究室《全国银行年鉴》(1936 年)(中国银行总管理处经济研究室 1936 年)第 K1—K308 页数据整理。

(二)存放款业务

传统的银行业务主要有存放款、贴现、汇兑等，近代银行在这些传统业务经营方面都颇有特色。在存款业务方面，上海商业储蓄银行首创"一元开户"的储蓄业务，储户

---

① 杜恂诚：《中国金融通史》第 3 卷，中国金融出版社 2002 年版，第 172 页。

② 吴承禧：《中国的银行》，商务印书馆 1934 年版，第 69—70 页；章乃器：《中国货币金融问题》，生活书店 1936 年版，第 68—69 页。

③ 兰日旭：《中国金融现代化之路》，商务印书馆 2005 年版，第 141 页。

④ 阿瑟·恩·杨格：《中国财政经济情况(1927—1937)》，中国社会科学出版社 1981 年版，第 107 页。

⑤ 中国银行总管理处经济研究室：《全国银行年鉴》(1937 年)，中国银行总管理处经济研究室 1937 年，第 A4 页。

只要持一元就可在该行开立账户，储蓄不满一元者，可领用该行特制的储蓄盒，使储户将日常积蓄之"铜元银毫积贮其中"，"一俟储有成数，送交本行收账"，该项业务创新带来很好的收益，其存款额从1916年的34.2万元上升至1921年的117万元，1933年达到3 300万元。[①] 这一业务创新，也被其他商业银行纷纷仿效。

在放款业务上，除了工业企业放款，近代银行还发展栈单押款、小额农业放款等业务。栈单押款业务与堆栈业发展关系密切，堆栈业发行栈单以供货物买卖，栈单也可以作为贷款抵押，该项业务很大程度上便利了商业贸易的发展。在农业放款方面，20世纪30年代初，由于严重的农村经济危机，"银行业就是要放几笔稳当的款子，也不易得到放处"[②]。针对这种情况，一些商业银行开始实行农业放款业务。如上海商业储蓄银行就与在乌江设立农业实验区、指导农民组织合作社的金陵大学合作，由上海商业储蓄银行供给款项，通过金陵大学在乡村的农村信用合作社组织转贷给农民，由此入手，寻找将来直接为农村服务的机会。上海商业储蓄银行于1931年推行农村放款，之后还在乌江试办耕牛保险，[③]同时又试办耕牛押款。1935年为该行农村放款的最好年份，年内贷款总额达608余万元，其后由于政府和其他商业银行纷纷介入，贷款额出现下滑。此举或应视为中国农业金融的发端。[④]

（三）经营保险业务

保险业务尽管在近代开展得很早，但其真正的发展却是由银行业的广泛参与所促成。当时《银行周报》对于银行业经营保险业务曾有这样的评语："至于银行业者，经营保险公司，更是时髦的风尚。"[⑤]

近代银行办理保险业务形式多样。第一类是在银行内部设立保险部以代理保险业务，如四川盐业银行在创立不久就构建保险部，广东省银行则在信托部的下面设立保险股来负责保险业务。川盐银行最早由盐商出资设立，盐载保险部的资本也源自盐商，其承保盐载保险的目的就是为盐商分摊部分运盐损失。盐载保险部作为川盐银行的附属部门，没有独立的决策权，任何事务的决策仍需经过川盐银行的同意。川盐银行盐载保险部成立之初，由于盐务稽核所仍实行补配制度，因而规定盐载保险只保盐本，不保税款，如果运盐船只发生意外损失，则由投保人自行申请免税补赔。考虑到川盐银行设立盐载保险的初衷不是以图利为目的，所以在川盐银行盐载保险章程中规定订立保费时，所定保险费及赔费只需相互持平、不亏损即可。[⑥]

---

① 何品、宣刚：《上海商业储蓄银行》，上海远东出版社2015年版，第179、202、260页。
② 《中国信托业之现在与将来》，《银行周报》第16卷第38号，1932年10月4日。
③ 《上海银行在乌江试办耕牛保险》，《银行周报》第18卷第29期，1934年7月31日。
④ 《上海银行试办耕牛押款》，《银行周报》第18卷第33期，1934年8月28日。
⑤ 《中国信托业之现在与将来》，《银行周报》第16卷第38号，1932年10月4日。
⑥ 重庆档案馆：《川盐银行》，档案号0297000202077000002900。

第二类是银行直接与保险公司签订协议，利用银行分支机构广等优势替保险公司代理保险业务，如江苏省农民银行、广西银行、福建省银行等分别与太平、宝丰、泰山等保险公司订立代理协议，参与保险分销等业务。

第三类则是银行直接投资设立保险公司，然后利用银行分布在全国各地的分支机构来代理保险公司的业务。这不但是当时银行参与保险业务最为重要的一个途径，也是银行业中最广为采用的一种方式。上海商业储蓄银行就曾投资设立三家保险公司：大华保险公司、中国第一信用保险公司（专为信用上之保险）和宝丰保险公司（本行与太古各投资 20 万元，零股 10 万元，共 50 万元）。金城银行则以资金 100 万元独资创办太平水火保险公司，开展水、火、船壳、汽车等保险业务；之后，金城银行联合交通、大陆、中南、国华、东莱五家银行加入资本，1935 年平安、丰盛两公司又投入资本，从而使太平水火保险公司成为当时中国人开办的规模最大、业务最多、实力最强的保险公司。①

除了以上几类颇具代表性的经营业务之外，近代银行业也从事堆栈、仓库、汇兑等与商业贸易密切相关的业务，为经济发展提供必要的资金融通。

二、资本组织特征

（一）资本组织的立法演进

1895 年以后，特别是 20 世纪初年以后，国外大量大型跨国公司进入中国，并采用股份制经营方式。面对这种新的形式，1904 年，我国也仿效西方颁布第一部《公司律》，共 131 条，对公司的种类、创办呈报、股份、股东权利、董事、股东会议等项作出规定，这是我国关于资本主义近代工商企业设立、组织、活动等方面的最早立法。根据该项法律，公司分为合资公司、合资有限公司、股份公司、股份有限公司四种。②

中华民国成立以后，1914 年 1 月，北洋政府颁布《公司条例》，条例共 5 章 251 条，对各类公司的建立、股东权利和义务、公司的清算和解散等作了更详细和明确的规定。同年，北洋政府还公布《公司保息条例》，对某些行业的公司以贷款形式给予扶植。根据《公司条例》规定，公司的组织形式有四种：无限公司、股份有限公司、两合公司、股份两合公司。无限公司指股东对公司承担无限连带清偿责任，负责管理公司的主要经营活动；股份有限公司指股东对公司承担有限清偿责任，可以不参与公司的经营和管理；两合公司是由一个或一个以上的无限责任股东与一个或一个以上的有限责任股东所组成，其无限责任股东对公司债务负连带无限责任，而有限责任股东对公司债务以其

---

① 兰日旭：《近代银行中的保险业务》，《中国金融》2014 年第 6 期。

② 中国法规刊行社编审委员会：《六法全书》，上海书店出版社 1948 年版，第 132—133 页。

出资额为限负责；两合公司的一种特殊形式是股份两合公司，它是指由一个或一个以上的无限责任股东与一个或一个以上的有限责任股东组成，资本分为无限股份和有限股份的公司。[①]

（二）以股份公司组织的新式银行

1897年第一家新式银行——中国通商银行成立以后，光绪三十四年（公元1908年）正月十六日，《银行通行则例》颁布，“此为吾国有银行法之始”[②]。1912—1927年，新式银行业迅速发展，北洋政府颁布各类银行法规、章程、则例多条，如1913年5月颁布的《中国银行则例》30条、1918年颁布的《中国银行章程》69条。[③] 在这样的背景下，清末建立的银行都是采取股份有限公司形式。北洋政府时期创立的434家银行与91家非银行金融组织中，以公司组织名义注册的有406家，占全部金融企业总数的77%；而采取股份有限公司形式的有355家，占全部金融企业总数的68%。[④]

近代新式银行的内部治理机构，一般为股东会、董事会、监事会。董事会的规模一般在8～15人之间，由董事长和董事组成，约有半数左右的银行设有常务董事一职，而监察人规模一般是2～5人。华资私营银行虽然采用招商集股这种筹集社会资本的融资方式，实行股份有限公司的现代企业制度形式，但并没有由此实现所有权与经营权的充分分离。相反，在许多私营银行内部出现了或多或少的两权融合的倾向，即银行经营者在掌握着经营管理权的同时还部分地拥有所有权，总经理本身常常就是董事会的重要成员，这意味着企业内部财产所有权与经营控制权的分离并不彻底，两者在银行的经营管理者身上实现了一定程度的统一，这是近代华资私营银行公司治理机制中的突出特点之一。[⑤]

一些官办银行或官商合办银行虽然也以股份公司形式组织，但由于政府常常对经营直接干涉，银行本身很难独立进行商业决策。以大清银行的资本组织结构为例，该行成立之时为官商合股的“有限公司”，其在治理结构上，由“度支部奏派之总帮办、正副监督员、监理官是为国股方面之组织；股东会、选举之理事及监事是为商股方面之组织”[⑥]。大清银行决策机构为股东会，“每年定期在京师总行开会议一次”；由4人组成的理事会为执行机构，统领总分各行一切事务；监事3人为监督机构，监察大清银行一

---

① 中国法规刊行社编审委员会：《六法全书》，上海书店出版社1948年版，第133页。

② 谢振民编著，张知本校订：《中华民国立法史》下册，中国政法大学出版社2000年版，第85页。

③ 王红曼：《中国近代金融法制史研究》，上海人民出版社2013年版，第157页。

④ 于彤：《北洋时期全国金融机关一览》，见中国社会科学院近代史研究所近代史资料编辑室《近代史资料》总第68号，中国社会科学出版社1988年版，第102页。

⑤ 王丹莉：《近代华资私营银行“两权融合”公司治理模式初探》，《中国社会经济史研究》2009年第4期。

⑥ 周葆銮：《中华银行史》，商务印书馆1923年版，第16页。

切事务。理事会、监事会"悉由股东会议选举"。[①] 在这两套系统中,作为占股份大多数的官股,其组织系统理所当然地掌握了大清银行的决策、执行、监管等权力。

（三）两合公司的组织形式

在近代新式银行的资本组织形式中,股份两合公司是一个较为独特的组织形式。例如,1915 年设立于重庆的聚兴诚银行就采取了这一组织形式。《聚兴诚银行股份两合公司章程》第五章第十八条规定:"本行的执行机关由事务员组成,无限责任股股东均为事务员。"第十九条规定:"事务员决议本行一切应行事件。"该行在成立之初核定资本为一百万银元,无限责任股与有限责任股各出资五十万银元,分成 1 000 股,每股一千银元。杨氏家族成员不仅占有全部无限责任股,还以依仁堂、清白堂、尊贤堂等名义占有二十三万二千元的有限责任股,共计 73.2%的股权。[②] 由此可以看出,杨氏家族对聚兴诚银行拥有绝对的控制权,并通过股份两合公司的名义获取无限公司的利益。全面抗战爆发后,为了适应战争带来的动荡,聚兴诚银行不得不与当地军阀合作,由原来的股份两合公司改组为股份有限公司。该行的发展过程反映了在产权保护不健全的条件下,家族银行如何通过改变资本组织形式来换取相对稳定的发展环境,从而在地方军阀盘剥、战乱频发的环境中谋求发展的生存策略。

第五节　银行公会

一、近代银行公会的产生与发展

银行公会是银行业的同业组织,属于近代中国工商业同业公会的一种。在近代中国政治动荡的环境下,银行公会不仅促进了银行业稳定发展,在近代金融市场中也起着举足轻重的作用。1915 年,北洋政府颁布《银行公会章程》,规定"各处银行钱庄银号等应照本章程组织银行公会",其业务范围包括:"一、受财政部或地方长官委托办理银行公共事项;二、办理支票交换所及征信所事项;三、办理预防或救济市面恐慌事项",[③]为银行公会的创设提供了法理依据。在此背景下,一些金融发展较快的城市先后设立银行公会,其中比较突出的有上海、汉口、重庆、天津、北京、杭州、成都等地的银行公会。本节主要以上海和天津银行公会为例,说明银行公会的设立、发展和职能。

（一）上海银行公会

上海银行公会成立于 1918 年,于 1949 年底同钱业公会、信托业公会一起合并改

---

① 周葆銮:《中华银行史》,商务印书馆 1923 年版,第 17 页。
② 佚名:《聚兴诚银行三十年来概括》,《四川经济季刊》第 1 卷第 3 期,1944 年 6 月 15 日。
③ 周葆銮:《中华银行史》,商务印书馆 1923 年版,第 5 章,第 17 页。

组为上海金融业同业公会筹备委员会，是一个对近代上海乃至整个中国金融变迁具有较大影响的银行业同业组织。上海银行公会创办《银行周报》，设立公共准备金和同业仓库，开展外汇业务等活动，不仅有助于强化银行间的联系，推动各银行业务的发展，而且对上海金融市场的发育也发挥了积极的推动作用。

长期以来，上海金融市场一直为外商银行及钱业公会所控制，新兴的华资银行业的势力甚至难以与本国钱庄业相抗衡，而银行业本身也缺少相互合作。为了保持银行业的相对独立性，避免金融业受到政治冲击，使银行业成为“全国金融枢纽，克保独立自尊之风，不受政治潮流影响”①，一批银行家开始拟议成立银行公会，作为各家银行相互联系的机构。1917 年，上海的中国银行、交通银行、浙江兴业银行、浙江实业银行、盐业银行、中孚银行等 7 家银行创办中国第一家近代金融专业刊物——《银行周报》，作为银行业互通信息、研究业务的媒介。《银行周报》的发行，引起上海金融界及社会各界的关注，增强了上海银行界的联络、协作意识，为上海银行公会的创建奠定了坚实的舆论宣传基础。1918 年，北洋政府颁布《银行公会章程》，同年 7 月 8 日，中国银行、交通银行等 12 家银行召开上海银行公会成立大会，制定公会章程，并参照公司制度实行董事制度，由 12 名会员代表推选出 7 名董事，组成董事部；接着选举产生上海银行公会正、副会长，由中国银行上海分行经理宋汉章担任上海银行公会的第一届会长，上海商业储蓄银行总经理陈光甫担任副会长。② 近代中国第一家银行业同业组织——上海银行公会宣告成立。

上海银行公会成立以后，除制定、修订银行公会章程、银行业营业规程或业规、银行业各种业务规则外，也对国内外重大事件或活动作出反应。1921 年 1 月，上海银行公会各会员银行参与承募交通部 600 万元车辆借款。3 月，公会会同钱业组织上海造币厂借款银团，负责发售造币厂国库券。7 月 3 日，中法实业银行停兑，银行公会为维持市面金融，组织会员银行垫款兑现，渡过难关。1922 年 10 月，公会发布通告，要求政府停止发行新的公债，并呼吁全国银行界采取一致行动，予以抵制。1923 年 11 月，沪埠银根奇紧，银行公会与钱业公会协商，采取协调行动。1924 年 10 月，银钱两公会再度携手，致电北京财政整理会及总税务司，要求维持内债信用。③ 1927 年南京国民政府成立之后，内债发行逐年增加，上海银行业成为公债的最大承销方，银行公会也被纳入内债保管机构，银行公会与政府的关系进一步密切。1931 年，南京国民政府实施《工商同业公会法》，上海银行公会被迫重新组建为上海市银行业同业公会，并被纳入政府管理之下，但其仍保持相当的独立性。

---

① 《银行周报发刊词》，《银行周报》第 1 卷第 1 期，1917 年 5 月 29 日。

② 张天政：《上海银行公会研究（1937—1945）》，上海人民出版社 2009 年版，第 14 页。

③ 杜恂诚：《中国金融通史》第三卷，中国金融出版社 2002 年版，第 169 页。

(二)天津银行公会

除上海银行公会外,天津银行公会在近代银行公会中也颇具代表性。天津是近代中国最重要的商埠之一,很多外资银行和华资银行都在天津设有总行或分行。近代华北地区战事频发,天津金融市场动荡不安,加上外国银行激烈的竞争,都促使银行业筹建同业组织来增强共同利益。为了“联络同业感情,维持公共利益,促进银行业之发达,矫正营业之弊害”[①],1918 年 2 月 14 日,天津的中国银行、交通银行、直隶省银行、中孚银行、兴业银行、北洋保商银行、浙江兴业银行、殖业银行、盐业银行共 9 家银行发起创设天津银行公会,并拟定《天津银行公会办事细则》作为公会的办事依据。此细则共 10 条,内容涉及公会的名称、宗旨、会员资格、职员权限、开会规程、经费分摊等诸多方面。

1918 年(成立的当年),天津银行公会会员就达到 12 家,1920 年达到 16 家;1921 年底,会员总数达到 19 家,而此时天津共有华商银行和中外合资银行共计 36 家;至 1927 年,会员达到 22 家,[②]基本囊括了全部比较重要的在津华资银行。除中国银行、交通银行两行外,当时中国最著名的商办银行“北四行”(盐业银行、金城银行、大陆银行和中南银行)和“南三行”(浙江兴业银行、浙江实业银行和上海商业储蓄银行,其中只有浙江实业银行不是会员)的总行或分行基本都在会员之列。1931 年 3 月,天津银行公会遵照南京国民政府财政部颁布的《工商业同业工会法》改组为天津市银行业同业公会,分别在国民政府实业部和财政部备案,并受天津社会局直接监管。

二、近代银行公会的职能

在近代中国的社会历史条件下,特别是在晚清和北洋政府时期,政府干预经济的能力相当弱,主动性作为不多。在这样的历史环境下,银行公会的作用是多重的。从会员的角度,银行具有联络同业感情、便利会员营业的作用;从行业的角度,它具有维持银行业公共利益的作用,而良好的市场秩序正是银行业最重要的公共利益;最后,作为同业组织,银行公会是沟通银行与政府联系的桥梁。

(一)稳定金融秩序

近代中国战乱频繁,银行不时面临市面恐慌,严重时还会发现挤兑等现象。当时的市场信用之所以得以树立,与行业协会等职业社团的作用密不可分。为了维护和发展银行业发展的市场秩序,银行公会制定和推行一系列规章制度,这些规章制度虽没有通过政府的立法程序,但却为业内及相关行业所遵守。正是以这些制度为基础,银

---

① 杨荫溥:《杨著中国金融论》,黎明书局 1931 年版,第 291 页。

② 张百顺:《天津银行公会研究(1918—1936)》,社会科学文献出版社 2017 年版,第 32 页。

行公会在信息披露、监管同业、稳定金融、维持债信等方面都起到了重要作用。

例如，在银行公会的推动下，上海银行业1918年即推行“准备金制度”，筹足准备金三十万两，交中国银行保管，“为在会各银行临时不虞之备”。遇有风潮时，各庄号也可以“以相当之抵押品向公会抵押借用，以维持市面”。[①] 天津银行公会在1918年制定的《公会试办章程》第二条明确规定：“维护本埠通行纸币之信用”和“预防市面金融恐慌及救济”为其应办事项。在实际执行中，天津钱业公会也与钱商公会一起组设“天津市银钱业合组公库”，强调银行同业间冲账需以公库为中心，从而使得公库成为天津银钱业票据清算的总机构。[②] 公库的成立使得天津市面游离的银元全部集中公库保管，防止了由于银元过盛产生贴水扰乱金融的弊端。

（二）约束同业，建立银行业信用

信用是银行的基础，现代银行业的信用建立在央行的严格监管下。近代中国的商业银行没有进入退出机制，虽在成立时需向政府申请注册，但并未有严格的审查，仅仅登记备案。在这样的情形下，为了维持银行业的信用，银行公会承担了部分约束和监管同业的职能，成为金融市场监管和建设的主要力量。

一方面，成为银行公会会员的银行，往往意味着较好的信用资质等级。另一方面，订立规范的市场交易规则，也是银行公会承担“银行的银行”职能的重要方式。以上海金融市场为例，市场上银拆、洋厘和汇兑行市向无系统，1920年10月8日，上海银行公会发起组建行市委员会，由会员银行各派一人，于每日晨间齐集公会公议行市，同时拟订《上海银行公会行市委员会组织法》，明确规定以“谋在会各银行营业上之统一”和“划一行市，共同遵守”为宗旨。在民国时期不成熟的金融市场环境下，银行公会在很大程度上弥补了中央银行职能的不足。[③]

1932年“一·二八事变”后，鉴于刚刚成立的中央银行“实际上不能实行一个银行的银行应尽的职务”，上海银行业紧急磋商，决定成立上海银行业同业公会联合准备委员会及联合准备库，各行认缴地产、证券、金银等形式的财产4 000万元作保证入库，委员会发行“公单”进行救市。[④] 公单是上海银行公会发行的信用凭证，在各会员行缴存财产的基础上，由委员会依财产估价七折分别发给公单、公库证、抵押证三种单证。公单可在市面行使，代替现金，公库证及抵押证则可为各银行发行钞票及储蓄存款之

---

① 《上海银行公会之公共准备金》，《银行周报》第3卷第9号，1919年3月。

② 中国人民政治协商会议天津市委员会文史资料委员会：《天津文史资料选辑》第2辑，天津人民出版社1996年版，第68页。

③ 郑成林：《上海银行公会与近代中国银行法制建设述评》，《华中师范大学学报》(人文社会科学版)2004年第4期。

④ 郑成林：《近代上海银行联合准备制度述略》，《华中师范大学学报》(人文社会科学版)2008年第5期。

保证。[1] 联合准备库的建立，对于金融市场的稳定起了重要作用。

(三)辅助货币政策和立法咨询

作为沟通银行和政府的桥梁，银行公会还为近代金融政策的制定提供建议。例如，关于“废两改元”议案，银行公会就在其中发挥了沟通政府和各地银钱公会信息和媒介的作用。1933 年 3 月，财政部推出“废两改元令”，首先在上海实行。为了配合政府的废两改元，上海银行公会联合钱业公会召开紧急会议，议定凡 4 月 6 日以前开出之各种银两票据，应一律按 715 照付银元(即 1 元等于 0.715 两)[2]，同时上海银行公会还电函北平、天津、汉口等地银行公会，请其转函该地银钱业遵照办理。上海银行公会不仅积极采取措施支持废两改元，而且在此后的币制改革过程中同样充当了政府与各地银钱公会及相关团体之间的中介角色。

银行公会还积极参与银行法制建设，发挥立法咨询作用。上海银行公会根据实际需要设立临时的法律研究委员会，负责修订银行营业规程，研究与银行业相关的金融立法。其先后成立储蓄银行法审查委员会(1933 年)、票据法审查委员会(1933 年)、银行法研究委员会(1934 年)、承兑票据研究委员会(1935 年)、所得税研究委员会(1936 年)等组织。虽然这些委员会都是临时性的研究团体，但它们所提交的报告反映了真实的行业情况和市场需求，为政府立法提供了依据和参考。[3] 这些尝试既维护了银行业的合法权益，也为政府金融政策的制定与调整提供了依据。

总之，银行公会在近代金融市场以及社会经济生活中扮演着不可或缺的角色，各地银行公会的一系列活动在维持市场稳定、金融制度创新、财政金融体制改革等领域都发挥了重要作用。

思考题

1. 名词解释：

多国银行团　南三行　北四行　四行储蓄会　西南西北金融网　银行公会　票据交换所　四行联营

2. 第一次世界大战后中国银行业快速发展的原因是什么？为什么“南三行”“北四行”比其他银行得到了更快的发展？

3. 如何评价近代外资银行在中国的金融活动？

---

① 《经济大辞典・金融卷》，上海辞书出版社 1987 年版，第 567 页。

② 郑成林：《上海银行公会与近代中国币制改革述评》，《史学月刊》2005 年第 2 期。

③ 李靖：《中国近代银行法研究》，北京大学出版社 2010 年版，第 5 页。

4. 经济禀赋与金融结构往往相关，简述近代银行业结构和经济结构之间有何联系。

5. 简述近代新式银行业对于政府公债市场形成的作用。

主要参考文献

1. 杨荫溥：《中国金融论》，上海黎明书局 1931 年版。

2. 吴承禧：《中国的银行》，商务印书馆 1934 年版。

3. 许涤新、吴承明：《中国资本主义发展史》第 3 卷，人民出版社 2003 年版。

4. 洪葭管：《中国金融史》，西南财经大学出版社 1993 年版。

5. 杨荫溥：《上海金融组织概要》，商务印书馆 1930 年版。

6. 黄鉴晖：《中国银行业史》，山西经济出版社 1994 年版。

7. 杜恂诚：《中国金融通史》第三卷，中国金融出版社 2002 年版。

8. 燕红忠：《中国的货币金融体系（1600～1949）》，中国人民大学出版社 2012 年版。

第九章　现代银行体系的建立与发展

新中国成立初期，人民政府实现了对金融业的社会主义改造，形成多元并存的银行体系。计划经济时期，金融体制逐步走向高度集中，形成以中国人民银行为主体的“大一统”银行体系。改革开放初期，在政府主导下，中国金融体系出现重大变革，即“大一统”银行体系向以中央银行领导和（四大）专业银行为主的二元银行体系转型。进入社会主义市场经济新时期后，我国开始构建多元化的现代银行体系的探索。1993年，国家进一步确定中国人民银行的职能，明确货币政策目标，并在宏观调控方式上消除“大一统”银行留下的痕迹。[①] 之后，对银行业采取渐进式“双轨制”改革模式，形成现代银行体系的雏形。随着经济体制改革和金融深化的不断推进，我国现代化银行体系得到进一步的发展与完善，逐步形成中国人民银行、银监会监管下的以国有商业银行为主体，政策性银行、股份制商业银行、城市商业银行、农村金融机构、外资银行以及非银行机构并存的多元化银行体系。

第一节　新中国银行体系的初建

新中国成立初期，国内金融市场十分混乱，主要表现为：货币不一，流通混乱；恶性通胀经常发生；金融投机现象严重。为了稳定国内金融市场，恢复和发展国民经济，人民政府在接管国民政府的官僚银行业后，迅速清理整顿金融市场，重建了以国有金融为主导的金融体系和人民币制度，国内金融市场得到初治。1952 年，中国金融体系进行了全行业公私合营，建立以中国人民银行为主导的多元并存的新中国银行体系。在这一银行体系中，既有国有的中国人民银行、中国农业合作银行，又有国家控股的股份制银行，也有国家参股的公私合营银行，以及众多私营银行和钱庄、侨资银行、外资银行。这种多元格局一直延续至 1952 年底。[②]

---

① 中国人民银行研究局：《中国现代中央银行体制——中国人民银行管理体制的重大改革》，中国社会科学出版社 1999 年版，第 8 页。

② 赵学军：《中国金融业发展研究（1949—1957 年）》，福建人民出版社 2008 年版，第 79 页。

一、对旧中国银行体系的接管与改造

新中国的银行体系脱胎于极其混乱的旧中国的金融市场。旧中国的金融市场主要分为两部分：一是国民党统治地区金融市场；二是新民主主义时期革命根据地的金融市场。在国民党统治区，形成了以“四行二局一库”为主导的官僚资本银行体系；在革命根据地，由于各根据地长期处于分割状态，银行和货币各成系统，形成了相对独立、分布零乱的革命根据地银行体系。新中国成立后，人民政府通过接管、改造、改组旧中国金融市场和银行业，同时新建中国人民银行分支机构，来重建新中国银行体系。

1948 年 12 月 1 日，中共中央把华北银行、北海银行、西北农民银行合并，在河北石家庄组建中国人民银行，发行第一套人民币。次年 2 月，中国人民银行迁入北平。10 月，中华人民共和国成立，南汉宸为中国人民银行第一任行长。中国人民银行与财政部联系密切，主管全国货币金融事业，是金融体系的中枢。中国人民银行按照“边接管、边建行”的方针，即在接管国民党官僚资本银行的同时，在解放区各地建立各级中国人民银行分支机构。到 1949 年底，除东北地区的东北银行和内蒙古银行暂时保留外，中国人民银行先后改组建立了 4 个区行、40 个省市分行、1 200 多个县(市)分行、1 200 多个县(市)支行和办事处，加上接管改组的中国银行、交通银行和新成立的中国人民保险公司，全国金融机构达到 1 308 个，职工 8 万余人。[①] 1951 年 4 月 1 日，中国人民银行对东北银行和内蒙古银行进行改组，分别组建东北区行和内蒙古自治区分行。同年 11 月，新疆省银行改组为新疆维吾尔自治区分行。截至 1951 年 11 月，除西藏自治区和台湾省外，全国都建立了中国人民银行的机构。

在建立中国人民银行分支机构的同时，人民政府根据现实情况接管、恢复和发展了其他银行。在城市，接管工作有序展开。新中国成立初期，据北京、天津、上海三大城市统计，中国人民银行接管官僚资本银行 128 个，接收银行工作人员 9 530 人。截至 1950 年 1 月，主要城市接管官僚资本金融机构 191 个，接收银行工作人员 15 528 人，如表 9.1 所示。

人民政府针对旧中国银行的特殊性，对旧中国银行的接管采取了不同方式。南汉宸在阐述接管旧中国官僚资本金融机构时指出：“中国银行和交通银行同其他完全由四大家族所掌握的行、局、库不一样，两行要改造成国家专业银行，比如把中国银行建成面向海外的外汇专业银行(包括经营外汇和管理外汇业务)。接管后，保留中国、交通

① 尚明:《当代中国的金融事业》，中国社会科学出版社 1989 年版，第 35 页。

表 9.1　主要城市接管资本官僚金融机构统计(1950 年 1 月)

	武汉	天津	重庆	广州	上海	北京	总计
中央银行	5	1	2	3	1	8	20
中国银行	5	5	2	—	3	5	20
交通银行	7	8	2	1	2	6	26
中国农民银行	7	5	7	1	1	9	30
中央信托局	2	—	—	—	1	2	5
邮政储金汇业局	—	—	—	4	1	—	5
中央合作金库	—	2	1	1	2	2	8
省银行	14	8	9	—	—	10	41
市银行	—	3	1	7	—	1	12
官僚资本银行	—	1	1	—	4	—	6
官商合办银行	—	—	—	—	5	—	5
小计	40	38	27	17	26	43	191
接收职工	794	1 197	1 250	353	10 671	1 263	15 528
留用职工	687	1 197	1 250	353	8 297	962	12 746
遣散职工	107	—	—	—	2 374	301	2 782

资料来源:中国社科院、中央档案馆,《1949—1952 中华人民共和国经济档案资料选编》金融卷,中国物资出版社 1996 年版,第 66—67 页。

两行原名义、原机构,原有员工原则上保留。”[①]例如,在解放前,中国银行是“国家投资占三分之二”,“国家委派的官股董事、检察人占多数”的旧政府官僚资本银行。[②] 人民政府根据“约法八章”(原称《中国人民解放军布告》)的有关规定对中国银行进行接管,经过改组改造,中国银行为公私合营银行,它在新民主主义金融体系中起着国家银行的作用,执行国家银行的具体任务与政策。[③] 另如交通银行原是旧政府“发展实业”的官僚资本机构,主要经营的是一般商业银行任务。人民政府采取与接管中国银行相似的方针政策,没收官股,保护私股利益。经过改组改造,交通银行成为经营工矿交通事业长期信用的专业银行。中国银行和交通银行机构建设均采取总、分、支三级制。它们的国内分支机构接受总管理处和当地中国人民银行双重领导,国外分支机构由总管理处领导。

① 尚明:《前进中的金融事业》,中国金融出版社 1989 年版,第 316 页。

② 中国银行行史编辑委员会:《中国银行行史(1949—1992)》,中国金融出版社 2010 年版,第 6 页。

③ 《对中国银行性质与任务的意见》,见中国社会科学院、中央档案馆《1949—1952 中华人民共和国经济档案资料选编》金融卷,中国物资出版社 1996 年版,第 18 页。

二、对私营金融业的社会主义改造

新中国成立初期，人民政府创造性地运用公私合营方式，主导完成了对私营金融业的社会主义改造。对于私营金融业的社会主义改造大致可以分为三个阶段。

第一阶段是解放初期到 1950 年 6 月。新中国成立初期，人民政府鉴于旧中国私营行庄的严重畸形与投机特点，对私营行庄进行清理整顿，通过颁布法律法规、打击投机活动以及增资验资的方式对私营金融业进行了初治。1949 年，人民政府先后颁布《私营银钱业管理办法》《金银管理办法》《外汇管理办法》，对私人资本主义银行和钱庄作出严格的限制，还通过增资方式，淘汰了一批资力小、信用差、投机性大的私营银行钱庄。在政府的严格管理下，1949 年底，全国金融机构由解放时的 1 032 个减少到了 833 个，淘汰了近 20%。① 中国人民银行在对私营金融业实行严格管理的同时，还在业务上进行引导。对于众多的小规模私营行庄，引导其走向联营。1949 年 9 月，上海市 173 家私营金融机构在中国人民银行上海分行的帮助下，成立“上海市私营银钱信托业联合放款处”，同年 12 月，168 家私营金融机构又成立“上海市公私合营金融业联合放款处”。1950 年，全国其他地区也开始成立私营金融业联合放款处。联合放款处在一定程度上具有初级形式的国家资本主义性质，也是走向公私合营的第一步。

第二阶段为 1950 年 7 月至 1951 年 12 月。私营金融业由“联放”走向“联营”。1950 年 3 月，人民政府通过“统一财经”，使通货逐渐稳定，私营工商业失去投机环境。许多私营工商业经营困难甚至倒闭，进而导致私营金融业陷入倒闭困境。1950 年 6 月底，私营行庄的数量由 833 家减为 387 个，职工由 3 万人减为 1.8 万人。② 面对私营金融业的倒闭之风，众多私营行庄走上联合经营的道路。1950 年 7 月，上海市私营行庄先后成立 4 家联营集团。上海市 70%的行庄参加了联营集团。此外，天津也成立联营集团。规模较小的行庄在“联营”后，业务取得不错的发展。鉴于此，公私合营银行也走向联合经营，即“联管”。1951 年 5 月 27 日，新华、中国实业、四明、中国通商、建业 5 家公私合营银行组成联合总管理处。在联合总管理处，五行的业务和人事统一经营、统一管理，成为一个统一的金融实体。此后，其他公私合营银行也选择成立联合总管理处。至此，全国的私营金融业进入联合经营阶段。

第三阶段是 1952 年人民政府完成对私营金融业的社会主义改造。1951 年底的“三反”“五反”运动对私营金融业造成重大打击。私营行庄的信用危机导致其业务下

---

① 杨希天:《中国金融通史》第六卷，中国金融出版社 2002 年版，第 23 页。

② 武力:《建国初期金融业的社会主义改造》,《当代中国史研究》1996 年第 4 期。

降，亏损增加，金融资本家迫切需要“大联营”。中共中央也意识到私营金融业在当时经济环境下难以发展，全行业社会主义改造才是私营金融业的发展方向。1952 年下半年，中国人民银行决定采用行政手段全面改造私营金融业。淘汰资不抵债的行庄；对资产大于负债的行庄，取消其行号，并入公私合营银行；指导帮助自愿停业转业的行庄。经过改造，国家实际接管了拥有 300 个金融机构、1.9 万余职工、1 万亿元存款、5 000 亿元贷款以及 1.6 万亿元资产的私营金融业。① 至此，私营行庄基本消失。到 1952 年底，全国公私合营银行与私营行庄合并为一个统一的银行，成立公私合营银行总管理处。它成为中国人民银行领导下的、对私营工商业办理存放款业务的专业银行。

三、农村金融体系的初步恢复

新中国成立初期，国家为了活跃农村金融，“鼓励私人借贷的恢复与发展”，“大力提倡与发展农村私人借贷”。② 农村私人借贷在活跃农村金融、发展生产方面起了很大作用，但是由于片面强调借贷自由，农村高利贷也盛行起来，这严重破坏了农村金融体系和农村经济。当时在东北农村，高利贷活动包括：一是高利抬粮放账；二是批青，即夏季以贱批粮秋后收粮；三是借粗粮还细粮，借高粱还大豆，利息通常是“大加一”；四是城镇部分流资以月利二十至三十分流入农村。③ 在此背景下，1951 年 5 月，国家银行自上而下地广泛组织农村信用合作事业来解决农民在生产和生活上的资金困难，打击高利贷活动。经过各级银行的努力，到 1951 年底，全国共建立 538 个农村信用合作社，1952 年则发展到 2 271 个。④ 同时，为了加强国家银行对农村金融的领导，1951 年 8 月，政务院批准成立农村合作银行，它是中国人民银行领导下的专业银行。农村合作银行和信用合作组织成为农村银行体系的重要组成部分，对满足农民资金需求有不可替代的作用。表 9.2 为 1951—1954 年江西余干县私人借贷与国家银行、信用合作社的放款情况。

---

① 武力：《建国初期金融业的社会主义改造》，《当代中国史研究》1996 年第 4 期。

② 《人民银行区行行长会议关于几个问题的决议》，见中国社会科学院、中央档案馆《1949—1952 中华人民共和国经济档案资料选编》金融卷，中国物资出版社 1996 年版，第 528 页。

③ 中共中央东北局：《农村私人借贷调查及开展农村信贷工作限制高利贷问题》，见中国社会科学院、中央档案馆《1949—1952 中华人民共和国经济档案资料选编》金融卷，中国物资出版社 1996 年版，第 532—533 页。

④ 《几年来信用合作工作情况》，见中国社会科学院、中央档案馆《1949—1952 中华人民共和国经济档案资料选编》金融卷，中国物资出版社 1996 年版，第 576 页。

表 9.2　1951—1954 年江西余干县私人借贷与国家银行、信用合作社的放款比率变化

年份	放款总额（元）	银行放款（%）	信用社放款（%）	高利贷（%）	私人借贷（%）
1951	693 747	56.2	0.7	36.9	6.2
1952	830 817	41.8	24.6	22.2	11.4
1953	1 362 689	54.8	25	8.8	11.4
1954	877 748	47.4	35	3.6	14

资料来源：中国人民银行农村金融管理局，《总行关于私人借贷及高利贷情况的综合材料及各地典型调查》，见中国社会科学院、中央档案馆《1949—1952 中华人民共和国经济档案资料选编》金融卷，中国物资出版社 1996 年版，第 540 页。

第二节　“大一统”银行体系的形成与发展

从 1953 年开始，国家实行集中统一的计划经济管理体制。在此背景下，“一五”计划期间金融领域逐步形成了集中统一的银行体系，即“大一统”银行体系。中国人民银行既是国家发行货币和金融管理的机构，又是统一经营全国金融业务的核心经济组织。这种高度集中的银行体系一直沿用至 1978 年。这一时期大致可以分为两个阶段：一是 1953—1957 年，“大一统”银行体系形成；二是 1958—1978 年，“大一统”银行体系曲折发展。

一、“大一统”银行体系的形成

随着私营金融业社会主义改造的基本完成，我国金融体系趋向单一化和集中化。随着“一五”计划的实施，国家建立集中统一的计划经济管理体制。到 1957 年，国家建立起了高度集中的“大一统”银行体系，这种集中的趋势体现在人民银行机构体系的变化上。

（一）撤销大区中国人民银行区行机构

“一五”时期，是我国有计划的经济建设时期。计划经济的建设，要求进一步加强中央集中统一领导。为了避免出现对下面实际情况的不熟悉，减少组织层次，增加工作效率，1954 年，中央人民政府撤销中国人民银行在大区的一级行政机构，随后各大区的区行也被撤销，形成中国人民银行的总行一分行一支行三级垂直管理体系，加强了中国人民银行总行对金融业务的垂直管理。

（二）公私合营银行纳入中国人民银行体系

1952 年底，私营金融业完成社会主义改造，形成全国统一的公私合营银行，成为

国家银行的组成部分。其实质是代理中国人民银行的储蓄业务，办理私营工商业存、放业务以及各种外币贷款、押汇及代收款项。1954 年 8 月，中国人民银行决定合营银行的 14 个分行与当地中国人民银行储蓄机构合并，但顾及私人资本主义的社会主义改造，对外仍保留合营银行的名义，对内实际已成为中国人民银行专业储蓄的一部分。1957 年 7 月，中国人民银行为了适应形势发展，提高办公效率，要求各地分支行与中国人民银行进一步联合办公，将公私合营银行并入中国人民银行总行储蓄局。[①] 至此，公私合营银行完全被纳入中国人民银行体系。

（三）中国农业银行的建立与撤销

过渡时期，随着党和国家对农业、手工业的社会主义改造，中国人民银行的农村金融工作任务变得十分繁重，有必要成立一个自上而下的、有独立资金能单独核算的、归财委直接领导的农业银行。1955 年 3 月，中国人民银行总行提出建立中国农业银行的方案，即《关于建立中国农业银行若干具体问题的规定》。同年 3 月 19 日，经国务院批准，中国农业银行正式成立。截至 1956 年 1 月，除西藏地区外，中国农业银行各省、自治区的分行均已建立；县支行在全国范围内建立了约 20%。在实践过程中，农业银行与整个金融体制不协调的问题显现出来。[②] 从当时情况来看，由一个金融机构统一组织和安排农村金融工作是较好的选择，因而将中国人民银行、中国农业银行两行合并是适宜的。1957 年 2 月 23 日，中国人民银行总行提出将中国农业银行重新合并到中国人民银行的意见。[③] 1957 年 4 月 12 日，国务院决定撤销中国农业银行，重新纳入中国人民银行，成为中国人民银行的农村金融管理局。

（四）中国人民建设银行与交通银行的“非银行化”

“一五”计划建设兴起后，国家基本建设逐年增加，1954 年基本建设支出已达到财政支出的 1/3。[④] 为了更好地服务国家的社会主义工业化，国家决定在财政部系统内设立专门办理基本建设拨款监督的专业银行，即中国人民建设银行，并于 1954 年 10 月 1 日正式挂牌成立。随着中国人民建设银行的发展，国家对其进一步加强行政干预，中国人民建设银行趋向“非银行”。同样地，从 1958 年开始，交通银行移交了中央级公私合营企业的财务监督工作，成为财政机关领导下办理地方企业财务监督的专用

---

① 《中国人民银行总行公私合营银行机构人员、业务财产移并我处处理原则》，见中国社会科学院、中央档案馆《1953—1957 中华人民共和国经济档案资料选编》金融卷，中国物资出版社 2000 年版，第 53 页。

② 《中国人民银行党组关于解决农业银行建行中存在问题的请示报告》，见中国社会科学院、中央档案馆《1953—1957 中华人民共和国经济档案资料选编》金融卷，中国物资出版社 2000 年版，第 67 页。

③ 《中国人民银行总行关于将农业银行重新和人民银行合并的请示报告》，见中国社会科学院、中央档案馆《1953—1957 中华人民共和国经济档案资料选编》金融卷，中国物资出版社 2000 年版，第 70 页。

④ 《财政部拟加强对基本建设的财政监督的社论稿》（草稿），见中国社会科学院、中央档案馆《1953—1957 中华人民共和国经济档案资料选编》金融卷，中国物资出版社 2000 年版，第 73 页。

银行。[1] 这样,交通银行实际上也失去了独立性,并已“非银行化”。

(五)私营典当业纳入中国人民银行体系

典当业在旧政府时期是一个封建高利剥削的行业。到1953年第三季度,全国范围内的私营典当只存在于华东区和广东省的13个市县,共有247家,从业人员1 160人。[2] 国家对资本主义工商业改造后,典当业积极要求公私合营,人民政府采取“基本淘汰,逐步改造”的方针对典当业进行改造,以公私合营方式将私营典当业变为中国人民银行的公私合营小额质押贷款部门。至此,私营典当业也被纳入中国人民银行体系。

(六)农村信用合作社的“官办化”

信用合作是农业合作化的一个重要组成部分。实践证明,信用合作组织是中国人民银行开展农村金融的好助手。在不少地区,人民称信用合作组织为自己的“小银行”。为了推动农村信用合作社的发展,国家银行对其给予各种优待。到1953年5月,全国97.5%的乡建立了116 196个信用社,参社农户9 127万多户,社员146 295 218人。[3] 政府在给予信用社支持的同时,也对其干预过多,信用社有明显的“官办化”趋势。1956年,一些地区把信用社改为农业社的信贷部,并在其业务方面存在强迫命令作风。如有些农业社为了多搞投资,强制社员向信贷部存款或把社员分红所得扣下来转成存款等。[4]

在形成高度集中化与单一化的银行体制的同时,国家建立了纵向型的信贷资金管理体制。全国银行的信贷资金来源与投放都由中国人民银行统一管理,称之为“统存统贷”。此外,国家注意到社会主义企业之间的商业信用挤占了企业流动资金,不利于国家对流动资金的集中管理和资金分配计划的贯彻实施,因此决定取消商业信用,集中信用于国家银行。[5] 而商业信用的取消加强了中国人民银行对资金管理的集中统一,维护了高度集中统一的银行体制。

二、“大一统”银行体系的曲折发展

“大一统”银行体系下的中国人民银行集中央银行与商业银行职能于一体,既是货

① 《财政部关于交通银行今后工作问题的报告》,见中国社会科学院、中央档案馆《1953—1957中华人民共和国经济档案资料选编》金融卷,中国物资出版社2000年版,第82页。

② 《中国人民银行总行关于投资公私市民贷款私营典当业等问题的指示》(节录),见中国社会科学院、中央档案馆《1953—1957中华人民共和国经济档案资料选编》金融卷,中国物资出版社2000年版,第83页。

③ 《中国人民银行总行农金局关于农村信用合作的发言》(节录),见中国社会科学院、中央档案馆《1953—1957中华人民共和国经济档案资料选编》金融卷,中国物资出版社2000年版,第83页。

④ 参见《中国人民银行总行党组关于信用合作工作会议的报告》(节录),见中国社会科学院、中央档案馆《1953—1957中华人民共和国经济档案资料选编》金融卷,中国物资出版社2000年版,第489页。

⑤ 苏少之:《中国经济通史》第十卷下册,湖南人民出版社2002年版,第811页。

币发行和金融管理的政府机关，同时又是从事信贷储蓄、结算等金融业务的经济组织。但在实际操作中，作为商业银行，它却不能根据市场对资金的需求状况，运用利率杠杆，灵活地调配资金，发挥对合理配置资源的积极作用。作为中央银行，它没有独立发挥稳定货币的作用，当政府经济宏观决策失误时，不仅无法发挥平衡器作用，反而成为助长错误决策的手段。[①] 从 1958 年至 1978 年，中国经济处于“非常态”发展时期，为了保证这种经济的发展，金融领域出现一些不符合经济发展规律的情况。实际上，自 1958 年“大一统”银行体系运行开始，政府虽对银行业进行数次改革，但始终没有脱离“大一统”银行体系的框架，也就无法克服上述弊端。这种“大一统”银行格局一直持续到 1978 年。这一时期我国银行体系的发展大致分为两个阶段：一是 1958—1965 年，“大跃进”中银行体系变革的失误及纠偏；二是 1966—1978 年，“文化大革命”对银行体系的冲击与此后的整顿。

（一）“大跃进”中银行体系变革的失误及纠偏

1. 银行体系变革的失误

在 1958—1960 年的“大跃进”时期，中国金融和银行体系也进行了相应变革。虽然改革的出发点与设计具有一定合理性，但因经济建设急于求成、管理问题上虚无主义思想盛行，各项改革措施不可避免地卷入“大跃进”的狂潮，造成金融秩序的混乱，加重了国民经济的失调。

在国民经济全面“大跃进”的背景下，我国银行体系也进行了改革。第一，精简银行机构和人员。自 1957 年整风运动后期，中国人民银行着手对全国银行系统精简机构、下放干部。1958 年结合金融体制改革，银行精简了大批机构。中国人民银行总行撤并 4 个司局级单位，全国各省分行也紧随其后，许多省、市分行下放了 50%的工作人员。[②] 银行业的精简，从机构、队伍等方面都削弱了银行的作用。“大财政、小银行”的格局进一步加强。

第二，下放信贷管理权限。1958 年，国家下放管理权限，实行中央和地方两级管理，在农村实行“两放、三统、一包”的财政贸易体制。1958 年 11 月，在武汉召开的中国人民银行全国分行行长会议讨论了银行信贷下放的问题。会议认为，在工业、商业、财政体制下放后，信贷体制也需下放。[③] 从 1959 年起，银行重新划分中央和地方管理信贷的权限，实行“存贷下放、计划包干、差额管理、统一调度”的管理办法。银行信贷管理权力的分散，削弱了中国人民银行对信贷和货币流通的金融宏观管理和调控，造

---

① 苏少之：《中国经济通史》第十卷下册，湖南人民出版社 2002 年版，第 828 页。

② 苏少之：《中国经济通史》第十卷下册，湖南人民出版社 2002 年版，第 833 页。

③ 《中国人民银行总行关于改进信贷管理体制的几个问题》，见中国社会科学院、中央档案馆《1953—1957 中华人民共和国经济档案资料选编》金融卷，中国财政经济出版社 2011 年版，第 78 页。

成了信贷管理松散，资金供应不限制，导致国民经济中出现了严重的信用膨胀。[①]

第三，改革金融规章制度。在银行信贷管理权限错误下放的同时，银行的规章制度也发生重大变革。1958 年的规章制度改革实行“大破大立”“不破不立”，把一些行之有效的规章制度作为束缚群众手脚的东西加以破除。比如，有些基层银行对全国统一制定的一些制度说改就改，造成有章难循、无章难循；有些地方不要计划，推行“无账会计”；有些地方以“相信群众”“填平与群众之间的鸿沟”为由，拆柜台、并机构。银行在所谓的改革中只有“破”，没有做到“立”，即在破除原有规章制度的时候，却没有建立新的规章制度。银行在“大跃进”中脱离实际的改革措施，造成银行工作上的混乱，加重了“大跃进”给国民经济运行带来的难题。

第四，充分供应信贷资金。1958 年 3—11 月，中国人民银行先后召开三次会议，强调紧跟“大跃进”的形势，对企业所需资金要大胆支持，充分供应。在此背景下，为支持商业“大跃进”，各地银行先后改进信贷资金的供应办法，主要表现为“企业需款就贷，要多少就贷多少，哪里要就哪里贷”，“企业有款就汇，要汇哪里就汇哪里”，“企业存款任意体现，不愿汇款也可以大量带现”。[②] 由于银行对工商业充分供应信贷资金，结果导致 1958 年银行流动资金贷款增加 184 亿元，而企业的物资库存只增加 100 亿元，出现大量的预付收购物资款项的现象。[③]

第五，吸收存款和收回存款“放卫星”。在“大跃进”的浪潮下，人们认为，在生产“大跃进”的基础上，公社存款、人民储蓄存款、财政性存款也要“大跃进”，因此提出在农村要大量吸收存款，并鼓励各地在收回贷款工作中“放卫星”，大搞“无贷乡”“无贷县”等。在“大跃进”中，全国各地银行竞相效仿，许多地方银行陆续放出“储蓄卫星”，盲目追求高指标，甚至虚报储蓄款。例如，中国人民银行河北省分行要求全省 1959 年储蓄存款余额在上一年 8 800 万元的基础上翻一番，1962 年底达到 5 亿元，甚至喊出“一年之内越山东，三年跨过北京城，急起直追越上海，争取全国第一名”的口号。[④] 同时，有的地区为了成为“无贷乡”“无贷县”，认为收回贷款越多越好，银行甚至把一些不应收回的未到期的农业贷款也收回了，造成一些公社运行艰难。

总体上看，银行在“大跃进”中进行的一些改革，其有限的合理部分没有发挥作用，反而在“大跃进”的环境中“火上浇油”，对国民经济发展带来严重影响。主要表现有：一是货币增发过多，通货膨胀严重；二是银行大撒手供应资金给一些地方，挪用银行贷

---

① 杨希天：《中国金融通史》第六卷，中国金融出版社 2002 年版，第 107 页。

② 《中国人民银行总行关于加强采购资金管理问题的报告》（节录），见中国社会科学院、中央档案馆《1953—1957 中华人民共和国经济档案资料选编》金融卷，中国财政经济出版社 2011 年版，第 67 页。

③ 苏少之：《中国经济通史》第十卷下册，湖南人民出版社 2002 年版，第 836 页。

④ 尚明：《当代中国的金融事业》，当代中国出版社 2009 年版，第 106 页。

款搞计划外基本建设，严重影响了计划内的购买力；三是由于放松农村资金的管理，造成大量农业贷款呆账。[①]

2. 纠偏和调整

为了纠正“大跃进”时期发生的“左”的错误，中共中央决定对国民经济实行“调整、巩固、充实、调高”的方针。

针对“大跃进”期间银行信贷资金管理宽松的问题，中国人民银行为加强信贷资金管理，于 1961 年 4 月 13 日作出《关于改进信贷管理体制的报告》，同时决定以加强季度信贷计划管理取代差额包干，以便于信贷集中管理。[②]

在 1961—1965 年的国民经济调整时期，金融部门贯彻中共中央、国务院颁布的《关于切实加强银行工作的集中统一，严格控制货币发行的决定》(简称“银行六条”)，加强了对银行工作的集中统一，将金融工作转向正轨，促进了国民经济调整的顺利进行。“银行六条”规定：第一，收回几年来银行工作下放的一切权力，银行业务实行完全的彻底的垂直领导；第二，严格信贷管理，加强信贷的计划性；第三，严格划清银行信贷和财政资金的界限，不许用银行贷款作财政性支出；第四，加强现金管理，严格结算纪律；第五，各级中国人民银行必须定期向当地党委和人民委员会报告货币投放、回笼和流通、工商贷款、工资支付、企业亏损等情况；第六，在加强银行工作的同时，严格财政管理。[③] 此外，中国人民银行总行也制定会计出纳工作条例、出纳制度、信贷员职权条例等，加强各个方面的集中领导和规章制度的严肃性。国家银行的信贷管理体制再次恢复到原先集中统一的管理模式。

(二)“文化大革命”对银行体系的冲击及整顿

1. 对银行体系的冲击

在 1966—1976 年的“文化大革命”时期，中国的金融业和金融工作均受到较大冲击，具体表现在以下几个方面：

第一，银行机构撤并。1969 年 7 月，中国人民银行总行并入财政部门，成为财政部门的金融组，办理原中国人民银行总行的全部业务，各地分支机构并入当地财政局，对外仍保留中国人民银行这一名称。1970 年 5 月撤销华侨投资公司，6 月撤销中国人民建设银行。中国人民建设银行的业务工作移交中国人民银行办理。在上述银行撤并过程中，银行的大批业务骨干被精简下放，有的被送到“五七”干校，有的送往农村安

---

① 尚明：《当代中国的金融事业》，当代中国出版社 2009 年版，第 108—109 页。

② 《中国人民银行关于改进信贷管理体制的报告》，见中国社会科学院、中央档案馆《1953—1957 中华人民共和国经济档案资料选编》金融卷，中国财政经济出版社 2011 年版，第 83—84 页。

③ 《中共中央、国务院关于切实加强银行工作的集中统一，严格控制货币发行的决定》(节录)，见中国社会科学院、中央档案馆《1953—1957 中华人民共和国经济档案资料选编》金融卷，中国财政经济出版社 2011 年版，第 72—73 页。

家落户。[①] 各个银行由于缺少业务骨干，整个金融工作处于被动应付状态。银行机构的撤并使银行工作系统和指挥体系大为削弱和破坏，中国人民银行的各职能司局被撤并，只保留“政工”和“业务”两大组在艰难运行。

第二，银行工作遭到严重破坏。新中国成立以来的金融工作成绩被否定，原先正确的业务指导思想和政策原则被批判。例如，把坚持财政信贷综合平衡斥为“单纯财政信贷观点”“用财政信贷卡经济”，把坚持银行工作必要的集中统一斥为“条条专政”“一家统管天下”，同时，一些传统的金融业务活动被划入资本主义的范畴而废除。[②] 其中最具代表性的就是 1968 年 12 月中国人民银行辽宁省抚顺分行搞的“抚顺经验”[③]。这一“经验”在 1970 年 7 月全国财政银行工作会议上被树立为典型，并向全国推广，在金融领域造成巨大的思想混乱。思想上的混乱，造成信贷资金管理体制被冲垮[④]，各种规章制度难以执行，对国民经济发展造成严重影响。

第三，银行储蓄业务受到严重影响。在“左”的思想影响下，不少银行对一批被批斗的干部、知识分子以及民族资产阶级工商业的储蓄存款进行冻结，致使群众对银行储蓄缺乏安全感，也打击了人民群众的储蓄积极性。1966—1978 年全国城乡储蓄存款情况具体见表 9.3，总体增长极为缓慢。

表 9.3　　1966—1978 年全国城乡储蓄存款情况

年份	城乡储蓄存款总额（亿元）	城镇储蓄存款		农村社员储蓄存款		全国人均储蓄存款（元）
		金额（亿元）	比重（%）	金额（亿元）	比重（%）	
1966	72.3	57.7	79.8	14.6	20.2	9.70
1970	79.5	64.5	81.1	15.0	18.9	10.41
1975	149.6	114.6	76.6	35.0	23.4	16.13
1978	210.6	154.9	73.6	55.7	26.4	21.88

资料来源：杨希天，《中国金融通史》第六卷，中国金融出版社 2002 年版，第 154 页。

2. 调整和整顿

基于前述原因，“文化大革命”期间银行在国民经济的地位和作用急剧下降。“文

① 苏少之：《中国经济通史》第十卷下册，湖南人民出版社 2002 年版，第 869—870 页。

② 尚明：《当代中国的金融事业》，当代中国出版社 2009 年版，第 132—133 页。

③ 1968 年 12 月，中国人民银行辽宁省抚顺分行引导群众“斗私批修”，“走政治建行道路，创造银行新体制”，进而“办成一个非常无产阶级、非常战斗化的银行”。它全面否定银行固有的职能作用和银行工作已有的成绩，是极左思想在金融领域的一个集中反映。参见尚明：《当代中国的金融事业》，当代中国出版社 2009 年版，第 133 页。

④ 在“文化大革命”期间，1963 年 2 月中国人民银行制定的高度集中统一和分口分级负责相结合的信贷计划管理体制就已名存实亡。组织发款的工作处于自留状态，贷款管理大撒手，“首长批条子，银行发票子”的现象十分盛行。参见苏少之：《中国经济通史》第十卷下册，湖南人民出版社 2002 年版，第 871 页。

化大革命”之前，银行在国民经济中处于“三大中心”的地位，作为全国的信贷中心、转账结算中心和现金出纳中心，对经济建设起着至关重要的作用。在“文化大革命”中，银行机构被撤并，业务骨干被精简下放，银行的业务工作遭到严重破坏，从而使得银行职能大大削弱，银行不再是真正的银行，实质是财政的出纳部门。这一状况一直持续到1972年才出现转机。

1972年9月，中国人民银行召开全国银行工作会议，会议初步澄清金融工作在思想上、政策上的是非，并就如何发挥银行的职能作用提出具体意见。党和政府开始在加强银行工作方面采取许多积极措施：一是逐步恢复银行的机构体系；二是恢复和强调信贷计划管理和现金计划管理；三是切实加强流动资金的管理；四是加强工资基金的监督支付；五是恢复合理的规章制度；六是解冻储蓄存款，落实侨汇政策；七是研究世界经济，筹措外汇资金。[①]

然而，随之而来的“批林批孔”运动再次使刚刚有所恢复的金融事业受到挫折。“四人帮”大借“批林批孔”运动，掀起所谓“反右倾回潮”，使开始步入正轨的国民经济遭到严重破坏。金融领域“抓业务危险，抓政治保险”的论调再次盛行，银行工作错、乱、压、慢的局面再次出现。

直到1975年9月，银行工作出现第二次转机。1975年，邓小平提出全面整顿国民经济的任务。中国人民银行也借此东风，在6—8月间连续召开9次不同类型的银行工作会议，要求各级行处合理发放贷款，严格控制货币投放，加强检察督促工作。从1976年10月“文化大革命”结束后，直至1978年12月党的十一届三中全会召开，国家对银行工作不断进行整顿和加强，使处于严重困境的金融业开始恢复生机。但由于银行体系的数次整顿都没有脱离计划经济体制的框框，也就无法从根本上解决银行体系存在的弊端，这也表明银行体系需要进一步的改革。

第三节　向二元银行体系的转型

1978年12月召开的十一届三中全会，是我国经济体制改革的重要转折点。与此同时，中国的银行体系改革也被提上议事日程。通过先后恢复和设立各种专业银行，一个以中央银行为领导、专业银行为主体，多种银行金融机构并存的二元银行体系初步形成。这是我国银行体系改革中最重要的一步，此后的银行体系改革都是在这个基础上的完善与补充。

---

① 尚明：《当代中国的金融事业》，当代中国出版社2009年版，第142—146页。

我国银行体系的初期改革(1979—1984年)带有计划经济体制的烙印。这一时期的银行体系改革就是打破原有的"大一统"的银行体系,使中国人民银行专司中央银行职能,恢复组建适应市场化要求的专业银行,逐渐向二元银行体系转型。虽然此时的银行体系改革更多的是搭建框架,但为以后的银行体系改革奠定了基础。中国银行体系改革是从分设专业银行开始的,而专业银行分设是以厘清中国人民银行与财政的关系为前提。1978年1月,财政部与中国人民银行正式分家,标志着我国开始进入经济转轨期。原有计划经济体制逐步被打破,经济主体开始自主进行经济行为决策,这必然对金融体系提出新的要求,国家专业银行的分设也就水到渠成了。

一、国家专业银行的恢复

(一)中国农业银行的分设

中国经济体制改革开始于农村,由家庭联产承包责任制取代人民公社体制。而原有的农村金融体系不能适应农民的需要,专门为农村经济发展服务的中国农业银行的恢复就顺理成章了。1978年12月,十一届三中全会通过《中共中央关于加快农业发展若干问题的决定(草案)》,提出"恢复中国农业银行,大力发展农村信贷"的要求。1979年2月,国务院发布《关于恢复中国农业银行的通知》,规定"为了加强支农资金的管理,更好地为高速发展农业生产和实现四个现代化,党中央决定恢复农业银行"。中国农业银行是国务院的直属机构,由中国人民银行代管(1983年9月中国人民银行行使中央银行职能后,不再代管),其主要任务是:统一管理支农资金,集中办理农村信贷,领导农村信用社,发展农村金融事业。[①] 中国农业银行的恢复是恢复和建立国家专业银行的第一步。

(二)中国银行的分设

1979年3月,国务院同意并批转中国人民银行《关于改革中国银行体制的请示报告》。改革的主要内容是:中国银行从中国人民银行分设出来,成为国家外汇专业银行,直属国务院领导,同时行使国家外汇管理总局职能。中国银行总管理处改为中国银行总行,负责统一办理与国际间银行的存、贷款业务,签订对外资金往来协议,办理外汇信贷和外贸信贷,办理中外合资企业信贷与侨汇。[②]

(三)中国人民建设银行的分设

中国人民建设银行自1954年10月1日成立后,在财政部的领导下,行使办理基本建设投资拨款并从事监督工作的职能,但撤撤并并,并没有起到银行的真正作用。

---

① 吴晓灵:《中国金融改革开放大事件》,中国金融出版社2008年版,第15页。

② 吴晓灵:《中国金融改革开放大事件》,中国金融出版社2008年版,第14页。

1978 年，国务院批准中国人民建设银行为国务院直属单位，并在全国设立分支机构。1979 年，我国开始进行投资体制改革，把财政预算内的基本建设投资改为建设银行贷款（简称"拨改贷"），因此，中国人民建设银行从财政部分离，成为管理基本建设财务的专业银行。

（四）中国工商银行的建立

1983 年 9 月，国务院决定中国人民银行专门行使中央银行职能，建立中国工商银行，承担原来中国人民银行的工商信贷和储蓄业务。1984 年 1 月 1 日，中国工商银行正式成立，成为主管城市金融的专业银行。它的基本任务是：在国务院规定的业务范围内，依照国家法令、政策，在中国人民银行宏观金融决策的指导下，在统一的信贷计划内，大力筹集社会资金，加强信贷资金管理，支持工业生产发展，支持商品流通，推进技术进步，充分发挥银行在经济建设中的作用。①

二、中央银行制度的建立

1978 年之前，在"大一统"银行体系中，中国人民银行始终身兼两任，既执行国家中央银行的职能，又发挥银行的商业性作用。但是，在传统的计划经济体制下，中国人民银行难以执行独立的商业银行职能。从某种意义上讲，银行只起到"司库"或"出纳"的作用。随着经济的发展、经济体制改革的推进，原有"大一统"银行体系下的中国人民银行身兼双重职能的弊端逐渐暴露出来，因此，中国人民银行分离一般商业银行职能，专门行使中央银行职能，是银行体系改革的必然要求。

金融改革初期，国家领导层就已注意到中国人民银行发挥中央银行作用的问题。1981 年 1 月，姚依林副总理在中国人民银行全国分行行长会议上的讲话提出："人民银行总行要积极发挥中央银行的作用，各分行也要在总行领导下发挥这个作用。"国务院研究中心总干事、经济学家薛暮桥在会上也提及："中国人民银行应当成为国家的银行，是全国金融业务的中心，担负起中央银行的作用。"②同月，国务院作出《关于切实加强信贷管理，严格控制货币发行的决议》，明确规定："人民银行要认真履行中央银行职责。"③1982 年 7 月，中国人民银行向国务院上报《关于人民银行的中央银行职能及其与专业银行的关系问题请示》，国务院批转了这个文件，明确中国人民银行行使中央银行的职能。但是，这并没有解决人民银行既负责货币政策和金融监管，又从事具体业务经营的矛盾。针对上述情况，1983 年 9 月 17 日，国务院发布《关于中国人民银行专门行使中央银行职能的决定》，决定中国人民银行专门行使中央银行的职能。同时，

---

① 吴晓灵：《中国金融改革开放大事件》，中国金融出版社 2008 年版，第 78 页。

② 杨希天：《中国金融通史》第六卷，中国金融出版社 2002 年版，第 216 页。

③ 吴晓灵：《中国金融改革开放大事件》，中国金融出版社 2008 年版，第 43 页。

该文件规定“成立中国工商银行，承担原来由人民银行办理的工商信贷和储蓄业务”[①]。1985年1月，中国人民银行将中国工商银行分离出去，才真正专门行使中央银行的职能。至此，我国中央银行体制开始建立。

第四节 现代银行体系的形成

1985—2002年是我国从传统的计划经济体制过渡到社会主义市场经济体制的重要时期。我国的金融体制也开始了漫长的渐进式改革历程。这一时期金融业的改革可以分为两个阶段：一是1985—1994年现代银行体系的初步探索，包括国家专业银行的企业化、商业化改革与股份制商业银行以及其他金融机构的兴起；二是1995—2002年现代银行体系的二次探索，即国有商业银行的商业化改革。至此，我国初步建立了以中国人民银行为中央银行，以4家国有商业银行为主体，拥有3家政策性银行、10家股份制商业银行、111家城市银行、523家城市信用社、38 153家农村信用社和158家外资商业银行分行的现代银行体系。[②] 进入21世纪以来，中国银行业进一步向市场化、国际化的新型现代银行体系的方向改革和发展。

一、现代银行体系的初步探索

这一阶段我国银行业的改革与发展主要体现在以下两个方面：一方面是对体制内专业银行开启市场化改革的第一步——企业化改革，并建立了三家政策性银行；另一方面是对体制外银行实行增量改革，创建股份制商业银行等新型金融机构。

(一)体制内专业银行的企业化改革与政策性银行的建立

十二届三中全会后，受国营企业改革的影响，专业银行开始朝着商业银行的方向变革。由于1993年之前还没有“国有商业银行”的概念，因此专业银行改革主要集中在企业化经营或经营制度转变上。1993年11月《国务院关于金融体制改革的决定》明确指出：“把国家专业银行办成真正的国有商业银行。”[③]同时为了方便专业银行向商业银行转化，将国有专业银行中政策性金融业务分离出来，建立了3家政策性银行。

专业银行企业化改革始于1985年各专业银行“划分资金，自主经营”的改革。[④]

---

① 吴晓灵：《中国金融改革开放大事件》，中国金融出版社2008年版，第75页。

② 李志辉：《中国银行业的发展与变迁》，上海人民出版社2008年版，第87页。

③ 陈慕华：《加快金融体制改革》，见中国人民银行、中共中央文献研究室《金融工作文献汇编：1978—2005》，中国金融出版社2007年版，第199页。

④ 苏少之：《中国经济通史》第十卷下册，湖南人民出版社2002年版，第387页。

1986 年，国务院颁布《银行管理暂行条例》，条例规定："各专业银行都是独立核算的经济实体。"[①]此后，专业银行进行了企业化改革的探索。主要措施是借鉴国有企业改革经验，促使专业银行向商业银行转变，具体如下：

首先，简政放权，由机关式管理方式向企业化管理方式转变，增强基层活力。例如，中国农业银行在广州等城市进行综合配套放权改革试点，使基层行获得资金、计划、财务等 26 项权力，扩大了其经营自主权，初步实现上级行与基层行管理权和经营权的分离。1987 年，专业银行实行核定"三率"和下放"六权"的改革[②]，打破传统的"铁饭碗"机制，提高了金融系统活力。

其次，推行各种承包经营责任制。从 1985 年开始，专业银行进行分支机构特别是基层机构的承包经营责任制试点。中国农业银行通过下放一定的财权，在全国 4 600 多个县以下营业所实行费用包干办法。1986 年，中国农业银行对部分储蓄所实行"三包一挂钩"试点——包储蓄任务、包服务质量、包费用水平，并与个人利益直接挂钩的承包责任制。此后，中国农业银行在全国推行承包责任制。1987 年，中国农业银行、中国工商银行等专业银行试行行长任期目标责任制，建立岗位责任制和相应的考核体系。1988 年，中国农业银行率先试行财务包干和系统承包经营责任制，试行"三包一挂"，即包上缴国家税利、包完成宏观调控目标、包资金效益目标、在完成上述指标的情况下和自身的经济利益挂钩。内部承包则层层落实到基层，并实行资金比例管理、转变职能、强化信贷管理等配套改革。[③]

再次，改革传统信贷资金管理体制。从 1980 年实行"统一计划、分级管理、存贷挂钩、差额控制"管理体制，到 1985 年实行"统一计划、划分资金、实贷实存、相互融通"政策，其实质是把中央银行与专业银行之间的资金往来由计划分配改为信贷关系，初步解决专业银行在信贷资金上吃中央银行"大锅饭"的问题，迫使专业银行逐步做到资金自求平衡，也使它们有了更多的信贷经营权。[④] 进入 20 世纪 90 年代以后，各专业银行开始实行资产负债比例管理和信贷资产风险管理。这一尝试进一步促进我国专业银行的企业化、商业化变革。

然而在改革实践中，专业银行的"双重性质"，即政策性业务与商业性业务混合经营，已成为专业银行企业化改革的最大障碍。因此，净化专业银行的职能，将政策性金融业务分离出来，建立政策性银行体系是专业银行企业化改革的必要条件。1993 年

---

① 吴晓灵：《中国金融改革开放大事件》，中国金融出版社 2008 年版，第 107 页。

② "三率"是指成本率、综合费用率、利润留成率；"六权"是指业务经营权、信贷资金调配权、利率费率浮动权、内部机构设置权、留成利润分配权、人事任免奖惩权。

③ 苏少之：《中国经济通史》第十卷下册，湖南人民出版社 2002 年版，第 387—388 页。

④ 刘明康：《中国银行业改革开放 30 年：1978—2008》，中国金融出版社 2009 年版，第 15 页。

11 月，国务院公布《关于金融体制改革决定》，明确提出“建立一个在中央银行领导下的，政策性金融与商业性金融相分离，以国有商业银行为主体，多种金融机构并存的金融体系”[①]。在这一要求下，1994 年我国建立了 3 家政策性银行，其具体情况如表 9.4 所示。政策性银行的建立，有效地解决了专业银行产权结构单一、目标不明确、资源效率低下等问题，推进了专业银行向商业银行的转化。

表 9.4　　三家政策性银行的基本情况

银行名称	成立时间	资本金来源	主要业务	机构设置
国家开发银行	1994 年 3 月	财政部拨付的资本金和重点建设资金、国家开发银行向社会发行国家担保债券和向金融机构发行的金融债券	办理国家重点建设（包括基本建设和技术改造）项目的政策性贷款及贴息业务	只设总行，不设分支机构，之后由于各种需要又在重点地区设立分行和办事处
中国进出口银行	1994 年 4 月	财政专项基金和向金融机构发行的金融债券	为大型机电成套设备进出口提供买方信贷和卖方信贷，为中国银行的成套机电产品信贷办理贴息及出口信用担保	只设总行，不设营业性分支机构，但可在个别大城市设派出机构
中国农业发展银行	1994 年 11 月	对金融机构发行的金融债券、财政支农资金、使用农业政策性贷款企业的存款	承担国家粮棉油储备和农副产品合同收购、农业开发等业务中的政策性贷款，代理财政支农资金的拨付及监督使用	分支机构起初只设到省、市、自治区一级，1996 年又下伸到贷款业务比较大的县、市

资料来源：杨希天，《中国金融通史》第六卷，中国金融出版社 2002 年版，第 228 页。

（二）体制外银行体系的增量改革

为了进一步推进金融体制改革，促进专业银行企业化的进一步发展，股份制商业银行应运而生。在政府的主导下，各地还成立城市信用社以及其他金融机构。体制外多元化银行金融机构的建立，标志着我国银行业体制外以增量为主的渐进式改革的实施。

以交通银行的重组为标志，我国开始陆续建立一批全国性或区域性的股份制商业银行。1986 年 6 月，中国人民银行和上海市人民政府联合向国务院上报《关于要求正式批准重新组建交通银行的请示》，次月国务院同意重组交通银行。继交通银行之后，股份制商业银行蓬勃发展，具体如表 9.5 所示。股份制商业银行的建立与发展，打破了计划经济体制下国有专业银行垄断金融的局面，逐步形成适应社会主义市场经济要

① 吴晓灵：《中国金融改革开放大事件》，中国金融出版社 2008 年版，第 278 页。

求的多层次、多类型的金融机构组织体系。

表 9.5 国内部分股份制商业银行成立情况

成立原因	名 称	成立时间	其 他
实施上海经济发展战略,把上海建设成为全国经济、金融中心	交通银行	1986 年	我国第一家股份制商业银行
促进地区经济发展,并为深入参与国际经济循环服务	招商银行	1987 年	我国第一家全部由企业法人股组建的股份制商业银行
	深圳发展银行		我国第一家向社会公开发行股票的股份制商业银行
	广东发展银行	1988 年	由广东省政府控股
	福建兴业银行		由福建省政府控股
	海南发展银行	1995 年	由海南省政府控股
尝试产业资金和金融资金的深层融合,打破传统资金管理模式和融资渠道的制约	中信实业银行	1987 年	由国企投资组建
	中国光大银行	1992 年	由国企控股
	华夏银行	1992 年	由国企控股
开发浦东,振兴上海,把上海尽早建成国际经济、金融、贸易中心城市之一	上海浦东发展银行	1993 年	由上海市政府控股
打破金融领域的国有垄断,允许民营资本进入银行业	中国民生银行	1996 年	我国第一家全国性民营股份制商业银行,民营企业股份 85%以上

资料来源:刘明康,《中国银行业改革开放 30 年:1978—2008》,中国金融出版社 2009 年版,第 20 页;李志辉,《中国银行业的发展与变迁》,上海人民出版社 2008 年版,第 71 页。

在股份制商业银行体系外,我国在农村和城市地区还发展了农村和城市金融体系。城市金融体系方面的代表是城市信用社。城市信用社是中国经济体制改革、金融体制改革的产物,它不仅缓解了国家银行业务紧张的矛盾,起到了拾遗补阙的作用,而且还组织回笼了大量货币,支持了“两小”(小集体、个体工商户)经济的发展。① 城市信用社的产生与发展,标志着金融体制改革的进一步深化。我国第一家城市信用社于 1979 年在河南驻马店成立。从 1983 年开始,我国先后在郑州、沈阳、长春等城市试办城市信用合作社。之后,城市信用社在全国发展很快。据统计,截至 1988 年底,城市信用社发展到了 3 265 家,存款余额 1 617 643 万元,贷款余额 1 486 034 万元。② 1992 年前后,城市信用社进一步发展为城市信用社市联社,这标志着城市信用社已初步形

① 祁兵:《城市信用社业务指南》,中国金融出版社 1990 年版,第 3 页。
② 祁兵:《城市信用社业务指南》,中国金融出版社 1990 年版,第 3 页。

成体系，进入了高速发展阶段。到1955年，我国有5 200家城市信用社，[①]它已成为发展“两小”经济不可缺少的金融机构，是我国金融体系的组成部分之一。1995年7月，深圳商业银行正式成立，这标志着城市信用社向商业银行的转型，城市信用社开始退出历史舞台。

而在农村金融体系上则发展了与农村经济发展适宜的农村信用社。1984年国务院国发105号文转发中国农业银行《关于改革信用合作社管理体制改革的报告》，提出“要通过改革恢复和加强信用合作社组织上的群众性、管理上的民主性、经营上的灵活性，在国家方针、政策指导下，实行独立经营、独立核算、自负盈亏”“把信用社真正办成群众性的合作金融组织”[②]。从1985年开始，农村金融体系进入一个快速发展的时期。1988年，又逐渐建立了县联社，对信用社进行管理、指导和资金调剂。1993年，国务院发布《关于金融体制改革的决定》，提出对农村信用社内部运行机制进行改革，推动我国农村信用社的飞速发展。但由于上述改革并没有从根本上消除农村信用社“官办”的烙印，农村信用社的“合作金融组织”名不副实，也就无法实现农村经济的真正发展。在此背景下，1996年，国务院发布《关于农村金融体制改革的决议》，要求农村信用社与中国农业银行彻底“脱钩”，并提出对已经商业化经营的信用社整顿后走农村合作银行道路的意见。

二、国有银行的商业化改革

1995—2002年这一阶段是国有银行商业化改革全面推进的时期。此次国有银行商业化改革是国家应对外部危机和银行内生性累积双重压力所采取的改革措施。[③]一方面，由于国有银行一直采取支持国有企业的信贷政策，根据国家指令发放贷款，最终导致国有银行系统被形成巨额的不良资产和日趋低下的资本充足率。1995年，四大国有商业银行的不良资产率(加权平均)为21.4%，之后逐年增加，1994—2000年年均增长3.2%。[④] 据统计，截至1996年末，我国国有独资商业银行的资本充足率为4.37%，其中中国工商银行、中国农业银行、中国银行、中国建设银行四大国有银行分别为4.35%、3.49%、4.84%和4.81%。[⑤] 而根据巴塞尔新资本协议的要求，商业银行资本充足率(总资本占其风险加权总资产的比例)应不低于8%。日益增加的不良

---

① 胡敬新：《农村信用社深化改革与金融制度管理创新》，经济日报出版社2014年版，第174页。

② 中国人民银行、中共中央文献编辑室：《金融工作文献选编(1978—2005)》，中国金融出版社2007年版，第33页。

③ 何平、殷小斌：《中国国有银行改革的比较制度分析》，《经济理论与经济管理》2010年第3期。

④ 周兆生：《中国国有商业银行不良资产的处置问题研究》，《世界经济》2004年第7期。

⑤ 李欣欣：《从东亚金融危机看我国的金融隐患——对国有独资商业银行资产运营状况的分析》，《改革》1998年第3期。

资产率和日趋低下的资本充足率促使国有银行的商业化改革势在必行。另一方面，随着 1997 年亚洲金融危机的爆发，加快国有银行商业化改革成为防范金额风险、提高国家金融安全的必要条件。

1995 年，《中华人民共和国商业银行法》正式颁行，从法律上明确了四大国有银行是实行自主经营、自担风险、自负盈亏、自我约束的国有独资商业银行。至此，国有银行的商业化改革全面展开。它基本跳出了原先以"放权让利"为核心的企业化改革的传统思路，着手从制度层面进行改革，逐渐走上了现代商业银行的轨道。

从 1998 年至 2002 年，国有商业银行进行了一系列改革：一是发行 2 700 亿元特别国债，补充银行资本金；二是建立金融资产管理公司，剥离和收购银行不良资产；三是按照"经济、合理、精简、高效"的原则精简人员和撤并机构，到 2002 年末，四家国有商业银行累计精简人员 55.62 万人(不含自然减员 6.11 万人)，撤并机构 5.5 万个(其中县级支行减少 2 633 个)；[①]四是取消贷款限制控制，并在推行资产负债比例管理基础上，实行"计划指导、自求平衡、比例管理、间接调控"的新管理体制；五是统一法人管理，实行分业经营、分业管理；六是完善信贷质量分类和考核办法，推行贷款质量五级分类法。

国有专业银行的商业化改革，与国有企业改革息息相关。负债经营是当时国有企业的主要特征。有关资料表明，截至 1994 年底，我国国有企业的负债率大多处于 70%～90%，负债规模已超出自身承受能力。[②] 根据工业化国家的经验数据，企业合理的负债率应为 50%，即企业债务与企业资金总额之比为 1∶1。[③] 国有企业的过度负债对于国有银行而言就体现在巨额的不良贷款[④]上。据保守估计，当时我国国有商业银行的不良信贷资产("一逾两呆"[⑤])约占贷款总资产的 25%～40%，约合 8 000 亿～12 000 亿元。[⑥] 在此情形下，1995 年上半年，四家国有专业银行有三家出现亏损，只有中国银行全年保持盈利。国有企业的过度负债进一步加深了国有银企债务危机，妨碍金融改革和国有企业改革的行程。而破解银企债务危机的关键在于改革国有银企关系，即主要通过制度创新，特别是产权制度创新来解决国有银企关系中(内部人控制、

① 李利明、曾人雄：《1979—2006：中国金融大变革》，上海人民出版社 2007 年版，第 179—180 页。

② 李志辉：《中国银行业的发展与变迁》，上海人民出版社 2008 年版，第 120 页。

③ Qian Yingyi：Enterprise reform in China：agency problems and political control，*The Economics of Transition*，1996，4(2)：427—447.

④ 不良贷款又称不良资产，当前有两种划分标准：一是按"一逾两呆"口径，贷款可以划分为正常贷款、逾期贷款、呆滞贷款和呆账贷款四类，不良贷款是指"一逾两呆"；二是按"五级分类"口径，贷款可以划分为正常、关注、次级、可以、损失五类，不良贷款指后三类。

⑤ 所谓"一逾两呆"，是逾期贷款、呆滞贷款和呆账贷款。逾期贷款是指借款合同约定到期(含展期后到期)未归还的贷款(不含呆滞贷款和呆账贷款)；呆滞贷款是指按财政部有关规定，逾期超过规定年限(一般为 2 年)以上仍未归还的贷款，或虽未逾期或逾期不满规定年限，但生产经营已终止，项目已停建的贷款(不含呆账贷款)。

⑥ 卢现祥：《论我国国有商业银行的三种贷款方式：问题与分析》，《国际金融研究》1996 年第 12 期。

寻租活动以及经营目标异化等)的固有矛盾。

面对当时国有银行不良贷款积重难返的情形,我国组建了四家金融资产管理公司(AMC),如表9.6所示。资产管理公司处置不良信贷资产的手段包括出售、转让、置换、证券化、打包处理、债转股等。此外,为了更好地保证资产管理公司顺利发展,国家也出台了一系列的优惠政策。毋庸置疑的是,资产管理公司建立后在剥离不良资产方面效果显著,具体统计情况见表9.7。

表9.6　四大金融资产管理公司成立情况

公司名称	成立时间	处置银行	注册资金
信达	1999年4月20日	中国建设银行	100亿元
东方	1999年10月15日	中国银行	100亿元
长城	1999年10月18日	中国农业银行	100亿元
华融	1999年10月19日	中国工商银行	100亿元

资料来源:吴晓灵,《中国金融改革开放大事件》,中国金融出版社2008年版,第498、519页。

表9.7　截至2004年第一季度末四家金融资产管理公司处置不良资产情况统计

公司名称	处置不良资产(亿元)	阶段处置进度(%)	回收现金额(亿元)	现金回收率(%)	资产回收率(%)
信达	3 730	41.04	393.0	31.78	38.23
东方	2 674	35.43	178.2	19.95	33.33
长城	3 458	50.19	171.5	10.08	15.89
华融	4 077	41.82	321.0	21.44	30.62
总计	13 939	42.60	1 054.8	19.95	27.61

资料来源:李晓峰,《处置不良资产的市场化路径选择》,《北京师范大学学报》2005年第1期。

总的来看,经过1985—2002年的两次银行体系的改革与发展,中国银行业无论在数量上还是在质量上都有了飞跃发展,多元化的现代银行体系基本形成。需要注意的是,上述改革措施并没有触及国有银行的产权制度,银行业效率低下、资产质量差的问题有待于银行体系的进一步改革与发展。特别是在加入WTO后,我国的经济发展和经济体制改革对银行业和金融业提出了更高的要求。

三、国际化改革和监管制度的完善

我国加入WTO后,中国对外资银行进一步开放,对国内银行的国际竞争力提出了新的要求。与此同时,随着国民经济的发展,我国银行业的市场化改革迈入了新阶段。国有商业银行与其他商业银行面临着财务重组与公开上市等股份制改革,政策性银行在新形势下也开始探索新的发展模式，我国银行体系的改革步入攻坚阶段。

（一）国有商业银行的"股改上市"

2001年12月11日，我国加入WTO。这意味着5年过渡期结束后中国金融业将向外资金融机构全面开放，中资银行将与外资银行"同台竞技"。然而依据我国商业银行的发展现状，如不进行更加深入的改革，将难以应对加入WTO的挑战。在这一背景下，2002年2月，中共中央、国务院召开第二次全国金融工作会议。会议强调指出"必须按照建立现代企业制度的要求，深化内部机制改革、把银行办成现代金融企业"；"对国有独资商业银行进行综合改革，是整个金融改革的重点"；"对国有商业银行进行股份制改造，是公有制有效实现形式的重要探索"。[①]

国有商业银行改革与发展的核心在于产权改革、管理体制改革和公司治理结构的完善。通过财务重组、政府注资、公司结构治理和公开上市等一系列措施，将国有商业银行改造成"资本充足、内控严密、运行安全、服务和效益良好，具有国际竞争力的现代商业银行"[②]。具体改革措施的顺序安排基本可以概括为"先内部改革重组、后改制上市"，"先试点、后推广"，"先法人持股、后社会公众持股"，"先境外上市、后境内上市"和"先部分、后整体"。[③]

2003年底，党中央、国务院选择中国银行和中国建设银行作为股份制改革的试点银行，并向中国银行和中国建设银行注入450亿美元。2004年，两家试点银行大规模的财务重组和公司治理改革全面展开。此后，中国银行和中国建设银行根据"一行一策"原则，分别完成股份公司改制，其中中国银行成立中国银行股份有限公司，中国建设银行成立中国建设银行股份有限公司（建行股份）和中国建设银行集团有限公司（建行集团）。2005年，中国工商银行完成股份公司改制，成立中国工商银行股份有限公司。2009年，中国农业银行完成股份公司改制，成立中国农业银行股份有限公司。

在完成政府注资、财务重组、股份公司改制、完善公司治理结构以及引进战略投资者等一系列股改措施后，上市已经成为国有商业银行改革这一棋局上水到渠成的关键一步。[④] 中国建设银行率先走出这一步，于2005年10月27日在香港联合交易所正式挂牌上市。随后，中国银行于2006年6月11日在香港联合交易所挂牌上市。同年10月27日，中国工商银行在香港和内地同步上市。最后，2010年7月，中国农业银行A+H股于15日和16日分别在内地和香港挂牌上市。这标志着国有商业银行改革与发展进入

① 江泽民：《金融工作的指导方针和主要任务》，见中国人民银行、中共中央文献研究室《金融工作文献选编(1978—2005)》，中国金融出版社2007年版，第453—474页。

② 吴晓灵：《中国金融改革开放大事件》，中国金融出版社2008年版，第729页。

③ 王元龙：《中国国有商业银行股份制改革研究》，《金融研究》2001年第1期。

④ 孙志东、李伟安：《中国国有商业银行改革掠影》，《决策与信息》2006年第3期。

了一个全新时期，同时标志着中国银行业的市场化和国际化改革进程大大加快。[①]

（二）其他商业银行的改革与发展

除了上述国家性金融机构外，我国区域性、地方性金融机构也发展迅速，其中股份制商业银行、城市商业银行的改革与发展较为显著。

1. 股份制商业银行的深化发展

股份制商业银行在资产规模和效益方面取得了很大成果。据统计资料表明，截至2008年，我国股份合作制银行增加到了12家（其中7家股改上市），资产总额达到8.81万亿元，所占市场份额上升到14.39%，资本充足率也稳步提高，银行不良贷款和不良贷款率持续“双降，股份制商业银行的抗风险能力进一步加强”[②]。此外，股份制商业银行在“引进来、走出去”方面也作出重大探索。通过实施“引进来、走出去”战略，股份制商业银行逐渐完善了公司治理，强化了风险治理，进一步提高了我国股份制商业银行的市场竞争力。

2. 城市商业银行的深化发展

我国的城市金融机构主要包括城市商业银行和城市信用社。1995年，为化解城市信用社的金融风险，国务院决定将城市信用社改制设立城市商业银行。尤其是2003年4月银监会成立后，在“巩固深化、提高质量、扶优限劣、严格监管”的监管原则下，通过各级银行监管部门和地方政府的不懈努力，城市信用社的整顿和改革工作取得了重大成果。到2007年底，银行监管部门完成了702家城市信用社的整顿与改革工作，全国城市信用社由764家锐减到62家。[③] 随着城市信用社的市场退出以及改制转型，城市商业银行发展迅速，其对地方经济的支持作用已不可同日而语。银监会按照国家宏观政策要求，结合城市商业银行改革发展的实际，引领和支持城市商业银行在完善公司治理结构、合并重组、跨区域经营等方面进行了有效的探索和尝试，取得了良好的成绩。[④] 城市商业银行已从风险突出、基础薄弱的弱势金融机构发展成了风险状况显著改善、利润增长良好、最具发展潜力的金融组织。

2003年以来，通过一系列改革和发展，我国逐步建立了由2家政策性银行及国家开发银行、5家大型商业银行、12家股份制商业银行、1家邮政储蓄银行、145家城市商业银行、468家农村商业银行、122家农村合作银行、1 803家农村信用社、987家村镇

---

① 卓尚进：《国有商业银行股改上市圆满“收官”》，《金融时报》2010年7月19日。

② 刘明康：《中国银行业改革开放30年：1978—2008》，中国金融出版社2009年版，第206—208页。

③ 自银监会成立到2007年末，有37家城市信用社整顿后改制设立城市商业银行。其中黑龙江1家、辽宁3家、河北4家、河南5家、山东6家、陕西4家、云南2家、贵州1家、四川3家、浙江3家、江西1家、湖北1家、内蒙古2家、新疆1家。刘明康：《中国银行业改革开放30年》，中国金融出版社2009年版，第225页。

④ 楼文龙：《城市商业银行的改革与发展》，《银行家》2007年第5期。

银行以及49家农村资金互助社等组成的现代银行体系。[①] 在这一期间，我国政府通过"抓两头、带中间"，推进金融重点领域和关键环节改革。大型商业银行改革基本完成，股份制商业银行和政策性银行改革稳步推进，农村信用社改革也取得了阶段性成果，银行业的公司治理结构、组织框架、风险管理水平和核心业务能力都得到了显著的改善和提高。至此，中国的银行体系完成了从多层次银行体系向服务功能完善的多层次现代化银行体系的转型。

（三）银行业监管体系进一步健全

2003年4月25日，中国银监会挂牌成立。银监会从制度、法治、机制、指标、流程、技术、数据和信息公开等方面加强对银行业的监管和规范性建设，为中国银行业抵御金融危机的冲击、防范系统性金融风险做出积极贡献，同时也推进了中国银行业的专业化发展。2003年12月27日，第十届全国人大常委会第六次会议通过《中华人民共和国银行业监督管理法》，确定银监会履行对全国银行业金融机构及其业务活动监督管理的职责，同时确立"管法人、管风险、管内控、提高透明度"的监管理念，明确四个监管目标和六条监管标准，作为银行业监管的基本原则和纲领。该次会议也通过《中华人民共和国中国人民银行法》和《中华人民共和国商业银行法》的修改决定，从法律上厘清了中国人民银行和银监会的职责。随着中国人民银行各项职能的分离和进一步调整，中国人民银行向真正的中央银行转化，现代中央银行制度逐渐走向成熟和完善，进而逐渐建立了以间接调控为主的现代金融调控体系。银监会成立，承担了央行对银行业的监管职责，标志着我国对银行业的监管步入了专业化时代。加上1998年11月成立的保监会（接管了中国人民银行保险业务的监管职责），我国初步建立了"一行三会"的监管体系，央行主要负责货币政策的制定和执行，证监会、保监会、银监会各自负责证券业、保险业、银行会的监督和管理职责。

在监管体系进一步完善的情况下，银行业的不良贷款余额和不良贷款率从2003年的25 377亿元和19.6%分别降低到2013年的5 921亿元和1.0%，为防范系统性金融风险、保障银行业稳步健康发展创造了基础性条件。[②]

与此同时，为配合我国加入WTO的整体战略，2003年12月8日，银监会发布《境外金融机构投资入股中资金融机构管理办法》；2004年8月3日，银监会发布《中华人民共和国外资金融机构管理条例实施细则》；2004年12月1日，银监会发布《中国银行业监督管理委员会关于进一步对外开放银行业相关事项的公告》；2005年12月5日，银监会发布《中国银行业监督管理委员会关于进一步对外开放银行业相关事

---

① 《中国金融年鉴》2014年，第529页。

② 王国刚：《中国银行业70年：风雨兼程砥砺奋进》，《金融时报》2019年9月2日。

项的公告》;2006 年 1 月 27 日,银监会发布《中国银行业监督管理委员会外资金融机构行政许可事项实施办法》;2006 年 11 月 28 日,银监会发布《中华人民共和国外资银行管理条例实施细则》。2006 年 12 月 11 日,加入 WTO 5 年过渡期结束,我国向外资银行全面开放人民币零售业务,这标志着我国加入 WTO 承诺的全面兑现。大批外资银行、保险公司、证券公司进军中国市场,给实行分业经营的中资银行带来极大挑战。在全球竞争中,中资银行与众多 WTO 成员经济体的金融混业经营模式存在很大的制度性落差。[①] 为扭转这种劣势,中国金融业不得不从分业经营走上混业经营。

2006 年和 2011 年,国家"十一五""十二五"规划相继提出要稳步和积极稳妥地推进金融业综合经济试点。2012 年第四次全国金融会议再次强调总结经验,建章立制,加强监管,防范风险,积极稳妥地推进金融业综合经营试点工作。随着金融全球化的进一步加深,金融科技的迅速发展也对当下的金融监管体系提出了新的挑战。

第五节　现代银行业的结构与经营绩效

改革开放四十余年来,我国的银行业体系结构发生了巨大变化,长期实行的"大一统"银行体制逐步发展成为多元化金融体制,建立了以中国人民银行为中央银行、国有商业银行为主体、多种形式金融机构并存与分立合作的具有中国特色的金融体制。这一体制在中国的宏观经济调控与社会主义现代化建设中发挥着越来越重要的作用。

一、银行业的结构

随着改革开放以来经济的高速发展,我国现代银行业体系也进一步形成且快速发展。如果按照名义值进行估算,1986 年,我国金融机构总资产为 13 784.84 亿元,2009 年增至 787 690.54 亿元,提高了 56 倍之多。从 1986 年到 2009 年,金融机构资产的名义年均增长率为 19.23%,其中银行业金融资产增长率为 19.20%,非银行业金融资产增长率高达 21.07%,而同期 GDP 的年均名义增长率则为 16.44%。[②]

目前,中国的金融结构和金融体系正沿着适应市场经济需要的方向进行调整和优化,股份制商业银行、城市商业银行、政策性银行、证券、保险、信托和各种基金等相继产生并得到快速发展。从总体来看,中国的金融深度和总规模与实际经济的发展相适应,这些金融资源很好地满足了现阶段经济增长的需求。据《中国金融年鉴》的统计,

---

① 李志辉:《中国银行业的发展与变迁》,上海人民出版社 2008 年版,第 247 页。

② 燕红忠:《财政转变、金融发展与经济转型》,《浙江社会科学》2017 年第 12 期。

截至2017年12月底，中国银行业金融机构数达到4 532家，其中：大型商业银行5家，即中国工商银行、中国农业银行、中国银行、中国建设银行、交通银行[①]；开发性金融机构和政策性银行3家，分别是国家开发银行、中国进出口银行及中国农业发展银行；股份制商业银行12家，包括中信银行、光大银行、招商银行、浦发银行、民生银行、华夏银行、平安银行、兴业银行、广发银行、渤海银行、浙商银行、恒丰银行；城市商业银行达到134家，另外还有17家民营银行；在农村银行业金融机构方面，有农村信用社965家、农村商业银行1 262家、农村合作银行33家、外资金融机构39家。[②] 为了满足经济发展的需要，多家企业集团财务公司、信托公司、金融租赁公司、汽车金融公司、资产管理公司、货币经纪公司等多种金融机构也在改革开放后快速发展起来，这些金融机构与银行一起构成了多元化的银行业金融结构。

我国加入WTO之后，银行业改革进一步深化，利率逐步放开，大型商业银行在所有银行机构总资产中所占的比例有所下降。但与此同时，从2003年到2017年，我国银行业机构资产总额增长7倍以上，截至2016年底，银行业金融机构总资产为232.3万亿元，同比增长15.8%，增速比上年同期上升0.1个百分点，银行业金融机构总负债为214.8万亿元，同比增长16%，增速比上年同期上升1.0个百分点，具体变化见图9.1所示。分机构类型看，资产规模较大的依次为大型商业银行、股份制商业银行、农村中小金融机构和城市商业银行，占银行业金融机构资产的份额分别为37.3%、18.7%、12.9%和12.2%。[③]

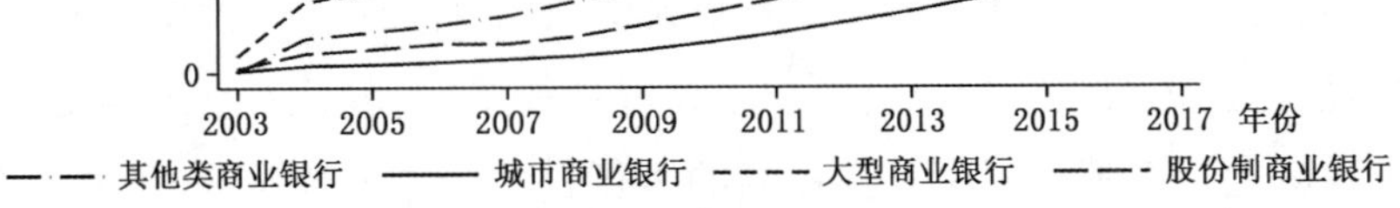

图9.1　2003—2017年各类银行资本额

资料来源：根据《中国银保监会年报(2017)》附录数据绘制。

---

① 2018年底，银监会将中国邮政储蓄银行也列入大型国有商业银行。截至2018年底，全国大型国有商业银行数量增加到6家。

② 《中国金融年鉴》2018年，第499页。

③ 数据来源于《中国银监会年报(2017年)》。由于从2017年开始银行业金融机构中增加了信托基金保障公司，故机构和相关统计指标与前一年不可比，此处仅统计了截至2016年的数据。年报见银监会网站 http://www.cbrc.gov.cn/chinese/home/docView/FDF4A782E9E34140B13ACFFE774FAB1A.html。

可见，随着金融体制改革的深化，大型国有商业银行的资本额虽相对下降，但在银行体系中仍然占据控制地位。2016 年福布斯全球最大的十家公司中，上榜的中国公司全部为中国金融机构，其中有四家大型国有商业银行，具体排名情况见表 9.8。

表 9.8　2016 年全世界最大上市银行排名

银行名	整体排名	国别	营业额（亿美元）	利润（亿美元）	总资产（亿美元）
中国工商银行	1	中国	151.4	42.0	3 473.2
中国建设银行	2	中国	134.2	35.0	3 016.6
摩根大通银行	4	美国	102.5	24.2	2 513.0
富国银行	5	美国	97.6	21.9	1 943.4
中国农业银行	6	中国	115.7	27.8	2 816.0
美国银行	7	美国	92.2	16.6	2 196.8
中国银行	8	中国	113.1	24.9	2 611.5

资料来源：Forbes(2016). The World's Biggest Public Companies.

从银行业市场结构来看，改革初期的中国银行业呈现出高度集中的态势，1994 年，四大银行在整个行业资产、存款和贷款中所占的份额超过了 90%。也就是说，1994 年四大银行的资产、存款和贷款总额占中国银行业的 90%以上。[①] 经历 1995—2010 年的转型期后，其他类型的银行迅速扩张，股份制银行和城市商业银行在银行业总资产中的份额分别从 2003 年的 10.7%和 5.3%分别增加到 2010 年的 15.6%和 8.2%。总资产仍由国有银行主导，大型商业银行在银行业总资产中所占比例下降了近 10 个百分点，从同期的 58%下降到 49.2%。[②] 因此，虽然在 1990—2000 年这十年中，我国银行业呈现出寡头垄断的市场结构（非常接近于垄断的市场结构），但在随后的 2000—2010 年这十年中，银行业的市场结构向更具竞争性的环境发展，没有哪种银行类型在市场上占据完全垄断的地位，这也说明我国金融业的市场化改革初见成效。

中国的金融扩张和金融深化仍处于银行业主导的时期，而在银行体系内部，国有商业银行、政策性银行等由国家直接控制的银行仍处于绝对支配地位，股份制商业银行在整个金融体系中只占 15%。虽然国有银行体系谨慎地将金融资源配置到高效率部门和外贸部门，从而实现了经济的快速增长和整体金融的稳定，但必须承认，到目前为止，与市场经济相适应的完整、高效的现代金融体系仍没有完全建立起来。这不仅

---

① Wong Y C R, Wong M L S. Competition in China's domestic banking industry, *Cato Journal*, 2001, 21(1).

② 《中国银行业监督管理协会年报(2017)》，第十部分，附表一，http://zhuanti.cbrc.gov.cn/subject/subject/nianbao2017/10.pdf。

表现为银行业的发展质量和内部结构问题，而且更突出地表现为银行业和非银行金融机构的结构失衡。证券、保险、信托、基金等非银行业金融和金融市场的发展仍处于比较低的层次，医疗保险等社会保险已成为制约社会经济进一步发展的主要障碍，引起人们极大关注。农村金融发展也非常薄弱，广大农村和基层经济组织的资金融通常常不得不借助于民间金融或私人高利贷来进行，农村金融成为社会经济发展的主要“瓶颈”之一。

二、银行业的经营绩效

银行要承担国家宏观经济调控的公共性责任，而且对整个经济的波动产生巨大的影响。尤其在我国，银行是社会资金主导性的供给者，对经济的影响面非常大。国有商业银行的宏观公共性绩效表现为优化金融资源配置，支持经济增长，维持金融稳定，提升金融效率和金融国际竞争力。国有商业银行的绩效评价体系应该是一个包含微观企业性绩效和宏观公共性绩效的综合绩效评价体系。[①] 但对于整体银行业而言，在衡量银行绩效时通常会采用两类指标：一类是财务指标，如利润率、资产收益率、资本收益率等；另一类则是效率指标，主要包括利润效率和成本效率。在我国金融体系的改革过程中，采取了逐步放开银行体系、允许引进国内私人资本和外国资本以实现银行所有权结构多样化的方式提高银行业的竞争度，结合不良资产剥离等方式，最终改善了银行的整体经营绩效。

1998 年之前，四大国有商业银行在贷款和存款市场上占据主导地位，与规模较小的商业银行相比，大型国有商业银行的绩效往往更差。许多学者讨论了我国金融市场改革初期国有银行绩效相对低下的原因。四大国有商业银行作为银行业的支柱，由于肩负政策功能，必须根据国家经济政策重点提供贷款支持，而不是优先考虑投资项目的风险和回报。在这样的政策性约束下，不良贷款迅速增长，按照四类贷款标准，截至 20 世纪末，我国商业银行不良贷款总额估计为 3.3 万亿元，占到当年 GDP 总量的 41％，2003 年主要商业银行不良贷款率高达 17.9％。[②] 随着银行资本充足率持续下降，国有商业银行已经资不抵债，变得非常脆弱。如前所述，政府对银行业实施了一系列的资本注入和不良贷款剥离：1998 年，通过发行债券，将 2 700 亿元注入国有商业银行；1999 年，将四大国有商业银行的 1.4 万亿元不良贷款划转到四家新成立的资产管理公司。在加入 WTO 之后，政府随即实施了第二轮的资本注入和不良资产的剥离，国有商业银行通过引入外国战略投资者和发行新股进行了部分资产民营化的所有制

---

① 李建军：《国有商业银行绩效评价：理论、方法与实证》，中国金融出版社 2004 年版，第 4 页。

② 姚树洁、姜春霞等：《中国银行业的改革与效率：1995—2008》，《经济研究》2011 年第 8 期。

改革。银行业改革的最终目的是通过提高银行效率，增强银行系统的稳定性、适应性和风险抵御能力，最终提升银行的盈利能力。基于上述改革措施，我国在强化银行体系的竞争力和提高银行效率等方面取得了很大的进展。目前，一个开放的竞争性的银行体系已初步建立起来，它以中国人民银行为中央银行，以大型国有商业银行为支柱，以股份制商业银行为增长引擎，以地方商业银行和外资开放式银行为补充。然而，尽管非国有银行迅速发展，但大型国有银行仍然主导着中国的银行业。1998 年，四大国有商业银行的总资产、贷款和存款的集中率分别是 84.93%、84.26%和 88.51%，而利润集中率只有 55.33%。[①] 这些粗略的指标表明，四大国有商业银行总资产规模虽然很大，但它们的获利能力比其他类型的银行低得多。

表 9.9 统计了不同类型银行业金融机构的税后利润增长情况，从整个银行业的盈利能力来看，2010—2016 年利润总额翻了一番多，从 2010 年的 8 990 亿元增长到 2015 年的 1 974 亿元。大型商业银行的份额从 2010 年的 57.3%大幅下降至 2015 年的 45%。股份制商业银行和城市商业银行的年均利润增长率高于大型商业银行，因其增长速度更快，与同期增速较慢的银行（即非银行金融机构和外国银行）相比，逐渐获得了更多的利润份额。

表 9.9　　**银行业金融机构税后利润情况（2007—2016 年）**　　单位：亿元

	2007 年	2010 年	2013 年	2016 年
银行业金融机构总计	4 467.3	8 990.9	17 444.6	20 732.4
国家开发银行和政策性银行	489.3	415.2	922.1	1 254.3
大型商业银行	2 466.0	5 151.2	8 382.3	8 789.8
股份制商业银行	564.4	1 358.0	2 945.4	3 534.0
城市商业银行	248.1	769.8	1 641.4	2 244.5
农村商业银行	42.8	279.9	1 070.1	1 784.5
农村合作银行	54.5	179.0	162.1	37.5
城市信用社	7.7	0.1	—	—
农村信用社	193.4	232.9	729.2	518.9
非银行金融机构	333.8	408.0	1 059.7	1 554.6
外资银行	60.8	77.8	140.3	128.0
新型农村金融机构和邮政储蓄银行	6.5	119.0	390.3	505.1

资料来源：根据《中国银行业监督管理委员会 2017 年报》整理计算。

① Wong Y C R，Wong M L S. Competition in China's domestic banking industry，*Cato Journal*，2001，21(1).

衡量银行业微观层面的经营绩效指标还包括效率指标。在经济学理论中，生产效率由两部分组成：技术效率和配置效率。技术效率指的是现有资源最优利用的能力，即在一定的投入水平下产出最大化或在给定的产出水平下投入最小化。配置效率指的是在一定的价格水平下实现投入和产出最优组合的能力。在金融机构效率研究中，有两个有争议的问题：一是怎样定义和计量银行的投入和产出；二是怎样确定最佳业务边界来评价它们的业绩。一般而言，效率估计的前沿分析法可分两类：非参数估计法和参数估计法，两种方法估算出来的平均效率值相似。[①]

从效率指标来看，我国银行业的整体效率不断提升。1994—2002 年，国有银行的平均技术效率为 59.67%，而股份制银行为 77.48%；国有银行和非国有银行的平均效率从 1995 年开始提高，分别于 1996 年和 1997 年达到最高点。在亚洲金融危机时期，效率水平下降，并在 1998 年下降到了最低点。[②] 但此后直到 2001 年 12 月我国加入 WTO，国有银行和非国有银行的平均技术效率都稳步提高。这些相似的趋势既反映了外部的冲击，也反映了内部改革的效果。外部冲击主要是由亚洲金融危机触发的，而内部冲击则反映了危机后政府在提高银行效率方面所做的努力。总体来看，在加入 WTO 之前，我国银行业整体平均效率还相对较低，同时期美国银行业的平均效率大约是 80%。[③] 与欧美国家相比，较低效率的估计值符合中国的客观实际情况，即尽管进行了多年的改革，中国的商业银行仍然在很大程度上受到政府干预和控制。

加入 WTO 之后，我国开启了以国有商业银行所有权结构为核心的根本性改革。而所有权结构改革的最终目标是通过改进它们的内外部治理机制来提升其利润效率。截至 2010 年，五大国有商业银行已成功上市，并完成了所有权结构的改革。我们通过选取 5 家国有大型商业银行、12 家股份制商业银行以及 69 家城市商业银行，共 86 家中国商业银行作为样本，以参数估计方法计算了 2003—2017 年我国商业银行的成本效率情况，结果如图 9.2 所示。可以看出，2003—2017 年，我国商业银行的效率增长总体呈增长态势。2008 年发生的金融危机对市场化较高的股份制银行影响较大，其效率有明显的下跌；城市商业银行在 2007—2009 年的效率增长也趋于停滞，主要原因可能也是受到了金融危机的影响；而国有商业银行由于受到国家层面政策的支持，受

---

① Berger 和 Humphrey 对 100 多篇有关金融机构效率的研究论文进行了很有价值的综述。具体见：Berger A N，Humphrey D B. Efficiency of financialinstitutions：international survey and directions for future research，*Finance and Economi cs Discussion Series*，Federal Reserve Board，1997，No. 11 .

② 姚树洁、冯根福、姜春霞等：《中国银行业效率的实证分析》，《经济研究》2004 年第 8 期。

③ Berger A N，Humphrey D B. Efficiency of financial institutions：international survey and directions for future research，*Finance and Economics Discussion Series*，Federal Reserve Board，1997，No. 11 .

到危机的冲击较小，在成本效率上不仅没有下跌，反而呈上升态势。① 因此，无论是使用财务指标还是效率指标，20 世纪 90 年代以来，我国银行业的整体绩效都呈现出改善趋势。如前所述，银行业绩效的成长是伴随着我国经济的高速增长而出现的，这也表明银行业在很大程度上得益于持续增长的环境。

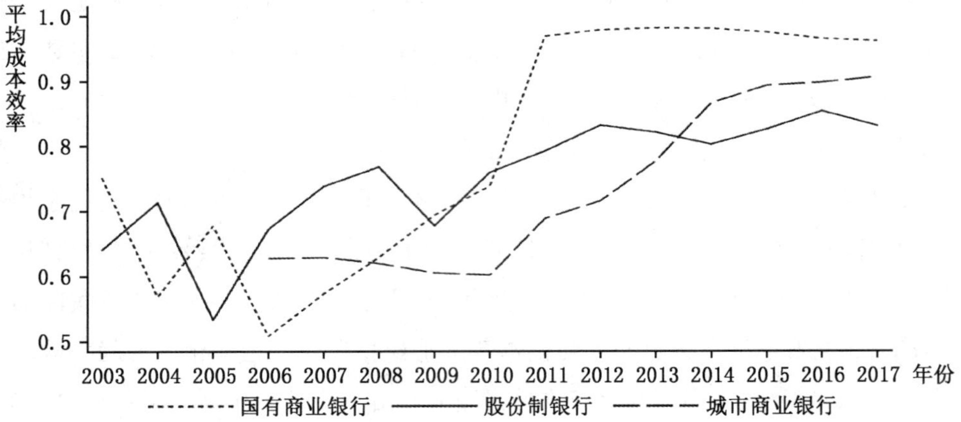

图 9.2　商业银行成本效率(MCE)的变化趋势

回顾新中国成立以来银行体系的改革与发展历程，可以说现代银行体系的建立是社会主义市场经济建设、改革开放的胜利成果，中国多层次、现代化的银行体系紧密结合中国实际情况，在实践中不断改革，在发展中持续创新，它的改革与发展对国家经济社会建设贡献巨大。目前，我国经济发展步入“新常态”“新时代”，对现代银行体系又提出了新的挑战。总的来看，新中国成立后的 70 年，中国银行业紧密结合中国国情，在实践中不断探索，在发展中持续创新，既有效支持了中国经济的快速发展，也探索出了一条中国特色银行业发展之路。

思考题

1. 名词解释：

中国人民银行　中国农业银行　中国人民建设银行　城市商业银行　股份制商业银行

银监会　技术效率　成本效率

2. 简述第一个五年计划时期金融工作能够取得成就的主要原因。

---

① 通过选取 2003—2017 年中国 89 家商业银行为样本，利用 FRONTIER4.1 计算得到我国商业银行的效率，效率计算的具体数据源自 BANKSCOPE、《中国金融年鉴》和《中国统计年鉴》。

3.“大一统”的银行体制和信贷资金管理制度是否适应当时国民经济发展的需要？存在哪些弊端？

4. 我国为什么会经历二元银行体系的转型？其转型的核心内容和特点是什么？

5. 中国现代银行体系有哪些特点？其结构与经营绩效出现了哪些变化？

主要参考文献

1. 中国人民银行、中共中央文献研究室:《金融工作文献选编(1978—2005)》,中国金融出版社2007年版。

2. 中国社会科学院、中央档案馆:《1958—1965中华人民共和国经济档案资料选编》金融卷,中国财政经济出版社2011年版。

3. 中国社会科学院、中央档案馆:《1949—1952中华人民共和国经济档案资料选编》金融卷,中国物资出版社1996年版。

4. 杨希天:《中国金融通史》第六卷,中国金融出版社2002年版。

5. 吴晓灵:《中国金融改革开放大事件》,中国金融出版社2008年版。

6. 刘明康:《中国银行业改革开放30年:1978—2008》,中国金融出版社2009年版。

7. 苏少之:《中国经济通史》第十卷,湖南人民出版社2002年版。

8. 李志辉:《中国银行业的发展与变迁》,上海人民出版社2008年版。

9. 尚明:《当代中国的金融事业》,中国社会科学出版社1989年版。

第十章　非银行金融机构的产生与发展

非银行金融机构是随着金融资产多元化、金融业务专业化而产生的，是一国金融体系的重要组成部分。非银行金融机构主要包括保险、信托、储蓄会、银公司等，在金融体系和经济发展中发挥着重要作用。

第一节　保险公司

从1805年中国第一家保险机构"谏当保安行"(Canton Insurance Society)成立以来，中国保险业历经清朝、民国和新中国三个不同的历史时期，发展道路漫长而曲折。

一、近代中国保险业的产生与发展

保险是一种以各种形式对不确定性的有害影响进行稀释的机制，早期的保险契约主要与航海商业联系在一起，英国第一家正式的保险公司(经营火险)创立于1680年前后。保险公司作为近代出现的新式金融机构，也是外资保险业先于华资保险业。

(一)外商保险公司在中国的设立

鸦片战争前，广州是我国对外贸易的主要口岸，因而也成为外商保险公司进入中国的桥头堡。外国商人来华进行贸易，为预防和减少因偷盗、战争及海上风险带来的损失，保险事业开始输入中国。最早在中国开展保险业务的是1805年的谏当保安行，由英商颠地洋行(宝顺洋行前身)和渣甸洋行(怡和洋行前身)在广州设立。1835年，宝顺洋行宣布退出，谏当保安行由怡和洋行独自经营，并更名为谏当保险公司。

中国出现的第一家正式保险公司是1835年英商设于香港的友宁保险公司，第二年，广东保险公司在广州设立，皆经营水火险业务。这一时期的外商保险业务一般由洋行代理，保险业大多并未独立出来。1838年，广州有洋行55家，其中有15家为外国保险公司(主要是英商公司)代办在华业务。①

① 中国保险学会、中国保险报：《中国保险业二百年(1805—2005)》，当代世界出版社2005年版，第5页。

鸦片战争后，外商势力向各大商埠渗透，上海逐渐取代广州成为对外贸易的中心，中国保险业中心也由广州向上海转移。1846 年，英商在上海设立了永福和大东方两家分公司，经营人寿保险业务。19 世纪 60 年代以前，英商保险机构一直垄断着中国保险业务。19 世纪 60 年代以后，外商保险机构竞相在中国创办保险公司，开启了争夺中国保险市场的序幕。1862 年，美国旗昌洋行在上海设立扬子保险公司。1863 年，英国祥泰、履泰、太平、沙逊等洋行在上海设立保家行，主营水火保险业务。1865 年，美商琼记洋行开办保宁保险公司。1868 年，英商公裕太阳保险公司和巴勒保险公司在上海开设分支机构。1870 年，英商宝裕洋行在上海开设宝裕保险公司。

随着英商贸易在天津的发展，天津的保险市场日益活跃。1845 年专营保险业务的英国于仁洋面保安行在天津设立分支机构；1864 年怡和洋行设立分行，代理保险业务。到 1900 年，外商在天津设立的保险公司有 11 家，被代理的保险公司则有 52 家。① 之后，欧美、日本等国家的保险公司或代理处先后进入中国，并随着主国在华势力而扩大或缩减业务规模。据统计，1935 年底，外国在华保险公司的总分机构、代理处共计 157 家，其中尤以英、美、日三国最多，分别为 76 家、23 家和 14 家。②

外商保险公司多凭其雄厚的资本、先进的经营技术，雇用华人买办兜揽保险业务，一些保险公司甚至联手约定保价和保险费率，以垄断保险市场。许多外商保险公司在各主要口岸和城市设立分支机构，凭借政治特权扩张业务领域，形成一个庞大的外商保险网络，从而占据了整个中国保险业务的 80%。外商保险公司在中国市场上获得大量保费收入，攫取了巨额利润。据 1937 年统计，当时中国保险费总收入的 75%流向国外，折合法币约有三千八百八十万元。③

（二）民族保险公司的创立和发展

1. 晚清时期

1865 年创办的上海义和公司保险行是我国第一家自办的保险机构，义和公司保险行的创办打破了外商保险公司垄断我国保险市场的局面，为我国民族保险业的发展开辟了先河。1872 年，李鸿章奉旨试办轮船招商局，而当时中国船舶保险市场为外商所垄断，为压制中国航运业的发展，外商保险公司收取高昂保费。鉴于此，李鸿章意识到“须华商自立公司，自建行栈，自筹保险”④。1875 年，轮船招商局创办保险招商局，这是第一家规模较大的华商船舶保险公司。

---

① 中国保险学会、中国保险报：《中国保险业二百年(1805—2005)》，当代世界出版社 2005 年版，第 12—14 页。

② 中国通商银行：《五十年来之中国经济》，(台北)文海出版社 1974 年版，第 195—212 页。

③ 马长林：《中国古代金融》，中国国际广播出版社 2011 年版，第 80—82 页。

④ 李鸿章：《筹议制造轮船未可裁撤折》，《李鸿章全集》卷 19，海南出版社 1997 年版，第 676 页。

保险招商局的创办得到民族工商业的支持，保险业务不断增加。1876年，轮船招商局在上海成立仁和水险公司，并购买美商旗昌轮船公司的全部财产，挽回民族利权，增强承保能力。1878年，济和船栈保险局成立，专门经办轮船招商局的码头、仓库和货物的火灾保险业务，不久改名为济和水火险公司。1886年2月，仁和水险公司和济和水火险公司合并为仁济和水火险公司，资本为一百万两。这一时期，华商保险业在与外商保险公司的激烈竞争中，一度兴盛发展，在一定程度上抵制了外商对中国保险业的控制。

从光绪三十一年(公元1905年)起，中国自设的保险公司逐渐增多，保险业渐成气候，如1905年成立的华兴火险公司、华洋永庆人寿保险公司，1906年的华通保险公司、中国合众水火险公司、同益火险公司、万丰火险公司、源盛保险公司，1907年的四海通银行保险公司、华安人寿保险公司、广州冠球联保火险公司、重庆探矿保险公司，1908年的中国信益保险公司，1909年的恒安保险公司、普华保险公司、小吕宋益同人保险公司、恒盛保险公司、汇通保险公司、同安保险公司、上海允康人寿保险公司、上海延年人寿保险公司等。[①] 保险业已经从上海开始向各口岸城市扩散，从水火险到人寿险都初步发展起来。到1912年中华民国成立之前，在中国设立的保险公司共有45家左右，这一时期民族保险业的资金规模都不大，较之外商保险公司仍处于薄弱地位。

2. 民国时期

民国时期，华商保险业进入一个新的发展时期，这一时期出现的主要特点是工商界和银行开始大量投资保险。中国近代实业家张謇的大生纱厂集团投资创办了自己的保险公司。卢作孚的民生实业公司投资于民安、太平洋、中国航运意外、合众、中国人寿、大吉、兴华、航联等保险公司。刘鸿生企业集团投资筹建大华保险公司，经营水火险业务。工商实业界投资保险最有影响的是永安与先施公司这两家大型百货公司对保险业的投入。永安百货公司于1915年创办永安水火保险公司，总公司在香港，后在上海、广州、汉口、天津、汕头等地设立分公司；1925年又投资创办永安人寿保险公司、上海联保水火保险公司。马应彪的先施集团在1915年创办先施保险公司，1922年设立先施人寿保险公司。[②] 金融资本注入保险业开始于20世纪20年代中后期。1926年，东莱银行等投资100万元开设安平水火保险公司；1929年11月，金城银行投资100万元开设太平水火保险公司；上海商业储蓄银行分别于1927年和1930年设立大华保险公司和中国第一信用保险公司；1931年，上海银行与英商太谷洋行联合投资

① 中国保险学会、中国保险报：《中国保险业二百年(1805—2005)》，当代世界出版社2005年版，第27页。

② 中国保险学会、中国保险报：《中国保险业二百年(1805—2005)》，当代世界出版社2005年版，第31—35页。

开设宝丰保险公司。[①]

截至1937年，全国有保险公司40家、分支机构126家，合计为166家。总公司40家，其中上海24家，广州2家，香港10家，新加坡2家，重庆1家，北平1家；分公司126家，其中上海11家，江苏7家，浙江8家，江西5家，湖北7家，福建2家，广东23家，四川6家，河南6家，天津10家，北平3家，山东12家，辽宁3家，吉林5家，香港6家，国外新加坡等地区12家。[②] 就实存的40家公司来看，国营公司有2家，民营38家；专营人身保险者7家，专营损失保险者25家，兼营人身、损失者3家，附属经营保险者4家，专营分保者1家。从地域分布来看，1936年前的保险公司85%以上都在上海和香港两地。

进入民国时期，我国保险业的资力也得到了很大增强。据北洋政府农商部统计，1915年华商保险公司共有59家（应为总分公司合计），资本总额959.6万元，保险费收入为656万元。到1936年，中国保险业的营业总额已经达到5 171.1万元，资本金2 597.7万元，另外还有各种资产230余万元，纯收益122.9万元。[③] 全面抗战争时期，中国保险业的发展势头有增无减。从1946年6月到1947年6月的一年间，保险公司的数量从122家增加至139家，保险公司的分支机构也从114家激增至390家。[④]截至1948年6月底，全国保险业的总分支机构已有507家。

3. 保险组织和法规建设

在保险公司不断发展的同时，有关保险业的法律、法规也在不断完善。1906年，各种险种投保的规条已经有15种，主要包括火险章程、火险保单新章、洋面保险单格式等。[⑤] 1907年，第一部以保险为名的专门法规《保险业章程草案》出台，该草案内容包括总则、股份公司、相互公司、物产保险、生命保险、罚则、附则7章。北洋政府农商部于1917年拟订《保险业法案》42条，1927年进一步拟订《保险契约法草案》4章109条，但并未来得及颁布施行。南京国民政府成立以后，1928年9月制定《保险条例》（草案）9章29条；1929年底由立法院通过《保险法草案》82条；从1935年起重新修订，到1937年正式公布《保险业法》和《保险业法施行法》。自此，中国保险业的发展被正式纳入法律轨道。

在全面抗战之前，各种区域性保险公司的联合组织就已经出现，如太平保险公司

---

① 《中国保险史》编审委员会：《中国保险史》，中国金融出版社1998年版，第72—73页。

② 沈雷春：《中国保险年鉴》，中国保险年鉴社1937年版，第197—199页。

③ 中国通商银行：《五十年来之中国经济》，（台北）文海出版社1974年版，第195—212页。

④ 《全国各省市金融机构分类统计》，《金融周报》1946年第15卷第3期；《全国各省市金融机构分类统计》，《金融周报》1947年第17卷第3期。

⑤ 周华孚、颜鹏飞：《中国保险法规暨章程大全（1865—1953）》，上海人民出版社1992年版，第11—30页。

集团、华商联合保险公司、中国船舶保险联合会等。为了加强全国保险同业联系,团结全国保险同业力量,谋求保险事业发展和协助政府保险政策的推行,1946 年 7 月 14 日,中华民国保险商业同业公会联合会在上海成立,它是我国最先成立的全国性行业公会联合会,其会员为各地保险同业公会。[①]

二、现代保险业的发展过程与现状

(一)改革开放前的保险业

1949 年 9 月 25 日至 10 月 6 日,中国人民银行总行组织的第一次全国保险工作会议在北京举行,会议明确了我国新民主主义保险事业的发展方向,确立了国营保险公司的市场主导地位。在保险政策方面:发展和壮大国营保险事业;允许私营保险公司存在,采取改造和团结的政策;除特殊情况外原则上不保留公私合营保险公司;严格管理外商保险公司,限制其业务范围和险种。1949 年 10 月 20 日,全国性的国营中国人民保险公司在北京成立,标志着新中国统一的国家保险机构的诞生,中国保险事业掀开了新的一页。

中国人民保险公司资本 600 亿元,并以所有财产对其业务及债务负责,其机构初设四室一会,即秘书室、业务室、监理室、会计室和设计委员会。为适应业务发展需要,根据 1950 年 1 月 4 日颁布的《中国人民保险公司组织条例(草案)》,总公司机构改为十室,即秘书室、人事室、检查室、财产保险室、人身保险室、农业保险室、国外业务室、理赔室、会计室、设计室。中国人民保险公司成立以后,建立华东区、东北区、华中区、西北区和西南区五大区公司,在全国建立起广泛的分支机构,开展各种保险业务。到 1950 年 6 月,除五大区公司外,还有分公司 31 个、支公司 8 个、办事处 75 个、营业部及派驻所 4 个。20 世纪 50 年代初,全国各地的代理处已达 564 个,其中有 385 个为中国人民银行各地分支机构,保险从业人员已有 2 000 人。[②]

1950—1952 年是我国国民经济的恢复时期,中国保险业在摸索中前进,推行强制保险和开展农村保险业务是这一时期保险业的主要特点。1951 年 4 月,中央人民政府政务院财政经济委员会发出《关于颁布财产强制保险等条例的命令》,对中国人民保险公司拟定的《财产强制保险条例》《船舶强制保险条例》《铁路车辆强制保险条例》《轮船旅客意外伤害强制保险条例》《铁路旅客意外伤害强制保险条例》和《飞机旅客意外

---

① 《中国保险史》编审委员会:《中国保险史》,中国金融出版社 1998 年版,第 203 页。

② 中国保险学会、中国保险报:《中国保险业二百年(1805—2005)》,当代世界出版社 2005 年版,第 154—158 页。

伤害强制保险条例》核定准予公布施行。[1] 在三年国民经济恢复期间,中国人民保险公司在农村开展了牲畜保险业务,并试办农作物保险业务。大型力役牲畜是农民的主要生产工具,农作物生产易受自然灾害和病虫害影响,农业保险业务受到农民的欢迎。然而,在重点试办经验不成熟的情况下要求全面推广农业保险业务,脱离客观实际需要,强迫命令的行政作风普遍存在。

1953—1957 年是我国第一个五年计划时期。由于对社会主义计划经济理论认识不足,实践中机械地照搬苏联保险模式,这一时期的保险工作方针一变再变,影响了保险业务的正常发展。1953 年 3 月召开的第三次全国保险工作会议确定的工作方针是“整顿城市业务,停办农村业务,调整机构,在巩固的基础上稳步发展”,对城市业务分巩固、收缩、停办三类进行整顿,并立即停办农村业务。1954 年 11 月召开的第四次全国保险工作会议将保险业务方针调整为“停办部分国营企业强制保险业务,重点恢复农村保险业务,稳定开展城市保险业务”。为适应农业合作化社会改革的需要,1956 年 2 月召开的第五次全国保险工作会议将保险工作的重点转向农村,并贯彻自愿保险的原则。到 1957 年,全国公民财产保险承保户有 332 万余户,简易人身保险的承保人数由 1952 年的 10 余万人增加到 80 余万人,团体人身保险的承保人数也由 1952 年的 100 多万人增加到 200 多万人。从 1949 年 10 月到 1958 年,中国人民保险公司共收入保险费 16.2 亿元,支付保险赔款和保险金 3.8 亿元,再除去业务费用、拨付防灾补助费等,上缴国库 5 亿元,积累保险基金 4 亿余元,总共为国家提供了近 10 亿元的生产建设基金。[2] 保险公司业务的开展,不仅为国家、集体和个人财产提供了经济补偿,而且也为国家积聚了资金。

从 1958 年到 1978 年,中国社会主义经济建设经历了三年“大跃进”、三年自然灾害、十年“文化大革命”,保险业深受影响。1958 年 9—12 月的三次会议,改变了中国保险业的命运。1958 年 9 月的郑州会议上,财政部领导提出人民公社化后,保险已完成历史使命。人民公社规模大,人多、劳力集中调配,资金雄厚,后备力量强,抵抗和抑制自然灾害的能力大大加强,灾害造成的损失,公社有能力弥补。1958 年 10 月,在西安召开的全国财贸工作会议上通过《关于农村人民公社财政管理问题的意见》,指出:“人民公社化以后,保险工作的作用已经消失,除国外保险业务必须继续办理外,国内保险业务应立即停办。”随后,12 月的武汉全国财政会议又正式作出停办国内保险业务的决定。[3] 除上海、哈尔滨两市外,全国其他各地均停办国内保险业务,到 1967 年,

---

① 《中央人民政府政务院财政经济委员会关于颁布财产强制保险等条例的命令》,《人民日报》1951 年 5 月 10 日。

② 胡燕龙:《新中国金融史》,云南大学出版社 1993 年版,第 103 页。

③ 《中国保险史》编审委员会:《中国保险史》,中国金融出版社 1998 年版,第 330—331 页。

全国所有城市的保险业务都停办了。中国保险业进入长达20年的低潮时期。

之后，中国人民保险公司仅保留涉外保险业务，主要经营进出口货物运输保险、远洋船舶保险、国际航线飞机保险、再保险和海外业务。国内大多数省、市保险业务停办，机构撤销，干部转业，全国各地的保险职工逐步减少到只有200人。“文化大革命”期间，保险业务进一步下降，我国对外有再保险关系的国家从原来的32个减少到17个，有业务往来的公司从67家减少到20家，业务合作从219份减少到49份。[①]

(二)改革开放以来保险业的新发展

中共十一届三中全会以后，恢复保险事业势在必行。1979年2月，中国人民银行召开全国分行长会议，提出要逐步恢复国内保险业务。同年4月，国务院作出“逐步恢复国内保险业务”的决定。11月，全国保险工作会议在北京召开，标志着我国停办二十多年的国内保险业务开始复苏。在国内保险业务方面，逐步恢复办理国营企业和集体企业的财产保险、货物运输保险、运输工具保险以及个人财产保险和人身保险。为了逐步积累保险基金，每年经营如果有利润，均留存保险公司，作为准备基金。该项准备基金提成25%～35%上交保险总公司，作为全国性的积累。1980年5月底，已有上海、天津、江苏、四川等17个省、自治区、直辖市设立中国人民保险公司分支机构。到1980年底，除西藏以外的28个省、自治区、直辖市都已恢复保险分支机构。各级机构总数达311个，专职保险干部已有3 423人。[②] 1980—1984年，共收缴企业财产保险费收入29亿元、机动车辆保险费收入8.93亿元；1984年，全国城乡投保家庭财产险的总户数达1 384万户；1982—1984年，共收缴人身保险费收入8 719万元。[③]

在涉外保险业务方面，中国人民保险公司除恢复和继续发展进出口货物运输保险、航行远洋的船舶保险、航行国际航线的飞机保险、国际再保险等涉外保险业务外，还在1979年开办了一些新险种。如开办了“三来一补”(来料加工、来样加工、来件装配和补偿贸易)保险，以满足对外贸易的需要；为支持引进外资，适应客商需要，开办了针对投资风险(即政治风险)的保险；为配合我国石油工业的发展，开办了石油勘探与开发的保险业务；此外，还开办出国承包建筑工程险、出国劳工意外伤害保险、核电站保险、人造卫星发射保险等。截至1989年，中国人民保险公司所开办的涉外险种已由1979年的20多种增加到80多种，凡是国际上所开办的险种，中国人民保险公司基本上都能提供。[④] 我国涉外保险的业务结构日趋合理，非水险业务收入比重上升，新险种的不断开拓加速了我国保险事业的现代化进程。1989年，全国涉外保费收入上升

---

① 胡燕龙：《新中国金融史》，云南大学出版社1993年版，第174、227页。

② 《中国保险史》编审委员会：《中国保险史》，中国金融出版社1998年版，第428、433页。

③ 胡燕龙：《新中国金融史》，云南大学出版社1993年版，第288—290页。

④ 《中国保险史》编审委员会：《中国保险史》，中国金融出版社1998年版，第472—473页。

至 4.1 亿美元。

1984 年 10 月，中共十二届三中全会通过《中共中央关于经济体制改革的决定》，为顺应经济体制改革浪潮，我国保险业逐渐打破由中国人民保险公司垄断的传统格局，保险业的竞争态势开始出现。1985 年 3 月 3 日，国务院发布《保险企业管理暂行条例》，规定只要符合一定的要求，经中国人民银行批准，并向工商行政管理机关申请营业执照，即可设立新的保险公司。1986 年成立的新疆生产建设兵团农牧业保险公司（1992 年更名为新疆兵团保险公司），是在中国人民保险公司之外的第一家保险公司。该公司的注册资本开始为 2 000 万元人民币，由新疆生产建设兵团出资，以后资本逐渐增加，达到 7 000 万元，该公司不受其他保险公司的控制，具有独立法人地位。[①] 1987 年，经国务院和中国人民银行批准，恢复后的交通银行及其分支机构开设保险部，经营保险业务。1991 年，中国太平洋保险公司从交通银行分离出来，成为第二家全国性商业综合性保险公司。1988 年，地方性的深圳平安保险公司成立，1992 年更名为中国平安保险公司，成为中国第三家全国综合性保险公司。[②]

中国保险市场的巨大潜力吸引了一批外资保险公司来华设立联络机构。经中国人民银行批准，1980—1988 年，日本、美国、英国等国家十余家外资保险公司相继在华设立联络机构。1992 年，美国友邦保险获准在上海开业，这是改革开放后第一家进入中国内地的外资保险公司。中国保险业也开始融入经济全球化和保险全球化的潮流，中国保险的经营活动引入国际规范和惯例。2001 年中国正式加入 WTO，并承诺在 5 年内取消外资保险公司的地域限制和大部分业务限制，中国保险市场主体日趋多元化，中资保险企业的体制改革步伐加快。外资保险机构凭借优质的服务、完善的产品和先进的管理经验，对中国保险业起到示范和标杆作用，推动中国保险业经营和监管方式与国际保险业并轨。

自 2003 年起，我国内地主要大型保险公司都开始实行股份制改造、集团化经营。2008 年国际金融危机以后，我国保险业发展表现出明显的综合化经营趋势，银行、证券、保险、信托、租赁和基金等金融业务交融发展。目前我国保险机构的混业经营主要体现在两个方面：一方面是保险公司（例如平安、安邦等）开始积极向其他非保险金融业务延伸；另一方面是以非保险起家的其他机构（如中信、广大、国家电网等）不同程度地参与保险市场，金融综合经营的发展趋势越来越明显。经过改革开放后 40 多年的发展，我国保险业与保险机构得到了长足的发展，产业规模和机构数量都在不断增长，经营管理水平也有了显著提高。

---

① 胡燕龙：《新中国金融史》，云南大学出版社 1993 年版，第 355 页。

② 中国保险学会、中国保险报：《中国保险业二百年（1805—2005）》，当代世界出版社 2005 年版，第 214—216 页。

根据图10.1的统计，2003—2017年全国保险机构保费收入总体呈上升趋势，其中寿险所占比例相对更高。2018年，全国保险业原保险保费收入38 016.62亿元，总资产183 308.92亿元，保险业提供保险金额6 897.04万亿元，赔款和给付支出12 297.87亿元。[①] 保险业综合实力显著增强。目前，保险业已成为我国金融体系中的重要部分，在促进我国经济发展和社会稳定中正发挥着越来越重要的作用。

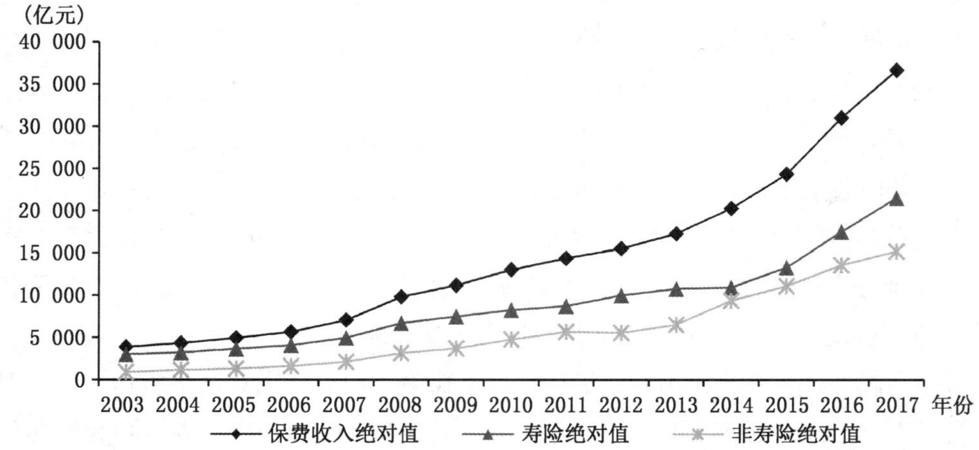

图10.1 全国保险机构保费收入及结构情况

说明：由于2010年实行新会计准则，保险业统计口径发生变化，与往年不具可比性，因而未能提供"同比增长"数据。

资料来源：《中国金融年鉴》(2018年)，第400页。

(三)保险法制的建设

自1949年中国人民保险公司成立至1958年停办国内保险业务期间，我国颁布了一系列保险法律法规。1951年的《关于实行国家机关、国营企业、合作社财产强制保险及旅客强制保险的决定》《财产强制保险条例》《船舶强制保险条例》《铁路车辆强制保险条例》，1957年颁布的《公民财产自愿保险办法》，对保险对象、保险期限、保险金额、保险费、保险责任、除外责任和保险金给付等保险活动的各个环节都作了详细规定。这些规定或办法构成了当时政府管理保险活动、保险公司经营保险业务的主要政策、法律依据，一方面使国有保险公司以强制保险的方式迅速占领了保险市场，大大促进了新中国保险业的发展，另一方面也开创了新中国保险法制建设的先河。[②]

党的十一届三中全会以后，伴随保险事业的恢复发展和国家法制建设的不断加强，保险法制建设也得到较快发展。1982年12月，国务院批准《中国人民保险公司章

① 中国银行保险监督管理委员会，http://www.cbirc.gov.cn/cn/archive/9106.html。

② 周道许：《中国保险业和保险监管》，中国金融出版社2010年版，第23页。

程》，成立中国人民保险公司董事会、监事会。[1] 1983 年 9 月 1 日，国务院颁布《中华人民共和国财产保险合同条例》，这是新中国成立以后第一部调整保险合同关系的专门立法。该条例共 5 章 23 条，基本具备了保险合同法的框架，适应了当时保险业发展的需要。[2] 1985 年 3 月，国务院发布《保险企业管理暂行条例》，对保险企业的设立、性质、组织、资本金、准备金和再保险等事项进行规定，同时规定中国人民保险公司为保险业的监督机关。这是新中国成立以来我国颁布的第一部比较完整的保险企业管理条例，是保险监管的主要依据，进一步完善了我国的保险法制。

1995 年 6 月，第一部《中华人民共和国保险法》（以下简称《保险法》）颁布实施。作为保险业的基本法律，《保险法》对规范保险活动、保护当事人的合法权益、加强对保险业的监管、促进保险业的健康发展起到了十分重要的作用，中国保险业发展自此进入了有法可依、依法管理的阶段。2002 年 10 月 28 日，九届全国人大常委会对《保险法》进行重新修订，从 2003 年 1 月 1 日起正式实施。2009 年 2 月 28 日，十一届全国人大常委会第七次会议表决通过《保险法》修订草案，对《保险法》进行系统性修订。新《保险法》于 2009 年 10 月 1 日起实施，进一步完善了商业保险的基本行为规范和国家保险监督制度的主体框架，对一些违法行为进一步明确了法律责任，加大了对违法行为的责任追究，中国的保险法律规范体系初步形成。[3] 2015 年，全国人大常委会对《保险法》进行第三次修正，包括保险业法、保险合同法和保险特别法等内容，进一步对保险活动、当事人合法权益进行规范，为保险业创新发展提供了法律支持。

近年来，我国保险市场基础制度建设和保险监管体系不断发展完善，在继续进行深化改革的同时，更注重改革的科学性和协调性，不断丰富和发展保险功能，拓宽保险业的服务领域，逐渐向更加标准化、多样化、国际化的方向迈进。

第二节　信托公司

信托的本质是“受人之托，代人理财”，以信任为基础的一种委托行为，为了实现一定的目的，把自己的财产和资金委托给他人管理和处理。信托是一个平衡法上的概念，主要涉及信托责任和良好信用，当某人受委托代表其他人管理财产或进行商业交易时，他就与财产收益人或商业交易收益人建立了信托关系。尽管不同性质的信托关

---

① 李扬等：《新中国金融 60 年》，中国财政经济出版社 2009 年版，第 171 页。
② 周道许：《中国保险业和保险监管》，中国金融出版社 2010 年版，第 24 页。
③ 周道许：《中国保险业和保险监管》，中国金融出版社 2010 年版，第 5—6 页。

系,其责任内涵各不相同,但其基本原则在于:在缺乏特设权威的情况下,受托人不得从他所处的信托关系中牟取任何直接或间接利益。信托业务最早可以追溯到14世纪的英国,到18世纪大体形成了近代信托业之雏形。19世纪中期,信托公司开始在美国得到较大发展,19世纪末传入日本,20世纪初被引入中国。

一、近代时期信托公司的产生与发展

信托业是近代中国金融业中的新兴行业。1913年成立的大连取引所信托株式会社是我国最早出现的专业信托机构。1911年,为控制中国东北地区的黄豆贸易,日本在大连的关东都督府建立了统一的黄豆贸易市场——大连取引所。为保证买卖契约履行,办理清算业务等,日本创办了大连取引所信托株式会社。1913—1921年,日本人陆续在我国东北、天津等地创办信托机构,先后成立奉天信托、开原取引信托、沈阳信托、大连取引所钱钞信托、东省实业、本溪湖信托、上海仓库信托、东亚证券商品信托、天津信托兴业、青岛信托、利中股份有限公司等。这些机构或者由日本独资或者属于中日合办。1914年成立的滨江农产信托交易所和滨江货币信托交易所,是我国最早的华资信托机构。同年,美国人在上海设立普益信托公司。

华资银行也兼营以保管业务为主的信托业务。1915年《上海商业储蓄银行章程(草案)》中写明成立信托部,营业范围包括"代各公共机关经理存放基金事件、代客经理产业、代客清理账目事件、其他信托应办之事指担保等事"[①]。上海商业储蓄银行于1917年设立保管部,开办代保管业务,并于1921年更名为信托部,增办个人信托业务。由于当时"国人对于信托事业,尚无相当认识",因而仅就原有银行业务中划出了一部分如总行特别存款、教育和婚嫁储金、复利存款等改归信托部办理。[②] 1918年,浙江兴业银行开始经办出租保管箱业务,保管箱分为六等,租用费从每月九角到三元不等。[③] 1919年12月,聚兴诚银行上海分行成立信托部,主要经营运输、仓库、保管和代客买卖有价证券等业务。这一时期银行兼营的信托业务主要侧重于财物保管,规模不大,且较为零散。

随着信托活动的出现,近代信托学说陆续传入中国。1917—1921年,《银行周报》刊登了一些介绍日本和欧美等国信托业发展状况以及信托学理的文章。这些文章使得国人普遍看好我国信托事业的前景。"以经济上及社会上一般情形之趋势言之,则

---

① 中国人民银行上海市分行金融研究所:《上海商业储蓄银行史料》,上海人民出版社1990年版,第12—13页。

② 中国人民银行上海市分行金融研究所:《上海商业储蓄银行史料》,上海人民出版社1990年版,第107页。

③ 潘士浩:《银行之保管业务》,《银行周报》第3卷第18期。

信托业务之于吾国，不久或将发达也。”[①]1921 年，中国第一家专业信托投资机构——中国通商信托公司在上海成立。此后受投机驱动，1921 年夏秋之际，在上海成立的信托公司就达 12 家之多，资本额合计 8 100 万元。但在该年冬季即发生“信交风潮”，各信托公司纷纷倒闭，风潮过后只剩中央（后改为中一）和通易两家公司。

1922—1926 年，上海新设的信托机构只有 1 家，即 1922 年设立的中孚银行上海分行信托部。该信托部主要从事代理业务，“代理不动产经租事项，代理有价证券买卖、代办遗嘱执行事务，代理国内外收付债票及股票本息，保管业务等，又有保管箱出租”[②]。1925 年 11 月，上海盐业银行添设出租保管箱业务。[③]

信托公司的重新发展开始于 1928 年。至 1937 年全面抗战爆发前，新增的总部设在上海的华商信托公司共有 12 家，总部设在其他地区的华商信托公司有 5 家，其中诚孚、中国两家在上海设有分公司，上海是当时中国信托业最发达的地区。这一时期，上海相继出现两家华资官营信托机构：上海兴业信托社和中央信托局。上海市兴业信托社成立于 1933 年 10 月，由上海市政府创办，主要经营具有垄断性质的市政公用事业和投资房地产业。中央信托局开办于 1935 年 10 月，资本总额 1 000 万元，由中央银行一次拨足。该局成立后，先开办储蓄、信托、购料三项业务，特设中央保险部和储蓄会，办理公职人员以及军人储蓄、保险等业务。其分支机构遍布全国各地，当时就有人指出：“近来中央信托局并收受普通存款，有活期定期之分，则又兼营一般储蓄业务矣，所望中央信托局为信托业中之领袖，弗为信托之霸王。”[④]1936 年，该局总资产达到 8 358 万元。

20 世纪 30 年代前后，许多银行也纷纷兼营信托业务，银行设立信托部的风潮席卷全国，先后有中国、交通、大陆、新华等 22 家银行设立专门的信托部。1931 年 3 月 28 日，南京国民政府颁布新《银行法》，规定“银行经营信托业务之资本，不得以银行之资本与法定公积金抵充”，“银行收受之信托资金，应分别保存，不得与银行其他资产混合”。[⑤] 1931 年，上海商业储蓄银行将信托部会计完全独立；1935 年，该行另划 50 万元作为信托部资本，专门订立信托部章程。11 家银行的信托部拥有独立资本，采用独立的会计制度。1936 年，信托公司与银行信托部的营业总额高达 2 亿元，存款达 1 亿元，资本金 2 476 万元，纯收益 180 余万元。如果将 1934 年与 1936 年的信托业进行

① 潘士浩：《信托业务之处理方法》，《银行周报》第 4 卷第 35 期。

② 《中孚银行信托部业务之内容》，《银行周报》第 7 卷第 31 期。

③ 静如：《民国十四年全国银行大事纪》，《银行周报》第 10 卷第 2 期。

④ 朱斯煌：《对于我国目前信托事业的感想》，《银行周报》第 20 卷第 31 期。

⑤ 中国第二历史档案馆、中国人民银行江苏省分行、江苏省金融志编委会：《中华民国金融法规档案资料选编》上册，档案出版社 1989 年版，第 577 页。

对比，那么两年间其公司数量增加了近1倍，资本金增加1倍以上，存款增加了20%。[①] 这说明信托业在全面战前数年间确实得到了很大发展。但总体来看，我国的信托业仍然处于起步阶段。已有的十多家专门以信托命名的公司基本上集中于上海一地，其他则多为银行业所兼营。

全面抗战爆发以后，上海的证券、地产、物资买卖等各种投机事业极度发达，信托机构选择经营买卖证券、房地产、各种物资等投资业务来获取暴利，导致华商信托机构一度非常繁荣。从1937年8月至1945年8月，在上海新设立的华商信托公司有44家，银行信托部19家。[②] 与此同时，随着战争的发展，特别是太平洋战争的爆发，华商官营信托机构迁移或停业，外资信托机构不断衰减。全国其他地区的信托机构则开始不断涌现，北京、天津、苏州、常州、香港、重庆、西安共新设10家信托公司。重庆的信托地位开始增长，很多大型信托机构迁至重庆，设有信托部的银行也在重庆设立分支机构。[③] 国民政府对国营信托事业也更加重视，除扩大中央信托局的规模外，财政部还命令各省地方银行成立信托机构，主要任务是"受贸易委员会及中央物资专营机关之委托，代为收购及运输物资之工作。同时遵奉中央经济国策，投资生产事业扶助地方经济之发展"[④]。

抗战结束后，信托业也得到恢复与发展。按照1945年的财政年鉴，抗战结束前后全国共有信托公司15家，其中成都1家，西安1家，其他13家均在上海。[⑤] 据中央银行金融机构业务检查处对战后全国各省市金融机构的统计，1946年6月，全国共有信托公司17家，有分支机构5家。至1947年6月，信托公司进一步达21家，有分支机构7家。[⑥] 同时，银行对信托业的兼营，以及信托公司对储蓄、保险等业务的经营也更为发达，甚至一些信托公司把银行业务作为主业。

二、新中国成立后的信托业

新中国成立之初，国家对金融业包括信托业实行了不同性质的改造。政府对官办信托业和民办信托业采取不同的政策：没收官僚金融信托业与赎买民办信托业，逐步将其改造成社会主义的信托业。在对旧中国信托业进行接管和改造的同时，新中国也开始试办金融信托业。1949年11月1日，中国人民银行上海分行在改造旧中国银行

① 沈雷春：《中国金融年鉴》(1939年)，(台北)文海出版社1974年影印版，第128—129页。
② 何旭艳：《上海信托业研究(1921—1949)》，上海远东出版社2018年版，第109页。
③ 何旭艳：《上海信托业研究(1921—1949)》，上海远东出版社2018年版，第132—134页。
④ 邹宗伊：《信托事业与产业发展之关系》，《财政评论》1944年第11卷第5期。
⑤ 中国通商银行：《五十年来之中国经济》，(台北)文海出版社1974年版，第213—223页。
⑥ 朱斯煌：《民国经济史》，银行周报社1948年版，第497、506页。

和旧交通银行信托部的基础上成立信托部，主要经营房地产、仓储、运输、保管箱及其他代理业务。1951 年 6 月，天津市地方集资成立公私合营的“天津市投资公司”。1955 年 3 月，广东省华侨投资公司成立，开启了广东信托业的新开端，它主要办理发行投资信托证券、仓储、实业投资、发放长期贷款、证券买卖等业务。北京、武汉等地也曾设立信托机构，办理信托业务。[①] 到 20 世纪 50 年代中期，中国逐步建立起一套高度统一的国民经济计划管理体制，各类商业银行和其他金融机构相继撤并，统一于中国人民银行之中，信托公司和银行信托部的业务大量收缩，到 50 年代中后期基本停止。

改革开放后，国家决定恢复信托业。1979 年 10 月，经国务院批准，中国国际信托投资公司在北京成立，这是改革开放后成立的第一家金融信托投资公司。其任务是引导、吸收和运用外国资金，引进先进技术和先进设备，对国内进行建设投资。1979 年 10 月，中国银行总行成立信托咨询部。1980 年 6 月，中国人民银行恢复信托业务。1980 年 9 月，中国人民银行发出《关于积极开办信托业务的通知》，将银行办理信托业务作为银行体制和金融改革的内容之一。之后，中国金融信托业迅速发展，中央各部委、各级地方政府纷纷设立多种形式的信托投资公司，银行系统也纷纷设立附属的信托投资机构。停滞了近 30 年的中国信托业得到迅速恢复。

截至 1982 年底，全国各类信托机构发展到 620 多家，其中中国人民银行的信托部 186 家，建设银行的 266 家，农业银行的 20 多家，中国银行的 96 家，地方设立的信托投资公司 50 多家，这些信托投资机构并非真正从事金融信托投资业务，而是变相从事银行业务，发放长期贷款和投资，从而加剧了短期资金的紧缺和固定资产投资的膨胀。针对这种情况，1982 年国务院决定整顿信托投资业，清理非银行金融信托投资机构，集中统一金融信托。1982 年 4 月，国务院发出《关于整顿国内信托投资业务和加强更新改造资金管理的通知》，对我国信托业进行了第一次整顿，提出地方的信托投资公司一律停办，今后信托业务由银行办理，并需纳入银行信贷计划。[②]

1984 年 6 月，中国人民银行召开“全国技术改进信贷信托会议”和“全国银行改革座谈会”，会议充分肯定了信托业对于市场经济发展的重要贡献，确认了信托公司混业经营模式。信托公司业务又得以迅速发展。信托公司违规发放各类贷款，盲目进行固定资产投资，制造了大量经济泡沫。1985 年，国务院发出《关于进一步加强银行贷款检查工作的通知》，要求银行停止办理信托贷款和信托业务，对已办业务应加以清理，对信托业进行了第二次整顿。1986 年 4 月，中国人民银行颁布《金融信托投资机构管理暂行规定》，进一步明确信托公司的经营范围和资金来源。

---

① 叶伟春：《信托与租赁》，上海财经大学出版社 2008 年版，第 20 页。

② 朱善利、王韬光、朱妍兰：《中国信托投资业的地位及其发展方向》，经济科学出版社 1998 年版，第 104—105 页。

1988年经济生活中出现了货币投放过多、贷款增加过猛、经济过热和严重的通货膨胀问题。1985年到1987年末，全国有金融信托投资公司575家，1988年上半年又增加到745家。它们开办委托、代理、租赁、投资、担保、证券、咨询和房地产等多种信托业务，国务院针对各种信托投资公司发展过快、管理较乱的情况，对其进行了第三次整顿。1988年10月，国务院发出《关于清理整顿公司的决定》，对1986年下半年以后成立的公司，特别是综合性、金融性和流通领域的公司，由中国人民银行负责统一组织检查、监督和验收。经过这次整顿，我国信托机构从1988年的1 000多家减少到1990年的377家，其中全国性的信托机构9家，地方198家，专业银行170家。[①]

经过第三次整顿，中国信托业仍然存在不少问题，银行业与信托业之间的关系并没有彻底理顺，经济一旦过热，就会出现违规经营等问题。1992年，全国掀起新一轮改革开放热潮，经济快速增长的同时，沿海部分地区出现房地产热，新兴的股票市场也在狂热之中。许多信托机构与银行联手违规拆借，绕开信贷发放贷款，导致金融秩序混乱。1993年，中国人民银行推出了第四次整顿措施。1993年7月，中国人民银行发出通知，要求信托投资公司的设立应取得中国人民银行核发的“经营金融业务许可证”。1994年，中国人民银行颁布《金融信托投资机构资产负债比例管理暂行办法》和《信贷资金管理办法》，进一步将信托机构的经营管理纳入法制轨道。1995年，全国人大常委会发布《中华人民共和国商业银行法》，以法律形式确立银行和信托分业经营的原则，同时国务院批准《中国人民银行关于中国工商银行等四家银行与所属信托投资公司脱钩的意见》，从而在资金来源上限制了信托投资机构扩大贷款的规模。[②]

1999年3月，国务院下发国发第12号文，对中国信托业进行第五次整顿。这次整顿的原则是“信托为本、分业经营、规模经营、分类处置”，重新规范信托投资公司的业务范围、严格公司设立条件，实行信托业与银行业、证券业的严格分业经营、分业管理，进一步完善金融服务体系。这次整顿历时最长，也最为彻底。同时，信托业加快法制化进程，先后出台《信托投资公司管理办法》《中华人民共和国信托法》《信托投资公司资金信托管理暂行办法》（“一法两规”），引导信托公司走上以真正的信托业务为经营主业的发展道路，标志着中国信托业发展有了法律的保障。经过本轮清理整顿，截至2003年6月末，经中国人民银行批准的信托投资公司共60余家。信托业逐渐回归本业，基本摆脱了扩张－整顿－扩张的恶性循环之路。[③]

2007年，中国银监会颁布《信托公司管理办法》和《信托公司集合资金信托计划管理办法》（信托“新两规”），重整信托公司名称，将修订前的“信托投资公司”一律更名为

---

① 叶伟春：《信托与租赁》，上海财经大学出版社2008年版，第23页。

② 叶伟春：《信托与租赁》，上海财经大学出版社2008年版，第24页。

③ 盖永光：《信托业比较研究：历史演进、定位与发展》，山东人民出版社2004年版，第130—136页。

“信托公司”,对信托公司经营范围进行了重新界定。[①] 2010 年 8 月 24 日,银监会公布实施《信托公司净资本管理办法》,将信托公司的信托资产规模与净资本挂钩,并对信托公司实施以净资本为核心的风险控制指标体系。《中华人民共和国信托法》、信托“新两规”和《信托净资本管理办法》共同构成我国信托业监管的主要政策依据,即所谓的“一法三规”,中国信托机构的经营走上更加规范的道路。截至 2017 年末,全行业 68 家信托公司注册资本合计 2 474.63 亿元,净资产规模合计 5 250.67 亿元,营业总收入合计 1 190.69 亿元。[②]

第三节　专业储蓄机构、银公司

一、储蓄会

随着银行、信托公司等金融机构的发展,一些专业化的储蓄与投资机构也逐渐产生并发展起来。储蓄会是专门经营储蓄业务的机构。北洋政府时期设立的储蓄会有 3 家。万国储蓄会由法国在华商人所创办,1912 年成立于上海。创立时规模很小,资本额仅 4 万两,后来拉拢有名华人参加投资,组成股份有限公司,资本分规元和法郎两部分,前者额定为一百万两,后者为 800 万法郎。业务开展后,又在北京、天津、沈阳、汉口、青岛、广州设立分会,以有奖储蓄方式吸引储户。[③] 资金主要投资于购买各类债券,包括外币债券与股票,投资于房地产。该储蓄会还设立子公司专门经营房地产和证券。因为户数多,涉及面广,投资利润丰厚,社会影响十分巨大。1934 年《储蓄银行法》规定禁止有奖储蓄,万国储蓄会的主要业务被取缔,到 1945 年正式宣告清理。

另外两家为华资开设的四行储蓄会和中法储蓄会,其中尤以 1921—1922 年由金城、盐业、中南、大陆四家银行联合创办的四行储蓄会最为著名。四行储蓄会于 1923 年在上海成立,由上述四家银行作为基本会员各交存储金 25 万元,开展储蓄业务,[④] 对存户保本付息,如有盈余,除提取业务费用外,按一定比例给储户分红。这个办法吸引了大量储户,开办当年即吸收储蓄存款 43 万余元,第二年为 300 万元,到 1926 年底

---

① 李扬等:《新中国金融 60 年》,中国财政经济出版社 2009 年版,第 183 页。

② 中建投信托博士后流动站、中国社会科学院金融研究所博士后流动站:《中国信托行业研究报告(2018)》,社会科学出版社 2018 年版,第 55 页。

③ 中国金融史编写组:《中国金融史》,西南财经大学出版社 1993 年版,第 236 页。

④ 中国银行总管理处经济研究室:《全国银行年鉴》(1935 年),中国银行总管理处经济研究室 1935 年,第 N1 页。

吸收储蓄金额达到 1 600 余万元。[①] 储蓄存款急剧增加，给四行储蓄会开展放款业务和进行各种投资活动创造了有利的条件，其资金主要用于定期抵押放款，亦用一部分购买公债，投资利润丰厚。

中法储蓄会原为中法商人合办，成立于 1918 年，设总会于北京，设分会于上海。1926 年，法国商人的股份转让给中国商人，中法储蓄会改组为中国股份有限公司，[②]但仍沿用旧名。到 1926 年 12 月止，入会户数 8 835 个，每月收会款 132 525 元，约为万国储蓄会的 1/7。

除了北洋政府时期的四行、万国、中法 3 家储蓄会外，国民政府统治时期又新设了四明储蓄会和中央储蓄会，前者由四明商业储蓄银行出资，后者由中央信托局出资。储蓄会开办储蓄的种类很多：存本取息、整存整取、整存零取、零存整取、定活两便以及复利储蓄等。这一时期，不少银行也设立储蓄部办理储蓄业务，一些信托公司也办理此项业务。1936 年各种储蓄银行、银行储蓄部、信托公司储蓄部等机构所吸收的存款就达 5 亿元之多，营业总额达 6.2 亿元，资本金 2 311 万元。[③] 储蓄业务的发展，聚集了社会小额货币，有利于资金市场的扩展。

二、银公司

银公司的营业范围重在放款而非存款。早在晚清时期，外商在上海就设有集成、统一、东方、济美等银公司，经营房地产，后也兼营存放款业务，后来在政局变化中倒闭。我国从 20 世纪 20 年代前后开始筹设银公司，先后出现中华、上海、瑞康、生生、建设、四川兴业等十余家公司，但除 1934 年成立的建设银公司外，其他公司存在的时间都非常短暂。

中国建设银公司简称“中建银公司”，是由曾任行政院副院长及财政部部长的宋子文创办的一家股份有限公司，总公司设在上海，各地设分公司。中建银公司创办的最初目的是为了开辟国内资本市场，吸引外资，进而发展国内实业。公司成立初期，大部分股份来自国家银行，而非个人投资；公司的董事、监察人乃至股东，或是政府主管财政经济的高官，或是金融界的巨头，或是身兼二任的人物。中建银公司自成立起一直与政府保持着极为特殊的关系，具有官僚与财阀相结合的典型特征。

中建银公司的创立与当时中国国内和国际的政治、经济局势有密切关系。经济上，南京国民政府主要通过增加税收和发行公债来维持日益增长的财政支出，难以摆

---

① 袁远福：《中国金融简史》，中国金融出版社 2005 年版，第 81 页。

② 中国银行总管理处经济研究室：《全国银行年鉴》（1935 年），中国银行总管理处经济研究室 1935 年，第 N6 页。

③ 燕红忠：《中国的货币金融体系（1600～1949）》，中国人民大学出版社 2012 年版，第 178—179 页。

脱财政窘迫的困境。政治上，1931年“九一八”事变之后，日本帝国主义侵略中国的野心日益明显，国民政府上层中以宋子文为代表的亲英美派萌生了“联美反日”的战略构想，希望借西方的财政与技术援助以遏制日本的侵略野心。1933年8月，宋子文出访欧美各国后，呼吁当前政府应“以国民经济为中心，政府实力维护，加以有计划的统制而谋开展”[①]。1934年初，宋子文发表题为《统制经济问题》的演讲，系统阐述统制经济理论，中建银公司的成立就是统制经济理论实践的重要体现。

1934年3月，《大公报》刊载上海银行界筹组中建银公司的消息，“沪银界筹议合组一银公司，先集资本一千万，其意义在由此组织，于将来诱引外资，以兴建设，现正酝酿，尚未头绪”[②]。不久，时任财政部部长的孔祥熙公开承认他将与宋子文以及中央、中国、交通等银行合组一个银公司，该银公司“系专以沟通我国与国际之投资与建设诸事业之金融机关”[③]。中建银公司的注册备案手续进展异常顺利。4月18日，《中国建设银公司募款章程》呈报上海社会局备案；4月24日，获准予以备案；5月28日，财政部予以核准。5月31日，中建银公司召开发起人会议；6月2日，召开全体股东会议，98名股东出席，中建银公司正式成立，资本总额1 000万元。其业务范围是联合或协助政府机关、中外银行和其他组织，投资于各类农工商企业。中建银公司办理工矿农商各业投资、管理及信托事务，并利用政治特权，包揽了全国建设委员会所属电力和路矿事业，先后成立扬子电气公司、汉口水电公司和淮南路矿公司等大型工矿企业，同时还参与各种债券的发行等。

三、邮政储蓄机构

邮政储蓄业务是由邮政储蓄机构开办的一种金融业务，作为专业银行储蓄存款业务的补充，投资少，见效快，节约了国家对发展储蓄事业的资金投入，具有良好的社会效益和经济效益。[④]

邮政储蓄源于近代新式邮政的兴起，而中国近代邮政随着西方国家的入侵而传入。1896年，海关正式开办新式邮政，当时被称为“大清邮政”。1906年，邮传部成立，下设邮政司。1911年，邮政从海关分离出来，由邮传部管理，设立“邮政总局”。邮政储蓄最早在1861年的英国产生，1875年日本效仿英国开办邮政储蓄。近代国人参考外国邮政储蓄开办的经验，提议设立邮政储蓄银行。1918年11月，北洋政府公布《邮政储金条例》，规定邮政储金直辖于交通部，由邮政总局经理。1919年6月5日，交通

---

① 《昨日两大盛会欢宴海外归来宋财长》，《申报》1933年8月31日。

② 《筹组银公司，沪银界之新拟议，目的为诱引外资》，《大公报》(天津版)1934年3月13日。

③ 陈真：《中国近代工业史资料》第3辑，三联书店1961年版，第1020页。

④ 胡燕龙：《新中国金融史》，云南大学出版社1993年版，第356—357页。

部公布《邮政总局经理邮政储金章程》。1919 年 7 月 1 日，北洋政府正式开办邮政储金，近代中国邮政储蓄业务由此开始。邮政储蓄作为依附于邮政的非主营业务，一直未得到足够重视，吸收储金数额有限，储金业务进展缓慢。

中国近代邮政储蓄的专职机构——邮政储金汇业总局于 1930 年在上海成立，标志着中国近代邮政储蓄业务步入正轨，邮政储蓄从经营简单的储蓄汇兑业务向邮政储蓄银行转型。邮政储金汇业总局管理全国邮政储金汇兑业务，与邮政总局平行设立，两者都隶属于交通部。邮政储金汇业总局的内部组织、运营模式受新式银行的影响，总局内设总务、营业、会计、储金、汇兑、保险六处。1935 年，政府修订《邮政储金汇业局组织法》，将邮政储金汇业总局改组为邮政储金汇业局（以下简称为邮汇局），由直属交通部改为直属邮政总局，并成立监察委员会。

1930 年以前的邮政储蓄机构与其他商业银行存在重大差异：第一，邮政储蓄的经营机构设在交通部邮政总局之下，接受邮政总局的直接管理；第二，邮政储蓄不开办各种银行性资产业务。由此，从严格意义上讲，1919—1930 年的邮政储蓄是单纯经营储蓄汇兑业务的机构，不足以定义为金融学意义上的“非银行金融机构”。1930 年以后，随着邮政储蓄经营政策的变化，邮政储蓄开始进行放款、贴现、投资等资产业务，并开办简易人寿保险，至此才具备邮政金融的雏形。①

1940 年，邮汇局迁至重庆，4 月正式加入四联总处，与中央、中国、交通、农民四大银行和中央信托局并称为“四行二局”。四联总处通过《管理邮政储金汇业局业务实施办法》，规定邮汇局吸收储蓄、承做汇款及吸收侨汇业务，应遵照四联总处方针办理，从而弱化了“邮政性”的主导地位，确立了四联总处对邮政储蓄的领导与管理。自邮汇局加入四联总处后，国民政府采取一系列措施强化储蓄功能，规定现行邮政储金利息应参酌四行储蓄存款利息予以提高，以利收储。② 然而全面抗战时期，邮汇局业务日趋单一化，盈利能力显著下降，自 1941 年后，邮汇局的盈余远落后于其他四行一局。

1946 年 3 月，邮汇局总部由重庆迁回南京。邮汇局仍以储蓄及汇兑为主要业务，但巨额国内汇款已由中国银行经办。在通货膨胀的局面之下，储蓄业务无从发展，于是只有从小额零星汇兑与普通存放款中谋生路，一年来（1946 年），因为并无特种业务，不免成为国家金融机构中较弱的一环。③ 1949 年，人民政府开始建立新的经济金融秩序，对原有的金融机构进行清理、整顿和改造。邮汇局经办的储蓄业务及一部分机构与原中国农民银行、中央合作金库等部分机构改组为中国人民银行上海分行的合

---

① 徐琳：《近代中国邮政储蓄研究（1919—1949）》，上海交通大学出版社 2013 年版，第 1 页。

② 四联总处秘书处：《四联总处重要文献汇编》，四联总处秘书处 1947 年，第 83 页。

③ 狄超白：《中国经济年鉴（1947）》，太平洋经济研究社 1947 年版，第 59 页。

作储蓄部。[①]

新中国成立后，中国人民银行于1951年委托邮政部门代理储蓄业务，后于1953年停办。为了支持国家经济建设，充分利用邮政机构遍及城乡有利于开展储蓄存款工作的优势，1981年邮电部门开始邮政储蓄的筹备工作，1986年国务院批准邮政部门恢复办理储蓄业务，并在原邮电部和各省(区、市)邮电管理局内设置邮政储汇局，对邮政储蓄、汇兑等项金融业务进行管理。邮电部先后制定《邮政储蓄章程》《邮政储蓄业务规则》《邮政储蓄会计核算办法》和《邮政储蓄资金管理暂行办法》等规章制度，不断健全邮政储蓄规章制度。

1988年邮电分营之后，原邮电部撤销，新设国家邮政管理局和国家电信管理局，邮政储蓄也由原邮电部直属局变成为国家邮政管理直属局，全称为国家邮政管理局邮政储汇局，其业务品种由单一的储蓄存款发展到储蓄卡、承销国债、代收代付等中间业务，但不能办理如发放贷款等资产业务。2006年12月31日，中国银监会批准成立中国邮政储蓄银行，2007年3月正式开业。

四、城市信用合作社

城市信用合作社作为专业银行的重要补充，是我国金融体系的重要组成部分。城市信用合作社，又称为城市信用社，是城市集体金融组织。它是以城市集体企业、个体工商户以及城市居民为服务对象的集体金融企业。1979年，河南省漯河县成立全国第一家城市信用社。进入20世纪80年代，城市信用社逐渐增多，这一时期的信用社并不完全具备信用合作组织的特点，机构设置、业务范围和经营管理并不规范。20世纪80年代中期以后，随着城市集体经济和个体经济的发展，城市信用社得到迅速发展，最具代表性的是武汉汉正街城市信用合作社。

经济体制改革的深化为城市信用合作社的蓬勃发展创造了条件。1986年全国城市信用社有1 000家左右，到1988年底发展到3 265家，全部从业人员49 768人，自有资金12亿元。[②] 1986年7月，中国人民银行颁布《城市信用合作社管理暂行规定》，首次提出城市信用社管理规则，明确了城市信用社的性质和管理体制，城市信用社的发展由此步入正轨。1988年8月，中国人民银行颁布《城市信用合作社管理规定》，进一步明确城市信用社的组织形式、业务范围和管理体制，对城市信用社的盈余分配也作了明确规定，要求把城市信用社办成集体合作性质的城市金融组织。

在1989年的经济治理整顿中，中国人民银行对城市信用社也进行了清理整顿。

---

① 吴景平、张徐乐：《接管上海官僚资本金融机构述论》，《近代史研究》2003年第4期。

② 杨希天等：《中国金融通史》第六卷，中国金融出版社2002年版，第238页。

1989年12月，中国人民银行颁布《关于进一步清理整顿城市信用合作社的通知》。清理整顿的主要内容包括：严格机构审批；规范业务范围，对于城市信用社超范围吸收的存款应立即清退；重申城市信用社应严格执行国家有关财务制度和中国人民银行的利率政策；解决城市信用社中国家党政机关干部兼职问题；确保城市信用社的资本金来源充足合理，专业银行、国营企业和其他政府部门不得参股。[①] 这次整顿工作历时两年多，到1991年下半年结束。为了进一步加强对城市信用社的领导和管理，中国人民银行决定从1990年下半年开始，在河南省组建城市信用合作社联社试点，经过论证，又决定在全国进行联社试点。到1991年，全国共组建了34家市联社。

1992—1993年的经济过热导致金融市场秩序混乱，违规拆借等事件层出不穷，城市信用社由于资金规模较小，难以应对支付危机，因而经营风险日益凸显。1995年，国务院颁发《关于组建城市合作银行的通知》。国务院决定自1995年起，在大中城市分期分批组建城市合作银行。城市合作银行是在城市信用合作社的基础上，由城市企业、居民和地方财政投资入股组成的股份制商业银行。其主要任务是融通资金，为本地区经济发展，特别是城市中小企业的发展提供金融服务。已有联社的城市，在联社的基础上组建城市合作银行。[②] 1996—1997年，根据城市合作银行的组建进程，国务院批准将城市合作银行的组建工作扩大至地级市。1998年3月，经国务院批准，中国人民银行与国家工商行政管理局联合发出通知，将城市合作银行统一更名为城市商业银行。[③]

从2003年开始，城市商业银行进入快速发展阶段，各项经营指标实现历史性突破。城市商业银行的快速发展主要得益于以下几个方面：一是开展大规模跨区域经营，壮大资产规模；二是通过上市融资，开启了资本市场大门；三是银行间加强合作，实现资源、平台共享；四是业务范围更加多元化。[④]

第四节　金融公司

一、财务公司

财务公司又称为金融公司，是为企业技术改造、新产品开发及产品销售提供金融

---

① 中国人民银行办公厅、中国工商银行办公室等：《1989年金融规章制度选编》上册，中国金融出版社1990年版，第122—123页。

② 国务院法制办公室：《中华人民共和国法规汇编（1995—1996）》第12卷，中国法制出版社2005年版，第191—192页。

③ 楼文龙：《改革开放半甲子，城市商行一轮回——城市商业银行改革发展的回顾与展望》，《中国金融》2008年第14期。

④ 申学清：《新常态下城市商业银行战略转型研究》，中国金融出版社2016年版，第58页。

服务，以中长期金融业务为主的非银行金融机构。财务公司兴起于20世纪初，根据附属机构或投资主体的不同，可以分为公司（或集团）附属型和银行附属型。公司（或集团）附属型财务公司主要依附于制造厂商，是一些大型耐用消费品制造商为了推销其产品而设立的受控子公司，这类财务公司主要是为零售商提供融资服务，主要分布在美国、加拿大和德国，如美国通用电气和通用汽车、德国奔驰和大众汽车等大公司设立的财务公司，对促进商品流通起到了重要作用。银行附属型财务公司依附于商业银行，其组建的目的除提供消费信贷外，更多的是规避政府对商业银行的监管。因为政府明文规定，商业银行不得从事证券投资业务，而财务公司不属于银行，所以不受此限制，这种类型的财务公司主要分布在英国、日本和中国香港。财务公司在我国称为企业集团财务公司，须经中国银监会批准设立，为本集团成员提供企业发展配套金融服务。

我国第一家企业集团财务公司——东风汽车工业集团财务公司成立于1987年5月，同年9月经中国人民银行总行批准，又在南京成立中山集团财务公司，标志着中国产业资本和金融资本开始结合。1991年，国务院批准《关于选择一批大型企业集团进行试点的请示》（国发〔1991〕71号文件），提出试点企业集团要逐步建立财务公司。1992年，中国人民银行下发《国电试点企业集团设立财务公司的通知》（银发〔1992〕273号文件），自此一些大型企业集团相继建立财务公司，我国的财务公司进入一个快速发展阶段。[①] 随着我国金融体制改革逐步深化，有关金融监管的法律、法规陆续出台，1996年出台《企业集团财务公司管理暂行办法》，2000年颁布《企业集团财务公司管理办法》，2004年7月颁布新的《企业集团财务公司管理办法》，进一步对财务公司的市场准入、市场定位、功能、业务监管到市场退出等作出明确规定。这些法律、法规对于促进财务公司规范发展、完善我国投资环境起到了积极作用。

到目前为止，全国能源电力、航天航空、石油化工、钢铁冶金、机械制造等关系国计民生的基础产业和各个重要领域的大型企业集团几乎都拥有了自己的财务公司。

二、金融租赁公司

根据2007年中国银监会颁布的《金融租赁公司管理办法》，金融租赁公司是指经中国银行业监督管理委员会批准，以经营融资租赁业务为主的非银行金融机构。融资租赁是指出租人根据承租人对租赁物和供货人的选择或认可，将其从供货人处取得的租赁物按合同约定出租给承租人占有、使用，向承租人收取租金的交易活动。[②] 融资

① 王伟东等：《财务公司经营与管理》，中国人民大学出版社2004年版，第21、25页。

② 《中华人民共和国现行金融法律法规汇编》，立信会计出版社2009年版，第249页。

租赁是一种所有权与使用权分离的新的经济活动方式，具有融资、透支、促销和管理的功能。金融租赁在发达国家已经成为仅次于银行信贷的第二大融资方式。中国开办金融租赁业务始于20世纪80年代初，时任中国国际信托投资公司董事长荣毅仁率先提出要努力开拓创办融资租赁国际业务，以开辟利用外资的新渠道。

1981年4月，中信公司、北京市机电设备公司同日本东方租赁公司合资组建中国东方租赁有限公司，标志着中国第一家现代租赁公司的诞生。同年8月，中信公司又同国家物资局合资组建第一家国营现代租赁公司——中国租赁有限公司，以后又有专业银行和国家部委投资，成为影响最大的股份制国营租赁公司。1981—1996年，中国人民银行共批准16家中资租赁公司，外经贸部批准了27家中外合资租赁公司，各地政府部门批准的租赁公司也为数不少，除了专营租赁业务的租赁公司外，银行和非银行金融机构都可以经营租赁业务。[①]

1986年1月3日，国务院发布《中华人民共和国银行管理暂行条例》，规定信托投资公司可以经营金融租赁业务。1987年2月5日，中国人民银行在关于审批金融机构若干问题的通知中，第一次明确设立专门的融资租赁公司最低实收资本为3 000万元人民币，经营外汇业务的公司同时应有现汇500万美元的最低外汇资本金。融资租赁公司由当地中国人民银行分行审核，报中国人民银行总行批准。1992年，中国人民银行颁布《融资租赁公司验收登记的标准》，要求公司是独立企业法人，实收资本金不低于人民币3 000万元，经营外汇业务的同时需有现汇500万美元的外汇资本金，公司开业一年以上总资产达到法定实收资本金的两倍以上。[②] 2000年，中国人民银行颁布《金融租赁公司管理办法》。2007年，中国银监会进一步修订《金融租赁公司管理办法》，规定新设金融租赁公司必须要有符合中国银监会认可的主要出资人，只有合格的商业银行、金融租赁公司、大型设备制造商以及银监会认可的金融机构才能充任主要出资人。同时，商业银行开始试点设立金融租赁公司，引导持续经营的租赁公司引入战略投资者，鼓励金融租赁公司为企业设备销售及技术改造提供金融支持。[③]

目前，我国经过增资扩股后正常经营的金融租赁公司有18家，它们主要从事公交、城建、医疗、航空、IT等产业。同时，金融租赁公司积极创新小微企业业务的资金来源和服务模式。截至2018年底，全国融资租赁企业总数为11 777家，注册资金约合32 763亿元，融资租赁合同余额约为66 500亿元人民币。[④]

---

① 杨希天等：《中国金融通史》第六卷，中国金融出版社2002年版，第257页。

② 杨希天等：《中国金融通史》第六卷，中国金融出版社2002年版，第257—258页。

③ 李扬等：《新中国金融60年》，中国财政经济出版社2009年版，第188—189页。

④ 中国租赁联盟、联合租赁研发中心、天津滨海融资租赁研究院：《2018年中国融资租赁业发展报告》，http://www.flleasing.com/onews.asp? id=21025&Page=1。

三、金融资产管理公司

金融资产管理公司是经国务院决定设立的收购国有银行不良贷款，管理和处置因收购国有银行不良贷款形成的资产的国有独资非银行金融机构。2000 年，国务院公布《金融资产管理公司条例》，明确规定金融资产管理公司以最大限度保全资产、减少损失为主要经营目标，依法独立承担民事责任。金融资产管理公司的注册资本为人民币 100 亿元，由财政部核拨。金融资产管理公司的业务范围包括：追偿债务；对所收购的不良贷款形成的资产进行租赁或者以其他形式转让、重组；债权转股权，并对企业阶段性持股等。① 2014 年 8 月，为适应金融资产管理公司集团化、多元化发展的监管需要，规范其经营行为，中国银监会颁布《金融资产管理公司监管办法》。

目前，我国有 4 家资产管理公司，即中国华融资产管理公司、中国长城资产管理公司、中国东方资产管理公司、中国信达资产管理公司，分别接收从中国工商银行、中国农业银行、中国银行、中国建设银行剥离出来的不良资产。后财政部规定，金融资产管理公司在 2006 年底前完成向商业化转型，业务发展趋于多元化。

2017 年 7 月，习近平主席在全国金融工作会议上强调服务实体经济、防控金融风险、深化金融改革，促进经济和金融良性循环和健康发展。为更好地服务金融供给侧结构性改革，金融资产管理公司应围绕“三去一降一补”核心任务，以金融不良资产收购处置为重点助力提升金融供给质量，以非金融不良资产收购业务为重点服务实体经济转型升级，以实质性重组手段为重点纾困救助问题项目和危机企业。②

四、其他金融公司

随着市场经济发展以及消费多元化，汽车金融公司、消费金融公司和货币经纪公司等金融公司相继出现。

汽车金融公司是从事汽车消费信贷业务，并提供相关汽车金融服务的专业机构。2003 年，中国银监会出台《汽车金融公司管理办法》及其实施细则，并于 12 月首次批准 3 家汽车金融公司筹建：上汽通用汽车金融有限责任公司、丰田汽车金融（中国）有限公司和大众汽车金融（中国）有限公司。2008 年 1 月，中国银监会颁布新的《汽车金融公司管理办法》，突出对汽车金融公司专业化发展和核心主业的要求，拓宽了汽车金融公司的融资渠道。截至 2011 年末，我国已经设立 14 家汽车金融公司。③

消费金融公司指不吸收公众存款，以小额、分散为原则，为中国境内居民个人提供

---

① 《2017 中华人民共和国金融法律法规全书（含相关政策）》，中国法制出版社 2017 年版，第 236 页。

② 邓智毅：《金融资产管理公司转型之路》，《中国金融》2019 年第 15 期。

③ 中国人民银行：《中国共产党领导下的金融发展简史》，中国金融出版社 2013 年版，第 306 页。

以消费为目的的贷款的非银行金融机构。中国银监会于2009年7月公布《消费金融公司试点管理办法》，经国务院批准，在北京、天津、上海、成都启动消费金融公司试点审批工作。2010年，首批试点4家消费金融公司正式设立运营。其中，北京银行在北京独资设立北银消费金融有限公司，成都银行联合马来西亚丰隆银行在成都设立四川锦程消费金融有限责任公司，中国银行联合百联集团有限公司和上海陆家嘴金融发展有限公司在上海设立中银消费金融有限公司，捷克PPF集团在天津独资设立捷信消费金融公司。[①] 为促进消费金融业务发展，规范消费金融公司的经营行为，2013年11月，银监会修订《消费金融公司试点管理办法》。

货币经纪公司是指经批准在中国境内设立的，通过电子技术或其他手段，专门从事促进金融机构间资金融通和外汇交易等经纪服务，并从中收取佣金的非银行金融机构。2005年8月，银监会颁布《货币经纪公司试点管理办法》，2007年8月又发布《金融机构间货币经纪和交易行为指引》，统一规范金融机构间市场交易行为和货币经纪行为。2005年，我国第一家货币经纪公司——上海国利货币经纪公司挂牌营业。截至2011年底，我国先后成立上海国利、上海国际、平安顺利、中诚宝捷思4家货币经纪公司，在外汇市场和银行间市场开展经纪业务。2015年3月，上海证券交易所发布《关于上海证券交易所债券市场机构投资者接受货币经纪公司服务有关事项的通知》，明确上海证券交易所债券市场的机构投资者委托货币经纪公司为其债券交易提供居间服务的有关事项，对提高债券二级市场流动性具有积极作用。[②]

总之，非银行金融机构是金融制度发展到一定程度的产物。随着市场经济的发展，信用关系的深化，人们对于金融服务的需求越来越趋向于多元化。非银行金融机构资产在金融资产中的比重逐渐增大。非银行金融机构作为银行业的主要补充，是一个国家金融体系中不可分割的组成部分。

思考题

1. 名词解释：

万国储蓄会　四行储蓄会　中法储蓄会　中国建设银行　城市信用合作社

中国邮政储蓄银行　财务公司　金融租赁公司　金融资产管理公司　汽车金融公司

消费金融公司　货币经纪公司

2. 非银行金融机构与银行金融机构的主要区别是什么？非银行金融机构在金融市场和经济发

---

① 中国人民银行：《中国共产党领导下的金融发展简史》，中国金融出版社2013年版，第307页。

② 肖立伟：《上海金融动态》，《上海金融》2015年第4期。

展中有何作用？

3. 简述近现代保险公司的发展过程及其特点。

4. 简述近代信托公司的发展过程及其特点。

主要参考文献

1. 中国保险学会、中国保险报:《中国保险业二百年(1805—2005)》,当代世界出版社 2005 年版。

2. 马长林:《中国古代金融》,中国国籍广播出版社 2011 年版。

3.《中国保险史》编审委员会:《中国保险史》,中国金融出版社 1998 年版。

4. 周华孚、颜鹏飞:《中国保险法规暨章程大全(1865—1953)》,上海人民出版社 1992 年版。

5. 胡燕龙:《新中国金融史》,云南大学出版社 1993 年版。

6. 刘亦明:《中国保险史》,中央广播电视大学出版社 2016 年版。

7. 周道许:《中国保险业和保险监管》,中国金融出版社 2010 年版。

8. 李扬等:《新中国金融 60 年》,中国财政经济出版社 2009 年版。

9. 何旭艳:《上海信托业研究(1921—1949)》,上海远东出版社 2018 年版。

10. 叶伟春:《信托与租赁》,上海财经大学出版社 2008 年版。

11. 朱善利、王韬光、朱妍兰:《中国信托投资业的地位及其发展方向》,经济科学出版社 1998 年版。

12. 盖永光:《信托业比较研究:历史演进、定位与发展》,山东人民出版社 2004 年版。

13. 中国金融史编写组:《中国金融史》,西南财经大学出版社 1993 年版。

14. 袁远福:《中国金融简史》,中国金融出版社 2005 年版。

15. 燕红忠:《中国的货币金融体系(1600～1949)》,中国人民大学出版社 2012 年版。

16. 徐琳:《近代中国邮政储蓄研究(1919—1949)》,上海交通大学出版社 2013 年版。

17. 杨希天等:《中国金融通史》第六卷,中国金融出版社 2002 年版。

18. 申学清:《新常态下城市商业银行战略转型研究》,中国金融出版社 2016 年版。

19. 王伟东等:《财务公司经营与管理》,中国人民大学出版社 2004 年版。

20. 中国人民银行:《中国共产党领导下的金融发展简史》,中国金融出版社 2013 年版。

金 融 市 场

第十一章　近代中国的货币与汇兑市场

一般意义上的货币市场又称为短期资金市场，根据交易标的物的不同，主要包括同业拆借市场、票据贴现与承兑市场、短期债券市场、短期借贷市场等。鉴于货币制度和货币信用的特点，近代中国的货币市场不仅包括一般意义上的拆借和贴现市场，还包括与货币兑换密切相关的洋厘市场、内汇市场和外汇市场，以及黄金和大条银市场。

第一节　洋厘与拆借市场

洋厘和银拆是由各地钱业公会所主持的最为重要的货币市场，是当时银元和银两供求变动的晴雨表，也是当时各行业进行银洋兑换和资金借贷的重要参照标准。在废两改元之前，这两个市场在近代中国货币市场上具有重要意义。

一、洋厘市场

洋厘是银元兑换银两的价格，通常以银币一元可兑换银两的数量表示。“洋”指银元，“厘”指行市，“洋厘”即是银元的行市。厘是重量单位，为一两的千分之一，两、钱、分、厘、毫、丝、忽为以十进制依次递减的重量单位。银元一枚的重量一般为库平七钱二分，合漕平七钱三分左右，故银元的市价也以七钱几分表示。银元市价的涨跌，在市面平稳之时，通常仅为一毫二忽半或二毫半。即使波动幅度较大时，其涨跌幅度通常也不超过十厘。由于银元市价涨跌通常至厘单位而止，故而称之为洋厘。

自五口通商开埠以来，银元流入数量日渐增加，各埠均形成银两与银元并用格局，两者的兑换行市也由此产生。钱庄作为一种重要的旧式金融机构，是拟定和公布洋厘行市的主导者，当时各通商大埠均设有由钱业主持的洋厘市场。以上海为例，当时钱业市场分为南北两个市场，北市规模较大，各行业主要以北市所开洋厘行市为准。北市初设在天津路阜成里，后迁至宁波路兴仁里，“每日各庄均派专员到场，公议行市”。这类专员又称“钱行”，地位很高，“凡头寸之拆进拆出，现洋之卖出买进，以及划头的划进划出，均于市场取决”。[1] 洋厘行市通常分为早市和午市，商业和市面交易大多以早市价格为准，午市价格一般仅用于钱庄、银行、交易所内部的交易。

多种银元行市并存是洋厘市场的一大特点。洋厘行市最初以外国银元为主，如鹰洋、本洋。中国正式设厂铸造银元始于光绪十五年，首创行于广东，各省相继仿效，这些自铸的银元称为龙洋。19 世纪末，随着本国银元的铸造，洋厘行市又包括各类龙洋。民国肇始，于 1914 年公布《国币条例》，铸造国币，新主币（俗称袁头币）一元银币重库平七钱二分，陆续推行各省流通。据民初造币总厂调查，当时各类银币的种类、成色和重量如表 11.1 所列。袁头新币已逐渐通行于各省，“旧币如北洋造币，在北方各省甚为通行。南方各省所造者，则在本省通行，然亦有流通至别省者。外国币以鹰洋为最多，上海一处，几乎以鹰洋为主币，做通货授受之标准。大抵在昔日英商交易繁盛之地，鹰洋流通极活泼。惟近几年来，民情一变，人头币亦渐为得势矣。站人洋在广东方面，流通颇广。庚子以后，渐趋北方。在京津两处，更为通用。惟鹰洋流行之地，则不易通用。”流入我国最早的本洋，“今则已如凤毛麟角”。日本“龙番在福建通行最广，全省几以此种为本位。在东三省大连各处，亦均通用。此外若湖南江西各省，亦有使用之者”[2]。

表 11.1　　民国初年银元的种类、成色和重量

种类	名称	铸造时间	成色	每元含银之重	每元含铜之重
新币	人头币	民国三年、九年、十年	0.890 000	0.640 8	0.079 2
旧币	北洋银元	光绪十三年	0.890 000	0.658 2	0.081 4
	北洋机器局银币	光绪二十四年	0.890 664	0.649 2	0.079 7
	造币总厂银币	光绪年间	0.904 527	0.652 1	0.068 8
	湖北龙洋	光绪年间	0.903 703	0.653 0	0.069 6
	湖北龙洋	宣统年间	0.901 691	0.654 7	0.071 4
	江南龙洋	光绪戊戌	0.902 327	0.653 8	0.070 5
	江南龙洋	光绪壬寅	0.902 900	0.638 6	0.068 8
	广东龙洋	光绪年间	0.902 700	0.654 0	0.070 5
外国币	鹰洋	—	0.991 824	0.656 9	0.071 5
	鹰洋	—	0.904 760	0.653 4	0.068 8
	人洋	—	0.901 679	0.650 6	0.070 9
	人洋	—	0.899 406	0.649 4	0.072 6

① 中国人民银行上海市分行：《上海钱庄史料》，上海人民出版社 1960 年版，第 652 页。

② 邵纯熙：《中国货币问题》，《留美学生季报》1928 年第 12 卷第 4 号。

如表 11.1 所示，各种银币重量成色各自不同，“故银币在市上之价值，高低难定”，“大约人头币之价值在北方高，在南方则随各地通行之币而定。旧币如在北方各省所造者，在北方则市价高，在南方则市价低。南方各省所造者则反是。然亦有不受人欢迎而使用，无市价者。外国币如鹰洋，大概是南方高而北方低。长江与珠江流域一带，市价较高，在上海几乎超过国币，在北省行市稍贱，不及站人洋，较之国币，往往低落。人洋现在行市，北方最高。本洋在安徽芜湖一带，市价在昔日极高，今则已非昔比矣。在别处市场，几不复见。龙番在福建通行，市价极高。”①

1915 年以后，洋厘市场逐渐实现统一。就上海来看，1915 年之前，洋厘市场就有鹰洋和各种龙洋行市。自 1915 年起，随着袁世凯头像币的逐渐流通，上海的中国银行和交通银行与钱业公会协商，将各类龙洋行市一律取消，只开袁像新币行市，原来通行的江南、湖北、广东及大清银元皆按新币行市流通。征得钱业同意后，该项举措于 1915 年 8 月正式实施，此后上海洋厘行市仅剩鹰洋和新币行市。之后，随着新币发行逐渐增多，内地各省普遍通用龙洋及新币，因而本国银元势力逐渐上升。与此同时，由于墨西哥改用金汇兑本位，因而鹰洋数量逐渐减少，鹰洋与新币行市日益趋同。1919 年 2 月，钱业公会乃有统一洋厘行市的建议，加之该年 6 月，因青岛问题，上海出现罢市，银元需求上升，库存现洋不足，鹰洋尤其缺乏，外国银行也陷入纸币难以兑换的境地，遂与中国银行公会和钱业公会商议，取消鹰洋行市，令鹰洋与本国银元一律通用。在中外银钱业的共同推动下，洋厘行市最终得以统一。②

洋厘市场的发展与银元的需求紧密相连，市场对银元的需求越高，洋厘市场上银元的交易也越旺盛。银元需求通常受季节性影响，洋厘行市也随之呈周期性波动。上海银元需求较旺盛的时期主要为春季和秋季，分别是蚕茧交易和棉花交易的旺季。春季旺盛时，银元交易量可达两三千万元，秋季可达五六千万元以上。民国以后，由于华商银行发行的纸币流通日广，而且见票立兑，信用较好，因而使得银元的需求有所下降，洋厘市场也日趋低迷。③

洋厘作为银元与银两的兑换价格，其涨跌变化不仅是银两和银元供求变动的表征，也是两者势力变化的晴雨表。民国以后，随着银元数量逐渐增加，银两数量日渐减少，银元的地位逐渐超越银两。至 1933 年 4 月，全国实行废两改元，银元成为流通中的法定主币，各地洋厘市场亦随之被取消。

---

① 邵纯熙：《中国货币问题》，《留美学生季报》1928 年第 12 卷第 4 号。

② 裕孙：《上海金融之简史(一)》，《银行周报》1925 年第 19 期。

③ 冯养源：《洋厘银拆之意义》，《银行周报》1926 年第 29 期。

二、拆借市场

同业拆借主要是金融机构同业间相互拆借资金的一种短期融资行为。同业拆借最初主要是钱庄同业拆借，后来新式银行逐步兴起，银行同业拆借也随之产生。而且随着钱庄和银行两者势力的此消彼长，同业拆借市场也日趋统一。

(一)钱业拆借市场

钱业拆借市场是为钱庄同业之间提供资金支持的重要渠道，也是除洋厘市场外，由钱业把持的另一个重要货币市场。钱庄早在明朝中后期即已产生，钱业拆借市场也随之开始萌芽。最早的钱业市场形成于浙江杭州、宁波一带。形成初期，交易极少，并无固定场所。随着钱业公所成立，交易规则订立，遂形成有形的交易市场，每日或定期进行交易。至明末清初，浙江地区已形成宁波、绍兴、杭州、湖州、温州、兰溪等多个钱业市场。清代中期，浙江和江苏各地钱业市场普遍发展起来，其中上海、宁波、绍兴、杭州、苏州等地发展较快，逐渐形成钱业市场的中心。①

五口通商开埠后，上海的贸易和金融快速发展，逐渐成为国内金融中心，上海拆借市场也成为当时全国最为典型的拆借市场。上海钱业同业之间相互拆借所形成的拆息(银拆)行市，既是反映市场现银供求变动的重要指标，也是当时全国金融市场的重要参照标准。上海拆借市场分早、午、晚三市，早市从上午 8 点开始，午市于中午 12 时举行，晚市从下午 3 时至 5 时开市。早市和午市进行大宗交易，并公布拆息行市，是为正市。晚市则只进行零星抵补交易，主要为早、午两市交易后，头寸尚有不足或多余的钱庄继续进行补充拆借。

拆借市场中，进行拆进拆出的款项，称为拆票，期限一般为 2 天，俗称“两皮拆票”。拆款所定的利息即拆息，或称银拆(废两改元后称洋拆)，按每千两日息计算，故又称日拆，至 1935 年 11 月法币改革后，统称日拆。拆款利息由借贷双方在拆款成立时商定，以每千两需支付若干钱表示，拆息的涨跌根据整个市场借贷双方的势力而定。钱业有规定拆息最高不得超过日息每千两七钱，下限可降至零利息，俗称“白借”。若拆票 2 日到期不还，必须续拆，称为转账拆票，转账拆票的拆息根据开盘和收盘的平均拆息计算，俗称“扯盘”。转账拆票的期限并无限制，可连续多次转账。此外，还有一种“独天拆票”，期限为 1 天，当日拆进，隔日即偿还，每日在晚市中进行拆款，其利息称为“独息”，也属于银拆的一种，行市以普通拆息为准。“独天拆票”主要作为“两皮拆票”的补充拆款，当“两皮拆票”的资金不足时，可通过“独天拆票”进行补足。钱庄向外国银行

① 中国人民银行总行金融研究所金融历史研究室:《近代中国的金融市场》，中国金融出版社 1989 年版，第 2 页。

拆款时，其利息为银行拆息，又称银行挂牌，一般为钱业拆息的40%左右。银行拆息的期限一般不明确限定，而是由借贷双方共同商定，通常短则3日、5日、7日，长则可达10日、14日、21日，甚至1个月。钱庄与华商银行往来拆款时，可由双方议定选择银行拆息或钱业“两皮拆票”拆息。因此，钱业市场拆息可分为四种：其一为新交易的银拆，其二是转账拆票的利息，其三是晚市中的独息，其四为银行挂牌。其中新交易的银拆最为重要，也是整个市场的参照标准。[①]

拆息行市是反映上海金融市场资金供求变化的重要风向标，其他资金借贷的利率皆以拆息行市为转移。钱庄对客户的往来存贷利息也以拆息行市为准，存款利息根据每日转账拆票利息，按月厘定，由钱业公会议决公布。如全月转账拆票利息为四两五钱六分，则存款利息一般议定为四两五钱，此项利息公布后，即作为钱庄对往来商户的付息标准。但习惯上仍需在此基础上打九五折，如果拆息较低，全月转账拆息合计不足二两时，均以二两计算，这一最低利息标准称为“坐盘”，坐盘也需打九五折。贷款利息也拟定了最低限价，通常以四两五钱为坐盘，钱庄再根据商号的信誉，酌加“底码”，如上等客户至少加三两，信誉最差的户头最多不超过六两。贷款利息一般不给予九五折扣。[②]

(二)银行业拆借市场

19世纪末20世纪初，随着新式银行的兴起，银行同业拆借市场也逐步形成。1920年10月8日，上海银行公会曾组织成立行市委员会，试图由银行业另订拆借行市，但由于当时参会银行数量太少，仅20家左右，因而未能独立于钱业之外拟订行市。[③] 1932年1月28日，淞沪战争爆发，上海金融市场大受影响，银根奇紧。银行业同业公会为了调剂同业资金，发起组织联合准备委员会，于该年3月正式成立，并订立公约。

上海银行业同业公会联合准备委员会成立后，即开始办理同业拆借业务。凡会员银行缺乏现金头寸，均可申请拆借。申请拆借时间为每日清晨至下午2时，地点在委员会办事处内，拆借期限为1日，按日计息。利率由常务委员会随时议定。1935年上半年，银根趋紧，拆借业务快速增长。该年上期决算拆借数额为国币2 476万元，公单拆款利息平均为1角3分。下半年拆借数额继续增长，下期决算拆款总额国币10 803万元，公单拆款利息平均为1角6分。[④] 1936年上期决算公单拆款总额为国币4 454万元，比上年同期增长2 426万元，下期决算拆款总额为国币5 667万元，比上年同期

① 杨荫溥：《杨著中国金融论》，上海黎明书局1931年版，第96—99页。
② 洪葭管、张继凤：《近代上海金融市场》，上海人民出版社1989年版，第29页。
③ 沧水：《银行公会行市委员会与钱业公会市场委员会之对观》，《银行周报》1922年第6卷第24期。
④ 《银行联合准备会代表大会》，《银行周报》1936年第20卷第7期。

减少 5 136 万元。1936 年下期公单拆款减少的原因是：一方面，1936 年 3 月成立银行票据承兑所，各银行可通过承兑汇票贴现获取资金，从而使拆款减少；另一方面，1935 年底法币政策实施后，市面资金宽裕，拆款需求也略有下降。这一时期，银行公单拆息利率常年维持在 1 角左右，而钱业拆息约 8 分，极少变动，市面较为平稳。①

1937 年 8 月，中央银行、中国银行、交通银行、中国农民银行组织成立贴放委员会，共同办理票据贴现和同业拆放业务。四行贴放委员会的成立，进一步推动了银行同业拆借市场的发展。拆借市场利率除钱业和银行业同业公会公布的拆息外，又增加了四行贴放委员会所公布的拆息。至此，上海拆借市场便形成了三种拆息行市。

（三）拆借市场的统一

抗战胜利后，上海银行业同业联合准备委员会和钱业联合准备委员会开始酝酿合并。1946 年 4 月 1 日，上海银行、钱庄同业公会，拟定银钱业联合准备会公约，呈请财政部批示，并于该年 9 月 2 日宣告正式成立。银钱业联合准备委员会的合并，标志着银行业和钱业拆借市场的逐步统一。虽然银钱业联合准备会的成立对调节银钱业资金起到一定作用，但由于受到当时各方面因素的影响，其作用并不显著。其原因主要有：第一，公库证的发行额未能及时调整。公库证是进行同业拆借的凭证，公库证发放不足，则拆借数额受限。第二，政府政策的频繁变更，使拆借业务深受影响。如 1947 年 2 月公布经济紧急措施方案时，中央银行与该联合准备会所订的 50 亿元的透支契约即行中止，使该会的拆放业务被迫停顿。该年 11 月，国民政府令国家行局停止贷款，使该会拆放业务再次受到影响。第三，受恶性通货膨胀的影响，游资充斥，银行和钱庄资金萎缩，金融业对工商业的贷放资金随之减少，同业拆借的数额也非常有限。第四，场外拆借盛行，黑市利率高昂，使该会的拆借业务大受挤压。由于场外拆借更加便利，且不受数额限制，因而使各行庄更愿意绕过该会，通过场外进行拆放。②

第二节　票据贴现市场

票据贴现市场是短期资金市场的重要组成部分，但近代中国票据贴现市场的产生和发展较为缓慢。19 世纪末，钱庄开始办理票据贴现；至 20 世纪初，华商银行的营业项目中也开始列有“各种期票的贴现”，但直到 1936 年上海的银行票据承兑所成立，才标志着近代中国票据贴现市场正式形成。中央银行开办再贴现业务则更晚，1946 年 1

---

① 《上海银行业同业公会联合准备委员会民国二十五年业务报告书》，《银行周报》1937 年第 21 卷第 10 期。

② 洪葭管、张继凤：《近代上海金融市场》，上海人民出版社 1989 年版，第 39—40 页。

月 4 日才在上海公布再贴现率。尽管如此，1927 年后，在诸多经济学者和银行界人士的极力宣传和推行下，商业票据逐渐被采用，票据贴现市场也逐步酝酿形成。近代票据贴现市场不发达的原因主要是产业不发达，而公债交易旺盛，贴现不获重视，同时工商业亦不习惯使用票据，票据制度迟迟难以建立，使得票据的承受性和流通性受到限制，从而制约了票据市场的发展。

一、票据贴现业务的产生

(一)钱庄的票据贴现业务

钱业中关于贴现的正式记载始于 1906 年的《上海南北市钱业重整条规》，其中规定“如以未到期之庄票向人更现、掉票，均须仔细订明来踪无错，认票认人，始可收兑，……”[①]。此处“更现”即为贴现之意，因此至 20 世纪初，钱业庄票贴现即已出现。1920 年的《上海钱业营业规则》在第一章“营业范围”中即明确规定“各种期票之贴现”为业务之一。这是首次使用新式银行的术语“贴现”一词，而且将贴现范围由过去的庄票扩大到各种期票。1923 年的《上海钱业营业规则》中除了期票贴现外，还增加了货物押汇业务，表明钱业贴现业务范围的进一步扩大。虽然自 20 世纪初开始钱庄贴现业务有所发展，但总体而言，贴现业务尚未成为钱庄的主要业务，而且钱庄经营票据贴现也极为谨慎，需要“认票认人”，这在一定程度上限制了其贴现业务的发展。

钱庄的票据贴现可分为普通贴现和担保贴现。普通贴现即只凭票据贴现，无需抵押品。而担保贴现需要抵押品，方可贴现，如货物押汇。钱庄对贴现的付款可以现金支付，也可以即期庄票支付，或将应付款项转入该客户的活期存款账户中。总之，这一时期钱庄贴现的票据以时间较短的庄票和期票为主，而商业承兑汇票兴起较晚，尚未成为贴现的主要工具。

(二)银行的票据贴现业务

20 世纪 20 年代前，许多新式银行成立时，在其银行业务章程中虽然已经明确贴现业务为其营业项目之一，但实际上并未正式开展。这一时期，银行的贴现业务还比不上钱庄。进入 20 世纪 20 年代后，银行的贴现业务才逐渐兴起。据中国银行和交通银行 1916 年 12 月底的报告，中国银行的贴现额为 2 512 882 元，而贷款总额为 99 377 790 元，贴现额只占放款总额的 2.53%。交通银行的贴现和押汇总额为 3 600 298 元，贷款总额 40 992 046 元，贴现额占放款总额的 8.78%。[②] 至 1927 年，上海 59 家华商银行中，仅 6 家银行在资产负债表上列有贴现业务，贴现总额仅为 163.1 万元，占其放款总额的

---

① 中国人民银行上海市分行:《上海钱庄史料》，上海人民出版社 1960 年版，第 680 页。

② 马寅初:《中华银行论》，商务印书馆 1929 年版，第 7—8 页。

1%。单列押汇项目的只有浙江实业银行等3家,押汇总额为149.3万元。[①]

银行的贴现业务虽然起步较晚,但贴现票据的种类相对较多,不仅有庄票、本埠和外埠银行或钱庄的期票、商业期票,还有未到期的存单以及政府借款。[②] 银行办理贴现业务的手续与钱庄类似,但更为严格。如上海的银行收贴银行或钱庄的期票,通常需要"照票",即将请求贴现的庄票向出票钱庄验明真伪,若查验无误,便由出票钱庄在票根上盖一骑缝章,以作为佐证。完成这些手续后,方可贴现。银行贴现的种类,按照有无担保,可分为担保贴现和信用贴现。以付款人所在地划分,可分为本埠贴现和外埠贴现。由于钱庄与商户联系更为紧密,在20世纪20年代之前,钱庄直接办理的贴现业务较多。商家一般先向钱庄贴现,然后再由钱庄向银行进行再贴现。

二、票据贴现市场的形成

1928年至1937年6月是银钱业发展的重要时期,也是票据贴现业务发展壮大和贴现市场正式建立的时期。这一时期票据贴现市场的发展可分为三个阶段,第一阶段为1928—1932年,为承兑汇票的提倡试办阶段,是推广商业汇票承兑和贴现的第一个高潮;第二阶段是1932—1934年,主要为银钱业联合准备机构的贴现时期;第三阶段为1934年至1937年6月,是承兑汇票的推广和使用阶段,也是票据贴现市场发展的第二个高潮。

(一)承兑汇票的提倡与试办

1928年以后,票据承兑和贴现业务快速发展,得益于以下几个因素:首先,经济学界和银行界各类人士极力倡导。其次,政府通过相关法律完善了票据制度,如票据法、保险法,从法律条文上规范了票据贴现业务,使票据贴现有法可依。再次,《银行周报》《银行月刊》等报刊先后刊载有关票据承兑和贴现的文章,马寅初、杨荫溥等经济学家也通过出版论著或发表相关文章的方式,讨论票据贴现在短期资金融通中的作用,并提倡商业汇票的使用。最后,银行界人士也采取行动大力推动票据承兑与贴现业务的发展。如中国银行总经理张嘉璈、浙江兴业银行常务董事徐寄庼、浙江实业银行副经理章乃器都积极倡导承兑汇票的使用和贴现。上海交通银行总行业务部副经理金国宝不仅通过发表文章和演讲的方式论述承兑汇票的优点和作用,而且还在交通银行试办和推广承兑汇票的使用及其贴现,对承兑汇票的推广使用发挥了重要作用。

1930年底至1931年春,上海部分银行开始办理商业承兑汇票和银行承兑汇票及其贴现。之后,办理该项业务的银行不断增加,相继有交通银行、国华银行、上海商业

① 洪葭管、张继凤:《近代上海金融市场》,上海人民出版社1989年版,第58页。
② 马寅初:《中华银行论》,商务印书馆1929年版,第146页。

储蓄银行、大陆银行、国货银行、中南银行、浙江实业银行、和丰银行、东莱银行等。1931年春至1932年初，银行办理汇票承兑及贴现的金额不少于100万元，其中交通银行和国华银行最为突出。从1931年3—8月的6个月中，交通银行承兑银行汇票数额最多时达八万四千五百两，最少的月份也达二万两。而国华银行每月承兑银行汇票的金额，最高时达九万六千两，最少时也有三万一千五百两。在办理商业汇票方面，虽然承兑汇票数量也不少，但每张汇票的金额一般都不大。1931年3—12月，交通银行收进商业承兑汇票的数量共计248张，总金额为47 761.21元；[①]1932年，交通银行共收进商业承兑汇票309张，总金额为176 051元。[②]

1932年，"一·二八"事变爆发后，上海银根紧缩，加之受当时世界经济危机的影响，工商业日渐凋敝，资金短缺尤为突出，这为承兑汇票的使用提供了契机。工商界开始通过汇票的承兑与贴现，来缓解企业的资金周转困难。1932年10月，国产搪瓷营业所在《银行周报》上发布《国产搪瓷营业所试办商业承兑汇票刍议》和《国产搪瓷营业所为签发商业承兑汇票敬告客户书》[③]，向社会各界宣告将试办商业承兑汇票，希望金融业与工商业共同合作，推动商业承兑汇票的使用。这是企业界推动商业承兑汇票使用的重要举措。国产搪瓷营业所在这两份报告书中详细论述使用商业承兑汇票的益处，并对如何使用承兑汇票做了详尽的解释和说明。国产搪瓷业首倡承兑汇票的使用，为工商界承兑汇票的推广起到了良好的示范作用。

（二）银钱业联合准备委员会的贴现活动

1932年2月8日，银行业发起设立上海银行业联合准备委员会。同年10月，钱业发起成立上海钱业联合准备库。上海银行业联合准备委员会成立后，上海银行业同业公会又议决由联合准备委员会兼办票据交换事项，设委员9人，于1933年1月10日开业。与此同时，中国银行、上海商业储蓄银行、浙江兴业银行、浙江实业银行、新华信托储蓄银行于1932年3月联合组建中国征信所，1932年6月正式开业。1934年初，加入该征信所的会员已有91家，其中基本会员20家。[④] 这两个机构的成立，对票据承兑与贴现的发展发挥了重要作用。票据交换所的直接作用是便于同业之间的款项结算，节约现金使用，加快资金周转；间接作用是推进票据的使用和贴现。征信所的主要功能是调查客户的信用，为银行业办理票据贴现业务提供参考，加强银行对出票人、付款人信用的了解，降低信用风险。

① 金国宝：《国难声中之上海金融问题》，《银行周报》1932年第1期。

② 洪葭管、张继凤：《近代上海金融市场》，上海人民出版社1989年版，第70页。

③ 《国产搪瓷营业所试办商业承兑汇票刍议》，《银行周报》1932年第41期；《国产搪瓷营业所为签发商业承兑汇票敬告客户书》，《银行周报》1932年第42期。

④ 洪葭管、张继凤：《近代上海金融市场》，上海人民出版社1989年版，第76页。

上海银行业联合准备委员会的主要职责是办理同业拆放和贴现，加强同业间的资金融通。公单由会员银行签发，联合准备委员会负责代理付款，是同业间资金往来的凭证。公单最初为即期单据，见票即付。从1933年7月4日起，发行新公单，新公单与旧公单的主要区别是：第一，新公单可开远期票，可适应工商业资金周转的需要；第二，旧公单的金额通常为固定的整数，而新公单的金额只设一个上限，在此限度内，可任意填写数额；第三，未到期的远期新公单，可通过贴现获取资金支持，加快资金周转。[①] 可以看出，新公单延长了票据期限，并增加了票据贴现功能。公单贴现使会员银行之间的资金流动性加强，不仅促进了同业之间的资金融通，也为工商业提供了调剂资金。联合准备委员会作为公单的最后付款人，为公单的支付奠定了良好的信用基础，有助于维持金融市场稳定。

（三）提倡汇票承兑与贴现的第二个高潮

1934年底至1935年初，上海绸缎业因资金短缺，陷入困境。为解决资金周转问题，绸缎业几经商讨，最后决定使用商业承兑汇票，替代原来的记账制度。绸缎厂在出售商品时，签发为期3个月的汇票，经买货商承兑后，成为商业承兑汇票，绸缎厂可持此汇票向银钱业贴现，银钱业可进行转贴现或再贴现。这一决定得到了上海市商会的支持。上海市商会进一步通知各业，一致采用承兑汇票。随后，机电业同业公会立即响应，其他各业也相继响应承兑汇票的使用，从而掀起了承兑汇票的第二次高潮。

1935年3月，上海市商会和银钱业公会提出关于救济国民经济的五点办法上报财政部，其中第一条即为票据贴现。同时致函中央银行，希望按《中央银行条例》迅速实现再贴现，并扩大贴现数量。1935年3月下旬，中央银行回复上海市商会，原则上同意对承兑汇票再贴现，但需要商会与银钱业公会商定贴现办法，再由中央银行与银钱业公会商议再贴现办法。同年4月1日，绸缎业、机电业公会发布公告，正式实行承兑汇票。银行业公会于4月2日讨论了商业承兑汇票的推行办法。4月9日下午，银行业同业公会再次集会，由承兑汇票小组拟定推行商业承兑汇票贴现的6条原则。在上海市商会和银钱业公会的努力下，承兑汇票贴现业务得以快速推行。

虽然商会和银钱业公会为推行承兑汇票业务积极行动，但中央银行的再贴现办法却迟迟未能制定出来，工商业实际办理汇票承兑和贴现的业务并不多。鉴于商业承兑汇票的推行困难，部分银行开始谋划建立票据承兑所。1935年7月，上海银行业公会倡议，由银行业联合准备委员会组织设立票据承兑所，由会员银行缴纳准备基金，办理承兑业务。工商业者只要有货物作担保，均可开出相应数额的汇票，向会员银行贴现。这种银行承兑汇票，一方面有工商业客户的货物作担保，另一方面有各银行缴纳的承

---

① 《银行业联合准备委员会发行新公单》，《银行周报》1933年第26期。

兑基金作为支付保证，因此从出票人和付款人来看，其信用都相当稳固。最终，1936年3月16日，银行票据承兑所正式成立并开业，参与的会员银行有38家。[①]

银行票据承兑所的运营以各会员银行缴纳的担保品为基础，担保品经承兑所审查合格后，由该所保管。会员银行即可填写承兑汇票申请书，并开出由该所付款的承兑汇票。这种银行承兑汇票与一般意义上的承兑汇票的区别在于：其一是出票人不同，一般的承兑汇票出票人是工商业者，而此种汇票的出票人是银行；其二是付款人不同，一般汇票的付款人也是工商业者，而这种汇票则是由承兑所付款；其三，一般汇票是银行为工商业者提供资金融通，而这种汇票主要是银行同业之间的相互融通。虽然银行业最初设想的也是由工商业者开出汇票、由承兑所承兑的商业汇票，但后来考虑到当时的企业与金融环境而作了改变。

银行承兑汇票可通过相互买卖、贴现、再贴现等方式变现，实现资金融通的功能。相互买卖是指会员银行之间的买卖，凡欲卖出者，每天下午2时前，将欲卖出的汇票金额、卖价通知承兑所。欲买进者，可在下午3时30分前，将欲买进的金额和买价告知该所。当买卖双方价格匹配时，由该所通知双方，办理交割手续。买卖汇票的金额以5万元为单位，会员银行持有承兑汇票，若不以买卖方式变现，也可向同业银行贴现，或向承兑所贴现。而各银行收贴后，还可向中央银行、中国银行、交通银行再贴现。

票据承兑所的建立，标志着近代中国票据市场的初步形成，是中国第一家专营票据贴现的机构，促进了银行票据贴现业务的新发展。银行承兑汇票的推行和使用是对前期银行业联合准备委员会公单制度的进一步完善，它不仅使得资金融通更加灵活和安全，也推动了近代中国信用工具和融资方式的进一步发展。

三、中央银行再贴现制度的发展

（一）四行贴放委员会

1937年7月29日，财政部授权中央银行、中国银行、交通银行、中国农民银行组织成立贴现委员会，共同办理同业贴现业务，但贴现委员会考虑到战时融通资金，贴现和放款应该并重，遂将贴现委员会改为贴放委员会。贴放委员会于1937年8月9日正式成立，并通过《贴放委员会办理同业贴放办法》和《贴放委员会办事细则》。贴放办法颁布后，又因兼顾农工商矿各业资金的融通，将“同业”二字取消，扩大范围，改为普通贴放业务。[②] 这一变更，导致贴放委员会以及中央银行错过了专门办理再贴现、再放款的机会，中央银行相关职能的落实再次延迟。但贴放办法的颁布，首次使《中央银

---

① 《银行票据承兑所开业》，《银行周报》1936年第10期。

② 四联总处秘书处：《四联总处重要文献汇编》，四联总处秘书处1947年，第123页。

行法》规定的贴现和再贴现业务初步得以实行。而且在 1937 年 8 月 26 日，《四行内地联合贴放办法》颁布，贴放业务进一步推广到全国各地。

贴放委员会所需资金由四行共同承担，其比例为中央银行和中国银行各占 35%，交通银行占 20%，中国农民银行占 10%。[①] 贴放方式分为贴现、再贴现、放款、转抵押四种。贴放业务的具体事务均由中央银行代为办理。1939 年 9 月 8 日，国民政府颁布《巩固金融办法纲要》，同时为了监督政府银行的业务，使其与国家的经济金融政策方向一致，又颁布《战时健全中央金融机构办法》，设置中央银行、中国银行、交通银行、中国农民银行四行联合办事总处，并在各地设立分处。此前四联总处仅负责各行联络及洽商业务，至此已改为一个负责监督指导和政策制定的权力机构。[②] 四联总处改组后，贴放业务移交总处战时金融委员会下设之贴放处主管，而原各地分会的贴放业务也移交各地分处办理。

四行贴放委员会在上海成立初期，一度对同业的资金融通起到较大作用，但随着资金逐渐充裕，同业间的贴放业务逐渐减少。1939 年以前，四行联合贴放的金额基本不超过 2 000 万元，贴现所占的比例基本在 10%以下，但最高时也曾达到 14%。[③] 就中央银行而言，1939 年全行抵押放款总额为 373 097.940 5 万元，而贴现和再贴现总额仅有 397.4105 万元，只占 0.1%左右。[④] 随着通货膨胀日益严重，工商业的资金需求逐渐增多，普通商业银行对放款持观望态度，四行联合总处为了调动商业银行的资金，使工商业得到更多的资金支持，遂决定推行银行的票据承兑和贴现业务。1940 年 1 月 26 日制定暂行办法，规定以银行承兑的票据为合格的贴现票据，由四行联合总处组织承兑委员会，办理票据承兑；凡经承兑委员会承兑的票据均可向四联总处申请再贴现。暂行办法也对票据承兑作出严格规定，对承兑的票据通常需要货物作抵押，票据期限最长为 6 个月，票面金额不能分期支付，若出票人、承兑人、背书人对四大银行负债超过一定数额或信用不佳者，均可拒绝办理贴现。这一暂行办法并非由中央银行所独立颁布，而且也未付诸实施，但这一办法的颁布，对此后中央银行再贴现政策的发展起到了一定的推动作用。

（二）中央银行的再贴现制度

1942 年 7 月，随着中央银行、中国银行、交通银行、中国农民银行四大银行职能的划分，中央银行逐渐成为一个监督决策机构，再贴现业务逐渐从原来的贴放业务中独立出来，成为调节金融经济的货币政策。为了推行票据使用，健全票据贴现市场，财政

① 四联总处秘书处：《四联总处重要文献汇编》，四联总处秘书处 1947 年，第 125 页。

② 林崇墉：《二十年来中央银行贴放业务之演进》，《中央银行月报》1948 年第 3 卷第 10 期。

③ 洪葭管、张继凤：《近代上海金融市场》，上海人民出版社 1989 年版，第 93 页。

④ 洪葭管主编：《中央银行史料(1928.11—1949.5)》，中国金融出版社 2005 年版，第 388 页。

部于 1943 年 4 月 2 日公布《非常时期票据承兑贴现办法》，使中央银行的再贴现制度首次以政府法令的形式得以确立。该办法对票据的种类、贴现办法以及中央银行的再贴现制度作出具体规定。尽管此时中央银行调节资金的功能尚不完备，但由于颁布了再贴现办法，因而再贴现业务的办理具备了法律依据。抗战胜利后，财政部将《非常时期票据承兑贴现办法》加以修订，去掉“非常时期”四个字，并于 1945 年 11 月 27 日重新颁布。

虽然 1942 年后中央银行被确定为“银行的银行”，而且 1945 年 12 月财政部进一步制定一系列关于中央银行再贴现制度的文件，但实际上中央银行仅对几家银行融通资金，对一般商业银行很少给予再贴现。为了鼓励出口以获取外汇，1946 年 10 月 31 日，四联总处通过《中央银行办理出口物质贷款转质押转押汇办法》，将融通资金的范围扩大到外汇指定银行。12 月 14 日，又制定《办理商业行庄重贴现转质押转押汇暂行办法》，其中再贴现和转质押以中小型生产企业以及出口业为对象，转押汇以日用必需品、当地特产以及出口物资为主。中央银行的融资对象开始扩大到一般商业行庄。但此办法对商业行庄办理再贴现仍有诸多限制，仍不能充分发挥中央银行对商业银行的融资功能。

1947 年 3 月，中央银行成立贴放委员会，并制定《中央银行贴放委员会办理上海商业行庄贴放通则》和《商业行庄向中央银行申请办理重贴现转质押暨转押汇须知》，从而使中央银行较为普遍地开展对商业行庄的直接融资。但这一时期的重贴现不过是中央银行通过商业行庄直接办理商业贷款，中央银行的再贴现仍然缺乏根据市场供求调节金融的机能。在该通则执行期间，再贴现在整个贷款总额中所占比重仍不大。从 1947 年 3 月成立至该年 11 月停止贴放为止，中央银行共收到贴放业务申请 748 笔，金额 2 852 亿元，核准贷款 638 笔，金额为 1 421 亿元。其中转质押数额最多，共 550 笔，金额 1 325 亿元，占核准贷款总额的 93.2%；其次为再贴现，金额为 37 亿元，仅占核准贷款总额的 2.6%。[①]

受通货膨胀和军费支出的影响，1947 年 11 月，国民政府下令四联总处停止贷款业务，同时停止中央银行的贴放业务。1948 年 4 月，中央银行重新组织贴放委员会，附设工矿业、农业、贸易等顾问委员会。新的贴放委员会制定《中央银行贴放委员会办理同业贴放原则》，较之前的《中央银行贴放委员会办理上海商业行庄贴放通则》更为完备。在前一个贴放委员会时期，政府行局的贴现和贷款都须经四联总处核定后，方可向中央银行办理再贴现、转质押、转押汇业务。这实际上是政府行局运用中央银行的资金办理一般贷款业务，而普通商业行庄办理贴现和贷款也要根据中央银行给予的

① 林崇墉：《二十年来中央银行贴放业务之演进》，《中央银行月报》1948 年第 3 卷第 10 期。

再贴现、转质押、转押汇额度进行办理。在后一个贴放委员会时期，无论政府行局还是商业行庄，都只能根据自身的头寸，办理贴现和放款，而且只能在资金短缺时才能向中央银行申请办理再贴现、转质押、转押汇。这种变化表明，中央银行已经逐渐发展成为只办理商业银行的重贴现、转质押、转押汇业务的“银行的银行”。

但是在当时条件下，中央银行的再贴现业务并未对工商业发挥多大作用。首先，中央银行优先办理的是四联总处核准的“国策贷款”的再贴现等业务，而一般工商业贷款的再贴现数额极少。其次，当时物价飞涨，恶性通货膨胀使商业票据难以运用，阻碍了再贴现的推行。虽然一些银行的资产负债表上仍列有“贴现”或“转贴现”等科目，但只不过是工商业或银行套取资金的方式而已。最后，随着国民党政府的垮台，这个再贴现办法只能是昙花一现。

第三节 内汇市场的发展

近代中国国内货币运行的最大特点是银钱并行，各地通用白银货币不仅具有不同的“平、色、兑”，而且还有铜钱、各种不同的信用货币，这样便在地区之间产生了内汇市场。内汇市场是指国内汇兑市场，经营国内汇兑业务。自开放通商以来，随着对外贸易的迅速发展，国内埠际贸易也日渐繁荣，逐渐形成以上海为主导的国内贸易中心。贸易中心的形成使上海逐渐成为国内汇兑中心，将上海与国内各大商埠连接起来，形成一个汇兑网络。近代中国的内汇市场既包含资金汇兑，也包含货币兑换，在国内汇兑历史上具有重要意义。

一、以票号为主导的内汇市场

山西票号是最早专营汇兑业务的机构，从开埠初期至19世纪70年代中期，国内汇兑业务主要由票号所主导。票号的汇兑方式主要是票汇、信汇、电汇、条汇、旅行会券，其中票汇是使用最多的一种方式，但票号的汇票主要是用于资金汇兑，尚未涉及货款支付。同时，其汇兑记账和汇水(汇费)单位主要以银两为主，很少使用银元。

票号汇兑与钱庄和华资银行汇兑的不同之处，主要体现在其与贸易的关系上。开埠初期，在对外贸易中，票号与钱庄和外国银行相互配合，票号负责内地和口岸之间的货款调拨，钱庄负责洋商与本地行商的货款支付，外资银行则负责国外汇兑。票号之所以在对外贸易中如此重要，深受洋商和外资银行的信赖，不仅是因为资本雄厚，信用卓著，而且还因为票号在全国各地设立分号，辐射范围极广。一位当年在中国做金融情报工作的日本人东则正，在《中部中国经济调查》一书中说：“在汉口金融市场上，实权主要由票号掌握，因为票号的资本丰富，加以营业方法踏实，在一般中国人眼里信用笃实，营业区域极广，不仅在中国内地十八行省，即使在内蒙古、新疆等边远地区，也有分号和来往商号。……由于票号的存在，随着汉口贸易的发展，其势力逐渐扩张到有输出入关系的各个市场。"①

在开埠初期，票号已经在国内初步建立汇兑网络，主要通过书信往来传递各地资金供求信息，并调节各地资金供求。受交通以及其他技术方面的限制，内汇市场对各地资金供求的调节存在一定的滞后，例如以京师与苏州两地而言，这种资金调节大约就需要一个月左右。而且汇费受资金供求的影响并不显著，各地金融市场间的联系仍不够密切，整合程度较低。汇费受人际关系等其他柔性因素影响更大，汇费的收取并没有一定的硬性标准，内汇市场尚不够成熟。

二、钱庄与票号共同参与的内汇市场

自 19 世纪 70 年代中期至 20 世纪初，钱庄势力逐渐增强，业务逐步拓展，开始经营汇兑业务。同时，票号仍然在汇兑市场中占据重要地位，但通常服务于信用较好的大商人，而钱庄则为中小商人的资金周转发挥了重要作用。这一时期的汇兑方式除票号使用的几种外，增加了钱庄使用的外埠期票和代收款项等方式，其中最常使用的是外埠期票。同时，从资金流动速度来看，在 19 世纪 70 年代之前，电报尚未使用，票号汇兑主要通过书信往来传递信息，信息传递的速度受到限制，汇兑时间较长。而外埠期票的使用，促进了间接汇兑的发展，使汇兑网络进一步延伸，信息和资金流动的速度也日渐加快。

钱庄本以银钱等货币兑换为主业，通常在外地并未设立分支机构，其业务仅限于一个城市及附近地区，经营对象以当地商人为主。19 世纪 70 年代后，随着钱庄势力逐渐强大，开始发行外埠期票，参与汇兑，并将资金汇兑与货款支付相结合，使内地与口岸之间的贸易结算更加便捷。外埠期票无需携带现银，也无需提前将货款汇到办货目的地，可省去汇水，只需到办货所在地时，开具一张本庄或钱庄承兑的汇票，以此汇票支付即可。

申票便是一种最为典型、影响最大的外埠期票，其信用卓著，广为接受，在埠际贸易中被广泛使用。申票主要可分为钱庄汇票、庄号汇票、庄客客票。钱庄汇票是由钱庄开出并迟期兑付的汇票，譬如，上海花号向汉口购买棉花，号客去汉口时，并不携带现银，而是向与自己素有往来的上海钱庄开具迟期兑付的汇票（俗称申票），卖予汉口

---

① 东则正：《中部中国经济调查》上卷，上海日本实业协会 1915 年版，第 1089 页。转引自史若民：《票商兴衰史》，中国经济出版社 1998 年版，第 204 页。

的钱庄或钱行(即贴现),取得现款(或取得钱庄的庄票),借以偿付棉花的货款。钱庄则将该申票加价卖予赴沪办货的商人,由其持票赴申进货使用,或邮寄抵欠。[①] 在进出口贸易方面,由上海进口的洋货销往内地,以及内地土货通过上海出口,都会产生货款支付问题。上海开埠初期,土货收购出口都由外国洋行直接携带现款到产地收购。19 世纪 60 年代,镇江、苏州及上海三地之间的洋货内销和土货收购外销(主要是生丝)的资金周转,已经开始使用上海钱庄承兑的汇票来进行货款支付。19 世纪 70 年代以后,洋行收购土货已经由现款改为申票,即使是本国土货商行收购后运往上海出售,也多采用申票支付。[②]

庄号汇票是一种商业汇票,是由工商业行庄开出并兑付的汇票。如上述例子,上海棉花号到汉口办货,若不向上海钱庄开具汇票,也可由号客至汉口后,开出由上海本号迟期兑付的汇票,卖予汉口钱庄,再以所得货款购买棉花。这种庄号汇票对信用要求较高,需有担保人,通常是信用较好的行庄才可使用。

庄客客票是指钱庄或商号向其所派庄客开出,并由庄客迟期兑付的汇票。外地钱庄或商号为了处理埠际业务往来,通常向上海派驻庄客,办理货物或处理款项的收进和支出。镇江是长江各埠最早派庄客进驻上海,办理汇兑业务的商埠,这些庄客的集中处所为润昌栈。庄客的任务是联系同业往来,兑付本庄汇票,以及代收客户在申交款,解送客户汇款等。最初在润昌栈设立申庄的,只有少数镇江钱庄,后来各类商号也向该处派驻庄客。由于镇江为苏北各口岸的要冲,商栈较多,商务颇盛,庄客对办理镇江和上海之间的贸易和资金往来发挥了重要作用。[③]

19 世纪末 20 世纪初,上海已成为国内贸易和资金汇兑中心,申票也成为上海与国内其他商埠往来的重要汇兑工具,并形成申汇行市。如汉口、天津、青岛、重庆、南昌、杭州、宁波、大连等地均已形成申汇市场,专营申票买卖,其中规模较大的是汉口和天津的申汇市场。各地的申汇市场成为上海内汇市场的重要组成部分,也是近代中国金融市场中不可或缺的一部分。申汇市场的发展不仅推动了汇兑方式的发展,促进了汇兑网络的扩展,而且还加快了资金周转速度,使内汇市场的运行效率进一步提升。

三、以银行和钱庄为主导的内汇市场

新式银行产生后,将汇兑作为与存放款并列的三大业务之一。相较于票号、钱庄等旧式金融机构,银行的分支机构和通汇处众多,覆盖范围更广。银行通过与其他商

---

① 上海商业储蓄银行调查部:《商品调查丛刊》第二编,《棉》,上海商业储蓄银行信托部 1931 年版,第 79—80 页。

② 洪葭管、张继凤:《近代上海金融市场》,上海人民出版社 1989 年版,第 114 页。

③ 中国人民银行上海市分行:《上海钱庄史料》,上海人民出版社 1960 年版,第 182—183 页。

号、银行或钱庄建立合作关系，委托其代理外埠解款等方式设立通汇处，开展汇兑业务。至 20 世纪 30 年代初，中国银行、交通银行、北四行、南三行等 9 家银行在全国各地建立的分支机构以及通汇处共达 1 112 处。中国银行的分支机构及通汇处数量最多，达 376 处；其次为交通银行，共 246 处。即使是注册资本较为薄弱的私营银行，其分支机构的数量也不容小觑，其中上海商业储蓄银行和金城银行分别达 192 和 83 处。[①] 银行在全国各商埠设立分支机构及通汇处，使内汇市场逐渐形成一个以上海为中心，多层次、立体型的汇兑网络，其汇兑面之广，通汇处之多，即便是鼎盛时期可“汇通天下”的山西票号也不可同日而语。

银行经营汇兑的一大特点是大力提倡押汇业务。押汇以对物信用为基础，将资金汇兑与放贷相结合，以买卖的货物作押。以上海商业储蓄银行为例，1917 年，该行派人员常驻南京，进驻下关车站利兴转运公司内，开始办理押汇业务。由于在 1933 年之前，铁路运输货物需要货主自行跟车装运，向铁路局运货以及装车、卸货等手续皆需货主负责，因而转运公司便随之兴起，专为货主办理装车、卸货等运输事务。银行为获得押汇业务，便与转运公司取得联系，以推行押汇业务。为推行押汇业务于津浦路，上海商业储蓄银行又在临淮关利兴转运公司设办事处，办理押汇、汇兑及贴票事务。1918 年，上海商业储蓄银行又派人员随中国运输公司前往蚌埠设分理处，办理押汇。押汇业务日渐兴盛，使沪宁铁路所运货物的资金周转更加灵活，促进了两地间货物贸易和资金汇兑的共同发展。

总体而言，银行与钱庄类似，主要以外埠期票为主进行汇兑，但票号在贸易中主要负责资金汇兑，而钱庄和银行所采用的外埠期票和押汇，将资金汇兑和货款支付融为一体，更加灵活便捷。银行汇兑的主要特点是汇兑网点和通汇处较多，资力雄厚，汇兑方式多样化，各项规章制度较为健全，以及操作流程较规范等。

四、货币统一后的内汇市场

1933 年 4 月 5 日，财政部颁布法令，实行废两改元。此后，各地货币统一，除东三省等少数地区外，全国其他地区都使用相同的银元。内汇市场上长期存在的银汇（用银两结算）和洋汇（用银元结算）两种结算方式统一使用银元，以九八规元为基础的申汇行市也改为以银元为标准。从此各地银元成色已无轩轾，内汇汇率的决定仅以汇兑供求为准，以银洋直接计算，而无须再考虑银两平色之差异。银两不再使用，洋厘行市取消，钱庄业务颇受影响，日渐衰落，银行成为最主要的汇兑经营主体。1935 年 11 月，国民政府实施法币改革，全国统一按券面额流通法定纸币，之前按照地域划分的区

① 洪葭管、张继风：《近代上海金融市场》，上海人民出版社 1989 年版，第 122—123 页。

域银行券逐步收回。基于货币兑换而进行的国内汇兑市场于1936年1月4日起被废止，汇兑全部收取统一的手续费。[①] 汇兑市场完全转变为以银行为主体的资金调拨。此后，内汇市场便仅有资金汇兑，而无货币兑换。

五、内汇市场的发展演进特点

近代中国内汇市场的发育、成熟和完善经历了一个逐渐演变的过程，其演进过程及其特点如表11.2所示。汇兑经营主体从票号为主转变为以钱庄和华资银行为主，这种转变推动汇兑区域和范围进一步延伸，拓展了内汇市场的广度，也进一步推动了内汇市场的运行机制和功能转变。汇兑方式从以票汇为主转变为以买卖外埠期票为主，汇兑在商业中的功能逐步健全，从单纯的资金汇兑转变为将资金汇兑和支付结算相结合，这种转变使得商业贸易更加便利，各地的市场整合程度也有所提高。汇兑使用的货币标准从早期以银两为主，逐渐过渡到以银元与银两并用，随着废两改元的实行，转变为仅以银元计算，法币改革后，最终形成以全国统一的法币进行汇兑。全面抗战爆发后，法币发行额急剧增加，纸币贬值，银元再次作为通货回流流通领域，并作为汇兑记账货币使用。

表11.2　　近代中国内汇市场的发展特点

发展阶段	1843年—19世纪70年代中期前	19世纪70年代中期—20世纪初	20世纪初—1933年	1933年废两改元后
经营主体	票号	票号、钱庄	钱庄、银行	银行
汇兑方式	顺汇：票汇、信汇、电汇、条汇、旅行会券 逆汇：票汇(倒汇)	顺汇：票汇、信汇、电汇、条汇、活支汇款 逆汇：押汇、购买外埠期票、代收款项	顺汇：票汇、信汇、电汇、条汇、活支汇款、支票 逆汇：押汇、购买外埠期票、代收款项	
汇兑机制	以票汇为主，主要以货币兑换和资金调拨为主	以外埠期票买卖为主，将货币兑换、资金汇兑、支付结算、信贷相结合	强调押汇的使用，将汇票贴现与资金汇兑相结合	
汇兑记账货币	银两为主、银元为辅		银元使用日渐广泛，银两仍旧使用	银元和法币

① 王家栋：《中国国内汇兑之演进》，《中央银行月报》1936年第5卷第1—3期。

第四节　外汇市场的发展

外汇交易是近代货币市场上的一项主要内容，以上海、天津、青岛、厦门等通商口岸最为活跃。外汇交易按交易性质可分为商业交易、银行间外汇头寸抵补和投机交易等。近代时期，外汇交易主要由外国银行所主导，但本国银行和外汇经纪人也有广泛参与。外汇交易不仅为对外商业贸易提供了周转资金，而且也在法币政策实施后，对法币价值的维持发挥了重要作用。

一、外汇交易的产生与发展

（一）开埠初期的洋行外汇买卖

五口通商后，随着中国对外贸易的快速发展，对外结算的需要渐增，外汇交易日益繁荣。开埠初期，对外贸易主要由洋行经办，外汇业务也由洋行办理。洋行在19世纪40—50年代几乎垄断了各通商口岸的对外贸易和汇兑业务，而且在40年代，不仅是商业汇款，就连英国的政府汇款也通过洋行办理。如1844年，新开商埠与香港之间的公款汇兑就是由怡和洋行经手办理的。直到1855年，各国领事汇付公款到香港，还是使用怡和洋行的汇票。

洋行在早期代理货物买卖时，货款结算通常采用汇付或运送现金的形式。洋行自营对外贸易后，虽然也以汇付为主要结算方式，但汇付的方式则呈现多样化。洋行可自行开出在伦敦由其代理行号承付的汇票，或在中国购买伦敦兑现的汇票，或以销售的货物直接购买丝茶等中国商品出口至国外销售，以冲抵两地货款。在外汇买卖方面，洋行之间相互扶持，“他们有足够的资金，能在相互之间买卖汇票，一般并不依靠银行，并能以自己在伦敦的国内银行的存款开发汇票”①。这一时期还未形成统一的外汇买卖市场，在丽如银行进入上海之前，洋行在处理手中的汇票时，通常是积累到一定数量后，刊登广告求售。②

（二）外国银行对外汇业务的争夺

19世纪60年代以后，随着外国银行逐渐进入各通商口岸，洋行的外汇业务也随之被外国银行夺走，但银行与洋行对外汇业务的争夺持续了相当长的一段时间。如美国旗昌洋行的老板福士就曾自诩丽如银行的汇兑业务在很长一段时间内竞争不过他

---

① 汪敬虞:《十九世纪西方资本主义对中国的经济侵略》，人民出版社1983年版，第204、206页。

② 汪敬虞:《十九世纪西方资本主义对中国的经济侵略》，人民出版社1983年版，第154页。

的洋行。在19世纪60年代末期，洋行仍然在从事广泛的外汇交易业务，如在1868年8月1日的《上海新报》上，仍可看到有三家洋行做的金融业的广告，而洋行在内地商埠担任银行代理人的现象直到70年代仍方兴未艾。但总体而言，这一时期外国银行已基本掌控了大部分外汇业务，“除了在外汇生意非常吃重的场合下，洋行经营外汇的所得，连付雇员的薪金都不够了”[①]。原来兼营金融业务的洋行，有的退出金融活动领域，有的则转为银行的股东(如汇丰银行的股东大部分为洋行的老板)。[②]

二、以外国银行为主导的外汇市场

自19世纪70年代起，随着交通和贸易方式的变化，外国银行在外汇业务中逐渐占据主导地位，并将汇兑和拆息市场联系起来，使其更加有效地控制了中国金融市场。上海进出口贸易所产生的汇兑结算都由外国银行办理，这也成为外国银行垄断外汇市场的坚实基础。巨额外债的汇入和还本付息的汇出、外人在华投资的汇入汇出以及华侨汇款等汇兑业务大部分由外国银行办理。至20世纪初，上海已有11家外国银行，分别属于8个国家。上海进出口贸易的汇兑结算，几乎都被这些外国银行所囊括。第一次世界大战期间，部分华资银行也开始经营外汇业务，但其交易量在外汇市场中所占比重极小。20世纪20年代末30年代初，对外贸易与外汇业务均已极为繁盛，尤其是上海作为全国金融中心，在世界金融市场上也有较大影响力。上海外汇市场与伦敦、纽约、东京等市场联系紧密，成为国际资金流动的重要场所。[③]

(一)外汇支付和结算方式

国际贸易的支付方式可分为汇付法和出票法。汇付法是指债务人向银行购买汇票，然后寄给债权人，以清算债务。从汇兑方式上看，汇付法属于顺汇，汇款人先向汇出地的汇款机构(银行)付款，然后由汇入地银行承付汇票。出票法是指由债权人向债务人发出汇票，命令债务人向持票人或指定人付款。从汇兑方式上看，这种支付方式一般属于逆汇，即债权人可提前向当地银行贴现汇票，银行再将汇票寄往债务人所在地银行的分支行，由其向债务人请求付款。

根据支付结算方式的不同，可将国外汇兑分为银行汇票和商业汇票。银行汇票是指由银行对银行发出的汇票，是由汇付法所产生的一种汇兑方式。如上海进口商甲欲汇款给伦敦出口商乙，于是向上海经营外汇的银行购买英镑汇票一张，银行即向伦敦分支行或代理行发出汇票，交甲寄给乙，乙收到汇票后，再向伦敦指定银行兑付款项。

---

① 汪敬虞:《十九世纪西方资本主义对中国的经济侵略》，人民出版社1983年版，第206页。

② [英]毛里斯、柯立斯著，中国人民银行总行金融研究所、李周英等译:《中华民国史资料丛稿 译稿 汇丰-香港上海银行(汇丰银行百年史)》，中华书局1979年版，第7页。

③ 洪葭管、张继凤:《近代上海金融市场》，上海人民出版社1989年版，第186—187页。

银行汇票又可分为电汇、即期汇票，以及远期汇票。电汇是指本埠银行以电报的形式通知国外汇往地银行，向指定收款人兑付款项。即期汇票是指汇款人向银行购买汇票后，寄往汇入地收款人，收款人收到汇票后，持票向当地承付银行兑付款项，银行见票后即付款。远期汇票与即期汇票相对，期限较长，通常是见票后若干日或出票后若干日，承付银行再付款。期限的长短根据距离的远近、交通的便利程度等因素确定。上海的远期汇票通常以 4 个月为主，其次为 6 个月。见票后若干日付款的汇票，需要先送交承兑人，承兑人见票承诺付款后，方知兑付日期。如见票后 4 个月期的汇票，是指自承兑人见票日或承付日起，4 个月后付款。出票后若干日付款的汇票，在出票时即已确定付款日期，若为 4 个月期，则是指自出票日起，4 个月后付款。[①]

商业汇票是指由商人向商人或银行开出的汇票，是由出票法所产生的一种汇兑方式。根据开出汇票是否有抵押物，可将商业汇票分为信用汇票和押汇汇票。信用汇票是以商人信用作担保而发出，不附带提单、保险单等售货单据作抵押，实际上即是承兑汇票。由于银行信用较好，可以无需抵押，因而信用汇票大多为本国商人对外国银行发出。押汇汇票的发出需要以提单、保险单等售货单据作抵押，又称跟单押汇。押汇汇票又可分为押汇承付汇票和押汇支付汇票，若押汇汇票送交承兑人承诺付款后，货物单据即交给买方，任由买方取货，即为押汇承付汇票。这种汇票的货物单据只在承兑人承诺付款前为汇票提供担保，在承兑人承付后，两者即分离，汇票的承付全赖承兑人的信用。押汇承付汇票与银行信用汇票类似，大多由银行承付。银行承付后，卖方认为到期必能付款，故将货物单据交给买方，实际上是以银行信用作担保。押汇支付汇票是指买方必须支付货款后才能取得提货单据的汇票，即货物单据为汇票提供担保直到买方付款后，这类汇票主要针对信用欠佳的买方，而且大多为商业承付。

（二）外汇市场的主要参与者

外汇市场的组织者和参与者主要有外国银行、华资银行、外汇经纪人、进出口洋行以及投机商，而外国银行是外汇市场的主要操纵者。各国在上海的银行主要经营对该国的外汇买卖，如英商银行出售英汇，法商银行出售法汇，德商银行出售德汇，日商银行出售日汇等。经营进出口贸易的商人大多为外商，而外商主要与外国银行进行资金往来，因此外国银行得以垄断国外汇兑。尤其是英国的汇丰银行，其办理的外汇买卖数额经常占上海外汇交易总额的 60%～70%。[②] 当时上海外汇市场的汇率，每天由汇丰银行上海分行挂牌，这一牌价也成为中国实际有效的外汇汇率。

华资银行最早在国外设立分行的是交通银行，其在 1909 年设立新加坡分行，但在

---

① 杨荫溥：《杨著中国金融论》，上海黎明书局 1931 年版，第 456—457 页。

② 洪葭管：《从汇丰银行看帝国主义对旧中国的金融统治》，《学术月刊》1964 年第 4 期。

1919年关闭。中国银行为经营外汇的主要银行，并于1928年被指定为国际汇兑银行，此后在伦敦、大阪、纽约相继设立分行。随着本国商人经营对外贸易逐渐增多，华资银行的外汇业务也日渐发达，尤其是对南洋各地的汇兑较为普遍。但由于华资银行承兑汇票尚未推行，进口押汇仍需采用以信用证书作为保证付款的凭证。除了押汇外，外汇买卖中，以英美的近期和远期电汇为主。除中国银行和交通银行外，还有中孚银行、上海银行、浙江实业银行、浙江兴业银行、东亚银行、华侨银行、金城银行、大陆银行、国货银行、中南银行等十余家银行也兼营外汇业务。

外汇经纪人也是外汇市场的重要参与者，其由来已久，早在19世纪时即已在外汇市场中游走，作为外汇买卖的中介，为外汇市场的供需双方搭建桥梁。外汇经纪人是以代理银行及商家买卖外汇为主要业务，以收取佣金。外汇经纪人可分为外商经纪人和华商经纪人，两者均有经纪人公会组织。上海的外商经纪人公会共有会员53人，英国籍26人，美国籍8人，日本籍5人，法国籍4人，德国籍4人，荷兰籍2人，比利时、挪威、意大利、俄国籍各1人。上海华商经纪人公会于1926年6月成立，规定会员名额为16人，成立后3年内不得增减。中外商经纪人公会的佣金均规定由卖方支付。[①] 外汇经纪人无固定场所，他们奔走于中外各银行之间，承揽各类外汇买卖。原先规定华商经纪人不得与外商银行往来，后来冲破这些限制，凡经认可的经纪人，不限中外国籍，均可互为交易。外商经纪人数量较多，与各国银行及进出口商人的联系更为紧密，大部分外汇买卖均由外商经纪人承做。

此外，参与外汇买卖的还有进出口商、投机商等，进出口商人是外汇市场上最直接的供需双方，是产生外汇交易最基本的动力，其交易量甚巨，对外汇行市的变化影响极大。投机商则经常利用外汇价格的波动以及标金、大条银价格的变化，在外汇市场买进卖出，套取利差。

(三)外汇市场的交易方式

外汇市场的交易主要分为三类，分别是商业上的交易、银行间的交易，以及投机商的交易。商业上的交易是指进出口商人与银行之间进行的外汇买卖，这类交易期限最短者为电汇，最长者达6个月，汇票到期前，商家可进行部分或全部结算。银行间的外汇交易主要是银行为了保持本行在外汇买卖上的平衡，与同业之间进行外汇买进或卖出。若银行卖出外汇过多，收进大量现银，而现银无处运用，此时银行买进外汇，付出现银，则可加速资金的流动。反之，若买进外汇过多，银行现银不足，通过卖出外汇，则可抵补银行现金的缺乏。因此，银行之间的外汇买卖，可实现银行资金的平衡。银行通常委托经纪人向同行进行买卖。

---

① 杨荫溥：《杨著中国金融论》，上海黎明书局1931年版，第464—465页。

投机商的外汇交易，在外汇市场上占有较大比重，这种投机交易不仅以外汇价格的涨跌作为套利的基础，而且还利用外汇与标金价格的差异进行套利。投机交易一般通过期货买卖，进行买空卖空，并不进行实际标的物的交割。以外汇价格涨跌而进行的投机交易，通常是投机者预期未来外汇价格将下跌（上涨）时，卖出（买进）外汇期货，待将来实际外汇价格下跌（上涨）时，再买进（卖出）外汇，两相冲抵，赚取差价。

在上海，外汇交易除星期日以及银行假期外每日开市，有早市和午市两种，早市为上午 9 时 30 分至 12 时，午市（星期三和星期六除外）为下午 2 时至 4 时 30 分。外汇交易并无固定场所，大多是在银行柜台或电话中进行。

三、全面抗战时期的外汇市场管制

全面抗战爆发后，外汇市场产生了一系列变化。这一时期外汇市场的主要特征是政府干预外汇买卖，并通过各种措施维持外汇汇率，但由于法币大幅贬值，汇率稳定终究难以维系。这一时期外汇市场管制主要可分为两个阶段，分别是全面抗战爆发初期（1937 年 7 月至 1938 年 3 月）、孤岛时期（1938 年 3 月至 1941 年 12 月），而太平洋战争爆发后至抗战胜利（1941 年 12 月至 1945 年 8 月）为止，外汇市场基本上陷入了停滞。

（一）抗战初期的外汇限价

1935 年 11 月 4 日，国民政府实施法币政策，规定中国银行、中央银行、交通银行所发行的纸币为法定货币，法币不再兑换银元，实际上已脱离银本位，建立不兑现纸币制度。为了维持法币的价值稳定，将法币与外汇挂钩，形成汇兑本位制。因此，外汇汇率具备了象征法币价值的意义。法币政策还规定法币对外币的兑换价格，法币 1 元合英镑 1 先令 2 便士半，合美金 0.2975 美元，由中央银行、中国银行、交通银行负责外汇无限制买卖。1937 年 7 月，全面抗战爆发后，人心恐慌，外汇需求大幅增加，仅在一个多月内，三大银行卖出的外汇数额达 750 余万英镑，合法币 12 400 余万元，比 1937 年上半年平均每月的供应量增加了约 5 倍。①

“八一三”事变后，国民党财政当局与上海金融界为防止资金外逃，由财政部颁布《非常时期安定金融办法》和《上海市银钱业公会补充办法》，规定存户提款每周不得超过 150 元，定期存款未到期不得提款，到期后须改存活期。同时，国民政府还与外商银行签订一项协议，其核心要点为：中国政府按固定汇率供应外汇；外汇买卖只限于现期交易，为了投机而进行的外汇买卖，外商银行一律不予提供；政府与外商银行进行的外汇交易，已经进行的，均以法币结算；外商银行遇资金不足时，需首先自行设法补足，市

---

① 洪葭管、张继凤：《近代上海金融市场》，上海人民出版社 1989 年版，第 208 页。

场供给不足时，再向中央银行、中国银行、交通银行购买，并暂行拒收中国人的法币存款。① 这些外汇管制措施实行后，在短期内使外汇买卖得到一定控制。在实施后的半个月内，中央银行、中国银行、交通银行买回的外汇达 40 万英镑，合法币 600 万元。②然而，诸多漏洞依然存在，大量法币被运往香港兑换外汇，再加上偿还外债和对外贸易的外汇需求，外汇购买数量又大幅增加。自 1937 年 8 月 13 日至 1938 年 3 月 3 日修订外汇政策时，政府售出的外汇达 5 000 万美元之多。③ 总体而言，这一时期政府的外汇政策仍以固定汇率无限制兑换为主，法币对外汇的价格也相对保持稳定，通过兑换外汇使法币币值暂时得以维持。

(二)孤岛时期的外汇管制

1938 年 3 月 10 日，华北傀儡政权宣布成立具有发行权的“联合准备银行”，并下令准许中国银行和交通银行两行华北分行发行的钞票再流通一年，其余各银行的钞票于 3 个月内一律收回。因此，这些银行的钞票都流向上海，为日伪政府利用这些钞票套取外汇创造了机会。为了防止外汇基金被过度套取，中国政府于 1938 年 3 月 14 日对外汇实行管制，出售外汇业务概由中央银行负责办理，并须向政府所在地的总行正式申请。为便于此项工作的进行，特于香港设立通讯处负责办理银行和其他机构外汇申请书的收、转工作，凡经批准者，按官价售予外汇。3 月 17 日公布的第一批申请书核准者，其比重仅占 37.5％，而且由于审批工作并无合理的依据，引发普遍不满。外商银行于是否定了 1937 年 8 月签订的君子协定，不再按官价出售外汇。④ 自此，法币与外汇的固定汇率兑换便被打破。

此后，外汇申请书的审批逐步加严，被核准的外汇金额也逐渐减少，外汇审批制的实施，使黑市随之产生。黑市产生后，法币对外汇的价格大幅下跌，英汇从 1938 年 3 月下旬的 1 先令 2.25 便士，下降到 8 月初的 8 便士，美汇从 0.2925 美元下降到 0.16 美元。为防止外汇汇率继续下跌，国民政府决定由中国银行和交通银行与汇丰银行合作，共同维持上海黑市汇率，使上海汇率在此后半年多时间里稳定在 8 便士左右。但即便如此，政府也难以维持汇率稳定的局面，于是国民政府向英国政府求援。1939 年 3 月 10 日，中英双方协议设立“中英平准基金委员会”，核定基金为 1 000 万英镑，由中、英两国银行各承担一半。中国银行和交通银行承担 500 万英镑，英国汇丰银行和麦加利银行分别承担 300 万英镑和 200 万英镑。

该平准基金委员会的主要任务是稳定外汇汇率，由汇丰银行挂牌，将汇率稳定在

① 张公权:《中国通货膨胀史 1937—1949》，文史资料出版社 1986 年版，第 182—183 页。
② 洪葭管、张继凤:《近代上海金融市场》，上海人民出版社 1989 年版，第 209 页。
③ 张公权:《中国通货膨胀史 1937—1949》，文史资料出版社 1986 年版，第 183 页。
④ 张公权:《中国通货膨胀史 1937—1949》，文史资料出版社 1986 年版，第 183—184 页。

英镑 8 便士或美元 15.625 美分的水平上，并公开在黑市上无限制买卖外汇。虽然该委员会在稳定汇率上发挥了一定作用，但同时也造成大量外汇流失，而且很大部分被日伪政府套取。再加上投机商的外汇买卖，进一步增加了外汇需求，在此情形下，平准基金委员会若维持汇率不变，将难以应对巨额的外汇需求。因此，该委员会于 1939 年 6 月 7 日在香港电告上海汇丰银行和麦加利银行，停止按 8.125 便士的汇价出售外汇。电报到上海后，汇丰银行的牌价快速跌至 6 便士半，并暂时按此汇率出售外汇。外汇需求仍不断上涨，1939 年 7 月中旬，该委员会原有的 1 000 万英镑外汇基金几乎全部用光，不得不再次调整汇率。1940 年 5 月 2 日，该委员会再次电告汇丰银行，停止出售外汇，市场汇率跌至英汇 3.125 便士、美汇 4.5 美分。[①] 此时该委员会的外汇基金已经所剩无几，无法起到稳定汇率的作用。

由于中英平准基金的力量有限，1941 年 4 月 1 日，又签订了中、英、美三国平准基金合约，规定中国出资 2 000 万美元，美国提供 5 000 万美元，英国除原有的 500 万英镑外，再增加 500 万英镑，总共 11 000 万美元。该年 8 月 12 日，在重庆成立平准基金委员会，管理外汇基金相关事务，并放弃过去无限制兑换外汇的制度，改为审核制。1941 年 9 月 9 日，《特种经营外汇银行试行办法》颁布，规定各银行只能按照牌价出售外汇，不得按其他汇率买卖外汇。该平准基金委员会的主要目的仍是维持外汇市场的稳定，虽然对外汇黑市的发展起到一定遏制作用，但由于当时上海已沦为“孤岛”，不在中国政府的势力范围内，对外商银行的行动难以有效监督，而且本国货币的价值急剧下跌。因此，该委员会作用的发挥有限，大量外汇基金被售出，稳定汇率的目标难以实现。太平洋战争爆发后，香港被日军占领，该委员会于 1943 年 11 月 30 日撤销。[②]

1941 年 12 月 8 日，太平洋战争爆发后，日军进驻租界，在上海的英美等国银行皆被接管，外汇市场基本停滞，外汇交易极少。1942 年 7 月以后，日军驻上海的陆海军最高指挥部下令，禁止在上海市场上买卖外国钞票，违者军法惩治。因此，外汇无法公开交易，外汇交易急剧减少。

四、战后的外汇市场

(一)外汇市场的恢复与管理

抗战胜利后，上海恢复国际贸易和金融中心地位，国民政府决定重新开放外汇市场。1946 年 2 月 25 日，国民政府召开国防最高委员会会议，通过“开放外汇市场案”，同时公布《进出口贸易暂行办法》和《中央银行管理外汇暂行办法》。这些办法的基本

① 洪葭管、张继凤：《近代上海金融市场》，上海人民出版社 1989 年版，第 211—212 页。
② 洪葭管、张继凤：《近代上海金融市场》，上海人民出版社 1989 年版，第 212—213 页。

要点是废除官价汇率，按市场汇率买卖外汇，以及中央银行指定若干银行办理外汇业务。3 月 4 日，上海外汇市场正式开放，中央银行公布 29 家银行为指定银行，办理外汇业务。开放初期，对进口商品限制不严，外汇出售数量较多，消耗了大量外汇。为了防止外汇过快流失，国民政府开始对进口实行许可制，并成立临时管理委员会，对进口商品进行审核。同时为了鼓励出口，对出口商品的结算汇率给予 100％的补贴，而对进口商品的结算汇率征收 50％的附加税。虽然政府采取了诸多措施试图维持汇率稳定，但由于法币贬值过快，外汇汇率终究难以坚守。从外汇市场开放初期的 1 美元合法币 2 020 元，上涨到 1946 年 8 月 19 日的 1 美元合法币 3 350 元。1947 年 2 月 17 日，美元汇率进一步上调为 12 000 元，此后不久这一汇率也难以维持。[①]

1947 年 8 月 15 日，国民政府再次修订外汇管理及贸易办法，中央银行根据修订后的《管理外汇进出口贸易办法》，设置外汇平衡基金委员会，以平衡外汇价格，并设定 12 000 元为官定汇率。该委员会还根据市场供需情形，公布市场汇价，作为进出口商品的结汇汇价。首次公布的美元汇价为 39 000 元，其他外币的汇价依照美元汇价推算。同时，还成立输出入管理委员会，管理进出口商品及其外汇结算。对进口商品，须经该委员会核准，发给输入许可证，方可向指定银行结汇。此后，为了进一步保持外汇供需平衡，1948 年 5 月 31 日，中央银行实行结汇证明书制，规定出口商向银行出售外汇时，除了按当日市价从银行获得法币外，还将获得结汇证明书一张。此结汇证明书可在市场买卖，价格由市场决定，进口商须购买结汇证明书，方可结汇。[②]

结汇证明书实际上是通过外汇供给来控制外汇需求，并使两者保持平衡，但如果出现贸易入超时，出口商品所得的外汇无法满足进口商品的外汇需求，则结汇证明书的价格将快速上涨。结汇证明书制类似于配额制，通常会产生供不应求的情形，因此，为了满足外汇需求，市场汇率将高于结汇汇率。由于法币的急剧贬值，外汇汇率大幅上涨，而结汇证明书制度在一定程度上使外汇市场出现供不应求的状况，也推动了汇率快速上升，导致结汇汇率与市场汇率出现分离。平衡基金委员会公布的美汇基准价从最初的 39 000 元上涨到 1948 年 6 月底的 474 000 元，增加了 12 倍。结汇汇率也在两个多月内从 375 000 元上涨到 785 万元，而市场汇率上涨为 1 200 万元，两者差额达 35％。[③]

(二)限价、固定汇率与政策崩溃

1948 年 8 月 19 日，国民政府宣布进行币制改革，确立金圆券为法定货币，并以之兑换法币和东北流通券。8 月 21 日，中央银行公布金圆券对外汇汇率，美金 1 元合金

---

① 洪葭管、张继凤：《近代上海金融市场》，上海人民出版社 1989 年版，第 215—216 页。
② 张公权：《中国通货膨胀史 1937—1949》，文史资料出版社 1986 年版，第 205 页。
③ 洪葭管、张继凤：《近代上海金融市场》，上海人民出版社 1989 年版，第 217 页。

圆券4元，英镑1镑合金圆券12元，港币1元合金圆券0.75元，印度货币1卢比合金圆券0.9元。此后不久，又规定出口商向指定银行出售外汇时，中央银行仅以金圆券兑换外汇，不再发给结汇证明书。进口商兑换外汇时，也不需要结汇证明书。新办法实行后，之前的外汇官价、平衡基金委员会基准价、结汇证书市场价均被取缔，外汇市场几乎停滞。国民政府为了维持这一固定汇率，采取强硬措施冻结物价，查禁外汇黑市。虽然这些措施在短期内起到一定效果，但固定汇率也仅维持了40天左右，限价政策即垮台，外汇黑市再次出现，市场汇率重新形成，固定汇率也随之寿终正寝。

到1948年11月1日，国民政府不得不宣布放弃限价政策，并修订了一系列政策。国民政府所修订的政策主要包括：第一，准许人民持有金银外币；第二，改订金银和外币的兑换率，黄金每两的兑换价提升为1 000元，美元汇率上调至20元；第三，实行黄金存兑，即凡以金圆券存入中央银行或指定银行满一年者，除可获得利息外，存款时还可向银行兑换黄金或银币。1948年11月22日，中央银行通知各指定银行，将外汇交易的办理修订如下：第一，出口商品所得外汇全部经指定银行移转至中央银行，并由指定银行发给同等价值的外汇移转证；第二，国外侨民汇回本国的外汇，也应经指定银行移交中央银行，并由指定银行发给外汇移转证；第三，外汇移转证可向中央银行或指定银行兑换国外电汇或信汇，以实现外汇结算；第四，外汇移转证可由指定银行或外汇经纪人自由买卖，其有效期限为60天；第五，到期后的外汇移转证必须结售给中央银行或指定银行，结售汇率以有效期最后一日的最低市价为准。①

为了控制外汇市场，维持汇率稳定，国民政府放弃固定汇率制，实行外汇移转证制度。这一制度与结汇证明书制类似，都试图通过许可证的方式维持外汇市场的供需平衡，但两者也存在部分差异。一方面，结汇证明书仅是作为购买外汇的凭证，其本身并不代表特定数额的外汇价值，而外汇移转证则代表特定外汇的价值。另一方面，出口商在取得结汇证明书时，已经按官价出售了外汇，结汇证明书的价格实为官价与市场价的差额；而外汇移转证的价格即为实际进行交易的外汇价格。

自从实行外汇移转证制后，上海便形成一个无形的外汇市场，并无固定的交易场所，而是通过电话互通信息。外汇买卖的参与者主要有外汇经纪人、进出口商人等。外汇移转证行市分为两类：其一为侨汇移转证行市；其二为出口汇票移转证行市。侨汇行市是中央银行直接吸收外汇的行市，一日之内只有一个市价，每天由中央银行根据当天收盘时的移转证行市决定第二天的价格。出口汇票移转证行市每天上午9时30分开市，由经纪人和指定银行进行喊价，行市的涨落根据市场供需而定。中央银行并不直接参与移转证的买卖，但可通过经纪人或指定银行进行间接买卖，以平衡外汇供需。

---

① 洪葭管、张继凤：《近代上海金融市场》，上海人民出版社1989年版，第217页。

随着金圆券逐渐贬值，移转证的市价日渐上涨，而外汇黑市的价格则上涨得更快，高于移转证的行市。1949年初，解放大军挺进长江附近时，外汇黑市汇率急剧上升。至该年4月，移转证的行市上涨为金圆券205 000元，而黑市汇率更高达813 880元，移转证的汇率仅为黑市汇率的25.18%。[①] 外汇移转证制再次重蹈结汇证明书制的覆辙。由于本币贬值之势难以阻挡，信用逐渐丧失，外汇维持之策终将无效。随着上海的解放，外汇移转证制也随之终结。

第五节　黄金交易市场

近代时期，全国各重要城市不同程度上都存在金、银货的交易市场，而上海是当时全世界较大的黄金交易市场之一。上海各种金货交易最初并无固定地点，到1905年金业公所成立，入会金号30余家，开始有了固定交易场所。1921年成立的上海金业交易所，专门从事黄金买卖。1920年成立的上海证券物品交易所也部分经营金货买卖。1934年，证券交易所的标金部分业务合并于金业交易所，金业交易所成为上海唯一的黄金市场。金业交易所规定上市交易的黄金有四种：国内矿金、各国金块及金币、赤金、标金（即标准金条），而实际上交易的主要是标金，其余三种数量甚微。因此，习惯上也称上海的黄金市场为标金市场。抗战期间以及抗战胜利后，受战乱和政府黄金政策的影响，黄金市场受到严重干扰，黄金买卖受到限制，并出现黑市与官方管控市场，两者价格分离，使黄金交易一度混乱。

一、标金市场

（一）标金的含义、种类、来源

标金即为标准黄金，其形状为条块状，长约4寸，宽厚约5分。标金的种类分为上海标金、天津标金、北平标金。上海标金的重量通常为漕平十两，此为小条标金，也有重漕平七十两的大条标金，通常输出国外。大小条标金的成色均为978‰。每条标金除刻有炼制的金号名称外，还有熔制的年月以及"标金"二字。[②]

我国产金不多，标金大多来自国外，上海为金市交易的中心，上海标金一部分为外来条金和砂金，经过熔铸而成；还有一部由外国金币改铸而成。其中条金和砂金约占金货总进口额的四成，金币约占六成，由金币铸成的标金数量大于条金和砂金。伦敦

---

① 张公权：《中国通货膨胀史1937—1949》，文史资料出版社1986年版，第206页。

② 杨荫溥：《中国交易所论》，商务印书馆1930年版，第164页。

和纽约是当时世界上最主要的金银交易市场，上海条金和砂金的输入主要来自这两地。当上海标金价格上涨时，金货商人根据两地金价，扣除运费外，若有利可图时，就发电报给伦敦和纽约的金银商，订购金货。待运入上海后，即熔铸成标金，然后流入市场。

（二）标金交易的发展

上海金货交易最初并无固定地点，直到 1905 年金业同业发起组织金业公所，厥为最初集中交易的场所。金业公所的交易时间为每天上午 9 时至 12 时，下午 2 时至 4 时。交易方式有现期和定期两种，定期交易由买卖双方互立定单，公会盖章后，方可生效。无论是现期交易还是定期交易，均需向承担交易的金号缴纳保证金。定期交易如果市价涨到五两时，可随时结算差价，重新订立定单，以规避价格波动过大可能造成的损失。1917 年金业公所改组为金业公会，1920 年始有交易所设立。当时主要有两个交易所进行标金交易，其一为 1920 年设立的上海证券物品交易所，其二为 1921 年设立的上海金业交易所。1934 年 9 月，证券物品交易所将标金业务合并于金业交易所，上海金业交易所成为唯一的标金交易场所。①

1. 金业交易所的组织

上海金业交易所为股份有限公司组织，所内事务由 9 名理事组成理事会管理，理事会设理事长 1 人，常务理事 4 人，均从经纪人中选出。金业交易所的交易参与者主要有华商银行、外商银行、钱庄、银楼、棉杂帮、证券帮、进出口商，以及各地零星散户等，入场交易者为经纪人或代理人。上海金业交易所的经纪人原定为 138 家，后因上海证券物品交易所标金交易部分并入，又增加 30 家，总共达 168 家。② 参加金业交易的经纪人必须为金号同业的代表，而且需向交易所缴纳该所发行的股票 200 股，同时在买卖时缴纳一定数额的保证金③，再经金业公会审查合格，交易所理事会通过，以及经纪人公会认可，才能进入交易所交易。

经纪人所进行的交易大多为代理客户买卖，经纪人向委托人收取佣金，作为代理费用。经纪人代客买卖，根据是否向委托人收取保证金，可分为凭信用买卖和缴纳保证金买卖。凭信用买卖即委托人凭借其信誉，委托经纪人代为买卖，而不向经纪人预先缴纳保证金。缴纳保证金买卖是指委托人为每条标金买卖支付 20～50 元的保证金，保证金的数额可根据标金价格涨跌，适时调整。若价格涨跌超过保证金的数额，经纪人可向委托人追加保证金。若客户未及时补交保证金，经纪人可向交易所申请按市价结算，结算后的差额仍由客户补齐。

---

① 洪葭管、张继凤：《近代上海金融市场》，上海人民出版社 1989 年版，第 233 页。
② 洪葭管、张继凤：《近代上海金融市场》，上海人民出版社 1989 年版，第 236—238 页。
③ 杨荫溥：《中国交易所论》，商务印书馆 1930 年版，第 163 页。

经纪人所收取的佣金由委托人承担，买卖双方均须缴纳。佣金收取标准为每条标金付规元6分。经纪人所获佣金中，25%缴纳给交易所，余下75%归经纪人所有。每期结账后，交易所将从所征收的25%佣金中提取1/4发放给经纪人，作为奖励金。①

2. 金业交易所的交易方式

金业交易所内的交易也分为现期交易和定期交易。现期交易在当日即完成交割。定期交易的期限为不超过两个月，在此期限内，买卖双方可转卖或买回，也可进行交割或掉期交易。掉期交易是指将即将到期的当期买卖在交割日不进行结算，而是结转至下一期。交割日定于每月16日。转卖或买回是定期交易的重要特点，通过结算差价，而不进行实物交割。交易商在无现货的情形下，也可进行标金买卖，这不仅降低了交易门槛，也为投机交易打开了方便之门。标金投机交易的买卖双方分别称为"看涨"者和"看跌"者。"看涨"者又称"多头"，是指投机商预期未来标金价格将上涨，预先进行买进操作，然后待将来标金价格上涨再卖出，从中赚取差价。"看跌"者又称"空头"，与"看涨"相反，若投机商预期未来标金价格将下跌，首先卖出标金期货，然后待标金价格下跌后，再进行买进操作。此外，还有一种"套头"交易，主要指在标金与外汇之间进行套买与套卖。当标金价格与外汇价格产生差异时，通过买进标金，卖出外汇，或买进外汇，卖出标金，将标金和外汇价格进行折合后，即可获取差价。②

全面抗战爆发前，上海的标金市场为远东唯一的黄金市场，其规模虽然比不上伦敦和纽约，但凌驾于法国、日本等国之上。20世纪二三十年代，上海金业交易所每年的成交数都在三四千万条至五千万条之巨。③ 当时的交易量中，大多为买空卖空的投机交易。自1935年11月法币改革后，标金价格的涨跌幅度大为缩小，投机交易也随之减少。1935年四五月间，标金成交量在270万～280万条左右。至该年11月，成交数骤降为39万条。1936年11月，成交数只有28 700条，1937年一二月间，只剩1万条左右，7月份跌至3 647条。"八一三"事变爆发后，上海金业交易所随之停业。④

二、抗战时期的黄金市场

（一）抗战初期的黄金黑市

1937年8月13日淞沪战役爆发后，金业交易所即奉令停业，黄金买卖转入黑市进行。1938年春，中国征信所职员出面组织天元银号，联络金银同业者，在该银号进行黄金买卖。先后参与交易的有银楼、金铺、银号、钱庄共36家机构，都与天元银号通

① 杨荫溥：《中国交易所论》，商务印书馆1930年版，第164页。
② 杨荫溥：《杨著中国金融论》，上海黎明书局1931年版，第507—508页。
③ 寒芷：《战后上海的金融》，香港金融出版社1941年版，第97页。
④ 寒芷：《战后上海的金融》，香港金融出版社1941年版，第97页。

过对讲电话进行沟通。天元银号成为黄金黑市的管理者，而这36家机构则成为黄金交易的经纪人。上海大约有三四百家商号通过这36家经纪人进行黄金买卖，可见当时的黄金黑市交易已初具规模。

该黄金市场的交易标的以现货焓赤为限，每10市两为一条，成色为0.997。交易方法是上午成交，下午交割，下午成交，次日上午交割。此外，还有由小钱庄和银号垫款进行的期货交易，需缴纳保证金500元，除佣金外还需支付利息1至2分。黄金黑市自成立后，金价波动幅度极大，1938年黄金最高价与最低价的差额达929元，创近十年来金价波动之纪录。1939年最高价与最低价的差额更高达2 832元。1940年1—11月，最高价与最低价的差额竟达3 056元。金价大幅波动主要是受外汇价格影响，以及投机交易盛行所致。当时由天元银号所组织的黄金黑市中，每日成交数在三四千条，多时可达五六千条，其中多数为投机交易。①

1940年下半年，沪西要人潘省三参与天元银号，将其改为中国金业股份有限公司，简称联易公会。该年10月24日，联易公会正式成立，该公会设会长潘省三，经理章桐生。经纪人名额为40家，除天元银号原有的36家外，另外又加入4家与潘省三有关系的新字号。这40家经纪人，直接或间接代表各个投机集团。这时的黄金市场主要掌握在这些投机者手中，成为黄金投机的主要场所。联易公会所经营的黄金交易以期货为主，并仿照之前金业交易所办法，金价按照外汇价格结算，其价格涨落以外汇价格为转移。当时的黄金交易中，90%均为期货交易，都在每月15日办理掉期，转到下月。而进行现货交割的则寥寥无几。②

联易公会成立初期，交易量极少。此后因期货交易手续简便，且无需现货，只需500元保证金，即可买进或卖出一条黄金，黄金交易日渐繁盛。在全盛时期，分布在各写字间的小型金号达1 000家左右。直接或间接参加黄金投机交易者，超过50万人。当时上海的黄金交易空前狂热，联易公会每日成交量由1 000条增加到2万余条。1941年8月，国民政府建立新的外汇平准基金委员会，试图稳定汇率。虽然这一举措使汇率暂时得以稳定，但因英美两国相继冻结中国和日本的资金，使外汇市场陷于停滞，金价也随之失去参照，联易公会的黄金交易也由盛转衰。③

（二）敌伪控制下的黄金交易

太平洋战争爆发后，日军进入租界，建立敌伪组织。最初，日方当局禁止黄金投机买卖，黄金市场由此被打乱。黄金交易分散至各钱庄，交易地点不断更换，参加交易者寥寥无几。1943年秋，汪伪政府开始允许黄金可自由买卖，黄金投机交易再次抬头。

---

① 寒芷：《战后上海的金融》，香港金融出版社1941年版，第97—99页。

② 洪葭管、张继凤：《近代上海金融市场》，上海人民出版社1989年版，第242页。

③ 洪葭管、张继凤：《近代上海金融市场》，上海人民出版社1989年版，第242—243页。

当时参与黄金交易的主要是联易公会的原班人马，主要分为天津帮、香港帮、广东帮、银楼帮、银号帮、钱庄帮、钱兑帮等，幕后都有汪伪政府的人参与其中。当时敌伪政府对开放上海黄金市场存在两种不同意见。日本军部因需要内地物资，主张开放黄金买卖。而日本兴亚院极力反对，主张消灭投机交易。最终，日本兴亚院的意见遭到抵制，日本军部的意见占据上风，此后即进入黄金交易公开化的时代。

1945 年 5 月，汪伪政府发行一种金证券，票面金额分一两、五两、十两三种，每月发行一次，由伪中央储备银行挂牌发售，一个月到期兑现。第一期发行的金证券，以伪中储券七八十万元市价开市限售三天。开售初期，人们对金证券的兑现能力持怀疑态度，销售量极少，主要通过伪中央储备银行拉拢各银行勉强认购。伪中央储备银行出售金证券后，即从市场购买金条，作为兑现准备。由于一个月后金证券如期兑现，使其信用大增，此后第二期、第三期金证券的发行较为顺利，投机商人争相购买。

金证券发行之初，汪伪政府财政部部长周佛海即建议设立金证券市场，原计划交由联易公会承办，但在实行时被伪证券交易所抢去，于是在证券大楼八楼设立金证券市场，1945 年 7 月 3 日开幕。参与金证券市场交易的经纪人共 30 家，交易种类分为到期券、三期券、四期券三种。由于联易公会的人拒绝参与买卖，因而该市场每日成交数额不多，经营惨淡。同时，1945 年 6 月 19 日，伪上海市政府颁布《征收黄金特税暂行办法》，规定对一般黄金现货交易征收“黄金特税”，并设立“黄金特税缴收委员会”，指定 41 家金号代为征收。[①] “黄金特税”的征收，实际上使黄金市场在金证券市场之外又形成一个“现金市场”。买卖双方在“现金市场”上交易时，需缴纳黄金特税 5‰，由双方各承担一半。而代征黄金特税的金号，应缴纳中储券 1 000 万元作为保证金，这种代征黄金特税的方式，使这 41 家金号经纪人实际上成为黄金交易经纪人，为黄金现货买卖发挥了重要作用。[②] 金证券市场和“现金市场”存在时间极短，日本投降后敌伪政府垮台，这两个黄金市场也随之烟消云散。

三、战后的黄金市场

（一）中央银行的黄金抛售

1946 年 3 月，国民政府开放外汇市场，为了配合外汇市场的开放，中央银行自 3 月 8 日起在上海抛售黄金。抛售的办法分为明配和暗售，明配即每日上午 10 时前，由银楼业同业公会和金业公会根据各自会员的黄金需求，向中央银行提出申请。中央银行根据当日上午 10 时黄金市价决定配售价格，当日下午交割。暗售是指中央银行在

---

① 《征收黄金特税暂行办法》，《银行周报》1945 年第 29 卷，第 29—32 期。

② 洪葭管、张继凤：《近代上海金融市场》，上海人民出版社 1989 年版，第 245 页。

明配之外，根据市场供求状况，以当日金价波动的最高价为准，暗地里将金条交由指定的金号、银楼出售，中央银行不直接出面。暗售的目的原本是平抑黄金市价，实际上却适得其反。①

中央银行抛售黄金的市场代理人是金业公会和银楼业公会。中央银行为了便于控制，在金业公会的 65 家会员中指定 3 家金号和 2 家银楼，负责稽核各会员每日申请的购金数量，分发明配和暗售的黄金。中央银行通过金号和银楼进行黄金买卖，金号和银楼原本也是金业交易所的经纪人，因此中央银行实际上发挥了交易所的作用。从 1946 年 3 月 8 日至 1947 年 2 月 8 日止前后 11 个月左右，共抛售黄金 333 000 余条。②中央银行抛售黄金后，最初几个月上海金价波动较小，但 1946 年 10 月后，上海金价大幅震荡。1947 年 1 月后，每日金价都波动好几次，到 2 月初一天内涨价竟达 9 次之多。虽然中央银行逐日抛售金条，但黄金价格仍持续上涨。为了缓解黄金价格上涨之势，中央银行甚至将重庆的库存厂条运到上海出售，但仍无济于事。黄金投机者已经察觉到中央银行的黄金几近售罄，反而进一步增加了黄金的买入。中央银行难以应对不断上涨的黄金需求，不得不于 1947 年 2 月 8 日停止暗售，而市面更加掀起抢购黄金的风潮，中央银行被迫于 2 月 15 日正式公告停止抛售黄金。至此，上海黄金市场又变成只有黑市，而无牌价。③

黄金风潮发生后，在国民党内部引起派系斗争。CC 派试图乘机打倒宋子文，扩大自己的势力，主张查办，孔祥熙、张群也主张查办，国民党监察院也组织调查小组进行彻查。宋子文迫于压力，辞去行政院院长职务，但随即被蒋介石委任为广东省政府主席，并未受到实质性的处罚。中央银行总裁贝祖诒也仅是免去职务，未受到法律处罚。而中央银行业务局局长杨安仁和上海金号同业公会理事长詹莲生却成了替罪羊，分别被判处 7 年和 4 年徒刑。

（二）从禁止买卖到强迫收兑

黄金风潮后，国民政府的黄金政策发生转变。首先是禁止自由买卖，由中央银行挂牌收购。但当时中央银行的收购价远低于市场价，当时收购价为每市两 48 万元，而黄金黑市价格已达每两 60 万元以上。因此，按中央银行牌价出售黄金的，寥寥无几。1947 年 8 月，国民政府宣布修正管理外汇办法后，黄金牌价按美金 40 元合纯金 1 市两的价格，再乘以美汇价格的基准牌价计算。若以美汇计算的基准牌价上升，则收购

① 中国人民政治协商会议全国委员会文史资料研究委员会：《法币、金圆券与黄金风潮》，文史资料出版社 1985 年版，第 142—143 页。

② 洪葭管：《中央银行史料（1928.11—1949.5）》，中国金融出版社 2005 年版，第 1106 页。

③ 中国人民政治协商会议全国委员会文史资料研究委员会：《法币、金圆券与黄金风潮》，文史资料出版社 1985 年版，第 137—138 页。

价也将上升。由于黄金黑市价格始终在收购价之上，故向中央银行出售者极少。虽然政府严禁黑市交易，但黄金买卖仍在暗中进行，而且私人持有黄金，也未明令禁止。

1948年8月19日，国民政府发行金圆券，并公布《人民所有金银外币处理办法》，规定人民所持有的黄金、白银以及外币，应一律向中央银行或委托其他银行兑换金圆券。不在规定期限内兑换成金圆券的黄金，一律没收。在政府强制高压政策下，人民不得不将黄金兑换成金圆券。截至1948年10月31日，仅上海一地，被迫收兑去的黄金达1 102 528市两。[①]

(三)黄金存兑

金圆券发行70多天后，其币值难以维持，通货膨胀日益严重，经济形势日趋恶化。1948年11月1日，国民政府颁布《财政经济紧急处分补充办法》，宣布放开限价；11月13日又颁布《修正金圆券发行办法》以及《修正人民所有金银外币处理办法》，再次改变黄金政策，公开出售黄金。11月22日起，上海、南京等城市开始办理黄金存兑。规定黄金1市两等于金圆券1 000元，若客户要兑换黄金1市两，需另外存入金圆券1 000元。因此，实际上黄金1市两需金圆券2 000元。由于金圆券快速贬值，存入的1 000元形同废纸。而当时黄金市价已高于2 000元，故向中央银行申请兑换黄金者络绎不绝，日夜排队，甚至出现"黄牛党"。12月10日，政府宣布限制黄金存兑数量，每人仅限兑黄金10两，但黄金市场依然供不应求。12月15日，国民政府修正金圆券存款兑现办法，规定每人凭身份证限兑1两，每三个月兑换一次。黄金限购政策并未能缓解黄金供不应求之状况，反而使黄金市价更加上涨，申请存兑的人数也日益增多。最终，每人限购1两的存兑政策也宣告失败。

国民政府于1948年12月24日，令中央银行停止黄金存兑办法。1949年1月5日，公布《改善金圆券存款兑现办法》，恢复存兑黄金。规定每两黄金除收2 000元金圆券外，另外加收部分平衡费。平衡费即通过外汇价格(美元汇价)计算得到的黄金价格与黄金官定价咯之差。收取平衡费实际上相当于以市场价兑换黄金，首次公布的平衡费挂牌价为4 500元，即存兑黄金1两，需6 500元金圆券。加收平衡费后，黄金存兑价格上涨，进一步推动了黄金黑市价格的上涨，1949年1月8日午后竟高达13 000元。此办法仅实行了约10天，1月17日，国民政府宣布废止此项办法，黄金存兑政策就此结束。[②]

(四)短暂的自由买卖

1949年2月23日，国民政府通过"财政金融改革案"，重新开放黄金自由买卖，黄

---

① 洪葭管、张继凤：《近代上海金融市场》，上海人民出版社1989年版，第250页。

② 洪葭管、张继凤：《近代上海金融市场》，上海人民出版社1989年版，第251页。

金政策再次发生重大改变。财政部训令上海市金业同业公会恢复黄金买卖，并快速组建黄金交易市场。金业公会随即公告办理会员金号复业登记，并制定买卖黄金现货办法。该办法的主要内容是：第一，规定各金号买卖黄金只能在公会内进行，业外人士不得入会买卖；第二，规定买卖对象为现货赤金，只能在场内自行议价交易；第三，规定交易时间为每日上午 9 时 30 分至 12 时，下午 1 时 30 分至 3 时。此外，还规定每日上午和下午的买卖价格，分别不得超过前日下午和当日上午价格的 10%。若超过此限度，则停止买卖。虽然该金业公会组织的黄金市场于 1949 年 3 月 22 日开业，但由于金圆券的急剧贬值，金价随之快速上涨。至 4 月 25 日，已涨至 21 900 万元金圆券，场外黑市价更高达 40 000 万元金圆券，整个黄金市场极度混乱。自 4 月 26 日起，上海金业公会的黄金市场陷于停滞。①

可以看出，自抗战胜利后，黄金市场经历了多次反复变化。国民政府的黄金政策是决定黄金买卖的重要因素，黄金政策从限购到禁止买卖，再到存兑和自由买卖，政府反复修订对黄金的管控措施。黄金市场也与政府的货币发行及外汇市场密切相关，随着政府货币发行量的急剧增加，形成恶性通货膨胀，黄金价格也随之快速上涨。同时，黄金作为良好的价值储藏工具，货币贬值更加刺激了黄金需求的增加，使黄金市场供不应求。因此，国民政府为了控制不断上升的黄金需求，采取限购和限价政策，但基本无济于事。最终，随着国民政府货币与经济政策的失败，黄金市场也陷于停滞。

第六节　大条银市场

从开埠初期到 19 世纪末，中国的对外贸易主要为出超，外商为了弥补贸易逆差，通常需要以现金抵补，向中国输出条银和银元。此后，随着贸易的日益扩大，即使在贸易逆差的情形下，也出现大量现银进出。19 世纪中后期，外国银行逐渐进入中国，在上海等通商大埠设立分支机构，除了经营国际汇兑业务外，买卖生金银也是其一项重要业务。通过运送金条银块，调节国际收支，并以此调节金银比价和对外汇率。尤其是英国汇丰银行，在上海金银市场上占有重要地位，掌握着大部分上海金银的进出口。当世界市场上出现金贵银贱时，汇丰银行便大量进口现银；而当世界市场上银价上涨时，又运出大量白银，套取利差。这类根据国内外金银比价的变化所形成的白银进出口，是大条银市场产生的基础。

---

① 洪葭管、张继凤：《近代上海金融市场》，上海人民出版社 1989 年版，第 252 页。

一、世界银市场与中国

自15世纪末以来，美洲白银占世界产银总量的80%左右。但世界银市场的中心在伦敦，每年世界银产量的40%在伦敦出售，世界各地的银价均以伦敦银价为转移。第一次世界大战前，中国进口的白银大多来自伦敦。[①] 同时，纽约也是20世纪二三十年代世界主要的银市场，是中国大条银的主要来源地。

中国人买卖大条银，主要通过委托外国银行代理买卖。伦敦银市价格以标准银1盎司值英币若干便士表示，标准银的成色为0.925，即每1 000盎司标准银含纯银925盎司，其他银条或银块的价格则根据其成色相对标准银升水或贴水若干进行调整。从伦敦运入的大条银，上海称为“红毛条”，其形状为长块砖形，重量在980～1 190盎司之间，成色大多为0.998。因此，伦敦大条银的成色较标准银升水7.3%，即每盎司大条银的价格较每盎司标准银高7.3%。

(一)伦敦的银市场

伦敦为世界银市场之中心，世界各主要商埠银价的制定均以伦敦银价为参照。伦敦银市公定价格的议定主要掌握在四大金银号手中，各国银行若要买卖生银，可电告伦敦四大金银号，委托其代为买卖。四家金银号的经纪人每日上午通过问询与远东有关系的伦敦各银行，如麦加利银行、汇丰银行、有利银行，以及横滨正金银行，根据各银行的交易多寡，于下午1点45分派代表集议，公定市价。市价决定后，四家金银号立即电告国内外与其有往来的商号以及新闻媒体，并将此市价传达至世界各大商埠。当日市价主要依据前一日市价，再结合当日供需情形，适当调高或调低。由于上海与伦敦相差8个小时，故上海只能用伦敦前一日的市价，此项市价每日早上由汇丰银行挂牌公布。[②] 凡在伦敦市场上买卖的大条银，成色都经公估局鉴定。伦敦大条银买卖的种类分为现货和期货，现货在7日内交货，期货则以两个月为交割期限。

(二)纽约的银市场

美国是世界上重要的产银国，近代时期其银产量约占世界的1/3，是主要的白银供给国。纽约位于美国、加拿大、墨西哥三大产银国之中心，占据着地利之便，其在银市场上的地位仅次于伦敦。第一次世界大战期间，由于从纽约运送白银至远东地区更加便利，以及美国与远东地区贸易不断发展，纽约输入中国的白银数量逐渐增加，在大条银市场中的地位日益上升，甚至有超过伦敦之势。

第一次世界大战后，上海从纽约输入的大条银数量已超过伦敦。从美国输入的大

① 杨荫溥：《杨著中国金融论》，上海黎明书局1931年版，第542—543页。

② 杨荫溥：《杨著中国金融论》，上海黎明书局1931年版，第544页。

条银主要来自旧金山，俗称“金山条”，其成色为 0.999，价格也以这种成色的银条为依据，以每盎司值美金多少表示。纽约银市场的卖方不承担大条银成色的鉴定，其成色由信用卓著的银行和银提炼公司得以保证，而且银条表面皆印有号数、戳记、成色等标志，使银条的成色多了一重保障。纽约的大条银从未发生银条成色不足的情形。

纽约银市场主要由三类商号所掌控：第一为金属经纪商，以经营铜或亚铅等金属的买卖为主，附带进行银货买卖；第二为外国汇兑商，主要业务为买卖国外汇兑，同时也买卖金银；第三为金属生产和金属提炼公司。若从买方来看，条银的买方以与远东有往来的银行为主，纽约受中国银行委托代理买卖条银的银行不下 50 家。凡华商要在纽约买卖生银，须将买卖之数电告纽约经纪人，请其代为买卖。交易成功后，再请求纽约代理银行代为收货、交货、收付款，以及办理装货运送等事务。与伦敦银市场相似，华商若要在纽约买卖大条银，也需要委托当地的经纪商代办。

但与伦敦不同，纽约银市场从事银条买卖者甚多，银价的决定并非掌控在几家金银号手中，而是由众多参与交易的买卖双方相互竞价形成。交易时间从早到晚，终日不息，市场价格处于不断变化之中，并不存在实际的公定市价。虽然纽约商号也会根据伦敦所发布的条银公定市价，参照纽约白银的供求状况制定相应的公定价格，但这种公定价格极少被采用。银市场上的买卖大多以当时买卖双方所议定的市场价格为准，纽约银市场实际上是一个充分竞争的市场。此外，纽约大条银买卖的交割与伦敦不同，其交割日期不确定，自成交之日起 6 个月内，在卖方便利时进行交割。①

二、近代中国的大条银市场

白银作为近代中国的主要货币，其用途非常广泛，不仅是铸造银元和元宝银的主要原料，也被用于制作工艺品。市场对白银的需求极大，凡一切进出口贸易、国外汇兑、大宗交易，皆以白银结算。但我国并非主要产银国，每年产银不及五万两，因此，现银供给主要来源于国外。根据海关报告，1920—1929 年的 10 年间，我国白银净进口达 65 087.5 万海关两。② 而 1888—1931 年，白银净进口共达 103 700 万盎司纯银。③上海是近代中国大条银进出口的主要港口，英美等国输入的大条银，除一部分由上海银炉铸造成本地通行的宝银外，其余大多转运其他各省，或复出口至国外。1919—1931 年，进口的大条银中，用于造币厂造币的有 476 000 条，占 56%；熔铸为宝银的为 325 000 条，占 39%；复出口的为 41 000 条，占 5%。④

---

① 杨荫溥：《杨著中国金融论》，上海黎明书局 1931 年版，第 547—551 页。

② 杨荫溥：《杨著中国金融论》，上海黎明书局 1931 年版，第 539—541 页。

③ 洪葭管、张继凤：《近代上海金融市场》，上海人民出版社 1989 年版，第 253 页。

④ 《去年上海大条银进出概况》，《银行周报》1932 年第 16 卷第 1 期。

条银是铸造宝银的主要来源。1920 年之前，成色为 0.998 的大条银每广平 100 两交银炉熔铸后，可得规元 111.2 两。但自 1920 年起，因铸造成本提高，经银炉与银行商定，成色 0.998 的大条银每广平 100 两铸造成宝银后，需减去规元 3 钱，即合规元 110.9 两。而成色 0.997 的大条银每广平 100 两熔铸成宝银后，又需再减去 1 钱，合规元 110.8 两。从美国输入的大条银，成色为 0.999，每广平 100 两铸造成宝银后，可得规元 111 两。以上为大条银熔铸成宝银的公定比价，实际上仍需要根据当日大条银的供求状况，上下浮动。

上海的条银除了留在上海熔铸为宝银外，很大一部分运往国内其他各埠，或在银炉熔铸为宝银，或运往造币厂铸造成银元。但运往其他各埠需要加收一定升水，即包含运费、搬运费、保险费、码头费、利息等各项费用在内的成本。如果考虑这类成本后，从上海运送大条银至国内其他各埠造币厂铸造银元仍有利可图，则大条银将流向内地。民国时期，国内多省均设有造币厂，与上海关系较为密切的是南京、杭州、天津、武昌等造币厂，这些造币厂的生银主要来自上海。

此外，英美等国输入上海的大条银还可再次出口，其运往地点大多为印度或伦敦。当伦敦电汇或印度电汇价格低于平价时，可在上海卖出英国汇票或印度汇票，同时在伦敦或孟买卖出大条银期货，待上海的大条银运到时即交货，便可从中获利。假设英国汇兑价格为规元 1 两值英镑 3 先令 2 便士，而当日英汇平价为 3 先令 6 便士，表明上海银价较低。此时，在上海卖出英镑，规元 1 两只需付 3 先令 2 便士，而在伦敦卖出大条银期货，规元 1 两可获得 3 先令 6 便士的收益。因此，在两地买进卖出，即可获得规元每两 4 便士的盈利。此种情形下，上海的大条银就会再行运出国外。但如前所述，运出数量并不多，仅占大条银各类用途的 5%。[①]

1934 年 6 月，美国颁布白银法案，收购白银，世界银价大幅上涨，大量白银外流。1934 年中国白银净出口量(不包括走私)为 25 700 万元，其中 80%左右是从美国白银法案通过后至 10 月 15 日不到 4 个月内运出的。1934 年白银出口量达到了中国以往最高白银流出记录 1907 年的 5 倍。上海中外各大银行的白银存量从 1934 年 5 月的 56 935.6 万元下降到 1935 年 5 月底的 33 508.1 万元，一年内下降了约 41%。[②] 白银外流难以控制，国内通货紧缩日益严重。最终，国民政府于 1935 年 11 月实行法币政策，脱离银本位。此后，白银逐渐退出流通领域，白银的通货需求减少，白银市场交易基本停滞。

---

① 杨荫溥：《杨著中国金融论》，上海黎明书局 1931 年版，第 561 页。

② 朱偰：《世界通货战争之现阶段及中国应取之对策》，《东方杂志》1935 年第 13 期。

思考题

1. 名词解释：

货币市场　洋厘　银拆　标金　票据贴现　承兑汇票　顺汇　逆汇　汇付法　出票法　结汇证明书　外汇移转证

2. 简述洋厘与拆借市场的关系。

3. 为什么近代中国票据贴现市场发展缓慢？商业承兑汇票为什么直到20世纪30年代才逐渐被使用？

4. 简述近代中国内汇市场的发展历程和特点。

5. 内汇市场的汇兑方式有哪些？汇兑方式与票据贴现存在怎样的关系？

6. 影响外汇价格涨跌的因素主要有哪些？外汇市场与标金市场的关系如何？

7. 全面抗战爆发后，国民政府采取了哪些措施干预外汇市场？这些措施产生了何种影响和效果？

8. 金业交易所内，标金交易的种类主要有哪些？

9. 全面抗战时期以及抗战胜利后，黄金市场的发展经历了哪几个阶段？这一时期黄金市场发展的主要特点是什么？

10. 简述大条银的主要来源及其用途。

主要参考文献

1. 洪葭管、张继凤:《近代上海金融市场》,上海人民出版社1989年版。

2. 杨荫溥:《杨著中国金融论》,上海黎明书局1931年版。

3. 姚贤镐:《中国近代对外贸易史资料》第三册,中华书局1962年版。

4. 张公权:《中国通货膨胀史1937—1949》,文史资料出版社1986年版。

5. 中国人民政治协商会议全国委员会文史资料研究委员会:《法币、金圆券与黄金风潮》,文史资料出版社1985年版。

6. 中国人民银行上海市分行:《上海钱庄史料》,上海人民出版社1960年版。

第十二章　近代中国的证券市场与金融风潮

证券市场也称资本市场，是发行、流通和交易政府公债、股票、公司债、金融债等各类有价证券的市场，是商品经济和信用制度发展到一定历史阶段的产物。广义上，证券市场包括证券发行(一级市场)和证券交易市场(二级市场)，证券发行市场是筹集资金的渠道和场所，证券交易市场则是促进资金流动和周转的重要途径。狭义上而言，通常所说的证券市场是指证券交易市场。

第一节　近代中国证券市场的发展过程

主要资本主义国家的金融市场或者证券市场的发育进程，一般都经历了一个由政府债券交易到公司债券与股票交易的过程。我国近代证券市场的形成则是发端于企业股票交易，然后转向以政府公债为主，从抗战时期开始股票交易又逐渐占据主导地位。1894 年，清政府发行"息借商款"，即首次发行公债，1898 年发行昭信股票，1911 年发行爱国公债，这三次公债的发行，揭开了近代中国发行公债的序幕。但晚清政府所发的公债尚未建立良好的信用，也未形成公债交易市场，直到民国后，公债逐渐被民众认可，公债交易才日渐活跃。

一、证券市场的发轫和兴起

(一)外商证券交易

有价证券的发行是证券市场产生的前提，股票和债券是最主要的有价证券，由于政府债券发行较晚，民国以后才逐渐进入证券市场进行交易。因此，近代中国证券市场的产生最早源于公司股票，而外商企业的股票早于华商企业，故近代中国的证券市场最早发轫于外商企业的股票交易。1843 年上海开埠后，外商逐渐进入中国，在华创办企业，并发行股票，募集资金。最初外商企业股票的买主主要是买办商人，但由于国人对这种新生事物尚缺乏了解，外商股票在开埠初期出售较为困难。到 19 世纪 70 年代后，由于外商企业盈利状况日渐改善，股票分红获利颇丰，华商购买外商股票者逐渐增多，持股票比例日益上升。多数外商企业的华商持股比例都达到 40%，怡和丝厂和华兴玻璃厂的华股比例达 60%以上，大东惠通银行和中国玻璃公司甚至达 80%。[①] 从交易方式上看，这一时期外商股票尚未形成固定的交易场所，主要由经纪人在西商总会的大厅和汇丰银行的街边站立着进行交易。同时，也出现了经营外商股票买卖的公司，如 1869 年上海四川路二洋泾桥北出现了第一家专营有价证券的洋行——英商长利公司(J. P. Biest & Co.)，不久后，又出现英商柯希奈·司密斯公司(Cushuny-Smith& Co.)及苏利文·勃咨公司(Sullivan-Bases & Co.)。[②] 此后，直到 1891 年，外商在上海设立上海股份公所(Shanghai Share brokers Association)，1905 年改组为上海众业公所(Shanghai Stock Exchange)，主要交易外商企业的股票及欧美等国发行的公债。这是外商进行证券交易的正式场所，且一直延续到抗战时期。

(二)华商证券交易的兴起

随着外商在华设立的股份制公司日渐增加，对华商股份制公司的成立形成一种示范效应。在外商企业的冲击下，1872 年，本国第一家股份制企业——轮船招商局正式成立，开始出现本国的产业证券。此后官督商办的股份制企业逐渐设立，如开平煤矿(1877 年)、上海机器织布局(1878 年)、荆门煤铁矿(1879 年)、鹤峰铜矿(1881 年)、平泉铜矿(1881 年)等，至 1882 年左右，股份制企业的数量已经达到 20 多家。[③] 这些企业相继以发行股票筹集资本，推动了近代中国本土企业股票交易的兴起。

股份制企业开创初期，股票的发行主要由企业所设立的招股处直接向社会募集资金，这些招股处或是自行办理招股事宜，或是委托某些行号代为招股。至 19 世纪 80 年代，随着股票发行量的增加，股票交易也日渐繁盛。1882 年，上海股票市场首次达到交易高峰期，股票价格大幅上涨，参与交易的股票种类也快速增加。当时股票的面值一般为每股一百两或一百银元，但当时多数股票价格已上涨了近一倍。根据《申报》上的记载，1882 年 6 月 9 日平泉铜矿的股票价格为一百八十五两，开平煤矿为二百四十二两五钱，长乐铜矿为一百六十两，招商轮船为二百六十两，10 月 27 日分别为二百四十六两、二百一十八两、二百二十两、二百五十五两。从股票交易的数量来看，1882 年 6 月 9 日《申报》第一次刊登股票行情时，上市交易的股票只有 10 种，但到当年 10 月 27 日，便已增加到 19 种，至 1883 年 4 月 12 日时，更增加到 29 种。实际上，从 1882 年至 1887 年这 6 年间先后上市交易的股票已达 36 种。但好景不长，这种繁荣局面很快就发生了逆转。自 1882 年底开始，上海市场上部分股票价格开始调转直下，伴随 1883 年金融风潮的到来，股票价格大幅下跌。1883 年 12 月 20 日，除了极个别股票

---

① 沈祖炜：《近代上海企业发展的特点》，《上海经济研究》1998 年第 1 期。

② 陈正书：《近代上海华商证券交易所的起源和影响》，《上海社会科学院学术季刊》1985 年第 4 期。

③ 朱荫贵：《近代上海证券市场上股票买卖的三次高潮》，《中国经济史研究》1998 年第 3 期。

外,绝大多数股票价格已下跌到面额的一半至 2/3 左右。到 1884 年 12 月 30 日时,下跌幅度继续加剧,绝大多数股票价格已跌到面额的一半以下,甚至有些不到票面价格的 1/4。①

这种短暂的繁荣局面虽然促进了华商企业股票交易的兴起,但由于股份制企业兴起仅十多年时间,股票市场仍处于发行和认购的一级市场,尚未形成二级市场上的大规模交易。这一时期出现了专门进行股票交易的公司,1882 年设立的上海平准股票交易公司②便是一家从事股票发行和交易的公司,主要功能是帮助新式公司建立筹集资金的渠道,即"为各公司通经路而固藩篱",并便于股票在二级市场上进行交易,公布股票价格信息,避免买卖双方因信息缺乏而造成损失。由于当时"人见轮船招商与开平矿务获利无算,于是风气大开,群情若骛,期年之内,效法者十数起。每一新公司出,千百人争购之,以得票为幸,不暇计其事之兴衰隆替也。然积而久焉,其弊有不可胜言者"。因此,设立平准公司,根据市场供求状况,每日公布价格,有利于价格信息的传递,为投资者提供参考。这家公司的组织形式是股份公司,其章程中规定"招股十万两,分为一千股,每股规银一百两"。在组织结构上,设董事数人,正副执事二人,常年驻扎,综理公司一切事务。并聘请账房二人,跑街二人,翻译、书记及庶务各一人,学生二人。其业务范围大体可分为以下三方面:第一,确定股票市价并向社会公布,"逐日行情除写挂水牌外,送登《申报》",使买卖双方均得其益。第二,抵押股票。平准公司鉴于当时社会上存在每逢结账日,持票者不得不以低价出售股票,以清账款的现象,因而开展股票抵押业务。"今有平准公司可以押银,则渡过年关价仍复旧,不致受人挟制。"抵押股票时平准公司"给予收照一纸,以一个月为期,期满不赎,照市出卖,除去押息,盈亏向原主结算。"第三,代理买卖股票。"门庄买票者,欲买何项股票,定期限价,书立合同,定票如到期,而照限兑进,毋得毁议。如远处函托素昧平生者,须先付定银一成。"若想委托代售股票,则须"先将股票送到本公司,给予合同收票,定期限价代售,如欲先取几成银两,售出后照押款算息"。平准股票公司为了吸引顾客,还支付一定比例的回扣,不管股票是买进还是卖出,"公司均给予发票一纸,三个月后,凭发票来本公司扣还回用十成之二"。③ 平准公司作为代理股票买卖的机构,其功能与交易所已有几分相似,反映了当时股票交易已日渐兴起。除平准公司外,1885 年 6 月 22 日至 1887 年 1 月 13 日《申报》上出现以"公平易公司各股份价"名义刊登股票行情的"公平易公司",这是与平准公司类似的另一家代理股票买卖的机构。

---

① 朱荫贵:《近代上海证券市场上股票买卖的三次高潮》,《中国经济史研究》1998 年第 3 期。

② 吴毅堂:《中国股票年鉴》,中国股票年鉴社 1947 年版,第 1 页。

③ 《上海平准股票公司叙》,《申报》1882 年 9 月 27、28 日。转引自朱荫贵:《近代上海证券市场上股票买卖的三次高潮》,《中国经济史研究》1998 年第 3 期。

(三)证券交易的茶会时代与公会时代

此后,随着股份制公司的日益增加,股票交易日渐频繁,遂产生兼营股票买卖的掮客。这些掮客每天中午前借茶馆聚会,洽谈交易。1910 年,掮客们在上海南京路的惠芳茶楼洽谈交易,1913 年迁至四马路进行交易。买主主要是茶商、丝商、洋行、轮船公司的买办等。① 这种模式一直持续到 1914 年上海股票商业公会成立前,这一时期被称为证券交易的茶会时代。上海股票商业公会成立后,交易规模有所扩大,标志着证券市场逐渐形成专门的交易场所。该公会为会员组织,经营费用由各会员负担,创立初期有 12 家会员,每家会员捐银十二两,日常经营费用每月每家承担银二两。交易方式是当面买卖,且皆为现货交易。买卖的证券包括公债票、铁路证券、公司股票和外国货币等各种类别。② 1917 年的股票同业有 60 家左右,还有许多兼营证券的小钱庄也参与其中。

二、交易所产生后的证券市场:1918—1937 年

从 1918 年开始,各种证券交易所逐渐兴起,证券交易进入交易所时代。这一时期最大的特点是政府债券进入交易所交易,并成为交易所最主要的交易标的物。早在晚清时期,就有人提出创办证券交易所的倡议,梁启超较系统地论述了设立交易所的必要性。1910 年 11 月 2 日,他在《国风报》上发表《敬告国中之谈实业者》一文,提出若要振兴实业,必须发展股份制企业,而"股份懋迁公司"(证券交易所)则是辅助股票交易,促进资金流通的重要机构。③ 民国成立后,农商部即开始筹办设立证券交易所的工作。1914 年底,中国第一部《证券交易法》正式颁布,施行细则于第二年颁行。1918 年 6 月 5 日,中国第一家证券交易所——北京证券交易所正式成立。1920 年 7 月 1 日,经北京政府批准,由虞洽卿等人发起的上海证券物品交易所在上海正式开业。同时,上海华商证券交易所也于 1920 年 5 月 20 日宣告成立,1921 年 1 月正式开业。此后,因交易所盈利颇丰,上海及全国各大都市纷纷兴起设立交易所的热潮,1921 年夏秋之间盛极一时,最多时上海交易所有 136 家。同时,信托公司也在这一时期达到鼎盛,最多时上海一地即有 12 家,交易所的成立风起云涌。④ 此外,这一时期北京、天津、汉口等地所设立的交易所也有 50 余家。但交易所和信托公司设立过热,很快引发了"信交风潮",受此影响,大量交易所相继倒闭,上海留下的交易所只有 6 家,证券交

---

① 李韵清:《中国之股票交易》,《日用经济月刊》1940 年第 2 卷第 10 期;吴毅堂:《中国股票年鉴》,中国股票年鉴社 1947 年版,第 2 页。

② 吴毅堂:《中国股票年鉴》,中国股票年鉴社 1947 年版,第 2 页。

③ 梁启超:《敬告国中之谈实业者》,《国风报》1910 年第 1 卷第 27 期。转引自上海市档案馆:《旧上海的证券交易所》,上海古籍出版社 1992 年版,第 267—273 页。

④ 寿进文:《民十信交风潮之回顾》,《证券市场》1947 年第 3 卷第 3 期。

易所仅剩上海证券物品交易所和上海华商证券交易所 2 家，其他各地的交易所也纷纷倒闭。

“信交风潮”使民众购买股票的信心大受打击，股票交易几乎断绝。为了维持运转，幸存下来的交易所便通过公债交易，使交易重获生机。股票交易的没落，公债发行量的增加，以及信用的日益坚实，是这一时期证券市场逐渐变成“财政市场”或“公债市场”的直接原因。从 1912 年至 1926 年，北洋政府共发行 27 种公债，总发行额达 876 792 228 元，实际发行额为 612 062 708 元。其中大部分是 1914 年后发行的，尤其是 1918 年、1920 年、1921 年这三年发行都超过亿元。[①] 虽然公债通常由银行承销，但在二级市场上的交易则需在交易所进行。北京证券交易所设立的一个重要原因即便于公债交易。因此，政府公债和国库券发行最多的时期，也是北京证券交易所最繁盛的时候。

至南京国民政府时期，1927—1931 年的 5 年间内债发行额已达 105 800 万元，较北洋政府 16 年内的发行额增加一倍左右。而在 1927—1936 年的 10 年内，内债发行额达 26 亿元以上。[②] 公债发行额的增加，使证券市场上的债券交易更加活跃。上海证券市场上 98%为公债交易，“证券交易差不多全部是公债，股票不过应应卯，拍拍空板而已”，故这一时期的交易所有公债市场之称。[③] 自 1935 年起，虽然上海证券交易所开拍了金融业和工商企业的部分股票，“但以各方不感兴趣，成交数量之少，几不及当时公债成交数之千分之一”，不但证券交易所高度重视公债交易，各银行的投资项目中也以公债为首位。公债独占证券市场的局面与股票的冷落形成鲜明对照。[④]

除股票交易自身不发达外，证券市场上公债买卖如此兴旺的原因主要有三个方面。第一，由于北洋政府时期政治腐败，公债信用扫地，而南京国民政府对公债进行了整理，统一了公债制度。1936 年 2 月，南京国民政府对 33 种旧债进行整理，使得公债信用大为提升。第二，公债可自由买卖和作为抵押物进行借款，在需要时又可回收债权，资金周转相对较为灵活。第三，公债通常按折扣发行，而偿还时却是按票面金额偿还，这使得投资公债收益颇丰。因此，公债交易在这一时期非常兴旺，特别是 1937 年 5 月后“达到了顶点，出现了有史以来最高的价格”[⑤]。

从其他证券市场来看，北京证券交易所是除上海外相对较重要的交易所，但这一时期交易量也较少。从 1930 年到 1937 年 4 月，上海证券市场现期货成交总额达

---

① 千家驹:《旧中国公债史资料(一八九四——一九四九)》,财政经济出版社 1955 年版,第 10—11 页。
② 千家驹:《旧中国公债史资料(一八九四——一九四九)》,财政经济出版社 1955 年版,第 19、23 页。
③ 朱斯煌:《民国经济史》,银行周报社 1948 年版,第 143、152 页。
④ 吴毅堂:《中国股票年鉴》,中国股票年鉴社 1947 年版,第 3 页。
⑤ 朱荫贵:《1918—1937 年的中国证券市场》,《复旦学报(社会科学版)》2006 年第 2 期。

224.34亿元，而同期北京证券交易所的成交量只有3.40亿元，上海的证券成交额大约为北京的70倍。其他城市的证券交易额也都非常有限，如四明证券交易所在1933年的成交额为0.48亿元，1934年为1.7亿元。[①] 汉口证券交易所由汉口证券业公会改组成立，于1935年4月8日正式营业，4月份共营业19天，现货成交共103.6万元，期货共873万元。5月份共营业25天，中央债券成交1 400余万元，鄂湘豫各省公债100余万元，两者共计1 598万元。但受6月下旬金融风潮影响，营业逐步衰落，此后直到11月份停业为止。[②] 这表明这一时期证券交易主要集中在上海，其他各大城市的证券市场仍未能发展起来。

与“财政市场”形成鲜明对比的外商证券市场，却是以股票交易为主的产业证券市场，是一个纯粹为工商业服务的资本市场。其主要交易场所仍在西商众业公所，该所交易的标的物主要是外国在华企业的股票，共153种，包括38种橡皮和垦殖公司股票，10种银行类股票，5种保险公司股票，16种地产公司股票，6种船坞、仓库和运输公司股票，13种优先股，36种公司债券等。1932年至1935年6月，该所开拍的产业证券共15种，发行额由61 282 804元增至99 891 608元。[③] 外商产业证券交易的活跃与华商证券市场形成鲜明对照。

从法规建设上看，这一时期国民政府进一步完善了有关交易所的法律、法规。1929年10月，工商部出台了《交易所法》8章58条，第二年3月又颁布了《交易所法施行细则》40条，将北洋政府时期的“证券交易所法”和“物品交易所条例”合为一部法律。后实业部又于1935年颁布《修正交易所法》，对《交易所法》进行了修订与完善。虽然证券市场波浪起伏，但20、30年代债券交易量的总体趋势在不断上升，最高年交易额达50亿元。由于《交易所法》第2条规定同种营业的交易所一地只能设立一个，故上海证券物品交易所和上海华商证券交易所必须合并。经两所理事会代表磋商，决定上海证券物品交易所证券部于1933年5月31日停止营业，同时上海华商证券交易所进行改组，增加资本120万元，经纪人名额由55名增加到80名。自该年6月1日起，上海的证券交易便只在上海华商证券交易所进行。[④]

三、全面抗战时期的证券市场

(一)“孤岛”时期的证券市场

从1937年8月13日日军进攻上海到1945年8月日本正式投降，在全面抗战期

---

① 匡家在：《旧中国证券市场初探》，《中国经济史研究》1994年第4期。
② 朱荫贵：《1918—1937年的中国证券市场》，《复旦学报（社会科学版）》2006年第2期。
③ 章乃器：《货币金融所反映出来的中国社会》，《中山文化教育馆季刊》1935年第2卷第1期。
④ 洪葭管、张继凤：《近代上海金融市场》，上海人民出版社1989年版，第166页。

间，上海华商证券市场经历了从零星、少量交易逐渐发展到太平洋战争后日渐繁荣的局面，再到上海华商证券交易所恢复后的交易三个阶段。

全面抗战爆发后，随着国民党军队从上海撤退，上海华商证券交易所奉命停业。此后，上海租界成为“孤岛”，证券市场进入零星、少量、分散的交易时期。上海西商众业公所在停业 4 个月后复业，一些过去经营证券的华商经纪人也随之在华商证券交易所大楼七楼走廊上进行小规模的证券现货交易，每天上午、下午各开市一次。但在 1938 年 3 月国民政府实行外汇审核办法后，法币对外币开始贬值，黄金价格上涨，黑市外汇出现，外商股票价格也随之上升。同时，因战局变化，公债信用难以保证，公债交易逐渐冷落，外商及华商股票成为主要交易标的物，尤其是外商股票出现了前所未有的投机狂热，在短短一两年内，外商股票价格的涨幅竟有超过票面数十倍者。面对外商股票交易的狂热状况，当时上海的部分学者和企业家担心这种状况既不利于证券市场的发展，也不利于华商企业的融资。因此，1940 年 12 月，成立“中国股票推进会”，以促进华商股票买卖市场的有序发展。[①] 该推进会是一个会员组织，由《上海信托业同人联欢会》会员中的新华银行及和祥信托公司等 11 家会员发起成立。主要职责是“为本委员会会员介绍买卖中国股票、调查各公司内容、登记及报告买卖之价格及数量，并办理其他相关事项”。该会为推进当时华商股票交易起到重要作用，但该会仅维持一年时间，1941 年 12 月太平洋战争爆发后即宣告解散。[②]

“孤岛”时期的上海证券市场主要以西商众业公所的外股交易为主导，由于受租界的保护，大量人口和资金涌入，外商股票成为这些游资最主要的投资对象。这一时期的外股市场大致可分为四个阶段。

第一阶段是从 1937 年 12 月上旬众业公所复业至 1938 年 3 月止。此时“八一三”事变刚结束，人心初定，外汇也尚未上涨，故外股交易较为清淡。

第二阶段是 1938 年 3 月起至 1939 年 5 月止。这一时期，由于上海租界大量人口为逃避战乱而进入租界，遂出现工商业的短暂繁荣。加之 1938 年 3 月法币与外币的汇价首次出现下跌，从过去 1 元法币兑英镑 1 先令 2 便士半降到 8 便士。受此影响，众业公所的股票交易逐渐活跃。[③]

第三阶段为 1939 年 6 月到 1940 年 5 月上旬。其间众业公所的股票逐渐进入投机狂热期，“投机之狂热，匪可宣言”，股票价格逐渐上涨，最高时竟然超过票面价值数十倍。证券市场兴盛的主要原因是法币对外汇价继续下跌，股价与物价同时上涨，投机者争相购进股票，交易量愈发膨胀，推动股价进一步上涨。1939 年 6—8 月，法币对

---

① 朱荫贵：《抗战时期的上海华商证券市场》，《社会科学》2005 年第 2 期。

② 朱荫贵：《抗战时期的上海华商证券市场》，《社会科学》2005 年第 2 期。

③ 涛：《外商股票总诠》，《日用经济月刊》1940 年第 2 卷第 6 期。

外汇价再次出现大幅下跌,从1月的每元兑英镑8便士跌到6月的6.5便士,再到7月的4.125便士,到8月只有3.25便士。此外,1939年9月欧洲大战爆发,大量海外资金汇聚上海,证券市场便成为这些资金的主要投资对象。

第四阶段为1940年5月至1941年12月。其间证券市场的投机狂热略有冷却,股价开始出现上下波动。1940年5月6日,众业公所成交额在一天内增至1 027千股之巨,证券市价指数更达到231.19之新高,但此后便盛极而衰,出现大幅下跌。5月7日起股票成交量减为563千股,8日又降到277千股,证券市价指数则跌到23日的111.65。此后经过3个月的徘徊低迷期,自9月开始,股票行情又有所回升。10月中旬受日、德、意三国建立同盟导致时局不安的影响,股价指数再次有所下降。1941年1月,实业股的指数又出现上涨,2月又再次出现回落,7月的最后数日证券价格出现狂跌,9月众业公所交易又趋兴盛,证券指数升至203.35。[①] 总之,这一阶段股价指数涨跌不断,频繁波动,但总体而言仍维持繁荣景象。

(二)汪伪政权下的上海证券市场

太平洋战争爆发后,日军占领上海租界,上海经济局势发生重大转变。当时外汇冻结,外股和外币都被禁止买卖,大量游资为寻找投资出路,遂转向购买华商股票,中国企业股票至此开始勃兴。1942年,汪精卫政府以伪中央储备银行纸币取代法币,并将兑换率降低为每100元法币兑中储券50元。为避免贬值风险,投资者纷纷购买股票以求保值。这是华商股票交易兴盛的另一个原因。随着华商股票的兴旺,专业经营中国股票买卖的公司逐渐增加,虽然这些公司早已出现,但为数不多。1941年前成立的有10家,1941年成立了8家,而1942年一年内成立者竟达127家,先后总共成立了145家,甚至创造过"新设者竟日有数起"的纪录。[②] 同时,股票交易的繁荣也推动了新设企业数量的增加,仅1942年下半年新设的公司数量就有208家。[③]

由于这一时期的股票并未在证券交易所进行交易,也无政府机构对上市企业进行资格审查,基本处于无政府监督状态,故这时的企业股票几乎没有上市准入门槛。所有的股票交易纯由各股票公司自由买卖,各家公司形成各自不同的价格,进一步推动投机交易盛行。短期内交易过度狂热,甚至出现空头股票充斥于市,投机者巧取豪夺、操纵和垄断市场的局面。最终汪伪政府实施干预,伪实业部拟订"取缔买卖华商股票暂行规则"12条,并经伪行政院会议通过后公布实施。该规则规定凡买卖股票业者必须申请注册,缴纳资本总额10%的保证金,否则不得开业;华商公司股票必须经审查委员会审定,否则不得买卖;股票公司不得有操纵市价的行为。但是这些政策只是一

① 朱荫贵:《"孤岛"时期的上海众业公所》,《民国档案》2004年第1期。

② 吴毅堂:《中国股票年鉴》,中国股票年鉴社1947年版,第8—9页。

③ 朱荫贵:《抗战时期的上海华商证券市场》,《社会科学》2005年第2期。

纸空文，未能发挥作用，投机交易仍屡禁不止。在此情形下，1943年2月28日，汪伪政府别无他法，只能查封了永昌、中国两家股票公司，3月6日又查封了65家股票公司，继而全上海150余家股票公司被迫停业。虽然股票交易公司被迫关闭，但股票交易难以完全禁止，为了维持证券市场运行，经各方磋商，1943年7月，伪财政和实业两部决定恢复上海华商证券交易所营业。①

上海华商证券交易所恢复营业后，专门交易本国企业股票，拟定营业细则75条，规定经纪人名额为200人，第一批审查批准上市的股票达108种，后又增加到199种。② 从股价波动来看，由于此前一年多股市狂热，股价已大幅上涨，1943年，股票价格平均上涨7倍左右，同期物价上涨约3.6倍，股价上涨幅度超过物价水平近1倍。该交易所于1943年11月正式开业后一个多月，股价又上涨了1倍，但进入第二年，股价开始剧烈起伏。1944年初，由于银根趋紧，上市的新股票不断增加，加上时局影响，该年上半年股价连续下跌。但进入7月，股价又逆势上涨，不断创出新高。为了控制股价的剧烈震荡，交易所采取限制涨跌幅度的措施，要求股价涨跌超过一定幅度即停止交易，即俗称的涨停板和跌停板。至1945年初，为了促进股票交易，交易所决定采取一种“便交”交易，即一周交割一次，而不是隔日交割，实际上是一种变相的期货交易。因此，这种方式有利于投机套利，投资者交易活跃，股票市场又现繁荣景象，但也带来不少弊端，于是在4月17日，宣告停止“便交”。此后，由于战局逐渐明朗，股市交易仍旧活跃，一直维持上涨态势，直到1945年8月10日，日本宣布无条件投降，股价调转直下，8月17日，开盘后199种股票只有2种成交，这成为汪伪政府时期上海华商证券交易所恢复营业后的最后一次交易。③

四、抗战胜利后的证券市场

自1945年8月18日开始，汪伪政府控制下的上海华商证券交易所停止营业，证券交易又转为私下暗中交易，没有集中的交易场所，也没有统一的行市。虽然这种私下交易遭到国民政府的禁止，但收效甚微，而且还采取化整为零的办法，分散在各个角落进行。既然难以禁止，国民政府最终决定重新设立交易所。1946年5月，国民政府发出筹备上海证券交易所的训令。9月16日，上海证券交易所正式开业。此上海证券交易所与之前的证券交易所的不同之处在于，已经不是纯粹的民营交易所，其资本额为10亿元，其中60%由原华商证券交易所的股东认购，40%为官股，由三行（中国银行、交通银行、中国农民银行）两局（中央信托局和邮政储金汇业局）认购。经纪人名

① 朱荫贵：《抗战时期的上海华商证券市场》，《社会科学》2005年第2期。

② 朱斯煌：《民国经济史》，银行周报社1948年版，第154页。

③ 洪葭管、张继凤：《近代上海金融市场》，上海人民出版社1989年版，第175—177页。

额不超过300名，开业时第一批经纪人为225名，上市的股票为20种。该交易所开业初期仅做现货交易，营业惨淡；11月14日办理递延交割；12月12日又试办套利交易。1947年3月，国民党实施经济紧急措施，禁止黄金和美钞等外币买卖，于是大量游资涌入证券市场，使股票交易量顿时大增。同年五六月间，又因保证金改为以美债缴纳，交易一度下滑。①

1947年7月至11月中旬，保证金改为一半以现金缴纳，经纪人负担加重，市场行情依旧不振。虽然9、10两月因物价上涨，股价有所上涨，但物价上涨一倍多，股价仅上涨两成左右，可见股票市场仍不算活跃。自11月中旬至12月底，股市又复兴旺。主要原因是政府试图抑制物价上涨，命令银行停止放款，严禁金钞买卖，打击商品囤积，这些措施使资金流向证券市场，推动股市出现繁荣局面。②

进入1948年，国民政府财政部和经济部要求证券交易所个人经纪人增资，由5 000万元资本增至5亿元，经纪人身份保证金由500万元增至2亿元。③ 4月下令取消“递延交割”的交易，导致证券市场一蹶不振，十几种股票价格大幅下跌。5月要求上海证券交易所开拍1948年的短期国库券，交易稀少。8月19日，国民政府实行币制改革，发行金圆券取代法币，并要求交易所停业。1949年2月4日颁布《上海证券交易所复业办法》，2月21日正式复业。同时规定上市的证券为三大类，即政府债券、国营与民营公司股票，除政府债券可以进行一天的期货交易外，其他均只能进行现货交易。由于国民党在战事上节节败退，资金逐渐外流，证券市场已无往日活跃，至5月初，不得不再次停业。不久后，上海解放，虽然国民政府曾试图让证券交易所复业，但终究未能实现。④

此外，战后国民政府还接收了天津的伪华北有价证券交易所，于1945年11月3日派特派员接收。鉴于该交易所是天津的重要金融机构，为稳定市场，决定由原负责人进行照常经营。1946年初，财政部令其停止营业，并指定由天津中央银行接收清理。在停业清理期间，天津市政府为稳定金融市场，认为不能完全终止交易所的交易，遂决定于1946年3月15日派天津市财政局人员对交易所进行监督，在政府监督下谨慎营业。1946年6月，财政部再次派人对交易所进行监督清理，交易所再次停业。交易所停业并不能完全禁止证券交易，私下交易仍极为盛行。1947年，天津市政府为了规范市场秩序，要求恢复交易所营业。3月6日，天津市银行公会成立筹备委员会。5月18日，天津证券交易所召开创立会，资本总额定为10亿元，由国营的三行两局承

---

① 洪葭管、张继凤：《近代上海金融市场》，上海人民出版社1989年版，第178—181页。
② 刘志英：《近代中国华商证券市场研究》，中国社会科学出版社2011年版，第173页。
③ 刘志英：《近代中国华商证券市场研究》，中国社会科学出版社2011年版，第173页。
④ 洪葭管、张继凤：《近代上海金融市场》，上海人民出版社1989年版，第183页。

担40%,市民银行及商银钱三会承担50%,剩下10%公开募股。1948年2月15日,天津证券交易所正式开业,但只经历了几个月的短暂繁荣。8月19日,因国民党推行金圆券,天津证券交易所奉令停业,此后再未复业。[①]

总之,近代中国的证券市场经历了一个跌宕起伏的发展过程,虽然出现过几次短暂的兴旺繁荣期,但总体而言,证券市场的发展仍不够成熟和完善,尤其是股票市场发展缓慢。由于股份制公司发展尚未成熟,企业股票的交易并未在证券市场中占据主导地位,政府公债却长期作为证券市场的主角出现。证券市场未能发挥为企业融资的资本市场功能,反而成为政府筹集资金的财政市场。受战争和政治等因素的影响,证券交易所经历了多次停业和复业,虽然证券交易并未完全终止,但证券市场屡遭中断,未能形成连续性的发展。

第二节　证券交易所的经营管理

一、组织结构与人事管理

交易所的设立是证券市场逐步发展成熟的重要标志,为了规范交易所的运营,加强对交易所的监督和管理,1914年12月,北京政府就已颁布《证券交易所法》及其施行细则。1929年10月,南京国民政府在此基础上重新修订,颁布了《交易所法》,1935年4月又颁布了《修正交易所法》,对《交易所法》的部分条款作了修订和补充。按照《修正交易所法》的规定,交易所的设立需要经实业部审核批准,同种物品的交易所一地只能设一个,经营期限为10年,到期后需向实业部申请审核,以决定是否继续经营。交易所的组织形式可采用股份有限公司或会员制,但在1914年的《证券交易所法》中却规定只能采用股份有限公司制。实际上当时本国所建的交易所基本都是股份有限公司。

股份有限公司制交易所的最高决策机构是股东会,股东会下设理事会,理事会设理事长1人,理事2人以上,监察人员若干,部分交易所还设常务理事,如上海华商证券交易所。理事会下设总务科、场务科、计算科、会计科四个主要部门。交易所为了加强对重要事项的监督,还设置评议会,对重要事项进行评议。其他辅助机构还有文书处、顾问及参事等。股东会由全体股东组成,每年举行两次会议,交易所内理事、监察人员等都由股东大会投票选举产生。此外,交易所的其他重大事项也需要经股东会商

---

① 刘志英:《近代中国华商证券市场研究》,中国社会科学出版社2011年版,第175—181页。

议表决。理事会负责交易所的日常事务管理，一切事项商议需由一半以上的理事出席，出席会议的理事中须过半数方可通过表决。

理事长从理事中推选，负责管理交易所一切事务，理事协助理事长管理各项事务。所有职员任期为3年，从股东或会员中选拔，与经纪人有利害关系者不得成为职员。职员若注册成为经纪人，须辞去相应的职位，理事长或理事不得同时兼任其他交易所的职员。为了避免职员与经纪人发生利益关系，职员不得委托他人在交易所内交易。[①]

总务科主要负责交易所各种文书的拟定和收发、报告及交易所章程的发布、职员的考核和经纪人的管理、库券折扣和利息表的编排，以及内部一切闲杂事务。场务科主要管理市场交易及交割相关事务，如将买卖双方成交时所达成的价格、数量及双方姓名或商号名称在场务科账簿中登记。计算科是根据场务科的账簿进行计算，计算的项目主要有交易金额、保证金、手续费等。由于当时上海的交易所并没有专门设立信托担保公司对交易进行担保，故担保和交割的职责皆由交易所自身承担，计算科负责各项金额及费用的计算。计算科由于事务繁杂，又划分为6个部门：第一为差额股，负责记账价格和成交价格差额的计算；第二为买卖股，专门负责经纪人每日交易数量的登记；第三为保证金股，专门负责保证金的计算；第四为追加保证金股，负责追加保证金及增额保证金的计算；第五为手续费股，负责手续费的计算；第六为统计股，负责各种调查和统计事项。[②] 会计科主要负责现金和代用品（其他资产，如有价证券）的出纳，以及账簿的记录和保管等。会计科主要分为三股和一库，即账务股、现金出纳股、代用品股、保管库。[③]

二、经纪人管理

经纪人包括自然人和法人经纪人，其资格的获得需要向交易所提出申请，若要成为自然人经纪人，必须具备一些基本条件，无行为能力者、破产者、被剥夺权力者、受到刑罚者等不得成为经纪人。法人经纪人必须具备以下条件之一：第一，无限公司、合伙公司或股份合伙公司其无限责任股东与执行业务的职员全为中国人；第二，股份有限公司中股份数或表决权超过一半由中国人持有，且其董事和监察人员2/3以上是中国人。[④] 以上海证券物品交易所为例，经纪人的申请书需载明交易种类和资本数额，并

① 《修正交易所法》，《山东省政府公报》1935年第339期。

② 吴钟煌：《证券交易所实务论》，《银行期刊》1934年第3期；杨荫溥：《中国交易所论》，商务印书馆1930年版，第88—89页。

③ 吴德培：《交易所论》，商务印书馆1946年版，第110页。

④ 《修正交易所法》，《山东省政府公报》1935年第339期。

附加商业履历书等相关证明材料，由交易所审核，并咨询经纪人公会的意见，向农商部注册，然后发放营业执照。法人经纪人如果是合伙制组织需提交合伙成员的名单、出资数额以及代表人的履历书；若是公司制组织，需提交公司章程、财产目录以及董事和监察人员名单。经纪人获得资格后，需向交易所缴纳注册费和身份保证金，具体数额由政府相关部门确定。从交易方式上可将经纪人分为现期和定期经纪人，现期经纪人不限定名额，定期经纪人每一品种限定为 50 名，但如有必要时，也可增加名额。经纪人可在交易所内设置代理人，现期交易代理人的人数限定为 5 人内，定期交易为 3 人。经纪人若要停止交易，退出经纪人队伍，需在交易关系了结后向交易所提出申请，并归还营业执照和进场徽章。如果经纪人死亡或受到处分被除名，在交易关系了结之前，仍视为经纪人资格未被取消。[①]

经纪人需要向交易所缴纳身份保证金，以保证合约的履行。北京证券交易所经纪人身份保证金为 5 000 元。[②] 上海证券物品交易所规定定期经纪人的身份保证金为 3 万元，如果经纪人同时兼营现期和定期交易，则保证金数额可适当减少，免去作为现期经纪人的保证金。[③] 上海华商证券交易所规定经纪人的身份保证金以该交易所的股票 200 股一次性缴纳，[④]若以每股面额 100 元计算，价值为 2 万元左右，与证券物品交易所基本相当。

经纪人公会是为了维护经纪人利益，协调经纪人之间关系组织而成的，经纪人都需加入。公会所制定的规章及各种决议事项须经交易所认可，方可施行。公会须推选职员执行各项事务，职员的选任、改选或解聘都须经交易所批准，交易所有权对公会的各项事务进行干预。[⑤]

经纪人还可设置代理人代替其在交易所内交易，代理人须经交易所批准，方可行使代理职责，若交易所认为代理人不合标准，可禁止其交易活动。代理人的人数根据每个交易所及每个交易种类具体规定，通常限制在几人以内。代理人的资格与经纪人相同，同一交易所内的经纪人不得作为其他经纪人的代理人。

经纪人除了为自己进行交易外，还接受他人委托，代理他人进行交易。委托人在委托书中需载明的事项主要有交易的种类、数量、价格、期货交易的期限、市盘（即前市或后市中的开盘和收盘）、买进或卖出，其中价格包括委托人限定价格和不限定价格两种。限定价格即委托人告知经纪人其所能接受的价格区间；不限定价格即按市场价进

---

① 上海市档案馆：《旧上海的证券交易所》，上海古籍出版社 1992 年版，第 39—41 页。

② 杨荫溥：《中国交易所论》，商务印书馆 1930 年版，第 60 页。

③ 上海市档案馆：《旧上海的证券交易所》，上海古籍出版社 1992 年版，第 46 页。

④ 《上海华商证券交易所业务规则》，见杨荫溥《中国交易所论》，商务印书馆 1930 年版，附录，第 176 页。

⑤ 上海市档案馆：《旧上海的证券交易所》，上海古籍出版社 1992 年版，第 41 页。

行买卖，委托人不限定成交价格。经纪人在交易完成后，也需要向委托人发送通知书，告知交易的种类、数量、成交价格、期限等事项。如果委托人违反委托规则，致使经纪人受到交易所处分，所造成的损失应由委托人承担。此外，委托交易中所需缴纳的各类保证金及手续费均由委托人缴纳，同时向经纪人缴纳委托手续费，作为经纪人的报酬，其数额较经纪人的交易手续费为高，征收标准通常以交易单位收取，具体数额因交易标的物的种类、价格不同而有所差异。①

三、对交易所及经纪人的监督与惩罚

政府部门对交易所及经纪人的行为进行监督，如发现相关违约违法行为，将采取相应的惩罚措施，予以惩治。若交易所的行为违背相关法令或危害公众利益，可采取如下措施：解散交易所、停止交易所营业、停止或禁止交易所部分营业、命令职员退职、停止经纪人的交易或予以除名。为了监督交易所的行为，实业部应派监理员检查交易所的账簿、财产及经纪人的账簿，并关注市场价格的波动。交易所职员和经纪人需配合监理员的检查。实业部认为有必要时，可命令交易所修改章程，或取消交易所的相关决议。若交易所职员委托经纪人参与交易或与经纪人存在利益关系，处 1 万元以下罚款。交易所内经纪人若在其他机构进行交易，或以专门招揽、介绍其他人买卖证券为业者，将处以 5 000 元以下罚款。经纪人若受公务员之委托进行买空卖空交易，经纪人和公务员都将处以买卖价格 2～10 倍的罚款。若经纪人不缴纳基本保证金，将处以基本保证金 2～10 倍的罚款。交易所的职员或鉴定员若以其职务之便收受贿赂，则处 3 年以下徒刑或 1 万元以下罚款，并没收其受贿款项。②

无论是交易所内部人员还是外部人员，有以下行为者，处 1 年以下徒刑或 3 000 元以下罚款：第一，向交易所职员或鉴定员行贿者；第二，伪造交易所公定价格，并向外发布者；第三，未经批准注册而设立交易所，及交易所未能公布市场价格或经纪人的交易数量；第四，在交易所之外，按交易所市价进行买卖者。对于试图变更交易所的市价而散布谣言者，或以其他手段进行胁迫者，将处以 2 年以下徒刑或 6 000 元以下罚款。以上这些惩罚措施，如果是法人经纪人，其惩罚对象是公司董事、理事或执行业务的职员。③

对于经纪人的违约行为，上海华商证券交易所业务规则中规定，若现期买卖发生违约，应将成交时的约定价格与违约日的公定价格进行比较，两者差额由违约方向被违约方支付。若违约日无公定价格，则交易所从经纪人中选定 5 人，作为价格评定人，

---

① 杨荫溥：《中国交易所论》，商务印书馆 1930 年版，第 61—70 页。

② 《修正交易所法》，《山东省政府公报》1935 年第 339 期。

③ 《修正交易所法》，《山东省政府公报》1935 年第 339 期。

评定某一价格作为公定价格。定期交易在交割期限内发生违约的，交易所自违约之日起3日内，指定其他经纪人将违约标的物转卖或赎回，如有亏损，由违约人赔偿。此外，如果卖方有多人时，所造成的违约赔偿，由多个卖方共同分担。交易所对于经纪人扰乱市场秩序，违反交易所规章制度的（如任意收取委托手续费），可禁止其入场交易，或给予罚款、除名处分。[①]

四、交易所内的交易

（一）交易方式和交易种类

交易所内的交易根据交割期限的不同，可分为现期交易（现货交易）、定期交易（期货交易）。现期交易是指买卖双方在签订交易合约时，立即或在几日内进行交割。由于立即交割存在一定困难，需要为双方预留一部分时间做准备，故需要延迟几日，当时我国规定证券为7日内交割，物品为5日内。上海华商证券交易所规定现货交易在一天内交割，若前场成交的，下午2点前交割，后场成交的，则定于第二天上午12点前交割。[②] 期货交易每月有固定的交割日，到期之前，期货持有者可卖出或赎回。因此，期货交易者可通过这种对冲操作，赚取差价，不进行实物交割。交易所法规定，有价证券的定期交易期限不得超过3个月。上海华商证券交易所业务规则规定定期交易有本月期、下月期、再下月期，日期以阴历为准，每月底为交割日，如遇到休息日，则提前一天交割。[③] 由于证券价格并无显著的周期性的涨落问题，故当时的证券交易中期货交易较少，大多数为现期交易。此外，北京证券交易所还有便期交易，便期交易实际上是一种短期的延期交易，须在交易合约达成后1周内交割，也可归为现期交易。但由于证券现期交易通常在一天内交割，故将延后1周交割的称为便期交易。

根据议价方法的不同，可将交易分为当面买卖和竞价买卖。当面买卖（或称相对买卖）是指交易双方面对面进行讨价还价，拟定交易价格和数量，即可成交。竞价买卖是将众多买方交易人和卖方交易人集中在一起，买方相互竞争而提价，卖方相互竞争而压价，直到达到某一价格，卖方要价已压到最低，买方出价已达到最高，且双方达成的交易量最大，拍板员随即拍板将此价格定为该盘的成交价。当面买卖主要依靠交易人双方信用保证合约履行，而期货交易则通过交易所的担保制度实现。当面买卖通常用于现货交易，竞价买卖多用在期货交易中。由于证券交易多为现货交易，故上海华

---

① 《上海华商证券交易所业务规则》，见杨荫溥《中国交易所论》，商务印书馆1930年版，附录，第178、179页。

② 郑兆元：《我国证券市场与金融市场的关系及其市价涨落原因之分析》，《汉口商业月刊》1934年第1卷第3期。

③ 郑兆元：《我国证券市场与金融市场的关系及其市价涨落原因之分析》，《汉口商业月刊》1934年第1卷第3期。

商证券交易所主要采用当面买卖方法(相对买卖)。

从交易时间上看,交易所内的交易通常分为上午和下午两场,上海华商证券交易所规定每日交易分为前场(前市)和后场(后市),前场为上午 9:30—11:30,后场为下午 2:30—4:30,每场都分开盘和收盘两盘。

关于买卖单位和标价方法,上海华商证券交易所"现货买卖暂行办法"规定各种公债至少票面 1 000 元,股票至少 10 股,[①]北京证券交易所规定债券的交易单位以票面价格 5 000 元起,股票以 5 股为交易单位。[②] 债券以票面每百元或百两进行标价,股票以每股价值多少标价。

证券交易所内交易的标的物主要是股票、公司债券、政府公债,交易所法规定证券交易所不得买卖本所的股票,但实际上上海的两个证券交易所都有买卖本所股票。自 1922 年至 1937 年全面抗战爆发前,证券交易所主要以公债交易为主,股票交易极少。1928 年底北京证券交易所公债的种类主要有如下几种:一是民国 5 年六厘公债,于 1916 年 3 月发行,发行额为 2 000 万元,以全国烟酒收入 1 168 万元作担保,主要用于补充财政部预算之不足。自 1926 年下半年起,每年还本两次,每次偿还总额的 1/6,1929 年上半年偿还完毕。二是民国 7 年六厘长期公债,其发行的主要目的是偿还中国银行和交通银行的欠款,以盐税收入还本付息。三是整理六厘公债,于 1921 年 3 月发行,由于 1912 年所发公债价格低至票面金额的 2/10,难以偿还,故发行新的整理公债,以换回民国元年公债,兑换价格为民国元年六厘公债每百元换整理六厘公债 40 元。四是整理七厘公债。此项公债与整理六厘公债相同,是为购回民国 8 年公债而发行,以整理七厘公债 40 元换民国 8 年公债 100 元。五是九六公债,正式名称为偿还内外短债八厘债券,因其发行总额为 9 600 万元,故又称九六公债,于 1922 年 2 月发行,以关税和盐税收入作担保。此外,上海华商证券交易所交易的公债有民国 7 年六厘长期公债、整理六厘公债、九六公债。[③]

(二)交易保证金、手续费及交易税

交易保证金是为了保证契约执行,根据每一笔交易征收的保证金,通常是针对期货交易而定,可分为基本保证金、追加保证金、增额保证金。基本保证金是由买卖双方在期货交易发生时必须交纳的保证金,但也有例外情形,可无须交纳。如上海证券物品交易所规定,种类、期限、价格、数量相同的证券同时买进并卖出,买卖一方或双方可

---

① 郑兆元:《我国证券市场与金融市场的关系及其市价涨落原因之分析》,《汉口商业月刊》1934 年第 1 卷第 3 期。

② 杨荫溥:《中国交易所论》,商务印书馆 1930 年版,第 79 页。

③ 杨荫溥:《中国交易所论》,商务印书馆 1930 年版,第 139—141 页。

免交基本保证金。[①] 这是因为如果价格发生变化，经纪人的损益可相抵，并无违约的动机。基本保证金的数额通常为记账价格的30%内，而交易所法规定证券交易不得低于成交价格的8%。[②] 追加保证金是根据价格变化追加收取的保证金，通常是将成交时的记账价格和之后的记账价格进行对比，若差额达到基本保证金的一半时，由亏损一方补交这部分(价格下跌时对买方征收，上涨时对卖方征收)。增额保证金是在市场价格大幅波动时收取的一种弥补价格差额的保证金，其性质类似于追加保证金，与追加保证金不同的是，增额保证金既可对受损的一方征收，也可对双方征收。因为在价格大幅波动的情况下，买卖双方都可能受损，对双方征收可免去多次征收的不便。

此外，为了控制现货交易因交易量过大可能产生的违约风险，交易所还采取缴纳交割准备金的方式加以应对。1928年上海华商证券交易所"现货买卖暂行办法"规定，为防止过度交易，现货交易量不能过大，如果过多，经纪人需要向交易所交纳交割准备金，或准备好交割标的物，方可登记入场簿。[③] 这种交割准备金或标的物，实际上也是一种保证金，但在形式上提前由买方缴纳部分交割资金，卖方准备好标的物，以防出现难以交割的违约行为。

除保证金外，经纪人还需向交易所缴纳手续费，作为交易所的报酬，这也是交易所的主要收入来源。手续费的数额根据每笔交易金额按比例计算，上海证券物品交易所规定为不超过约定成交价格的1%。经理事会决议，与基本保证金同时收取。[④] 1928年上海华商证券交易所"现货买卖暂行办法"规定，现货买卖双方应缴纳手续费为，公债每1 000元收银元1角，股票每10股收2角。[⑤] 1946年上海证券交易所规定的手续费收取标准为，政府公债为向双方经纪人各收取交易金额的0.075%，股票及公司债收取交易金额的0.1%。此外，还可根据经纪人的交易金额进行适当调整，对交易金额较多的经纪人，适当降低手续费，而交易量较少的，可适当提高手续费，升降标准根据股票价格而定。股票价格在100元以下，升降幅度为20%；价格为100～5 000元，升降幅度为12%；价格在5 000元以上，升降幅度为10%。[⑥]

交易税是政府根据交易金额向经纪人征收的一种税，既是政府的税收来源，也是政府控制证券市场的一种手段。政府可通过调节交易税税率，间接影响证券交易的活

---

① 杨荫溥：《中国交易所论》，商务印书馆1930年版，第101页；上海市档案馆：《旧上海的证券交易所》，上海古籍出版社1992年版，第47页。

② 《修正交易所法》，《山东省政府公报》1935年第339期。

③ 郑兆元：《我国证券市场与金融市场的关系及其市价涨落原因之分析》，《汉口商业月刊》1934年第1卷第3期。

④ 上海市档案馆：《旧上海的证券交易所》，上海古籍出版社1992年版，第48页。

⑤ 郑兆元：《我国证券市场与金融市场的关系及其市价涨落原因之分析》，《汉口商业月刊》1934年第1卷第3期。

⑥ 刘志英：《上海证券业》，上海远东出版社2016年版，第199页。

跃程度。有价证券现货交易在一天内交割的，无须缴纳交易税；交割期限在7日内的，缴纳交易金额的0.004%作为交易税；交割期限在7日以上的，交易税税率为0.007%。此外，政府为了鼓励公债和库券交易，规定政府公债及库券无须缴纳交易税。[①]

（三）交易价格与交割结算

交易价格主要包括约定价格、记账价格、标准价格、公定价格。约定价格是买卖双方在交易达成时约定的成交价格。如果是当面买卖，交易人自行约定成交价格。不同交易人之间约定的价格可能不同，故有多个约定价格。若是竞价买卖，其成交价格最终由拍板员确定，故每盘交易仅有一个约定价格。记账价格是交易所为了统一登记入账，在某一时段内，根据多个约定价格所求出的平均价。记账价格的计算有四种情形，第一，根据后市开盘和收盘的约定价格计算得到平均价，作为记账价格；第二，以前后两市的开盘和收盘的约定价格求得平均价；第三，以后市收盘最后一次的约定价格作为记账价格；第四，如果价格波动过大，开盘和收盘价格相差过多，则以当日各盘中最近的约定价格作为记账价格。记账价格仅作为记账用，为了便利起见，通常采用四舍五入法，省去小数点，仅记整数部分。标准价格作为交割时的参考价格。由于期货交易时间较长，通常为1个月到6个月不等，而每日都有记账价格，其数量过多，不易计算，因此，为便于计算，通常以交割日前几日记账价格的平均价作为标准价格。公定价格是交易所公布的每日所有交易的平均价，根据每日各盘交易量和交易价格计算出总成交额，加总后再除以总成交量，得到平均价，即为公定价格。

现货交易的交割较为简单，通常在交易达成后一天内交割，由买卖双方准备好证券和货款，于交割日下午一点之前，按双方约定价格，在交易所内交割，或双方自行交割。期货交易的交割时间，上海证券物品交易所以每月最后一个营业日的前一天为交割日，当天上午12点为最终期限。交割地点在交易所市场内，或交易所指定的地点。交割标准价格以交割日前5个记账价格的平均价计算。期货交易的交割，由买方将款项交给交易所，卖方将证券交给交易所，交易所再将卖方所提交的证券交给买方。具体程序是卖方将证券交给交易所后，由场务科进行清点和检查，然后通知计算科进行计算，再到会计科领取款项。买方领取证券时，先将款项交到会计科，会计科通知计算科进行计算，再到场务科领取证券，交割就此结束。[②] 证券交割的程序相对物品而言较为简便，因为证券无需存放于仓库，也不易产生产品质量问题，场务科进行清点和检查较为容易，通常不会因交割标的物的质量问题而引起纠纷。

---

① 《交易所交易税条例》，《审计部公报》1935年第51期。

② 吴钟煌：《证券交易所实务论》，《银行期刊》1934年第3期。

总之，证券交易所的形成标志着证券交易更加成熟和规范，政府部门通过立法，加强对交易所及经纪人的监督和管理，建立良好的市场秩序。交易所制定了较完备的规章制度，对交易所职员和经纪人进行严格管理，并对交易的各个环节加以规范。通过收取各种保证金，提高经纪人的违约成本，防止违约行为的出现，并制定各项惩罚措施，对各类违法违约行为进行严惩。而茶会和公会时代的证券交易缺乏可靠的担保制度，难以杜绝违约行为的发生，限制了交易量的扩大。因此，交易所时代的证券市场更加有序，违约行为较少发生，交易量也更大。

第三节　1883 年的金融风潮及其影响

中国近代主要爆发了三次大规模的金融风潮，分别是 1883 年的金融风潮、1910 年的橡胶股票风潮、1921 年的信交风潮。三次风潮主要都发生在上海，且都与证券市场密切相关，是近代证券市场发展的标志性事件。

一、风潮的发生与演变

这次金融风潮的爆发主要是因钱庄无法收回商号的巨额欠款而被迫倒闭引起的。贷款无法收回，一方面是因部分商号亏损倒闭，另一方面是洋务股份制企业的股票价格下跌所致。再加上钱庄自身资本不足，放贷的资金来源主要是山西票号、洋行、各类官商的存款，存户取款和贷款难以收回，迫使钱庄大量倒闭，引起金融恐慌，金融风潮由此发生。

钱庄因资金紧张而倒闭自 19 世纪 70 年代开始就时有发生。1873 年，上海有 50～60 家钱庄倒闭，1878 年、1879 年皆有钱庄倒闭的事件发生。钱庄倒闭主要与各大商号经营不善、亏损直接相关。早在 1882 年初，汉口商业行号相继倒闭，累及钱庄。汉口的倒账风潮很快波及上海、北京等地。当时上海南北市钱庄和商业行号纷纷倒闭，其中影响最大的是 1883 年 1 月 12 日金嘉记丝栈的倒闭。该商号开设多年，且资力雄厚，突然倒闭，欠款达五十多万两，使 40 家钱庄受到拖累。[①] 于是钱庄欲收回放款，但此时恰逢旧历年关将近，银根吃紧，各商号因资金周转不灵，相继倒闭，这进一步使钱庄受到牵连，加剧了钱庄的倒闭。据当年 2 月 7 日的调查，先后倒闭的商号共 20 余家，倒欠款项总数约一百五十万至一百六十万两。因受累而停业清理的钱庄达半数。到 2 月 11 日，南市开业的大小钱庄仅 23 家，比上年减少一半；北市开业钱庄仅 35 家，比上年

---

① 《叠倒巨款》,《申报》1883 年 1 月 12 日，第 3486 号。

减少 1/3。[①]

1883 年 12 月，胡光墉因经营生丝贸易失败[②]，受此牵连，其开设的阜康钱庄随之倒闭。胡光墉在各地开设的众多联号钱庄相继歇业。阜康钱庄的倒闭引起山西票号和外国银行的恐慌，票号和外国银行拒绝向钱庄发放贷款，并抽回资金。钱庄失去资金来源，无款可放，又收不回商号的欠款，进一步加剧钱庄倒闭。1883 年 9 月底，南北市总共还有 58 家钱庄，但 10 月上旬又有新的恐慌，钱庄、商号纷纷倒闭。至 1883 年底，南北两市钱庄只剩下 10 家，向以钱庄维持周转的商业，几乎陷于停滞状态。金融恐慌还波及全国各主要商业城市，北京恒兴、恒和、恒利、恒源"四恒"钱庄出现严重的挤兑。翁同龢在其日记中记载了阜康钱庄倒闭引发的京城钱铺的关店潮："迩来九城钱铺闲歇者不下百家，街市萧条，小民愁苦，恐酿事端也。"[③]

洋务企业的股票价格下跌也是导致钱庄倒闭的导火索。自 1882 年初以来，各庄在放款上相互竞争，接受许多新办矿局的股票，作为贷款抵押物。若股票价格下跌，则钱庄放款难以收回，必受损失。1883 年 10 月上旬，北市纯泰和泰来两家大钱庄突然倒闭。其原因主要是这些钱庄收存了太多已不值钱的股票。放款收不回来，而存户欲取大宗款项，钱庄便无法应对。另一方面，商号的职员向钱庄借款购买股票，而股票价格下跌，又使放款难以收回。10 月下旬又有钱庄倒闭，部分是因为商号的职员向钱庄借款购买股票，"今所收股银，大抵皆钱庄汇划之银"。而股票价格下跌时，"一旦债主催逼，无地容身，为伙者亏空店本，为东者累及他人。倒闭纷纷，道逃累累，而市面不可问矣"。[④]

二、风潮发生的原因

1883 年金融风潮的爆发是多种因素共同作用的结果，主要可分为三方面：第一，钱庄自身的固有弱点是导致钱庄倒闭最根本的原因，也是金融风潮爆发的内在原因；第二，洋务企业股票价格暴跌是引发钱庄倒闭及金融风潮的导火索；第三，华北的旱灾和南方的水灾以及中法战争的传言是引发金融风潮的外部因素。

（一）内在因素：钱庄自身的固有弱点

由钱庄倒闭所引发的这次金融风潮，其最主要的原因需从钱庄的经营特点中寻

① 中国人民银行上海市分行：《上海钱庄史料》，上海人民出版社 1960 年版，第 45 页。

② 当年，胡光墉为了与外商争夺对生丝出口价的控制权，囤积了价值千万两的生丝，企图迫使外商高价收购。但是，他过高估计了自己的力量，在外商的联合抵制下，最后不得不贱价抛售生丝以免腐败殆尽，终致破产。他经营的钱庄也随即连续倒闭。

③ （清）翁同龢：《翁同龢日记》（第四卷），中西书局 2012 年版，第 1831 页。

④ 刘广京：《一八八三年上海金融风潮——洋务运动专题研究之二》，《复旦学报（社会科学版）》1983 年第 3 期。

找。

首先，钱庄自身资本规模较小，一般很少超过二万两，即使规模较大的汇划钱庄，资本最多的也不过五万两左右。虽然资本规模较小，但钱庄所放贷款有数十万之巨，这些营业资本主要来自各户存款，如各商号的存款。但自19世纪60年代起，钱庄的资金来源发生了变化，山西票号和洋行的存款成为钱庄主要的资金来源。一方面，钱庄得到山西票号的大量借款。山西票号营业谨慎，只要钱庄信用可靠，票号就愿无定期借以款项，称为做“长期”，但随时可取回。另一方面，外商银行和洋行对钱庄的短期放款，称为拆票。这种贷款以钱庄的庄票作抵押，利息比市场行市略低，按日计息，钱庄可从差额中赚取利润，外商银行需要时可随时收回。钱庄仰仗这两方面的资金，可通过放款，获取丰厚的利润，可一旦商号经营不善，放款无法收回，而票号和洋行又急需抽回存款，则钱庄资金会周转不灵，极易倒闭歇业。

钱庄资金来源的变化使得钱庄信用进一步扩张，此前，钱庄的放款资金有限，放款较为谨慎。而当票号和洋行为钱庄提供大量资金后，钱庄开始竭力扩张其信用，大肆放款。钱庄之间为了竞争，对借款人信用的考察也降低标准。“自长期拆票行，而钱庄恃之为不竭之源，执事之人不复顾资本厚薄，不复考用户盈虚，揎银与人，惟恐人之不欲。甚有借酒食征逐以兜往来者，故资本不过万金之庄，而放账竟多至数百万。当各项贸易盛时，钱庄固获厚利，及其市运式微，凡并无真本之行号，一遭折阅，倒闭纷纷，钱庄受累不浅。……一旦票号留银不放，银行拆票不通，处处受挤，则为人倒者亦转而倒人矣。”①

其次，钱庄缺乏积聚资金和积累资本的自我要求。钱庄在经营上不重视吸收小额存款，不注重资本积累，每年盈利全部分配给股东，没有提取公积金和增加资本的相关规定。这也使得钱庄资本不足，难以抵御金融市场的冲击。②

(二)导火索：工矿企业股票价格暴跌

洋务企业股票价格下跌是导致钱庄倒闭的重要因素。股票价格下跌则是因当时工矿企业投资过热，投资者争相购买股票，导致股票价格在短短几个月内大幅上涨，而这些企业自身盈利能力不足，投资者逐渐丧失信心，抛售股票，使股票价格大跌。如前文所述，洋务企业自19世纪70年代开始兴起，至1882年已达到较为鼎盛的时期。各大商人争相吸收资本投资工矿企业，为了筹集股本，大肆宣传，形成抢购股票的热潮。虽然投资者并不了解各省矿局的技术、管理、运输等问题，但是有时他们听说某矿局开工不久，“资本不敷，即须续招，因而疑为事无成效，纷纷谣琢，而股分速尔跌价”。而矿

① 《论钱市之衰》，《字林沪报》1884年2月8日。转引自刘广京：《一八八三年上海金融风潮——洋务运动专题研究之二》，《复旦学报(社会科学版)》1983年第3期。

② 洪葭管：《金融话旧》，中国金融出版社1991年版，第30页。

局在招股时，也有虚假宣传之嫌，据《申报》编辑的观察，各矿局派到上海招股的人，“公正诚实者居其半，而志不在矿，借端招摇者亦杂出其间”。矿局为了招股，存在一定程度的虚假宣传，但股票投资者也逐渐产生疑虑，发现购买股票并不能获益良多，遂开始出售股票，造成股票价格下跌。①

（三）外部原因：连年灾荒和中法战争导致经济形势恶化

1877年，山西、陕西、甘肃发生旱灾，河南、直隶、江苏、安徽发生蝗灾，江苏、浙江发生风灾，湖南、广西水旱为灾，福州、广东则闹水灾。据当时在天津的一个外国赈灾团体的估计，这一年光是山西、直隶、河南及陕西几省因灾荒而饿死和病死的人口就达900万～1 300万。严重的灾荒导致经济形势恶化，国内市场萎缩。而1883年黄河泛滥，灾区甚广，更降低了内地市场的购买力，从而削弱了上海钱庄的基础。② 连年灾荒造成经济萧条，影响钱庄的业务与放款能力，这是1883年金融风潮爆发的外在助因之一。

另一个外在因素是中法战争。1883年，中法两国虽然没有正式宣战，但双方在越南已经发生军事冲突。“溯败事之由，实因时势所迫。适值法人构衅，始以争夺越南既遂，扰及闽粤台湾。马江之役，船政水师扬武等船及船坞尽毁，延扰及吴淞口。……常有一日三警攻取制造局之传言，是以市面忽败，居民迁徙过半。”③“今年（1883年）法越构衅，久而不定；存资于人者深恐扰及商埠，皆思捆载而归，市面为之一紧。山西票号留银不放，市面为之更紧。泰西银行复不通借拆票，市面遂一朝决裂。”④中法交战的传言使得人心恐慌，资金撤离，银根趋紧。而清政府花费巨款购置军备，从商业领域抽走资金，使银根更为紧缩。这是1883年金融风潮爆发的又一外在助因。

三、风潮的影响

1883年金融风潮爆发期间，上海道台仅在风潮初期发布告示录，以整顿市面。“乃近来本市各业纷纷倒歇，所欠各款，自数万至数十万不等，其间实在亏本者少，诈倒图吞者多，若不按例严办，不足以惩刁奸而安市廛。……为此示仰各业人等知悉，尔等须知银货往来，全凭信义，诈倒取财，大干法纪。自示之后，凡已倒者，务将欠款赶紧全数还清，不准折减图让。”⑤除了颁布告示录和对破产钱庄进行清理外，清政府并未采取有效的救市措施，任由金融危机产生连锁反应，最终导致市场一片混乱。

---

① 刘广京：《一八八三年上海金融风潮——洋务运动专题研究之二》，《复旦学报（社会科学版）》1983年第3期。

② 全汉升：《中国经济史论丛》，台湾新亚研究所1972年版，第787页。

③ （清）徐润：《徐愚斋自叙年谱》，江西人民出版社2012年版，第101页。

④ 《答暨阳居士采访沪市公司情形书》，《申报》1884年1月12日，第3864号。

⑤ 中国人民银行上海市分行：《上海钱庄史料》，上海人民出版社1960年版，第45页。

1883年的金融风潮，使中国商人、股票持有者、钱庄都遭受了巨大损失，给正在萌芽中的中国民族资本主义近代企业沉重一击，使集股筹资活动更难开展。熟悉矿务的李金墉1887年感慨："中国自仿效泰西集股以来，就上海一隅而论，设公司者数十家，鲜克有终，而矿尤甚。承办者往往倾家荡产，犹有余累。'公司'二字久为人所厌闻。"[①]直到十年后的1893年，一般商人听到纠股集资，仍"无不掩耳而走"。郑观应在《盛世危言》中写道："中国自矿股亏败以来，上海倾倒银号多家，丧资百万，至今视为厉阶。盖中国公司集股时，官则代为招徕，股散时官则置之不理，是以视为畏途，无敢再与股份者。"[②]清政府不支持股份公司，从此洋务企业更难招股了。

1883年金融风潮后，外国资本对中国金融市场和商品市场的控制更加得心应手。中国丧失了生丝、茶叶等出口贸易的控制权；外国银行通过拆款、收受庄票和操纵金银，使钱庄进一步成为其附庸。此次金融风潮还使得洋务企业的性质发生改变。洋务企业中创办最早、规模最大的轮船招商局由唐廷枢、徐润主持，郑观应任帮办。徐润在金融风潮中破产，郑观应和唐廷枢也损失惨重，他们所致力的新式企业被迫中断。中法战争后，轮船招商局由官僚盛宣怀任"督办"。1885年前后，洋务企业大多自"官督商办"的形态改为官僚直接管理的"督办"形态，使某些洋务企业走上官僚资本主义的道路。

第四节　1910年橡胶股票风潮及其影响

1883年金融风潮之后，中国证券市场陷入低谷，然而股票在金融市场中的作用和地位却难以磨灭，只要有新的投资机会，股票交易高潮又会重现。1910年，上海爆发了橡胶股票风潮，相比1883年的金融风潮，这次风潮与外部国际市场有较强关联，规模之大，影响之深，为近百年来所罕见，金融恐慌波及全国，可以说是近代中国真正意义上的第一次股灾。这场风潮之所以称为"橡胶股票风潮"，是因为上海金融业参与了国际橡胶投机狂潮，橡胶在当时被称为橡皮，因此也称"橡皮股票风潮"。

一、风潮的爆发与演变

（一）国际橡胶价格暴涨形成橡胶股票投机热

20世纪初，随着交通运输业的发展和交通运输工具的创新，新兴汽车工业蓬勃发

---

① 孙毓棠：《中国近代工业史资料》第一辑，科学出版社1957年版，第719页。

② （清）郑观应：《盛世危言》，内蒙古人民出版社2006年版，第102页。

展，导致国际市场上对橡胶的需求量急剧增长。各工业国家橡胶进口量大增，美国1908年橡胶进口额为5 700万美元，次年增加到7 000万美元。英国1908年橡胶进口额为84万英镑，次年增加到141万英镑。橡胶的生产和供应受技术和自然条件的制约，短时间内无法迅速增长，橡胶市场上呈现供不应求的局面，橡胶价格随之普遍上涨且涨势强劲。在正常的情况下，橡胶价格即使加上充分的利润也不过每磅2～3先令左右，[①]而到1910年4月，伦敦橡胶价格高达每磅12先令10便士。[②]

橡胶公司的股票价格也随之大幅上涨，橡胶股票交易极为盛行，国际资本大量转向橡胶市场，投资橡胶产业被视为获取暴利的便捷途径。据当时《时报》记载，到1910年初，在南洋群岛设立的橡胶公司已达122家，[③]并在报纸上刊登广告公开招股。由于上海离橡胶原产地的南洋群岛很近，国际市场上橡胶投资热潮很快席卷上海，上海市面涌现出大量的橡胶公司，并依托上海的金融市场发行股票。早在1903年，英商麦边洋行就在上海设立了以经营橡胶园、石油、煤以及采伐木材等为业务的兰格志（橡胶产地名）拓植公司，极力宣传其发行的股票获利前景光明。“外商银行亦竟为其蒙蔽，允许橡皮股票可以照票面押借现款。华商金融界亦甚欢迎承做橡股押款，可见当时对于橡皮股票一般信仰之坚。”[④]

据《泰晤士报》估计，1909年底到1910年初，在上海设立的南洋橡胶公司达40余家，额定资本合计二千五百万两。[⑤] 上海的橡胶公司经营方式和筹资方式基本相同，都是由上海洋行具体经办和代售股票，并向上海外国银行开户，再用各种方法，诱人买卖。到1910年3—4月间，股票交易的景气已上升到顶点，“市中尚有不知橡皮为何物者”竞相倾囊抢购，使得“橡皮市面大盛”。[⑥] 为了争购橡胶股票，甚至有人“投出多年的积蓄尚且不以为足，进而变卖家人的衣装、首饰等物，竞相购买橡胶股票”[⑦]。上海市面上还推出“南洋一百二橡皮公司中西名目股分原值表说”和“定价每本大洋二元”的《上海橡树公司一览表》等书出售。[⑧] 上海的橡胶股票交易已达到狂热状态，“只要有一洋人，刊布一种计划书，说‘在某处地方，购得一所橡胶园，或者还是一块待垦的荒地，可种橡胶若干枝，几年之后，可以获利若干万，而且利益是年年加增’，说得天花乱

① 《橡胶的前景》，《北华捷报》1910年8月19日。

② 《橡胶市场》，《北华捷报》1910年5月6日。

③ 《时报》1910年4月3日，广告。

④ 朱斯煌：《民国经济史》，银行周报社1948年版，第46页。

⑤ 《论橡皮种植会》（译泰晤士报），《时报》1910年6月17日。

⑥ 《橡皮种类考》（译捷报），《时报》1910年4月8日。

⑦ ［日］菊池贵晴：《清末经济恐慌与辛亥革命之联系》，见中国社会科学院近代史研究所《国外中国近代史研究》编辑部《国外中国近代史研究》第二辑，中国社会科学出版社1981年版，第71页。

⑧ 《时报》1910年4月3日，广告。

坠，头头是道。自然会有人辗转委托，向他加价买进股票，而且还加价卖得出去”[①]。姚公鹤曾为此感慨：“各外国银行向来办事谨慎，除拆票为调剂金融，完全归买办负责外，从无虚假抵押之事，独对于此次橡皮股票，均可按照票面价格兑付现款。信用昭著如是，故当时亲友叙晤，除橡皮股票外，无他谈话，抑若早投资而即晚便可获利者。”[②]在这种情况下，上海市场的橡胶股票价格迅速攀升，橡胶投资活动逐渐演变为投机活动。据记载，兰格志公司的股票价格从农历1909年12月1日的九百二十两上升至1910年4月3日的一千五百两。[③]

（二）中外金融机构的参与进一步推动橡胶股价上涨

在外国洋行的大力宣传、国内外市场橡胶价格猛涨等多种因素综合作用下，中外金融机构参与并主导了橡胶股票投机活动。在华外商银行允许橡胶股票可按票面额押借现款，向中国的钱庄和股民发放大量用于购买橡胶股票的贷款，允许中国钱庄用庄票购买橡胶股票。“中国银行（钱庄）里的商业资本，几乎完全被投入橡胶股票的交易中去了，可用于正常商业活动的资金，却差不多完全陷于枯竭状态。”[④]一旦国际橡胶市场行情下跌，这些巨额贷款难以收回，将给市面造成严重冲击。

上海钱庄十分活跃，一方面从外商银行拆借大量资金投入股市，另一方面向橡胶股票投机者提供贷款。由于上海洋行经办橡胶公司并销售股票，又允许钱庄以庄票作为支付手段，因此具有洋行买办和钱庄庄主双重身份的人便利用自身便利条件大肆进行橡胶股票投机活动。其中陈逸卿、戴嘉宝、陆达生三人就是煽动橡胶风潮的核心人物。陈逸卿是茂和洋行、新旗昌洋行和利华银行的买办，又是正元钱庄庄主、兆康钱庄股东。戴嘉宝是德商裕兴洋行买办，也是兆康钱庄股东。陈、戴二人实际拥有兆康钱庄五股半的股本，得以操纵该庄的业务。陆达生是陆元利丝栈主人，也是谦余钱庄庄主。他们与洋商关系密切，受到洋行和外国银行的充分信任，并得到洋行和外国银行的资金融通。在上海的橡胶股票投机活动中，三家钱庄共发出庄票面值六百万两，抢购橡胶股票，再转手卖出牟取暴利。同时，他们调用与这三家钱庄素有往来的森源、元丰、会大、协丰、晋大五家钱庄的庄票以购买股票，形成以三庄为首、五庄附入的橡胶股票投机集团。

除了直接参与橡胶股票买卖外，上海许多钱庄普遍以贷款方式间接介入橡胶股票投机活动。由于橡胶股票炙手可热，许多股民在自有资金用罄后，纷纷向钱庄借款购

---

① 朱斯煌：《民国经济史》，银行周报社1948年版，第141页。

② 姚公鹤：《上海闲话》，上海古籍出版社1989年版，第120页。

③ 《股票》，《时报》1910年4月3日。

④ ［日］菊池贵晴：《清末经济恐慌与辛亥革命之联系》，见中国社会科学院近代史研究所《国外中国近代史研究》编辑部《国外中国近代史研究》第二辑，中国社会科学出版社1981年版，第71—72页。

买股票,并以所购橡胶股票作为抵押品。而钱庄看到股票价格日趋上涨,也争相收积橡胶股票为抵押品。这在很大程度上增加了橡胶股票投机的风险。

（三）橡胶股价大跌,引发金融风潮

就在上海橡胶股票投机达到疯狂之时,国际橡胶投机活动盛极而衰。由于世界橡胶的最大消费国美国对橡胶实行限制消费政策,其他国家也因橡胶价格昂贵而限制其使用。从 1910 年 7 月起,伦敦市场橡胶行情急剧下跌,橡胶价格从 4 月的每磅 12 先令 5 便士跌至 7 月的 9 先令 3 便士。国际市场上橡胶行情的突然逆转引发了上海外商银行的恐慌。上海外商银行停止贷款给钱庄,不再承做橡胶股票的抵押业务,同时追回以前的款项,使中国银钱业资金难以周转。随着国际市场的不利信息陆续传入上海,橡胶股票持有者竞相抛售股票,橡胶股价大幅缩水,大量股民因此破产。

1910 年 7 月中下旬,橡胶市场的陡然下行、市面流动性的急剧收缩以及橡胶股票市场泡沫的破裂,[①]使当时直接卷入橡胶股票投机的三家钱庄——正元、谦余、兆康因资金周转不灵,无法支撑而相继倒闭,并牵连与其有资金往来的森源、元丰、会大、协丰、晋大五家钱庄,从而引发橡胶股票风潮。7 月的风潮发生后,为了稳定上海市场,上海道台蔡乃煌向汇丰、麦加利等 9 家外国银行借款三百五十万两用来周转,其中一百四十万两用于偿还正元等钱庄所欠外国银行的款项,其余二百一十万两存放于源丰润和义善源等庄号。这一举措暂时平息了上海市面的金融恐慌。然而到当年 9 月,清政府按照惯例要从源丰润等庄号提取一百九十万两存银支付庚子赔款。蔡乃煌以上海市面尚未稳定为由,提议"不可骤提",请求度支部暂由大清银行拨银二百万两垫付庚子赔款。这一提议却遭到度支部的反对,引发度支部对蔡乃煌的弹劾。蔡乃煌即被革职,并受命追还官款,不得不从源丰润等庄号提回存款二百多万两,致使源丰润资金周转失灵。1910 年 10 月 8 日,当时中国最大的银号——上海源丰润倒闭,共亏欠公私款项达二千余万两,累及各地 17 家分号。[②] 源丰润的倒闭,立即引发金融危机的连锁反应,致使 9 家银号、钱庄倒闭,30 家钱庄歇业。1911 年 3 月下旬,著名票号义善源倒闭,与它往来的各地商号、钱庄等都不可避免地受到牵连。源丰润和义善源是上海钱业的两大支柱,两家庄号的倒闭使得整个上海钱业信誉扫地,外商银行遂停止对其提供拆款。在既失官款又失拆款的双重打击下,上海金融风潮进一步加剧。

二、风潮爆发的原因

（一）银钱业自身资本不足

橡胶股票风潮的爆发,实际上是因过度投机股票而引发的,国际市场橡胶价格大

---

① 陈旭东:《清末一次股票风潮的启示》,《文汇报》2018 年 10 月 12 日。

② 中国人民银行上海市分行:《上海钱庄史料》,上海人民出版社 1960 年版,第 81 页。

涨使橡胶企业的股票备受青睐,大量资金涌入橡胶股票市场。虽然橡胶价格上涨有助于提升橡胶企业的盈利能力,但同时也会减少橡胶的消费需求,进而使橡胶价格下降,而橡胶价格下降又促使橡胶股票下跌,使投资者损失惨重,并引发一系列连锁反应。因信用扩张而推高的股价,伴随股价的下跌,继而产生信用紧缩,使钱庄因资金周转不灵而倒闭。

银钱业自身资本不足,过度依赖洋行、外国银行及政府的官款接济。上海银钱业的运营资金除私人存款外,主要有两大来源:一是外国银行对钱庄的短期信用贷款,即"拆款",约有一千万两,上海的绝大部分钱庄赖此为生。二是上海道经手外放的上海海关库款,数额不定,通常有四五百万两。这笔库款的外放对象仅限于两类庄号:一类是源丰润附设的源通银号及源丰润的往来钱庄;另一类是义善源附设的丰裕银号及义善源的往来钱庄。其中,源丰润系统领取外放库款的六成,义善源系统占四成。源丰润和义善源极少依赖外国银行的拆款,而主要是凭借海关库款的支持在上海银钱业中占有一席之地。① 这两家银钱号也因过度依赖官款,在官款被抽离后,即顷刻倒闭。

正元、兆康、谦余三家钱庄的运营资金则与洋行和外国银行紧密相关,虽然自身资本仅几万两,但由于与洋行和外国银行关系密切,因而得到其大量借款,为这些钱庄购买股票提供了大量资金。在三家钱庄当时发行的六百万两庄票中,有一百四十万两是对洋行的更票和出货票,按当时商业习惯,更票的期限为 10 天,而在橡胶股票投机期间,洋行则将期限放宽至 30 天,延长了钱庄兑付的期限,增加了可供周转的资金。此外,两家钱庄的庄主陈逸卿和戴嘉宝还从花旗银行、华比银行和怡和洋行借得一百万两巨款,存放于这三家钱庄,以备不时之需。过度依赖外商资本,以及急剧扩张信用,使三家钱庄在橡胶股票下跌时,资金难以周转,进而被迫倒闭。②

(二)清政府的处理不当

虽然橡胶股票风潮爆发后上海道台蔡乃煌采取了应对措施,通过向 9 家外国银行借款,为银钱业提供资金周转,暂时缓解了资金紧张的局面,然而清政府因官员内部政治斗争,屡次追还官款,无视风潮的严重后果,则进一步加剧了银钱号的倒闭。源丰润因清政府逼还二百余万两官款而倒闭后,义善源因得到交通银行的款项接济,暂时渡过难关。但 1911 年初,盛宣怀主掌邮传部。为了打击袁世凯安插其中的梁士诒派系,盛宣怀通过清查梁士诒任交通银行帮办期间的账目,试图查出亏短,以此问罪于梁士诒,扫清党羽。义善源号主李经楚(曾兼任邮传部右侍郎和交通银行总理,在拆款方面与梁士诒有密切交往)见此状,惊恐万分,遂将义善源所借的交通银行款项悉数归还。

---

① 闵杰:《上海橡胶风潮及其对江浙地区民族经济的冲击》,《中国经济史研究》1989 年第 1 期。
② 闵杰:《上海橡胶风潮及其对江浙地区民族经济的冲击》,《中国经济史研究》1989 年第 1 期。

而盛宣怀并未就此罢手，仍继续清查，并断绝交通银行与义善源的往来款项，使义善源面临资金短缺，上海分号的存银仅剩七千余两。随后，义善源经理丁维藩为解决燃眉之急，将上海分号中所存的厂矿股票全部作抵押，向新任上海道台刘燕翼借现银十万两，但遭其拒绝。[①] 义善源无从获取资金周转，只得宣布倒闭。

源丰润、义善源的倒闭，表明橡胶风潮之所以急剧扩大，不仅在于投机活动影响了上海市面的资金周转，以及外国银行收回对上海钱业的拆款，而且更重要的原因可能是清政府无视橡胶风潮的重大影响，"政府不通商界情形，不明实业利害"[②]，没有采取正确的处理措施。

三、风潮的影响

（一）加剧了传统银钱业由盛转衰

源丰润和义善源倒闭后，上海橡胶股票风潮波及全国，造成其他地区的银号钱庄也出现倒闭。"自去年橡皮风潮之起，正元三庄，首先倒闭，顾其影响，仅及于沪上一隅。继而源丰润搁浅，于是影响几及于全国。今年复有义善源倒闭之事，未及一月，而各省各埠钱庄因被义善源之影响倒闭者，日有所闻。吾国经济界之恐慌，至斯而极矣。"[③]清政府断绝对银钱业的资金支持，各地官员唯恐重蹈上海蔡乃煌的覆辙，拒绝向钱庄放款，使局势进一步恶化。扬州钱业恐慌中，两江总督张人骏一举提回运库现银五十万两，"各钱庄遂复大受影响，均有搁浅之患"，造成扬州、镇江两埠"汇划均不可通"的严重局面。[④] 各地官员急提官款，不仅动摇了钱庄根基，而且加剧了社会公众的恐慌心理，提款者日益增多，使银钱业更加难以为继。

（二）金融风潮使工商业遭受重创

商业与银钱业一向唇齿相依。商号和钱庄（银号、票号）存在多种资金往来关系，一方面是资金借贷，另一方面是资金汇兑。银钱业的资金紧张状况，通过这两种方式直接影响商业的运转。金融风潮对上海当地商业的影响主要通过银钱号对商号的资金借贷得以传导，对江浙地区商业的影响则主要通过资金汇兑实现。商号在地区间的贸易往来通常借助钱庄汇划款项，风潮爆发后，钱业失去官款接济和大量存款，减少了对商号资金汇兑的请求，致使商号跨地区之间的贸易难以进行，甚至因此而倒闭的商号也为数不少。宁波源丰润分号和源隆钱庄倒闭后，"某颜料店、某茶叶店亦岌岌可危"，而受义善源风潮冲击后，"各商号大批之进出，莫不踌躇再四"。南京恐慌发生前，

---

① 闵杰：《上海橡胶风潮及其对江浙地区民族经济的冲击》，《中国经济史研究》1989 年第 1 期。

② 《中国实业协会开会纪事》，《时报》1910 年 12 月 27 日。

③ 《论全国破产之可忧》，《时报》1911 年 4 月 21 日。

④ 《扬州钱市之恐慌》，《时报》1910 年 10 月 26 日。

宝善源票号为商界一大金融支柱，而宝善源一倒闭，九章绸号、厚大、庚大等布号的资金来源立刻断绝。至1911年6月，不少商行已经停止进出货物。其中，丝行商号甚至一天都不做一笔交易。[①]

以镇江为例，作为土产洋货的转运中心，镇江与上海之间的贸易，通常由两地钱庄汇划，凭庄票向洋行进出货物。橡胶风潮发生后，洋行以上海钱庄信用已失为由，决定以后一律使用现银进行交易，致使"购买货物之力微，百物阻滞，货价下落，商人则先受其困"[②]。上海正元钱庄倒闭后不久，1910年8月，镇江四大商号[③]均被上海恐慌所累及，步履维艰，经营困难，除大生恒木行还同时受汉口同业的影响外，其余三行镇源祥丝行、瑞和北货行、马振记绸号均在风潮中倒闭。而商号经营不善又会造成钱庄亏空，两者相互影响，进一步加剧风潮的破坏性。总之，上海橡胶风潮的爆发，不仅对各地金融市场造成严重冲击，而且影响了一批大商号的经营活动，商业颇受震动。

受金融业和商业倒闭风潮的影响，工业也陷入需求萎缩、市场凋敝、资金短缺的困顿局面。从1903年收回利权运动兴起，到1910年橡胶风潮发生前，中国工业和交通业迅猛发展。不同于商业以债权融资为主，工业和交通业等生产部门则以股权融资为主。金融危机发生后，工业和交通业企业可以凭借自有资本继续维持生产，但很难长期维持下去。这一方面是由于经济萧条使得产品滞销，商品无法及时转化为货币资本进入生产领域。另一方面则是由于企业的自有资本由股东认购的股本所构成，而清代本国企业筹资困难，往往收有一定股本即行开张，在生产过程中仍需不断向股东续收股本，以随时补充经营消耗。而自有资本的主要来源是商人、钱庄主和绅士阶层的投资。且这些企业逐渐向股份公司转化，大规模向社会招股，进一步使产业资本同社会游资尤其是商业和钱业的关系更加紧密。橡胶风潮的爆发使这些投资者大受损失，原认股本不能如期交足，而官方资金有限，对企业的接济十分微薄，进而使这些企业陷入资金枯竭的困境。

因此，从橡胶风潮发生，直到1914年上海及江浙钱庄从恐慌与战乱中恢复元气以前，江浙地区绝大部分工业和交通业企业处于筹款维艰、经营困难的境地。这表明橡胶风潮通过影响银钱业和商业，进而造成工业和交通业也面临资金短缺的冲击，使其发展长期处于停滞状态。[④]

---

① 闵杰：《上海橡胶风潮及其对江浙地区民族经济的冲击》，《中国经济史研究》1989年第1期。

② 《维持市面适用何策乎》，《时报》1910年10月22日。

③ 镇江的四大商号指大生恒木行、镇源祥丝行、瑞和北货行、马振记绸号。

④ 闵杰：《上海橡胶风潮及其对江浙地区民族经济的冲击》，《中国经济史研究》1989年第1期。

第五节　1921 年的信交风潮

1921 年底爆发的信交风潮，是一次因交易所和信托公司设立过多而引发的信用扩张危机。该年底，滥设交易所和买卖交易所股票达到高潮，这是上海两家交易所成立后经营状况良好，产生示范效应，使部分人以为成立交易所有利可图而群起效仿引起。交易所和信托公司设立过多，导致过度投机，最终难以维系，进而引起倒闭风潮。

一、风潮的爆发与演变

(一)交易所与信托公司的兴起热潮

上海两家交易所成立初期，利润十分可观。据滨田峰太郎的调查，上海证券物品交易所从 1920 年 12 月至 1921 年 5 月底，收入达 677 504.78 元。其中，营业手续费收入达 585 757.72 元，扣除各种费用和给工作人员的奖励以后，纯利润达 368 696.77 元，占总收入的 54.42%。其股东的股利半年就达到 30%，创造了“同种事业中稀有的记录”。受此鼓舞，上海证券物品交易所第二次股东大会决定把股本总额从 500 万元增加到 1 000 万元。结果，1921 年 6 月至同年 11 月底期间，其总收入上升到 1 002 836.63 元，其中营业手续费收入达 872 488.22 元，纯利润达 666 129.9 元，占总收入的 66.42%，利润占比不降反升。上海华商证券交易所的业绩也蒸蒸日上。1920 年股东每股 6.25 元的股票，得到的收益是 2.5 元，实际相当于年利率 40%。此后，上海杂粮油饼交易所和上海华商棉业交易所相继成立，营业利润丰厚。杂粮油饼交易所 1921 年全年纯利润为 71 333.57 元，棉业交易所 1921 年 7 月至 12 月底的半年纯利润为 324 194.96 元。[①]

看到这些先后成立的交易所利润如此丰厚，各行各业不管是否合适，皆纷纷设立交易所，掀起成立交易所的热潮。从行业上看，除公债、股票、标金、棉纱外，连布、麻、煤油、火柴、木材、麻袋和烟、酒、砂石、泥灰等行业都成立了交易所，有的还不只一两家。从时间上看，除白天营业的交易所外，还有夜间和星期日营业的交易所。从资金上看，1921 年一年间成立的交易所的总资本就已超过截至 1920 年底成立的所有银行的资本数。从交易所的数量看，仅在 1921 年 10—11 月的两个月时间里，在上海外国领事馆里注册的交易所数量就达 80 余所。据《银行周报》记载，共有 112 家。而滨田峰太郎的调查列举了 117 家。其中向北京农商部注册的只有 7 家，未注册的有 27 家，

---

① 朱荫贵:《近代上海证券市场上股票买卖的三次高潮》,《中国经济史研究》1998 年第 3 期。

情况不详的 30 家，3 家在上海松沪护军使署注册，剩下的 50 家都在上海的外国租界中向外国领事馆注册，而且绝大多数在租界开业。数量最多时甚至达到 136 家，其狂热程度可谓是无以复加。如此多的交易所并不符合工商业的市场需求，实际进行交易的数量有限，炒作交易所股票就成了主要业务。这必将形成极大的泡沫，同时也预示着危机即将到来。①

在交易所大量设立的同时，信托公司也紧随其后。信托公司的成立和招股情形也异常火爆，往往“千百十万之股本，可于座谈之倾，抢认足额”②，“当时组织信托公司者，早晨发起设立，当日即可收足股款”③。中华信托公司成立时，“挂号认股者应接不暇，……发起人 40 人，临时认股者，几超出数倍，旋经公决以股本 1 000 万元为限，当场公认。”④通易信托公司原本定于 6 月 8 日—11 日向公众招股，结果次日下午 4 点已远超定额。⑤ 有的信托公司尚未成立，股票已飞涨，不少人委托他人预购股份。时任上海银行公会会长的钱新之就曾发表声明：“连日有人纷向鄙人托购信托公司股份者，鄙人对于沪上各信托公司均无关系，恐有误会，特此通告。”⑥1921 年夏秋之际，上海一地出现了 12 家华资信托公司，“其资本小则二百五十万元，大则一千五百万元”⑦。

（二）泡沫的破裂

自 1921 年 10 月起，信交事业开始由盛转衰。当时国内工商业停滞不前，对信交股票的过度投机导致上海金融市场银根吃紧。“九、十、十一、十二，4 个月银拆之最高价，皆达七钱，洋厘之最高价亦皆在七钱三分以上。……此下半年之上海金融，所以时觉不安也。”⑧这一时期，钱庄在信用扩张上也趋于谨慎，鉴于橡胶股票风潮的前车之鉴，上海钱业公会从 9 月起要求各钱庄慎重签发银票，以免移挪亏空之弊。随着年关将至，钱庄、银行加紧收缩信用，外商银行也减少抵押贷款额度，使市面资金日益趋紧。

由于资金匮乏，周转不灵，信托公司业务冷淡，佣金收入顿减，入不敷出，逐渐陷入困境。早在 9 月初，上海信托公司“因营业方针诸多窒碍，迁延时日，恐多损失，兹为顾全股东血本起见，经发起人议决解散”⑨，10 月底，上海信托公司设立清理处。⑩ 信托公司微显衰落，人们对其逐渐失去信心，投机泡沫开始破裂，股价直线下跌。华商证券

---

① 朱荫贵：《近代上海证券市场上股票买卖的三次高潮》，《中国经济史研究》1998 年第 3 期。

② 徐裕孙：《信交狂潮之反动》，《银行周报》1921 年第 5 卷第 50 期。

③ 朱斯煌：《中国信托事业之过去与将来》，《银行周报》1944 年第 28 卷第 27—28 期。

④ 《中华信托公司之组织》，《申报》1921 年 6 月 2 日，第 17340 号。

⑤ 《通易信托股份有限公司招股截止广告》，《申报》1921 年 6 月 9 日，第 17347 号。

⑥ 《钱新之启事》，《申报》1921 年 6 月 7 日，第 17345 号。

⑦ 马寅初：《马寅初全集》第一卷，浙江人民出版社 1999 年版，第 497 页。

⑧ 中国人民银行上海市分行：《上海钱庄史料》，上海人民出版社 1960 年版，第 119 页。

⑨ 《上海信托公司紧要通告》，《申报》1921 年 9 月 5 日，第 17435 号。

⑩ 《上海信托公司设立清理处通告》，《申报》1921 年 10 月 30 日，第 17490 号。

交易所股价由6月28日的101.75元跌至12月28日的19.5元，1922年3月28日市价仅4.4元，跌幅达96%。[①]“交易所股票，无不日跌，大有一落千丈，岌岌可危之势，经纪人破产者，投机人之自尽者，且日有所闻。”[②]股价暴跌后，信托公司所持有的交易所抵押股票形同废纸，绝大多数信托公司与交易所一起卷入信交风潮。

自1921年11月起，交易所接连出现停拍现象。上海中外信托公司在法租界开设的中外证券物品交易所发出的支票被各钱庄、银行拒绝支付的有40多万元，12月1日各债权人持退票交涉，交易所总经理及各董事均避而不见。[③]上海棉花交易所因本所股价大跌，导致各种交割纠纷，虽然已经停拍本所股票，纠纷仍难以解决。而棉花交易也极为平淡。[④]自1921年12月至次年1月，交易所停业、倒闭、合并、改组或解散之风一发不可收拾，繁荣一时的信交事业已风光不再。1922年3月，上海尚有12家交易所营业，4月交易所仅存6家，信托公司仅有中央和通易2家。其他百余家信交公司仅在半年时间内就烟消云散，其他城市盲目设立的信交公司或宣告清理，或停业解散，所剩无几。[⑤]

二、风潮爆发的原因

信交风潮发生的原因可从两方面来理解，一方面是信交事业在一年内如此兴盛的原因，另一方面是大批交易所和信托公司快速倒闭歇业的原因。这两方面因素构成了信交风潮爆发的两个阶段。

(一)大量游资充斥市场，寻找投资途径

信交事业繁荣的原因主要是当时市场上游资充斥，工商业停滞，交易所的兴起及丰厚的利润吸引这些游资投入信交事业。战时因国内外需求旺盛，投资工商业有利可图，资金出路自不成问题。但欧战结束后，1919—1920年，西方各国发生了经济危机，严格限制中国商品的输入，导致出口减少，进口增加。1919年我国进口货物总值六亿四千六百九十七万六千六百八十一两，而在之后的两年分别增加到七亿六千二百二十五万零二百三十两和九亿零六百一十二万二千四百六十三两。出口则从六亿三千零八十万九千四百一十一两分别减至五亿四千一百六十三万一千三百两和六亿零一百二十五万五千五百三十七两。这使得国内工商业极度萧条，而交易所建立后，获利颇丰，为这些游资提供了一个投资渠道。[⑥]

① 《交易所市况》，《申报》1921年6月29日、12月29日、1922年3月29日。
② 《论说金融界之隐忧》，《钱业月报》1921年第1卷第11号。
③ 《交易所业中之新争论》，《申报》1921年12月7日，第17528号。
④ 《关于交易所之近讯》，《申报》1921年12月14日，第17535号。
⑤ 《论说金融界之隐忧》，《钱业月报》1921年第1卷第11号。
⑥ 肖勤福：《上海金融界“民十风潮”述略》，《近代史研究》1986年第2期。

(二)信交公司的发展超出实际经济需要

社会对信交业的需要主要由产业资本、商业资本和银行资本的规模和活动来决定。中国产业资本虽然在第一次世界大战期间获得了空前发展，但仍未十分成熟。虽然中国近代工厂的资本额在战时猛增了75%，但到1920年也只有5亿多元。全国银行资本总额迟至1923年也仅为3.43亿元，加上商业资本，也仅十数亿元，其活动规模也不可能很大。全国工业投资占总投资的65%左右，但其总额也只有1.55亿元。且这些数据是以全国而论，若就上海而言，势必更少。而当时交易所和信托公司在繁荣时期总共投入的资本达3亿元左右，相较于工商业的资本而言，信交事业的投入不免过多。①

通常情况下，同一物品的交易所一地只需一个即可，而当时上海的各类交易所最多时达136个，明显超出了市场对交易所的需求。在市场供求规律的作用下，这种过度投资势必引起大量交易所和信托公司难以维持，最终倒闭歇业。

(三)政府监管缺失

尽管北洋政府于1914年和1921年陆续颁布了《证券交易所法》和《物品交易所条例》，并附有实施细则，但由于当时军阀割据、混乱不堪的政治局面，北洋政府并未成立专门机构负责监督各项规定的实施，致使政令不行，法律条例成了一纸空文。政府监管的缺失和滞后，助长了证券市场的买空卖空。法律规定每个地方只能设一个证券交易所，不准买卖本所股票，且须经农商部批准方可开业。而实际“批准设立之机关，有北京农商部、上海工部局、上海各领事署、淞沪护军使署、会审公廨等”，导致“政令纷歧，绝少统一办法”。② 而且当时有大量交易所不经北洋政府批准，而在租界内设立。此外，各交易所无一不经营本所股票买卖，有不少交易所甚至以此为唯一业务。

法律条例执行不力，政府监管流于形式，使得滥设信交公司的热潮没有得到有效遏制。当风潮爆发后，在社会各界的呼吁下，北洋政府认识到了证券监管的重要性和迫切性，积极联合地方政府、工商金融界和租界当局，迅速采取了一系列加强监管的补救措施，很快平息了信交风潮。

三、风潮的影响

1921年信交风潮最主要的影响是造成此后十几年内中国的证券市场变成“财政市场”，股票交易极少，证券市场未能发挥为工商业筹集资本的功能，反而沦为政府发行债券的市场，阻碍了股票交易及股份制公司的发展。具体而言，其影响可分为以下

---

① 肖勤福:《上海金融界“民十风潮”述略》,《近代史研究》1986年第2期。

② 朱斯煌:《民国经济史》,银行周报社1948年版,第148页。

几方面：

（一）严重干扰了社会经济的正常发展

信交风潮中，滥设信交公司使得社会资本结构严重失衡。信交企业的总资本接近民族工业总资本，按实收资本 1/4 计算，也超过全国私营银行总资本，上海一地的信交企业资本是钱庄资本的 23 倍。信交事业投入的资本过多，使其他工商业所需的资金减少，进而影响工商业的发展。“商业之元气已为之损失不少矣，……市场活动之资本已消归于无何有之乡。”[①]

（二）阻碍证券市场的发展

信交风潮使公众对股票交易丧失信心，此后直到抗战前，股票市场一蹶不振，证券市场被政府公债所占据。信交企业股票买卖使股民损失惨重，商界、金融界和产业界对风潮造成的惨重损失记忆犹新，人们对信交事业产生厌恶、戒备心理，对股票买卖更加谨慎。此外，信交风潮还导致政府对证券市场的管制增加，束缚了股票市场的发展。1926 年政府向上海派驻交易所监理官，次年设金融监理局，1928 年又以钱币司取代。这些官员和监督机构不仅“稽核交易所买卖账目”，而且还直接干预“交易所其它一切事项”，对交易所采取了极为严格的监管。抗战胜利以后，国民政府财政部立即通令上海原各交易所“非得财政部命令不得开业”。此后所成立的上海证券交易所，官股占 40％，已经基本沦为官办的交易所。

（三）失业人数增加，社会动荡不安

信交风潮后，大量信交企业破产倒闭，投机者因钱庄、银行收缩信用，资金周转不灵，到期无法支付，纷纷破产逃匿。由于信交事业具有全部股份化、经营面广的特点，因而涉及各行各业，几乎无最低资本限额，交易迅速便捷，既无需置办大量固定资产，受种种专业和技术的限制，又不用坐等产销周期，受时间约束。因此，股票市场具有一种把社会各阶层卷入其中的能力，正因如此，市场一旦崩溃，所造成的社会动荡必然十分剧烈。[②] 风潮发生后，工厂、商号和银行的倒闭或收缩经营规模导致失业人数日益增多。失业者和投机失败者结局悲惨，“中华信托公司交易部所员十九人，近来叫苦连天，闻之令人酸鼻。……内有某等，进退两难，日复一日，典当无物，行囊尽空，既受栈房之窘迫，又受旁人之白眼，乃相与筹谋。观该所既已倒闭，理事会解散，津贴无望，不得已以被褥典尽，相互补助。拟今日各行回家，言之羞愧，无地云云”[③]。

---

① 《交易所与赌博场》，《申报》1921 年 12 月 7 日，第 17528 号。

② 肖勤福：《上海金融界“民十风潮”述略》，《近代史研究》1986 年第 2 期。

③ 《交易所员与交易所之纠葛》，《申报》1921 年 12 月 22 日，第 17543 号。

思考题

1. 名词解释：

现期交易　定期交易　便期交易　当面买卖　竞价买卖　约定价格　记账价格　标准价格　公定价格　橡胶股票风潮　信交风潮

2. 近代中国证券市场的发展经历了哪几个阶段？每个阶段的特点有哪些？

3. 1922—1937 年证券市场逐渐变成“公债市场”或“财政市场”的主要原因是什么？

4. 简要论述保证金的类别及缴纳方法。

5. 简要论述交易税和交易手续费的区别及缴纳方法。

6. 论述三次金融风潮发生的原因及其影响。

7. 三次金融风潮的发生与证券市场存在怎样的关系？

主要参考文献

1. 洪葭管、张继凤：《近代上海金融市场》，上海人民出版社 1989 年版。

2. 刘志英：《近代中国华商证券市场研究》，中国社会科学出版社 2011 年版。

3. 上海市档案馆：《旧上海的证券交易所》，上海古籍出版社 1992 年版。

4. 吴毅堂：《中国股票年鉴》，中国股票年鉴社 1947 年版。

5. 吴德培：《交易所论》，商务印书馆 1946 年版，第 110 页。

6. 杨荫溥：《中国交易所论》，商务印书馆 1930 年版。

7. 朱荫贵：《近代中国：金融与证券研究》，上海人民出版社 2012 年版。

8. 朱斯煌：《民国经济史》，银行周报社 1948 年版。

第十三章　现代中国金融市场的发展

从 1949 年中华人民共和国成立至改革开放前，在传统计划经济体制下，中国金融市场仅仅在短时间内有所发展。改革开放初期，人们普遍认为，金融市场是资本主义社会经济和金融的产物，与社会主义制度是不相容的。从 20 世纪 80 年代中期开始，随着思想解放以及社会主义经济逐步繁荣，原来遭遇压制的金融市场又逐渐恢复了生机，不但丰富了货币市场，而且尝试发展资本市场，拓展了金融市场空间，促进了金融市场体系的完善。21 世纪以来，各类金融市场飞速发展，市场规模不断扩大，基础建设扎实推进，市场交易制度和监管机制不断成熟完善，市场的参与主体越来越丰富，至今已经形成一个由票据市场、同业拆借市场、股票市场、债券市场、外汇市场等若干子市场组成的完整的金融市场体系。

第一节　票据市场

一、商业票据市场

商业票据市场是商业票据承兑、贴现和再贴现的市场，是货币市场发展中历史最悠久的市场之一。商业票据是企业为筹措资金在公开市场上签发的，承诺在指定日期按票面金额向持票人兑现的一种无抵押担保的信用凭证。在商业票据市场上，由于缺乏担保，票据发行者大多是一些信用卓著、资金实力雄厚、经过评级的大型公司或企业。

(一)商业票据市场的中断与恢复

新中国成立初期，国家银行推出对私营行庄票据转贴现、重贴现业务，同时非票据化的商业信用也具有相当规模。1953 年开始推行计划经济体制后，国家禁止商业信用，导致票据承兑贴现业务也逐渐消失。20 世纪 60 年代，随着经济扩张，一些企业为了谋求发展，对资金的需求也快速增加，导致市场上资金短缺。由于资金匮乏使银行贷款的费用上涨，因此企业融资大多转向商业票据等其他融资成本相对较低的方式，于是商业票据市场又有所恢复。1980年，中国人民银行上海市分行率先在杨浦和黄浦两个区的办事处开展试点工作，并在1981年试办了第一笔商业承兑汇票贴现。随后，中国人民银行上海市分行徐汇区办事处和安徽省天长县支行又合作试办了第一笔异地银行承兑汇票贴现。1982年，中国人民银行批复《关于恢复票据承兑、贴现业务的请示报告》，要求扩大票据贴现业务。1984年12月4日，中国人民银行发布《商业汇票承兑、贴现暂行办法》，进一步加强了对商业信用的疏导和管理。1985年4月，中国人民银行总行决定在全国办理票据贴现和再贴现业务。[①] 1986年4月16日，中国人民银行又颁布《再贴现试行办法》，决定对专业银行收受贴现的商业承兑汇票进行再贴现，以发挥中央银行的宏观调控作用。1987年6月20日，中国人民银行和中国农业银行联合发布《华东三省一市票汇结算试行办法》，在江苏、浙江、安徽、上海地区试行。1988年，中国农业银行把大力推广商业票据业务作为重点工作来抓，取得了明显的成效。据20个省(市)分行的材料统计，中国农业银行全年累计办理商业汇票承兑、贴现16 465笔，金额41.5亿元，相当于当年新增流动资金的23.1%。其中，贴现5 333笔，金额14.4亿元，占当年新增流动资金的8%。[②] 自此，商业票据市场得以恢复。

(二)商业票据市场的发展

1989年6月23—27日，中国人民银行在浙江省湖州市召开华东三省一市银行结算座谈会，修订了《华东三省一市银行汇票办法》，于1989年11月1日起正式实行。1990年，在中国人民银行的全力支持和推动下，全国签发商业票据近300亿元，承兑贴现238亿元；中国人民银行再贴现85亿元。[③] 1991年，商品交易中出现拖欠资金的严重情况，国家决定集中力量清理“三角债”。在清理过程中，采取的措施也推动了银行贴现与再贴现业务的发展。1991年9月，中国人民银行在《关于加强商业汇票管理的通知》中，进一步规范商业汇票的使用和银行票据承兑贴现市场的行为。1992年，中国人民银行颁布《中国人民银行对金融机构贷款管理暂行办法》，将中国人民银行对金融机构的贷款分为信用贷款和再贴现两种，优先办理再贴现，并且享受利率优惠，进一步推动全国商业汇票承兑、贴现、再贴现业务的发展。从1991年至1993年，国家银行累计贴现百亿元左右，中国人民银行从1986年至1993年累计再贴现48.66亿元，占中国人民银行向金融机构融资总余额的0.49%。[④]

1994年7月7日，中国人民银行下发《关于在煤炭、电力、冶金、化工和铁道行业

---

① 杨希天等:《中国金融通史》第六卷，中国金融出版社2002年版，第409页。
② 《中国金融年鉴》(1989年)，第237—238页。
③ 杨希天等:《中国金融通史》第六卷，中国金融出版社2002年版，第416页。
④ 杨希天等:《中国金融通史》第六卷，中国金融出版社2002年版，第417页。

推行商业汇票结算的通知》，提高资金的使用效益和国营大中型企业收回货款的效率。同年11月，中国人民银行首次专门安排100亿元再贴现资金，用于上述五个行业内、行业间的再贴现。据统计，1994年中国人民银行再贴现余额达202亿元，比上年增加4.16倍。1995年5月10日，第八届全国人民代表大会常务委员会第十三次会议通过《中华人民共和国票据法》，以正式立法形式规范票据行为，保障了票据活动中当事人的合法权益，为促进票据的发展提供了法律保障。1995年，全国商业银行累计办理商业汇票承兑2 424亿元，贴现1 412亿元，中国人民银行累计办理再贴现844亿元，年末再贴现余额达300多亿元。1995年全国贴现与收到汇票之比为1∶1.71，再贴现与已贴现票据之比达1∶1.67。在一些国有大中型企业全年实现的销售收入中，用承兑汇票结算的占2/3以上。1996年各商业银行结合本系统实际，制定《商业汇票承兑、贴现办法》及实施细则。1996年全年全国累计办理银行承兑汇票3 545亿元，其中向商业银行贴现1 955亿元，分别比上年增加86％和94％。中国人民银行办理再贴现1 160亿元，比上年增加132％。年末再贴现余额399.9亿元，占对商业银行和其他金融机构融资额总额8 539.11亿元的4.68％。[①] 1997年5月27日，中国人民银行发布《商业汇票承兑、贴现与再贴现管理暂行办法》，进一步规范商业汇票承兑、贴现与再贴现业务。1998年6月，中国人民银行下发《关于加强商业汇票管理促进商业汇票发展的通知》，调整改善商业汇票发展过程中所存在的问题。

随着社会主义市场经济的发展，票据作为商业信用的载体获得新生，成为20世纪90年代解决企业间“三角债”问题的主要工具。1997年和1998年，商业银行办理贴现分别为2 740亿元和2 400亿元，央行办理再贴现分别为1 332亿元和1 001亿元。2000年11月9日，我国第一家票据专营机构——中国工商银行票据营业部在上海成立，标志着票据业务经营模式迈入了集约化和专业化的发展轨道。

（三）新世纪以来的商业票据市场

进入21世纪以来，我国票据市场规模迅速扩大，票据业务不断拓展，市场参与主体更趋多元化，制度与法规建设逐步完善，票据风险得到有效控制，票据利率市场化水平不断提高，创新产品不断涌现，票据市场得到进一步发展。由图13.1可以看出，2002—2015年，商业汇票、贴现和再贴现发生额总体呈逐步增长趋势，而2016年商业汇票、贴现和再贴现发生额则有所下降。

2002年，全国票据市场累计签发商业汇票1.61万亿元，累计办理贴现2.31万亿元，累计办理再贴现246亿元。2015年，票据市场累计签发商业汇票22.37万亿元，比2002年增加20.76万亿元，增长12.89倍；累计办理贴现102.13万亿元，比2002

---

① 杨希天等：《中国金融通史》第六卷，中国金融出版社2002年版，第418页。

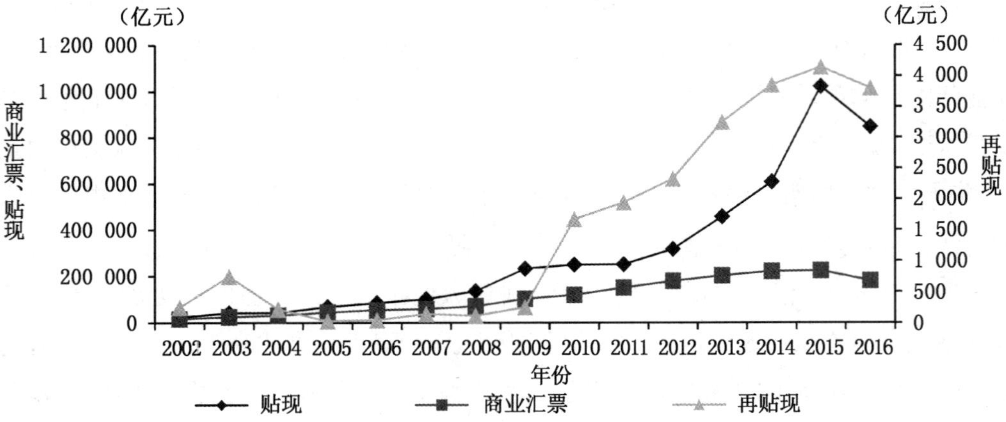

图 13.1　2002—2016 年商业汇票、贴现和再贴现发生额趋势

资料来源：根据《中国金融年鉴》（2003—2017 年）整理。

年增加 99.82 万亿元，增长 43.21 倍；累计办理再贴现 4145 亿元，比 2002 年增加 99.82 万亿元，增长 15.85 倍。至 2016 年，全国票据市场业务增幅开始趋缓。全年累计签发商业汇票 18.05 万亿元，同比下降 19.3%；累计办理贴现 84.55 万亿元，同比下降 17.2%；累计办理再贴现 3 805 亿元，同比下降 8.2%。2017 年，票据市场累计贴现量 40.3 万亿元，比 2015 年下降 60.53%，年均降幅 37.17%；累计承兑量 17 万亿元，比 2015 年下降 24.11%，年均降幅 12.88%。①

近几年，我国经济发展进入转型期，进一步推进金融去杠杆和金融监管，前期票据市场高速增长所积累的风险集中爆发，票据业务开始回归本源，业务开展更趋稳健和规范化，从而导致交易规模有所下降。与此同时，随着我国承兑汇票的发展，使用承兑汇票存在的问题也逐渐暴露，甚至有人提出取消承兑汇票的意见。2019 年，全国人大代表、泰开集团有限公司党委副书记、副董事长、总经理刘学敏两会期间提交《关于进一步加大金融支持民营企业力度的建议》，认为承兑汇票的使用加大了中小企业的财务成本和风险，主张全面取消承兑汇票，包括银行承兑汇票和商业承兑汇票。

二、大额可转让定期存单市场

大额可转让定期存单是由商业银行发行的一种金融产品，是存款人在银行的存款证明。与一般存单不同，大额可转让定期存单是一种不记名、有固定面额、可以转让流通的存款凭证，期限不低于 7 天。大额可转让定期存单最早产生于 20 世纪 60 年代的

---

① 江西财经大学九银票据研究院：《中国票据市场四十周年回顾与展望》，《上海立信会计金融学院学报》2018 年第 5 期。

美国，由于美国商业银行受《Q项条例》存款利率上限的限制，商业银行的存款利率往往低于市场利率，因此大企业往往把闲余资金投资于收益较高的其他金融产品，导致以企业为主要客户的银行存款急剧下降。为了吸引客户，阻止存款外流，商业银行推出大额可转让定期存单来吸引企业的短期资金。

与西方国家相比，我国的大额可转让定期存单业务发展比较晚。1986年，交通银行和中国银行发行第一张大额可转让存单，之后允许其他专业银行陆续开办大额可转让存单业务，但不准许其他非银行金融机构发行。1989年5月，中国人民银行颁布《关于大额可转让定期存单管理办法》，规定大额存单最高利率上浮幅度为同类存款利率的10%。1996年11月，中国人民银行修订《关于大额可转让定期存单管理办法》，将个人投资面额确定为1万～5万元，将企业投资面额定位为50万～500万元。由于管理体制不健全，始终没有形成大额可转让定期存单在二级市场上的流通交易，且出现了伪造银行存单进行诈骗等金融违法犯罪问题，因此，大额可转让定期存单业务于1997年暂停发行。[①] 从表13.1的统计可以看出，从1988年到1992年，大额可转让存单总发行额1 631.44亿元，总兑付额1 001.19亿元，总转让额44 748万元。

表13.1　　1988—1992年大额可转让存单发行兑付情况

年份	发行额(亿元)	兑付额(亿元)	期末余额(亿元)	转让情况(万元)
1988	59.26	—	59.26	1 285
1989	141.8	77.96	123.1	1 216
1990	503.53	231.63	395	4 159
1991	426.85	391.6	430.25	10 227
1992	500	300	630.25	27 861
合计	1 631.44	1 001.19	—	44 748

资料来源：《中国金融年鉴》(1993年)，第372—374页。

2004年，金融监管部门提议再次发行大额存单，但受外汇储备激增影响，大额存单业务仍然暂缓。直到2013年6月，余额宝等货币市场基金的出现加速了大额存单推出的进程，同年12月，中国人民银行颁布《同业存单管理暂行办法》。2014年6月，中国人民银行下发《大额存单管理暂行办法(征求意见稿)》，召集各大银行共同讨论大额存单方案。2015年6月2日，中国人民银行发布《大额存单管理暂行办法》，标志着我国大额存单发行工作重新启动，大额存单作为银行主动负债管理工具，体现了银行负债端自主定价的能力，拓宽了银行负债产品市场化定价范围，是利率市场化推进的

① 李亚奇：《我国大额存单市场发展历程、监管与国际经验借鉴》，《甘肃金融》2015年第7期。

一个关键环节。[①]

第二节 同业拆借市场

同业拆借市场是各类金融机构之间进行短期资金拆借活动所形成的市场，主要满足金融机构日常经营活动中经常发生的头寸盈缺调剂的需要，也是中央银行执行货币政策操作的窗口和传导渠道。

一、同业拆借市场的中断与恢复

中华人民共和国成立初期，同业拆借市场主要是银行同业拆借市场，参与者基本是私营行庄。上海、天津、北平、武汉等大城市是金融业集中地，其中上海同业拆借市场的发展变迁是新中国成立初期我国金融市场中同业拆借市场的典型代表。1949 年 10—11 月第三次通货膨胀时期，上海同业拆借市场活跃，日拆最高利率达到 45.50‰，国家试图采取以低于私营行庄利率的办法来控制市场利率，但这一措施并没有取得明显成效。[②] 一直到 1950 年 3 月统一财经后，全国物价逐渐恢复平稳，国家银行完全控制了市场利率，同业拆借市场日拆利率也开始稳步降低。

1952—1984 年，资金融通主要由中国人民银行实行系统内纵向计划调度，金融各业不需通过市场进行资金融通，因此中国金融市场中便没有了同业拆借问题。1984 年中国人民银行实行两级银行体制，决定从 1985 年 1 月 1 日开始实行"统一计划，划分资金，实贷实存，相互融通"的信贷资金管理办法，同业拆借市场重新恢复。1985 年，据 13 个省市不完全统计，全年资金拆借交易量达到了 120 亿元左右。[③]

1986 年 1 月 7 日，国务院颁布的《中华人民共和国银行管理条例》规定，"专业银行之间的资金可以互相拆借"。同年 8 月，上海成立以同业拆借为主的短期资金市场。但是，当时一些地方对金融机构之间同业拆借的意义认识不足，1986 年 10 月，中国人民银行下发《关于推进金融机构同业拆借有关问题的通知》，这对加强资金横向融通、促进经济横向联合、提高资金使用效率起到很好的推动作用。同业拆借市场一经形成，便得到快速发展。1986 年当年，同业拆借量达 300 多亿元，改变了长期以来向上要钱多，从市场调剂资金少的状况。1987 年，中国人民银行和专业银行联合下发《关

---

① 李亚奇：《我国大额存单市场发展历程、监管与国际经验借鉴》，《甘肃金融》2015 年第 7 期。

② 赵学军：《中国金融业发展研究(1949—1957 年)》，福建人民出版社 2008 年版，第 36 页。

③ 吴晓灵：《中国金融体制改革 30 年回顾与展望》，人民出版社 2008 年版，第 160 页。

于进一步搞活同业拆借市场的通知》，积极为各金融机构之间资金不平衡的问题做好服务工作，短期资金拆借市场逐渐活跃起来，全国范围的同业拆借市场开始形成。1990 年 3 月，中国人民银行颁布《同业拆借管理试行办法》，规范同业拆借的业务和比例要求，加强对同业拆借的管理，维护同业拆借双方的合法权益。1990 年，同业拆借交易量达 2 300 亿元，1991 年和 1992 年的拆借交易量分别又比 1990 年上升 26%和 30%。

二、同业拆借市场中的违章拆借及整顿

1992 年邓小平南方谈话以后，全国掀起经济体制改革和经济建设的热潮，资金拆借市场也重趋活跃。但是，由于“股票热”“房地产热”和“开发区热”的影响，1992 年至 1993 年初，同业拆借市场出现严重的非法集资和违章拆借问题。根据测算，1993 年上半年全国非法集资额达 1 000 亿元左右，到 5 月末，国家银行向系统外净拆出资金达 1 055 亿元，同业拆借利率上扬到 18‰以上。[①] 为了整顿同业拆借市场秩序，中国人民银行于 1993 年 2 月底对金融机构下发《关于进一步加强同业拆借管理的通知》，该通知除重申 1990 年《同业拆借管理试行办法》中的有关规定以外，还根据实际情况作了一系列补充规定。中国人民银行总行于 1993 年 6 月中旬下发《关于进一步整顿和规范同业资金拆借秩序的通知》，采取坚决措施，全面部署了清理整顿工作。

经过几个月的整顿，市场逐渐呈现降温趋势。1993 年 6 月份主要经济指标增长速度从失控、超高开始转向回落。到 8 月 15 日，全国银行系统拆出的资金已收回 727 亿元，8 月末，银行净拆出资金余额比年初下降了近 50%。[②] 中国人民银行总行于 8 月下旬和 12 月下旬先后下发《关于坚持做好清收违章拆借资金工作的通知》《关于继续纠正清收违章拆借的几项政策规定》，治理整顿同业拆借步入巩固时期，开始调整调控力度、完善清理违章拆借的政策措施。到 1993 年 12 月末，全年收回违章拆借资金 830 亿元，同业拆借市场与上半年相比显示出三个特点：一是拆借利率下降，一个月期限的资金拆借年利率已由上半年的 18%甚至 30%下降到中国人民银行规定的最高利率水平以下；二是期限得到了规范，由整顿前的 4 个月以上期占绝大多数，改变为 7 天期为主，最长不超过 1 个月期；三是拆借投向规范化，年末的资金拆借量中，有 95%以上是用于专业银行调头寸和解决金融机构的临时支付困难。经过整顿与逐步规范化的结合，同业拆借市场逐渐步入了规范化发展的轨道。[③]

1994 年，全国金融工作会议确定“继续整顿金融秩序，稳步推进金融改革”的方

---

① 《中国金融年鉴》(1994 年)，第 41 页。
② 《中国金融年鉴》(1994 年)，第 41 页。
③ 《中国金融年鉴》(1994 年)，第 39—41 页。

针，继续对同业拆借市场进行了整顿和规范。据不完全统计，1994年全国融资中心同业拆借交易量达10 000亿元左右，是1993年的1.5倍，其中广东、上海、北京3个省市的同业拆借交易量均达到1 000亿元左右。[①] 从全国情况看，大中城市及沿海省市的拆借量较大，计划单列市的同业拆借也达到了相当规模，内地省市的同业拆借也开展得比较规范。1995年，各地区成立了由各地中国人民银行分行牵头的资金融通中心，交易量大幅度增加。据统计，43家融资中心全年累计交易7 716亿元(单方统计)，同比增加65.4%，日平均交易量30亿元。[②]

三、同业拆借市场的新发展

在经历了较长时间的调整之后，1996年1月，中国人民银行建立全国统一的银行间同业拆借市场，该市场由一级网络和二级网络组成。同年5月17日，中国人民银行下发《关于取消同业拆借利率上限管理的通知》，决定从6月1日起，取消同业拆借利率上限管理，拆借利率由拆借双方根据市场资金供求情况自行决定。到1996年末，市场运行254个交易日，累计成交5 871亿元。其中，融资中心占70%，商业银行占20%，非银行金融机构占10%。[③] 全国统一同业拆借市场架构的确立和试运行，标志着我国同业拆借市场发展进入了一个新时代。

1998年初，由于亚洲金融危机的影响，国内金融风险也开始暴露出问题，中国人民银行总行决定停止融资中心的自营拆借业务，全力清收逾期拆出资金，同时严格控制同业拆借市场风险。在政策的指导下，同业拆借市场的总体风险得以有效降低。1998年，中国人民银行先后批准符合规定的外资银行、商业银行、保险公司成为全国同业拆借市场的成员，从事同业拆借业务。1999年，批准部分农村信用社联社和证券公司成为全国同业拆借市场成员，从事拆借业务。2007年7月，中国人民银行颁布新的《同业拆借管理办法》，将保险公司、保险资产管理公司、金融资产管理公司、信托公司、汽车金融公司、金融租赁公司等非银行金融机构均纳入拆借市场参与者的范围。

同业拆借已经成为商业银行资金管理的首选方式，极大地方便了金融机构之间的头寸调剂和资金运作。从图13.2可以看出，1999—2012年全国银行间总拆借额总体呈现逐渐增长的发展趋势，特别是2006年以后增长幅度巨大。1999年同业拆借市场全年成交3 912亿元，拆借成交量比上年增加了3倍。到2012年，同业拆借市场交易量进一步大幅上升，全年累计成交46.70万亿元，交易主要集中在隔夜和七天品种。隔夜品种共成交40.28万亿元，占拆借总交易量的86.25%；七天同业拆借品种共成交

---

① 《中国金融年鉴》(1995年)，第35页。
② 《中国金融年鉴》(1996年)，第38页。
③ 《中国金融年鉴》(1997年)，第35页。

4.19万亿元，占拆借总交易量的8.98％，合计占95.23％。2013—2014年的总拆借额有所下降。2013年同业拆借市场累计成交35.52万亿元，较上年下降23.70％。2014年同业拆借市场累计成交37.66万亿元，较上年增加6.04％。2014—2016年又恢复了增长趋势，2016年同业拆借市场累计成交95.91万亿元，较上年增加49.37％。总体来看，1999—2016年日均量总体呈逐渐增长趋势，2003年有小幅快速增长，2004年又趋于平缓，特别是2014—2016年增长幅度较大。如图13.3所显示，银行间同业拆借当期成交量在波动中逐渐增长，银行间同业拆借当期加权平均利率则呈逐渐下降趋势。

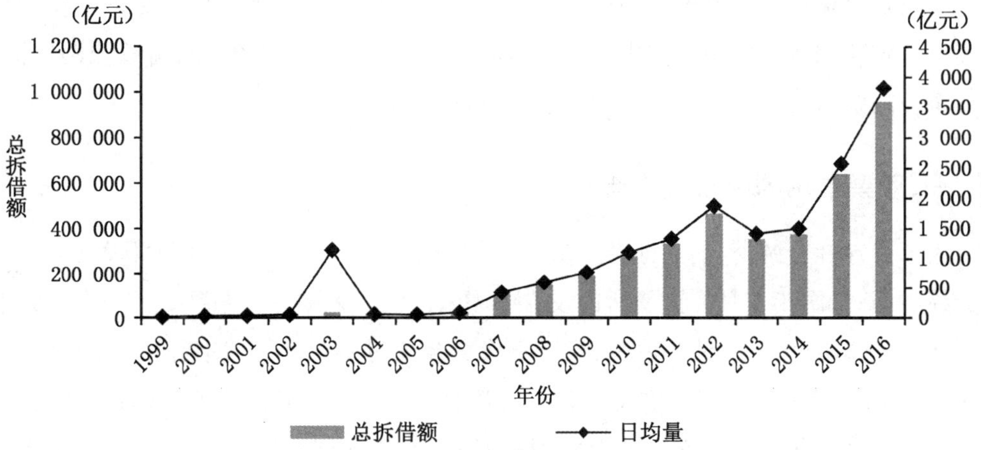

图13.2　1999—2016年全国银行间总拆借额及日均量

资料来源：根据《中国金融年鉴》（2000—2017年）整理。

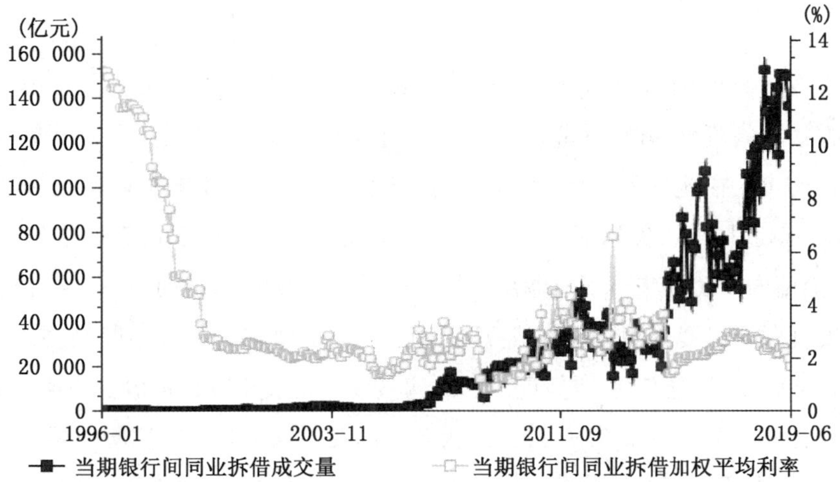

图13.3　1996—2019年银行间同业拆借成交量及加权平均利率

资料来源：中经网统计数据库。

总之，近年来，同业拆借市场不仅已经形成了全国性的网络，而且凭借先进的通信手段，逐渐开始向国际化方向发展。同业拆借市场稳定、有序地发展，不仅完善了中国的货币市场体系，也推进了中国货币调控机制的改革。

第三节 股票市场

股票是企业进行直接融资的重要形式。股票市场是股票发行与交易的市场。在中国经济转轨和企业转制过程中，股票市场已成为中国经济市场化的引擎和助推器，成为企业融资、资源配置和企业转制的重要途径和手段。

一、股票市场的中断与重新发轫

为了引导社会游资，消灭证券黑市，中央人民政府于 1949 年 6 月 1 日设立天津证券交易所，并于次年 5 月在交易所内设立中国人民银行天津分行办事处。为防止股市急剧波动，还规定了涨停线，并按买卖双方成交金额的 6‰～8‰收取经手费。1949 年 11 月 26 日，中国人民银行批准设立北京证券交易所，1950 年 2 月 1 日正式开业。从开业到 12 月底，北京证券交易所存在投机活动，股票实际交割额占成交额的比例很小，成交单位总额为 178.396 万元，而交割单位总额只有 23.2425 万元，实际交割额仅占成交总额的 13.05%。"三反""五反"运动开展后，仅仅存在两年的证券交易基本停止，北京证券交易所和天津证券交易所分别于 1952 年 2 月和 1952 年 8 月正式停业。①

20 世纪 80 年代初，一部分企业开始尝试股份制改革，通过向社会公众公开发行股票的方式筹集资金，并组建股份公司。但当时的股票很不规范，实际上是一种企业债券。1980 年，中国人民银行抚顺市支行代理抚顺红砖厂面向企业发行 280 万股股票。1980 年，我国第一家以募集方式设立的股份公司——成都市工业展销信托股份公司，按面值向全民和集体所有制单位发行 2 000 股股票，每股 1 万元。② 1982 年，广东省宝安县联合投资公司在深圳成立，是国内首家通过报刊公开招股的公司，1983 年 7 月向全国发行"深宝安"股票凭证。1984 年 7 月，北京天桥百货股份有限公司成立，首次向社会公开发行股票 300 万元，成为新中国在国家工商部门注册的第一家股份公司，标志着中国段票市场的萌芽。同年 11 月，上海飞乐音响公司成立，并于 1985 年 1

---

① 赵学军：《中国金融业发展研究(1949—1957 年)》，福建人民出版社 2008 年版，第 49—52 页。

② 吴晓灵：《中国金融体制改革 30 年回顾与展望》，人民出版社 2008 年版，第 197—198 页。

月向社会公开发行股票1万股(每股票面50元),在业内产生巨大反响,被誉为中国改革开放的一个信号。之后,股份公司在北京、上海、深圳、广州等城市迅速发展起来。

随着企业改革逐步深入,全国各地均出现了以股票形式招募股金、集资办企业的活动,股份制企业的数量不断扩大,发行股票数量也不断增加。1986年1月,上海延中实业公司诞生,全部以发行股票的方式向社会筹集资金。同年9月,上海工商银行信托投资公司静安证券业务部开始营业,这是中国第一个证券交易柜台,首次以挂牌方式公开委托买卖股票。9月26日,上海飞乐音响公司和上海延中实业公司向社会公开发行的股票通过静安证券部上市,开创了新中国股票交易的历史,也促进了股份制的发展。同时,一些国营企业,如上海真空电子器件股份有限公司、沈阳金杯汽车股份有限公司、重庆渝中信托投资股份有限公司等开始推行股份制改革试点工作。到1990年,上海有4家工业企业、4家商业企业、2家金融企业、1家房地产企业,共11家企业进行股份制改革试点,股金总额8.87亿元,其中7家向社会发行了个人股;深圳有5家向社会发行股票筹资,股金总额2.7亿元。[①] 按照表13.2的统计,1987年,全国累计发行股票10亿元;到1990年末,累计发行股票进一步达到45.9亿元。这期间,股票交易开始扩大,股票价格逐渐上涨。但是,由于股票转让只限于柜台交易,交易场所分散,信息不对称,交易方式落后,管理制度不完善等,导致黑市猖獗,交易秩序异常混乱。

表13.2　　1987—1990年的股票发行　　单位:亿元

	1987年	1988年	1989年	1990年	合计
发行额	10	25	6.62	4.28	45.9
期末余额	10	35	41.62	45.9	

注:1987年发行额和期末余额均包括以前年度的发生额。

资料来源:《中国金融年鉴》(1991年),第58页。

二、股票市场的成长与调整期

(一)股票交易所市场的建立

1990年11月,经国务院授权、中国人民银行批准,我国首家证券交易所——上海证券交易所正式成立。次年7月,深圳证券交易所在试营业的基础上正式开业,成为我国股票市场发展的转折点,标志着股票集中交易市场正式形成。从此,我国股票市场由场外分散交易转为场内集中交易,交易手段实现了计算机配对、无纸化操作。

1991年,经中国人民银行批准,深圳、上海两市的部分原上市公司开始进行增资扩股发行股票,同时两市分别新增发行企业11家和8家。新增19家企业的股票均以

① 姚遂:《中国金融史》,高等教育出版社2007年版,第529页。

溢价方式公开发行，从而使两市公开发行股票的企业达到 34 家，股份总额 33 亿元。同 1990 年底两地的股票总额 5.2 亿元相比，1991 年增加了 27.8 亿元，增长 5.4 倍。其中公股 28 亿元，占 84.8%，个人股 5 亿元，占 15.2%，确保了在社会主义股份制改革中公股占主体地位。1991 年 11 月 30 日，上海申银证券公司、上海真空电子器件股份有限公司以及国外证券商瑞士银行、香港新鸿基投资服务有限公司、美国新罗门兄弟公司共同签署了发行、承销真空电子 B 种股票的协议，标志着我国第一张 B 种股票正式诞生。1991 年，上海、深圳两地累计发行了 B 种股票 3.8 亿元人民币，吸引外汇资金约 2.4 亿美元。B 种股票的发行，开拓了一条吸引外资的新渠道，丰富了我国股票品种，推动了我国证券市场向国际化、规范化方向迈进。①

与此同时，为规范证券市场，国家相继出台了一系列配套政策法规，1993 年 4 月发布《股票公开发行与交易管理条例》，1993 年 6 月公布《公开发行股票信息披露实施细则》，1993 年 7 月发布《证券交易所管理暂行办法》，1994 年 7 月出台《中华人民共和国公司法》以及 1998 年 7 月颁布《中华人民共和国证券法》等。这一系列法规和文件为股票市场的规范发展奠定了坚实的基础。

（二）股票发行、交易与投资者状况

1. 股票的发行与交易状况

如图 13.4 和图 13.5 所统计，1992—2001 年股票累计发行 1 480.15 亿股，其中 A 股 640.91 亿股，占 43%；H 股和 N 股 737.98 亿股，占 50%；B 股 104.76 亿股，所占比例最少，仅占 7%。1992—2001 年股票累计筹资额 7 812.06 亿元，其中 A 股 3 976.23 亿元，占 51%；H 股和 N 股 1 442.23 亿元，占 18%；A、B 股配股筹资 2 068.49 亿元，占 27%；B 股 325.11 亿元，仅占 4%。

在股票发行市场快速发展的同时，股票交易市场也逐渐恢复平稳发展。深圳股市在经历了 1990 年的“过热”之后，经历长达近一年的股价下跌，直到 1991 年 10 月，逐步调整到正常水平，股价开始有所回升，但升中有降，幅度较小，股价相对平稳。1991 年 12 月 31 日，上海证券交易所指数为 292.76 点，比 1990 年 12 月 19 日的 100 点提高了 192.76 点，各上市股票均创历史最高。股票交投活跃，成交量增加，1991 年全年股票交易量从 1990 年的 18 亿元增加到 44 亿元，增长 1.4 倍。截至年底，共有 15 种股票挂牌上市交易。其中，上海全年共计开市交易 265 天，9 种股票日均交易额均为 304 万元，全年交易量为 8 亿元，深圳 6 种股票，累计全年交易量 35.7 亿元。② 1992 年，上海、深圳两个交易所的上市股票 A 股数量为 50 个，比 1991 年增加 35 个；B 股数

① 《中国金融年鉴》（1992 年），第 184—185 页。

② 《中国金融年鉴》（1992 年），第 184 页。

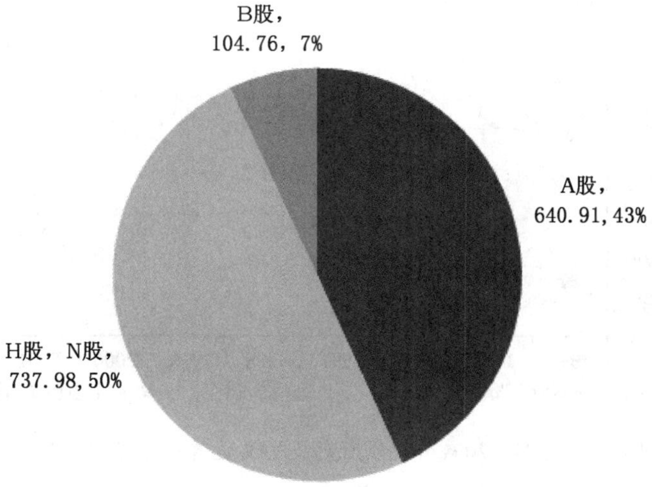

图 13.4　1992—2001 年股票发行量(亿股)及占比

资料来源:《中国金融年鉴》(2002 年),第 497 页。

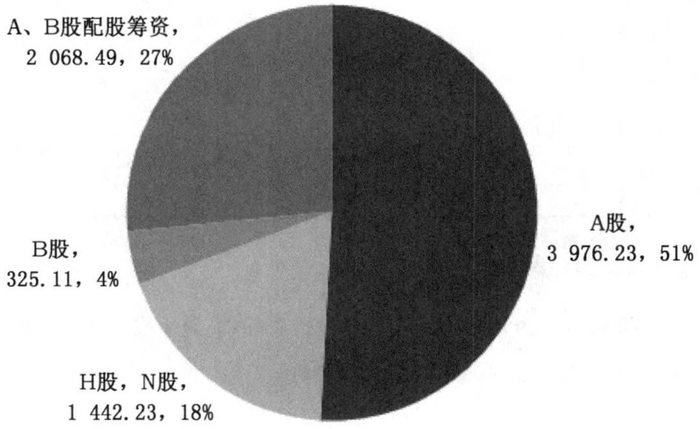

图 13.5　1992—2001 年股票筹资额(亿元)及占比

资料来源:《中国金融年鉴》(2002 年),第 497 页。

量为 18 个,比 1991 年增长 7 个。1993 年则增加到 237 个,总市值比 1992 年增加 6 倍多,股票数量增加 28 倍。

根据图 13.6 至图 13.9 的统计,1994—2001 年全国股票交易所会员总数有所下降,而上市公司数和上市股票数不断增加;股票发行总股本和流通股本均呈平稳上升趋势,成交量在上升过程中有所波动;股票流通市值和市价总值总体呈平稳增长趋势,但成交金额在波动中上升。1994—2001 年的上证综合股价指数和深证综合股价指数均逐步增长,最高上证综合股价指数在 2001 年达到 2 910.29 点,最高深证综合股价指数也在 2001 年达到 664.85 点。

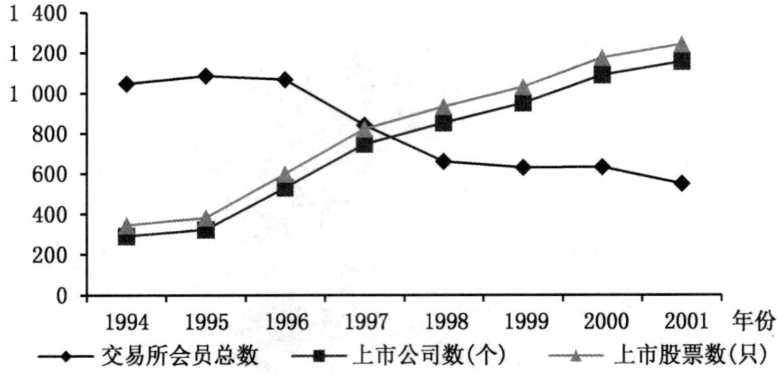

图 13.6　1994—2001 年交易所会员总数、上市公司数和上市股票数

资料来源:《中国金融年鉴》(2002 年),第 498 页。

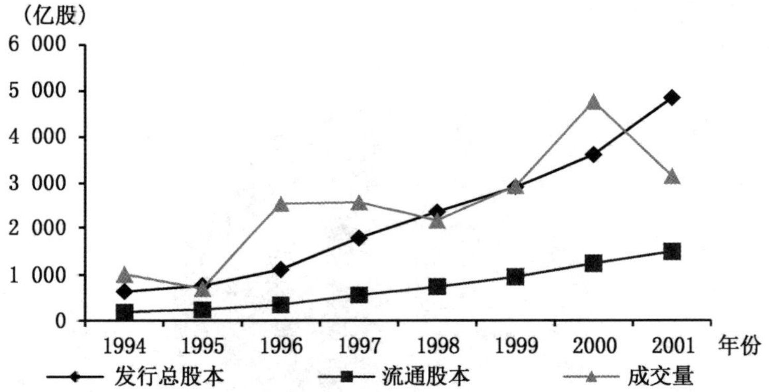

图 13.7　1994—2001 年股票发行总股本、流通股本和成交量

资料来源:《中国金融年鉴》(2002 年),第 498 页。

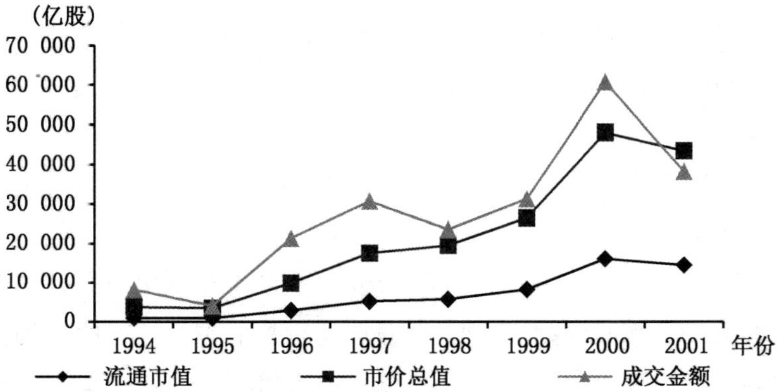

图 13.8　1994—2001 年股票流通市值、市值总价和成交金额

资料来源:《中国金融年鉴》(2002 年),第 498 页。

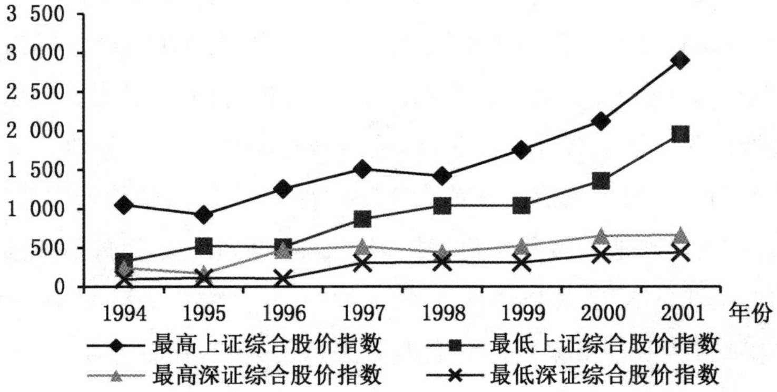

图 13.9 1994—2001 年上证、深证综合股价指数

资料来源:《中国金融年鉴》(2002 年),第 498 页。

2. 市场的投资者

股票发行和交易的扩张,也使个人投资者和市场中介机构逐渐扩大。1993 年 9 月以后不到一年的时间内,上海证券市场的机构投资者已有 2 500 多家,1994 年 3 月全国性的证券公司已有 91 家。1994 年,中国多家企业开始以股票方式在海外筹集资金,其中 6 家企业在香港直接发行 H 股,2 家在美国发行 N 股。截至 1997 年底,累计发行 A 股 264 亿股,B 股 86 亿股,H 股和 N 股共 294 亿股,共计发行股票 644 亿股,股票筹资额达 2 717 亿元人民币。1997 年,通过境内外股票发行上市累计筹集资金 1 293.82 亿元,是历年筹资额最多的一年。①

同时,企业开始试图通过股市进行兼并收购。1993 年 9 月,深圳保安集团收购上海延中实业股票(即所谓的"宝延事件"),开创了中国企业通过股市收购的先例。1993 年 11 月,深圳万科购买上海申华实业股份,进行了企业通过市场联合的首次尝试。1993 年 12 月,深圳投资管理公司与平安保险的股权转让协议,开始了国有股份的流通尝试。尽管这里存在违规行为,但对于探索在二级市场上进行资源重组是有重要意义的。

(三)市场管理体制的变革

1992 年,国务院决定成立证券管理办公室、国务院证券委员会(简称证券委),对全国证券市场进行统一的宏观管理,负责制定有关证券市场发展的重大政策和拟定有关管理法规;同时设立中国证券监督管理委员会(简称证监会),对证券业和证券市场进行监督和管理,受证券委的指导、监督、检查和归口管理。1996 年,证券委、证监会进一步加强证券立法工作,起草并由国务院颁布《关于境内上市外资股的规定》,还先

① 姚遂:《中国金融史》,高等教育出版社 2007 年版,第 529 页。

后制定颁布《关于境内上市外资股的规定实施细则》《证券经营机构股票承销业务管理办法》《证券经营机构证券自营业务管理办法》《境内及境外证券经营机构从事外资股业务资格管理暂行办法》等一系列证券部门规章，并修订颁布《证券交易所管理办法》。在加强立法的同时，证监会强化执法工作，完善执法手段。在有关地方证管机构的配合下，查处了“郑百文”股票操纵、“江苏索普”和“青海明胶”股票发行中的透支申购、安徽古井贡和济南柴油机股票发行中机构拆借资金申购、山东渤海虚假陈述等证券违法违规问题。1996 年全年，证监会共对 59 家机构(金融机构 52 家，上市公司 9 家，会计师事务所和律师事务所各 1 家)和 41 名个人进行了处罚，罚款额 1 970 万元，没收非法所得 1 326 万元。

1997 年，我国证券市场管理体制进行重大改革，国务院决定将上海证券交易所和深圳证券交易所划归中国证监会直接管理，中国证监会在调整领导班子的基础上，修改《证券交易所管理办法》，颁布《关于证券交易所报告制度的若干规定》，审核修改了证券交易所有关业务规则和规章制度。证券交易所颁布《股票上市规则》，加强对定期报告的事后审核工作，对 1996 年度 530 家上市公司的年报进行事后审查，强化信息披露。同年，经国务院批准，中国证监会在上海、深圳设立证券监管专员办事处，颁布《专员派出机构管理办法》，使得中国证监会的监管能力和跟踪市场的手段进一步完善。1997 年，中国证监会共调查处理证券期货案件 53 起，包括 27 家机构及 11 名个人分别受通报批评、警告、罚款、没收非法所得、暂停证券期货业务的处罚。其中，查处金融机构及证券公司 10 家、上市公司 4 家、会计师事务所 2 家，总计罚款 3 595 万元，没收非法所得 23 483 万元。1999 年 7 月 1 日，《中华人民共和国证券法》正式颁布实施，标志着集中统一的监管体制的建立，也标志着我国证券市场法制化建设步入新阶段。

从 1999 年 5 月 19 日起，在网络股的带动下，沪深股市走出了一轮强劲的上升行情。期间，上证综合指数更是创下了历史最高纪录，沪深两市单日成交金额也创下历史天量。一直到 2001 年 6 月 14 日，中国股市持续了两年多的牛市，网络概念股的强劲喷发将上证指数推高到了 2 245 点的历史最高点，此次走牛俗称“5·19”行情。然而，由于缺乏基本面的支持，此次牛市并没有永久性地持续下去。2001 年 6 月 14 日，国务院颁布《坚持国有股筹集社会保障资金管理暂行办法》，国有股减持拉开序幕，此后 3 个月股市暴跌。面对上证指数跌破 1 500 点的威胁，2001 年 10 月，证监会宣布暂停国有股减持；次年 6 月，国务院决定停止减持国有股。但这并没有结束股指的持续走低，从 2001 年 6 月 14 日至 2005 年 6 月 6 日，漫漫熊市持续了近 5 年，股指也从 2 245 点一路下跌到 998 点。

三、股票市场的进一步规范发展

进入 21 世纪以来，股权分置改革标志着中国资本市场特别是股票市场进入一个新的发展阶段，中国股票市场在经历了十余年的摸索后进入了一个重要的发展转折期，迎来历史上最为深刻的制度性变革。根据图 13.10 的统计，2002—2016 年，上海证券交易所上市股票数量和上市公司家数均呈平稳增长趋势，并且几乎同步增加；深圳证券交易所上市股票数量和上市公司家数同样呈增长趋势，增长幅度比上海证券交易所更大。四条曲线于 2009 年相交，2009—2013 年深圳证券交易所增长幅度趋缓，2013 年之后增长速度又有所提高。

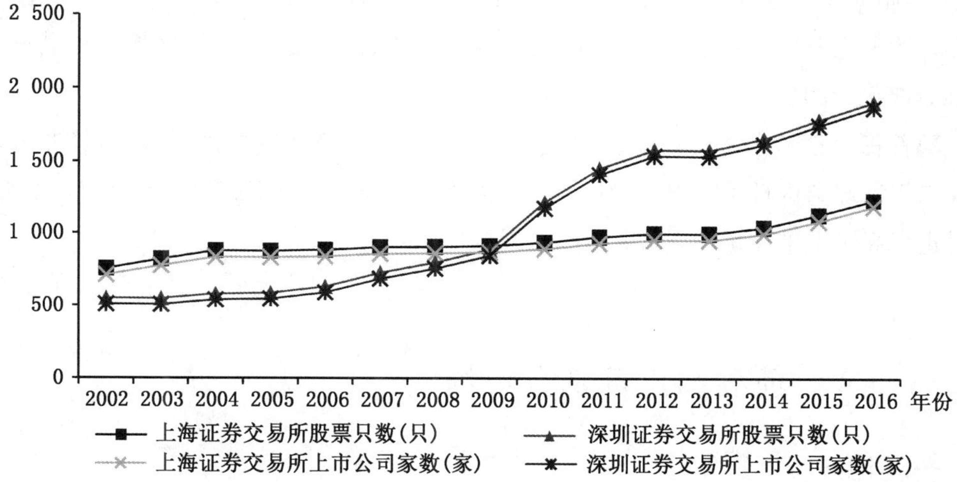

图 13.10　2002—2016 年股票市场概况

资料来源：《中国金融年鉴》(2017 年)，第 385—386 页。

2007—2008 年中国股票市场经历了大涨大跌的牛熊转换。2007 年，股票市场总体大幅上扬，交易量大幅增加。财政部于 2007 年 5 月 30 日将印花税税率上调至 3‰ 来抑制股市的上扬。但是，这个举措并没有从根本上阻止股票市场的上涨。2007 年 10 月中旬，上证指数创下 6 124 点的历史最高点。此后，股票市场开始出现单边下跌的走势。2008 年，尤其是在金融危机加剧、雷曼兄弟公司申请破产保护的利空打击下，中国股票市场再次受到沉重打击。为了稳定股市，政府在 2008 年 9 月中旬采取将印花税由双边征收改为单边征收的政策措施，中国股票市场出现了短暂的反弹，但不久后又陷入了下跌之中。一直到 2008 年 11 月初，政府公布积极财政政策和适度宽松的货币政策之后，中国股票市场才初步摆脱全球金融危机的冲击。2008 年末，上证综合指数收于1 820点，较2007年底下跌60%左右。[①]

到2016年末，沪深两市共有上市公司3 052家(上海证券交易所1 182家，深圳证券交易所1 870家)，比2002年的1 224家增加1 828家，增长1.49倍。其中包括主板1 660家，中小企业板822家，创业板570家。[②] 2016年，沪深两市共上市股票数量3 134只(上海证券交易所1 226只，深圳证券交易所1 908只)，比2002年的1 311只增加1 823只，增长1.39倍。沪深两市总市值50.77万亿元，流通市值39.34万亿元，比2002年分别增加46.94万亿元和38.09万亿元，分别增长12.26倍和30.47倍；流通市值占总市值的77.49%，比2002年的32.64%增加44.85%。2016年全年A股新增投资者1 830.88万户，全年上市公司发生并购重组2 486单，交易金额2.39万亿元，制造业、信息传输、软件和信息技术服务业、房地产业、批发和零售业并购重组单数合计占比80%；并购重组配套融资金额3 648.09亿元，是上年全年配套融资额2 080.95亿元的1.75倍。[③]

随着我国股权分置改革的不断推进，股票市场的规章制度更加规范，市场监管水平和市场治理结构日益完善。股权激励等措施的实施进一步提高了上市公司竞争力，同时也提高了上市公司的质量。

第四节　债券和投资基金市场

一、国债市场

(一)国债发行市场

1. 国债发行的中断与恢复

中华人民共和国成立初期，由于国民党统治时期遗留的通货膨胀问题，造成国家财政的巨大赤字。为了弥补财政赤字，缓解财政困难，1949年12月2日，中央人民政府委员会第四次会议通过《关于人民胜利折实公债的决定》。1950年，中国人民银行发行第一次全国性的公债，即“人民胜利折实公债”。据统计，新中国成立初期人民胜利折实公债共发行3亿元，首期人民胜利折实公债完成了计划发行方案的97.95%。[④] 折实公债的成功发行，协助国家克服了财政困难，对于国家财政收支平衡以及经济金融稳定发展做出了很大贡献，同时也拉开了中国发行国库券的序幕。为了筹集资金，

---

① 李扬等:《中国金融发展报告(2008～2009)》，社会科学文献出版社2009年版，第69页。

② 《中国金融年鉴》(2017年)，第16页。

③ 《中国金融年鉴》(2017年)，第16页。

④ 赵学军:《中国金融业发展研究(1949—1957年)》，福建人民出版社2008年版，第47页。

集中各方面力量进行战后重建，恢复和发展国民经济，中央财政部于1954—1958年又发行了“国家经济建设公债”。到1958年这个特殊的年代，国家的经济秩序被“大跃进”“浮夸风”打乱，政府于4月发出《关于发行地方公债的决定》，决定从1959年起不再发行全国性的公债，但是允许地方政府根据需要发行地方政府债券。到1962年，地方政府的发行也终止了。

1981年，为了集中各方面的财力，进行社会主义现代化建设，缓解国家财政赤字问题，国务院决定恢复国库券的发行。1984年和1985年11月，国务院分别发布《中华人民共和国一九八五年国库券条例》和《中华人民共和国一九八六年国库券条例》。国务院在之后的连续几年均发布《中华人民共和国国库券条例》，明确规定国库券发行对象、发行数额、利率、偿还期限等，发行国库券筹集的资金由国务院根据国民经济发展和综合平衡的需要统一安排使用。1988年，国家在61座城市进行国库券流通转让试点，来解决国债变现难的问题，这是国债发展史上一个重要的转折点。另外，在1989年、1990年和1991年，国务院分别发布《中华人民共和国一九八九年特种国债条例》《中华人民共和国一九九〇年特种国债条例》和《中华人民共和国一九九一年特种国债条例》来支援国家建设，促进社会主义经济协调发展。

1981年，为实现财政收支平衡，我国发行第一笔近50亿元的国库券。根据表13.3的数据统计，1981—1988年国库券发行额总体呈上涨趋势，1988年总发行额达92.16亿元。1989年总发行额减少到56.12亿元，同比下降39.1%。经过调整，1990年国库券发行额又恢复到与1988年相当的数额。从偿还期限来看，1981—1984年发行国库券的偿还期限为10年，1985—1987年偿还期限是5年，1988—1990年偿还期限缩短为3年。

表13.3　　1981—1990年国库券发行情况表

年份	发行额(亿元)	偿还额(亿元)	年末余额(亿元)	偿还期限(年)
1981	48.66		48.66	10
1982	43.83		92.49	10
1983	41.58		134.07	10
1984	42.53		176.60	10
1985	60.61		237.21	5
1986	62.51	6.35	293.37	5
1987	62.87	13.98	342.26	5
1988	92.16	21.99	412.43	3
1989	56.12	13.14	455.41	3
1990	93.28	63.77	484.92	3

资料来源：根据《中国金融年鉴》(1986—1991年)整理。

2. 国债承购包销的方式改革

自我国恢复发行国债以来，一直在不断摸索和改革国债的发行方式。1991 年，我国首次试验以承购包销的方式发行国债，初步实现了市场化。这标志着我国国债一级市场即发行市场机制开始形成。

1992 年国库券分两期发行，期限分别为 5 年和 3 年，并发行了非实物国库券。1993 年，国债市场推出了一级自营商制度，首批 19 家金融机构获准成为国债一级自营商。1994 年，借助上海交易所互联网交易和结算系统，尝试进行无纸化发行，成功地发行了半年期、1 年期国库券。这一年，国债实际发行额首次突破了 1 000 亿元，达到了 1 137.55 亿元。1995 年，成功发行记账式国库券、凭证式国库券和无记名式国库券，满足了投资者的多样化需求。1996 年，增加 3 个月期限的国库券，发行六期记账式国库券、两期无记名式国库券和凭证式国库券。1991—1996 年政府债券的发行种类、数额、利率和偿还期限情况等详见表 13.4。

表 13.4　　1991—1996 年政府债券国内发行情况　　单位:亿元

发行年度	类别	计划发行数	实际发行数	发行利率(%)	偿还年限
1991	国库券	100	199.41	10	3 年
	财政债券	70	64.63	9	5 年
	特种国债	20	17.21	9	5 年
	小计	190	281.25		
1992	一期国库券	63.55	120.6	10.5	5 年
	二期国库券	210	246.79	9.5	3 年
	非实物国库券	36.45	28.25	10.5	5 年
	财政债券	70	65.14	9	5 年
	小计	380	460.78		
1993	一期国库券	80	73.19	15.86	5 年
	二期国库券	200	226.35	13.96	3 年
	三期国库券	20	15.23	15.86	5 年
	财政债券	70	66.55	13	5 年
	小计	370	381.32		
1994	半年期国库券	50	50.28	9.8	半年
	一年期国库券	80	82.35	11.98	1 年
	二年期国库券	270	285.2	13	2 年
	三年期国库券	600	700.07	13.96	3 年
	定向债券	20	19.62	15.86	5 年
	小计	1 020	1 137.55		
1995	记账式国库券	100	117.89	11.98	1 年
	凭证式国库券	1 101	1 117.21	14	3 年
	无记名式国库券	250	251.71	14.5	3 年
	定向债券	26	24	15.86	5 年
	小计	1 477	1 510.81		

续表

发行年度	类别	计划发行数	实际发行数	发行利率(%)	偿还年限
1996	一期记账式国库券	135	130.09	12.1	1年
	二期记账式国库券	210	206	10.53	半年
	三期记账式国库券	150	142.72	9.9	3个月
	四期记账式国库券	100	171	12	1年
	五期记账式国库券	120	255.78	11.83	10年
	一期无记名式国库券	300	348.97	14.5	3年
	凭证式国库券	300	301.51	13.06	5年
	二期无记名式国库券	300	325.25	10.96	3年
	特种定向债券	10	33.55	8.8	5年
	六期记账式国库券	200	211.17	8.5	7年
	小计	1 825	2 126.04		

资料来源:《中国金融年鉴》(1997年),第473页。

这一时期,我国国债市场的发行逐渐走向市场化,国债发行方式实现了由承购包销向公开招标的过渡,初步建立了"基数承购、差额招标、竞争定价、余额分销"的市场化发行模式,提高了国债的发行效率,增加了市场的透明度。

3. 国债发行市场的进一步发展

进入21世纪以来,我国国债一级市场基本形成,市场化程度不断提高。国债发行的品种进一步多样化。财政部相继推出贴现国债、附息国债等新品种,并完成券面无纸化记账式改革。在期限上,既有3个月、6个月期的短期国债,也有7年、9年、10年期的长期国债,初步形成了合理的国债期限体系。同时,国债发行的频率也大大提高。国债市场不仅为投资者提供了多样化的、多选择的投资工具,也有利于财政部门调整债务结构、均衡债务负担、缓解偿债高峰压力。

如图13.11所显示,1997—2016年我国国债发行额、兑付金额及期末余额总体均呈逐步增长趋势,特别是2014年以来增长更为迅速。2015年,国家修订并严格执行储蓄国债发行办法,全年共组织发行凭证式国债1 141.22亿元、储蓄国债(电子式)1 859.18亿元,兑付凭证式国债本息合计647.96亿元。2016年,在"公平、公正、公开"市场化原则下,国家继续加强对储蓄国债的管理,推进储蓄国债管理改革,将"凭证式国债"更名为"储蓄国债(凭证式)"。全年组织发行储蓄国债(凭证式)4期,金额1 190.74亿元,比上年提高4.13个百分点;组织发行储蓄国债(电子式)10期,金额1 991.89亿元,比上年提高6.63个百分点。全年组织办理储蓄国债(凭证式)兑付8期,本金1 167.38亿元,利息240.13亿元。

(二)国债交易市场

1981年国库券恢复发行时,国家规定认购的国库券不得转让流通,因此我国没有国债二级市场。1985年银行开办对个人当年认购国库券实行贴现的业务,贴现率为

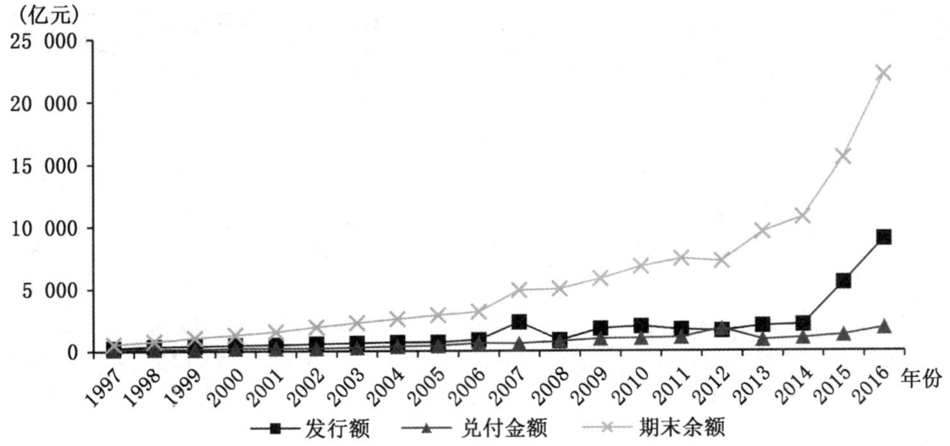

图 13.11　1997—2016 年国债发行、兑付及余额情况

资料来源:根据《中国金融年鉴》(1998—2017 年)整理。

月息 12.93%,但是效果并不理想。1986 年 8 月 5 日,经过中国人民银行沈阳市分行的批准,沈阳市信托投资公司率先开办国库券和企业债券等有价证券的柜台转让业务,标志着证券交易市场的开始。

1988 年 4 月,经国务院批准,沈阳、上海、重庆、武汉、广州、哈尔滨和深圳七个城市正式开展国库券流通转让试点工作。同年 6 月,国库券转让试点工作推广至全国 54 个城市,并准许 1985 年和 1986 年发行的国库券上市转让。但是,由于证券交易市场的过热发展,导致物价上涨,国债利率较低,买卖失衡,从而使得黑市交易流行,国债交易市场难以正常进行。经过治理整顿后,1990 年,国家决定全面放开国债交易市场,批准所有品种的国债都能上市流通转让。1991 年,随着国债现货市场的快速发展,我国形成了国债回购市场,拓宽了短期融资渠道,也为央行的公开市场操作提供了工具,对我国国债市场的发展起到了很大作用。到 1991 年末,我国已初步形成以柜台交易为主的二级市场。此外,国家还成立中央国债登记结算公司,负责全国国债的统一托管和结算业务,为国债的发行、流通、兑付和市场监控提供服务。

1993 年,上海证券交易所推出国债期货交易,同时也带动了现货交易,活跃了国债市场。1994 年,仅上海证券交易所国债期货交易金额就突破了 23 511 亿元,占整个国债市场交易额的 96.7%,交易规模最高时一天可达 600 亿元。然而,进入 1995 年,由于监管不足和缺乏管理经验,上海发生了严重的国债期货交易投机风波,称之为 327 国债期货事件。327 国债期货事件交易的是 1992 年发行、1995 年 6 月到期的 3 年期国库券,该券发行总量为 240 亿元,利率是 9.5%的票面利息加保值贴补率,但财政部是否对之实行保值贴补并不确定。[①] 1995 年 5 月，国务院明令暂停国债期货交易。由于 327 事件所处的时期正是中国金融改革初期，涉及国债规模有限，因而对国民经济并没有产生直接冲击，但这一事件也暴露了中国资本市场制度的缺陷。

1996 年，中国人民银行启动以国债为操作工具的公开市场业务，初步建立了公开市场业务运作机制，并建立了公开市场业务的债券结算和资金结算系统。1997 年 6 月，根据国务院指示，所有商业银行退出证券交易所国债市场，进入新成立的场外市场——全国银行间债券市场。银行间债券市场成立后，大部分记账式国债和全部政策性金融债券通过全国银行间同业拆借中心的交易系统进行交易，并在中央国债登记结算有限责任公司办理债券的登记托管和结算。2000 年，中国人民银行发布《全国银行间债券市场债券交易管理办法》，明确规定二级市场的交易规范。2007 年，中国人民银行制定《全国银行间债券市场做市商管理规定》，正式提出了做市商概念，并规定了做市商的做市规范。2011 年，中国人民银行、财政部联合发布《关于关键期限国债做市的公告》，启动关键期限国债做市，这对活跃和稳定国债二级市场起到了良好的作用。

近年来，国债市场继续稳步发展，取得了很大进展。国债现货市场和回购市场的交易价格也日益活跃，成为反映货币市场资金供求状况的重要标尺。2013 年，国家稳步推动储蓄国债销售方式改革，继续扩大储蓄国债（电子式）网上银行销售试点范围，分两批将网上银行销售试点由 3 家增至 9 家，拓展了储蓄国债（电子式）销售渠道。全年通过网上银行销售储蓄国债（电子式）共计 345.01 亿元，占储蓄国债（电子式）发行总额的 15.9%。同时，开展凭证式国债到期转存业务试点，进一步维护了国债投资者的利益。2016 年，国家继续推进国债业务创新，出台《凭证式国债到期资金约定转存业务工作指引》，推动承销机构开展凭证式国债到期约定转存业务，有效保护投资者合法利益。同时，严肃查处违规行为，对 8 家承销机构的违规行为进行查处，维护国债信誉。继续推进储蓄国债（电子式）网银销售，将江苏银行、杭州银行、青岛农商银行 3 家机构纳入网银销售机构名单，网银销售机构总数已达 23 家。[②]

二、企业债券市场

（一）企业债券市场的发展历程

1986 年 8 月 5 日，中国人民银行沈阳市分行信托投资公司开办转让业务之后，一些大城市的柜台转让业务也逐渐开通，企业债券才有了流通市场，但交易量很小。截至 1986 年底，企业累计发行各类债券 100 亿元左右。为了加强对企业债券的管理，规

---

① 胡汝银：《中国资本市场的发展与变迁》，上海格致出版社 2008 年版，第 77 页。

② 《中国金融年鉴》（2017 年），第 19 页。

范市场制度，引导资金的合理流向，有效利用社会闲散资金，保证国家重点建设，保护各方合法权益，国务院于1987年3月27日发布《企业债券管理暂行条例》，将发行和转让业务纳入法制轨道。1989年3月5日，国务院颁布《关于加强企业内部债券管理的通知》，使全国企业内部债券更加趋于规范。同年6月9日，中国人民银行发出《关于加强企业内部集资管理的通知》，进一步对企业内部集资问题作了详细规定。1990年，企业债券的发行方式发生变化，实行申报审批管理办法，当年发行额达到了50亿元。[①]

1992年第四季度，由于全国"房地产热""股票热""开发区热"的影响，一些企业出现了乱集资、乱投资、乱投机的现象。从1993年下半年起，还出现了一部分企业债券不能及时兑现，不得不由政府出面组织银行垫付资金兑付到期债券的严重现象，企业债券在投资者中的信誉越来越低，债券市场严重萎缩。1993年全年累计发行企业债券20.06亿元，比1992年发行额减少589.55亿元，仅占1992年总发行额的3.29%，期末余额768亿元。[②] 根据表13.5中的统计，1994年企业债券发行额55亿元，1995年突破200亿元，达到216.15亿元。从发展趋势来看，1994—1998年，企业债券发行额很不稳定，5年累计发行企业债券857.04亿元，1998年年末余额676.9亿元。

表13.5　　1994—1998年企业债券发行兑付情况　　单位：亿元

年份	年初余额	发行额	兑付额	年末余额
1994	887.04	55		
1995	473.7	216.15	325.5	364.4
1996	371.5	182.77	194.3	360
1997	597.73	255.23	219.8	521
1998	521.02	147.89	105.3	676.9

资料来源：根据《中国金融年鉴》（1995—2000年）的《有价证券发行、兑付情况》整理。

1987—1995年全国各地企业债券发行兑付情况如图13.12所示，其中广东、四川和上海三省市的企业债券发行额和兑付额分别位居全国前三；甘肃、宁夏、内蒙古等地企业债券发行额和兑付额均处于全国较低水平；西安和新疆两省份企业债券发行额和兑付额均为零。整体来看，全国企业债券虽然有了一定的发展，但发展水平并不高。如表13.6所统计，从1996年到1999年，各地企业债券发行情况整体向好，但仍有地区部分年份发行额为零。

---

① 冉茂盛、张宗益：《转型经济与金融发展》，重庆大学出版社2004年版，第119页。

② 《中国金融年鉴》（1994年），第455—456页。

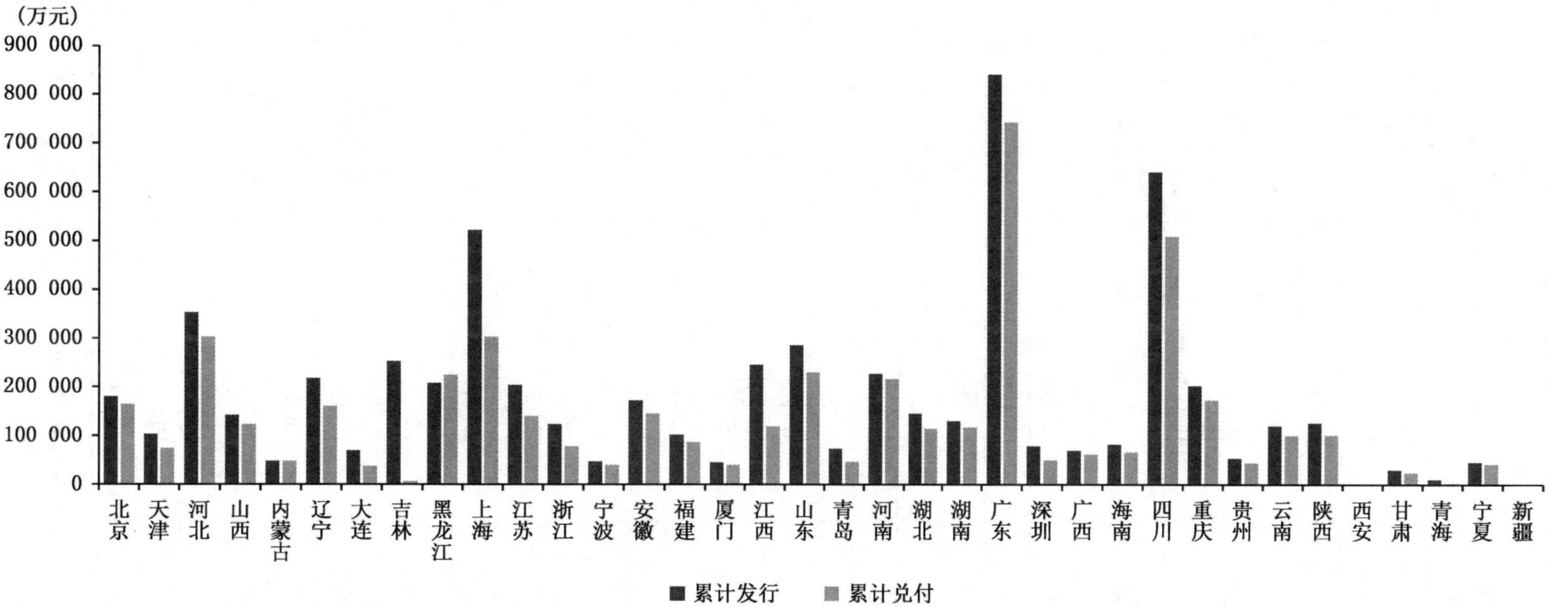

图13.12 1987—1995 年各地企业债券发行兑付情况

注：省会所在地原计划单列城市的统计数字已并入所在省份。

资料来源：根据《中国金融年鉴》（1996年）第438—440页整理。

表 13.6　　1996—1999 年各地企业债券发行情况　　单位:万元

地区	1996	1997	1998	1999
北京	16 360	15 000	15 000	60 000
天津	10 000	14 000	5 000	28 000
河北	26 000	60 500	0	73 000
山西	7 000	39 000	58 000	22 000
内蒙古	7 000	30 900	26 500	52 000
辽宁	26 500	86 437	296 151	58 000
吉林	14 700	146 178	120 000	68 000
黑龙江	5 350	1 000	23 000	10 000
上海	104 000	135 000	80 000	220 000
江苏	28 000	52 000	72 700	18 000
浙江	12 200	17 407	10 000	75 000
安徽	9 600	29 000	24 500	50 000
福建	37 400	21 000	68 700	98 000
江西	66.13	14 500	5 000	10 000
山东	8 000	34 020	35 000	136 000
河南	19 000	37 330	24 000	102 000
湖北	24 800	12 000	39 000	88 000
湖南	18 500	24 950	112 500	71 000
广东	10 200	80 000	0	0
深圳	1 500	20 500	0	0
广西	8 984	7 000	27 000	60 000
海南	13 000	8 000	0	0
四川	70 511	25 300	19 450	91 000
重庆	21 000	0	0	49 000
贵州	3 850	15 000	19 500	2 000
云南	9 000	17 000	10 000	5 000
陕西	7 000	3 600	8 000	61 000
甘肃	9 000	23 000	20 000	10 000
青海	6 000	14 000	0	21 000
宁夏	8 000	13 000	13 000	25 000
新疆	13 000	0	7 000	19 000

资料来源:《中国金融年鉴》(2000 年),第 410 页。

到2008年，发行企业债券的企业为57家，发行61期(71只)，总规模2 366.90亿元。其中铁道部和国家电网公司是最大的两家发行体，国家电网公司发行2期，共395亿元，铁道部发行了4期，共800亿元。因地方城投债的加入，2009年的企业债券发行突飞猛进。163家企业发行了168期(190只)企业债券，总规模4 252.33亿元，无论是规模还是家数，较2008年均有爆发性增长。2009年，铁道部发行了5期企业债券，共1 000亿元，国家电网公司则发行了2期，共400亿元。[①]

（二）国家投资公司债券

企业债券根据发行主体的不同可分为两种，一种是国家专业投资公司发行的债券，另一种是各省、自治区、直辖市所属地方企业发行的债券。国家投资公司债券包括重点企业债券和基本建设债券。重点企业债券是重点企业为筹集建设资金而发行的债券。在国家专业投资公司成立前，由电力、冶金、有色金属、石油化工等行业的重点企业发行债券，1988年后改为国家专业投资公司发行。基本建设债券由国家专业投资公司、中国石油天然气总公司和铁道部联名印制和发行，并按债券资金分配比例承担经济责任和法律责任。由于它们基本上是采用行政派购、限期完成的方式发行，而且其发行主体也是国家专业投资公司，所以带有准国家债券的性质，不是典型意义上的企业债券。根据表13.7的统计可以看出，1987—1992年重点企业债券累计发行56.36亿元，累计兑付1.63亿元，1992年期末余额54.73亿元；1987—1992年基本建设债券累计发行94.61亿元，1992年期末余额94.61亿元。

表13.7　　1987—1992年国家投资公司债券发行情况　　单位：亿元

年份	重点企业债券			基本建设债券		
	发行额	兑付额	期末余额	发行额	兑付额	期末余额
1987	30		30			
1988	10		40	80		80
1989	7.94		47.94	14.59		94.59
1990	6.15		54.09	0		94.59
1991	2.27	0.8	55.56	0.02		94.61
1992		0.83	54.73			94.61
合计	56.36	1.63		94.61		

注：从1992年起，基本建设债券和重点企业债券合并改为国家投资公司债券。

资料来源：根据《中国金融年鉴》(1993年)整理。

① 李扬、王国刚：《中国金融发展报告(2010)》，社会科学文献出版社2010年版，第154页。

(三)地方企业债券

从1984年开始,仅仅通过银行进行贷款已经不能满足企业发展的需求,各种筹集资金的新型方式逐渐兴起。不少地方乡镇企业率先采取"以资带劳"和"以劳带资"的方式向厂内职工筹集资金。当时企业内部集资在发行方式、债券用途和收益分配等方面都很不规范,没有统一完善的规章制度,有的集资没有任何凭证;有的债券性质和期限不清,利率很高。到1986年底,全国累计发行地方企业债券100亿元,期末余额83.8亿元。[①] 按照表13.8的统计,1986—1992年,企业债券累计发行1 321亿元,其中地方企业债券发行598.2亿元,占总发行额的45.28%;1988—1992年,短期融资券和内部债券分别发行424.6亿元和233.1亿元;1992年,又增加中央企业债券、住宅建设债券和地方投资公司债券,分别发行54.1亿元、6.43亿元和4.37亿元。

表13.8 **1986—1992年企业债券发行情况** 单位:亿元

		1986	1987	1988	1989	1990	1991	1992	合计
企业债	发行额	100	30	75.41	75.26	126	250	663.7	1 321
	兑付额	16.2	27.42	46.72	43.94	77.3	114	192.8	518.7
	期末余额	83.8	86.35	115	146.4	195	331	802	
1. 中央企业债券	发行额							54.1	54.1
	兑付额								
	期末余额							54.1	
2. 地方企业债券	发行额	100	30	30	14.83	49.3	115	258.8	598.2
	兑付额	16.2	27.42	46.72	15.32	22.1	25.3	37.26	190.3
	期末余额	83.8	86.35	69.63	69.14	96.4	186	407.8	
3. 短期融资券	发行额			11.72	29.72	50.2	104	228.5	424.6
	兑付额				14.74	32.7	60	111.3	218.8
	期末余额			11.72	26.7	44.1	88.5	205.8	
4. 内部债券	发行额			33.69	30.71	26.9	30.3	111.5	233.1
	兑付额				13.88	22.5	28.9	44.23	109.6
	期末余额			33.69	50.52	54.9	56.2	123.5	
5. 住宅建设债券	发行额							6.43	6.43
	兑付额								
	期末余额							6.43	

① 《中国金融年鉴》(1993年),第372—373页。

续表

		1986	1987	1988	1989	1990	1991	1992	合计
6. 地方投资公司债券	发行额							4.37	4.37
	兑付额								
	期末余额							4.37	

资料来源:《中国金融年鉴》(1993 年),第 372—373 页。

三、投资基金市场

(一)投资基金市场的发育

我国对投资基金的研究始于 1987 年。1991 年 10 月,经中国人民银行武汉市分行批准,由武汉证券公司率先设立我国改革开放后的第一家基金——武汉证券投资基金,规模为 1 000 万元。同月,深圳南山区政府批准设立“南山风险投资基金”,规模为 8 000 万元,这是我国的第二家基金。1992—1993 年上半年,投资基金设立规模迅速增加。1992 年底,国务院明确规定投资基金证券由中国人民银行负责审批,各地中国人民银行分行批准基金 39 家,规模约 15.6 亿元,地方政府也批准了一家基金,规模 6 000 万元。1993 年,在国内基金快速发展的同时,涉外基金业务也逐渐发展起来。1993 年共设立“中安成长基金”“上海太平洋技术投资基金”“上海发展基金”“中国航空基金”“中国基金”和“中国企业发展基金”6 家基金。

截至 1996 年底,全国共设立投资基金 75 个,批准发行总规模为 58.22 亿元,实际募集 57.07 亿元。有 51 家基金和 11 家基金类证券在证券交易所或证券交易中心上市,基金交易价格一般在面值的 1～2 倍,收益率一般在 15%～30%。基金的发起人主要包括信托公司、证券公司及少数专业银行分支机构和大企业,基金的性质绝大多数是封闭式契约型的。基金发行价格一般是以 1 元为一基金单位,发行成本不足基金规模的 5%,发行过程稳定。基金筹集的资金主要投资于证券、股权、房地产和一些大企业。中国投资基金市场的发展丰富了金融市场上的投资工具,拓宽了筹资渠道,促进了我国金融市场的发展。但是,这一时期的投资基金经营还不规范,管理制度和监管机制也不是很成熟,需要进一步的改革完善。

(二)投资基金市场的规范发展

经 1997 年 11 月 5 日国务院批准,11 月 14 日证券委颁布《证券投资基金管理暂行办法》,以此办法为标志,截至该年底前为投资基金的初步发育阶段,人们称之为“老基金”,年后开始进入规范发展阶段,被称为“新基金”。1998 年,在清理整顿“老基金”的同时,中国证监会借鉴国际市场基金发展经验,推动了我国基金业的发展。但是,由于我国基金业起步较晚,各方面制度和运作尚不成熟,市场上存在一些投机现象和违规行为,影响了基金业的健康发展。2000 年 10 月,《财经》杂志刊登以“基金黑幕”为题的文章,披露了当时国内基金业的一些问题。随后,中国证监会对基金行业进行调查整顿,并作出相应处罚。从 2000 年起,中国证监会将“超常规发展机构投资者”作为改善资本市场投资者结构的重要举措。

2002 年,中国证监会提出“简化审批,放松管制”的改革思路,基金审批开始实行专家评审制度,使审批过程更加专业化、规范化。同年 11 月,中国证监会发布《关于证券投资基金设立审核有关问题的通知》,全面启动基金审核制度的市场化改革。2003 年,中国证监会发布《证券投资基金专家评审委员会管理办法》,简化审核制度,逐步探索与国际通行的注册制接轨。2005 年,中国证监会发布《关于进一步完善证券投资基金募集申请审核程序有关问题的通知》,进一步简化对成熟基金产品的审核。2002—2005 年,在基金业市场化改革的影响下,基金资产规模从 800 亿元增长到 5 000 多亿元,基金持股市值占流通股的比重从 5%增长到近 20%。①

图 13.13 为 2008 年 1 月至 2019 年 7 月在我国交易所上市的证券投资基金成交额变化情况。可以看出,从 2008 年至 2014 年,基金成交额较小,并基本保持稳定。2011 年 12 月的基金成交额达 6 365.8 亿元,明显高于平常成交额。从 2015 年开始,基金成交额大幅增加,一直到 2015 年 6 月,基金成交额达到历史最高 14 300.67 亿元,之后又快速恢复到了正常水平。

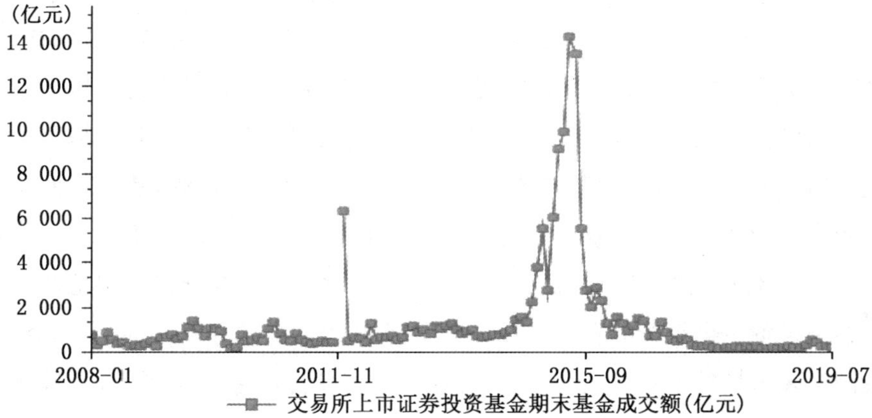

图 13.13　2008—2019 年的基金成交额

资料来源:中经网统计数据库。

近年来,随着基金行业资产管理规模大幅扩张,基金公司数量逐渐增多,市场竞争日益激烈,中国基金业正进入一个市场化、个性化、差异化发展的时期,这也是基金行

---

① 吴晓灵:《中国金融体制改革 30 年回顾与展望》,人民出版社 2008 年版,第 241 页。

业得以健康发展的重要经验。基金业的市场化改革，改变了以往以散户投资者为主的格局，壮大了机构投资者的力量，改善了我国资本市场投资者结构。然而，与发达国家的基金市场相比，中国基金业一直存在产品雷同、替代性强的问题，产品同质化现象严重，在销售体系上缺乏创新，营销渠道单一，直销体系占主导地位，且过分依赖银行。随着中国基金产品的不断创新，同质化现象正在逐步衰减，不同类型、不同风格的基金越来越丰富，使得基金业的发展更趋向规范化、专业化、国际化。

第五节　外汇市场

中华人民共和国成立初期，由于通货膨胀和财政赤字，外汇资金短缺，人民币不断贬值，国内外汇流失严重，汇率不断提高，因此我国采取了外汇管制措施。实施计划经济体制以后，外汇管理制度以高度集中统一的指令性计划和行政管理手段为主。对外贸易外汇收支的管理，主要采取“集中管理、统一经营”的方针，外汇业务由中国银行统一经营。同时，也建立了有效的外汇汇率制度，并抓紧侨汇工作。改革开放后，为了加强外汇管理，增加国家外汇收入，适应国民经济发展的需要，国家对外汇市场进行了多次改革，使其向规范化、科学化、国际化的方向不断迈进。

一、新中国成立初期的外汇市场

（一）外汇管理制度

中华人民共和国成立初期，面对美国等西方国家的封锁禁运，我国的对外贸易业务和国际技术合作很少，外汇资金十分匮乏。基于外汇资金非常短缺的国情，中央政府逐步加强对外汇的管理，废除外商银行在我国的金融特权，取缔外币流通和外币黑市，将外汇工作的中心任务转移到巩固和完善外汇管理制度上来。1950 年 10 月，政务院颁布《外汇分配使用暂行办法》，规定全国外汇收入一律由中财委掌管，同时规定外汇额度分配原则。次年 3 月，政务院又公布《中华人民共和国禁止国家货币出入国境办法》。1952 年 10 月，中国人民银行发布《中华人民共和国货币、票据及证券出入国境暂行办法》，规定非经中国人民银行或中国银行核准，国内签发的一切人民币支付凭证都禁止私自携带或寄运出国境。这些外汇管理办法的颁布进一步规范了外汇市场的发展，标志着我国独立自主的外汇管理制度初步建立。

当时，中国人民银行授权中国银行执行外汇管理工作，中国银行规定外汇业务的经营范围和需要遵循的原则。在外汇管理方面，实施“外汇归公”，国家对外汇使用实行统一管理，合理使用。同时，中国人民银行还指定一些外汇资金实力强、信誉较好的外商银行代理中国银行的外汇业务。此外,在部分地方还尝试开办过外汇交易所,1949 年 4 月 7 日颁布的《华北区外汇管理暂行办法》中显示华北区在天津开办了外汇交易所。由于西方国家的经济封锁,我国的外贸不畅,外汇供过于求。1950 年 4 月 9 日,中共中央批准中财委关于修改各地外汇管理办法的意见后,取消了原华东、华中、华南的外汇自由议价制度,不久后也撤销了外汇交易所。嗣后,所有的外汇交易都由中国银行或指定银行办理。1950—1952 年,国家外汇收入大幅度增加,扭转了旧中国外汇收支长期逆差的局面。

实施计划经济体制以后,外汇管理制度主要以高度集中统一的指令性计划和行政管理手段为主。对外贸易外汇收支的管理主要采取"集中管理、统一经营"的方针,外汇业务由中国银行统一经营。1953 年 6 月 8 日,中国人民银行向中共中央报送的《关于外汇管理工作的专题报告》指出,在相关部门支持下,我国已经建立了有计划的独立自主的外汇管理体制,基本实现了国际收支平衡,彻底改变了旧中国外汇市场的畸形状态。1954 年 4 月中财委发布的《关于非贸易外汇节约使用及增加收入的通知》规定了对非贸易外汇的管理办法,进一步丰富完善了我国外汇管理制度。

从 1963 年开始,银行积极支持外贸扩大进出口业务所需要的资金,银行的外汇收入迅速增加。1964 年和 1965 年,我国对资本主义国家的出口外汇收入分别超额完成计划的 36.6%和 9.5%;非贸易外汇收入通过积极创收,也超额完成计划的 28.7%和 33.5%。[①] 如图 13.14 的统计显示,1952—1973 年,我国外汇储备变化幅度不大,并且一直处于 5 亿美元以下,储备额少,储备水平较低。而到 1974—1978 年,我国外汇储备才开始较快增加。

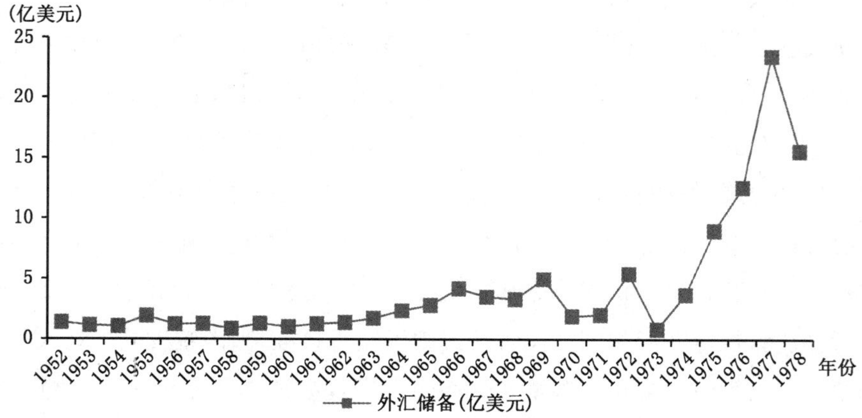

图 13.14　1952—1978 年外汇储备

资料来源:《中国金融年鉴》(1990 年),第 135—136 页。

---

① 洪葭管:《中国金融史》,西南财经大学出版社 2001 年版,第 498 页。

总体而言,这种高度集中的外汇管理制度有利于国家外汇资源的综合利用,与计划经济时期的国情相适应。当时的中国受到美国等国的经济封锁、禁运和资金冻结,对外贸易举步维艰,外汇收支额非常低,为了将有限的外汇收入用于社会主义经济建设,保持外汇收支平衡和汇率的稳定,这种体制是必然的。但这种外汇管理制度仅仅依靠计划和行政手段,难以调动地方和企业创汇的积极性,忽视了市场调节的作用,应变能力差、灵活性低、经济效益差,不利于对外贸易和经济的发展。①

(二)人民币汇率制度

新中国成立初期,在对外汇管理制度进行统一规范的同时,建立有效的外汇汇率制度、稳定外汇汇率也是重要的工作之一。1949 年 1 月 18 日,中国人民银行在天津首次公布人民币对美元汇率,各地区均以天津口岸的汇率为标准,制定本地区的外汇牌价。1950 年 7 月 8 日,全国开始实行统一的外汇牌价,由中国人民银行总行统一公布。

当时人民币汇率主要采取“国内外物价对比法”,随物价变动幅度作相应调整。1950 年 2 月,国内受通货膨胀影响而导致严重的物价上涨,而西方国家由于经济危机导致物价下跌,人民币汇率由 1 美元合 800 元(旧人民币,下同)下调到 42 000 元,期间共调整了 52 次,相差 52.5 倍。1952 年 3—12 月,国内财政经济状况好转,物价下跌,而世界市场则由于朝鲜战争影响物价上涨,人民币汇率上调到 1 美元合 26 170 元。② 人民币汇率的机动调整,起到了调节进出口贸易和鼓励侨汇的作用。从 1953 年起,人民币汇率基本固定在 1 英镑合 6.893 元人民币的水平上。外贸系统主要采取“进出统算、以进贴出”的方法,不需要用外汇来调节进出口贸易,人民币汇率主要用于非贸易的外汇兑换。③

(三)侨汇工作

为了拓宽外汇资金来源,推进国外贸易,平衡国际收支,更好地服务于新中国成立初期的经济建设,除了加强外汇管理外,国家还紧抓侨汇工作。1949 年 6 月 3 日,中国人民解放军华东军区司令部在上海公布《外汇管理暂行办法》,第一条就涉及侨汇政策。同年 9 月 29 日,国家首次以文字形式正式将“便利侨汇”作为侨务政策的一项重要原则写入《中国人民政治协商会议共同纲领》。

1954 年 9 月,第一届全国人民代表大会第一次会议颁布《中华人民共和国宪法》,其中规定要“保护国外华侨、国内侨眷正当权利和利益”。1955 年 2 月 23 日,国务院发布《关于贯彻保护侨汇政策的命令》,明确指出各级政府鼓励并保护华侨和侨眷将侨

① 陈全庚:《中国外汇管理制度的改革》,《国际金融研究》1992 年第 7 期。
② 杨希天等:《中国金融通史》第六卷,中国金融出版社 2002 年版,第 71—72 页。
③ 姚遂:《中国金融史》,高等教育出版社 2007 年版,第 455 页。

汇收入投入生产，并应该对华侨所热衷公益事业表示大力支持和帮助。[①] 同年4月9日，中国人民银行发出《为执行“国务院关于贯彻保护侨汇政策的命令”应即深入检查并切实改进侨汇工作定期上报的指示》。中国银行采取一系列措施，在“服务侨胞、便利侨汇”方面做了大量工作。在大力拓宽汇路的同时，开展多样性多元化服务，并加强侨汇解付工作和非贸易外汇的管理，努力为国家经济建设积聚宝贵的外汇资金。

“文化大革命”时期，侨汇工作受到严重创伤。当时将办理侨汇业务说成是“为外国资本家服务”，甚至把侨汇说成是“敌特活动经费”，要“枪毙”侨汇。侨汇业务受到严重批评和冲击，有些地区的侨汇业务还被取缔。[②] 1971年，中国人民银行召开座谈会，批判了“对外工作危险论”和“侨汇工作危险论”，重新强调侨汇工作的重要性。同年10月4日，国务院同意《上海市关于处理归侨被查抄侨汇等问题的请示报告》，并指出全国各地的类似问题均可以参照上海处理侨汇问题的方案实施。经过对整改后的侨汇政策的贯彻实施，逐渐消除了海外侨胞汇款和大陆侨眷收款的顾虑，侨汇汇路得到进一步沟通，1972年侨汇收入达3.6亿多美元，达到新中国成立以来侨汇收入的最高水平。[③] 同年，国家计委、财政部联合发布《关于试行非贸易外汇管理办法》，要求机关、国营和公私合营企业等单位把持有的和收入的外汇全部卖给国家银行，不准私自保存外汇或把外汇存放在国外和港澳地区，也不得以外汇收入抵作外汇支出。对居民个人手中持有的外汇由中国银行收兑和吸收成为存款，同时对全国非贸易外汇收支计划也作了详细规定。

二、改革开放后的外汇市场

（一）外汇管理体制的改革

1. 外汇管理制度

改革开放后，仅仅依靠行政手段调节的高度集中的外汇管理制度已经不再适应国家经济发展的需要，为了加强外汇管理，增加国家外汇收入，节约外汇支出，促进国民经济的发展，需要对外汇市场进行改革。1979年8月13日，国务院颁布《关于大力发展对外贸易增加外汇收入若干问题的规定》，决定实行外汇留成制度，调动各地区、各部门和各企业创汇的积极性，加强对留成外汇的管理和合理使用。1980年3月19日，国务院正式颁布《中国银行外汇兑换券暂行管理办法》，规定了外汇兑换券的管理方案。同年8月30日，国务院批准发布《中国银行短期外汇贷款办法》，充分利用银行

① 杨希天等:《中国金融通史》第六卷，中国金融出版社2002年版，第191—192页。
② 洪葭管:《中国金融史》，西南财经大学出版社2001年版，第501页。
③ 杨希天等:《中国金融通史》第六卷，中国金融出版社2002年版，第193页。

吸收的外汇资金，发展出口商品生产和其他经济建设事业，增加外汇收入。同年 12 月 18 日，国务院又发布《中华人民共和国外汇管理暂行条例》。[①] 1981 年 8 月 10 日，国家外汇管理总局公布《对外国驻华机构及其人员的外汇管理施行细则》。1983 年 2 月，中国人民银行印发《中国人民银行关于侨资外资金融机构在中国设立常驻代表机构的管理办法》，增加了外资金融机构的常驻代表机构的数量。1985 年 3 月 25 日，经国务院批准，国家外汇管理局于 4 月 5 日公布《违反外汇管理处罚施行细则》。[②]

1993 年 12 月 25 日，国务院颁布《关于进一步改革我国外汇管理体制的通知》，明确把实现人民币成为可自由兑换的货币作为我国外汇管理体制改革的长期目标。1996 年 2 月 5 日，国务院发布《中华人民共和国外汇管理条例》，初步确立人民币在经常项目下可兑换的外汇管理法规框架。根据《中华人民共和国外汇管理条例》，从 1996 年 4 月 1 日起，取消若干尚存的经常项目中非贸易、非经营性交易的汇兑限制。中国人民银行于 1996 年 6 月 20 日发布公告，自 7 月 1 日起将外商投资企业纳入银行结售汇体系。

2. 外资外债管理

同时，国家对外资外债管理也着手进行改革，积极鼓励外商来华进行投资活动。1979 年 7 月，全国人大常委会颁布《中华人民共和国中外合资经营企业法》。1983 年 8 月，国家外汇管理局公布《对侨资企业、外资企业、中外合资经营企业外汇管理实施细则》。1984 年，中国人民银行放宽上海所有 4 家侨资、外资银行的业务经营范围。1985 年 4 月，国务院颁布《中华人民共和国经济特区外资银行、中外合资银行管理条例》。1986 年 4 月，全国人大常委会公布《中华人民共和国外资企业法》。1988 年 4 月，全国人大常委会颁布《中华人民共和国合作经营企业法》。这些法律法规的颁布，为侨资、外资银行在中国开展业务提供了法律依据，也对引进和利用外资发挥了重要作用。

在举借外债方面，为了把外债用于国内急需的项目上，取得良好的经济效益，我国建立了严格的外债管理制度。1990 年 9 月 8 日，为了适应上海对外开放和经济发展的需要，经国务院批准，中国人民银行颁布《上海外资金融机构、中外合资金融机构管理办法》。1992 年以后，外资银行在中国设立营业性机构的速度明显加快，截至 1996 年末，批准设立外国银行分行 131 家、中外合资银行 6 家、外资独资银行 5 家，其总资产为 299.2 亿美元，约占中国国内金融机构总资产的 2.5％。[③]

---

① 《中国金融年鉴》(1986 年)，第 343—348 页。

② 《中国金融年鉴》(1986 年)，第 360—361 页。

③ 杨希天等:《中国金融通史》第六卷，中国金融出版社 2002 年版，第 247 页。

3. 居民用汇管理

1981年12月31日，由国务院批准，国家外汇管理总局公布《对个人的外汇管理施行细则》，指出按规定允许个人留存的外汇必须存入中国银行。这种管理制度不利于鼓励侨汇和居民个人创汇，经过改革后，我国逐步放宽了对个人的外汇管理。1985年，国家开始允许中国银行开办个人外汇存款，不再强制要求结汇卖给国家。从1988年起，部分经济发达地区和侨乡开办个人外汇调剂业务，允许个人将手中的外汇按调剂价卖出。1991年11月，国家外汇管理局公布《关于境内居民外汇和境内居民因私出境用汇参加调剂的暂行办法》，进一步放宽对国内居民外汇的管理，允许居民通过银行按外汇调剂价出售。对国内居民外汇管理制度的放宽，在一定程度上遏制了外汇黑市的发展，同时也增加了居民外汇存款，截至1993年底，国内居民存在银行的外汇达140.31亿美元。[①]

(二)外汇调剂市场

1980年10月，国家外汇管理总局、中国银行制定《关于外汇额度调剂工作的暂行办法》，开始试办外汇调剂工作。从1981年起，对贸易外汇收支试行贸易外汇内部结算价，1美元合2.8元人民币。同年8月以后，在国营企业之间允许外汇额度实行有偿调剂，但调剂数量有限。1984年，由于经济过热，进口需求大量增加，一度出现了敞口花外汇的情况，外汇结存比1983年下降48.8%，致使从1985年1月1日起，取消了贸易用汇内部结算价，对贸易与非贸易用汇实行统一的外汇比价，将汇率调至1美元合2.7963元人民币。1985年初至10月，人民币汇率又调整为1美元合3.2015元人民币，下调12.5%。[②] 同年10月，国务院决定在上海开展外汇调剂市场的改革试点工作，把外汇调剂价格调到1美元合4元人民币，上海外汇调剂市场的交易量迅速增加。同年11月，外汇调剂中心在深圳成立，深圳市财政局拨给1 000万元人民币作为其周转资金，放宽了调剂外汇的价格。

随着国内外市场价格的变动，到1985年12月31日，人民币对美元的比价已逐渐稳定在3.2∶1。1980—1985年期间，外汇调剂累计成交额为10亿美元。这种外汇比价的调整，使得汇率水平逐步趋向合理，严格控制了用汇规模，保持了外汇的有效运用和合理储备，并提高了外汇使用的经济效益。[③]

1986年初，国务院批转中国人民银行《关于办理留成外汇调剂的几项规定》，国家外汇总局发布《关于留成外汇调剂实施办法》，对外汇额度的调剂业务、外汇调剂价格等项目进行具体规定。1986年10月，根据国务院《关于鼓励外商投资的规定》，国家允许外商投资企业之间及其与经济特区进行外汇调剂，调剂价格可以自由议定，不受

① 杨希天等:《中国金融通史》第六卷，中国金融出版社2002年版，第372页。
② 杨希天等:《中国金融通史》第六卷，中国金融出版社2002年版，第375页。
③ 《中国金融年鉴》1986年，第2页。

限制。这样，全国的外汇调剂成交额有了较快增长，1986年、1987年分别达到24亿美元和42.5亿美元。1988年9月，上海率先在全国成立第一家外汇调剂公开市场，标志着外汇调剂市场向着规范化的方向迈出了关键一步。此后，各省、自治区、直辖市分别设立外汇调剂中心，逐渐形成外汇调剂交易网络。

（三）统一外汇市场的形成

1993年12月25日，国务院正式颁发《关于进一步改革我国外汇管理的通知》，提出中国对外汇管理体制全国改革的长期目标是实现人民币成为可自由兑换的货币，改革的措施是实现汇率并轨，建立以市场汇率为基础的、单一的、有管理的人民币浮动汇率制度。1994年1月1日，中国取消官方汇率，以外汇调剂市场汇率为唯一的人民币汇率。1994年4月1日，上海建立全国统一的银行同业外汇市场——中国外汇交易中心，4日正式启动运营，5日增设港币交易。1995年3月1日开办日元交易，2002年4月1日又增加欧元交易。

统一的外汇市场包括客户与外汇指定银行之间的零售市场和银行间外汇市场两个层次。这些外汇体制改革在很大程度上便利了进出口商，有效地促进了对外经济交往。1995年进出口额达到2 809亿美元，比1993年增长373.4%。外汇储备也大幅度增加，1995年末外汇储备达736亿元，比1993年末增长2.47倍。同时，人民币汇率稳中有升，1995年底1美元兑人民币8.31元左右，比1994年初1美元兑人民币8.7元，升值4.5个百分点。[①] 1996年，外汇交易额达628.4亿美元，年底人民币汇率为1美元兑8.3元人民币。1996年全年银行结汇和售汇分别为1 165.3亿美元和879.6亿美元，结汇大于售汇285.7亿美元。截至1996年底，外汇储备达1 050亿美元，比1995年增加342.7%，创历史记录，仅次于日本，居世界第二位。[②] 同时，中国外汇交易系统联网城市已达37个，入市交易的会员有396个，初步形成了辐射和覆盖全国的半圆形银行间外汇市场网络。

进入21世纪以来，外汇市场不断发展和完善，在增加交易品种的同时，交易时间也进一步延长。从2003年2月8日开始，外汇市场交易时间从过去的9:20—11:00延长到9:30—15:30。自2003年10月1日起，允许交易主体当日进行双向交易。2005年5月18日，开办了8种外币交易。2005年8月15日，推出远期外汇交易。2006年1月4日，引入了询价交易。从此，形成了银行间市场，可全天候进行结售汇业务的双向外汇资金买卖，进行头寸平补和资金调度，在支持人民币汇率稳定、传导央行货币政策、服务金融机构和监管部门等方面都发挥了重要作用。

---

① 杨希天等:《中国金融通史》第六卷，中国金融出版社2002年版，第379页。

② 杨希天等:《中国金融通史》第六卷，中国金融出版社2002年版，第382页。

(四)外汇储备和汇率的长期变化

1. 外汇储备

如图 13.15、图 13.16 所示,从 1979 年到 1992 年,我国的外汇储备、国家外汇及中国银行外汇结存均平稳增长。在 1980 年,国家外汇曾一度出现负值,之后则在波动中增长。从 1993 年开始,我国外汇储备开始持续快速增长,到 2014 年 6 月达到最高值 39 932.13 亿美元。2014 年以后,外汇储备有所下降。

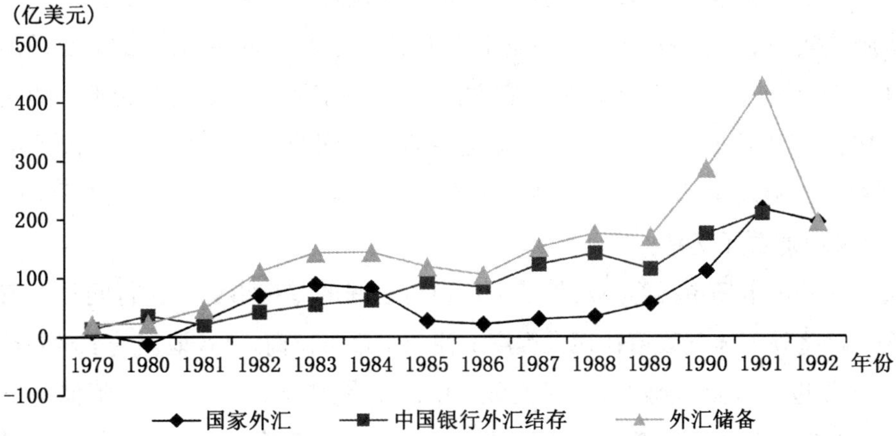

图 13.15 1979—1992 年外汇储备、国家外汇及中国银行外汇结存

注:外汇储备是国家外汇和中国银行外汇结存的总和,1992 年外汇储备总金额中不含中国银行外汇结存。

资料来源:根据《中国金融年鉴》(1990 年)第 135—136 页以及《中国金融年鉴》(1993 年)第 368 页整理。

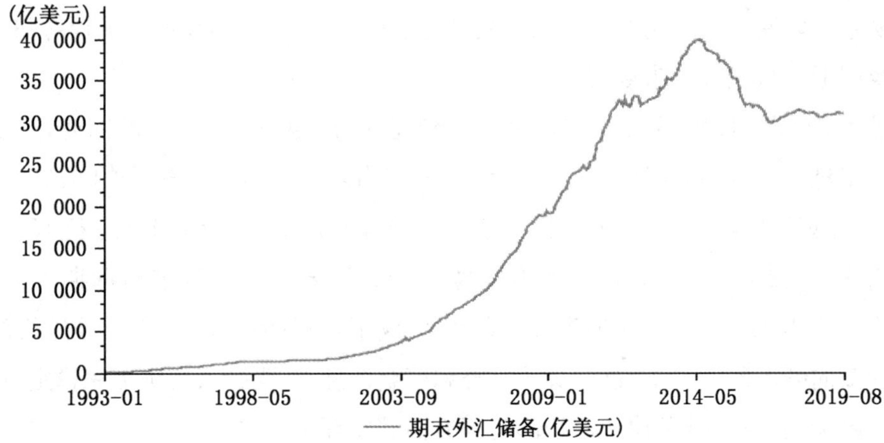

图 13.16 1993—2019 年的外汇储备(期末)

资料来源:中经网统计数据库。

2. 人民币对美元汇率

按照图 13.17 的统计显示，从 1994 年到 2005 年，美元兑人民币汇率中间价基本稳定在 8.28 左右。从 2005 年 7 月起，美元兑人民币汇率中间价开始急速下降，一路走低，直到 2013 年 12 月降到历史最低的 1 美元兑 6.1 元人民币。之后，美元兑人民币汇率中间价在波动中有所回升。但从整体来看，美元兑人民币汇率中间价呈下降趋势。

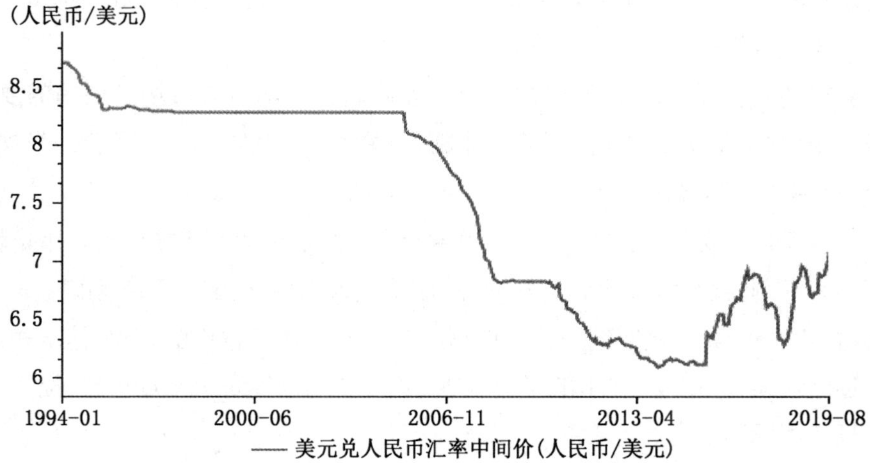

图 13.17　1994—2019 年美元兑人民币汇率中间价

资料来源：中经网统计数据库。

第六节　黄金与衍生品市场

一、黄金市场

黄金市场是我国金融市场的重要组成部分，随着金融市场化程度不断加深，黄金市场的功能和作用也在日益加强。新中国成立初期，黄金对新中国币值稳定起到了重要作用。为了打击金银投机倒把和走私活动，1950 年 4 月，中国人民银行颁发《中国人民银行金银管理办法(草案)》，规定国内的金银买卖统一由中国人民银行经营管理，进而巩固了人民币的本币地位。1977 年 10 月，中国人民银行制定《中国人民银行金银管理办法》(试行)，这是新中国成立以来第一个金银管理的部门规章。1969—1978 年的 10 年间，我国黄金储备占外汇总储备的平均份额高达 61%。[①]

① 吴晓灵：《中国金融体制改革 30 年回顾与展望》，人民出版社 2008 年版，第 187 页。

改革开放后，为适应国家经济建设需要，中国黄金市场也走上了市场化发展道路。1982年8月，中国人民银行发出《关于在国内恢复销售黄金饰品的通知》，自此我国中断了20多年的黄金饰品市场得以恢复。1983年6月，国务院颁布《中华人民共和国金银管理条例》，规定"国家对金银实行统一管理、统购统配的政策"，"国家管理金银的主管机关为中国人民银行"。同年12月，《中华人民共和国金银管理条例实施细则》发布实施。1984年1月，中国人民银行与海关总署共同制定《金银进出国境的管理办法》，进一步完善统收专营的黄金体制。

随着市场的发展，"统购统配"的黄金管理体制已经不适应市场发展的需要，中国人民银行于2001年4月取消这一管理体制，中国黄金市场走上了市场化的发展道路。2002年10月30日，经国务院批准，上海黄金交易所成立。2008年1月9日，国内黄金期货在上海期货交易所挂牌交易，国内黄金市场逐步由商品市场向投资市场转变。

近年来，商业银行黄金业务蓬勃发展，日益成为国内居民投资黄金市场的重要渠道。同时，我国黄金市场投资性需求快速增长，参与主体日益广泛，与其他金融市场的联动性逐渐增强，并积极扩大国际合作交流，进一步与国际黄金市场接轨，提高了中国黄金市场的国际影响力。

二、金融衍生品市场

金融衍生产品是指一种金融合约，市场交易主要是杠杆或信用交易，是在传统金融产品的基础上派生出来的创新性金融工具，其价值依赖于原生性金融工具。合约的基本种类包括远期、期货、互换和期权，还包括具有远期、期货、互换和期权中一种或多种特征的混合金融工具。金融衍生产品主要具有跨期性、契约性、联动性、不确定性和高风险性、高杠杆性等特点，市场参与者主要包括对冲者、投机者以及套利者。根据交易方法不同，可分为场内交易和场外交易。金融衍生产品市场具有风险转移、价格发现、增强市场流动等的功能，能够提高金融市场效率、增强市场的流动性。

(一)远期市场

远期合约是相对最简单的一种金融衍生工具。合约双方约定在未来某一确定时间按约定价格买卖约定数量的某种金融资产的合约。远期合约通常是在两个金融机构之间或金融机构与其客户之间签署的。远期合约的交易一般不在规范的交易所内进行，且买卖双方可能形成的收益或损失都是"无限大"的。目前，远期合约主要有货币远期和利率远期两类。

2005年8月，中国人民银行和外汇局发布《中国人民银行关于扩大外汇指定银行对客户远期结售汇业务和开办人民币与外币掉期业务有关问题的通知》，扩大远期结售汇业务。2006年10月，外汇局发布《国家外汇管理局关于外汇指定银行对客户远期结售汇业务和人民币与外币掉期业务有关外汇管理问题的通知》，扩大可办理远期和掉期保值业务的外汇收支范围，并对股民个人开放了部分远期和掉期业务。经过多年的发展，我国远期外汇交易额逐步增长，2018 年远期市场累计成交 5 419 亿美元，较上年增长 27.2%。[①] 根据图 13.18 中对 2010—2018 年间我国远期结汇和售汇签约额的统计，结汇在 2013 年达到最高值 21 800.73 亿元，售汇在 2015 年达到最高值 20 264.84 亿元；但在 2016 年，结汇和售汇分别下降至 4 666.34 亿元和 10 330.14 亿元，随后两者的交易量又逐渐回升。

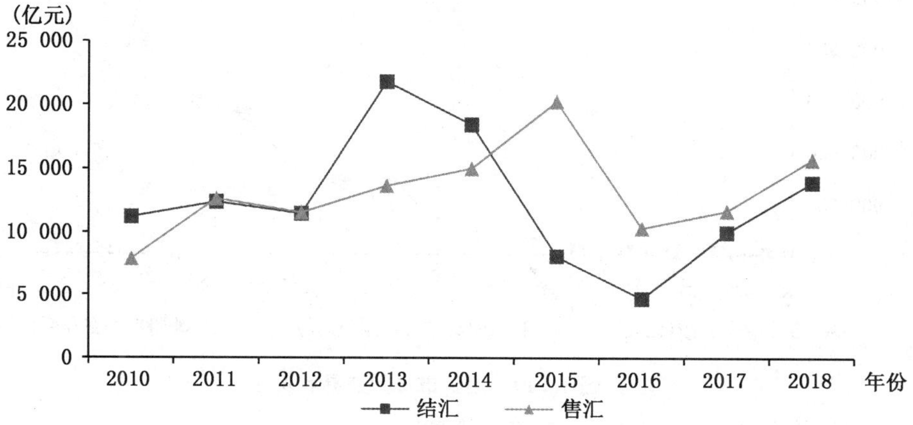

图 13.18　2010—2018 年远期结售汇签约额

资料来源：根据国家外汇管理局数据整理。

(二)期货市场

金融期货合约是指在特定的交易所通过竞价方式成交，承诺在未来某一日或某一期限内，以事先约定的价格买进或卖出某种标准数量的某种金融工具的标准化契约。1990 年 10 月，郑州粮食批发市场开业并引入期货交易机制，成为中国期货交易的开端。1992 年 10 月，深圳有色金属交易所推出特级铝期货标准合同，这是中国第一个标准化期货合约，实现了由远期合同向期货交易的过渡。1999 年，国务院发布《期货交易管理暂行条例》，期货市场从此迈入规范化运行轨道。

2000 年 12 月，中国期货业协会在北京成立。2003 年，期货市场全面推行期货交易保证金封闭运行，严格执行期货交易结算规则，防范和化解期货交易结算和交割风险。2006 年 5 月，中国期货保证金监控中心成立，进一步提高了期货市场的运行质量。2006 年 9 月，中国金融期货交易所在上海成立。2007 年 3 月，国务院通过《期货

① 《2018 年中国国际收支报告》第 53 页，http://www.safe.gov.cn/safe/2019/0329/12860.html。

交易管理条例》，进一步规范了期货市场的管理。[①] 目前，中国期货市场共有 16 个交易品种，多家商品期货交易所逐步开展联网交易，降低了交易成本。根据图 13.19 的统计显示，从 2002 年到 2017 年，我国期货交易累计成交额呈稳步上升趋势，在 2015 年达到最高值，之后有所下降。其中商品期货成交金额总体呈稳中有进趋势，金融期货成交金额从 2010 年开始发展迅速，但是在 2015 年达到最高值之后急速下降。

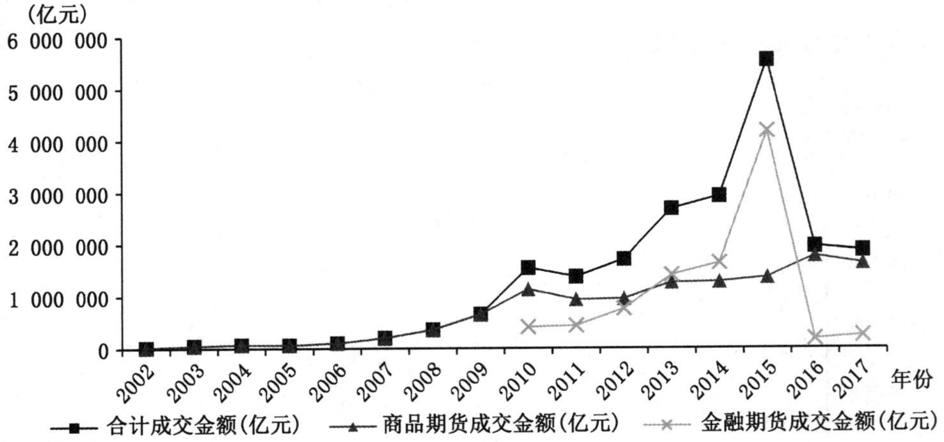

图 13.19　期货市场的交易状况

资料来源:《中国金融年鉴》(2018 年)，第 395 页。

（三）互换市场

互换，也称“掉期”“调期”，是交易双方约定在一定的期限内，以事先确定的名义本金额为依据，按约定支付率相互交换支付的约定。金融互换发展历史较短，但品种创新日新月异。在传统的利率互换和货币互换的基础上，以交叉货币利率互换为典型代表的一大批新的金融互换新品种不断涌现。

2006 年，中国人民银行发布《关于开展人民币利率互换交易试点有关事宜的通知》，这标志着我国利率互换市场的正式形成。2008 年 1 月，中国人民银行将参与利率互换业务的市场成员扩大至所有银行间市场成员。2011 年 3 月，中国外汇交易中心发布《全国银行间同业拆借中心利率互换交易确认细则》的通知，进一步规范利率互换交易确认行为，提高互换效率，降低互换风险。2013 年，中国外汇交易中心发布《全国银行间同业拆借中心利率互换交易确认规则》和《全国银行间同业拆借中心利率互换冲销规则》，确保利率互换交易确认及冲销业务的规范平稳运行。[②] 经过近几年的发展，越来越多的商业银行、证券公司、保险公司等机构进入利率互换市场，交易数量

---

① 吴晓灵:《中国金融体制改革 30 年回顾与展望》，人民出版社 2008 年版，第 218—219 页。

② “中国货币网”，http://www.chinamoney.com.cn/chinese。

逐渐增加，交易品种日益丰富，市场流动性逐渐增加，利率互换市场机制更加成熟和完善。

（四）期权市场

期权合约是指期权的买方有权在约定的期限内，按照约定价格买进或卖出一定数量的某种金融资产，也可以根据需要放弃行使这一权利的合约。为了取得这种权利，期权合约的买方必须向卖方支付一定数额的费用，称为期权费。按照相关资产的不同，金融期权分为外汇期权、利率期权、股票期权、股票价格指数期权等；按期权的权利不同，可分为看涨期权和看跌期权；按期权的种类不同，又可分为欧式期权和美式期权。

期权交易始于18世纪后期的美国和欧洲市场。我国期权市场起步较晚，发展还不成熟。2015年2月9日，上证50ETF期权在上海证券交易所上市，是国内首只场内期权品种。这不仅宣告了中国期权时代的到来，也意味着我国已拥有全套主流金融衍生品。2017年3月和4月，豆粕期权和白糖期权也先后在大连商品交易所和郑州商品交易所挂牌上市，进一步丰富了金融衍生品的市场体系。2017年全年期权市场合计成交1.89亿手（张），成交金额48 579.59亿元。[①]

总之，进入21世纪以来，我国金融衍生品市场开始繁衍、发展，产品数量不断增加，品种不断丰富，经过对基础衍生工具的组合和改造，又形成了更为复杂的“衍生工具的衍生物”。金融衍生工具日益成为规避金融风险、降低交易成本的有效手段。但和发达国家相比，我国目前的金融衍生品市场仍然处于起步阶段，金融衍生工具的品种和规模仍然较少。

思考题

1. 名词解释：

商业票据　大额可转让定期存单　同业拆借市场　股票市场　债券市场　外汇市场

保险市场　黄金市场　期货市场　期权市场　一级市场　二级市场

2. 谈谈现代票据市场的主要内容及其发展特点。

3. 简述现代同业拆借市场的形成过程与发展特点。

4. 当代中国股票市场的发展主要分为哪些阶段？每个阶段的特点有哪些？谈谈几次股票市场的高涨与国家政策之间的关系。

5. 谈谈债券市场所包含的主要内容和发展转变历程。为什么存在地方债务危机风险？

---

① 《中国金融年鉴》（2018年），第15页。

6. 谈谈我国现代外汇市场的发展的主要特点。我国的外汇储备、人民币对美元汇率经历了怎样的变化？你认为发生变化的最重要的原因是什么。

7. 简述我国金融衍生品市场的发展现状。为什么我国金融衍生品市场仍然处于起步阶段？你认为制约其发展最重要的原因是什么。

主要参考文献

1. 张维:《金融机构与金融市场》,科学出版社 2008 年版。

2. 冯晋:《金融市场学》,科学出版社 2004 年版。

3. 张亦春、郑振龙、林海:《金融市场学》,高等教育出版社 2008 年版。

4. 彭兴韵:《金融市场学》,上海人民出版社 2018 年版。

5. 杨希天等:《中国金融通史》第六卷,中国金融出版社 2002 年版。

6. 洪葭管:《中国金融史》,西南财经大学出版社 2001 年版。

7. 吴晓灵:《中国金融体制改革 30 年回顾与展望》,人民出版社 2008 年版。

8. 胡汝银:《中国资本市场的发展与变迁》,格致出版社 2008 年版。

9. 冉茂盛、张宗益:《转型经济与金融发展》,重庆大学出版社 2004 年版。

10. 赵学军:《中国金融业发展研究(1949—1957 年)》,福建人民出版社 2008 年版。

11. 李扬、王国刚:《中国金融发展报告(2010)》,社会科学文献出版社 2010 年版。

12. 李扬等:《中国金融发展报告(2008—2009)》,社会科学文献出版社 2009 年版。

农村借贷关系

第十四章　农村借贷关系及其制度沿革

本章主要介绍中国历史上不同时期的农村借贷关系，包括古代、近代到现代不同时期的乡村借贷形态及其特点、非正式与正式的农村金融组织和制度的产生、发展与演变等。

第一节　乡村借贷关系及其发展

借贷行为随私有制的产生而产生，借入者大多是为了解决眼前的某种经济困难，准备在经济好转时归还，其借款用途主要用于日常生活中的婚丧嫁娶或弥补因天灾、租税、田租等而发生的亏空，用于发展生产者很少。一般而言，贷出者放债是为了取利，也有政府救济性放债或一些富人的公益性贷放活动。最初，借贷的内容大多为实物，随着货币的产生和货币经济的发展，借贷的内容日益趋向货币化。传统的乡村借贷形态主要有私人借贷、店铺借贷、典当业借贷等，除了少数无息的友情借贷外，主要是高利贷，其中私人、店铺借贷居于核心地位。

一、私人、店铺借贷和高利贷

(一)私人、店铺借贷

我国传统的信用主要是私人之间的借贷关系。私人借贷主要包括农民向当地富农、地主、商人、店铺等进行借款，是农民进行融资的最主要的途径。私人之间的借贷一般不需要抵押品，但常常需要中间人进行信用担保，这种借款大多发生在冬春季，在夏秋收获之后完成还款。这些借款大多用于日常生活及婚丧等费用，或用于弥补因天灾、租税、田租而发生的亏空，用于改良土地农具及其他生产的则很少。

借贷的手段分为粟和钱两种，叫作假贷或称贷。《管子·轻重乙》中记载：“民多假贷而给上事者”，这说明战国时期借贷活动就已经盛行。《管子·治国》中专门分析了农夫终年劳作，却“不足以自食”的原因。农民经济“月不足而岁有余”，但由于农时不能耽误，在青黄不接或者发生租赋或战争等支出之时，就容易发生经济困难，所以很容易陷于高利贷罗网。到南北朝时期，民间放款借贷叫作“出责”或“举贷”，是一种对人的信用，以券契为凭。此外还有信用购物的办法，称为赊市。

个人信用借贷可以分无契约的口头借贷和有契约的正式借贷两种。无契约的口头借贷由借贷双方直接成立，多用口约，不需要任何手续。其借贷的金额一般很小，期限也非常短。有契约的个人信用借贷，一般比口头借贷的金额稍大，期限稍长。私人借贷的债主债户多为亲戚、朋友和同族。当时的借贷基本上是信用放款，只凭债务人出一张契约，各执一半，到期合券以偿。信用放款是中国古代的主要形式，但对于债主并没有多大风险，因为在当时，人民的行动不自由，逃债比较困难，债户离开土地往往就难以为生，而且债主对债务人的财产以及人身往往有任意处置的权力。

在私人借贷中，存在各种形式的以土地抵押或以土地为基础的借款，归结起来主要有“按借”“典借”和“租仔”三种。“按借”是以土地契字抵押借款，它并不规定偿还期限，只规定每年还租（非还钱）若干，每年还租时必须将谷送至债主家，如欠租不还，债主可以将第一年所欠租转至第二年，若连欠三年，农民就必须将所抵押田地售于债主，冲抵欠款。“典借”即农民指定抵押田地而借得款项，后按年纳谷，如定 40 年为期，到期不还，债主可取其田。“租仔”虽然不需要用土地按押，但也必须以土地为基础，借款人只要亲笔书写一份约据，在纸背签字交给债主，每年按照约定利率还租，通常为月利 3 分。

店铺借贷是一种商业资本与借贷关系紧密结合的借贷形式，属于商业信用。它的典型形式是预卖和赊借。预卖是指农民在农产品收获之前，因急需现金，将正在生长的农作物作抵押，以较低卖价向债主取得贷款，将来以成熟的农产品偿还。预卖与农产品抵押借贷的相同之处是都以农产品作抵押。不同之处在于：农产品抵押借贷的债户届时需要还本付息，否则农产品归债主所有，属完全意义上的借贷形式；而预卖则是以出卖农产品的形式取得贷款，以成熟的农产品抵偿，兼有商业资本与借贷资本的二重性。[①] 赊借是指以高于市场的价格向商店赊购物品（与农产品预卖相反），按规定日期还账。赊借的物品多为农具、肥料以及米、油、盐、酱、醋、药材、衣料等日用品。

秦汉已有商业信用的存在，史料所记都属于赊买、赊卖的性质。到西汉时，商业信用已相当普遍，已经公开发表的汉简释文中，有关赊买、赊卖的文书有 30 余种。赊买在一定期限内不付利息，超过期限则要付利息，这会在事先达成协议。如有一汉简记载，汉昭帝元平元年（公元前 74 年）七月，擒寇卒冯时卖橐络六枚给杨卿，约定于八月十日归还小麦七石六斗，如到八月十五日不偿还，则每日要多付一斗，即日息一斗。[②]

---

① 李金铮：《民国乡村私人、店铺借贷的信用方式》，《中国社会经济史研究》2002 年第 4 期。

② 叶世昌：《中国金融通史》第一卷，中国金融出版社 1999 年版，第 66—69 页。

唐宋时期商业更为兴盛，赊卖、预付款相当普遍，商人们以赊卖的形式预付货款，待秋收时按价收回粮食。复州一带“三四岁仅一熟，富商岁首以茗贷民，秋区民米，大船捆载而去”①。

（二）高利贷

高利贷资本是指主要适应前资本主义社会生产方式的生息资本，就中国古代而言，凡带经营谋利性质，且收益较一般地租收益高的借贷，均属于高利贷资本。② 它与小农经济、商业资本一样，是中国传统社会的重要经济形态，其历史相当悠久。随着商品经济的兴盛，地主、商贾、官僚、宗族、合会等各种社会财富的不断投入和转化，高利贷资本得到了很大发展，它不但活跃在广大的市镇，也活跃在广大的农村。

在春秋战国时代，高利贷的放款已相当兴盛。晋国大夫栾桓子“骄泰奢侈，贪欲无艺（极），略（犯）则（法）行志，假贷居贿”。“假贷居贿”，即放高利贷蓄积财富。放高利贷被列为大夫失德的主要表现之一。③ 至秦汉，尤其汉代以后，商品、货币经济达到了中国古代的第一次高潮，高利贷也更为兴盛，出现了大批的专业高利贷放贷者（“子钱家”）。淮阳王刘钦的母舅张博负债数百万，邓通败家后家中“负责数巨万”。这些都说明西汉高利贷资本的积累已有相当规模。除专营高利贷业的子钱家外，还有兼营高利贷业的工商业者、地主、达官贵族等。西汉末年的樊重是东汉光武帝的外祖父，他“世善农稼，好货殖”，善于多种经营，家中能够做到“闭门成市”，所放的贷款高达几百万。④高利贷放款与人民的生活、生产的联系更普遍，各种经营性的借贷也出现了，作为专门的动产抵押机构的典当业也可能出现。魏晋南北朝时期，商品货币经济衰落，高利贷资本受到影响，不如汉代那么发达了。⑤

中唐、宋以后，高利贷资本进入了一个稳定发展时期，当时既有私人放贷，寺院、官府放贷也相当发达，其放款中的生活性、消费性放贷与资本性、经营性放贷的分化更加明确。欧阳修在《原弊》中分析土地兼并时说：有百顷田的地主有佃户数十家，“夫此数十家者，素非富而蓄积之家也。其春秋神社婚姻死葬之具，又不幸遇凶荒与公家之事，当其乏时，尝举责于主人而后偿之，息不两倍则三倍”。收成时还债，“尽其所得或不能足，其场功朝毕而暮乏食”。于是又要借债。“故冬春举食，则指麦于夏而偿；麦偿尽矣，夏秋则指禾于冬而偿也。”⑥明中叶以后，专业高利贷机构得到发展，原有的典当业

① 叶世昌：《中国金融通史》第一卷，中国金融出版社 1999 年版，第 309 页。
② 刘秋根：《明清高利贷资本》，社会科学文献出版社 2000 年版，第 45 页。
③ 叶世昌：《中国金融通史》第一卷，中国金融出版社 1999 年版，第 35 页。
④ 叶世昌：《中国金融通史》第一卷，中国金融出版社 1999 年版，第 64 页。
⑤ 刘秋根：《明清高利贷资本》，社会科学文献出版社 2000 年版，第 37 页。
⑥ 叶世昌：《中国金融通史》第一卷，中国金融出版社 1999 年版，第 238 页。

进一步发展，钱铺(钱庄)的信贷性质进一步加强。[①]

古代高利贷资本的利率因地区、时间阶段、借贷种类、经营主体不同而不同，上、下限相差极大。高利贷的利率可以达到很高，成为举债者的沉重负担，许多人因而家破人亡。唐以后的历代政府一般规定每笔贷款的利息总和不得超过本金，而且规定了最高年利率或月利率，但这种规定并不一定真正有效。[②] 方行以清代高利贷资本为例指出，高利贷资本属于高收益还是低收益，都会自然地同封建地主的土地收益相比较，并会以后者作为衡量准绳。就清代土地、商业、高利贷收益的整体水平看，"把年利息率在百分之十五以上，即属于地租收益的借贷，界定为高利贷，或许是可行的"。刘秋根认为，15%以上的年息率作为放债的平均收益率，可以表现为多种多样的具体利率，也可包括倒账等风险因素对资本利率的影响。因此，除了其具体的收益的高低之外，这一界定对其他各代也适用。[③] 此外，中国古代还有国家高利贷资本，隋唐的公廨钱和王安石变法时的青苗钱，都属于这种性质。

二、政府赈贷

政府对农民放贷的形式主要是赈贷。赈贷作为一种政府对贫民救济性贷款，是国家将钱物在特定的时候下发给农户以渡难关，而农户需要在特定的期限归还本息的一项信用行为，是一种带有救灾性质的借贷。最初赈贷的对象为粮食、种子和农事工具。随着商品经济日趋发达，出现货币形式的赈贷。赈贷作为国家救荒措施，具有福利性，利息很低甚至不收利息。

赈贷的产生可以追溯到西周时期，在此以后被历朝历代继承和发展，成为一项维护封建统治、维系社会安定，体现统治者"道义"的重要举措，在荒政中占据重要地位。早在《吕氏春秋》中，就载有"出拘救罪，分财弃责，以振穷困"。其中弃责(债)就是取消民间欠官府的债务。《周礼》记载了西周时期的泉府，从事对政府的"赊贷"。"凡赊者，祭祀无过旬日，丧纪无过三月。凡民之贷者，与其有司辨而授之，以国服为之息。"这里的"赊"是政府赊给民间作祭祀办丧之用的，是单纯的消费，没有利息。"贷"是政府贷给民间助产业的，收取利息以供国用。泉府在放贷之前须查核举债人的身份、财产及其服役状况，以此决定是否放贷以及发贷数额。泉府"赊贷"大多为实物，偿还利息亦为各地土产。泉府共有人员 128 名，如此庞大的人事组织足见其工作任务的繁忙。以此推测，当时政府借贷普遍存在。

---

① 刘秋根:《明清高利贷资本》，社会科学文献出版社 2000 年版，第 17—18 页。
② 洪葭管:《中国金融史》，西南财经大学出版社 1993 年版，第 103 页。
③ 刘秋根:《明清高利贷资本》，社会科学文献出版社 2000 年版，第 3 页。

从西周文王推行“农假贷”政策开始，其后负责“凡民之贷者，与其有司辨而授之”的泉府、“贷为种子，则至秋而偿”的义仓、“先贷以钱，俟谷熟还官”的青苗钱、“贫民春贷秋偿”的社仓等在不同历史时期更替登场，逐渐形成以常平仓、义仓、社仓为主的国家灾荒赈贷体系。

常平仓之制出现在汉代。《汉书・食货志》载：汉宣帝五凤四年(公元前 54 年)，“耿寿昌白令边郡皆筑仓，以谷贱时增其价而籴，以利农；谷贵时减价而粜，以赈贫民。名曰常平仓”。这大概是最早的国家调控粮食价格以保护农民和农业生产的记载。常平仓为官办，是国家购售粮食、调控粮价、备荒赈恤的机构。义仓之名始于隋。《隋书・长孙平传》载：“开皇三年，徵拜平度支尚书，奉令民每秋家出粟麦一石以上，贫富差等，储之闾巷，以备凶年，名曰义仓。”因义仓设于里社，由当地人管理，故又称之为“社仓”。开皇十六年，朝廷下诏规定，社仓每秋收谷积储分上、中、下三等，“上户一石，中户七斗，下户四斗”。唐代社仓与常平仓亦多见记载。元合为“常平义仓”。

南宋乾道四年，朱熹在其家乡建宁崇安县借用本府常平米设置社仓之举，为社仓制度建立之始。不过，朱子所订的社仓法，实际上是隋开皇五年长孙平建立的义仓制度和北宋熙宁二年王安石推行的青苗法的变通和发展。金元有常平仓；明有“预备仓”；清代州县设常平仓，乡村设社仓。《常平仓谷章程书》云：“窃惟常平仓谷直省额贮多者数百万石，少者八九十万石。州县额贮数万千石，少亦数千百石，以备平粜，以支出借，以供兵粮，以裕灾赈，所关甚钜。”①

常平仓的经营主要有三种形式：赈、贷、粜。赈，即赈济，政府在灾伤紧急情况下，以常平仓粟无偿赈济，或作粥救人。贷即春荒或饥荒时，政府下令将常平仓出借，秋收时收回；而粜，即年丰谷贱时，加价收入；年歉谷贵时，则减价出售，以平抑谷价。② 由此可见，常平仓的功能除了平抑粮价外，就是向农民进行借贷。出借有两种形式：借谷和借籽种口粮。借谷是于灾歉必须接济之年，借给农民一定数目的米谷，以缓解灾情。借籽是常平仓济民的另一措施，在仓谷平限额内酌量借给籽种，不收利息。春借秋还，秋灾借给者，次年麦熟后征还，以利于农民受灾之后能及时播种，不误农时。赈贷具有不以取息为目的的半信用半救济性、生产帮扶性和实物为主的特性。常平仓、义仓和社仓为主的国家赈贷制度，一直延续至清末。我国历史上的主要仓储赈济制度及其演变详见表 14.1。

常平仓建立之后，担负赈贷功能，但是也只是限于应对灾害的放贷，仍然缺少一个稳定的国家农贷制度。加之常平仓建立后一些弊端日益凸显，北宋朝中一些改革派尝

---

① 杨昭谨：《常平仓谷章程书》，见(清)魏源《皇朝经世文编・卷户政・仓储下》。

② 刘秋根：《唐宋常平仓的经营与青苗法的推行》，《河北大学学报》1989 年第 4 期。

试针对这一问题进行改革，青苗法由此而生。宋初因义仓久废，设常平仓和广惠仓，王安石用两仓积谷为贷本，推行青苗法，故有人称青苗法为“常平敛散法”。其具体办法

表 14.1　我国历史上的主要仓储制度

名称	常平仓	义仓	广惠仓	社仓	丰储仓	惠民仓
初置年代	西汉五凤四年	隋代开皇三年	北宋嘉佑二年	南宋绍兴廿年/乾隆五年	南宋绍兴十六年	后周/太宗泽华五年
管理机构	政府管理	政府管理	政府管理	官督民营	政府管理	地方政府管理
性质	官办赈粜仓	民间储备救荒粮仓	官办社会福利保障仓储	民间互助救荒仓储	官办备荒	官办赈粜仓
基本功能	通过赈粜平抑物价，以达救荒目的	开仓无偿赈济灾荒	向老、幼、贫、疾不定期放粮	以常年借贷的形式来纾解民困	为荒年提供军粮	高收低卖给贫民

资料来源：杨乙丹、杨益，《道义的下移：南宋社仓与封建国家赈贷职能演化》，《农业考古》2015年第4期。

是：将常平、广惠仓现有的一千五百万贯石全部换成现钱，以现钱普遍借贷给广大乡村民户，有剩也可借贷给城市坊郭户。人户五户或十户为一保，由上三等户作保，分夏料、秋料两季借贷，时间分别在正月三十日、五月三十日以前，分别于五月、十月随二税偿还，各收息二分。[①] 青苗法是古代常平仓思想的新发展，向农民提供货币信贷，一方面解决农民的资金急需，另一方面打击高利贷势力，更主要的是鼓励农业生产，稳定市场粮价，是一次重要的国家贷款常规化、制度化的尝试。

三、传统借贷关系在近代的延续

直到20世纪三四十年代，全国农户当中大约有一半以上需要借债，而能够以较低的利率或从银行等金融机构获得资金者非常有限，大多数是以较高的利率通过私人或店铺融通资金。国民政府中央农业实验所提供的1933年对全国22个省850个县的农户借贷状况的调查统计，除现金借贷中很小的一个比例依赖于钱局和合作社等专业机构外，其余都是来自私人或店铺 。1934年该项调查进一步扩展到全国1 200多个县，其所显示的农村金融状况大体相同。从现金借贷来源来看，合作社和银行各占2.4%，典当占8.8%，钱庄占5.5%，商店为13.1%，私人借贷（包括商店）则高达80.7%。

私人借贷因信用、亲疏关系、用途、期限等情况不同，而担负不同的利息。一般而言，借款利率通常与贫困程度成正比，越穷的人所付出的利息就越高。民国时期，江苏省大多数钱粮借贷利率都在月息3分以上，有的甚至高达月息10分及10分以上。当

① 《宋史》卷三二七，《王安石传》。

然，各地的利率也存在很大差异。民国初年的江北地区，借银还粮的半年利息不低于30%。[①] 30年代初，政府曾有月利不得超过2分的规定，但根据《中国实业志·江苏省》一书提供的资料，江苏52个县的普通利息，在此标准以上的县份，占到了64%，其中尤以江北地区的借贷利率最高。[②]

高利贷名目繁多，在江苏阜宁、盐城、宜兴等县有"放稻""放麦""青麦钱""青稻钱""青豆钱""小押钱"等形式的借贷，放麦即在阴历二三月时借贷大麦1石，到秋间还本息11元。阜宁县的青麦钱、青稻钱、青豆钱就是在新谷收获前半月或一月借贷百元，新谷一经登场，即须还利20元。[③] 宜兴县的"放青稻"是借米粮1石，还1石3斗，借钱10元，还谷5石(合价12～13元)。[④]江北各县的"放小麦账"，其借贷最长期限为7个月，利息则高达200%以上。[⑤] 安徽滁县的"老驴滚"，春季借稻1石，秋收还2石，到期不还，加倍付息，到第二年须还稻4石。[⑥] 湖南农家的普通借贷主要有借银、"卖青"(或预卖)、"告贷积谷"、"借牛"等几种，借银可以以银钱或稻谷作息，一般借款百元，银利为月息3分，年息稻谷6石。"卖青"是在农家无处借贷之时，将田中未收割之谷，提前指卖于人，俗称"卖望"。如在洞庭湖滨的农村，每当青黄不接之时，农民往往将青苗产品预卖于商家，春熟豆麦、秋熟棉稻，都很盛行，其价格仅为产品市价的一半，并须按日计息。[⑦]

河北省农村各种名目的高利贷中最为有名的为"阎王债"。"阎王债"多为土豪劣绅和市井无赖所经营，多以现金进行借贷，但也有以粮食、农具、牲畜等为借贷对象的，还款期限有半年、8个月、10个月、1年、18个月、3年、5年不等。"阎王债"的利率不书写于契约收据之上，以防法律干涉。其利率一般最少为月息3分，也有多至按月10分计息的，具体利率与还款方式、期限、借款数目等密切相关。还款付息方式分为四种：一为按月付息，到期还本；二为先预扣利息，到期还本；三为分租合利，到期还本，适用于以田地抵押借款的；四为分期还本利，到期还清。在高利贷中，还有"倍倍钱""小费钱"和"印子钱"等形式。"倍倍钱"即借钱时需要以红契作抵押，每借10元，月纳利息3元，到期不能交还，即递增利息。"小费钱"除每月交付利息外，在立借据时，尚须交纳笔墨费、茶水钱等小费。"印子钱"大体上与"阎王债"的分期还本利类似，但借贷数

---

① 法政学社：《中国民事习惯大全》，上海广益书局1924年版，第5页。

② 冯和法：《中国农村经济资料·续编》(上编)，黎明书局1935年版，第38页。

③ 中央银行经济研究处：《中国农业金融概要》，商务印书馆1936年版，第19—20页。

④ 冯和法：《中国农村经济资料·续编》(上编)，黎明书局1935年版，第43页。

⑤ 萧铮：《民国二十年代中国大陆土地问题资料》第87辑，台北成文出版社1977年版，第46035—46036页。

⑥ 华东军政委员会土地改革委员会：《安徽省农村调查》，1952年，第99页。

⑦ 孟维宪：《洞庭湖滨之农民生活》，《东方杂志》1936年第33卷第8号。

额特小，期限更短，利息更高，期限普通为两个月，有时短至1个月，很少有过百日的，借款额多在1～2元，10元以上者非常罕见。①

在20世纪40年代的浙西农村，借粮被称为“放农米”，米行除放米赊粮外，常常还兼营各种借款业务，无论是放米赊粮还是贷出银元，均可以以米或银元进行计息与偿还。在嘉善县，冬季放米1石，次年秋收时还米1石3斗至1石4斗，吴兴县多在早春借米，秋收后按借米时原价值的1倍归钱。嘉善县米行还常在春间布种时，赊放谷种和肥料等，然后等米值最贱时，按原赊价加月利2分收米。长兴县有一种“放夏米”的制度，一般在旧历五月至七月预卖稻米，米价按夏米期间市价的一半估值，到冬季或十月中旬还米。②

质典业在农村金融领域也非常活跃，农民不仅可以将衣物、首饰、粮食等动产进行抵押，获得少量资金，也可以将田地进行抵押，获得较多的资金。20世纪三四十年代的调查显示，典当业的当户中农民大体占到了60%，工人为20%，商人占5%，住户占15%。如宓公干所言，“苏省当局虽为农民力求谋解脱高利贷痛苦，于各县筹设农民银行分行，然资金有限，绝非短期内所能普遍设立。故典业仍居农村金融之重要地位”③。衣物饰物、耕用农具、家庭陈设器具、大宗粮食等都可以作为质典物。

在浙江嘉兴，典当衣服饰物称为“软当”，典当耕用农具或家庭陈设器具称为“硬当”。典当期限和利率在各地略有不同，但一般利率多为月利2分，外加一定的“存箱费”，赎当期限通常为18个月。典当米谷的利率，一般较衣服首饰为低，但需要比较大的数量。各地的典当期和回赎期也不尽相同。如平湖县全公坊与新仓坊的稻谷典当，以新谷登场时为回赎期；武康县一般以10—12月为受当期，次年元旦至夏至为回赎期。在浙江，抵田和典田也比较通行，抵田就是农民以田地抵押进行借款，按期付息，在借债期限内田地仍归农民自己耕种和管理，如不能按期清偿债务，田地即由债权人没收，或添补找价，重立卖绝契约。典田与抵田的不同在于，出典人（即债务人）借到款项后，田地即归受典人（即债权人）经营，以田地的产出作为借款利息，典当期满后再由出典人用原价赎回。田地抵押的利率大多为月利2%，抵押所获得的贷款一般为地价的50%左右。如浙江龙游、东阳、永嘉三县，土地抵押贷款占地价的比例，1928年分别为49.3%、42.4%、56.7%，1933年分别为46.2%、41.6%、60%。④

湖北乡村的典当业主要分为典当和代当两大类。典当相对于代当而言，资本和营业额较大，当期较长，利率较低，但无论是典当和代当，其服务的主要对象均为农民。

① 中央银行经济研究处：《中国农业金融概要》，商务印书馆1936年版，第92—93页。

② 韩德章：《浙西农村之借贷制度》，《社会科学杂志》1932年第3卷第2期，第140—185页。

③ 宓公干：《典当论》，商务印书馆1936年版，第199—202页。

④ 李金铮：《民国乡村借贷关系研究》，人民出版社2003年版，第125页。

据20世纪30年代初期金陵大学对豫鄂皖赣四省典当业的调查，湖北典当70%的营业区域在乡村，而代当则高达92%的营业区域分布在乡村。从服务对象来看，典当85%的服务对象为农民，其当值占到了典当总额的80%；代当则96%的服务对象为农民，其当值也占当额的96%。[①]

典当在河北农村也甚为发达，当铺对于农村资金的融通具有比较重要的作用。例如在北平近郊，每年向当铺当款的农户占到全部农户的31%左右，每年当入的质品金额在10元以下的约占50%，最多者也仅为70元，房地典押借款尚不在内。[②]

第二节　民间互助金融组织合会

一、合会的产生与发展

合会是我国农村旧有的民间金融互助组织，其起始时间大约在唐宋之间。[③] 合会有广义和狭义之分，广义合会是一个综合性的合作组织；狭义的合会则专指金融会，亦称钱会。合会是其内部成员的一种共同储蓄活动，也是成员之间的一种轮流提供信贷的活动。王宗培认为，“合会为我国民间之旧式经济合作制度，救济会员相互间之金融组织也”[④]。杨西孟指出，“合会是我国民间流行的一种小规模的金融合作组织”[⑤]。中央银行经济研究处编《中国农业金融概要》的定义为，“合会为我国民间固有之集资方法，亦可称为中国式之贮藏制度”[⑥]。林和成则强调，“会或合会为我国农村，以及民间最普遍之一种小规模合作组织”[⑦]。

从清末民初开始，合会组织在我国城乡普遍流行，差不多每个村庄都有一个或几个合会组织。合会遍及全国大部分农村地区，据实业部1934年调查，22个省871个县合会报告次数为1 922次，据此计算，每县仅二个多合会。事实上农村合会数目远远大于此数。据1931年8月对江苏铜山县12个区的调查，第二区参加合会的农户占总户数的15%，第四、八、十二区较少，但也占5.6%。[⑧] 吴志铎对北通县第一区的调查结果表明，仅第五乡就有12个钱会。每会人数最少5人，最多24人，若按每会5人

① 《豫鄂皖赣四省之典当业》，金陵大学农业经济系1936年版，第36、38页。
② 中央银行经济研究处：《中国农业金融概要》，商务印书馆1936年版，第93页。
③ 王宗培：《中国之合会》，中国合作学社1935年版，第6页。
④ 王宗培：《中国之合会》，中国合作学社1935年版，第1页。
⑤ 杨西孟：《中国合会之研究》，商务印书馆1935年版，“绪言”。
⑥ 中央银行经济研究处：《中国农业金融概要》，商务印书馆1936年版，第156页。
⑦ 林和成：《中国农业金融》，中华书局1936年版，第462页。
⑧ 冯和法：《中国农村经济资料》上册，黎明书局版1933年版，第388页。

计，共有605户入会，全乡900余户，入会户数占总户数的67%。第一区12个乡，共有各类钱会416个。合会款额一般为百元左右至数百元不等，也有多达千元的。利率因请会之目的、会员"份子"的数量，以及农村资金的宽松程度等方面的不同，而存在很大差异。但平常合会之利率多为二三分。① 解放初期对苏南金山县新泖乡水字宇东村全村52户调查，有48户参加合会，占总户数的92.3%。② 由此可见，农户加入合会的比例是很高的，但全国各地合会分布并不均衡，大致以东南、中南和西南为多。③

从1937年7月全面抗战爆发，合会组织便开始衰落，直到1949年10月新中国成立而逐渐消失。在现存民国时期的合会档案中，以1937年以前的档案为多，1937年以后的档案逐年减少，直到1949年为止。究其原因，主要有三：一是由于帝国主义对中国的侵略和国内军阀对人民的剥削，人民的生活一天天贫困，尤其是农村的合会周转更为困难，经常出现"会子烂了"的现象；二是全面抗战爆发后，在"沦陷区"，日军严格限制人们集会，原来的合会如果过会，常会被当作聚众谋反而把会员抓起，因此合会根本就过不了会子；三是随着解放区的扩大，直至全国解放，新中国的各种金融组织相继建立并逐步完善，人们的借贷更加方便，合会组织失去了生存的环境。

二、合会的类型

合会按结构来分，有单式会和复式会两种；若按参加人数多少来分，少者五六人，多者十数人，甚至数十人；若按会期的长短来分，又可分为每年一期的年会、每年两期的半年会、每3个月一期的季会、每2个月一期的间月会、每月一期的月会等；若按会额大小来分则有大会、中会、小会三种形式；若按得会的方式来分，又可以分成摇会、轮会、标会和其他的会式。在江南地区，流行最广的合会当属摇会、轮会和标会。用拈阄摇骰法决定得会者先后次序的会式称摇会，得会的次第由会脚预先认定的合会称轮会，以投标方式决定会脚得会次序先后的合会称标会。

（一）轮会

轮会即采用坐次轮收方法的合会。此种会式最为古老，流行较广。安徽徽州、浙江杭嘉湖的"新安会"，苏北的"至公会"，苏常的"兴隆会"，苏属崇海的"年会"，此外如流行各地的"七贤会""七子会""坐会""认会""摊会"等均属于轮会。轮会收会顺序大多于齐会时由各会脚预先认定，依次轮收，普通多为一年一转会，会脚人数不等，少则5人（连会首6人），多则11人（含会首），但以七人会和十一人会最为流行。会脚交纳

---

① 吴志铎：《北通县第一区平民借贷状况研究》，燕京大学经济学系1935年版，第127页。

② 单强：《民国时期江南农村信贷市场之特征》，《中国经济史研究》1995年第2期。

③ 实业部中国经济年鉴编纂委员会：《中国经济年鉴》1935年续编(E)，商务印书馆1936年版，第179—180页。

会金按得会先后前伸后缩。得会愈早,交纳会金愈多,即逐期拨还利息;得会愈后,交纳会金愈少,即逐期扣除所得利息。轮会有新、旧两式之别,旧式轮会会首还本不还息,新式轮会会首则须还本付息。

(二)摇会

摇会即用拈阄方法决定得会者的会式。该会式流行最广,如浙西的"碰洋会""五总会"、江苏的"四总会"等均属此类。摇会会脚从七八人到四五十人不等,会额相差也很大,转会期较短,通常在3个月以内。摇会分堆积会和缩金会两类。

堆积会会金固定,会额陆续增高,会首还本不还息,得会会脚逐期付出利息。堆积会又可分为单式和复式两类,复式堆积会因计算繁杂,流行不广,农村流行的仅为单式堆积会。如某单式堆积会会金为5元,共20会(连会首21会),每月转会一次,会额为100元,利息2分。首期由会首坐得,收款100元,不出利息。二期收款105元,以拈阄方式决定得会者,得会者实收100元,下期起需加利息1元。三期共收款106元,得会者实收101元。下期亦需加利,以后均照此推算。①

缩金会会金递减,会额固定,会首还本付息,得会者利息逐期扣除。缩金会也分为单复两式。单式缩金会转会期一般为两三个月,未得会者缴纳的会金逐渐减少,到一定时候可以分得部分余利。复式缩金会流行区域广泛,会式繁杂,人数自十余人到二十余人不等,一般一年转会两次,奇数会期归会总轮收,收清为止。偶数期及会总收清后的奇数期由会脚竞摇。如江苏四宗会即属于复式缩金会。

(三)标会

标会又称为写会、划会、票会,在广东流行最盛。标会会数与会额无定数,会期通常逐月举行,利息为贴现式。首期一般由会首坐得。自第二期起,采用投标竞争之法,以标数最大者为得会人,下期仍照原会金缴纳,不加利息。如某标会会金为3元,共30会,首期由会首得90元。第二期最高标金0.51元,其余28会脚各交会金2.49元,会首和得会者仍纳3元,得会者实收75.72元。② 又如某标会会额50元,会金为5元,会脚10人(加上会首共有11人),首期由会首收得50元,以后每次应还5元。第二期若甲、乙、丙三人预备得会,甲投标2角,乙投标4角,丙投标5角,标金以丙最大,所以丙得会。重会会金不变,仍为5元,轻会会金从5元中减去5角,是4元5角。这一期重会有1人,应出5元,轻会9人,各出4元5角,丙得会款45元5角。第三期若甲以标金2角得会,那么2个重会者各交5元,8个轻会者各交4.8元,甲得会款48元4角。以后照此类推,以标金高者得会,直到末会坐收50元。③

---

① 单强:《论近代江南农村的"合会"》,《中国经济史研究》2002年第4期。

② 徐畅:《"合会"述论》,《近代史研究》1998年第2期。

③ 单强:《论近代江南农村的"合会"》,《中国经济史研究》2002年第4期。

广东的合会有银会和谷会之分，银会多属标会，谷会多属摇会。当农民需要较多款项而又不易借贷，或因偿还困难不愿借贷之时，便邀集邻里亲朋组织一个标会，会金多少随会首（邀集起会之人）决定，当会友或会子（区别于会首）邀定之后，会首定期设席之日即会友缴款时为初会，其款概由会首领用。次后若干时期标会一次，或每次设席与否，由众人共同决定。到第二次标会时，则以标最高利息者获得款项，得款者曰重子，未得款者曰轻子，轻子缴款时除去所标之利银，如每人会金10元，标利1元，则轻子只缴9元，重子则须如数缴足额定金额，这样直到各会友得满后为止，得末会者可得全会额定金额。[①]

（四）其他会式

河北省的合会还有摊会、坐乾会、走会和乾会等不同种类。

摊会：摊会不需要掷骰，得会次数按照各会员需款缓急，于事前决定，先得会款者出款较多，依次减少，得会愈迟的，出款也愈少，利息包含于所缴会款之内。会首较他人少出之数，即作为置备酒席之资。

坐乾会：此会的所有手续都与坐会相同，唯一不同之处在于会首所使用之会款不再归还会员，每次只筹备酒席。

走会：此会的一切手续、办法也与坐会相同，只是会首仅在第一次开会时设置酒席，在宴席结束时，各会员用纸条标写下次使会钱数，其数最少者为下次使会之人，届时即在中标人家中设席聚会，至宴罢之时，再如法办理，以决定第三次使会之人，以此类推，其酒席费用由每次得会之人负担。

乾会：乾会亦名白敛会，乡间素有德望之人，如无钱还债，可以邀请亲朋好友代为写贴请会，被请者视交情厚薄，随意出款若干，赠送于请会之人。此会仅于开会时请会一次，以后若请会者有钱归还会款时，即再请一次，否则将永不再开会。[②]

其他会式还有如五虎会、单刀会、拔会等。五虎会共有会脚24人，每4个月转会一次，会款由会首连收5期。从第六期起，会脚或不再交会金，由会首分期偿还；或采用缩金会方式收取会款。单刀会、拔会只集会一次，前者会脚所交会金不必相等，后者则相同。会款由会首收得，分期偿还。这两种会式均为帮款性质，多由亲友组成。

以上各种会式均为借贷性质，起会主要是为会首的利益，其中以轮、摇、标三种会式最为流行。据实业部中央农业实验所对全国22省871县的调查，各种会式中摇会平均占36%，比例最高；其次为轮会，占31.8%；标会占15%，居于第三位；其他会式仅占17.2%。[③]

---

① 中央银行经济研究处：《中国农业金融概要》，商务印书馆1936年版，第85页。

② 中央银行经济研究处：《中国农业金融概要》，商务印书馆1936年版，第94—96页。

③ 实业部中国经济年鉴编纂委员会：《中国经济年鉴》1935年续编(E)，商务印书馆1936年版，第182页。

三、合会的运作与功能

合会的程序一般经过邀、齐、转、满四个阶段，邀会即由发起人邀集乡邻，陈述理由，征求入会；齐会即成立大会，会首收缴会金；转会即依次转由其他会脚收得会金；满会即终会，是合会最后一次集会。[①] 合会的运作机制，一般是由某一急需钱之人召集若干人建会，发起人为“会首”，参加者为“会脚”。每人出资若干，并规定按一定时期集会，首期通常归会首所得，以后各期可按一定规则分别由各个会脚得会，并依据得会先后次序的不同，而交纳金额不等的会金。先得会者交纳金额比后得会者为多，多出者意为还本付息，实质为整借零还，后得会者为零存整取，所得为本利并收。费孝通先生称这种组织为“集体储蓄和借贷的机构”[②]。

合会主要有借贷和储蓄两种功能，借贷是其主要功能。合会把农民手中分散、零星的资金会聚起来，供急需者集中使用，充当了农民的“公共基金”，成为部分农民进行简单再生产的融资渠道，是农村基层社会重要的经济互助组织。合会的资金规模并不大，根据 1934 年的调查，58％的合会会款在 100 元以下，100～200 元的合会占 21.6％，200～400 元的合会占 8.6％，400 元以上的特大合会仅占 11.8％。[③] 不同社会阶层的入会动机不同，雇农完全用于生活消费。贫农有 23.07％用于购买农具，属于生产性消费。中农入会者全部为购买生产资料，其中 37.5％用于买田，62.5％用于买牛，目的在于维持简单再生产或扩大再生产。[④]

合会也是农村基层社会的重要经济互助组织。它把分散的农家通过平等的方式组织起来，增强了农民的抗风险能力，从而对农村基层社会的稳定具有一定的积极作用。加入合会的农民通过助人而获得帮助，慢慢形成了信任与责任、权利与义务的观念。如常州摇会会规说：“夫会以‘养’始，必以‘信’终。”金坛五总会会约也说：“本会以‘养’为始，以‘信’为终。”[⑤]这种建立在信用基础上的互助合作组织，对于农民进入现代经济生活是重要的历练。

第三节　近代新式农村金融机构的筹设与发展

德国是世界各国中建立现代农村金融制度最早的国家，于 1770 年成立土地抵押

---

① 徐畅：《“合会”述论》，《近代史研究》1998 年第 2 期。

② 费孝通：《江村经济》，商务印书馆 2001 年版，第 224 页。

③ 徐畅：《“合会”述论》，《近代史研究》1998 年第 2 期。

④ 苏州档案馆藏：《苏南土地改革文献》下编，附录，1952 年 7 月。

⑤ 卜愈之：《合会之评价》，《申报》1936 年 5 月 26 日。

信用协会,1849 年建立农村信用合作社,习称雷发巽式合作社。19 世纪 50 年代以前,许多资本主义国家的农村金融业务主要由国家银行和商业银行办理,之后则仿效德国纷纷建立起类似的合作金融组织和农业专业银行。

一、劝业银行

1911 年农历三月初一,经清政府度支部核准、农工商部注册,借鉴德国、法国土地信用银行与日本劝业银行的经验,中国第一家殖业银行(津浦殖业银行)在天津正式设立,其"以放款于农工为宗旨"。这是近代中国专业性农村金融机构的开端。

近代中国政府关于农村金融的措施,最早是 1914 年颁行的"劝业银行条例"。北洋政府农商部呈请筹办劝业银行,"我国地大物博,夙擅天府之称,惟农工各业,囿于小成,未能宏大规模,扩充营业,推原其故,端由农林、垦牧、水利、工矿等项,非有雄厚资本,不足发展事业,而环顾内外,金融机关既未遍设,农工贷借,又苦无从,遂使地利未获尽辟,富源不克大与兴,国计民生,胥受其困,亟宜特别设银行,藉以劝导实业……"①。"劝业银行条例"共 53 条,内容相当完备。其中规定,"劝业银行以放款于农林垦牧水利矿产工厂等事务为目的"。劝业银行应设于中央政府所在地,而以全国为其营业的范围,属于中央农村金融机构性质。政府补助"劝业银行之盈利不足五厘时,财政部得酌量给予补助金。这项补助,自创立之日起以十年为限,但每年至多不得超过资本金缴纳额百分之五"。②

二、农工银行

(一)农工银行的筹设与发展概况

与全国性的劝业银行相配合,北洋政府于 1915 年颁布"农工银行条例",拟成立地方性银行。农工银行以一县境为一营业区域,一区域内设立一行为限。其银行条例的主要内容为:第一,关于放款种类。农工银行的放款有四种:5 年以内分期摊还者,以不动产为抵押;3 年以内定期归还者,以不动产作抵押;1 年以内定期或分期归还者,以不易变坏农产品或渔业权或有价证券作抵押;经地方官核准,贷予确有进益指项之地方公法人者,不用抵押。第二,关于抵押品。凡不动产非经过登记或保险,则不得收作放款抵押品,以第一次作抵押品者为限。若其系不动产,则必须有永续可靠的收益。每次放款的数目,不得超过抵押品估值的 2/3。第三,关于放款用途。放款限用于垦荒、耕作、水利、林业,购办种子、肥料及各项农工业原料,农工生产的运输、囤积,购办

---

① 中央合作指导人员训练所:《中国农业金融论》,1935 年,第 18 页。

② 朱剑农:《农业金融制度之起源与发展》,《金融知识》1945 年第 4 卷第 1、2 期合刊。

或装修农工业器械，修造农工业用房，购买牲畜，修造牧场，购办渔业蚕业、种子及各种器具，与其他农工各种作业、改良等事项。第四，关于资金来源。农工银行得发行债票，其总额不得超过放款总数，并不得超过已缴资本的 2 倍。债票除了应支付利息外，得加彩偿还。其每年还本数目不得少于农工银行该年内收回放款之总数。① “农工银行条例”公布后，1918 年财政部设“全国农工银行筹备处”，1923 年 2 月改为“全国农工银行事务局”，以推动农工银行的设立。该局对于自行筹设的银行有管辖权，对由其他机构筹设的银行有监督权，并由该局附设讲习所以培植专门人才。

根据“农工银行条例”的规定和全国农工银行事务局的规划，中国近代最早的现代农业金融机构——农工银行形成并出现了，这是一种兼营式的农村金融机构，也就是说农业金融与其他行业金融并存于一个金融机构内，而未成立单独专门的农村金融机构。最早成立的是 1915 年设立在京兆之通县昌平的通县农工银行。以后，接踵而起者，有北京大宛与香山、宛平日新、吉林宁安、浙江杭县、江苏上宝与江丰、山东莒县等银行。这些银行都是由财政部批准正式成立，其他令其修改章程及积极筹备中的农工银行为数甚多。但因资金缺乏，很多农工银行旋设旋废。1923 年底，因北洋政府实行“减政”，全国农工银行事务局被裁撤，讲习所于 1923 年春只举办一班即停止。于是各地农工银行改组者改组，停办者停办，故一度筹划的全国农村金融机关，又付诸阙如。至 1927 年以前成立的农工银行如表 14.2 所示。

表 14.2　　1927 年以前成立的农工银行

名　称	成立年份	总行驻地	分支行设立地	实收资本(千元)
通县农工银行	1915	通县	—	—
昌平农工银行	1915	昌平	—	—
大宛农工银行	1918	大宛	—	—
中国实业银行	1919	上海	南京、汉口、青岛、天津、镇江、苏州、无锡、杭州、芜湖、济南、北平	4 000
中华劝工银行	1921	—	—	1 000
绍兴农工银行	1921	—	—	—
农商银行	1921	上海	上海、汉口、南京、长沙、厦门、杭州	3 000
江丰农工银行	1922	吴江	—	200
浙江实业银行	1923	上海	上海、虹口、汉口、杭州	2 000
瓯海实业银行	1923	永嘉	—	250
汾阳农工银行	1924		—	—

① 林和成:《民元来我国之农业金融》,《银行周报》1947 年第 31 卷第 9、10 期合刊。

续表

名　称	成立年份	总行驻地	分支行设立地	实收资本(千元)
嵊县农工银行	1924	嵊县	—	106.9

资料来源：中国银行总管理处经济研究室，《全国银行年鉴》(1937年)上册，中国银行总管理处经济研究室1937年，第12、15页。

(二)通县农工银行和江丰农工银行

农工银行的设立在一定程度上缓解了农村资金不足，减轻了农民对高利贷的依赖，对发展农村金融起到了一定的积极作用。这一时期的农工银行较为典型的有两家：一是通县农工银行，其农工借款联合会与借款协助会颇具特色；二是江丰农工银行，其经营方式较灵活。

1. 通县农工银行

通县农工银行放款，为慎重起见，多借重于各乡村的农工借款联合会及农工借款协助会。前者为借款者所组织；后者为当地公正绅商所组织，负有担保与协助农工业者向通县农工银行借款的义务。借款人无论有无抵押，如有同村殷实之人联合担保，则放款收款较为简捷而稳固，银行、借户均获裨益。[①] 关于此银行的绩效，通县农工银行行长卓宣谋君曰："当本行未成立以前，农民筹借款项大都来自当地富户及小押铺钱铺当铺等，其限期既短，利率复高至二三分以上，农民不得已也只有饮鸩止渴而已。迨本行成立后，放款利息即轻，期限复长，人民咸知只须抵押品确实用途正当即借得资金，以达其运用之目的。故通县十三区内，无论遐迩，借款户数靡不星罗棋布，全县之金融受通行直接或间接之关系，咸呈活泼之象矣。"他以为，"田赋征收之多寡，虽关乎年岁之丰歉，然在同一税率之下，也足为测量农民经济程度之标尺"。他还举通县1915—1925年粮租额征收数目来证明通县农工银行对农村经济所起的有利作用，认为通县"虽因年岁丰歉与政局之影响，其收租额也迭有消长。然自通行创设后之翌年，其粮租征收数目即骤然增加。以1915年之粮租征收数目与1925年相较，则已增一万八千余元……以此证之，可知农工银行裨益于国家田赋及社会经济之大也"。[②]

2. 江丰农工银行

吴江县震泽镇的江丰农工银行设立于1922年3月，额定资本为国币20万元，收足1/2后即行开业。该行业务的发展全靠吸收非农工的存款，以为周转农工之用。在农业不需款项时刻，酌做商业放款，作为调剂的一种方法。该行的农工放款有以下几种：一为农产抵押放款，以生丝与大米为主，放款时按市价的70%作抵押；二为动产抵

---

① 中央银行经济研究处：《中国农业金融概要》，商务印书馆1936年版，第183页。

② 陈振骅：《农业信用》，商务印书馆1933年版，第354页。

押放款，按市价的60%放款；三为不动产抵押放款，以房契田单为主，是农工放款的最大部分。

(三)农工银行欠发展的原因

农工银行成立伊始，如雨后春笋，但终未发达，有以下几个原因：

第一，农工银行获利较低。农工银行因放贷对象为小工小农，性质特殊，政府对其放款范围和放款利率加以限制，防止其孳孳求利。"农工银行条例"第三十七条规定，财政部或主管部门如认为有必要时，得限制农工银行放款及其他各种营业；第三十八条规定，农工银行放款利息，其最高利率应于每年营业期前由该管厅查核，转报财政部备案，其随时变更利率也须备案。

第二，物品产权登记制度不完备。农工银行的放款以不动产抵押者为多，其抵押确实与否，对于农工银行的营业事关重大，办理银行者，不能不注意及此。但当时民国登记法尚未实行，所有权确定者虽多，而纠葛不清者也复不少。有想以土地抵押分期借款者而不能。

第三，政府倡导不力。按规定，政府应对农工银行予以资金上的补助，并给予其奖励政策。比如日本东京府设立农工银行时，其资本总额定35万元，招股时东京府知事及地方公共团体均竭力援助，东京府并认购4 000股以资提倡，且以头15年内应得股利捐充公积金，以巩固其基础。日本其他地方组织农工银行，地方政府也加入股份，5年内不取分派的股利，以为补助。因此，人民认股踊跃，竟达定额4倍以上。但对这一时期中国成立的农工银行，中央政府及地方政府均未有投资或其他鼓励措施。

第四，募集债票不易。世界各国农工银行的放款资金来源主要依靠发行债票。民国初期投资市场组织非常简陋，且农工银行名目较新，无较长的历史业绩和信用供投资家参考，其募集债票自然遭遇困难，购买公司债票者十无一二。

第五，行业人才缺乏。农工银行的办理，因性质与商业银行不同，须有专门人才作指导。1922年，全国农工银行事务局曾附设农工银行讲习所培训有关人才，但全国农工银行事务局很快被裁撤，该讲习所遂即停办。①

总体而言，农工银行基本上对农民的资金支持作用并不显著，大多数只有农工银行之名，而实际多为商业银行性质。"中国的农业银行很多都名实不符。在名义上，它们虽然都以农工或农民为重，但实际上它们既不重农，又不重工，它们有的只在努力于钞票的发行；有的转变为商业银行，竟以投机为务；有的曾经经营不正当的业务(贩卖特货)；有的只是某一省的省银行或某一市的市银行，与农无缘，与工无涉……如农商银行有资本三百万元，资力不可谓薄弱，但事实上这家银行除掉发行钞票，承做一点普

---

① 陈振骅：《农业信用》，商务印书馆1933年版，第346页。

通商业银行的业务之外，与农民恐怕是风马牛不相及吧！”①

这种情况是各种因素综合作用的结果，但就金融机构本身来讲，与农工银行的兼营农工业两种金融有较大关系。顾名思义，劝业银行和农工银行，都不是专业的农村金融机关，这种制度是仿照日本的新式金融机构——日本兴业银行，采取兼营式而非分业式。当时有学者认为中国与日本情况不同，劝业银行与农工银行都应该专营，“一因交通银行经营实业，即不必由农兼工；二因日本是兼营主义，以地理管辖，劝业农工也常兼营。中国幅员广大，各方需要也殷。不特不宜兼营，而分业之量，必求其多。所以中央地方，应相辅而行。不求之于人民，则事权统一，易于普及，为量自多。对农民，只求其依法组织合作社而已”②。虽然如此，但实际成立的农工银行多是农工业金融兼营式。由于放款于工商业的利益远高于放款农业，所以款项大多投资于工商业，这对农业金融有不利的影响。加之农工银行原为不动产抵押银行的性质，但民国初年以来全国地价一致趋跌，银行即使没收农民抵押的土地，也极难出售，实有资金陷于呆滞之虑。因此，农工银行虽原本计划发展农工事业，然而很快就变为商业银行的性质，经营的业务多转向一般商业银行的普通业务，与农民并无直接关系。

三、地方性农民银行的发展

民国时期的各省农民银行中，以江苏省农民银行成立最早。1928 年 7 月 16 日，江苏省农民银行在南京正式开业，1930 年总行迁至镇江。江苏省农民银行成立后，发展较快，到 1937 年全面抗战前，共设立分支行处 80 所，在江苏省内的 24 个县市设有分行，7 个县设有支行，49 个市镇设有办事处和分理处。③ 全面抗战爆发前，江苏省农民银行的各项业务都有较快增长。其放款业务方面，合作社放款总数 1933 年为 212.6 万元，1936 年增至 445 万余元；农仓放款 1933 年为 128 万余元，1936 年增为 1 722 万余元。存款方面，由于江苏省农民银行成立期短，存息又低，吸收存款甚属不易，但经多方努力，存款逐年增长，存款余额（即存款总数扣除各种存款提取数，再加上定期存款）也由 1929 年的 5 万元上升至 1937 年的 1 770 万元，具体情况见表 14.3。江苏省农民银行存款自 1931 年起大幅上升，1934 年达到 541 万元，开始超过基金总额（400 万元），成为其对农村放款的主要资金来源。不过全面抗战爆发后，随着局势的动荡，江苏省农民银行总行先后迁至汉口、重庆，加之各地分支行辗转收缩，几无农贷业务可言。

---

①　章有义：《中国近代农业史资料》第 3 辑，三联书店 1957 年版，第 177 页。

②　中央合作指导人员训练所：《中国农业金融论》，1935 年，第 15、39 页。

③　陈山洪：《江苏省农民银行史略》，《江苏省文史资料》第 31 辑，第 229 页。

表 14.3　**战前江苏省农民银行历年存款余额**　单位：万元

年份	1929	1930	1931	1932	1933	1934	1935	1936	1937
存款余额	5	29	129	94	147	541	964	1 508	1 770

资料来源：孟文庄，《江苏省农民银行十年回顾》，《农行月刊》1936 年第 3 卷第 12 期；江苏省农民银行，《民国二十五年江苏省农民银行业务报告》，《银行周刊》1937 年第 21 卷第 21 号。

同年，浙江省步江苏省之后尘，筹备成立浙江省农民银行。浙江省的农民银行有三种：一为中国农工银行杭州分行，二为各县农民银行，三为各县农民借贷所。1929—1935 年，浙江省已成立县农民银行或农民借贷所者有衢县、海宁、余姚、嘉兴、崇德、绍兴、亲善、金华、平阳、义乌、平湖、永嘉 12 个县。

据 1937 年《全国银行年鉴》统计，1927 年后成立的全国农工银行及农民银行共 30 余家，主要分布在江苏、浙江、四川等省份，具体情况见表 14.4。从资本额的大小来看，除了中国农工银行和江苏省农民银行实力较强外，其他银行资本多为十几万或几万元。而且，从整个银行业来看，农业银行的资本更是微小，农工银行资本仅占全国银行资本总额的 8%。

表 14.4　**1927 年后成立的农工银行及资本额情况**　单位：万元

银行名称	成立年份	总行	分支行所在地	资本额
中国农工银行（前身为 1918 年成立的大宛农工银行）	1928	上海	上海、广州、天津、汉口、北平、南京、杭州	500
江苏省农民银行	1928	镇江	常熟、吴江、松江、常州、昆山、无锡、南京、丹阳、青浦、如皋、嘉定、苏州、盐城、徐州、江阴、上海、清江、高淳、金坛、宜兴等	400
河南农工银行	1928	开封		153.9
衢县地方农民银行	1929	衢县		6.218
陕北地方银行	1930	榆林		12.5
莆田实业银行	1930	莆田		5
北碚农村银行	1931	北碚	重庆、合川、康安	4.0397
海宁县农民银行	1931	海宁		10.717
宁波实业银行	1931	沈家门		
嘉兴县地方农民银行	1932	嘉兴		11.145
余姚县农民银行	1932	余姚		6.2627
江津县农工银行	1933	江津		29.9186
崇德县农民银行	1933	崇德		6.11

续表

银行名称	成立年份	总行	分支行所在地	资本额
嘉善县地方农民银行	1933	嘉善		6.5
中国农民银行	1933	上海		750
青岛农工银行	1933	青岛		25
平阳县农民银行	1934	平阳		4.4761
永瑞地方农民银行	1934	永嘉		5.0068
金武地方农民银行	1934	金华	武义、永康	8.2618
绍兴县农民银行	1934	绍兴		5
棠香农村银行	1934	荣昌		4.8238
义东浦地方农民银行	1934	义乌		4.9455
琼崖实业银行	1934	琼州		15
北平农工银行	1935	北平	通县、昌平、天津	25
金堂农民银行	1935	金堂		5.8226
津市农工银行	1935	津市		5.45
垫江农村银行	1935	垫江		3.265
醴陵农民银行	1935	长沙	醴陵	60
中山民众实业银行	1936	中山		62.5
广东实业银行	1936	广州		80
广西农民银行	1937	桂林		105

资料来源:中国银行总管理处经济研究室,《全国银行年鉴》(1937 年)上册,中国银行总管理处经济研究室 1937 年,第 15、16 页。

四、中国农民银行

(一)成立与改组过程

1924 年 1 月国民党第一次全国代表大会和 1926 年 1 月国民党第二次全国代表大会均有设立农民银行之议。1929 年底,国民政府建设委员会拟订了“设立全国农民银行并提倡组织农民信用合作社意见书”。1933 年 4 月,豫鄂皖赣四省农民银行在汉口成立。1935 年 4 月 1 日,四省农民银行正式改名为中国农民银行。1935 年 6 月 4 日,南京国民政府公布《中国农民银行条例》,1937 年 6 月 1 日修正,1941 年 9 月 5 日再次修正。

修正后的《中国农民银行条例》第一条规定,中国农民银行经国民政府的特许,为供给农民资金、复兴农村经济、促进农业生产的改良进步,依照股份有限公司的组织设立。第二条规定，中国农民银行资本总额定为国币 2 000 万元，分为 20 万股，每股国币 100 元，一次缴足。除由财政部认 12.5 万股及各省市政府分别认股外，其余由人民承购。第三条规定，中国农民银行设总管理处，并得酌设分支行及办事处，或与其他银行暨农村金融机关订定代理契约，但分支行及办事处的设立须呈请财政部核准备案。第六到十条分别就营业范围、农业放款的用途、期限与额度作出规定："中国农民银行的营业范围如下：放款于农民组织的合作社及合作社联合社；放款于农业的发展事业；放款于水利备荒事业；经营农业仓库，及放款于农产、农具的改良事业；动产、不动产的抵押放款及保证信用放款；票据的承受或贴现；收受各项存款及储蓄存款；代理收解各种款项；办理汇兑及同业短期往来；买卖有价证券；办理信托事业；其他农民银行应有的业务"。"中国农民银行农业放款，以供下列各项用途为限：购买耕牛、种籽、肥料、畜种及各种农业原料；购办或修理农业应用器械；农业品之保管、运输及制造；修造农业应用房屋及场所；其他与农民经济或农业改良有密切关系之事项"，"中国农民银行的放款期限，最长不得超过五年"，"中国农民银行不动产抵押放款的总额，不得超过实收资本及公积金的总数"，"中国农民银行农业放款，不得少于放款总额百分之六十，并于每届年终结算时于资产负债表上以适当之科目表现之"。[①]《中国农民银行条例》从法令的角度保证了中国农民银行的地位和功能的发挥。

（二）资本与分支机构的增长

中国农民银行自 1933 年成立到 1946 年，总体上资本额历年皆有缓慢的增长，具体情况如表 14.5 所显示。可以看出，其在 1935、1943 年增长异常迅猛。

表 14.5　　中国农民银行历年资本及各项公积金增加趋势

年　份	实收资本及各项公积金总额(元)	指　数	
		以 1932 年为基期	环比
1933	2 500 000.00	100.00	100.00
1934	3 028 000.00	121.12	121.12
1935	8 070 110.00	322.80	260.52
1936	8 447 610.00	337.90	104.68
1937	8 586 000.00	343.44	101.64
1938	8 726 000.00	349.04	101.63
1939	12 236 518.00	489.46	140.23
1940	14 311 492.06	572.46	116.96

① 中国农民银行经济研究处：《农村经济金融法规汇编》，1942 年，第 290 页。

续表

年　份	实收资本及各项公积金总额(元)	指　数	
		以1932年为基期	环比
1941	25 494 580.46	1 019.78	170.14
1942	28 289 600.47	1 131.58	110.96
1943	97 318 785.36	3 892.75	344.01
1944	116 824 770.10	4 672.99	120.04
1945	138 478 340.70	5 530.13	118.54
1946	194 043 878.81	7 761.76	140.12

资料来源:付红,《民国时期现代农村金融制度变迁研究》,中国物资出版社2009年版,第77页。

中国农民银行成立后,在各省县相继设立分支行处,力图构建全国性的农村金融网络。到1947年底,该行已设立23个分行、21个支行、123个办事处、111个分理处,共合大小机构278所;此外,加上中国农民银行在各地设的农贷机构,合计744处。从表14.6可见,中国农民银行从1933年成立起,不到15年的时间内,分支行处增加了46倍多。历年的增长幅度都很大,特别是1942年,一年内增长69处。到1947年,中国农民银行的分支行处达到744处,基本覆盖了国统区的绝大部分区域。中国农民银行已经建立了比较健全的农业网络体系。

表14.6　　1942年底中国农民银行分支机构全国分布情况

省份	分行	支行	办事处	分理处	合计
四川	1	4	25	20	50
西康	1	1	2	2	5
贵州	1	1	7	1	9
广东	—	—	13	5	20
云南	1	—	4	3	8
广西	1	1	4	1	7
甘肃	1	—	3	10	14
宁夏	—	1	—	—	1
青海	—	1	—	—	1
陕西	1	—	3	3	7
湖南	2	1	9	6	18
湖北	—	1	2	1	4
河南	1	—	1	—	2

续表

省份	分行	支行	办事处	分理处	合计
江西	1	—	8	1	10
福建	1	—	12	2	15
浙江	1	—	7	1	9

资料来源：侯哲葊，《农业金融》，《金融知识》1943年第2卷第2期。

（三）中国农民银行的农业贷款

中国农民银行通过不断完善农贷功能结构，加强了对农村金融的支持力度。中国农民银行业务功能拓展的重要表现是农贷种类的变化和农业放款额度的增加。1942年银行专业化之前，中国农民银行的农贷主要有五类用途：一是农业合作贷款，以农业生产贷款为主。这是一种农业救济性的贷款，其目的在于资助农民购买种籽、肥料、食粮、饲料及耕畜、农具等物。二是农业仓库放款。用途在于配合政府加强对粮食仓储的管理和建设，以克服农民因资金困难、农产品无法流通导致的困窘，这是政府保护粮食生产的一种措施。三是农场放款，这是扶持为数不多的现代农业经营的一种经济支援方式。四是特种农业放款，主要用于协助各省办理储运事业，收购粮食，办理粮食统制。五是全面抗战前期为适应抗战需求而另增的沿边战区救济放款及战时生产农场放款。所有这些贷款中，农业合作贷款占绝对比例，1937年农业合作贷款约占农贷总额的80％，农场放款比例仅为1.4％。① 这一时期的农贷以农村救济为主，但已开始了向为农业基本建设服务的转变。

至全面抗战中后期，中国农民银行农贷业务专业化后，农贷的功能结构发生了质的变化。其特点是，农田水利放款的比例显著提高，并逐渐占据主要地位，同时也开始重视农业推广和运销贷款，而农业生产贷款的比例显著下降；另外一个重要变化是，这一时期中国农民银行开始办理土地金融业务。该时期中国农民银行的农业放款按用途划分主要包括农业生产放款、农产运销贷款、农田水利放款、农业推广放款、农村副业贷款等，另外还包括抗战爆发后的收复地区放款、战区放款、边区放款等项目。

1941年4月中国农民银行增设土地金融处，次年1月正式开始办理土地金融业务，其在各地举办的放款如下：

1. 扶植自耕农放款

此种放款旨在实现“耕者有其田”，为土地金融业务的重心，其贷放方式共有两种：一为对政府直接创设自耕农征购土地放款。农行土地金融处在四川北碚设立自耕农示范区，贷款195万元，可创自耕农地1 400亩；1942年8月，甘肃湟惠渠灌溉区域申

---

① 中国农民银行：《中农月刊》1941年第2卷第2期。

请贷放 400 万元,可创自耕农地 25 000 亩,1943 年 5 月,四联总处核准照贷 287 万元,但须搭付土地债券五成;衡阳市政府拟具邹湖镇扶植自耕农实验区业务实施计划,申请贷款 1 400 万元,经 1943 年 10 月间核准,须搭付土地债券三成。二为对农民购赎耕地的放款。四川巴县贷款 61 万元;与湖北省政府商定在恩施、咸丰两县以合作社为对象放款 300 万元;湖南省合作事业委员会为办理间接扶植自耕农业务,与中国农民银行衡阳分行协议 1943 年度贷款办法,于 1943 年 4 月经四联总处核准,贷款 400 万元,贷款对象规定应以原业佃农为限。①

2. 土地改良放款

此项放款,在甘肃省共计核贷 600 万元,据统计,贷给甘肃省各县改良碱土 200 万元;贷予农林部甘肃水土保持实验区 200 万元;核贷甘肃省河西屯垦实验区 200 万元,预计可开垦荒地 5 000 亩。在陕西省共计核贷 1 100 万元,计贷给陕西省淳化县属军垦 100 万元,可垦荒地 8 000 亩;核贷陕西省保安团川垦区 200 万元;核贷第八战区生产事业委员会共计 800 万元,用于军垦开山及淄河夹心滩一带荒地 55 000 亩;广西省荣誉军人生产事务处申请土地改良垦殖贷款 300 万元,也经核定照贷。

3. 土地重划放款

在市地重划方面,贷予四川北碚管理局 10 万元;1942 年 5 月,四川巴县县政府商借 400 万元,作为整理市区土地之用;桂林市政府曾经商借 214 万元,作为整理该市市南区街道及救济房屋之用;在农地重划方面,广东省地政局以该省连山、阳山两县实施土地重划,申请贷款 200 万元。

五、农本局的设立及其业务

(一)农本局的设立

1936 年 9 月,国民政府鉴于一般农村金融机关没有充分发挥支持农村经济的功能,同时又感觉到商业银行办理农贷的缺点太多,于是另行成立了一个半官半商的农本局,希望这个机构能够成为一个强有力的中央农村金融机关。农本局是国民政府实业部联合国内各银行共同组织而成的,1936 年 6 月颁布《农本局组织规程》,确定农本局的性质是“全国性之农业金融与农产供销业务之促进机关”,以“调整农业产品,流通农业资金,藉谋全国农村之发达为宗旨”。农本局的资金分固定资金、合放资金、流通资金三种。固定资金由政府每年拨给国币 600 万元,合作资金由参加银行所组的农贷团认定,各银行认领农本局的具体资金数额参见表 14.7。

---

① 钟襄衮:《我国土地金融实施概况》,《金融知识》1944 年第 3 卷第 2 期。

表 14.7　**银行认领农本局资金数额**　单位:万元

银行名称	缴纳金额	银行名称	缴纳金额	银行名称	缴纳金额
四行储蓄会	84	上海银行	36.6	四明银行	15
中国银行	70.1	江苏省农民银行	25	浙江银行	12.3
交通银行	65.1	江苏银行	25	新华银行	9.2
邮政储金汇业局	54	大陆银行	22	通商银行	7.0
金城银行	51.8	浙江兴业银行	18	国华银行	6.5
盐业银行	49.7	中南银行	17.5	中国实业银行	5.5
国货银行	4.6	中央信托局	3.0	中国农工银行	2.1
中孚银行	3.5	垦业银行	2.6	中一信托公司	2.1
农商银行	2.0	中国农民银行	2.0	劝工银行	1.3
东莱银行	1.1	中央储蓄会	1.0	中汇银行	0.5

资料来源:慕杰,《新币制策动下银行投资农村》,《统计月报》1937 年第 31 号。

(二)主要业务

农本局设农产、农资两处,分别掌管调整农业产品和流通农业资金事宜。其业务按初期的计划,是辅设合作金库,建设农业仓库,促进农业生产业务,促进农产供销业务。

第一,合作金库业务。农本局下属的县级合作金库,1937 年底为 17 库,1938 年底为 76 库,1939 年底为 138 库,1940 年底为 175 库。1940 年,农本局认购各合作金库的提倡股本近 162 万元,放款余额 245 余万元,存款余额近 290 万元,汇兑合计额 175 余万元,借款合作社共 19 176 个,借款社员 795 067 人。

第二,农业仓库业务。自 1936 年 9 月至 1938 年 1 月,设立仓库 31 所,分布于苏、皖、鲁、鄂、冀、赣、湘、川、晋、桂等省;1938 年又在西南各省增设仓库 26 所,1938 年底有仓库 57 所;1939 年底有仓库 77 所,另外还有简易农业仓库及由其他单位协办的农业仓库 656 所;1940 年底国统区主要是川、黔、鄂、湘、桂等省,实有仓库 69 所,仓房 331 所,总容量为 3 317 368 市石。

第三,农田水利贷款业务。农本局与各省政府合办,其用途包括筑坝拦水、开渠引水、筑塘蓄水、农地排水、凿井及河流疏浚等;贷款对象为农民、农场、合作社及各县区水利协会等;贷款期限 2～5 年;贷款利率最高不超过月息九厘。1938—1940 年 3 年间,洽定农田水利贷款总额 870 万元,1940 年底贷款余额为 562 万元,有近 50 万亩农田得益。

第四,农业产销、购销贷款业务。产销贷款的用途包括农业生产贷款、农业供销贷款、农业推广贷款、农村副业贷款(即农产加工贷款)四项。1938—1940 年各年的农业产销贷款余额分别是 28 万余元、67 万余元、80 万余元。购销贷款业务方面,农本局结合对粮、棉、纱、布市场的垄断,于 1938 年 6 月设立官办商业组织"福生庄",办理农产购销及相应贷款。"福生庄"资金 1 000 万元,1938 年下半年购棉 310 余万元、棉纱 1 万件、棉布 13 万匹、粮食 1 100 万元,1939 年购棉 1 600 余万元、棉纱 469 万余元、棉布 80 余万元、米 5 万余石、谷 33 万余石、小麦 200 余石,1940 年购棉 1 764 万余元、棉纱 319 万余元、土纱 237 万余元、厂布 20 万余元、土布 29 万余元,此外,还收购并推广了一大批农村手工纺织品。[①]

(三)农本局的性质与职能

农本局既不是纯粹的公营机关,也不是私人银行的联合,而是一个官商合办的类似银行的组织。农本局除在南京设置总局外,先后于各省市县地方筹设分局,派驻负责专员,借以健全农村经济金融机构。其还根据各地产业交通情形,划分全国为若干开发区域,期于 5 年内完成各项开发计划。为流通农产资金计,政府又赋予该局以发行农业债券的职权,但其发行数额以不超过该局原有股东资金的总额为限。[②]

农本局成立的本意是作为全国农业政策的最高执行机关,管理全国农村金融,提倡合作事业,设立仓库等事项,类似于美国联邦农业金融局。国民政府及实业界、学界对其都给予了很高的期望。"农本局和中国农民银行,在目的上完全相同,而在方法上则有若干差异。这种差异,说明了农本局本身的机能,是最胜任于负担调整农业产品、农业资金流通的使命的。例如在业务方面,农本局就不像中国农民银行那样简单地仅做农民放款的事。它还积极地经营农业仓库、买卖农产品、经营农业运销以及倡办农村储蓄等项。在资金来源方面,它有运用不尽的商资。在放款期限及放款额方面,它不像中国农民银行有明文的限度。此外,它并不仅做普通商业银行的业务,如票据贴现、吸收储蓄存款,而且赋有特权可以使税务及交通机关采纳关于规定农产品税率及农产品运费之意见。这些都是较中国农民银行更进步、更专门的表现。故严格的说,中国农民银行相当于负有以农民为放款对象使命的商业银行,而农本局则是彻底地为农民而产生存在的农业银行。"[③]

但实际上,因农本局既要作为国家的农村金融管理机关实现政策性使命,又要作为金融机关在实际业务中兼顾各商业银行的利益,两种目标冲突,因而引起了各方诟病。如中央银行、中国银行、交通银行三行的意见书有谓:"农本局设立之使命,为流通农业资金,调整农业产品;查流通农业资金,为金融机关之工作;调整农业产品,则为政

---

① 徐唐龄:《中国农村金融史略》,中国金融出版社 1996 年版,第 236—237 页。

② 俞佑廷:《中国战时经济特辑续编》,中外出版社 1940 年版,第 60 页。

③ 林凡野:《中国农业金融制度的展望——论农本局》,《国闻周报》1936 年第 30 卷第 54 期。

府对于农业之行政设施，二者宜分工而不宜兼营，宜合作而不宜分驰……以愚见所及，欲免除此缺点，端在分工合作，由政府设立农本局，由银行组织农贷团，各任其事，相辅而行……”浙江兴业银行所提更为直接：“一、各银行合放资金，规定周息八厘，以商业银行成本论，实有赔本之虑，拟请酌加。二、各银行合放资金并无收回期限，此与放款性质，不相符合，应请订定至长不得过若干时期，或银行于需要时，得向农本局收回……”[①]因此，自全面抗战开始后，农本局的组织业务多次调整变更，1941 年已成为一个非农村金融机构。

六、农业仓库与农民借贷所

在银行向农村的投资中，农业仓库为其主要形式之一，1933 年南京国民政府行政院举行会议，议决农民银行必须在各县设立农业仓库，同年实业部的农业行政计划纲要也将此内容写入，并得到了一些银行如中国银行、上海银行、江苏农民银行、浙江银行、交通银行的响应。到 1933 年，仅中国银行在全国各地的农业仓库就有 80 余处。这些农业仓库不仅在一些中心市镇建立起较稳固的基础，甚至延伸到了乡村僻壤。

农业仓库经营的主要形式分信用放款和抵押放款两种，农民将所产的农产品如稻、米、麦、豆，甚至农具、耕牛等交由农业仓库换取贷款。从表面上看，农民通过农业仓库抵押而贷得的资金，利息总是较低的，“似乎优于当典业及高利贷”，“农民亦感便利。一则佃农亦有借款之机会，再则抵押之农产，农民得待价而沽，不受商人垄断”。

1931 年 12 月，在国民党四届三中全会第 296 次政治会议上，实业部部长孔祥熙提出了《筹设农民借贷所办法草案》，要求 1931 年遭受大水灾的区域皆得设立农民借贷所，作为以后办理农民银行的基础，行政院转饬实业、交通、财政三部妥善拟定详细办法推行。[②]

第四节　民国时期的合作金融组织

一、农村信用合作社

清末民初，合作思想传入中国，京师大学堂曾开设“产业组合”课程，介绍从日本学界转引来的西方合作经济制度。此后，传播合作思想、倡导合作社的风气盛极一时，特别是五四运动时期，出现了大批宣传国外合作运动的论著、期刊。有些人士还亲自在

---

① 三秋：《农本局的性质和前途》，《中国经济论文集》第三集，上海生活书店 1936 年版。

② 李金铮：《民国乡村借贷关系研究——以长江中下游为中心》，人民出版社 2003 年版，第 329 页。

上海等城市组建了一些合作社，可惜因规模小、资金缺乏，多数城市合作社建立不久就宣告解散。[①] 1927 年以前，较有影响的合作运动是农村合作社的建立，也就是华洋义赈会在河北倡导并扶助的信用合作事业。

华洋义赈会是一个救灾机关。1920 年晋、冀、鲁、豫、陕五省发生特大旱灾，中外人士纷起募款救济，救灾事务结束后，以赈灾余款成立中国华洋义赈救灾总会，作为一个常设救济机关。华洋义赈会认为，救灾更须防灾，建立信用合作社以改善农民生计才是治本之道。1923 年 6 月，该会在河北省香河县设立中国第一家农村信用合作社。此后，经过义赈会的艰苦努力，1923—1927 年 5 年间，河北省信用合作社自 8 个发展到 561 个，会员自 256 人增至 13 190 人，缴纳股金由 286 元增至 20 698 元。华洋义赈会对于办理完善的合作社加以承认，并以低利贷予款项。此外，1919—1927 年，江南各地也曾有合作社的组织，倡导者以南京金陵大学为尤力。南京金陵大学卜凯教授 1928 年 4 月 14 日在致戴乐仁先生的信函内，曾提及金陵大学办理合作事业的概况，"金陵大学主办合作社之计划有二：一系以华洋义赈会借款办理，一系以中国基督教全国协会借款办理……。在去年一年之内共组成 41 社，社员达 1 085 人。其中除一社系家庭工业，一社系棉花产销合作，余者皆系信用合作社"[②]。

北洋政府时期的合作运动是民间自动发起的，政府部门除了对华洋义赈会的活动配合支持外，其他单独的合作社并无向政府登记、受法律保障的地位，更谈不上有合作行政体系。整体上，政府对信用合作运动大抵尽漠然不以为意，民国以前不用说，鼎革后的北洋政府也不曾见有提倡信用合作运动的记载。反之，1927 年 11 月，农工部有通令各地方官查明合作社有无纠葛、酌予限制禁止之举。因此，河北省定县大白尧及悟村信用合作社、安平县北关信用合作社、香河县北渠口信用合作社等，先后被警察取消。[③]

南京国民政府成立初期，对于民间的合作运动深予嘉许，视其为实现民生主义的一种良好途径。1928 年，国民党开始训政时期，认为合作运动乃是建设民生的第一步，明令提倡，以发展平民经济。中央政府及各省地方都注意合作事业，不遗余力地提倡设立合作社；加之华洋义赈会凭借其已有的经验与人才，从旁极力协助，合作事业因而有极大的进步。[④] 依照国民政府对合作社组织方针的变化，合作社的发展可以分为两个阶段。全面抗战以前，合作社的组织是采取自由发展的方针，抗战以后则由自由发展转变为计划推进。进入全面抗战以后，国民政府对合作社的发展有两个目标：横

① 赖建诚：《近代中国的合作经济运动》，台湾正中书局 1990 年版，第 41—43 页。
② 方显廷：《中国之合作运动》，天津南开大学经济学院 1934 年版，第 6 页。
③ 陈振骅：《农业信用》，商务印书馆 1933 年版，第 346 页。
④ 方显廷：《中国之合作运动》，天津南开大学经济学院 1934 年版，第 2—3 页。

向方面，力求合作社的普遍和健全；纵向方面，力求合作社联合社系统的成立。从1927年到1949年，全国合作社数的发展情况具体见表14.8。

表14.8　　1927—1949年全国合作社数的发展情况

年份	总数(个)	信用社占比(%)	年份	总数(个)	信用社占比(%)
1927	584	—	1939	91 426	88.2
1928	722	—	1940	133 542	87.0
1929	1 612	—	1941	155 647	84.9
1930	2 463	—	1942	160 393	82.4
1931	3 618	87.50	1943	166 826	48.1
1932	3 978	87.11	1944	171 681	44.2
1933	5 335	78.49	1945	172 053	38.0
1934	14 649	67.20	1946	160 222	34.1
1935	26 224	58.80	1947	167 387	30.9
1936	37 318	55.25	1948	169 013	29.5
1937	46 983	73.60	1949	170 181	29.4
1938	65 565	85.70	—	—	—

资料来源：陈岩松，《中华合作事业发展史》上册，台湾商务印书馆1983年版，第228—229页；赖建诚，《近代中国的合作经济运动》，台湾正中书局1990年版，第101页；林嵘，《我国合作事业之统计分析》，《合作事业月刊》1944年第6卷第5—6期；中国合作学社，《中国之合作运动》，黎明书局1947年版，第4页。

二、信用合作法规制度的建设

民国之前，传统的互助组织“合会”的法律基础大多数为约定俗成的不成文规定，主要为民法内的部分条文，并无专业的立法。民国初期，传入的合作经济组织“合作社”，则有合作社法(母法)与专业合作社法(如信用合作社法)，法律地位明确。[①]

南京国民政府时期由政府制定颁布的法规，以江苏、浙江两省最早。1928年，两省先后颁布《江苏省合作社暂行条例》和《浙江省农村信用合作社暂行条例》。此后，各省纷纷仿效，1928年上海特别市有《消费合作社暂行通则》，1929年南京特别市有《合作社暂行章程》，山东有《合作社暂行章程》，汉口特别市有《合作社章程》。其他省市政府颁布合作社单行条例也有不少。1928—1934年，共有浙江、山东、河北、湖南、上海

① 赖建诚：《近代中国的合作经济运动》，台湾正中书局1990年版，第10页。

等15个省市颁布、制定了各自的合作社暂行条例、通则、章程等。[①] 1932年10月，江西"剿匪"胜利，急需重建收复区，恢复农业生产，安定农民生活，豫鄂皖三省"剿匪"司令部颁布《剿匪区内各省农村合作社条例》及施行细则、《剿匪区内农村合作预备社章程》，通令豫鄂皖赣四省遵行。

当时学者对地方合作法规的制定多持肯定态度，"夫合作运动固为自助互助之运动，自理论上言之，似无需外界任何一切之援助。然当其幼稚时期，尤其在于农民知识薄弱之国家，如有立法及政治方面之保证，所裨定匪浅。欧西各国其合作运动之现有猛烈之发展者，其国家未有不专门之立法与适当之奖励也"[②]。上述各项规章，为合作社的组设与经营提供了可资遵循的规范，为合作事业的正常发展奠定了基础。[③] 不过，大多数地方合作法规属于行政命令，并没有法律地位。

因各省市政府所颁布的合作法规名称、内容不一，各地合作社的设立数量大增，而管理困难，中央合作行政主管机关实业部遂于1931年4月颁布《农村合作社暂行规程》，通令各省市遵行，各地农民所组织的合作社以其为依据。可见，民国时期合作法规先由地方政府产生，由下而上制定出全国性统一的合作法规。

1934年3月1日，国民政府公布《合作社法》，该法共分9章、76条，对合作社的性质、设立、社员、社股、内部组织、业务内容等作了全面规定。1935年8月，实业部拟定《合作社法施行细则》，后于1936年6月、12月、1945年6月三次修改。其主要规定如下：第一，主管机关。细则第二条规定："本法及本细则所称之主管机关，在县市为县政府，院辖市为市政府社会局，省为合作事业管理处、社会处或建设厅，中央为内政部。"第二，合作社的种类主要有生产、运销、供给、信用合作社等。第三，合作社经营业务。不同种类的合作社，业务有所不同。信用合作社的业务以谋金融的流通，以低利贷放给社员生产、制造所必需的资金为目的。第四，合作社联合社。细则第四十二条规定："合作社联合社之设立，以业务上联合之需要为准。但每县、每省及全国，仍各应有其综合性联合社组织，以适应一般社务及业务之需要。"[④]

全面抗战爆发后，国民政府为加强推行地方自治，颁布县各级组织纲要。国民党行政院为使合作事业与新县制的普及相配合起见，于1940年8月颁布《县各级合作社组织大纲》，该大纲共5章、28条。其中第二条规定，"县各级合作社为发展国民经济之基本机构，应与其他地方自治工作密切配合"，这比合作社法规定的"谋社员经济之利益与生活之改善"的使命更重，即由原来仅以改善社员利益为范围，到负有发展国家

---

① 赖建诚：《近代中国的合作经济运动》，台湾正中书局1990年版，第147页。

② 陈振骅：《农业信用》，商务印书馆1933年版，第346页。

③ 陈岩松：《中华合作事业发展史》(上册)，台湾商务印书馆1983年版，第185页。

④ 陈岩松：《中华合作事业发展史》上册，台湾商务印书馆1983年版，第190、191页。

经济的职责。由此，合作事业进入政策性新阶段，因为合作社负有推行国家经济政策的使命，为达到这项政府所赋予的任务，增加了若干强制性规定。

三、合作金库系统的建立与发展

合作金库是次级合作组织，是各种合作社的共有金融机关，又称为平民银行(People's Bank)、合作银行(Cooperative Bank)或产业组合金库。“合作金库，也称合作银行，系由合作社自集资金所组织的合作金融机关，自成系统，以调剂合作事业资金为其主要任务。”[①]中国采用“合作金库”一词，有人认为这是借用日语，其之所以不称“银行”，而称“金库”者，无非为避免银行法的拘束，而与一般银行有所区别。[②] 郑厚博认为，“合作金库”一词系参照“国库”“公库”等名词，因为其业务重在资金的调节融通，不同于公司形式的银行及私人企业钱庄的孳孳为利。两者本质不相同，合作金库不受普通银行法规的拘束，系理所当然。所以，另定合作金库条例，作为其法律上的依据与限制。蒋介石曾明确指示“合作金库性质与银行不同”。如谓采用合作金库之名称，主要作用在于避免银行法之拘束，诚为无稽之谈。[③]

合作金库由各合作社本着合作原则联合组织而成。依照当时法令的规定，合作金库分为三级：县市合作金库为基层组织，省合作金库为中级组织，中央合作金库为最高组织。县市合作金库，由县市境内的各种合作社及其联合社认股组织；省合作金库，则由全省县市合作金库及各种省合作社联合社认股组织；中央合作金库，由省合作金库及以全国为范围的合作社联合社认股组织。各级合作金库以对社员库及社员融通资金及吸收储蓄存款为其主要业务，以建立合作社“社有社营社享”的金融制度为其最后的目标。

1935 年 10 月，国民党军事委员会委员长行营颁发《剿匪区内各省合作金库组织通则》，这是近代中国关于合作金库的最早法规。“通则”命令“剿匪”区内克期成立以合作社为单位组织的省合作金库，内容共 18 条。其重要内容规定有：第一，省合作金库的出资者限于政府及各合作社及合作社联合社；第二，各省政府资本的筹措，除在各种农贷款项下拨充外，并须按省库岁入总额 3%～5%的比例提拨基金；第三，理监事的人选按股本比例产生，在合作社暨合作社联合社所应缴认股本未满半数以前，一概由省合作主管机关指派，并由省政府聘任；第四，规定与中国农民银行保持联系等。

1936 年 12 月，实业部公布《合作金库规程》，计 25 条，通令全国各省实行，“嗣后各省合作金库之组织，应不再采用前项行营所发通则的规定；其已组织成立者，仍准继

① 郑厚博：《中国合作金融之检讨》，《合作事业》1941 年第 3 卷第 1—4 期合刊。
② 顾尧章：《中国之合作金库》，《金融知识》1943 年第 2 卷第 3 期。
③ 社会部合作事业管理局：《合作金融》，正中书局 1945 年版，第 35 页。

续成立，惟应依照新颁规程重新调整，以资划一”。该项规程内容共分 5 章 25 条。第一条，规定合作金库以调剂合作事业资金为宗旨，准用合作社法合作社联合社的规定组织之。第二到六条，规定合作金库的种类、责任形式、主管机关、构成分子；规定在合作金库试办期间，各级政府、农本局及其他不以营利为目的的法人团体可以酌认股额提倡之。第十七条，规定合作金库的业务范围为办理存款、借款、放款、汇兑及代理收付等。第十八条，规定中央合作金库得放款于省及直隶行政院的市合作金库及以全国为范围的合作社联合社，省合作金库得放款于县市合作金库及以省为范围的合作社联合社，直隶行政院及县市合作金库得放款于该区域内信用合作社及各种合作社联合社。

1935 年 10 月《剿匪区内各省合作金库组织通则》颁布后，首先筹设省合作金库的省份为豫、鄂、川、赣、闽等，其中豫、鄂、闽三省合作金库始终未成立。1936 年 12 月 21 日，四川省合作金库正式创设，这是当时成立的第一个省级合作金库。1937 年 4 月 1 日，江西省合作金库成立开业。1936 年 9 月，实业部所属的农本局成立后，代理中央合作金库职能。该局负责全国各县市合库的辅设，再进而推广省市库，各省市县合作金库普遍成立。除农本局外，中国农民银行、中国银行、交通银行、中央信托局、中国工业合作协会以及各省市政府也相继倡设合作金库。这个时期可以说是合作金库发展的黄金时代。[①] 到 1938 年底，农本局辅导设立县级合作金库共计 76 所。[②] 1939 年 1 月，国民党五届五中全会通过“加紧推进合作事业”一案，其中第二项即为“提前成立中央合作金库，将农本局、中国农民银行及农产调整处之业务重新调整”。可见政府注意合作金库的设施，且有积极助其发展的趋势。加之从该年起，中国农民银行也参与辅设合作金库，所以 1939 年合作金库设立数目有了极大增长，扩展到 175 所。1940 年底，全国合作金库设立 397 所，1941 年达到 475 所。截至 1941 年底，计有四川、江西、浙江、福建、广西、云南、甘肃、重庆与南京等成立省（市）合作金库，具体见表 14.9。

表 14.9　　各辅导机关历年辅设合作金库概况

辅设机关名称		省合作金库	省合作行政机关	农本局	中国农民银行	中国银行	其他	合计
1937 年前	省库		1					1
	县库						2	2
1937 年	省库		2					2
	县库	4	3	17			3	27

① 章景瑞：《我国合作金库发展的三阶段》，《合作月刊》1941 年战时版第 24、25 期合刊。

② 郑厚博：《中国合作金融之检讨》，《合作事业》1941 年第 3 卷第 1—4 期合刊。

续表

辅设机关名称		省合作金库	省合作行政机关	农本局	中国农民银行	中国银行	其他	合计
1938 年	省库		3					3
	县库	67	5	76			3	151
1939 年	省库		3					3
	县库	81	11	128	29		1	250
1940 年	省库		5					5
	县库	111	21	168	82	14	1	397

注：本表数字以已成立库为限，包括停业库在内。“县库”总数包括省合作金库于县市所设分库或办事处之数目。“其他”类机关，如镇平、禹县、邹平等县地方机关。

资料来源：黄肇兴，《中国合作金库发展史之鸟瞰》，《新中华》1943 年复刊第 1 卷第 10、11 期。

1946 年 11 月 1 日，中央合作金库在南京成立，以陈果夫为理事长，寿勉成担任总经理。中央合作金库成立以后，迅速扩展分支机构，加速完成全国合作金库网。到 1948 年时，已经开业及在筹备中的分支库处共有 49 所，其中有山东、河南、东北、河北、陕西、湖南、湖北、广东、四川、江西、甘肃、福建、上海、北平等省市分库 14 所，青岛、徐州、开封、张家口、归绥、贵阳等支库 16 所，江都、嘉定、济宁、包头、延安、大同、温州、宝鸡、三原等分理处 19 所。[①] “全国主要地区，远及新疆、黑龙江，都有中央合作金库的分支机构，而成为分布最广的中央金融机关。”[②]各分支库处的业务区域，在采取逐渐发展的原则下，均以所在地城市及附近各县推展业务，以期在地区上由点而线而面，遍设合作组织；在业务上，则逐渐开展生产合作、运销合作、消费合作等各项合作事业，从而促进整个合作经济体制的完成。

中央合作金库的成立，标志着合作金融系统的初步形成。从组织架构来看，近代中国的农村合作金融体系包括农村信用合作社、区县信用合作社联合社或县合作金库、省市合作金库、中央合作金库等几个层级。在这些合作金融机构中，最先是包括农村信用合作社在内的初级合作组织的普遍组设；然后是各级合作金库的设立，其中以省级合作金库的创立为发端，而后县级合作金库普遍设立，直至中央合作金库成立，近代中国“自有自营自享”的合作金融体系基本形成。

① 中央合作金库秘书处：《一年来之中央合作金库》，1948 年 3 月，第 9 页。

② 陈岩松：《中华合作事业发展史》上册，台湾商务印书馆 1983 年版，第 326—327 页。

第五节 新中国成立后的农村金融

农村金融组织体系是指商业性金融、政策性金融、合作金融等正规金融主体,民间金融等非正规金融主体,以及各主体之间的关系。新中国建立后,经过多年探索和实践,中国农村金融发展从弱到强,农村金融机构从单一到多样化,农村金融体制从落后到完善,逐步形成了农业银行、农业发展银行、农村信用合作社、邮政储蓄银行等正规农村金融主体及各种非正规金融形式的农村金融主体并存的农村金融组织体系。

一、银行类农村金融机构的建立与发展

新中国成立后,陆续成立了农村信用合作社、中国农业银行、中国农业发展银行等农村金融机构,逐步确立了以合作金融为基础,商业性金融、政策性金融分工协作的农村金融组织体系。

(一)中国农业银行

农业银行的成立在新中国成立后次年就开始讨论。中国人民银行为配合土地改革以及农村经济发展,1950 年召开会议讨论并通过《筹设农业合作银行提案》,并向国务院正式提出成立农业合作银行的申请。国务院于 1951 年批准中国人民银行成立农业合作银行,并由中国人民银行管理农业合作银行。但是随着"三反"运动的开始,中国人民银行进行机构精简,农业合作银行在获得国务院批准成立后一年又被撤销,全国的农村金融业务由中国人民银行负责,这也是第一次成立与撤销农业合作银行。

1955 年 3 月,由于农业发展生产需要资金支持,同时也为严打农村地区高利贷活动,国家成立中国农业银行,隶属中国人民银行管理。中国农业银行成立后一系列有利于农业生产生活发展的措施,促进了农业恢复与发展,但当时中国人民银行、中国农业银行并存,工作经常发生交叉,管理混乱,管理人员无法统筹使用,尤其是增加大量的工作人员也需要投入较大的费用,为避免这种情况,1957 年 4 月,国务院又作出撤销农业银行的决定,农业银行并入中国人民银行内部,作为中国人民银行的农业信贷部门而存在,这也是第二次设立与撤销农业银行。

1963 年,国民经济重新回到正确的轨道,同年 11 月,国务院正式决定再次成立中国农业银行以支援农业资金,这也是农业银行第三次成立。随后中国农业银行对贫下中农实行无息贷款措施,对农村信贷资金进行基金制运作,对 1961 年之前的农村信贷等工作进行全面清理,但是人员无法统筹、机构重叠、成本增加等因素再次出现,1965 年 11 月,国务院作出决定再次进行撤销。整体而言,此段时期农业银行虽然经历三次

成立，三次撤销，但是对于农业经济的发展起到了促进作用，当农业问题遇到困难影响国民经济时，农业银行就会成立并发挥作用，当农业问题得到缓解不会影响国民经济时，农业银行就会被撤销。①

1979—1994 年，中国农业银行按照当时专业银行的业务分工，以农业、农村和农民为主要服务对象。1992 年社会主义市场经济体制目标确立后，国务院对农业银行提出新的改革要求，即建设成完全市场化的商业银行。1994 年以后，随着中国农业发展银行的组建，政策性业务与商业性业务逐步分离，农村信用社与农业银行脱钩，中国农业银行开始向国有商业银行转变，确立"积极巩固、调整和提高农村业务，大力拓展大城市业务，重点发展中小城市业务"的经营战略，业务重心逐步转移，对信贷支农范围、重点和方式进行了重大调整。1998 年、1999 年，中国农业银行接办了中国人民银行和中国农业发展银行划转的扶贫、农业开发、粮棉油企业附营业务等专项贷款。

2007 年，中央正式对中国农业银行提出"坚持面向三农，整体改制，商业运作，择机上市"的股份制改革原则，中国农业银行也陆续制定了很多涉农措施，不断开拓村镇市场，但是鉴于商业化原则，中国农业银行的主要业务仍然在城市地区，其在农村金融中的垄断地位也被打破，但仍在农村金融发展中扮演着重要角色。

（二）中国邮政储蓄银行

中国邮政储蓄由国家邮政局直属的邮政储汇局统一管理。改革开放以来，随着城乡居民收入的大幅增长，为充分利用邮政部门遍布城乡的网点和先进的通讯设备，国家于 1986 年恢复开办邮政储蓄。十几年来，邮政储蓄充分利用邮政遍及城乡的网点、网络优势，不断开发新的邮政金融业务，邮政储蓄余额快速上升。截至 2002 年末，邮政储蓄余额达到 7 369 亿元，现已成为覆盖全国城乡网点面最广、交易额最多的个人金融服务网络，拥有储蓄营业网点 3.6 万个，为农村提供了优质的结算功能。2007 年，中国邮政储蓄银行正式成立。中国邮政储蓄银行近 4 万个网点大部分分布在广大村镇地区，其成立后按照市场化的运作手段，积极探索支持农村金融活动，是农村金融服务的重要供给主体。

（三）中国农业发展银行

中国农业发展银行是我国唯一的农业政策性银行。根据国务院关于金融体制改革的决定，为了剥离承担农业银行等机构的政策性业务，国家于 1994 年组建中国农业发展银行，原中国农业银行、中国工商银行、中国银行、中国建设银行以及中国人民银行承担的农业政策性金融业务相应划转到农业发展银行。中国农业发展银行完全按照国家的法律、法规和方针、政策，依托国家信用，积极帮助国家筹措农业政策性信贷

---

① 陆珉峰、徐阳洋：《中国农村金融发展七十年历程回顾、启发与展望》，《金融理论与教学》2019 年第 7 期。

资金，承担国家规定的农业政策性和经批准开办的涉农商业性金融业务，代理国家财政性资金对涉农业务的拨付，服务于农村以及农业经济。

1998年，适应粮棉流通体制改革的需要，国务院决定将中国农业发展银行承担的农业综合开发、扶贫等专项贷款业务，以及粮棉企业加工和附营业务贷款划转有关国有商业银行，专一履行粮棉油收购资金封闭管理职能。中国农业发展银行成立以来特别是1998年以来，比较好地履行了国务院赋予的职责，发挥了农业政策性银行应有的重要作用。2014年国务院再次对中国农业发展银行提出要求，要求其将粮棉油收储以及农业基础设施建设作为重点工作。

二、农村信用合作社的发展演变

（一）人民公社管理下的农村信用合作社

新中国成立后，在改造资本主义工商业的同时，对农村金融组织体系进行了彻底改造。随着农村互助合作运动的开展，农村信用合作社有了新的发展。经过1951—1953年的试办，从1954年开始，根据国家1953年底颁布的《关于发展农业生产合作社的决议》精神，我国农村掀起声势浩大的合作化运动高潮。1953年12月16日《中共中央关于发展农业生产合作社的决议》认为，农业互助合作、农村供销合作和农村信用合作是农村合作化的三种形式。1953年底，全国农村信用合作社不到10 000个，到1956年猛增到10万多个。但由于形式单一，脱离群众，农村信用合作社由“民办”逐渐演变成“官办”。

1958年实现人民公社化后，根据当时“两放、三统、一包”的财经管理体制，农村信用合作社与中国农业银行在农村的分支机构合并，下放给人民公社管理，变为集体金融组织，实质上成为人民公社的一部分。与此同时，在1951年5月成立中国农业银行，其任务是指导农村信用合作，广泛动员农村余资并合理使用国家农贷，以扶助农业生产的发展和促进对小农经济的社会主义改造。在此后的“大跃进”和“文化大革命”中，农村信用合作社两次被下放给人民公社、生产队管理，又两次被收归银行管理，逐步“官办化”，成为国家银行的基层机构，使合作金融出现“银行化”倾向。

（二）农业银行管理下的农村信用合作社

中国农业银行于1979年恢复后，按照当时专业银行的业务分工，以农业、农村和农民为主要服务对象，并改变传统的运作目标，明确提出大力支持农村商品经济，提高资金使用效益。随着人民公社体制的瓦解，农村信用合作社也重新恢复名义上的合作金融组织地位，同时农村信用合作社与中国农业银行的联系日益密切，1979年正式成为中国农业银行的基层机构，组织上接受中国农业银行的行政领导，业务上受中国农业银行的管理。

这一时期，国家放开对民间信用的管制，允许民间自由借贷，允许成立民间合作金融组织，如20世纪80年代末首先在四川省成立农村信用合作基金会。同时允许成立的还有一些农村企业的财务公司，企业集资异常活跃；允许多种融资方式并存，包括存款、贷款、债券、股票、基金、票据贴现、信托、租赁等多种信用手段。农村金融市场组织多元化态势初步形成。

（三）独立法人时期的农村信用合作社

1996年8月，国务院颁布《关于农村金融体制改革的决定》，提出重建农村信用合作社。农村信用合作社是由社员入股组成，实行民主管理，主要为社员服务，不以营利为目的的合作金融组织。1996年以后，农村信用合作社脱离中国农业银行管理，恢复具有独立法人地位的合作金融组织性质，中国人民银行直接负责对其进行监管。同时，中国农业银行加快商业化的步伐，包括全面推行经营目标责任制，对信贷资金进行规模经营，集中管理贷款的审批权限。

（四）银行化转变后的农村信用合作社

2003年，国务院启动农村信用合作社深化改革试点工作。同年6月27日，国务院下发《深化农村信用社改革试点方案》，确定农村信用合作社的发展目标是：逐步成为由农民、农村工商户和各类经济组织入股，服务“三农”的社区性地方金融机构。该方案主要包括两方面内容：一是改革产权制度，对农村信用合作社分别进行股份制、股份合作制和合作制三种产权形式的试点；二是改革农村信用合作社管理体制，把农村信用合作社交由省级人民政府管理。为了解决农村信用合作社不良资产问题和自有资本不足，该方案同时提出一系列优惠政策。随后，在浙江等8个省市开展改革试点工作。2004年9月，国务院又批准广东等21个省、市作为第二批农村信用合作社改革试点。2006年2月22日，全国合作金融监管暨改革工作会议提出“用5—10年时间，把农村信用社办成产权明晰、经营有特色的社区性农村银行业机构”。2010年11月，银监会发布《关于加快推进农村合作金融机构股权改造的指导意见》，计划从2011年开始按照股份制指导、市场化运作、分类实施指导和维护中小股东权益四个基本原则入手，在全国范围内开展农村信用合作社股份制改制工作，努力用5年左右的时间将农村信用合作社全面改制为公司治理机制完善、股权合理、产权明晰的农村商业银行。

三、乡村集体金融与民间借贷

（一）农村合作基金会

农村合作基金会肇始于农村改革开放时期。20世纪80年代中期，针对人民公社解体后农村“统分结合”双层经营体制中集体经济组织力量削弱，在对农村集体财产的管理中导致集体财产流失等问题，农村集体经济组织通过"以欠转贷"等方式把清收集体资金与追求集体财产的保值增值结合起来，在社员内部互助融资，催生了农村合作基金会。农村合作基金会是社区内为农业、农民、农村服务的资金互助组织。

到20世纪80年代末期，在几个发达省份如江苏、浙江等，80%的乡镇建立了农村合作基金会等组织，农村合作基金会开始成为农村信贷投放的重要渠道。由于农村合作基金会数量不断增多，规模不断扩大，对农村经济社会的影响日盛，中央政府逐渐对农村合作基金会采取认可和鼓励的态度，并将农村合作基金会这一制度在全国范围内推广开来。1991年12月，农业部印发《关于加强农村合作基金会规范化、制度化建设若干问题的通知》，此后全国各地农村合作基金会经历了快速发展。1992年，全国乡镇一级的农村合作基金会组织达1.74万个，村一级11.25万个，分别占乡镇总数的36.7%，村总数的15.4%，年末筹集资金164.9亿元，其中四川、江苏超过20亿元，河北、山东接近20亿元。在这一阶段，由于地方政府的干预导致农村合作基金会资金投向非农领域，农村合作基金会业务经营银行化，大量违规设点，"高进高出"开办存贷款业务，参与高利率的资金市场竞争，逐渐远离合作金融目标，积累了大量的金融风险，局部地区出现挤兑风波。

农村合作基金会在高速扩张过程中暴露出来的问题引起中央政府的高度重视，中央政府陆续出台一系列限制性政策对农村合作基金会进行整顿。1996年，《国务院关于农村金融体制改革的决定》提出清理整顿的三项措施。1997年11月，国家决定全面整顿农村合作基金会。1999年1月，国务院3号文件正式宣布全国统一取缔农村合作基金会，停止新设农村合作基金会，对符合条件的并入农村信用合作社，对资不抵债又不能支付到期债务的予以清盘关闭。据统计，全国28 588个农村合作基金会，并入农村信用社6 447个，占22.6%；并入资产525亿元，占28.6%；并入负债521亿元，占29.4%，其中存款461亿元。由地方政府负责组织清盘关闭的农村合作基金会18 141个，资产为1 309亿元，负债为1 249亿元，其中个人股金961亿元。[①] 农村合作基金会由此退出历史舞台。

(二)民间借贷

历史和现实以及国内和国外的情况都表明，农村中的民间金融活动任何时候都没有停止过。20世纪90年代中后期，由于农业银行刚性退出农村、农村信用合作社在中国人民银行的领导下加强治理整顿，以及关闭农村合作基金会等乡村集体金融等原因，农村的民间金融活动异常活跃。据一项对东中西部15个省份的调查发现，民间借

① 余文渊:《农村合作基金会兴衰对我国农村合作金融发展的启示》,《理论探讨》2005年第5期。

贷的发生率高达 95%。[①] 民间借贷活跃，成为农村金融体系的重要补充。

民间借贷呈现出以下几个特点：一是借贷活动已不限于亲友之间和左邻右舍，其范围已扩展到更远的社会关系范围。二是借入资金已不仅仅是为了生活消费，越来越多的是为从事生产经营活动。三是借贷行为由过去的互助性变得具有越来越强的商业性，因而借贷利息从过去主要是无息和低息为主，发展到以高息为主。四是融资方式呈现多样化，除个人间直接自由借贷外，还有企业间商业信用、民间集资等。五是融资活动的规范化、组织化程度逐步提高，借贷从口头承诺到简单的票据，从没有担保到有简单形式的担保，出现了各种非正规的或半正规的金融组织。[②]

四、农业保险与农地金融的探索

（一）农业保险

改革开放后，中国农村保障体系逐渐由国家救济转向农业保险。农业保险是针对农民在农业生产中遇到的自然灾害和意外事故所产生的损失而设置的一种保险。农业保险最大的受益人是农民，在发生自然灾害和意外事故后，农业保险的赔付款可以帮助农民维持基本生活，保障农民的灾后生活，政府也可因此节约大量农业救灾款项和物资。完善的农业保险不仅可以加快农业现代化的步伐，而且能够促进农村金融的发展。

我国农业保险试点开始于新中国成立初期。1949 年中国人民保险公司成立，开始在一些地区试办牲畜保险和棉花保险，虽然取得宝贵的经验，但是并没有取得成功。因此，中国人民保险公司在 1953 年进行农业保险整顿，又在 1955 年重新开办农业保险。但随着国家实现产权垄断、完成农村合作化进程，生产的计划性和国家对农业风险兜底导致保险的财富分配和风险转嫁功能丧失，保险活动失去有效的制度土壤。1958 年 12 月以后，国内所有农业保险业务全部停办，农业保险进入停滞期，其间停办了 24 年之久。

中国农业保险的逐步恢复始于 1982 年，这年中国人民保险公司恢复试办农业保险业务。自 1982 年到 1992 年，中国农业保险发展迅速，社会效益显著，覆盖区域涉及除西藏自治区外的各省区市。1994 年，受财务核算体制改革影响，上缴利税成为中国人民保险公司的主要经营目标，农业保险进入商业化运营模式。农业保险作为商业性保险机构的亏损业务，商业化经营机构不断退出。

---

① 温铁军：《三农问题：世纪末的反思》，《读书》1999 年第 12 期。

② 中国农业发展银行湖北省分行课题组：《农村金融组织体系的历史变迁与发展模式研究》，《中国农业银行武汉培训学院学报》2005 年第 5 期。

2004年中央一号文件提出,“加快建立政策性农业保险制度,选择部分产品和部分地区率先试点,有条件的地方可对参加种养业保险的农户给予一定的保费补贴”。在此政策推动下,2004年中国保监会先后在黑龙江、上海、吉林等9个省市开展政策性农业保险的试点工作。此后,政策性农业保险逐步覆盖全国各省区市,涉及农业保险险种达160多个,主要涵盖种植业、养殖业、畜牧业、渔业、林业四大险类,中央、省、市、县(区)财政补贴政策稳步落实。此后,我国政策性保险进入制度化、规范化发展阶段。从2004年开始,我国农业保险收入逐年上升,2006年达到了8.5亿元,同比增长16%。①

2007年,中央财政首次列支21.5亿元进行农业保险保费补贴试点,我国政策性农业保险试点正式拉开序幕。之后,财政补贴的力度进一步加大,2008年、2009年财政预算分别高达60亿元和79亿元,承保的农作物覆盖面也不断扩大,从2007年小麦、水稻、玉米、棉花、大豆五种粮食作物和奶牛、能繁母猪扩大到包括森林火灾保险的14个险种。截止到2011年,农业保险保费收入已达到134亿元,农业保险成为我国财产保险公司的第三大保险。2011年,财政部选取四川省和内蒙古自治区进行农业保险保费补贴绩效评价试点工作。2012年,财政部将试点范围扩大到4个省区。2013年,农业保险补贴绩效评价试点范围进一步扩大到10个省区,至此我国政策性农业保险体系正式形成。从2013年到2017年,农业保险保费收入从306亿元增长到478亿元,年均增长率达16%,农业保险获得迅速的发展。从2007年开始,在政府支持下,接受各级政府财政补贴的农业保险项目由最初的5种作物扩展到数十种作物、5种牲畜和两类森林等,从最初的6个省份扩大到全国所有省、自治区、直辖市,推出的农业保险产品也有几百个。②

随着国家农业现代化和乡村振兴战略的快速推进,无论是国家还是农户都对农业保险有着越来越强烈的需求。不断总结农业保险的实践经验,并把改革实践的有效经验通过法律的形式予以巩固,完善农业保险体制机制。2012年11月诞生了我国第一部《农业保险条例》,具有中国特色的农业保险制度框架初具雏形。农业保险已经成为国家完善农业支持扶助体系、强化农村金融服务链条、保障国家粮食安全的重要政策手段。

(二)农地金融

农地金融是指农地经营者把自己持有的农地承包经营权以及地上附着物的收益权作为信用担保的抵押物,向提供中长期贷款服务的农地金融机构融通资金,以推动

---

① 《中国保险年鉴》(2018年)。

② 庹国柱:《从40年政策变化喜看我国农业保险蓬勃发展》,《保险研究》2018年第12期。

农地开发和农业基础设施建设等，农地金融是农村金融或农业金融的重要组成部分。农地金融的核心业务以土地为主，发展农地金融的主要目的是向农户提供中长期信贷资金，以解决农户的资金短缺问题。

我国农地金融的发展最早可以追溯到 20 世纪初清政府建立的“殖产银行”，这是我国历史上第一个股份制公司组织形式的农地金融机构。其主要业务是向农业、工业进行中长期抵押贷款，但是在当时的社会环境下，其业务根本无法推行。1933 年，国民政府设立中国实业银行，专门发放中长期不动产抵押信贷，用于支持农业基础设施建设。但由于战争等原因，其业务开展受阻，中国实业银行的发展停滞不前。① 1934 年，国民政府又成立中国土地银行，并在原中国农民银行增设土地金融处。但由于当时的战乱及其后的通货膨胀，土地债券难以推广，土地金融业务无法正常开展。

十一届三中全会后，我国开始实行以土地家庭联产承包责任制为主的土地制度，土地所有权和使用权开始分离，农地金融重新萌芽。早在 1988 年，贵州省湄潭县成立“湄潭县土地金融公司”，开始着手农地金融试点工作。1992 年，广东佛山南海区开展以土地和集体财产折价入股的农地股份合作化改革。2005 年，重庆市江津区进行农地抵押合作社模式的金融试点工作，该试点通过以农民的土地经营权及其地上附着物折价入股，成立农地抵押信用合作社，再由合作社向农业开发银行提出贷款申请。从 2006 年起，福建省三明市以农村信用社为主体开展农地金融试点，开始探索农地承包经营权抵押贷款业务，探索出了多条与三明市发展情况相适应的农地抵押贷款方式，如“基金担保＋农村土地经营权抵押”模式、“公司＋农村土地经营权抵押”模式、直接以农村土地承包经营权抵押模式、“土地承包经营权作股权抵押”模式等。经过多年的努力，我国农地金融试点工作初见成效，但是整个农地金融体系建设仍处于摸索前进的阶段。

五、新时期的金融惠农政策

随着“三农”问题的提出，政府决策层对农村经济的发展高度重视，连续出台了一系列强农惠农政策，也不断增加强农惠农的资金投入。从 2004 年起，中央一号文件的主题全部涉及“三农”，其中乡村振兴战略更是上升到了国家战略层面，农村金融改革进入新的发展阶段。

2004 年中央一号文件提出，要从农村实际和农民需要出发，按照有利于增加农户和企业贷款，有利于改善农村金融服务的要求，加快改革和创新农村金融体制；进一步完善邮政储蓄的有关政策，加大农村信用社改革的力度，缓解农村资金外流。

---

① 范恒森：《论农村金融组织的发展与创新》，《经济研究》1996 年第 4 期。

2005年《中共中央国务院关于进一步加强农村工作提高农业综合生产能力若干政策的意见》指出，要针对农村金融需求的特点，加快构建功能完善、分工合理、产权明晰、监管有力的农村金融体系。抓紧研究制定农村金融总体改革方案。明确在有条件的地方，探索建立更加贴近农民和农村需要，并由自然人或企业发起的小额信贷组织以及加快落实实行多种抵押担保形式，保障农村建设的资金需求。

2006年中央一号文件《关于推进社会主义新农村建设的若干意见》提出，要调整农业发展银行职能定位，拓宽业务范围和资金来源。国家开发银行要支持农村基础设施建设和农业资源开发，继续发挥农业银行支持农业和农村经济发展的作用。引导农户发展资金互助组织，建立健全担保基金和机构，解决农户和农村中小企业担保难问题。

2007年中央一号文件《中共中央国务院关于积极发展现代农业扎实推进社会主义新农村建设的若干意见》指出，金融机构应增加对“三农”的信贷投放。

2008年中央一号文件《党中央国务院关于加强农业基础建设若干意见》要求加快农村金融体制改革和创新，积极培育小额信贷组织，鼓励发展信用贷款和联保贷款；推进农村担保方式创新，扩大有效抵押品范围。

2009年中央一号文件《中共中央国务院关于2009年促进农业稳定发展农民持续增收的若干意见》明确说明，要增强农村金融服务能力，鼓励和支持金融机构创新农村金融产品和金融服务，大力发展小额信贷和微型金融服务，积极扩大农村消费信贷市场。

2010年中央一号文件指出，农业银行、农村信用社、邮政储蓄银行等银行业金融机构都要进一步增加涉农信贷投放；积极推广农村小额信用贷款；加快培育村镇银行、贷款公司、农村资金互助社，建立农业产业发展基金，有序发展小额贷款组织，引导社会资金投资设立适应“三农”需要的各类新型金融组织。

2010年7月，针对农户贷款难、担保难等问题，央行等四部委联合制定《关于全面推进农村金融产品和服务方式创新的指导意见》，决定在全国范围内推行农村金融产品服务方式创新活动。

2011年中央一号文件提出，鼓励国家开发银行、农业银行、农村信用社、邮政储蓄银行等银行业金融机构进一步增加农田水利建设的信贷资金。

《国务院关于加快水利改革发展的决定》提出，要加强对水利建设的金融支持；各类技能机构要进一步增加农田水利建设的信贷资金，积极开展水利项目收益权质押贷款等。

2012年中央一号文件指出，农业银行、农村信用社、邮政储蓄银行等银行业金融机构都要进一步增加涉农信贷投放。

《关于加快推进农业科技创新持续增强农产品供给保障能力的若干意见》强调要提升农村金融服务水平，加大对涉农贷款的政策支持力度和完善财税政策等。

2014年和2015年中央一号文件连续指出，要鼓励邮政储蓄银行拓展农村金融业务。

2016年中央一号文件提出，支持中国邮政储蓄银行建立“三农”金融事业部，打造专业化的三农服务体系。

此外，国家还通过金融扶贫的形式对农村金融发展进行支持。金融扶贫政策的主要政策工具有：一是农村金融机构服务网点的设置和增加，为当地提供最基本的农村金融服务。比如，贫困地区的农村信用社作为支农工具，尽管其人均费用远远高于发达地区，“昂贵的组织形式”扭曲了农村的金融体制，但在移动支付发展程度较低的农村地区，在为农村提供金融服务方面仍发挥着难以替代的作用。二是涉农贷款的激励。由于农村信用社是我国农村的主要金融服务主体，中国人民银行对农村信用社的存款准备金率给予相当的优惠，一般低于国有商业银行5个百分点左右，当涉农贷款的占比达到一定比例时，还给予低利率的支农再贷款的资金支持。涉农贷款作为金融扶贫惠农的重要政策工具，可以为农户的生产经营活动提供融资，在一定程度上缓解了农村产业及农户生产经营所面临的投资不足等问题。由此可推进农村产业的发展，提高农户生产经营活动的规模和农村居民的收入水平。

新型农村金融机构也不断涌出。2006年银监会下发通知，允许各村镇组建“村镇银行”“农村资金互助社”“小贷公司”等新型农村金融机构。新型农村金融机构的成立，缓解了农村地区对多元化金融服务的需求，丰富了基层金融机构组织，提高了农村金融服务机构数量，扩大了农村地区金融的覆盖面。

经过七十年的发展，农村金融服务水平不断提高，无论是新农村建设，还是美丽乡村建设，或者是当前振兴乡村战略，金融机构都积极提高支持力度，扩大偏远地区的金融服务力度，截至2018年银行、保险机构对全国各村镇的金融覆盖率达到96%和95%，除了极少部分地区以外，农村地区基本都能享受到金融服务，金融机构在下层金融服务中，增强村镇金融网点的功能，尤其是县域网点数量大幅度增加，缓解了农村地区农民的融资、投资需求，也降低了农村地区金融服务成本。

思考题

1. 名词解释：

赈贷　常平仓　合会　劝业银行　中国农民银行　农业仓库　农民借贷所　华洋义赈会

农本局　合作金库　中国农业银行　中国邮政储蓄银行　中国农业发展银行　农业保险

2. 新式农村金融机构兴起的原因和基本条件有哪些？

3. 近代农村金融衰败的原因有哪些？

4. 民国时期农村金融制度的主要特点是什么？

5. 华洋义赈会在合作金融发展史上具有怎样的历史作用？

6. 传统乡村借贷关系对近现代新式农村金融发展具有怎样的影响？

7. 民国农村金融制度的成败对现代金融机构内部管理有何启示？

8. 新中国成立后农村金融组织经历了怎样的变迁？具有哪些特点？

主要参考文献

1. 叶世昌:《中国古近代金融史》,复旦大学出版社 2001 年版。

2. 刘秋根:《明清高利贷资本》,社会科学文献出版社 2000 年版。

3. 姚遂:《中国金融史》,高等教育出版社 2007 年版。

4. 洪葭管:《中国金融史》,西南财经大学出版社 1993 年版。

5. 李金铮:《借贷关系与乡村变动——民国时期华北乡村借贷之研究》,河北大学出版社 2000 年版。

6. 徐畅:《二十世纪二三十年代华中地区农村金融研究》,齐鲁书社 2005 年版。

7. 中国人民银行金融研究所:《中国农民银行》,中国财政经济出版社 1980 年版。

8. 何广文等:《中国农村金融发展与制度变迁》,中国财政经济出版社 2005 年版。

9. 张杰:《中国农村金融制度:结构、变迁与政策》,中国人民大学出版社 2003 年版。